完善公司治理,赋能企业成长
预警投资风险,把握发展趋势
促进合规有序,融入全球体系

中国公司治理50人论坛图书

中国上市公司治理分类指数报告．NO.23，2024

Report on the Classified Corporate Governance Index of Chinese Listed Companies. NO.23，2024

高明华　赵璐瑶　郑欣圆　著

中国纺织出版社有限公司

内 容 提 要

《中国上市公司治理分类指数报告.NO.23，2024》是第三方评价机构——北京师范大学公司治理与企业发展研究中心开发的、第23部全样本、全方位、多角度、分类并整体评价中国上市公司治理水平的指数研究报告。

本报告以国际通行的公司治理规范，同时基于中国的制度架构，将公司治理划分为6类，即中小投资者权益保护、董事会治理、企业家能力、财务治理、自愿性信息披露和高管薪酬，并分别设计了评价指标体系，每类指数含有31～38个二级指标，利用各种公开渠道，采集基础数据和指标数据近120万，在此基础上，运用科学的方法，计算出了2023年5061家上市公司（剔除截至2024年3月31日上市不满一年，以及截至本报告撰写日前终止上市及暂停上市的公司）的6类公司治理指数（其中高管薪酬指数的样本公司是5052家，原因是有9家公司高管零薪酬或未披露高管薪酬或披露的高管薪酬异常）和总指数，进而从总体、行业、地区、所有制、上市板块、是否沪深300成分股指数公司等角度分别进行了深入比较，分析了各类公司治理指数近年来的发展变化。

本研究已持续18年，在多个方面填补了国内外公司治理评价研究的空白，被国内外专家认为是"可以列入公司治理评级史册的重要研究成果"。其对于企业强化公司治理及ESG以保证可持续发展，助推产权平等保护以及混改有序推进，促使监管机构加强公司治理立法和执法以及穿透式监管，引导投资者理性投资以降低风险，防止证券欺诈和隐形实际控制人操纵，为各类利益相关者提供公司治理风险预警，都具有重要的应用价值；也能够为公司治理理论和实证研究提供大数据支持。

图书在版编目（CIP）数据

中国上市公司治理分类指数报告.NO.23，2024 / 高明华，赵璐瑶，郑欣圆著. -- 北京：中国纺织出版社有限公司，2024. 11. -- ISBN 978-7-5229-2251-5

Ⅰ．F279.246

中国国家版本馆CIP数据核字第20240V1X11号

责任编辑：史 岩　　责任校对：高 涵　　责任印制：储志伟

中国纺织出版社有限公司出版发行
地址：北京市朝阳区百子湾东里A407号楼　邮政编码：100124
销售电话：010—67004422　传真：010—87155801
http://www.c-textilep.com
中国纺织出版社天猫旗舰店
官方微博 http://weibo.com/2119887771
北京虎彩文化传播有限公司印刷　各地新华书店经销
2024年11月第1版第1次印刷
开本：889×1194　1/16　印张：35.125
字数：853千字　定价：388.00元

凡购本书，如有缺页、倒页、脱页，由本社图书营销中心调换

高明华教授简介

高明华：北京师范大学公司治理与企业发展研究中心主任，经济与工商管理学院教授（二级），博士生导师，中国公司治理50人论坛学术委员会执行主任兼秘书长。经济学博士（南开大学），经济学博士后（北京大学）。曾任国家社科基金重大项目首席专家，兼任教育部工商管理类专业教学指导委员会委员，国务院国资委－中国社科院国有经济研究智库学术委员，中国上市公司协会学术顾问委员会委员，清华大学中国现代国有企业研究院学术委员，四川省公司治理研究会名誉会长，深圳市公司治理研究会学术顾问，中国财政学会国有资产治理专业委员会顾问，中国行为法学会企业治理分会副会长，中国产权协会董事分会主要发起人和理事，中国经济体制改革研究会理事，上海证券交易所首届信息披露咨询委员会委员，中国贸促会全国企业合规委员会专家委员，凤凰财经研究院特邀经济学家，海南仲裁委员会仲裁员，ISO环境、社会、治理协调委员会（ISO/ESG CC）中国专家组成员，多家学术机构的学术委员或研究员，多个政府机构和企业的咨询专家，多家主流媒体的特约专家，参与多项国家政策的制定和讨论。先后就职于南开大学、北京大学和中国银行总行。

2001年初，高明华创立北京师范大学公司治理与企业发展研究中心，这是最早的公司治理专门研究机构之一。早在20世纪90年代初期，作为最早研究中国公司治理问题的学者之一，高明华就提出了国有资产三级运营体系的设想，对国企公司治理进行了较深入的探索。其关于国有资产三级运营体系、国企分类改革和分类治理、国企负责人分类和分层、董事会治理、企业负责人自我约束等观点均为国家及有关政府机构所采纳。30多年来，作为中国公司治理理论的探索者和先行者，高明华及其研究团队取得了丰硕的成果，奠定了其在学术界的领先地位。2007年，在国内外率先提出"中国公司治理分类指数"概念，并创立"中国公司治理分类指数数据库"，推出"中国公司治理分类指数系列报告"，目前已出版6类23部指数报告，出版指数报告类型和数量均居国内首位，并建成了国内最大规模的公司治理分类指数专业性数据库。中国公司治理分类指数系列被国内外专家认为是"可以列入公司治理评级史册的重要研究成果"。2021年，又首次成功开发"中国上市公司质量/ESG指数"，目前已出版4部。2014年10月，发起成立"中国公司治理论坛"。2020年与其他专家共同发起成立"中国公司治理50人论坛"。

高明华主持及参与的国内外各类重要课题有40余项，独立、合作出版著译作64部，发表论文和研究报告400余篇。相关成果（包括合作）曾获第十届和第十一届孙冶方经济科学奖等各种奖励，其代表性著述主要有：《关于建立国有资产运营体系的构想》（1994）、《权利配置与企业效率》（1999）、《公司治理：理论演进与实证分析》（2001）、《公司治理学》（2009）、《中国国有企业公司治理分类指引》（2016）、《政府规制与国有垄断企业公司治理》（2016）、《公司治理与国有企业改革》（2017）、《深入推进国有经济战略性调整研究——基于国有企业分类改革的视角》（2020）、《发展混合所有制经济研究——基于公司治理的视角》（2021）、"中国上市公司质量/ESG指数报告系列"（2021～2024，4部）、"中国上市公司治理分类指数报告系列"（2009～2024）（包括高管薪酬、自愿性信息披露、财务治理、企业家能力、董事会治理和中小投资者权益保护6类23部），主编《治理译丛》（4部）和《公司治理与国企改革丛书》（8部）。

研究方向：公司治理、资本市场、国资监管与国企改革、民营企业发展等。

中国公司治理50人论坛

首 席 顾 问：陈 元
顾 问：（按姓氏笔画排列）
    孔 丹　白重恩　刘 伟　杨凯生　吴晓求　季晓南　傅成玉
成 员：（按姓氏笔画排列）
    马连福　王志乐　王晋勇　文宗瑜　邓志雄　卢昌崇　宁向东
    吕长江　仲继银　刘汉民　刘纪鹏　刘志民　刘迎秋　刘俊海
    许金华　李国文　李柱文　李维安　杨瑞龙　何志毅　何基报
    余兴喜　宋志平　张仁良　张文魁　张春霖　陆正飞　陈小洪
    陈德球　武常岐　周 宁　郑志刚　赵 平　赵 晶　项安波
    施东辉　姜付秀　徐 刚　高 闯　高明华　秦永法　郭明社
    剧锦文　黄 明　黄 清　黄桂田　黄速建　黄群慧　戚聿东
    常修泽　崔学刚　宿东君　程 原　葛大维　韩保江　鲁 桐
    楚序平
青年委员会成员：（按姓氏笔画排列）
    方 芳　刘 钊　杜雯翠　杨 丹　张会丽　陈 锋　陈显龙
    孟庆斌　赵 峰　陈仕华　郝 颖　袁 娅　党 印　倪骁然
    高 皓　凌士显　曾 诚　曾 斌　蔡卫星
学术委员会委员：（按姓氏笔画排列）
    刘纪鹏　李维安　宋志平　高明华　鲁 桐　楚序平
学术委员会主任：宋志平
学术委员会执行主任：（按姓氏笔画排列）
    高明华　楚序平
秘 书 长：高明华（兼）

《中国上市公司治理分类指数报告.NO.23，2024》
课 题 组

课 题 组 组 长： 高明华

课 题 组 副 组 长： 赵璐瑶　郑欣圆

课 题 撰 稿 人： 高明华　赵璐瑶　郑欣圆　李　扬　邵梦影　曹向东　吴　雪
　　　　　　　　　程恒森　高方喆　任　辉　王留洋　卢慧珊　杨晓茵

数据采集和录入： 吴　雪　赵璐瑶　谭祖坤　郑欣圆　李　扬　邵梦影　蔡慧莹
　　　　　　　　　陈柯谚　李艳芳　冷沐晗　程恒森　徐子怡　曹向东　张宇浩
　　　　　　　　　赵智勇　马文聿　唐晓颖　王留洋　郭子佳　温佳棋　王婷婷
　　　　　　　　　杨晓茵　周静予　关晓莹　李萌宇　李莹珏　卢慧珊　李艾乐
　　　　　　　　　张家轩　彭羊梓仪

数 据 核 实： 吴　雪　赵璐瑶　谭祖坤　郑欣圆　李　扬　邵梦影　蔡慧莹
　　　　　　　　陈柯谚　程恒森　曹向东

数据库开发和维护： 胡存琛　张中一　何习文　陆徐行　刘国东

目 录
CONTENTS

第一篇　总论

导　　论 　/ 3
一、为什么公司治理评价要分类 　/ 4
二、中小投资者权益保护指数 　/ 7
三、董事会治理指数 　/ 10
四、企业家能力指数 　/ 12
五、财务治理指数 　/ 15
六、自愿性信息披露指数 　/ 17
七、高管薪酬指数 　/ 20
八、本报告内容和特色 　/ 22

第1章　中国公司治理分类指数指标体系、计算方法和评价范围 　/ 28
1.1　中国公司治理分类指数研究的两个关键问题 　/ 28
1.2　中国上市公司治理总指数计算方法 　/ 29
1.3　中小投资者权益保护指数指标体系及计算方法 　/ 30
1.4　董事会治理指数指标体系及计算方法 　/ 34
1.5　企业家能力指数指标体系及计算方法 　/ 40
1.6　财务治理指数指标体系及计算方法 　/ 46
1.7　自愿性信息披露指数指标体系及计算方法 　/ 50
1.8　高管薪酬指数变量及计算方法 　/ 54
1.9　中国公司治理分类指数评价范围及相关概念 　/ 57

第2章 中国上市公司治理总指数排名及比较 / 60

2.1 上市公司治理总指数分布及排名 / 60

2.2 分地区上市公司治理总指数比较 / 64

2.3 分行业上市公司治理总指数比较 / 66

2.4 分所有制上市公司治理总指数比较 / 68

2.5 分上市板块上市公司治理总指数比较 / 70

2.6 沪深300与非沪深300公司治理总指数比较 / 71

2.7 上市公司治理总指数年度比较（2015～2023） / 71

2.8 本章小结 / 80

第二篇 中小投资者权益保护指数

第3章 中小投资者权益保护总体指数排名及比较 / 85

3.1 中小投资者权益保护指数总体分布及排名 / 85

3.2 分地区中小投资者权益保护指数比较 / 90

3.3 分行业中小投资者权益保护指数比较 / 92

3.4 分上市板块中小投资者权益保护指数比较 / 94

3.5 沪深300与非沪深300中小投资者权益保护指数比较 / 95

3.6 本章小结 / 96

第4章 中小投资者权益保护分项指数排名及比较 / 97

4.1 中小投资者权益保护分项指数总体比较 / 97

4.2 知情权分项指数排名及比较 / 98

4.3 决策与监督权分项指数排名及比较 / 102

4.4 收益权分项指数排名及比较 / 106

4.5 维权环境分项指数排名及比较 / 111

4.6 本章小结 / 115

第5章 中小投资者权益保护指数的所有制比较 / 117

5.1 中小投资者权益保护指数总体的所有制比较 / 117

5.2 分地区中小投资者权益保护指数的所有制比较 / 121

5.3 分行业中小投资者权益保护指数的所有制比较 / 124

5.4 沪深300与非沪深300中小投资者权益保护指数的所有制比较 / 126

5.5 本章小结 / 128

第6章 中小投资者权益保护指数的年度比较（2014~2023） / 130
- 6.1 中小投资者权益保护指数总体的年度比较 / 130
- 6.2 分地区中小投资者权益保护指数的年度比较 / 131
- 6.3 分行业中小投资者权益保护指数的年度比较 / 134
- 6.4 分所有制中小投资者权益保护指数的年度比较 / 141
- 6.5 分上市板块中小投资者权益保护指数的年度比较 / 145
- 6.6 本章小结 / 148

第三篇 董事会治理指数

第7章 董事会治理总体指数排名及比较 / 153
- 7.1 董事会治理指数总体分布及排名 / 153
- 7.2 分地区董事会治理指数比较 / 157
- 7.3 分行业董事会治理指数比较 / 160
- 7.4 分上市板块董事会治理指数比较 / 162
- 7.5 沪深300与非沪深300董事会治理指数比较 / 163
- 7.6 本章小结 / 164

第8章 董事会治理分项指数排名及比较 / 165
- 8.1 董事会治理分项指数总体比较 / 165
- 8.2 董事会结构分项指数排名及比较 / 166
- 8.3 独立董事独立性分项指数排名及比较 / 170
- 8.4 董事会行为分项指数排名及比较 / 175
- 8.5 董事激励与约束分项指数排名及比较 / 179
- 8.6 本章小结 / 183

第9章 董事会治理指数的所有制比较 / 184
- 9.1 董事会治理指数总体的所有制比较 / 184
- 9.2 分地区董事会治理指数的所有制比较 / 189
- 9.3 分行业董事会治理指数的所有制比较 / 191
- 9.4 沪深300与非沪深300董事会治理指数的所有制比较 / 194
- 9.5 本章小结 / 196

第10章　董事会治理指数的年度比较（2012～2023） / 198
- 10.1　董事会治理指数总体的年度比较 / 198
- 10.2　分地区董事会治理指数的年度比较 / 199
- 10.3　分行业董事会治理指数的年度比较 / 202
- 10.4　分所有制董事会治理指数的年度比较 / 209
- 10.5　分上市板块董事会治理指数的年度比较 / 214
- 10.6　本章小结 / 216

第四篇　企业家能力指数

第11章　企业家能力总体指数排名及比较 / 221
- 11.1　企业家能力指数总体分布及排名 / 221
- 11.2　分地区企业家能力指数比较 / 226
- 11.3　分行业企业家能力指数比较 / 229
- 11.4　分上市板块企业家能力指数比较 / 230
- 11.5　沪深300与非沪深300企业家能力指数比较 / 231
- 11.6　本章小结 / 232

第12章　企业家能力分项指数排名及比较 / 233
- 12.1　企业家能力分项指数总体比较 / 233
- 12.2　企业家人力资本分项指数排名及比较 / 234
- 12.3　企业家关系网络能力分项指数排名及比较 / 239
- 12.4　企业家社会责任能力分项指数排名及比较 / 243
- 12.5　企业家战略领导能力分项指数排名及比较 / 247
- 12.6　本章小结 / 252

第13章　企业家能力指数的所有制比较 / 253
- 13.1　企业家能力指数总体的所有制比较 / 253
- 13.2　分地区企业家能力指数的所有制比较 / 258
- 13.3　分行业企业家能力指数的所有制比较 / 260
- 13.4　沪深300与非沪深300企业家能力指数的所有制比较 / 263
- 13.5　本章小结 / 265

第14章 企业家能力指数的年度比较（2011~2023） / 267
- 14.1 企业家能力指数总体的年度比较 / 267
- 14.2 分地区企业家能力指数的年度比较 / 269
- 14.3 分行业企业家能力指数的年度比较 / 271
- 14.4 分所有制企业家能力指数的年度比较 / 278
- 14.5 分上市板块企业家能力指数的年度比较 / 283
- 14.6 本章小结 / 285

第五篇 财务治理指数

第15章 财务治理总体指数排名及比较 / 289
- 15.1 财务治理指数总体分布及排名 / 289
- 15.2 分地区财务治理指数排名及比较 / 294
- 15.3 分行业财务治理指数排名及比较 / 296
- 15.4 分上市板块财务治理指数排名及比较 / 298
- 15.5 沪深300与非沪深300财务治理指数比较 / 299
- 15.6 本章小结 / 300

第16章 财务治理分项指数排名及比较 / 301
- 16.1 财务治理分项指数总体比较 / 301
- 16.2 财权配置分项指数排名及比较 / 302
- 16.3 财务控制分项指数排名及比较 / 306
- 16.4 财务监督分项指数排名及比较 / 311
- 16.5 财务激励分项指数排名及比较 / 315
- 16.6 本章小结 / 319

第17章 财务治理指数的所有制比较 / 321
- 17.1 财务治理指数总体的所有制比较 / 321
- 17.2 分地区财务治理指数的所有制比较 / 325
- 17.3 分行业财务治理指数的所有制比较 / 328
- 17.4 沪深300与非沪深300财务治理指数的所有制比较 / 331
- 17.5 本章小结 / 333

第18章 财务治理指数的年度比较（2010～2023） / 335

- 18.1 财务治理指数总体的年度比较 / 335
- 18.2 分地区财务治理指数的年度比较 / 336
- 18.3 分行业财务治理指数的年度比较 / 339
- 18.4 分所有制财务治理指数的年度比较 / 346
- 18.5 分上市板块财务治理指数的年度比较 / 351
- 18.6 本章小结 / 354

第六篇 自愿性信息披露指数

第19章 自愿性信息披露总体指数排名及比较 / 359

- 19.1 自愿性信息披露指数总体分布及排名 / 359
- 19.2 分地区自愿性信息披露指数比较 / 364
- 19.3 分行业自愿性信息披露指数比较 / 367
- 19.4 分上市板块自愿性信息披露指数比较 / 368
- 19.5 沪深300与非沪深300自愿性信息披露指数比较 / 369
- 19.6 本章小结 / 370

第20章 自愿性信息披露分项指数排名及比较 / 371

- 20.1 自愿性信息披露分项指数总体比较 / 371
- 20.2 自愿性信息披露治理结构分项指数排名及比较 / 372
- 20.3 自愿性信息披露治理效率分项指数排名及比较 / 377
- 20.4 自愿性信息披露利益相关者分项指数排名及比较 / 381
- 20.5 自愿性信息披露风险控制分项指数排名及比较 / 385
- 20.6 本章小结 / 390

第21章 自愿性信息披露指数的所有制比较 / 391

- 21.1 自愿性信息披露指数总体的所有制比较 / 391
- 21.2 分地区自愿性信息披露指数的所有制比较 / 395
- 21.3 分行业自愿性信息披露指数的所有制比较 / 398
- 21.4 沪深300与非沪深300自愿性信息披露指数的所有制比较 / 401
- 21.5 本章小结 / 403

第22章 自愿性信息披露指数的年度比较（2013～2023） / 405
- 22.1 自愿性信息披露指数总体的年度比较 / 405
- 22.2 分地区自愿性信息披露指数的年度比较 / 407
- 22.3 分行业自愿性信息披露指数的年度比较 / 409
- 22.4 分所有制自愿性信息披露指数的年度比较 / 416
- 22.5 分上市板块自愿性信息披露指数的年度比较 / 420
- 22.6 本章小结 / 423

第七篇 高管薪酬指数

第23章 高管薪酬指数排名及比较 / 427
- 23.1 高管薪酬指数总体分布及排名 / 427
- 23.2 分地区高管薪酬指数比较 / 435
- 23.3 分行业高管薪酬指数比较 / 440
- 23.4 分上市板块高管薪酬指数比较 / 443
- 23.5 沪深300与非沪深300高管薪酬指数比较 / 445
- 23.6 高管薪酬绝对值比较 / 446
- 23.7 本章小结 / 452

第24章 高管薪酬指数的所有制比较 / 454
- 24.1 高管薪酬指数总体的所有制比较 / 454
- 24.2 分地区高管薪酬指数的所有制比较 / 461
- 24.3 分行业高管薪酬指数的所有制比较 / 464
- 24.4 沪深300与非沪深300高管薪酬指数的所有制比较 / 469
- 24.5 本章小结 / 471

第25章 高管薪酬及指数的年度比较（2012～2023） / 473
- 25.1 高管薪酬的年度比较 / 473
- 25.2 高管薪酬指数的年度比较 / 491
- 25.3 不同激励区间高管薪酬的年度比较 / 508
- 25.4 本章小结 / 512

第八篇　政策建议

第26章　主要结论与政策建议　　/ 515
　　26.1　主要结论　　/ 515
　　26.2　政策建议　　/ 521

附一　中国上市公司治理分类指数报告系列　　/ 540

附二　中国上市公司质量/ESG指数报告系列　　/ 542

后　　记　　/ 543

第一篇 总论

导　论

2024年7月，党的二十届三中全会通过的《中共中央关于进一步全面深化改革　推进中国式现代化的决定》提出，健全投资和融资相协调的资本市场功能，防风险、强监管，促进资本市场健康稳定发展；支持长期资金入市；提高上市公司质量，强化上市公司监管和退市制度；建立增强资本市场内在稳定性长效机制；完善大股东、实际控制人行为规范约束机制；完善上市公司分红激励约束机制；健全投资者保护机制"。这进一步明确了中国资本市场发展的方向。

新的发展方向的确立，无疑是基于中国资本市场的现实。那么，中国资本市场的现实是什么？从确立的发展方向看，中国资本市场还不甚完善，尤其是公司治理的制度和机制还存在诸多问题，而具体存在的问题需要通过公司治理评价来判断。上市公司作为资本市场的基石，持续提高其治理的质量是推动资本市场健康发展的内在要求，也正因如此，全面评价上市公司的治理质量，是一个永恒的课题。

自2007年开始，中国上市公司治理分类指数研究已经历经18个年头。截至本年度（2024），我们的公司治理研究创造了四个全国之最的成绩：一是出版公司治理指数报告种类最多，有7类（含ESG指数）；二是出版公司治理指数报告数量最多，有24部（含ESG指数报告）；三是列入国家重点图书的公司治理指数报告最多，"十二五"期间的12部报告，全部被列入"十二五"国家重点图书，2017年度报告也被列入国家"十三五"重点图书；四是建成了全国最大规模的、专业性的"中国上市公司治理分类指数和ESG指数数据库"。也由此，"中国上市公司治理分类指数报告系列"被国内外专家认为是"可以列入公司治理评级史册的重要研究成果"。在历年中国公司治理分类指数研究的基础上，为响应《国务院关于进一步提高上市公司质量的意见》（国发〔2020〕14号），自2021年开始又新开发了"中国上市公司质量/ESG指数指标体系"，并单独出版《中国上市公司质量/ESG指数报告》，至本年度已出版4部。

2015年及以前的公司治理指数报告都是按"类"出版的，包括单独出版的《中国上市公司中小投资者权益保护指数报告》《中国上市公司董事会治理指数报告》《中国上市公司企业家能力指数报告》《中国上市公司财务治理指数报告》《中国上市公司自愿性信息披露指数报告》和《中国上市公司高管薪酬指数报告》，共计6类12部，每类指数隔年开发一次。每类指数报告不仅有大量的指数数据分析，更有对指数数据的各种有效性检验，而后者证明了指数数据的客观性和可靠性。由于这种有效性检验进行了多年，已无必要重复，更加之受研究资源条件（主要是研究力量）所限，使之前按"类"出版公司治理指数报告已变得非常困难。更重要的是，作为一项探索性研究，每类指数报告隔年开发和出版一次，指数数据缺乏年度连贯性，不能完全建立起连续和平衡的面板数据，而社会对我们指数数据的需求越来越大。于是，从2016年开始，我们在过去9年开展中国上市公司治理水平评价成功经验的基础上，集中研究资源，同时开发6类公司治理指数，以对中国公司治理水平进行多维度、全景式评价，帮助使用者从不同维度了解中国公司治理，尤其便于为研究人员、投资者、政府和企业提供时间序列的大数据支持。基于这种考虑，从2016年开始我们把过去的6类独立的指数报告合并，每年的指数报告只出版一部，这部公司治理指数报告同时涵盖6类指数。

6类指数报告的合并，无疑使报告的规模大幅扩张，为此，就只能撤下部分内容，包括已无多少必要的指数数据有效性检验和全部的6类指数排名，保留的内容主要是评价当年和历史的数据分析。其实，6类指数排名并非撤下，2016年和2017年制作成光盘附在报告中，2018年和2019年则采用电子版形式。由于电子版没有容量限制，6类指数的各种排名，包括按行业、按地区、按所有制、按上市板块，以及总体排名，都可以由读者自由选择。从2020年开始，我们探索将指数的电子数据置于网站中，只是由于经费、人力所限，还未运行。但响应社会需求，从2022年起，我们与主流媒体合作发布各类公司治理指数和上市公司质量/ESG指数榜单，我们还将继续探索通过不同渠道将各类指数数据发布出来，供社会参考使用。

另外，多年前有专家建议我们在6类指数基础上构造一个综合的公司治理指数，以了解上市公司的整体治理水平。尽管我们一直不主张编制公司治理总指数（原因在下文分析），但2019年我们还是接受了这个建议，开始编制中国上市公司治理总指数，并加入指数报告中。

2016年的《中国公司治理分类指数报告》第一次以"新面目"问世，即把原来按"类"单独出版的公司治理指数报告整合到一个报告中，"类"没有变，但报告整体化了，指数数据全面化了，自此以后的各年度都沿用了这种整合化的报告。实际上，自2016年以来的报告更像是一部统计年鉴，在当下的大数据时代，这样的"统计年鉴"是非常稀缺的。另外，由于我们评价的对象是上市公司，所以从2018年开始书名更改为《中国上市公司治理分类指数报告》。

一、为什么公司治理评价要分类

公司治理研究属于多学科研究领域，包括经济学（主要是新制度经济学、微观金融学）、工商管理（主要是战略管理学、财务学）、法学（主要是民商法学、诉讼法学）、政治学（主要是政府监管）、社会学（主要是对利益相关者的责任，或社会责任）等。在公司治理评价研究上，不同学科的研究者往往侧重点不同，如法学家侧重从国家层面来研究各国的公司治理相关法规是否健全和到位。法学家对公司治理的评价很难从微观的企业层面来研究，因为立法和执法都是国家层面的问题，不是企业所能左右的。经济学家和管理学家对公司治理评价的研究则主要着眼于微观的企业层面，但是，在如何评价公司治理上，却存在着分歧，有的学者侧重公司治理整体的评价，有的学者则侧重公司治理不同方面或类型的评价。

公司治理涉及投资者（股东）、董事会、监事会、经理层、财务治理、信息披露、对利益相关者的责任（含环境保护责任）、政府监管等许多方面，显然，要从整体上评价一个企业的公司治理水平，几乎是不可能的事情，即使做到了，也是不全面的。一方面，公司治理涉及面广泛，在评价中不可能考虑到所有方面；另一方面，也是更重要的，公司治理的不同方面，或者不同维度，没有清晰的界限，不同方面往往存在着交叉。比如，投资者权益保护（有学者称为股东治理）不可能不涉及董事会，因为董事会是投资者的代理人；也不能不涉及财务治理，因为股东是重要的财务主体，其与其他财务主体存在财权配置问题；也不能不涉及信息披露，因为股东的一项重要权利就是知情权。再比如，董事会治理不能不涉及股东治理，因为董事是股东选举产生的，董事会的构成取决于股东不同的投票方式，有的国家则主要取决于股东持股比例（像中国）；也不能不涉及经理层，因为总经理（在市场经济发达国家是CEO）是董事会选聘的，其贡献是由董事会评估的，与贡献对应的薪酬是由董事会决定的；也不能不涉及信息披露，因为董事会中的外部董事（含独立董事）是外在于企业的，需要充分的信息才能进行科学决策和对经理层进行有效监督。还比如，利益相关者涉及股东、董事、高管、员工、债权人、供应商、客户、社会居民（尤其是周边居民）等众多群体，他们与企业都有密切的关系，有的还贡献了专用性投资，评价利益相关者治理水平显然与股东治理、董事会治理、财务治理、社会责任等都有交叉。如此等等，不一而足。

公司治理不同方面或维度的界限不可能严格分清，如何把这些方面或维度进行整合，一些指标到底应该放在哪个维度中，难以有一致的意见，从而在计算总指数时就容易出现一些指标的重复问题，而如要避免重复，就需要把不同维度的相同指标剔除，但这又造成这些维度的不完整或指数偏差问题。而且，发布总指数有个缺陷，就是容易忽视薄弱环节，就类似于单纯看人均收入，从中无法判断高收入者和低收入者的收入差距，从而很容易忽视低收入者的贫困问题。同样道理，如果企业、投资者、监管者和其他利益相关者只注重公司治理总指数，就可能在表面光鲜的背后，掩盖公司治理的"病根"，导致久病不治，不利于公司的可持续发展，最终损害各利益相关者的利益。而分类指数却可以直指"病根"，从而有利于及时化解风险。

以上就是我们编制中国公司治理分类指数13年而未编制总指数的原因，直至2019年才考虑同时编制分类指数和总指数。

顺便提到一点，有学者提出"经理层治理"这个概念，我们认为这个概念是不准确的。经理层可以参与治理，如进入董事会，但进入董事会的经理人员不能太多，英美发达国家一般是1~2名，标准普尔500强企业独立董事的平均比例达到了85%。如果董事会中经理层人员过多（如中国目前的情况），董事会对经理层的监督就失去了意义，董事会就不能独立了。反过来，董事会也不能为了独立性而拒绝任何经理人员（尤其是总经理或CEO）进入，因为经理人员是走在市场最前沿的一群人，他们最了解市场，最了解竞争对手，最了解行业发展态势，因此，董事会的战略决策离不开经理人员，经理人员是战略决策的拟定者，只不过不是战略决策的最终决定者，最终决定权掌握在董事会手中。由此，1~2名经理人员进入董事会足矣。经理人员是董事会战略决策的执行者，尽管拥有独立的日常经营决策权，但需要董事会的监督（不是干预）和指导，同时也需要董事会给予经理人员足够的激励，以调动其最大潜能。可见，总体上，经理人员属于被治理者。在公司治理结构中，治理主体主要是股东（或股东会）和董事会，不是经理层，经理层是治理的客体。当然，经理层不总是被动地治理客体，他们有时也会发挥治理主体的作用。从此角度看，区分治理主体和治理客体也没有多大的意义。

既然难以从整体上评价公司治理水平，分类评价就是必要的了。近年来，有学者专注于评价公司治理的某个方面，其中，对董事会治理和信息披露进行评价的相对较多，也有对社会责任进行评价的，但由于对社会责任的界定争议太大，加之大部分企业没有社会责任报告，在年报中体现的社会责任内容又没有一致的格式和标准。尽管由于国际社会和国内监管机构的重视和推动，2022年以来披露社会责任报告或ESG报告的公司越来越多，2023年达到了2/5，但各公司对社会责任报告或ESG

报告涵盖的内容仍差别很大。因此，社会责任评价难以做到客观（环境保护作为社会责任的重要方面，行业间更是难以比较）。自 2007 年起，我们开始对公司治理进行分类评价，在国内最早使用"中国公司治理分类指数"的概念。最初，我们设计了八类公司治理指数，包括投资者权益保护、董事会治理、企业家能力、财务治理、信息披露、高管薪酬、社会责任、政府监管。由于各方面限制，没有一次性开发，而是隔年开发一个"新类"，同时继续评估已开发的"旧类"。至 2015 年，我们开发完成前六类，出版了 14 部公司治理指数报告。之后便开始了六类指数的同时开发。需要说明的是，尽管我们没有专门开发社会责任指数，但在相关类型公司治理指数中，如在企业家能力指数、自愿性信息披露指数中，都涵盖了社会责任的很多指标。随着越来越多的上市公司披露社会责任或 ESG 报告，单独编制社会责任指数也越来越具有可行性。2021 年开始我们开发的中国上市公司质量 /ESG 指数，就包含了单独的社会责任指数。

分类评价公司治理水平，不需要严格分清不同类型公司治理之间的界限（因为这种严格的界限是不存在的），而是允许不同公司治理方面评价时的部分指标（只是少部分）的交叉（这种交叉是必需的，原因在于公司治理的不同方面本身就有交叉），这一点，在整体评价时是难以做到的。由于允许少部分指标的交叉，从而分类评价对某一个方面来说，指标更全面，评价结果也更客观，这一点对于整体评价来说同样也是做不到的。因为指标过多就会出现不同方面的重复，而作为一个整体是不允许有重复指标的。更重要的是，分类评价可以使监管者、投资者、董事会、经理层等各利益相关者更容易判断公司治理问题到底出在哪里，从而精准给出解决的方案，这是公司治理分类评价的最大优势。

这里有必要说明一下目前正在兴起的 ESG 评价问题，因为它也是一种整体评价。所谓 ESG，就是环境（Environment）、社会（Society）和治理（Governance）的简称。对于企业来说，"环境"是指企业对环境或生态的保护，"社会"是指企业的社会责任，"治理"就是指公司治理。其实，从严格的公司治理理论意义上，ESG 概念是不成立的，因为它对公司治理的理解倒退了。目前很多 ESG 评价，基本等同于社会责任和环境保护评价，而公司治理被严重忽略，或者只用几个非常简单的指标来代替，或者赋予的权重过低，这是对 ESG 的严重歪曲，应该正本清源。

从 20 世纪末开始，原先狭义的公司治理就逐渐被广义的公司治理所替代。美国学者布莱尔（Blair, Margaret M., 1995）是较早地划分狭义公司治理和广义公司治理的学者。她认为，狭义的公司治理是"有关董事会的结构和权利，或者是股东在董事会决策中的权利和天赋特权"，而广义的公司治理则可归纳为"一种法律、文化和制度性安排的有机整合"，是"关于把哪些约束和要求强加给那些管理公司的人，公司经理必须服务于谁的利益，企业不同组成人员拥有哪些影响和追索权以及他们能在什么压力下去观察其利益是否被保护等一系列安排"。[1] 狭义的公司治理是基于对公司治理的传统的理解，即公司治理主要集中于股东所有权和经营权分离而可能导致的经营者对股东利益的损害问题，因此狭义的公司治理就是一种所谓的"股东价值观"（Shareholder-value Perspective）。广义的公司治理是从一个更宽泛的思维框架来理解公司治理，即公司不仅仅对股东，而且要对更多的利益相关者的预期做出反应，包括经理、雇员、债权人、顾客、政府和社区等。这些多元的利益必须协调，以实现公司长期的价值最大化。2019 年 8 月 19 日，美国"商业圆桌会议"（Business Roundtable）发表《公司的目的》的宣言，强调企业要更重视履行对社会的责任，不再独尊股东利益。这项宣言已经获

---

[1] 玛格丽特·M. 布莱尔. 所有权与控制：面向 21 世纪的公司治理探索 [M]. 北京：中国社会科学出版社，1999.

得美国188位顶尖企业CEO的联合签署。2015年第3版《G20/OECD公司治理准则》同样强调了利益相关者的权利（即社会责任），2023年第4版更进一步扩充为"可持续与韧性"，强调通过利益相关者保护来促进企业的可持续发展。由于强调公司利益相关者的权利和利益，因此广义的公司治理被视为一种利益相关者价值观（Stakeholder-value Perspective）。由于公司不同利益相关者权益保护的客观存在，并且直接关系着企业的可持续发展和韧性，因此，广义的公司治理取代狭义的公司治理就成必然了。

显然，从广义的公司治理理解，公司治理包括社会责任，而社会责任包括环境保护，因此，ESG不是一个科学的概念。从我们六类公司治理指数的评价看，其中就包括着公司的社会责任，如企业家能力指数中专门设有"社会责任"维度，自愿性信息披露指数中设有"利益相关者"维度（针对不同利益相关者的自愿性信息披露）。另外，独立董事也不是仅仅代表投资者，而应代表更广泛的利益相关者。因此，从实际意义上，我们的六类公司治理评价也可以说是ESG评价。而2021年我们开发的《中国上市公司质量指数》更是把社会责任（含环境保护）独立为一个维度。当然，把"E"和"S"从公司治理中独立出来，也有其意义，它有助于突出这两个方面的重要性。2022年开始，我们把《中国上市公司质量指数》调整为《中国上市公司质量/ESG指数》，又把"E"从"S"中独立出来了。

二、中小投资者权益保护指数

2015年，我们在国内首次对中国全部上市公司的中小投资者权益保护水平进行了测度，2016～2023年又进行了八次测度，本年度是第十次测度。十次测度结果表明，中国上市公司中小投资者权益保护水平尽管有所提高，但仍然非常不到位。

在我们开发的6类公司治理指数中，按开发时间，中小投资者权益保护指数是最后一类，但本报告却把它列为首位，因为，我们认为，中小投资者权益保护在公司治理中应居于核心地位。尽管严格来说，各类投资者权益应该平等得到保护，这是各国法律尤其是市场经济发达国家的法律都明确规定的。然而，现实却是中小投资者权益是最容易受到侵害的，尤其是在市场经济不成熟、法律不健全、存在一股独大或一致行动人以及实际控制人（甚至存在隐形实控人）的国家，中国无疑是在列的。公司的任何欺瞒和欺诈行为，如康美药业财务造假、健康元内幕交易等，首当其冲受到损失的往往都是中小投资者。即使是西方市场经济成熟的国家，之所以有专门的保护中小投资者权益的法律规定，也是因为其弱势地位。当然，在英美习惯法系国家，投资者基本上都是"中小"的，甚至都是"小"的。即使在中国，随着股权的不断多元化，一个企业的资金也越来越多地来自社会资本，或者说来自中小投资者，因此，企业要可持续发展，必须首先要保护中小投资者的权益，以此来提振他们的投资信心。依赖于"一股独大"或强调大股东的控制，对企业发展无异于作茧自缚。当然，把中小投资者权益保护置于核心地位，不是要忽视大投资者的权益，而是为了更好地保护各类投资者权益，实现共同增长。

何为"中小投资者"？从字面上理解，中小投资者是相对于大投资者（大股东）而言的。但大投资者也是一个相对概念。在一个较小规模企业中的大投资者，置于一个规模很大的企业中，则可能就是中小投资者，甚至是小小投资者。因此，中小投资者只能是限定在一个企业内的相对概念，换言之，中小投资者是指某个企业内相对于大投资者的其他投资者。这里，还有两点需要进一步明晰：

（1）中小投资者概念应该限定在什么企业内？

无疑，应该是针对有多个投资者或投资主体多元化的企业，但这样的企业大体有三类：一是合伙制企业；二是有限责任公司；三是股份制公司（包括非上市的股份制公司和上市的股份制公司）。

合伙制企业是指由两人或两人以上按照协议投资、共同经营、共负盈亏的企业。很显然，在合伙制企业里，由于信息共享，且共同经营，企业尽管有多个投资者，但不存在中小投资者权益保护的问题。尽管也可能有部分投资者不参与经营，从而可能存在一定风险，但合伙制企业的出资人通常不会太多，而且具有参与经营的法定权利，因此这种风险在法律上是可以避免的。

有限责任公司由50个以下的股东出资设立，每个股东以其所认缴的出资额对公司承担有限责任。这类公司筹资规模小，一般适合于中小企业。这类企业不必发布年报，看似存在信息不对称，有些投资者因不参与决策和经营而可能存在一定风险，但因投资者人数有限，出资额有限，且承担有限责任，而且，投资者参与决策和监督的成本低，因此，风险总体是可控的。从中小投资者权益保护角度，这类企业似乎也难以纳入考虑范围。

股份制公司是指由3人或3人以上（至少3人）的利益主体，以集股经营的方式自愿结合的一种企业组织形式。其主要特征是：发行股票、股东众多、所有权分散、风险较大、收益波动性大。尤其是其中的上市公司，由于投资者多而分散，参与决策和监督的成本较高，尽管要求依法披露公司信息，但信息不对称程度仍然很高，加之投资者知识的局限性，代理问题仍然严重，投资风险仍然较大。此时，中小投资者权益保护问题就变得相当突出。

综合三类企业的特点，从中小投资者权益保护角度，最应该针对的是股份制公司，尤其是其中的上市公司。

（2）与中小投资者相对的大投资者如何界定？

没有大投资者或大股东的界定，就谈不上中小投资者及其权益的保护问题。那么，哪个或哪些投资者可以被界定为大投资者？是第一大股东，还是前几大股东，比如前五大股东，抑或前十大股东？其实，这难以有一定之规，这要看投资者是否对企业具有实际控制力。现实的股份制公司尤其是上市的股份制公司中，更尤其是中国的上市公司中，普遍存在"一股独大"或一致行动人以及实际控制人现象，这个"独大"的股东通常就是第一大股东或实际控制人（第一大股东和实际控制人也有不一致的），一致行动人背后也是最终控制人，对于这种公司，除了第一大股东或一致行动人，其他都可以列为中小投资者，他们的权益最容易受到侵害。但是，也存在"几股共大"但非一致行动人的公司，即一个公司中共存几个持股比例相近的大股东，这几位出资者尽管也有大小之分，但由于比较接近，彼此可以互相制衡，他们的利益在公司中基本上可以得到保证。而除这几位股东外的其他投资者，就可以认为是其权益容易遭受侵害的中小投资者。从这个角度，中小投资者是指一个公司中除了拥有实际控制力的投资者之外的其他投资者。

总之，从权益保护角度，中小投资者可以界定为：股份制公司中，除对公司拥有实际控制力的大股东之外的其他投资者。

那么，如何评价中小投资者权益保护水平？

在目前存在的其他有关中小投资者权益保护的评价中，存在一些明显的缺陷，导致中小投资者权益保护的真实水平难以反映出来，主要表现在：一是评价依据的标准偏低，不能反映中国与发达国家之间的差距；二是评价指标不完整，有的甚至比较单一，不能完整反映中小投资者的权利以及保障中小投资者行权的制度环境；三是指标权重的确定过于主观，使得评价结果有些随意；四是数据来源缺乏可持续性，样本选择少或缺乏典型性，使得评价难以纵向比较；五是把公司治理与投资者权益保护的法律法规分割开来。

本报告借鉴国内外已有中小投资者权益保护评价研究成果，基于国内既有的相关法律法规，特别参照国际先进的中小投资者权益保护规范，提出了中小投资者权益保护四个维度的指标体系，即知情权、决策与监督权、收益权和维权环境。我们认为，信息不对称是大股东和经营者侵占的前提条件，中小投资者的决策与监督权缺失是大股东和经营者侵占的权力基础，收益权是中小投资者权益保护的直接表现，维权环境体现了中小投资者权益保护的救济手段，因此，知情权、决策与监督权、收益权和维权环境是中小投资者权益保护的四个不可分割的组成部分。

知情权维度主要从公司定期报告披露的及时性、年报预披露时间与实际披露时间的一致性、预告业绩与实际业绩的一致性、公司是否因违规而被监管机构公开批评、谴责或行政处罚、外部审计是否出具标准无保留意见、公司是否建立与投资者沟通平台、分析师关注度、独立董事过去3年的任职经历是否详细披露、可预见的财务风险是否披露等方面，来考察中小投资者对于公司经营决策关键信息的知情权落实情况。

决策与监督权维度主要从是否采用网络投票制、是否实行累积投票制、是否采用中小投资者表决单独计票、独立董事比例、独立董事是否担任本公司董事长、有无单独或者合计持有公司10%以上股份的股东（不含控股股东）提请召开临时股东会并成功举办❶、有无单独或者合并持有公司3%以上股份的股东（不含控股股东）提出议案并提交股东会（含临时股东会）、三个专门委员会是否设立（审计、提名、薪酬）、审计委员会主席是否由独立董事担任、独立董事董事会实际出席率、董事长是否来自大股东单位等方面，来考察中小投资者行使权利和监督代理人的情况。

收益权维度主要从个股收益率是否大于或等于市场收益率、现金分红、股票股利、财务绩效、增长率、是否ST、是否有中小股东收益权的制度安排（分红权）等方面，来考察中小投资者的投资回报情况，包括现实的回报和可预期的回报。

维权环境维度主要从股东诉讼及赔偿情况，控制性股东是否因直接或者间接转移、侵占公司资产受到监管机构查处，是否建立违规风险准备金制度，投资者关系建设情况，董事会或股东会是否定期评估内部控制，各专门委员会是否在内部控制中发挥作用，是否披露存在重大内部控制缺陷，风险控制委员会设置情况，股价异动等方面，来考察中小投资者权益维护方面的制度建设情况。

上述四个维度中，决策与监督权、收益权是中小投资者的天然权利，任何国家的法律也都明确中小投资者享有这些权利，并非只有大股东才拥有这些权利。由于大股东经常处于控制地位，大股东的这些权利是可以得到保证的，但中小投资者的这些权利却经常丧失，甚至被人为侵占和剥夺。要实现这些权利，中小投资者还必须拥有公司经营信息的知情权，没有充分的知情权，决策与监督权、收益权将无从谈起。尤其在全面实施注册制，IPO"硬门槛"降低的情况下，中小投资者知情权就更显重要。不过，即使有了充分的知情权，但如果维权环境偏紧，则这些权利仍然难以落实。因此，知情权、决策与监督权、收益权、维权环境四个方面应该作为一个不可分割的整体，构成完整的中小投资者权益保护系统。

---

❶ 根据2023年全国人大通过的《中华人民共和国公司法》，"股东大会"改称为"股东会"。

评价中小投资者权益保护的目的是希望对广大中小投资者产生导向作用，促使中小投资者高度重视自身的权益维护，引导中小投资者理性投资，降低中小投资者的投资风险，帮助监管机构实现针对性监管。同时，促使中国公司按照国际规范，落实中小投资者的各项权益，实现公司的长期、有效和规范运作。具体包括以下六个方面：①帮助监管机构了解中小投资者遭遇的侵害类型及程度，促使监管机构加强中小投资者权益保护的立法和执法工作，使监管更加有的放矢。②帮助中小投资者降低信息不对称程度，使投资者更好地了解自己的代理人即董事会的治理情况及由此产生的潜在风险，包括注册制下 IPO"硬门槛"降低而产生的风险，从而有效规避投资风险，发现有长期价值的投资对象，提升投资收益。③帮助公司了解自身对中小投资者权益保护的情况，督促自己不断提升对中小投资者权益保护的水平，避免类似内幕交易和利益输送等侵害行为，以增强中小投资者的投资信心，获得更多的融资机会。④防止股市炒作误导中小投资者，避免股市崩盘风险，促使资本市场真实反映公司信息，引导股票价格客观反映公司业绩，推动资本市场实现稳定发展并走向成熟。⑤助推国有企业发展混合所有制取得成功。国企混改是国资和民资的混合，进入国企的民资，基本上属于中小投资者，或者进入后只能做中小投资者。鉴于目前大股东和经营者侵害中小投资者权益的普遍性而造成的中小投资者的忧虑，如何有针对性地加强对进入国企的民资的保护，是政府和国企必须考虑的首要问题。⑥为上市公司中小投资者权益保护的实证研究提供数据支持。

三、董事会治理指数

2013 年及 2015～2023 年，我们对中国全部上市公司的董事会治理水平进行了十次测度，本年度是第十一次测度。十一次测度结果表明，中国上市公司的董事会治理水平仍然偏低，董事会治理亟须改革和改进。

何谓董事会治理？我们认为，董事会治理是董事会作为治理主体，如何通过一系列正式或非正式制度安排，通过有效治理，实现委托人的利益诉求和公司的可持续发展。其主要内容包括：①董事会作为代理人如何做到对委托人尽职尽责？②董事会作为决策者如何做到科学决策？③董事会作为监督者如何做到监督到位而不会被经营者（被监督者）所干扰？④董事会作为利益主体如何做到既有动力又不被利益所"俘虏"（激励与约束）？⑤董事会作为责任主体如何对自己决策和监督的错误、失误独立承担责任？

目前理论界存在着把董事会治理泛化的现象，即把董事会治理混同于或基本混同于公司治理。这种混同在 20 世纪 80 年代之前的西方发达国家非常普遍，那时的公司治理在现今被称为"狭义的公司治理"。如前文所述，"狭义的公司治理"的核心是股东利益至上，董事会一切问题的核心就是股东利益，这就是所谓的公司治理的股东价值观。其实，那时不是把董事会治理混同于公司治理，而是等同于公司治理，这是由那个时代公司治理研究的局限性所致。因为，由于所有权和经营权的分离，董事会作为股东的代理人，是不可能全心全意为股东服务的，尽管理论上他们应该如此。于是，20 世纪 80 年代之后，有了更广义的公司治理。既然董事会不可能全心全意为股东服务，就必须有单独的股东治理以及其他利益相关者的参与治理，同时实现董事会的独立性。股东治理以及其他利益相关者的参与治理，意味着股东和其他利益相关者不能把全部希望都寄托在其代理人董事会身上，他们必须积极参与到公司治理中来。由此，股东治理和其他利益相关者的参与治理就与董事会治理成为互相补充的公司治理的重要方面。不同的主体，职责不同，从而治理的内容也就不同，需要区别对待，因此不能再回到 20 世纪 80 年代之前，把董事会治理等同于或混同于公司治理。

那么，如何评价董事会治理水平？

从根本上说，董事会治理评价是对董事会治理质量的评价，这种质量评价的实质是评估董事会在多大程度上代表全体投资者和公司的整体利益。也就是说，是否代表投资者，在多大程度上代表投资者，是否立足于公司整体利益，是董事会治理评价的全部内容。需要强调的是，从企业可持续发展角度，董事会尤其是其中的独立董事也应该代表除股东以外的其他利益相关者。由于董事会治理的高质量能够实现企业的可持续发展，因此，董事会代表除股东以外的其他利益相关者，本质上也是代表投资者的利益，尤其是代表投资者的长期利益，更是代表公司的整体利益。

但在现有的董事会治理评价中，却存在严重的评价缺陷，导致董事会治理的真实水平难以反映出来，主要表现在：一是重形式评价轻实质评价，比如重点考察董事会组织结构是否完善，而不关注它们是否发挥了实质性作用；二是由于把董事会治理混同于公司治理，从而在董事会治理评价中，把一些不属于董事会治理范畴的指标纳入董事会治理评价指标体系中，如股权结构；三是把董事会治理评价等同于董事会业绩评价，或者把董事会业绩作为董事会治理评价的重要内容，而董事会业绩又往往等同于公司绩效，这无疑是对董事会治理的误解或错误认识；四是一些指标或者无法判断董事会治理的有效性，或者不具有可操作性，主观性很强，难以对董事会治理的有效性作出判断，如"董事会规模"和"董事会会议次数"，它们并非越大（多）越好。

本报告借鉴国内外已有董事会治理评价的研究成果，参照国际先进的董事会治理规范，同时也考虑国内既有的相关法律法规，提出了董事会治理四个维度的指标体系，即董事会结构、独立董事独立性、董事会行为和董事激励与约束。如此确定的指标体系和评价结果接近国际标准，高于国内既有法律和政策规定。

董事会结构维度主要从外部董事比例，有无外部非独立董事，两职是否合一，董事长是否来自大股东单位，有无小股东代表，有无职工董事，董事学历，年龄等于和超过 60 岁的董事比例，是否设置审计、薪酬、提名和合规委员会等方面来衡量董事会成员构成和机构设置情况，以此来评价董事会结构的有效性。

独立董事独立性维度主要从审计委员会主席是否由独立董事担任，独立董事中有无财务专家、法律专家、其他企业高管，独立董事是否拥有政府背景，独立董事是否担任本公司董事长，是否同时在多家公司担任独立董事，独立董事实际出席董事会的比例，独立董事津贴是否超过 10 万元，是否详细披露独立董事过去 3 年的任职经历等方面来衡量独立董事的专业素质和履职情况，以此来评价独立董事是否能够实现独立履职。

董事会行为维度主要从内部董事和外部董事是否有明确的沟通制度、投资者关系建设、是否存在董事会提交的决议事项或草案被股东会撤销或者否决的情况、是否有规范的《董事会议事规则》、财务控制、董事会是否有明确的高管考评和激励制度、是否披露股东会出席率等方面来衡量董事会行为相关制度的建立和执行情况，以此来评价董事会的实际履职情况。

董事激励与约束维度主要从执行董事薪酬是否与其业绩相吻合，股东诉讼及赔偿情况，董事会成员是否遭到监管机构处罚或谴责，是否有明确的董事考核或薪酬制度，是否公布董事考评/考核结果，是否披露董事薪酬情况，是否有董事会会议记录或者董事会备忘录，是否有董事行为准则相关的规章制度，独立董事是否明确保证年报内容的真实性、准确性和完整性或不存在异议等方面来衡量董事激励和约束制度的建立和执行情况，以此来评价董事激励与约束机制的健全程度和有效性，尤其是约束机制的健全程度和有效性。

在四个维度中，前两个维度侧重从形式上来评价董事会治理制度的健全程度，后两个维度则侧重从实质上来评价董事会治理的有效性。董事会治理制度没有形式上的健全，就不可能产生实质上的有效。但反过来，董事会治理制度有了形式上的健全，却未必产生实质上的有效。董事会治理制度只有在形式上健全后充分落到实处，才能实现董事会治理的真正有效。在现实中，从监管机构的要求看，中国上市公司董事会的设置近乎健全（并不等于完善），但董事会治理却仍然不断遭到诟病。在我们对2012年及2014～2023年十一个年度董事会治理的评估中，尽管董事会治理指数总体呈上升趋势，但董事会治理水平仍然很低，2023年董事会治理指数均值仍然只有61.20分，而且连续两年下降，这恰恰反映了中国上市公司董事会治理形式和实质的高度背离和不对称。因此，要全面了解中国上市公司董事会治理的质量和效果，就不能仅仅满足于形式上的评价，更要重视实质上的评价，实现形式和实质的高度统一。

评价董事会治理的目的是希望对中国已上市公司和计划上市公司的董事会治理发挥导向作用，促使中国公司按照国际标准，不仅从形式上，更要从实质上，实现中国公司董事会的全方位规范化运作，并引导投资者的投资方向，降低投资者的投资风险，帮助监管机构实现针对性监管。具体包括以下五个方面：①帮助投资者尤其是中小投资者降低信息不对称程度，使投资者更好地了解自己的代理人即董事会的治理情况以及由此产生的潜在风险和价值，从而有效规避投资风险，发现有长期投资价值的企业，提升投资收益。②帮助监管机构了解上市公司董事会的运作和相关政策法规的执行情况，从而使监管更加有的放矢，并促使监管机构对公司董事会的运作施以规范化引导。③帮助公司了解自身董事会治理存在的问题，督促自己不断提高董事会治理的质量，以增强投资者的投资信心，获得更多的融资机会。④向投资者和其他利益相关者及时提供真实、完整的信息，是董事会的重要职责，尤其是在注册制普遍实施的情况下，董事会向市场提供可靠、及时和完整的信息，有利于保证股票价格与公司真实业绩的吻合度，而这种吻合是资本市场成熟的重要标志。⑤为上市公司董事会治理实证研究提供数据支持。

四、企业家能力指数

2012年，我们在国内首次对中国全部上市公司的企业家（总经理）能力进行了测度，2014～2023年又进行了九次测度，本年度是第十一次测度。十一次测度结果表明，中国上市公司总经理由于不具有独立性，以及责任机制不到位，总经理能力的发挥受到严重制约，企业家能力处于低下水平。

何谓企业家？熊彼特在1934年出版的《经济发展理论》中指出，企业家就是创新者。按照熊彼特的观点，社会任何领域都存在企业家，不仅有企业界企业家，也有政界企业家、教育界企业家、学界企业家，等等，这可以说是广义的企业家。本报告的企业家是指企业界企业家，这可以说是狭义的企业家。

在熊彼特的创新意义上，企业内的企业家显然不是一个人，也不是几个人，而是多个人，甚至是一种集体行为。那么，我们对企业家的评价是针对一个人，还是针对几个人，或者是针对一个企业家群体？

企业的发展需要创新，创新者越多，创新越活跃，企业发展就越充满生机和活力。不过，如果因此而评价多个企业家（即创新者），或者是评价一个企业家群体，那么我们的评价对于企业家市场的形成和发育就没有多少针对性意义。因此，对企业家的评价只能针对一个特定的创新者。

那么，如何选择这个特定的创新者？无疑，这个创新者只能是企业的领袖，因为企业的领袖是企业家的典型代表。在现实的企业中，企业的领袖一般有两个人选，或者是董事长，或者是总经理（或总裁，下文统称"总经理"。在西方发达国家一般称为CEO，即首席执行官）。如果两职由同一人担任，那就不存在选择的难题；如果两职由两个不同的人担任（这是绝大多数企业的情况），那么选择哪一个来评价？

其实，这个难题是人为制造的，原因在于我们中很多人把董事长和总经理的职能误解了。在中国，董事长通常被确定为公司的"一把手"，董事长的权力要高于总经理，这意味着，中国公司的董事长事实上履行的是西方发达国家CEO的职权，[1] 有的公司直接明确董事长兼任CEO，而中国公司的总经理实际上被降到了副总经理的位置上，这显然是对公司治理本质的背离。公司治理层是通过契约来规范的，董事会中并不存在"一把手"的概念。董事会是一个会议体，每个董事的权利是平等的，董事长仅仅是"董事会的发言人"或"董事会的召集人"，他（她）是"董事会的董事长"而不是"公司的董事长"，更不是凌驾于其他董事和总经理之上的领导者，向总经理授权进行企业正常经营管理工作的是董事会而不是董事长。因此，应在厘清董事会职能的前提下，高度重视总经理的独立性和能动性，应使总经理回归CEO的定位，使其在法律框架和恪守董事会战略决策的前提下发挥最大潜能。况且，在企业实践中，董事长也有很多属于兼职角色，这些董事长既不在公司领薪（一般在股东单位或自身所在单位领薪），也不负责公司经营管理工作，如果我们评价的对象是董事长，则意味着不是所有的董事长都能进入我们的评价范围，这就使评价失去了一般性。而总经理则是所有公司都具有的角色，况且我们评价的目的是引导政府、企业和投资者要高度重视总经理的地位，尊重总经理在不违反董事会决策下的自由裁量权并且独立承担责任，就此看来，我们所选择的企业家的典型代表就只能是总经理了。但需要说明的是，尽管评价对象是总经理个人，但其工作是离不开企业中众多的管理人员和职工的，因此，对总经理的评价其实也包含着对企业整体经营能力的评价。

那么，如何评价企业家能力？

近些年，国内外相关学者对企业家能力及评价进行了深入研究。然而，已有研究却存在三个方面的不足：一是在理论研究方面，各个理论视角都仅仅停留在某一层面上对企业家的界定，没有一个完整的、有说服力的概念界定，或者仅把评估对象确定为相同规模的企业，或者忽视企业家关系网络能力的评估。二是在实证研究方面，大部分学者对企业家能力的研究主要聚焦在理论分析的定性研究层面，实证研究明显不足，因为缺少连续的、可比较的、客观性强的大数据支持。三是简单地将人力资源测评方法用于企业家能力评价。人力资源测评只是基于个人背景和经历（基本上都是个人提供的成功的经历，缺少失败的经历）所做的一种比较主观的潜在能力评价，至于被评对象的实际能力，尤其

---

[1] 不同之处是：西方发达国家的CEO受到独立的董事会和经理人市场的很强约束；而中国公司的董事长尽管事实上做了CEO的工作，但却没有独立的董事会和经理人市场对其行为进行约束。

是其诚信水平，是难以测评出来的。

本报告借鉴国际先进的评价标准，基于中国国情，着眼于推动职业经理人市场，提出了企业家人力资本、关系网络能力、社会责任能力和战略领导能力四个维度的指标体系，力求对中国企业家能力作出全面的、客观的评价。

企业家人力资本维度主要从学历（最高学历）、工作年限、工作经历变更、是否担任其他公司的独立董事、是否有海外留学和工作经历、选聘路径等几个方面进行评价。这些方面对于一家要聘任总经理的公司来说，并非是现实的企业家能力，而是潜在的企业家能力。尽管如此，企业家人力资本却是企业家能力中最基础的能力。一旦存在某种或某些动力机制，这些潜在的企业家能力就会很快变成现实的企业家能力，如企业家的激励或约束机制，通过这些动力机制，能够促使总经理产生把潜在能力变成现实能力的欲望。当然，这些动力机制不属于企业家能力评价的范围。

企业家关系网络能力维度主要从政府官员是否到企业访问、总经理是否陪同政府官员出国访问、是否担任党代表、是否担任人大代表、是否担任政协委员、是否在军队任过职、总经理是否获得过相关荣誉称号、是否在行业协会任职、是否曾经在政府部门任职等几个方面进行评价。从规范的市场规则角度，关系网络能力是不应该纳入企业家能力评价范围的，因为关系网络可能存在"寻租"问题。然而，关系网络并不必然产生"寻租"，而正常的关系网络也能够为企业带来资源，进而促进企业发展。况且，把关系网络能力纳入评价范围，有助于我们判断中国企业家更偏重于哪个方面能力的培养，或者比较企业家哪个方面的能力更加突出。比如，人力资本与关系网络能力是否存在替代关系？关系网络能力是否更多地通过履行社会责任而获得？等等，了解这些问题对于发展和培养中国的经理人市场无疑是意义非凡的。

企业家社会责任能力维度主要从企业是否捐赠慈善事业、总经理是否在非营利组织兼职（如担任理事）、总经理个人有没有被证监会谴责、有没有产品质量和生产安全的投诉事件、有没有环境保护的投诉事件、员工的收入增长率是否不低于公司营业收入增长率、有无现金分红、有无债权人和股东诉讼等几个方面进行评价。企业的持续发展包含着众多利益相关者的努力和投入，其中很多投入具有高度的专用性，一旦损失将难以收回，如员工投入了专用技能和劳动、社区居民可能承受了企业释放的环境污染、顾客可能承担了因产品质量低劣对身心造成的损害等，无疑这些利益相关者的努力和投入必须从企业得到回报。把社会责任能力考虑到企业家能力评价中，目的是引导企业家树立强烈的社会责任意识，承担起更多的社会责任。更重要的是，对利益相关者承担责任，是企业家诚信意识和水平的重要反映，没有这种责任担当，就不能称为企业家。

企业家战略领导能力维度主要从总经理贡献、国际化程度、企业员工数、企业总资产、企业净利润、企业净资产、企业在行业中的地位、企业有无完整的ERP系统、企业有无制定战略目标和计划等方面进行评价。企业家战略领导能力实际上是企业家各种能力的综合体现，企业家其他方面的能力最终要落实在其战略领导能力上。在存在一个成熟的经理人市场的情况下，总经理必须本着对企业利益相关者高度负责的精神，以其敏锐的市场和战略意识，恪尽职守，尽最大努力制定出科学的和可行的企业经营决策，一旦董事会批准该决策，总经理就必须坚决贯彻和执行。不过，需要特别强调的是，总经理绝不是被动地执行董事会批准的决策，被动接受董事会决策的总经理不是真正意义上的企业家。作为总经理，他（她）的企业家能力实际上更多地体现在日常经营决策的制定和执行中，战略性决策更多的是指明方向，是框架式的，具体如何落实，需要靠总经理的开拓和创新。也正是这一点，体现出我们把总经理作为评价对象的原因所在。

评价企业家能力的目的是希望对企业家市场选择发挥导向作用，进而促进中国经理人市场（或称企业家市场）的发展。具体说，就是要促使政府和社会各界认识到：①总经理的独立性和能动性以及问责机制是至关重要的，这样才能促使总经理能够在恪守法律和董事会战略决策的前提下发挥其最大潜能。②高能力的企业家只能产生于透明化的、竞争性的、职业化的经理人市场，从而高度重视职业经理人市场的建设。③经理人完备信息的披露是职业经理人市场建立的要件，这些信息中，不仅有潜在能力的信息，更有实际能力的信息；不仅有成功的信息，也有不成功的信息。在充分、真实的信息中，体现着企业家诚信经营、敢于创新和担当的品质和精神。经理人市场必须有惩戒机制，即必须能够让不诚信的经理人承担隐瞒信息的代价。④选聘总经理的权利必须回归董事会，只有在董事会独立选聘并对选错承担责任的情况下，董事会才有动力选出最有能力的企业家。

五、财务治理指数

2010年，我们在国内首次对中国全部上市公司的财务治理水平进行了测度。2012～2023年又进行了十次测度，本年度是第十二次测度。十二次测度结果表明，中国上市公司的财务治理仍然不理想，权利配置不合理，内控不力，监督不严，激励和约束不到位，中国上市公司的财务治理仍需要改进。

财务治理是关于企业财权配置、财务控制、财务监督和财务激励的一系列正式和非正式制度安排，这些制度安排通过财权配置将各个财务主体紧密联系起来，同时通过财务控制、财务监督和财务激励对财务主体形成合理的控制、监督和激励。较高的财务治理质量不仅能够合理配置各财务主体的权责利，有力控制各个财务环节，有效监督财务行为，还能适当激励财务主体，是公司正常运行的关键保障。

财权配置、财务控制、财务监督和财务激励是财务治理的四个不可分割的部分，是我们借鉴国内外已有财务治理研究成果，参照国际先进的财务治理规范，同时也考虑国内既有的相关法律法规而提出来的。其中，财权配置是指财务决策权在各个财务主体之间的配置和落实，主要的财务主体包括股东（股东会）、董事会、总经理（或CEO）、首席财务官（CFO）。当然还有其他利益相关者，如政府、员工、供应商等，这些利益相关者的财权是可以包含在董事会中的，但这种"包含"必须有一个前提，那就是董事会是以股东为核心的所有利益相关者的代理人，作为这种代理人，董事会与经理层是监督与被监督的关系。进一步说，董事会是必须独立于经理层的，否则，就容易发生董事会和经理层"同体"现象，其他财务主体的利益将无法得到保证。在董事会治理缺乏独立性的情况下，即使形式上反映了各财务主体的利益，各财务主体的利益也得不到切实保证。因此，公允的财权配置可以实现公司分权制衡，杜绝专权，保障财务活动的合法性和透明度。

财务控制是指财务权利的执行过程，具体包括企业的内部控制体系和风险控制体系。健全的财务控制能够从程序上保证财务信息生成的合法、合规，提高财务信息的真实性和准确性，从而保证财务主体决策的科学性和可行性。2001年和2002年，美国安然和世界通讯两家公司爆发财务丑闻，促成了萨班斯-奥克斯利法案（Sarbanes-Oxley Act）的出台。该法案的核心就是强化财务控制，包括三个方面：一是建立公众公司会计监察委员会（PCAOB），对会计师事务所提供的上市审计服务进行监管；二是对上市公司高管人员造假予以重罚；三是在美上市企业必须建立内部控制体系。这被认为是美国自20世纪30年代经济大萧条以来涉及范围最广、处罚措施最严厉、影响力最大的上市公司法案。该法案的全称是《公众公司会计改革投资者保护法案》，从法案名称不难看出，财务控制在投资者权益保护中具有重要作用。

财务监督是指对财务权利执行的监督。这种监督需要相应的机制设计，包括企业内部监督机制和外部监督机制。内部监督主要来自董事会，尤其是其中的审计委员会；外部监督主要来自外部审计机构和政府监管部门，当然也包括广大投资者，甚至包括公众。而监督机制要有效发挥作用，有赖于信息的公开、全面和真实，有赖于董事会的独立性，有赖于外部审计机构的中立性，更有赖于政府监管部门的立法和执法的公信力。

财务激励是指对财务主体投入的回报，这种投入既包括资金资本的投入（如股东的资金投入），也包括人力资本的投入（如企业高管和员工的人力投入）。有投入就必须有相应的权利和利益，前者即财务权利，后者即财务激励。财务激励是财务治理的驱动器，适当的财务激励能够有效激发企业各利益主体的工作热情和积极性，降低经营者的道德风险。在财务激励中，核心的是股东利益，如果股东合理的回报得不到保证，将会影响股东投资的信心，进而会影响资本市场的稳定。

以上四个方面中，财权配置是财务治理的核心和基础，合理的、有效的财权配置能够协调各个利益相关者的利益，从而有利于形成合力；财务控制和财务监督是手段，前者重在财权执行，后者重在对财权执行的监督；财务激励是财权执行的结果，财权最终要落实在利益方面，没有财务激励，各财务主体就不可能形成合力。财务治理的四个维度，不是独立发挥作用的，它们共同构成了财务治理系统，只有系统性发挥作用，才能保证企业的健康和可持续发展。

那么，如何评价财务治理水平？

基于我们提出的财务治理的四个方面（或维度），即财权配置、财务控制、财务监督和财务激励，我们设计了既具有科学性和客观性，又具有可操作性和稳定性的指标体系。由于借鉴了国际先进的财务治理规范，因此，如此确定的指标体系和评价结果接近国际标准，高于国内既有法律和政策规定。

财权配置维度主要从关联交易是否提交（临时）股东会讨论通过、独立董事薪酬和高管股票期权是否通过（临时）股东会、两权分离度、董事会是否提出清晰的财务目标、内部董事与外部董事是否有明确的沟通交流制度、独立董事比例、独立董事中是否有财务或会计方面的专家、董事长和总经理是否两职分离、CFO（或财务总监、总会计师）是否具有高级职称或相关资格认证等方面来衡量各财务主体的权利是否得到合理配置，以此评价财权配置的有效性。需要注意的是，如果财权配置过于形式化，尽管表面上看各个财务主体都可以在财权配置中找到自己的"位置"，但这并不能保证财权配置的有效性。

财务控制维度主要从董事会或股东会是否定期评估内部控制、各专门委员会是否在内部控制中起作用、董事会或股东会是否披露具体内部控制措施、风险控制委员会设置情况如何、公司财务弹性、公司对外部资金依赖程度、是否披露可预见的财务风险因素、是否ST公司等方面来衡量企业内部控制体系和风险控制体系的健全程度，以此评价财务主体决策的科学性、可行性和抗风险性。

财务监督维度主要从审计委员会设置，外部审计是否出具标准无保留意见，公司网站是否及时披露当年和过去连续三年财务报告，公司是否披露公司发展前景的相关信息，公司是否披露关联方交易状况，公司是否对会计政策的变化做出解释，公司是否因违规而被监管部门公开批评、谴责或行政处罚等方面来衡量企业内外部监督机制的到位情况，以此评价内外部监督机制的效果。

财务激励维度主要从现金分红、股票股利分配、高管薪酬支付的合理性、薪酬委员会设置情况、公司是否采用股票期权激励政策、员工报酬增长率是否不低于公司营业收入增长率等方面来衡量各财务主体的收益保障情况,以此评价财务主体的动力。

评价财务治理的目的是希望对中国已上市公司和计划上市公司的财务治理发挥导向作用,促使中国公司按照国际标准,尊重各财务主体的权益,实现中国公司财务运作的规范化,从而降低财务风险,提高抗风险能力。具体包括以下五个方面:①有助于投资者进行理性投资,塑造投资者长期投资的信心。财务治理评价可使投资者尤其是中小投资者认识到公司的潜在风险和价值,从而有效规避投资风险,发现有长期价值的投资对象,提升投资收益。由于中国目前中小投资者权益受到大股东和经营者的侵害比较普遍,因此,财务治理对于中国中小投资者权益保护具有特殊的意义。②有助于监管机构进行针对性监管,严防财务欺诈。财务治理评价可以帮助监管机构了解公司财务运作的规范化程度,尤其是能够洞悉国家有关财务运作的法律法规的落实情况,从而使政府监管更加有的放矢,并促使政府通过经济和法律手段对公司的财务运作施以规范化引导。③有助于企业及时发现潜在风险,防患于未然。财务治理评价可使公司了解自身财务治理中存在的问题,督促公司不断提高财务治理水平。不仅有助于发现本公司与其他公司财务治理的差距,而且也有助于发现本公司财务治理与国际水平的差距,从而及时弥补不足和缺陷,进一步保证投资者的投资信心,获得更多的融资机会。④有助于资本市场反映公司真实信息,实现资本市场有序运行。财务治理评价可以发现信息失真,信息失真会加大投资者投资的财务风险,从而导致投资者转移投资方向。因此,财务治理评价能够引导公司披露真实信息,进而促使资本市场的股票价格反映公司真实绩效,股票价格和公司真实绩效的吻合是资本市场成熟的重要标志,也是防止股市动荡甚至"股灾"的重要因素。⑤有助于大数据平台建设,深化财务治理理论研究和实证分析。近些年财务治理研究总体落后于公司治理其他方面的研究,一个重要原因是缺乏财务治理的大数据支持。财务治理评价所赖以支撑的数据库提供了深化财务治理理论研究和实证分析的平台,而且基于大数据的财务治理研究更加符合现实。

六、自愿性信息披露指数

2010年和2012年,我们对中国全部上市公司的信息披露水平进行了测度,测度结果表明,中国"能不说就不说"的现象非常普遍。中国随着注册制的推行,对信息披露的要求也越来越高。"能不说就不说"属于自愿性信息披露范畴,而强制性信息披露则不存在多大问题,于是,从2014年开始,我们对中国上市公司信息披露的评价改为专门对其中的自愿性信息披露的评价,2016~2023年又进行了八次评价,本年度是对自愿性信息披露水平的第十次评价(总计十二次评价)。十次评价结果证明,在中国上市公司中,"能不说就不说"现象仍然非常普遍和严重。

自愿性信息披露(Voluntary Disclosures)是相对于强制性信息披露而言的。自愿性信息披露的关键词是"自愿"。"自愿",顾名思义,就是可披露也可不披露。披露了,使用者欢迎;不披露,监管者也不会追究,因为监管者没有追究的法律依据,但并不意味着其他需求者(尤其是投资者)不追究或不计较。投资者追究与否,取决于投资者权益保护的法律是否健全(如有无集体诉讼和集体索赔法律、维权的成本等)。更多的投资者是计较的,如何计较,这就涉及市场机制了,即投资者可以"用脚投票"。投资者是上市公司信息的最大需求者,也是上市公司的核心利益相关者,投资者不投资,公司上市就没有意义了。但投资者投资依赖于其所获取的信息，不同投资者的信息需求不同。随着市场的完善，越来越多的投资者的投资趋于理性，他们不再满足于监管机构强制要求公司披露的信息，而是通过更多的信息来最大限度地降低自己的投资风险，即追求所谓信息的"有用性"，而强制性披露难以满足许多投资者所要求的"有用性"。如果投资者难以获得他们认为"有用"的信息，他们就会认为投资有风险，从而不投、少投、转投，如果很多投资者不投、少投、转投，则这家公司就可能被并购或倒闭，这就是投资者的"用脚投票"。比如，注册制实施后，暂时亏损的公司也可以上市了，如果公司不披露为何暂时亏损，预期何时盈利和盈利多少，预期何时可以给投资者回报，那么投资者就不敢给这家公司投资。从这个角度讲，自愿性信息披露并不是可有可无的，是上市公司吸引投资者的不可或缺的重要方式。

不论是自愿性信息披露还是强制性信息披露，都没有统一的国际标准。在一个国家是自愿性披露的信息，在另一个国家可能是强制性披露的信息。一般来说，市场发育程度越高，相应的法律制度就越完善，就越注重自愿性信息披露，通过投资者"用脚投票"来促使上市公司自愿披露更多的信息；相反，市场发育程度越低，相应的法律制度就越不完善，"用脚投票"的效果就越低，通过自愿披露信息就难以满足投资者投资要求，从而就越强调强制性信息披露。但这是一种比较理想的状态，实际情况比理论推导的情况要糟糕得多。原因在于，企业都是追求最大利益的"经济人"，都有投机取巧的本性，只要不违背法律规则，对自己不利的信息就尽量不披露。因此，即使在市场经济高度发达的英美等国家，也通过大量的规则甚至法律，强制性要求上市公司披露更多的信息。我们不难看到，尽管英、美等国家市场经济很发达，但其强制性披露信息的范围远远大于市场经济还不太发达的中国。

然而，由于市场千变万化，投资者的信息需求也是多种多样，而规则和法律都是由人制定出来的，每个人的理性都是有限的，从而，再细致的强制性披露的信息也难以满足投资者理性投资对信息的需求。另外，企业外部的利益相关者也绝不仅仅是单一的投资者，债权人、供应商、客户、居民（尤其是企业周边居民）都是企业的重要利益相关者，他们对企业也有各种各样的信息需求，而其中很多信息难以纳入强制性范畴。显然，自愿性信息披露不是可有可无的，而是必需的。比如，高管薪酬结构及额度信息。该项信息在英美等国家的披露是很完整的，即不仅要披露高管薪酬总额，还要披露薪酬结构以及各部分的额度，如固定薪金、奖金、股票、股票期权、养老金等。但这些信息在中国属于自愿性披露范畴，在上市公司披露的信息中，几乎没有几家公司披露该项信息。那么，该项信息对于投资者是否必需？回答是肯定的，因为通过该项信息，投资者可以了解高管的长期薪酬和短期薪酬构成，并进而了解高管行为是满足于企业短期发展还是立足于企业长期发展。再比如，董事完整的任职经历，英美等国家的公司对该项信息的披露也很详细，但在中国则属于自愿性披露范畴。该项信息对投资者同样至关重要。原因在于：董事（会）是投资者的代理人，他们要代表投资者对经营者进行监督。通过董事任职经历的详细披露，投资者可以了解董事是否与经营者有关联，以此判断董事和经营者是否存在合谋的可能性；对于中小投资者而言，还需要了解董事是否与大股东有关联，以此判断董事是否仅代表大股东，进而可能侵害中小投资者的利益。

自愿性信息披露也是企业诚信经营的重要体现。诚信意味着企业必须向包括投资者在内的利益相关者及时披露真实、全面的信息，这不仅是为了使投资者降低投资风险，更是为了增强投资者的投资信心。因为，投资者"被骗"一次容易，第二次"被骗"就难了，多次"被骗"几乎不可能，而且，"被骗"具有扩散效应，失去投资者意味着企业经营的失败。对于供应商、客户等利益相关者来说，也是如此。

总之，自愿性信息披露尽管是"自愿"的，但不是可有可无的。企业要想获得可持续发展，就不能仅仅满足于强制性信息披露，而必须高度重视自愿性信息披露。尽管自愿性信息披露增加了信息披露的成本，但相对于企业由此获得的投资者信心和其他利益相关者的信赖，以及企业的良好声誉和长期发展，这些成本支付则是非常值得的。

那么，如何评价自愿性信息披露水平？

在既有的其他相关研究中，主要采取三种形式对自愿性信息披露进行评价：一是由分析师和相关实践人员评价，但不公布指标体系和计算方法。显然这种评价的结果难以验证，而难以验证就不能让使用者监督，不能监督就难以保证其客观性，会有很大程度的主观性，投资者使用的针对性很差。二是选择年报中具有代表性的指标作为衡量自愿性信息披露的指标。这种评价用个别指标来替代范围较广的自愿性信息整体，存在以偏概全的问题，投资者难以通过这种评价克服自己的投资风险，与第一种形式的评价相同，投资者使用时基本没有针对性。三是自己构建体系庞大的自愿性信息披露指标体系，但很多指标难以获得数据，尤其是难以获得连续数据，因此，操作性较差，难以连续进行跟踪和比较分析。

本报告借鉴国内外已有的自愿性信息披露评价研究成果，基于国内信息披露相关法律法规，特别参照国际先进的信息披露规范，立足于投资者权益保护，提出了自愿性信息披露四个维度的指标体系，即治理结构、治理效率、利益相关者和风险控制。

治理结构维度主要评价董事会构成、董事学历和任职经历（不含兼职、社会称号等）、专门委员会构成、监事会构成和成员、高管层学历、高管层任职经历（不低于三年）（不含兼职、社会称号）等方面的信息披露情况。这些信息的披露对于投资者了解代理人（董事会、监事会、经理层）有无可能代表自己作为委托人的利益，以及是否着眼于企业发展（尤其是长期发展）具有重要价值。

治理效率维度主要评价股东会（包括临时股东会）股东出席率、股东会（包括临时股东会）投票机制、董事考评制度及结果、董事会议事规则、董事会召开方式、独立董事参与决策、高管薪酬结构及额度、高管层关系网络等方面的信息披露情况。这些信息的披露重在评估治理结构的有效性，对于投资者了解代理人的实际履职效果具有重要价值。

利益相关者维度主要评价投资者关系建设情况、社会责任、债权人情况、债务人情况、供应商情况、客户情况等方面的信息披露情况。这些信息的披露对于投资者了解自己的利益是否得到尊重和保护具有重要价值。其中，投资者关系信息是企业直接针对投资者的沟通渠道和沟通方式的信息，而社会责任以及债权人、债务人、供应商、客户等方面的信息，则能让投资者详细了解企业其他利益相关者对自己利益的影响，使投资者能够以更加理性的心态来对待多元化的企业经营，这无疑也是对投资者的一种尊重。

风险控制维度主要评价企业发展战略目标、盈利能力、营运能力、偿债能力、发展能力、会计师事务所、宏观形势对企业的影响、行业地位（或市场份额）、竞争对手等方面的信息披露情况。这些信息的披露对于投资者降低投资风险，获得稳定的投资回报具有重要价值。

不难看出，基于自愿性信息披露四个维度设计的指标体系，能够使投资者全方位了解企业，从而满足自己理性投资的信息需求。在这四个维度中，投资者不仅能够从形式上了解代理人是否有可能代表自己作为委托人的利益，而且能够了解到代理人的实际履职效果；不仅能够了解自己与企业的沟通渠道和方式，感觉到自己受到尊重的程度，而且能够了解自己投资的风险大小。显然，这种基于投资者保护的自愿性信息披露四维度评价，是一种全方位的评价，也是一种更客观的评价。

评价自愿性信息披露的目的是希望中国上市公司改变"能不说就不说"的旧观念，树立"能说的都要说"的新理念，具体包括如下四个方面：①自愿性信息披露不是可有可无的，它对投资者理性投资具有重要价值，而投资者基于"有用信息"而进行投资对企业的发展尤其是长期发展具有重要影响。②在市场不成熟尤其是法律不健全的情况下，自愿性信息披露应更多地转化为强制性信息披露，单纯靠自愿是不能满足投资者理性投资对信息的需求的。③法律规则要具有很强的威慑作用，如果因信息披露不到位而使投资者和其他利益相关者遭受严重损失，即使这些信息披露属于自愿性的，企业负责人也必须要承担重大责任，并给予高成本的处罚。④自愿性信息披露对董事会的科学决策，以及董事会对经理层的有效监督也具有重要影响。独立董事是外在于企业的，而独立董事拥有参与战略决策以及对经理层进行监督的权利。独立董事的科学决策和对经理层的有效监督高度依赖于充分、真实的信息披露，这其中也包括自愿披露的信息。否则，就会产生决策科学性差和监督失效的可能，而这些直接影响企业的发展。

七、高管薪酬指数

2007年，当我们开始进行中国公司治理分类评价时，首选的便是高管薪酬指数，即高管薪酬合理性评价。然而遗憾的是，由于当时没有开发数据库系统，只是运用传统的方法采集数据，加之经验不足，导致数据丢失严重。2008年，我们从头再来，仍是因首次开发，经验缺乏，研究工作进展缓慢，当我们于2009年5月完成《中国上市公司高管薪酬指数报告2008》的撰写时，各上市公司新一年的年度报告已经公布，出版的价值已经降低。于是，我们再次采集新年度的数据，最终完成并出版国内首部《中国上市公司高管薪酬指数报告2009》；2011～2023年，我们又进行了十次评价，本年度是第十二次评价。十二次评价结果表明，中国上市公司高管薪酬存在比较严重的不合理问题，包括激励过度和激励不足。

高管薪酬是一个敏感而又十分重要的问题。20世纪80年代末90年代初，英国率先发起公司治理运动，并很快波及整个世界，其起因就是公司高管薪酬大幅超过公司绩效而过快增长，由此引起公众和股东的大为不满。在此背景下，1995年7月15日英国发表了《格林伯里报告》（Greenbury Report），其核心就是关于公司董事会报酬决定和相应说明的《最佳做法准则》。

30多年后的今天，我们仍犯着当初公司治理运动发生时和发生前的错误。不过，这种错误在中国发生了部分变化，在一些企业高管薪酬过度增长的同时，还有一些企业的高管薪酬由于人为减少而导致公司业绩的更大幅度下滑，外部非经济因素对高管薪酬确定的干扰一直存在着。在规范的公司治理中，高管薪酬与公司业绩应该是吻合的。这说明，我们的公司治理还没有真正融入全球公司治理运动之中，公司化改革在较大程度上还是形式上的。

中国在高管薪酬上出现的问题，与市场（尤其是资本市场和经理人市场）不成熟、不完善存在着密切的关系。这种不完善主要表现在两个方面：一是对于国有企业来说，政府或大股东对代理人干预或过度控制；二是对于民营企业（非国有企业）来说，则是家族或创始人干预或过度控制。

对于国有企业来说，一方面，政府仍然掌控着国有企业大部分决策的权力；另一方面，国有企业又总是处于失控之中。这两个方面看似一个悖论，其实二者之间具有必然的联系，前者是后者的直接原因。正是由于政府干预或控制过多，企业才会向政府隐瞒真实信息，或上报虚假信息，而政府与企业之间的代理链条过长，以及政府对企业的非现场决策又使这种隐瞒和虚报成为可能。在政府不了解企业真实信息的情况下，某些企业高管就可以利用其所控制的国有资产任意所为，如购置豪华的办公设施、发放过高的福利待遇和超标准的在职消费等。近些年，高管薪酬又部分走向了反面，即政府主导下的"一刀切"式的降薪和工资总额控制，而这种方式的降薪和工资总额控制，使一些国有企业的高管薪酬由此偏离了其对企业的实际贡献，即出现了激励不足，由此产生的企业改革和发展不力，也严重侵害了投资者权益，其中也包括国有投资者的权益。显然，政府主导下的国有企业公司治理改革，其成本是很高的，效果则是不高的。

对于民营企业来说，尤其是家族或创始人过度控制下的上市公司，一是信息披露不充分，透明度不高；二是企业上市的主要（甚至是首要）目的是圈钱，而不是完善公司治理。这种不完善的市场会产生三个方面的负面效应：其一，高管人员（与家族大股东或创始人往往混同）不能及时地、充分地向投资者（尤其是中小投资者）报告公司的真实经营绩效；其二，高管人员可能会利用内部信息人为地操纵股价，甚至可能为了巨额套现而制造虚假信息；其三，董事会难以对高管人员进行有效监督，而是常常形成利益共同体。显然，在不成熟的市场上，试图使高管人员的未来利益与公司和投资者的利益有机结合起来，是很难实现的。

在完善的市场上，高管薪酬的高低并不是由某个政府机构或家族大股东和创始人说了算的。高管的薪酬可能很高，也可能很低，但不管高低，均是由市场决定的，也是投资者认可的。这是因为：第一，完善的市场使董事会可以在市场上选聘高管人员，并使董事会对选错人负起责任来；第二，完善的市场要求高管薪酬及其相关信息必须对外公开，以接受政府、投资者和公众的监督；第三，完善的市场意味着制度安排的强化，而强化的制度安排大大增加了高管的违规成本，使其远远高于违规的收益。

在涉及报酬问题时，很多国有企业还沿袭着过去的思维逻辑，即先讲贡献，再讲报酬。而市场选择恰恰相反，是先讲报酬，再讲贡献。但如果贡献达不到报酬支付的要求，则意味着经营者违反了合同，该经营者就要被解聘；如果贡献超过报酬支付要求，则会给予奖励。在这种情况下，经营者要求的薪酬与其贡献将是基本吻合的。

如何评价目前中国上市公司高管薪酬，这既是一个理论问题，又是一个技术问题。在现实中，人们总感觉高管的薪酬过高了，于是谴责声不断。其实，这种感觉正确与否，需要进行科学的分析。实际上，相对于公司绩效，高管的薪酬有偏高的，也有偏低的，当然，也有适度的。只是关注高管薪酬的绝对值是没有多大意义的，因为高管对企业的贡献不同。因此，有必要对高管薪酬的合理性进行科学评估。

如何评估高管薪酬的合理性？显然，对高管薪酬的评估难以采取前面五种指数的方法。对高管薪酬的合理性进行评估，只能基于企业绩效，或者准确地说，基于高管对企业的实际贡献。同时，由于各行业性质不同，还需要考虑不同行业对高管实际贡献的影响。本报告所做的工作就是考虑企业绩效，运用科学的方法，计算出上市公司的高管薪酬指数，以此评价高管薪酬的合理性。通过这一研究，既希望能对高管激励制度研究及公司治理理论的完善有所贡献，同时也希望能有效服务于公司治理实践，充分发挥其信号显示作用，为股东、董事会、经营者、政府及其他利益相关者提供一个高管薪酬治理的"晴雨表"。

八、本报告内容和特色

本报告是作为第三方评价机构的北京师范大学公司治理与企业发展研究中心开发和出版的年度公司治理指数成果。报告以国际通行的公司治理规范，尤其借鉴了《G20/OECD 公司治理原则》（尤其是 2015 年第 3 版和 2023 年第 4 版）的基本精神，同时基于中国的制度架构和现实国情，分类设计了中国公司治理评价指标体系。在此基础上，运用科学的方法，计算出了 2023 年 5061 家上市公司的中小投资者权益保护指数、董事会治理指数、企业家能力指数、财务治理指数和自愿性信息披露指数，以及 5052 家上市公司的高管薪酬指数，进而在前五类指数基础上形成了公司治理总指数，并对六类指数和总指数进行了排序和比较分析。

本报告是对中国资本市场开放以来上市公司中小投资者权益保护、董事会治理、企业家能力、财务治理、自愿性信息披露和高管薪酬合理性，以及公司治理总水平的全面评估，在很多方面填补了国内外在公司治理评价研究方面的空白。报告全面评估了中国上市公司六方面治理的现状，深刻揭示了中国上市公司六方面治理存在的问题，对于全面、客观地反映中国上市公司的治理水平，了解政府在公司治理方面的立法和执法现状，具有非常重要的现实意义。同时，报告又构成了中国公司治理理论和实证研究的重要基础，是企业强化公司治理以保证企业可持续发展的重要依据，是监管机构加强公司治理立法和执法的重要参考。特别是，它对于提升投资者尤其是中小投资者的权益保护意识，引导投资者理性投资，降低投资风险，具有重要的参考价值；对于助推国有企业全面深化改革，尤其是混合所有制改革，对于强化金融业公司治理以防范金融业系统性风险，同样意义非凡。

这里需要特别说明两点：

一是国企混改与公司治理的关系。目前一些学者和政策部门把公司治理作为国企混改的目的，或者说，国企混改是为了完善公司治理，这是一种错误的认识。其实，二者是彼此促进的关系，国企混改确实有利于公司治理的进一步完善，但没有有效的公司治理，国企混改是不可能成功的。在很大程度上，有效的公司治理是国企混改的前提，因为在设计混改方案时，公司治理的合理设计是不可或缺的，否则，就不可能吸引更多的投资者进入，也就谈不上下一步的混改推进。

二是注册制与公司治理的关系。对于注册制改革来说，公司上市的"硬门槛"降低了，暂时亏损的公司可以上市了，同股不同权的公司也可以上市了，这对于拟上市的公司来说无疑是"好消息"，但如果公司治理制度没有跟上，则注册制对投资者来说可能就是"坏消息"。其中最直接的是信息披露制度，如果投资者尤其是中小投资者不能获得全面的、真实的信息，他们的投资就可能被误导。而保证信息披露让社会投资者满意的主体，则是具有独立性的董事会。没有董事会的独立性来保证，注册制对社会投资者来说就有可能变成"噩梦"。因此，不能为了注册制而注册制，必须同步强化信息披露和董事会的独立性。不过需要强调的是，信息披露和董事会的独立性还必须由严肃的法律法规来保证。

（一）本报告主要内容

本报告除了导论外，包括八篇 26 章内容。

报告的第一篇是总论，包括导论、第 1 章和第 2 章，第八篇只包括第 26 章，中间六篇 23 章是对六类公司治理指数的统计分析，这六篇的结构基本相同，包括总体指数统计分析、分项指数统计分析（高管薪酬指数没有分项指数，故没有该部分分析）、所有制比较统计分析、年度比较统计分析。具体内容如下：

（1）设计了全面、客观、专业、可连续、可验证、可重复的中小投资者权益保护、董事会治理、企业家能力、财务治理、自愿性信息披露评价指标体系

根据各指标体系计算出来的五类公司治理指数具有科学性、可靠性和可比性（包括横向可比和纵向可比）。据此，公司可以发现公司治理五个方面的成绩、不足和潜在风险，促使公司有针对性地提升公司治理水平；投资者可以发现具有更大投资价值和更低投资风险的投资对象；监管机构可以发现资本市场中潜在的风险点和潜在的违规因素，并及时予以矫正，从而为投资者创造更好的投资环境。

（2）基于公司绩效计算了高管薪酬指数并进行了评价

本报告基于公司绩效，并考虑行业因素，计算出了高管薪酬指数，然后根据统计学的四分之一分位法，将高管薪酬激励划分为激励过度、激励不足和激励适中三个区间。与其他五类公司治理指数不同的是，高管薪酬指数不是越高越好，也不是越低越好，而是数值越接近100越好，表明激励与绩效是匹配的，而两端的数据表明激励与绩效偏离较大，薪酬制度是低效率的。从高管薪酬绝对值与高管薪酬指数的比较看，高管薪酬绝对值高的不一定激励过度，高管薪酬绝对值低的也不一定激励不足，衡量高管薪酬合理与否要结合公司业绩，即应该考虑相对薪酬，而不应该过度关注高管薪酬绝对值。

（3）全样本、全方位评估了中国上市公司中小投资者权益保护、董事会治理、企业家能力、财务治理、自愿性信息披露、高管薪酬六方面的治理水平

本报告从总体、地区、行业、上市板块等多角度全面评价了中国近乎全部A股上市公司（只剔除截至2024年3月31日上市不足一年，以及截至2024年7月10日本报告开始撰写时退市和暂停上市的公司。之所以剔除上市不足一年的公司，是因为这些公司年报不完整，与其他公司难以比较）六方面的治理水平。研究发现，2023年中国上市公司中小投资者权益保护指数、企业家能力指数和财务治理指数的均值仍未达到60分的及格线，其中中小投资者权益保护指数均值为56.92分（比上年下降0.86分），财务治理指数均值为57.46分（比上年下降0.08分），企业家能力指数均值仅为31.45分（比上年下降1.34分）；董事会治理指数均值为61.20分（比上年下降1.28分），略超60分；自愿性信息披露指数均值为71.03分（比上年提高0.07分），在上述五类指数中属于最高水平。总体上看，五类指数仍处于偏低水平，而且四类指数出现一定程度的下降。2023年高管薪酬指数均值为190.64分，与上年相比，高管薪酬和绩效的平均值都出现了下降，但前者降幅小于后者降幅，所以高管薪酬指数比上年升高，这反映高管激励出现了一定程度的恶化。

（4）中小投资者权益保护、董事会治理、企业家能力、财务治理、自愿性信息披露都从四个维度或分项进行了全面评估

其中，中小投资者权益保护指数分解为知情权、决策与监督权、收益权和维权环境四个分项指数，2023年四个分项指数中，知情权和决策与监督权两个分项指数均值分别为69.62分和42.32分，均比上年有所下降，其中决策与监督权下降6.07分；收益权分项指数均值为45.34分，比上年基本持平，略有上升；维权环境分项指数均值为70.42分，比上年提高4.37分。可以看出，对于中小投资者权益保护最具有实质意义的决策与监督权以及收益权两个分项指数的均值仍然很低。董事会治理指数分解为董事会结构、独立董事独立性、董事会行为和董事激励与约束四个分项指数，2023年除独立董事独立性分项指数均值出现下降外，其他三个分项指数均值都比上年有所提升，但其中董事会结构和董事激励与约束两个分项指数的均值都尚未达到60分的及格线，尤其是董事会结构，仅有44.08分，反映着董事会结构仍很不健全，董事激励与约束机制也仍很不到位。企业家能力指数分解为人力资本、关系网络能力、社会责任能力和战略领导能力四个分项指数，2023年四个分项指数均值全部比上年出现下降，反映着总经理的不独立，以及由此而导致的对其发挥最大潜能的牵制。财务治理指数分解为财权配置、财务控制、财务监督和财务激励四个分项指数，四个分项指数的均值差异较大。2023年除财务控制分项指数均值比上年有所提升外，其他三个分项指数均值都比上年有所下降。其中财权配置和财务激励两个分项指数的均值分别只有44.84分和28.79分，反映着财权配置和财务激励的极不合理。自愿性信息披露指数分解为治理结构、治理效率、利益相关者、风险控制四个分项指数，2023年除风险控制分项指数比上年略有下降外，其他三个分项指数都比上年有所提升，风险控制分项指数均值只有52.71分，这反映着公司披露风险控制方面信息的意愿仍很不足。

（5）从所有制角度对中国上市公司中小投资者权益保护、董事会治理、企业家能力、财务治理、自愿性信息披露、高管薪酬等六方面的治理水平作了深入的比较分析

2023年，从均值上比较，在企业家能力和自愿性信息披露两类指数上，非国有控股公司高于国有控股公司；中小投资者权益保护、董事会治理和财务治理三类指数则是国有控股公司高于非国有控股公司。从三类实际（或最终）控制人看，在中小投资者权益保护指数和财务治理指数上，都是中央企业（或监管机构）控制的公司高于地方国企（或监管机构）控制的公司，后者又高于非国有企业或自然人控制的公司；在企业家能力指数和自愿性信息披露指数上，都是中央企业（或监管机构）控制的公司高于非国有企业或自然人控制的公司，后者又高于地方国企（或监管机构）控制的公司；在董事会治理指数上，则是地方国企（或监管机构）控制的公司高于中央企业（或监管机构）控制的公司，后者又高于非国有企业或自然人控制的公司。对于高管薪酬指数，非国有控股公司远高于国有控股公司，而且前者高管薪酬绝对值也超过后者。从三类实际（或最终）控制人看，非国有企业或自然人控制的公司的高管薪酬指数均值是最高的，但其高管薪酬绝对值均值却低于中央企业（或监管机构）控制的公司。通过高管薪酬指数和高管薪酬的对比，可以发现高管薪酬与高管薪酬指数之间未必一定是正向关系，这有利于纠正社会对较高或较低的高管薪酬存在的误区，即认为高薪酬就是激励过度，低薪酬就是激励不足，而这种误区导致一刀切地降薪或提薪。对此，应该树立高管薪酬与高管贡献相吻合的新的观念。需要注意的是，在比较高管薪酬指数时，没有考虑客观存在的政府赋予部分国企的垄断因素。

（6）对中国上市公司中小投资者权益保护、董事会治理、企业家能力、财务治理、自愿性信息披露、高管薪酬等六方面的治理水平作了深入的年度比较分析

从均值上比较，对于中小投资者权益保护指数，2014~2023年，除了2018年、2020年和2023年出现下降外，其他年度都是上升的。对于董事会治理指数，2012~2023年，2014年和2015年连续下降，2016~2021年逐年上升，2021年是十个年度的最高值，2022年和2023年连续下降。对于企业家能力指数，2011~2017年连续下降，之后年度呈波动式变化，2022年达到自2016年以来的最高值，但2023年又出现下降。对于财务治理指数，2010~2023年，2014年下降，2015~2017年连续上升，2018~2021年呈波动式上升，2022年和2023年连续下降。对于自愿性信息披露指数，2013~2023年，2013~2017年波动式变化，2018~2023年连续上升，且有的年份上升幅

度较大，这与逐步实施以至于全面普及注册制，以及监管加强存在密切关系。对于高管薪酬指数，2012～2016 年连续上升，但是之后连续三年下降，2020 年有所回升，2021 年和 2022 年连续下降，2023 年又出现上升，这种上升是由于经济下行情况下高管薪酬降幅小于业绩降幅所导致；从高管薪酬绝对值上看，2012～2023 年，高管薪酬均值增幅为 60.47 万元，年均增长率为 6.26%。可见，高管薪酬指数增长与高管薪酬绝对值的增长并非总是一致，这再次说明，关注基于业绩的高管薪酬增长才是更重要的。

（7）对中国上市公司治理总指数进行了测算

本年度在六类公司治理指数的基础上，计算了 2015～2023 年中国上市公司治理总指数。2025～2022 年，上市公司治理总指数均值连续上升，2023 年首次出现下降，这应该与经济下行有密切关系。2023 年比 2015 年提高 10.81 分，比 2022 年下降 0.70 分。其中，国有控股公司和非国有控股公司都在前七年间连续上升，2023 年下降。2015～2017 年国有控股公司都低于非国有控股公司，2018～2023 年则是国有控股公司略高于非国有控股公司。

（8）结合本报告公司治理指数评估结果，提出了完善公司治理的相应政策建议

基于中国上市公司治理的分类评价，以及中国公司治理实践中的问题，顺应全球公司治理发展趋势，本报告主要从中小投资者权益保护、股东与企业关系、董事会审计委员会转型改革、激发企业家人力资本等几个方面提出了一些建议。

（二）本报告主要特色

本报告的最大特色就是对公司治理进行分类评价，把公司治理指数分为六类，六类公司治理指数既有共性也有各自的特色。

六类公司治理指数的共性特色表现在以下六个方面：

（1）**指标体系设计借鉴国际通行的公司治理规范**

全球经济一体化是世界经济发展趋势，中国也有越来越多的企业走向海外或国外，与全球市场融为一体。同时，各国公司治理尽管有自己的特点，但趋同的方面越来越多，发达国家长期以来形成的规范的公司治理，正逐渐演化为国际通行的治理规范，像中国政府认同并与 G20 国家共同签署的《G20/OECD 公司治理原则》，正在世界许多国家得到重视和贯彻。在指标设计时引入国际通行的标准，有助于引导中国企业尽快融入国际体系，有助于中国企业的国际化。

（2）**指标评分标准清晰**

评分标准模糊、难以分层是指标评分之大忌，是产生主观评价的主要根源。为此，在确定指标体系时，一方面力求指标标准清晰可辨；另一方面，对于容易产生主观判断的部分指标，制定近乎苛刻的分层标准。由于评分标准清晰，加之对数据录入人员进行严格的培训，尽管评价对象是全部 A 股上市公司，数据量庞大，但仍能保证数据的高准确度。

（3）**全样本评价**

本报告的评价对象是沪深北三市 A 股全部上市公司，这与既有研究只是抽样评价形成明显区别。抽样评价得出的结果不能代表全部，尤其是其中的所谓"最佳"只能是抽样中的"最佳"，而不是真正的"最佳"，无法得到上市公司的普遍认同。更有甚者，个别评价依赖于部分专家的主观推荐，抽样并不具有客观性，指标体系只是针对推荐出来的公司，这种评价无疑是极不严肃的。

（4）数据来源公开可得，评价具有连续性

指标数据全部可以从证监会、公司年报、公司网站、官方指定媒体等公开的权威渠道取得，避免通过问卷调查等主观性很强、不能连续、调查对象不稳定的渠道获取数据，从而使公司治理指数评价具有连续性，评价对象高度稳定，评价结果更加客观，可以长期跟踪分析。

（5）评价标准全公开，评价结果可验证

这是本报告的最大特色。18年来，我们一直秉持这一做法，这种做法极具挑战性和风险性，因为标准全公开意味着每个公司和研究者都可以验证评价结果的准确性和客观性，从而容不得我们犯错误。该系列指数报告曾经是唯一全面公开评价标准的研究成果，现在已经产生示范效果，近年来也有其他相近研究公开其评价标准。

（6）避免模糊指标

在既有评价研究中，存在不少模糊指标。以董事会治理评价为例，有研究者把董事会规模、会议次数等纳入评价指标，这无异于假定董事会规模越大，董事会会议次数越多，董事会治理就越好。其实，这个假设是错误的。董事会规模多大、董事会会议次数多少才是最佳的，难以断定，从而无法给出公认的客观标准。没有公认的客观标准，就不能得出评价结果。像这类指标，只能说，它们对董事会治理有影响，而不是董事会治理本身。在本报告中，指标体系设计均按照既有法律法规，尤其是遵循国际规范，所有指标均有公认的标准，这保证了评价结果的客观性和可比性。

六类公司治理指数各自的特色表现在如下方面：

（1）对于中小投资者权益保护指数，指标体系分为权利行使和权利行使保障两个层面

前者包括决策与监督权以及收益权两个维度，后者包括知情权和维权环境两个维度；前者对中小投资者更具有实质意义，后者则要保障中小投资者权益得到落实。这种指标体系的设计，可以全面评价中小投资者权益保护的实际水平。

（2）对于董事会治理指数，要回归"董事会"

董事会治理是公司治理的重要组成部分，甚至是核心范畴，但不是公司治理的全部，因此，本报告克服了既有研究中混沌不清的缺陷，把不属于董事会治理的指标予以剔除（如股东会、股权结构、监事会等），基于董事会作为股东的代理人和经营者的监督者以及本身作为利益主体的角度来设计指标体系，从形式上和实质上全面评价董事会治理的水平。

（3）对于企业家能力指数，指标体系设计充分考虑企业家的潜在能力和现实能力

为了反映企业家能力的全貌，在指标设计上，不仅有反映企业家潜在能力信息的指标，如教育水平、工作年限、工作经历、选聘路径等，更有反映企业家实际能力信息的指标，如关系网络、社会责任、对企业的实际贡献等；不仅有反映企业家成功信息的指标，如被聘为独立董事、担任人大代表、国际化战略等，也有反映不成功信息的指标，如贷款诉讼（未按期偿还）、投资者低回报或无回报、被监管机构谴责等。指标体系的设计，要能够体现企业家诚信经营、敢于创新和担当的品质与精神。

（4）对于财务治理指数，指标体系设计借鉴国际财务报告准则

在全球资本市场趋于一体化的情况下，采用国际财务报告准则，财务报告将具有透明度和可比性，从而可以大大降低公司的会计成本，提高公司运营绩效。因此，将国际财务报告准则部分纳入财务治理指标体系，有助于提高企业财务治理的规范化程度，也有利于提升其国际化水平。

（5）对于自愿性信息披露指数，从投资者权益保护角度设计指标体系

信息披露的目的是吸引投资者的关注和投资，投资者理性投资的前提也是充分、真实和及时信息披露，无疑，投资者是上市公司所披露的信息的主要使用者，因此，自愿性信息披露评价指标体系的设计必须紧密围绕投资者，以投资者为核心，使投资者使用时具有很强的针对性。基于这种考虑，指标体系要全面但又不宜过多，要使投资者利用有限的知识了解他们所需要的全面信息。同时，指标体系要具有可连续的数据支持，可以使投资者进行连续的跟踪分析，以引导投资者立足于公司的长远发展，而不是仅仅满足于短期回报。本报告自愿性信息披露指数的四个维度指标体系就是基于以上原则而设计的。其中，治理结构维度反映代理人是否可能代表投资者，治理效率维度反映代理人是否实际代表投资者，利益相关者维度反映投资者（以及其他利益相关者）是否得到尊重，风险控制维度反映投资者投资的实际结果。

（6）对于高管薪酬指数，基于绩效对高管薪酬进行客观评价

既有的高管薪酬研究大都基于高管薪酬绝对值，这种研究简单地把高薪酬等同于高激励，或者把低薪酬等同于低激励，其结果便是盲目攀比。而本报告的研究表明，考虑企业绩效因素后可以对高管的实际贡献做出客观评价，考虑到高管的实际贡献，则高薪酬未必高激励，低薪酬也未必低激励，这种评价有利于避免高管薪酬的攀比效应。

本报告强调公司治理评价要分类，但从 2019 年也开始测算中国上市公司治理总指数。但本报告特别指出，公司治理涉及领域很广，很难形成全面的各分类指数，且不同方面的界限不能严格分清，因此，编制总指数，只能是一个"大约数"。这也可视为本报告的一个不那么"特色"的特色吧。

第1章　中国公司治理分类指数指标体系、计算方法和评价范围

如导论所述，公司治理涉及很多方面，如投资者权益保护、董事会治理、企业家能力、财务治理、信息披露、高管薪酬、社会责任（包括环境保护责任）、政府监管等诸多方面，本报告基于已经相对成熟的、连续出版的"中国上市公司治理分类指数报告系列"，包括其中最重要的六个方面，即中小投资者权益保护、董事会治理、企业家能力（含企业家的社会责任）、财务治理（含涉及社会责任的财务监督）、自愿性信息披露（含利益相关者或社会责任信息披露）、高管薪酬。

1.1　中国公司治理分类指数研究的两个关键问题

与已经出版的6类22部指数报告一样，本报告采取的方法是"指数"形式。在指数研究中，有两大关键问题，分别是指数涉及的指标体系选择和指标权重设计，这两个方面构成了指数研究的核心内容。

在指标体系选择上，考虑到公司治理是一个国际话题，以及全球经济一体化的发展，本报告各类指数在制定指标体系上，既参照国际先进的公司治理规范，包括国际组织的公司治理准则和市场经济发达国家的公司治理准则，也借鉴国内外已有的公司治理评价研究成果，同时也考虑国内既有的相关法律法规。如此确定的指标体系和评价结果接近于国际标准，高于国内既有法律和政策规定，是对各类公司治理水平的真实反映。本报告基本沿用已出版的6类22部公司治理指数报告的评价体系，并根据国际国内公司治理变化趋势对个别指标作了微调。

在指标权重设计上，目前常见的方法主要有专家打分法、因子分析法、层次分析法等。就技术层面而言，这些方法各有优劣，并没有一种公认的所谓"最适合"的方法。具体而言，专家打分法是一种主观定权方法，其优势在于简单实用，容易构造指标权重，但是其不足在于这种方法主观性太强，对专家经验的依赖程度很高；因子分析法是一种客观定权方法，其优势在于较为客观，通过提取主要因子的方法即可完成权重设计，但其劣势在于随着时间的推移和数据的变化，各指标权重将会发生变化，这将导致指数结果在年度之间不可比较，从而对跨年度分析带来困扰，而跨年度比较是本报告系列指数的一个重要内容；层次分析法是一种主观和客观相结合的方法，其优势在于将定性分析和定量分析相结合，用决策者的经验来判断和衡量目标能否实现的标准之间的相对重要程度，并给出每个决策方案的标准权重。它不仅适用于存在不确定性和主观信息的情况，还允许以合乎逻辑的方式运用经验、洞察力和直觉，由于其具有主观打分和客观定权相结合的特点，其劣势就在于同样会受到这两种

因素的影响，同时其操作也相对复杂。

从近些年指数研究的情况来看，以算术平均值作为指标权重（即等权重）的处理方法得到了越来越多的青睐。例如，樊纲等（2011）[1]在其被广泛引用的《中国市场化指数》设计中，就使用算术平均值处理方法来替代以往使用的层次分析法，并且他们的稳健性分析表明，采用算术平均值处理方法得到的结果与其他方法是非常接近的，这说明算术平均值处理方法是可行的，特别是在评价指标较多的情况下，更是如此。其他类似的研究还包括美国传统基金会（The Heritage Foundation）和加拿大弗雷泽研究所（The Fraser Institute）的"经济自由度测度"，以及中国香港中文大学的"亚洲银行竞争力测度"等项目。

本报告在指标权重选择方法上，对中小投资者权益保护、董事会治理、财务治理、自愿性信息披露四类指数以及公司治理总指数，均采用目前国际通行的等权重方法。但企业家能力则采用了层次分析法（AHP）。这主要是因为企业家能力指数的四个维度具有明显的重要性区分。具体方法将在以下各节中说明。

1.2 中国上市公司治理总指数计算方法

我们编制"中国上市公司治理分类指数"已经18年，2019年之前一直没有编制总指数，也一直不主张编制总指数，原因已在导论中分析。但是，公司治理总指数并非没有必要，它可以给人一种总体的认识，并且易于传播。只是，这种总指数一定是在分类指数的基础上汇总而成。问题在于，公司治理涉及领域很广，很难形成全面的各类指数，因此，即使编制总指数，也只能是一个"大约数"。我们编制了六类指数，尽管已经比较全面，但仍不能涵盖公司治理的全部内容，因此，尽管我们响应社会需求，从2019年度开始编制公司治理总指数，但仍是一个"约数"。

如何在已编制的6类公司治理指数的基础上，形成公司治理总指数，我们尝试了比较流行的因子分析法，但正如前文所述，由于各年度的权重不同，使得指数结果在年度之间的可比性较差。于是，我们又回归算术平均法。那么，6类公司治理指数如何取舍？不同类别的公司治理指数中的重复指标如何处理（尽管只是很少一部分）？在已开发的6类公司治理指数中，与其他5类公司治理指数都是百分制不同，高管薪酬指数由于衡量的是高管贡献与公司绩效的吻合度，因此100分是薪酬激励最适中的指数值。指数值越大，薪酬激励就越趋向过度；指数值越小，薪酬激励越趋向不足。据此，我们把高管薪酬激励区分为激励过度、激励适中、激励不足三个区间，并作为6类指数之一的财务治理指数的一个重要指标。因此，在编制公司治理总指数中就舍弃了高管薪酬指数，只把其他5类公司治理指数作为编制基础。至于不同类别公司治理指数中的重复指标，我们原计划只在某一类指数中计算，但这样会削弱放弃该指标的那一类指数的重要性，而这种重要性是不能忽视的。比如"股东诉讼及赔偿情况"是中小投资者权益保护的重要方面，同时也是对董事进行约束的重要方面（因为董事会是全体股东的代理人），因此，在中小投资者权益保护指数和董事会治理指数中都有这个指标，这两类指数中的任何一类放弃该指标，都意味着该类指数重要性的降低。于是，我们最终选择不放弃。这意味着，在5类公司治理指数进行算术平均时，其实加大了那几个重复指标的权重，我们认为，对于涉

---

[1] 樊纲，等.中国市场化指数：各地区市场化相对进程2011年报告[M].北京：经济科学出版社，2011.

领域很广泛的公司治理指数编制来说,这应该是更科学的做法。

基于以上考虑,我们将计算得到的中小投资者权益保护指数($CCMII^{BNU}$)、董事会治理指数($CCBI^{BNU}$)、企业家能力指数($CCEI^{BNU}$)、财务治理指数($CCFI^{BNU}$)和自愿性信息披露指数($CCVDI^{BNU}$)进行加总,然后进行简单平均,得到中国上市公司治理总指数,其计算公式为:

$$CCGI^{BNU} = \frac{1}{5}(CCMII^{BNU} + CCBI^{BNU} + CCEI^{BNU} + CCFI^{BNU} + CCVDI^{BNU})$$

式中,$CCGI^{BNU}$代表中国上市公司治理总指数("北京师范大学公司治理总指数")。

1.3 中小投资者权益保护指数指标体系及计算方法

1.3.1 中小投资者权益保护指数指标体系

本报告基于国际规范的中小投资者权益保护规范,同时考虑中国中小投资者的立法和执法状况,从知情权、决策与监督权、收益权和维权环境四个维度来计算中小投资者权益保护指数,据此来评价上市公司的中小投资者权益保护质量,具体包括4个一级指标(维度),36个二级指标。其中,知情权维度包括9个二级指标;决策与监督权维度包括11个二级指标;收益权维度包括7个二级指标;维权环境维度包括9个二级指标,参见表1-1。

表1-1 中小投资者权益保护指数指标体系

一级指标	二级指标	评价标准
知情权 (MIK)	1.是否按时披露公司定期报告	包括一季度报、半年报、三季度报和年报,每项分值0.25分
	2.年报预披露时间与实际披露时间是否一致	A.基本一致(延后在10天之内,包括提前,1分); B.差距较大(延后在10～30天,0.5分); C.差距很大(延后在30天以上,0分)
	3.预告业绩与实际业绩是否一致	A.实际的数据落入预测区间(1分); B.没有落入预测区间(0分)
	4.公司是否因违规而被证监会、证交所等部门公开批评、谴责或行政处罚	A.否(0分);B.是(-1分)
	5.外部审计是否出具标准无保留意见	A.是(1分);B.否(0分)
	6.上市公司是否开通微信/微博/网站/投资者咨询电话或在线互动平台	重点关注网站、微信或微博、投资者咨询电话或在线互动平台三项,每一项分别赋分为0.34分、0.33分、0.33分;任何一项都没有,得0分
	7.分析师关注度	用会计年度内分析师发布研究报告的次数衡量,标准化处理为0～1区间数值
	8.是否详细披露独立董事过去3年的任职经历	A.详细披露(1分); B.笼统披露(0.5分); C.未披露(0分)
	9.是否披露可预见的财务风险因素	A.是(1分);B.否(0分)

续表

一级指标	二级指标	评价标准
决策与监督权（MIE）	10. 是否采用网络投票制	A. 是（1分）；B. 否（0分）
	11. 是否实行累积投票制	A. 是（1分）；B. 否（0分）
	12. 是否采用中小投资者表决单独计票	A. 是（1分）；B. 否（0分）
	13. 独立董事比例	A. 独立董事比例 ≥ 2/3（1分）； B. 1/2 ≤ 独立董事比例 < 2/3（0.7分）； C. 1/3 ≤ 独立董事比例 < 1/2（0.35分）； D. 独立董事比例 < 1/3（0分）
	14. 有无单独或者合计持有公司10%以上股份的中小股东（不含控股股东）提请召开临时股东会并成功举办	A. 是（1分）；B. 否（0分）
	15. 独立董事是否担任本公司董事长	A. 是（1分）；B. 否（0分）
	16. 有无单独或者合计持有公司3%以上股份的股东（不含控股股东）提出议案并提交股东会（含临时股东会）	A. 是（1分）；B. 否（0分）
	17. 三个专门委员会是否设立（审计、提名、薪酬）	A. 0个（0分）； B. 1个（0.35分）； C. 2个（0.7分）； D. 3个（1分）
	18. 审计委员会主席是否由独立董事担任	A. 是（1分）； B. 否（0分）； C. 未披露（0分）
	19. 独立董事的董事会实际出席率	公司所有独立董事实际出席董事会次数的总和 / 公司所有独立董事应出席董事会次数的总和
	20. 董事长是否来自大股东单位	A. 否（1分）；B. 是（0分）
收益权（MIR）	21. 个股收益率是否大于或等于市场收益率	A. 是（1分）；B. 否（0分）
	22. 现金分红	最近三年现金分红累计分配利润与最近三年实现的可分配利润的比例，标准化处理为0～1区间数值
	23. 股票股利	股票股利情况，标准化处理为0～1区间数值
	24. 财务绩效	取ROE，标准化处理为0～1区间数值
	25. 增长率	取营业总收入增长率，标准化处理为0～1区间数值
	26. 是否ST	A. 否（0分）；B. 是（-1分）
	27. 是否有中小股东收益权的制度安排（分红权）	A. 是（1分）；B. 否（0分）
维权环境（MII）	28. 股东诉讼及赔偿情况	A. 无股东诉讼（0分）； B. 有股东诉讼无赔偿或存在未决诉讼（-0.5分）； C. 有股东诉讼且有赔偿（-1分）
	29. 控股股东（实际控制人）是否因直接或者间接转移、侵占上市公司资产受到监管机构查处	A. 否（0分）；B. 是（-1分）
	30. 是否建立违规风险准备金制度	A. 是（1分）；B. 否（0分）

续表

一级指标	二级指标	评价标准
维权环境（MII）	31. 投资者关系建设情况	A.详细披露投资者关系沟通细节或接待措施（1分）； B.只说明有《投资者关系管理制度》，但没有具体内容（0.5分）； C.关于投资者关系建设没有任何说明或者笼统说明（0分）
	32. 董事会或股东会是否定期评估内部控制	A.有《报告》且有出处或全文（1分）； B.有《报告》但无出处或全文（0.5分）； C.没有《报告》（0分）
	33. 各专门委员会是否在内部控制中发挥作用	A.是（1分）；B.否（0分）
	34. 是否披露存在重大内部控制缺陷	A.重大缺陷（-1分）； B.重要缺陷（-0.7分）； C.一般缺陷（-0.35分）； D.无缺陷（0分）
	35. 风险控制委员会设置情况	A.设置且独董比例不低于2/3（1分）； B.设置但独董比例低于2/3（0.7分）； C.设置但未披露独董比例（0.35分）； D.未设置或未披露（0分）
	36. 是否存在股价异动	A.否（0分）；B.是（-1分）

对于中小投资者权益保护指数指标体系，简要解释如下：

（1）知情权维度

知情权维度包括编号1～9的9个二级指标，主要考查中小投资者对于公司经营决策关键信息的知情权。其中，指标1～3从定期报告角度，评价中小投资者对公司经营定期报告知情权的掌握情况；指标4和5是从外部监管和审计角度，评价中小投资者对重大监管和审计事项知情权的掌握情况；指标6～9则是从中小投资者参与决策所需要的其他重要信息来评价中小投资者的知情权。

（2）决策与监督权维度

决策与监督权维度包括编号10～20的11个二级指标，主要考察中小投资者行使权利和监督代理人的情况。其中，指标10～12从直接角度评价中小投资者行使权利和监督代理人情况；指标13至20从间接角度评价中小投资者行使权利和监督代理人情况。需要特别说明是指标14和16。单独或者合计持有公司10%以上股份的股东提请召开临时股东会、单独或者合计持有公司3%以上股份的股东提出议案是股东的法定权利，但在中国目前很多情况下，中小股东行使这两项权利往往是因为自身利益受到侵害或公司出现了问题，而不是正常情况下中小股东出于公司更好发展提出更好建议的考虑，如果是后者，表明中小股东很关心公司发展，也表明董事会很尊重中小股东的意见，愿意接受中小股东的监督，因此，我们对这两个指标赋分1分的情况附加了条件，即中小股东提请召开股东会并能够成功举办、提出议案能够被董事会采纳并提交股东会。另外，根据新版《中华人民共和国公司法》（以下简称《公司法》），股东提案的条件从原来的单独或者合计持有3%修改为单独或者合计持有1%，但由于本年度评价的时间范围是2023年，而新《公司法》正式实施的时间是2024年7月1日，因此，本年度报告仍然沿用3%的法律规定。

（3）收益权维度

收益权维度包括编号 21 ～ 27 的 7 个二级指标，主要考查上市公司为中小投资者提供的投资回报情况，是中小投资者权益保护的目标。其中，指标 21 ～ 23 从直接收益角度评价上市公司中小投资者回报情况；指标 24 ～ 27 从间接收益和制度角度评价上市公司中小投资者回报情况。

（4）维权环境维度

维权环境维度包括编号 28 ～ 36 的 9 个二级指标，主要考察中小投资者权益维护方面的制度建设情况。其中，指标 28 和 29 主要是从行政司法角度反映中小投资者的权益维护情况；指标 30 ～ 35 主要是从内部治理角度反映中小投资者的权益维护情况；指标 36 则是从股价波动角度反映中小投资者的权益维护情况。

1.3.2　中小投资者权益保护指数计算方法

首先要考虑计分方法。按计分方法分类，中小投资者权益保护指数指标体系中的 36 个二级指标可以分为三类：一是 0/1（或 -1/0）变量，使用该种计分方法的二级指标有 19 个，包括指标 3、4、5、9、10、11、12、14、15、16、18、20、21、26、27、29、30、33 和 36；二是程度变量，按照某个指标的质量高低对指标进行分层，使用该种计分方法的二级指标有 11 个，包括指标 1、2、6、8、13、17、28、31、32、34 和 35；三是连续变量，有的比例指标数据本身就是连续数据，在 [0,1] 区间，可以直接采用原始数据，这类指标有 1 个，即指标 19；有的指标数据尽管是连续数据，但超越 [0,1] 区间，通过标准化❶折算到 [0,1] 区间，这类指标有 5 个，包括指标 7、22、23、24、25。

接着要考虑权重的确定。我们认为，本报告所选择的中小投资者权益保护指数的四个维度（一级指标）和 36 个指标（二级指标）并无孰轻孰重的区分，因此，为了避免主观性偏差，在计算中小投资者权益保护指数时，不论是四个维度还是每个维度内的单个指标，都采用算术平均值（等权重）处理方法来设定指标权重，即首先针对某个一级指标内的所有二级指标进行等权重计算，然后对四个一级指标进行等权重计算，以此得出中小投资者权益保护指数。具体计算方法如下：

（1）二级指标赋值：根据表 1-1 对每个二级指标 I_i（$i = 1, 2 \cdots 36$）进行打分和计算，使每个二级指标的取值均位于 0 ～ 1 的数值区间。

（2）计算四个分项指数：对隶属于同一个一级指标的二级指标的得分进行简单平均，并转化为百分制，得到四个一级指标得分，即中小投资者知情权分项指数、中小投资者决策与监督权分项指数、中小投资者收益权分项指数和中小投资者维权环境分项指数。具体计算公式如下：

$$MIK = \frac{1}{9}\left(\sum_{i=1}^{9} I_i + 1\right) \times 100$$

$$MIE = \frac{1}{11}\sum_{i=10}^{20} I_i \times 100$$

$$MIR = \frac{1}{7}\left(\sum_{i=21}^{27} I_i + 1\right) \times 100$$

$$MII = \frac{1}{9}\left(\sum_{i=28}^{36} I_i + 4\right) \times 100$$

---

❶ 标准化的方法为：标准化数值 =（指标得分 − 样本最小值）/（样本最大值 − 样本最小值）。

其中，*MIK*、*MIE*、*MIR*和*MII*分别代表知情权分项指数、决策与监督权分项指数、收益权分项指数和维权环境分项指数。

需要特别说明的是，由于知情权分项指数、收益权分项指数和维权环境分项指数中有6个二级指标（指标4、26、28、29、34、36）有部分负分取值，为了保证所有四个一级指标（维度）都位于[0,100]区间，在对每个一级指标（维度）进行分项指数计算时，对负值进行简单调整，即对负分指标加上一个相应的正值，从而使每个分项指数落在[0,100]区间，具体就是对涉及的一级指标*MIK*、*MIR*和*MII*，分别加上正值1、1、4。

但是，这种方法对于获得负分（即应处罚或谴责）的企业，无异于是一种"奖励"。因此，为保证真实性和客观性，在相应的分项指数计算出来后，需要对这些企业扣减与负分相对应的分值。对于每个负分项，扣减的分值是：$1/n \times 100$，式中，n是负分项所在分项指数所包含的指标数。

具体而言，在知情权分项指数（*MIK*）中，有9个指标，其中有1个负分指标（二级指标4），对得负分的企业，需要在该分项指数中扣减$1/9 \times 100$分。在收益权（*MIR*）中，有7个指标，其中有1个负分指标（二级指标26），需要在该分项指数中扣减$1/7 \times 100$分。在维权环境（*MII*）中，有9个指标，其中有4个负分指标（二级指标28、29、34和36），对于得-1分的企业，均扣减$1/9 \times 100$分。需要注意的是，指标28和34是程度指标，以指标34为例，企业有-1、-0.7、-0.35和0四个不同得分，对于得分-0.7的企业，扣减$0.7/9 \times 100$分；对于得分-0.35的企业，则扣减$0.35/9 \times 100$分。如果扣减后该分项指数出现负分情况，则该分项指数最低为0分。

这种扣减分方法从2017年开始采用，其中"28. 股东诉讼及赔偿情况"是2018年评价时由原来的正分项调整为负分项的，为了使不同年度具有可比性，对之前年度的中小投资者权益保护指数数据库也进行了同样的调整。本次评价仍采用这种方法对指数进行调整。

（3）计算总指数：将根据二级指标计算得到的一级指标进行加总并进行简单平均，便得到中国上市公司中小投资者权益保护指数，其计算公式为：

$$CCMII^{BNU} = \frac{1}{4}(MIK + MIE + MIR + MII)$$

式中，$CCMII^{BNU}$代表中国上市公司中小投资者权益保护指数（"北京师范大学中小投资者权益保护指数"）。

1.4 董事会治理指数指标体系及计算方法

1.4.1 董事会治理指数指标体系

本报告以董事会治理质量评价为核心，以中国《上市公司治理准则》（2018）为基准，综合考虑《公司法》《证券法》《关于上市公司独立董事制度改革的指导意见》《上市公司独立董事管理办法》等国内有关上市公司董事会治理的法律法规，以及《G20/OECD公司治理准则》（2023）和标准普尔公司治理评级系统等国际组织和机构有关公司治理的准则指引，借鉴国内外已有的董事会评价指标体系，从董事会结构、独立董事独立性、董事会行为和董事激励与约束四个维度共38个指标对董事会治理质量通过指数形式做出评价。其中董事会结构维度包括12个二级指标，独立董事独立性维度包括 10 个二级指标，董事会行为维度包括 7 个二级指标，董事激励与约束维度包括 9 个二级指标，参见表 1-2。

表 1-2 董事会治理指数指标体系

一级指标	二级指标	评价标准
董事会结构（BS）	1. 外部董事比例	A. 独立董事比例≥2/3（1 分）； B. 独立董事比例<2/3，外部董事（含独立董事）比例≥1/2（0.7 分）； C. 1/3≤外部董事（含独立董事）比例<1/2（0.35 分）； D. 外部董事（含独立董事）比例<1/3（0 分）
	2. 有无外部非独立董事	A. 有（1 分）；B. 无（0 分）
	3. 董事长和总经理两职是否分离	A. 是（1 分）；B. 否（0 分）
	4. 董事长是否来自大股东单位	A. 否（1 分）；B. 是（0 分）
	5. 有无小股东代表（以"是否实行累积投票制"替代）	A. 是（1 分）；B. 否（0 分）
	6. 有无职工董事	A. 有职工董事且披露职工董事姓名（1 分）； B. 有但没有标明具体名字（0.5 分）； C. 无（0 分）
	7. 董事学历	A. 硕士及以上（1 分）； B. 本科（0.7 分）； C. 专科（0.35 分）； D. 高中及以下（0 分）； E. 未披露（0 分） 取全部董事学历得分的平均值
	8. 年龄超过 60 岁（包括 60 岁）的董事比例	A. 比例≥1/3（0 分）；B. 比例<1/3（1 分）
	9. 审计委员会设置情况	A. 设置且独立董事比例为 100%（1 分）； B. 设置且独立董事比例达到 50%（0.7 分）； C. 设置但独董比例低于 50% 或未披露独董比例（0.35 分）； D. 未设置或未披露（0 分）
	10. 薪酬委员会设置情况	A. 设置且独立董事比例为 100%（1 分）； B. 设置且独立董事比例达到 50%（0.7 分）； C. 设置但独董比例低于 50% 或未披露独董比例（0.35 分）； D. 未设置或未披露（0 分）
	11. 提名委员会设置情况	A. 设置且独立董事比例为 100%（1 分）； B. 设置且独立董事比例达到 50%（0.7 分）； C. 设置但独董比例低于 50% 或未披露独董比例（0.35 分）； D. 未设置或未披露（0 分）
	12. 合规委员会设置情况	A. 在董事会下设置（1 分）； B. 在经营层下设置（0.5 分）； C. 未设置或未披露（0 分）

续表

一级指标	二级指标	评价标准
独立董事独立性（BI）	13. 审计委员会主席是否由独立董事担任	A. 是（1分）； B. 否（0分）； C. 未披露（0分）
	14. 独立董事中有无财务专家	A. 有（1分）；B. 无（0分）
	15. 独立董事中有无法律专家	A. 有（1分）；B. 无（0分）
	16. 独立董事中有无其他企业高管	A. 有（1分）；B. 无（0分）
	17. 独立董事中是否有人曾就职于政府部门或人大、政协（人大、政协可以是现任）	A. 否（1分）；B. 是（0分）
	18. 独立董事是否担任本公司董事长	A. 是（1分）；B. 否（0分）
	19. 在多家公司担任独立董事情况（包括本公司）	A. 只有1家（1分）； B. 2~3家（0.5分）； C. 4家及以上（0分）
	20. 独立董事董事会实际出席率	公司所有独立董事实际出席董事会次数的总和/公司所有独立董事应出席董事会次数的总和
	21. 独立董事津贴是否超过10万元（税前，不包括10万）	A. 是（0分）；B. 否（1分）
	22. 是否详细披露独立董事过去3年的任职经历	A. 详细披露（1分）； B. 笼统披露（0.5分）； C. 未披露（0分）
董事会行为（BB）	23. 内部董事与外部董事是否有明确的沟通交流	A. 是（1分）；B. 否（0分）
	24. 投资者关系建设情况	A. 详细披露投资者关系沟通细节或接待措施（1分）； B. 只说明有《投资者关系管理制度》，但没有具体内容（0.5分）； C. 关于投资者关系建设没有任何说明或者笼统说明（0分）
	25. 是否存在董事会提交的决议事项或草案被股东会撤销或者否决的情况	A. 否（1分）；B. 是（0分）
	26.《董事会议事规则》的说明	A. 详细介绍议事规则（1分）； B. 只作一般性说明（0.5分）； C. 未披露任何信息（0分）
	27. 财务控制	作者同期"财务治理指数"中"财务控制分项指数（FC）"[①]得分转化为[0,1]的得分区间，即FC/100
	28. 董事会是否有明确的高管考评和激励制度	A. 是（1分）；B. 否（0分）
	29. 股东会（含临时股东会）股东出席率	A. 完全披露（1分）； B. 未完全披露（0.5分）； C. 未披露（0分）
董事激励与约束（BIR）	30. 执行董事薪酬是否与其业绩相吻合	根据作者同期"高管薪酬指数"[②]中"激励区间"进行判断，如激励适中，则得1分；过度或不足，则得0分
	31. 股东诉讼及赔偿情况	A. 无股东诉讼（0分）； B. 有股东诉讼无赔偿或存在未决诉讼（-0.5分）； C. 有股东诉讼且有赔偿（-1分）

续表

一级指标	二级指标	评价标准
董事激励与约束（BIR）	32. 董事会成员是否遭到监管机构处罚或谴责	A. 否（0分）；B. 是（-1分）
	33. 是否有明确的董事考评和激励制度	A. 是（1分）；B. 否（0分）
	34. 是否公布董事考评/考核结果	A. 是（1分）；B. 否（0分）
	35. 是否披露董事薪酬情况	A. 逐一披露（1分）；B. 笼统披露（0.5分）；C. 未披露（0分）
	36. 是否有董事会备忘录	A. 是（1分）；B. 否（0分）
	37. 是否有董事行为准则相关的规章制度	A. 是（1分）；B. 否（0分）
	38. 所有董事是否明确保证年报内容的真实性、准确性和完整性或不存在异议	A. 是（1分）；B. 否（0分）

注：①作者同期完成的"中国上市公司财务治理指数"从财权配置、财务控制、财务监督和财务激励四个方面来评价上市公司财务治理水平，其中财务控制包括8个二级指标，主要考察企业的财务权力执行过程，包括企业是否有一个健全的内部控制体系和风险控制体系等。②作者同期完成的"中国上市公司高管薪酬指数"以调整后的高管薪酬与营业总收入的比值作为高管薪酬合理性评价标准，并按照四分之一分位数法将所有上市公司分为激励不足、激励适中和激励过度三类。由于执行董事均为公司高管，高管薪酬与执行董事薪酬基本上是等价的。

对于董事会治理指数指标体系，简要解释如下：

（1）**董事会结构维度**

董事会结构维度衡量董事会成员构成和机构设置情况，侧重从形式上评价董事会结构的有效性，包括编号1～12的12个二级指标。其中指标1和2衡量董事会成员构成中独立董事和外部董事情况。指标3和4衡量董事长的独立性。指标5和6衡量董事会中有无小股东和职工等利益相关者代表。由于很多公司没有明确说明哪位董事是小股东代表，而累积投票制是反映小股东参与治理的重要指标，因此，可以用指标"是否实行累积投票制"来代替指标"有无小股东代表"。指标7和8衡量董事成员的学历和年龄构成。指标9～12衡量董事会下设专门委员会情况，主要包括审计、薪酬、提名和合规四个委员会，其中合规委员会为2018年评价时新增的指标，以反映近年来合规管理在董事会治理中日益突出的重要性。

（2）**独立董事独立性维度**

独立董事独立性维度衡量独立董事专业素质和履职情况，主要从形式上来评价独立董事的独立性，包括指标编号13～22的10个二级指标。指标13"审计委员会主席是否由独立董事担任"之所以单独提出来，是因为审计委员会的设置主要是为了提高公司财务信息的可靠性和诚信度，提高审计师的独立性，防范舞弊或其他违规和错误等。对于审计委员会来说，它的独立性可以说是确保审计委员会有效性的前提，审计委员会的主席由独立董事来担任相对另外两个委员会来说更重要。指标14～17反映独立董事的背景及来源。指标18反映独立董事作用的发挥和董事长参与决策和监督的独立性。指标19反映独立董事的时间和精力投入程度，同时在多家公司担任独立董事可能会限制独立董事时间和精力的分配。指标20是反映独立董事履职情况的非常重要的指标。指标21从报酬上反映独立董事独立于公司的情况。独立董事要保证其独立性，就不应该以从公司领取报酬为目的，津贴只是对独立董事履职的一种象征性鼓励，与公司规模或利润无关。10万元津贴标准的制定参考了纽约证券交易所 10 万美元的相关规定。指标 22 反映董事会对独立董事任职情况的披露是否详细，以使股东尤其是中小股东能够判断独立董事是否满足独立性的基本要求。

（3）董事会行为维度

董事会行为维度侧重从实质上来衡量董事会的实际履职情况，主要是相关制度的建立及其执行情况，包括编号 23～29 的 7 个二级指标。其中，指标 23 反映外部董事信息获取及其与内部董事沟通制度的建设情况。指标 24 反映董事会作为投资人的代理人对投资者关系的重视和维护情况。指标 25 反映董事会的决策质量和违反股东意志的情况。指标 26 衡量董事会运作的规范性。《上市公司治理准则》（2018）对此有明确规定，其中第二十九条明确指出上市公司应当制定董事会议事规则，报股东会批准，并列入公司章程或者作为章程附件。指标 27 反映董事会对公司内部控制和风险控制的监督和执行情况。《G20/OECD 公司治理准则》（2023）对此给予特别强调，该《准则》指出董事会应确保公司的会计和报告系统的完整性，包括独立的外部审计，以及适当的控制系统，符合法律和相关标准。指标 28 反映董事会关于高管考评制度的建立情况，因为对高管的考评是董事会的重要职能。指标 29 反映董事会作为股东会的召集人，对股东会召开效果的披露情况。

（4）董事激励与约束维度

董事激励与约束维度衡量董事激励和约束制度的建立和执行情况，主要从实质上评价董事激励与约束机制，尤其是约束机制的有效性，包括编号 30～38 的 9 个二级指标。其中指标 30 考察执行董事薪酬激励的合理性。执行董事是公司经营者，经营者的薪酬必须与其贡献相对应，对此，标准普尔公司治理评价系统中有明确说明，即薪酬应该与绩效匹配（performance based pay）。指标 31 考察董事会对股东是否尽到了受托责任，其中赔偿情况反映董事会对股东利益诉求的反馈是否到位。指标 32 是通过考察外部监管机构的介入来反映董事会的履职是否合规。指标 33～35 考察董事薪酬制度的建立和执行情况。《G20/OECD 公司治理准则》（2023）、《标准普尔公司治理评价系统》，以及中国的《上市公司治理准则》（2018）对于董事薪酬制度都有相关规定。中国《上市公司治理准则》（2018）第五十七条规定，董事会、监事会应当向股东会报告董事、监事履行职责的情况、绩效评价结果及其薪酬情况，并由上市公司予以披露。指标 36 考察董事会的履职程序是否完备。董事会会议记录或董事会备忘录一旦经董事会通过，便对董事具有法律约束力。中国《上市公司治理准则》（2018）第三十二条规定，董事会会议记录应当真实、准确、完整，出席会议的董事、董事会秘书和记录人员应当在会议记录上签名。董事会会议记录应当妥善保存。《上市公司独立董事管理办法》还指出独立董事履职情况记入工作记录。指标 37 考察董事行为准则等制度的完备和执行。《G20/OECD 公司治理准则》（2023）中指出董事会成员应该能够有效地履行自己的职责。指标 38 考察董事会对公司报告所承担的责任。《G20/OECD 公司治理准则》（2023）明确指出董事会应该负有监督公司风险管理系统和确保报告系统完整性的最终责任。该指标对独立董事（涉及明晰责任问题）和董事会整体均具有约束作用。

1.4.2 董事会治理指数计算方法

首先是计分方法。董事会治理指数指标体系中的 38 个二级指标，按赋值方法可以分为三类。第一类是 0/1（或 -1/0）变量，使用该种赋值方法的指标有 22 个，包括指标 2、3、4、5、8、13、14、15、16、17、18、21、23、25、28、30、32、33、34、36、37、38，这类指标以董事会治理有效性作为判断依据，有利于董事会治理有效性得 1 分，否则得 0 分，例如指标 "3. 两职合一"，董事长和总经理两职分离有利于董事长和总经理各自独立性的发挥，本指标如果选 "是" 则赋值 1 分，"否" 则赋值 0 分。指标 "32. 董事会成员是否遭到监管机构处罚或谴责" 为 -1/0 指标，即惩罚性指标，如果受到处罚或谴责，则赋值 -1 分，否则赋值 0 分。需要说明的是，有些指标，如 "13. 审计委员会主席是否由独立董事担任"，对于董事会的独立性非常重要，应该向其委托人（即全体股东）披露，对于未披露者，要赋值 0 分，以促使公司向全体股东披露这些信息。第二类是程度变量，按照某个指标的质量高低对指标分层赋值，使用该种赋值方法的指标有 14 个，包括指标 1、6、7、9、10、11、12、19、22、24、26、29、31、35。其中，指标 9、10、11、26、29 在 2013 年和 2015 年两次评估时为 0/1 变量，2016 年起改为程度变量，以使评价更加严谨。其中，指标 12 为 2018 年增加指标，使对董事会结构的考察更加全面。指标 6 于 2021 年起从原来的 0/1 变量改为程度变量，以使评价更加严谨。对于 9 ~ 11 3 个指标，自 2023 年提高了评分标准，并统一设置为 4 个得分项，原因在于独立董事的监督职责不断强化。另外需要说明的是，指标 1 考虑了外部非独立董事，这是中国很多公司的一种制度设置，即外部董事包括独立董事和外部非独立董事，尽管外部非独立董事不具有独立性，但相比内部执行董事，其具有更好的中立性。第三类是连续变量，有 2 个指标，即指标 20 和 27，取值在 [0,1] 区间内。

其次是权重确定。我们认为，本报告所选择的董事会治理指数的四个维度（一级指标）和 38 个指标（二级指标）并无孰轻孰重的区分，因此，为了避免主观性偏差，在计算董事会治理指数时，不论是四个维度还是每个维度内的单个指标，都采用算术平均值（等权重）处理方法来设定指标权重，即首先针对某个一级指标内的所有二级指标进行等权重计算，然后对所有一级指标进行等权重计算，以此得出董事会治理指数。具体计算方法如下：

①二级指标赋值：根据赋值标准对每个上市公司的二级指标 B_i（$i=1, 2 \cdots 38$）进行打分和计算，使每个二级指标的取值均位于 0 ~ 1 的数值区间。其中指标 B_{27} "财务控制" 调用作者同期 "财务治理指数" 中 "财务控制分项指数（FC）" 得分，指标 B_{30} "执行董事薪酬是否与其业绩相吻合" 调用作者同期 "高管薪酬指数" 中 "激励区间" 数据。

②计算四个分项指数：对隶属于同一个一级指标的二级指标的得分进行简单平均，并转化为百分制，得到四个一级指标得分，即董事会结构分项指数、独立董事独立性分项指数、董事会行为分项指数和董事激励与约束分项指数。具体计算公式如下：

$$BS = \frac{1}{12} \sum_{i=1}^{12} B_i \times 100$$

$$BI = \frac{1}{10} \sum_{i=13}^{22} B_i \times 100$$

$$BB = \frac{1}{7} \sum_{i=23}^{29} B_i \times 100$$

$$BIR = \frac{1}{9} \left(\sum_{i=30}^{38} B_i + 2 \right) \times 100$$

其中，BS、BI、BB 和 BIR 分别代表董事会结构分项指数、独立董事独立性分项指数、董事会行为分项指数、董事激励与约束分项指数。

需要特别说明的是，在董事激励与约束分项指数（BIR）中，指标 31 和 32 为负分取值。为保证该分项指数与其他三个分项指数一样都位于[0,100]区间，对负值进行简单调整，即对得负分的指标31和32分别加上一个相应的正值，具体而言就是对涉及负分指标的一级指标 BIR 加上正值2。

但是，这种方法对于获得负分（即应处罚或谴责）的企业，无异于是一种"奖励"。因此，为保证真实性和客观性，在董事激励与约束分项指数计算出来后，需要对这些企业扣减与负分相对应的分值 $1/9 \times 100$，式中，9是该分项指数的指标数。对于指标31"股东诉讼及赔偿情况"，其评分为 -1、-0.5 和 0，对于得分为 -1 的企业需要在该分项指数扣减 $1/9 \times 100$ 分，对于得分 -0.5 的企业需要扣减 $0.5/9 \times 100$ 分。如果扣减后该分项指数出现负分情况，则该分项指数最低为 0 分。

这种扣减分方法从2017年开始采用，其中"31. 股东诉讼及赔偿情况"是2018年评价时由原来的正分项调整为负分项的，为了使不同年度具有可比性，对之前年度的董事会治理指数数据库也进行了同样的调整。本次评价仍采用这种方法对指数进行调整。

③计算总指数：四个一级指标（董事会结构、独立董事独立性、董事会行为、董事激励与约束）的得分简单平均，得到中国上市公司董事会治理指数。

$$CCBI^{BNU} = \frac{1}{4}(BS + BI + BB + BIR)$$

式中，$CCBI^{BNU}$ 代表中国上市公司董事会治理指数（"北京师范大学董事会治理指数"）。

1.5 企业家能力指数指标体系及计算方法

1.5.1 企业家能力指数指标体系

企业家能力并不是孤立的单一能力，而是多种能力的集合，即企业家能力是一种能力束。第一，企业家的人力资本是企业家能力的基础，可以通过其受教育程度、相关工作经验、在位工作时间等来测量。第二，企业家的战略领导能力对企业发展具有关键作用，尤其是在当今企业内外部环境瞬息万变的时代，企业家是否具有战略领导能力成为企业能否获得持续发展的决定性因素。第三，关系网络能力也是企业家能力的一个重要方面。人们常常发现，一个企业的成败往往与企业家是否拥有广泛的社会交往和联系的能力紧密相关。国外许多研究发现，公司高管的社会背景或社会资本作为公司的一个特征性质，如同公司的股权结构、多元化经营一样，会对公司价值产生影响。第四，企业家的社会责任能力是企业作为社会细胞对社会的贡献能力。企业发展史不断警示人们，企业想要实现可持续发展，应着眼于企业社会责任的建设，其中不仅包括对股东的经济责任，还包括对企业其他利益相关者的社会责任，包括保护生态环境、向消费者提供高质量的产品、向员工提供优良的工作环境、诚信经营等。

基于此，本报告从企业家的人力资本、关系网络能力、社会责任能力和战略领导能力四个方面来计算企业家能力指数，据此来评价上市公司的企业家能力，具体包括四个一级指标（维度）和35个二级指标。其中，人力资本维度包括7个二级指标，关系网络能力维度包括9个二级指标，社会责任能力维度包括10个二级指标，战略领导能力维度包括9个二级指标，参见表1-3。

表 1-3 企业家能力指数指标体系

一级指标	二级指标	评价标准
人力资本（EH）	1. 总经理的最高学历	A. 硕士及以上（1分）； B. 本科（0.7分）； C. 专科（0.35分）； D. 高中及以下（0分）； E. 未披露（0分）
	2. 总经理工作年限	A. 0~10年（0分）； B. 10~20年（0.35分）； C. 20~30年（0.7分）； D. 30年及以上（1分）
	3. 总经理工作经历的变更	A. 3家及以上（1分）； B. 1~2家（0.5分）； C. 0家（0分）
	4. 总经理是否担任其他公司的独立董事	A. 是（1分）；B. 否或未披露（0分）
	5. 总经理是否有海外留学经历（半年以上）	A. 是（1分）；B. 否或未披露（0分）
	6. 总经理是否有海外工作经历（半年以上）	A. 是（1分）；B. 否或未披露（0分）
	7. 总经理选聘路径	A. 外部选聘（1分）； B. 内部提拔（0分）； C. 未披露（0分）
关系网络能力（EN）	8. 政府官员是否到企业访问	A. 省部级及以上（1分）； B. 地市及以下（0.5分）； C. 否或未披露（0分）
	9. 总经理是否陪同政府官员出国访问	A. 省部级及以上（1分）； B. 地市及以下（0.5分）； C. 否或未披露（0分）
	10. 总经理是否担任党代表	A. 全国及省级（1分）； B. 地市及以下（0.5分）； C. 否或未披露（0分）
	11. 总经理是否担任人大代表	A. 全国及省级（1分）； B. 地市及以下（0.5分）； C. 否或未披露（0分）
	12. 总经理是否担任政协委员	A. 全国及省级（1分）； B. 地市及以下（0.5分）； C. 否或未披露（0分）
	13. 总经理是否在军队任过职	A. 是（1分）；B. 否或未披露（0分）
	14. 总经理是否获得过相关荣誉称号	A. 全国及省级（1分）； B. 地市及以下（0.5分）； C. 否或未披露（0分）
	15. 总经理是否在行业协会任职	A. 全国及省级（1分）； B. 地市及以下（0.5分）； C. 否或未披露（0分）
	16. 总经理是否曾经在政府部门任职	A. 全国及省级（1分）； B. 地市及以下（0.5分）； C. 否或未披露（0分）

续表

一级指标	二级指标	评价标准
社会责任能力（ER）	17. 企业是否在本年度捐赠慈善事业（包括总经理个人捐赠）	A. 是（1分）；B. 否（0分）
	18. 总经理是否在公益机构兼职（如理事等）	A. 是（1分）；B. 否或未披露（0分）
	19. 本年度总经理个人是否被证监会谴责	A. 否（0分）；B. 是（−1分）
	20. 本年度企业是否有关于产品质量的重大投诉或因此被处罚事件	A. 否（0分）；B. 存在未决诉讼（−0.5分）；C. 是（−1分）
	21. 本年度企业是否有关于生产安全的重大投诉或因此被处罚事件	A. 否（0分）；B. 存在未决诉讼（−0.5分）；C. 是（−1分）
	22. 本年度企业是否有关于环境保护的重大投诉或因此被处罚事件	A. 否（0分）；B. 是（−1分）
	23. 员工收入增长率是否不低于公司利润增长率	A. 是（1分）；B. 否（0分）
	24. 现金分红	最近三年现金分红累计分配利润与最近三年实现的可分配利润的比例，标准化处理为0~1区间数值
	25. 有无债权人（或贷款）诉讼	A. 没有（0分）；B. 存在未决诉讼（−0.5分）；C. 有（−1分）
	26. 股东诉讼及赔偿情况	A. 无股东诉讼（0分）；B. 有股东诉讼无赔偿或存在未决诉讼（−0.5分）；C. 有股东诉讼且有赔偿（−1分）
战略领导能力（ES）	27. 高管贡献	实际企业业绩与估计企业业绩的差值，标准化处理为0~1区间数值
	28. 国际化程度	海外收入/总收入，标准化处理为0~1区间数值
	29. 企业员工数	标准化处理为0~1区间数值
	30. 企业总资产	标准化处理为0~1区间数值
	31. 企业净利润	行业调整及标准化处理为0~1区间数值
	32. 企业净资产	行业调整及标准化处理为0~1区间数值
	33. 企业在行业中的地位	按19个行业标准化处理为0~1区间数值
	34. 企业有无完整的ERP系统	A. 有（1分）；B. 无（0分）
	35. 企业有无制定战略目标和计划	A. 有或披露（1分）；B. 无或未披露（0分）

对于企业家能力指数指标体系，简要解释如下：

（1）人力资本维度

企业家人力资本维度包括编号1~7的7个二级指标，可以通过其受教育程度、相关工作经验、在位工作时间等来测量。其中，指标1和5从教育角度评价总经理的人力资本水平；指标2从工作年限角度评价总经理人力资本水平；指标3、4、6和7从总经理个人工作经历角度评价其人力资本水平。这里需要说明的是，指标 7 中，集团内或企业内的选聘，大股东派出并任命的总经理均属于内部提拔。

（2）关系网络能力维度

企业家关系网络能力维度包括编号 8～16 的 9 个二级指标，主要包括总经理是否有完善的政府关系和社会关系等。其中，指标 8、9、10、11、12、13 和 16 评价总经理与政府的关系网络能力；指标 14 和 15 评价总经理在行业中的关系网络能力。

（3）社会责任能力维度

企业家社会责任能力维度包括 17～26 的 10 个二级指标，主要考察总经理在社会责任方面做出的贡献。其中，指标 17 和 18 从公益事业角度评价总经理的社会责任；指标 19～25 从公司主要利益相关者（政府、客户、员工、社会居民或环境保护、股东、债权人等）角度评价总经理的社会责任，其中 20 和 21 是把 2021 年及之前年度的指标 20 一分为二，目的是促使公司加强对生产安全、员工安全（包括健康安全）的保护；指标 26 评价股东的诉讼请求及实现，该指标是 2016 年评价时新增加的指标，为了体现对股东权益保护的重视，从 2018 年评价开始特将存在股东诉讼的公司调整为负分取值。需要注意的是，企业家对社会公益的贡献不是以绝对额来衡量的，而是以公益行为来衡量的，因为企业规模和利润不同，对社会公益的贡献额度必然有差异，但爱心无价。

（4）战略领导能力维度

企业家战略领导能力维度包括编号 27～35 的 9 个二级指标。其中，指标 27 "高管贡献"指的是剔除企业资产规模、负债比率、增长机会、第一大股东持股比例、政府补贴和行业等影响因素后，高管对企业业绩的实际贡献，反映了高管努力的实际结果。该指标利用企业业绩回归的残差（即实际企业业绩与估计企业业绩的差值）代表高管贡献，由于残差有正有负，因此我们将残差形式的高管贡献指标进一步标准化，将其转化为位于 [0,1] 区间的小数。指标 28 评价总经理在任期间公司的国际化水平；指标 29 和 30 评价总经理对企业人员和资产的控制能力；指标 31 和 32 评价总经理的盈利能力；指标 33 评价总经理在任期间企业的行业地位，是由企业的营业总收入按行业（19 个❶）进行标准化来计算；指标 34 评价总经理在任期间企业的办公现代化的程度；指标 35 评价总经理在任期间企业的战略规划，反映总经理的长远规划能力。

1.5.2 企业家能力指数计算方法

首先是计分方法。企业家能力指数指标体系中的 35 个二级指标可以分为四类：第一类是 0/1（或 -1/0）变量，使用该种计分方法的二级指标有 12 个，包括指标 4、5、6、7、13、17、18、19、22、23、34 和 35。第二类是程度变量，按照某个指标的质量高低对指标进行分层，使用该种计分方法的二级指标有 15 个，包括指标 1、2、3、8、9、10、11、12、14、15、16、20、21、25 和 26。第三类为连续变量，为便于分析，我们通过标准化将其折算到 [0,1] 区间，使用该种计分方法的二级指标有 7 个，包括指标 24、27、29、30、31、32、33。需要说明的是，第 24 个指标在 2016 年之前的评价中是 0/1 变量，2016 年评价开始改为标准化后的连续变量，这种改变更能反映公司现金分红的客观实际。第四类是比值变量，使用该变量的指标只有 1 个，即指标 28。考虑到该指标过小，为便于分析，也进行了标准化。

---

❶ 按中国证监会《上市公司行业分类指引》（2012 年修订），上市公司分为 19 个行业。

然后是权重确定。我们认为，企业家能力指数的四个维度具有明显的重要性区分。最重要的当属企业家的战略领导能力，这是企业家自身能力大小的最重要的现实体现；其次是企业家的社会责任能力，它关系到企业的可持续发展；再次是企业家的人力资本，它反映的是企业家的潜在能力，需要一些因素（如市场竞争、权责清晰、薪酬和声誉激励、内外部约束等）把它激发出来；最后是企业家的关系网络能力。在中国，关系网络曾被视为企业家的重要能力，在畸形的政商关系下往往被异化，但正常的关系网络还是有必要的。总之，企业家能力指数的四个维度按重要性依次是：战略领导能力、社会责任能力、人力资本、关系网络能力。

由于能够很容易确定四个维度重要性的顺序，因此，本报告采用AHP方法来确定四个维度的权重，但每个维度内的二级指标是难以区分重要性的，因此，仍然采用等权重方法。

AHP方法是国际上比较常用的一种确定权重的方法，由美国学者萨蒂（T. L. Saaty）于20世纪70年代初提出。AHP方法是一种解决多目标复杂问题的定性与定量相结合的决策分析方法。它不仅适用于存在不确定性和主观信息的情况，还允许以合乎逻辑的方式运用经验、洞察力和直觉。使用AHP方法的基本步骤如下：

（1）建立层次结构模型

在深入分析的基础上，将各个因素按照不同属性自上而下地分解成若干层次，同一层的因素从属于上一层的因素或对上层因素有影响，同时又支配下一层的因素或受到下层因素的作用。最上层为目标层，通常只有1个因素，最下层通常为方案或对象层，中间可以有一个或几个层次，通常为准则或指标层。当准则过多时（譬如多于9个）应进一步分解出子准则层。

（2）构造成对比较阵

从层次结构模型的第2层开始，对于从属于上一层每个因素的同一层因素，用成对比较法和1～9比较尺度构建成对比较矩阵，直到最下层。

（3）计算权向量并做一致性检验

对每个成对比较矩阵计算最大特征根及对应特征向量，利用一致性指标、随机一致性指标和一致性比率做一致性检验。若检验通过，特征向量（归一化后）即为权向量；若不通过，需重新构建成对比较矩阵。

（4）计算组合权向量并作组合一致性检验

计算最下层对目标的组合权向量，并根据公式作组合一致性检验，若检验通过，则可按照组合权向量表示的结果进行决策，否则需要重新考虑模型或重新构造那些一致性比率较大的成对比较阵。

在实际应用AHP法时，可使用已有的计算机软件来处理相关数据。因此，大多数情况下，我们要做的工作是对相关指标之间的重要性进行排序。在本报告中，为了计算企业家能力指数，需要确定各项指标在其所属体系中的权重。由于企业家能力指数指标体系的层次关系非常明确，我们仅需要确定指标的重要性比较矩阵。二级指标数目较多，各指标之间的重要性不易排序，因此将属于同一个一级指标的二级指标视为重要性相同。而对于四个一级指标（维度）而言，其重要性排序已如前所述。

本报告企业家能力指数的具体计算方法如下：

①二级指标赋值：根据评价标准对每个上市公司的35个二级指标 E_i（$i=1, 2 \cdots 35$）进行打分和计算，使各个二级指标的取值均位于0～1的数值区间。

②计算四个分项指数：将隶属于同一个一级指标的二级指标得分进行相加，然后将该二级指标的

得分转化成百分制，得到企业家人力资本分项指数、企业家关系网络能力分项指数、企业家社会责任能力分项指数、企业家战略领导能力分项指数。具体计算公式如下：

$$EH = \frac{1}{7}\sum_{i=1}^{7}E_i \times 100$$

$$EN = \frac{1}{9}\sum_{i=8}^{16}E_i \times 100$$

$$ER = \frac{1}{10}\left(\sum_{i=17}^{26}E_i + 6\right) \times 100$$

$$ES = \frac{1}{9}\sum_{i=27}^{35}E_i \times 100$$

其中，EH代表人力资本分项指数，EN代表关系网络能力分项指数，ER代表社会责任能力分项指数，ES代表战略领导能力分项指数。

需要特别说明的是，由于企业家社会责任能力分项指数（维度）（ER）有6个二级指标（指标19、20、21、22、25、26）有部分负分取值，为保证该分项指数与其他三个分项指数都位于[0,100]区间，在对企业家社会责任能力分项指数进行计算时，对负值进行简单调整，即对负分指标加上一个相应的正值。由于该分项指数有6个负分指标，故加上正值6。

但是，这种方法对于获得负分（即应处罚或谴责）的企业，无异于是一种"奖励"。因此，为保证真实性和客观性，在企业家社会责任能力分项指数计算出来后，对得负分的企业，需要扣减与负分相对应的分值。对于每个负分指标，扣减的分值是：$1/10 \times 100$，式中，10是企业家社会责任能力分项指数（维度）的二级指标数目。对于社会责任维度的二级指标20"本年度企业是否有关于产品质量的重大投诉或因此被处罚事件"、指标21"本年度企业是否有关于生产安全的重大投诉或因此被处罚事件"、指标25"有无债权人（或贷款）诉讼"、指标26"股东诉讼及赔偿情况"，其取值为-1、-0.5和0，因此，对于得分为-1的企业需要在该分项指数扣减$1/10 \times 100$分，对于得分-0.5的企业需要扣减0.5×100分。如果扣减后该分项指数出现负分情况，则该分项指数最低为0分。

这种扣减分方法在2017年评价时开始采用，其中"26.股东诉讼及赔偿情况"是2018年评价时由原来的正分项调整为负分项的，为了使不同年度具有可比性，对之前年度的企业家能力指数数据库也进行了同样的调整。本次评价仍采用这种方法对指数进行调整。

③计算总指数：将四个一级指标（人力资本、关系网络能力、社会责任能力、战略领导能力）按照重要性进行排序。如前所述，我们认为，战略领导能力最为重要，其次是社会责任能力，再次是人力资本，最后是关系网络能力，我们据此构造成对比较矩阵，如表1-4所示。

表1-4 企业家能力指数四个一级指标成对比较矩阵

企业家能力指数	人力资本	关系网络	社会责任	战略领导
人力资本	1	2	1/2	1/3
关系网络	1/2	1	1/3	1/4
社会责任	2	3	1	1/2
战略领导	3	4	2	1

我们通过计算权向量，并做了一致性检验，获得通过。最后，用AHP方法计算所得的权重依次为：人力资本0.2207，关系网络能力0.1804，社会责任能力0.2695，战略领导能力0.3294，由此得到某上市公司企业家能力指数：

$$CCEI^{BNU} = 0.2207 \times EH + 0.1804 \times EN + 0.2695 \times ER + 0.3294 \times ES$$

式中，$CCEI^{BNU}$代表中国上市公司企业家能力指数（"北京师范大学企业家能力指数"）。

1.6 财务治理指数指标体系及计算方法

1.6.1 财务治理指数指标体系

本报告基于国际财务报告准则和通行的财务治理规范，同时参考中国既有法律和规定，从财权配置、财务控制、财务监督和财务激励四个维度（一级指标）和31个二级指标来计算财务治理指数，据此来评价上市公司的财务治理质量。其中，财权配置维度包括9个二级指标，财务控制维度包括8个二级指标，财务监督维度包括8个二级指标，财务激励维度包括6个二级指标，参见表1-5。

表1-5 财务治理指数指标体系

一级指标	二级指标	评价标准
财权配置（FA）	1. 关联交易是否提交股东会（含临时股东会）讨论通过	A. 是（1分）；B. 否（0分）
	2. 独立董事报酬和高管股票期权是否通过股东会（含临时股东会）	A. 两项都通过股东会（如果没有高管股票期权，则只计独董报酬一项）（1分）； B. 独立董事报酬和股票期权其中任一项通过股东会（0.5分）； C. 两项都没有通过股东会（0分）
	3. 两权分离度①	现金流权/控制权
	4. 董事会是否提出清晰的财务目标	A. 是（1分）；B. 否（0分）
	5. 内部董事与外部董事是否有明确的沟通交流	A. 是（1分）；B. 否（0分）
	6. 独立董事比例	A. 独立董事比例≥2/3（1分）； B. 1/2≤独立董事比例<2/3（0.7分）； C. 1/3≤独立董事比例<1/2（0.35分）； D. 独立董事比例<1/3（0分）
	7. 独立董事中是否有财务或会计方面的专家	A. 是（1分）；B. 否或未披露（0分）
	8. 董事长和总经理两职是否分离	A. 是（1分）；B. 否（0分）
	9. CFO、财务总监、总会计师是否具有财会类高级职称或相关资格认证	A. 是（1分）；B. 否或未披露（0分）
财务控制（FC）	10. 董事会或股东会是否定期评估内部控制	A. 有《报告》且有出处或全文（1分）； B. 有《报告》但无出处或全文（0.5分）； C. 没有《报告》（0分）
	11. 各专门委员会是否在内部控制中发挥作用	A. 是（1分）；B. 否（0分）
	12. 董事会或股东会是否披露具体内部控制措施	A. 详细说明（1分）； B. 笼统说明（0.5分）； C. 无说明（0分）

续表

一级指标	二级指标	评价标准
财务控制 （FC）	13. 风险控制委员会设置情况	A. 设置且独董比例不低于2/3（1分）； B. 设置但独董比例低于2/3（0.7分）； C. 设置但未披露独董比例（0.35分）； D. 未设置或未披露（0分）
	14. 公司财务弹性[2]	标准化处理为0~1区间数值
	15. 公司对外部资金依赖程度[3]	标准化处理为0~1区间数值
	16. 是否披露可预见的财务风险因素	A. 是（1分）；B. 否（0分）
	17. 是否ST	A. 否（0分）；B. 是（-1分）
财务监督 （FS）	18. 审计委员会设置情况如何	A. 设置且独立董事比例为100%（1分）； B. 设置且独立董事比例达到50%（0.7分）； C. 设置但独董比例低于50%或未披露独董比例（0.35分）； D. 未设置或未披露（0分）
	19. 外部审计是否出具标准无保留意见	A. 是（1分）；B. 否（0分）
	20. 公司网站是否及时披露当年财务报告	A. 是（1分）；B. 否（0分）
	21. 公司网站是否披露过去连续三年财务报告	A. 是（1分）；B. 否（0分）
	22. 公司是否披露公司发展前景的相关信息	A. 是（1分）；B. 否（0分）
	23. 公司是否披露关联方交易状况	A. 是（1分）；B. 否（0分）
	24. 当公司会计政策发生变化时，是否做出解释	A. 未变更（1分）； B. 变更并做出解释（0.5分）； C. 变更但未做解释（0分）
	25. 公司是否因违规而被证监会、证交所等监管部门公开批评、谴责或行政处罚	A. 是（-1分）；B. 否（0分）
财务激励 （FI）	26. 现金分红	最近三年现金分红累计分配利润与最近三年实现的可分配利润的比例，标准化处理为0~1区间数值
	27. 股票股利分配	标准化处理为0~1区间数值
	28. 高管薪酬支付是否合理[4]	A. 是（1分）；B. 否（0分）
	29. 薪酬委员会设置情况如何	A. 设置且独立董事比例为100%（1分）； B. 设置且独立董事比例达到50%（0.7分）； C. 设置但独董比例低于50%或未披露独董比例（0.35分）； D. 未设置或未披露（0分）
	30. 公司是否采用股票期权激励政策	A. 是（1分）；B. 否（0分）
	31. 员工报酬增长率是否不低于公司营业收入增长率	A. 是（1分）；B. 否（0分）

注：①本报告采用与拉·波塔、洛佩兹·德·西拉内斯和施莱弗（La Porta, Lopez-de-Silanes & Shleifer, 1999）类似的方法[1]，通过层层追溯上市公司股权控制链（Control Chain）的方式来找出最终控制人。两权分离度是所有权与控制权的比值。其中，控制权又称投票权，用控制链条上最弱的一环表示；所有权又称现金流权，用控制链条上各所有权比例的乘积表示。②本报告采用"经营活动产生的现金流量净额/总资产"表示财务弹性。③本报告采用"（投资产生的现金流出－经营活动产生的现金流出）/投资产生的现金流出"表示外部资金依赖度。④根据作者同期完成的"中国上市公司高管薪酬指数"中"激励区间"进行判断，如激励适中，则视为合理，得1分；如过度或不足，则视为不合理，得0分。

---

[1] La Porta, Lopez-de-Silanes and Shleifer, 1999. Corporate ownership around the world", *The Journal of Finance*, Vol. 54, No. 2, pp. 471-517.

对于财务治理指数指标体系，简要解释如下：

(1) **财权配置维度**

财权配置维度包括编号 1～9 的 9 个二级指标，主要考查上市公司的各利益相关主体是否有适当的财务决策权，是否能够行使好自己的财务决策权。其中，指标 1～3 从股东角度出发，评价上市公司的股东是否有效执行了财务决策权；指标 4～7 从董事会角度出发，评价上市公司的董事会是否有效执行了财务决策权；指标 8 从总经理角度出发，评价上市公司的总经理是否有效执行了财务决策权；指标 9 从首席财务官（CFO）角度出发，评价上市公司的 CFO 是否有效执行了财务决策权。需要说明的是，自 2016 年开始，指标 2 评价内容与之前评价相比略做调整，由只关注董事薪酬是否通过股东会改变为同时关注独立董事报酬和高管股票期权是否都通过股东会，这种变化可以更加准确地反映股东在独立董事报酬和高管股票期权方面的决策权，因为二者都属于股东会的决策范畴。尤其对于高管股票期权，流行的认识是认为它是董事会的决策范畴，这种认识是错误的，因为高管股票期权涉及股东持股比例的变化和股东利益的调整，因此其决策权无疑是应归属于股东的。

(2) **财务控制维度**

财务控制维度包括编号 10～17 的 8 个二级指标，主要考查企业的财务权力执行过程，包括企业是否有一个健全的内部控制体系和风险控制体系等。其中，指标 10～12 评价上市公司内部控制制度及其运行的有效性；指标 13 评价上市公司风险控制委员会的建立和健全情况；指标 14～17 评价上市公司的财务风险状况。

(3) **财务监督维度**

财务监督维度包括编号 18～25 的 8 个二级指标，主要考察企业各个职能部门及其他利益相关者对财务权力执行过程的监督，包括企业的内部监督机制（审计委员会、财务信息披露）以及外部监督机制（外部审计师）。其中，指标 18 评价上市公司内部监督机制运行状况；指标 19 评价上市公司外部监督机制运行状况；指标 20～25 评价上市公司财务信息披露质量。这里需要说明的是"指标 24. 当公司会计政策发生变化时，是否做出解释"，我们认为，严格意义上讲，在法律、法规以及国家会计制度既定的情况下，会计政策是不允许随意变更的。上市公司会计政策变更本身就是财务治理质量较差的表现。如果上市公司变更了会计政策且未做出任何解释，情况就更加严重了。

(4) **财务激励维度**

财务激励维度包括编号 26～31 的 6 个二级指标，主要考察企业是否具有足够有效的财务激励机制。其中，指标 26～27 评价上市公司对股东的激励情况；指标 28～30 评价上市公司对高管的激励情况；指标 31 评价上市公司对员工的激励情况。需要说明的是，指标 30 "公司是否采用股票期权激励政策"，虽然目前实施股票期权激励的上市公司还是少数，股票期权激励的效果也有待商榷，但国际经验告诉我们，随着资本市场的成熟，股票期权激励是一种有效的对高管的激励手段。因此，我们将股票期权激励纳入指标体系，以反映上市公司对高管人员的财务激励。

1.6.2 财务治理指数计算方法

首先是计分方法。财务治理指数指标体系中的 31 个二级指标可以分为四类：一是 0/1（或 -1/0）变量，使用该种计分方法的二级指标有 18 个，包括指标 1、4、5、7、8、9、11、16、17、19、20、21、22、23、25、28、30 和 31。需要说明的是，指标 28 "高管薪酬支付是否合理"适用本年度对高管薪酬指数的评价结果，若高管薪酬激励适中，认为其高管薪酬支付合理，赋值1；若高管薪酬激励不足或过度，则认为其高管薪酬支付不合理，赋值0。二是程度变量，按照某个指标的质量高低对指标进行分层，使用该种计分方法的二级指标有8个，包括指标2、6、10、12、13、18、24和29。需要说明的是，指标6"独立董事比例"，根据中国证监会的规定要达到1/3，由于要求很低，几乎每家上市公司的独立董事比例都达到了1/3，这使独立董事比例这个指标失去了可分性。为了区分不同上市公司董事会的独立性，我们按照国际规范，采用了更加严格的独立性标准。指标10"董事会或股东会是否定期评估内部控制"，也是考虑到年报对内部控制的披露程度不同，以准确反映上市公司对内部控制的重视程度。三是连续变量，为便于分析，我们将其标准化，使用该种计分方法的二级指标有4个，包括指标14、15、26、27。四是实际值变量，即实际值就是得分，这类只有1个指标，即指标3。

然后是权重确定。我们在2011年和2013年评估中国上市公司财务治理时，曾采用AHP方法确定权重，后来课题组讨论认为，四个维度难以区分孰重孰轻，即使区分，也难免有主观性，于是在2015年评价时改为等权重。具体方法如下：

①二级指标赋值：根据表1-5对各个二级指标F_i（$i=1, 2 \cdots 31$）进行打分和计算，使各个二级指标的取值均位于0～1的数值区间。

②计算四个分项指数：对隶属于同一个一级指标的二级指标的得分进行简单平均，并转化为百分制，得到四个一级指标得分，即财权配置分项指数、财务控制分项指数、财务监督分项指数和财务激励分项指数。具体计算公式如下：

$$FA = \frac{1}{9}\sum_{i=1}^{9} F_i \times 100$$

$$FC = \frac{1}{8}\left(\sum_{i=10}^{17} F_i + 1\right) \times 100$$

$$FS = \frac{1}{8}\left(\sum_{i=18}^{25} F_i + 1\right) \times 100$$

$$FI = \frac{1}{6}\sum_{i=26}^{31} F_i \times 100$$

其中，FA代表财权配置分项指数，FC代表财务控制分项指数，FS代表财务监督分项指数，FI代表财务激励分项指数。

需要特别说明的是，在财务控制（FC）和财务监督（FS）两个分项指数中，各有一个二级指标有负分取值（即指标17和25），为了保证每个一级指标（维度）都位于[0,100]区间，在对每个一级指标（维度）进行分项指数计算时，对负值进行简单调整，即对每个负分指标各加上一个相应的正值1，从而使每个分项指数落在[0,100]区间。

但是，这种方法对于获得负分（即应处罚或谴责）的企业，无异于是一种"奖励"。因此，为保证真实性和客观性，在财务控制和财务监督两个分项指数计算出来后，需要对这些企业扣减与负分相对应的分值$1/8 \times 100$，式中，8是财务控制和财务监督两个分项指数的指标数目。如果扣减后该分项指数出现负分情况，则该分项指数最低为0分。

这种扣减分方法在2017年评价时开始采用，为了使不同年度具有可比性，对之前年度的财务治理指数数据库也进行了同样的调整。

③**计算总指数**：将四个一级指标（财权配置、财务控制、财务监督和财务激励）的得分简单平均，得到中国上市公司财务治理指数：

$$CCFI^{BNU} = \frac{1}{4}(FA + FC + FS + FI)$$

式中，$CCFI^{BNU}$ 代表中国上市公司财务治理指数（"北京师范大学财务治理指数"）。

1.7 自愿性信息披露指数指标体系及计算方法

1.7.1 自愿性信息披露指标体系

本报告借鉴国内外已有的自愿性信息披露评价研究成果，基于国内信息披露相关法律法规，特别参照国际先进的信息披露规范，立足于投资者权益保护，提出了自愿性信息披露四个一级指标（维度）和31个二级指标的指标体系，即治理结构方面的自愿性信息披露（简称"治理结构"）、治理效率方面的自愿性信息披露（简称"治理效率"）、利益相关者方面的自愿性信息披露（简称"利益相关者"）和风险控制方面的自愿性信息披露（简称"风险控制"）。其中治理结构维度包括8个二级指标，治理效率包括8个二级指标，利益相关者维度包含6个二级指标，风险控制维度包括9个二级指标，参见表1-6。

表1-6 自愿性信息披露指数指标体系

一级指标	二级指标	评价标准
治理结构（GS）	1. 董事会构成	A. 明确披露董事会构成（1分）； B. 未披露或模糊披露董事会构成（0分）
	2. 董事学历	A. 完全披露（1分）； B. 未完全披露（0.5分）； C. 未披露（0分）
	3. 董事任职经历（不含兼职、社会称号等）	A. 完全披露（1分）； B. 笼统披露（0.5分）； C. 未披露（0分）
	4. 专门委员会构成	A. 详细介绍委员会成员的情况（1分）； B. 只作一般性说明（0.5分）； C. 未披露任何信息（0分）
	5. 监事会构成	A. 明确披露监事会构成（1分）； B. 未披露或模糊披露监事会构成（0分）
	6. 监事会成员	A. 既披露个人背景信息也披露履职情况（1分）； B. 只披露个人背景信息或只披露履职情况（0.5分）； C. 未披露任何信息（0分）
	7. 高管层学历	A. 完全披露（1分）； B. 未完全披露（0.5分）； C. 未披露（0分）
	8. 高管层任职经历（不低于三年）（不含兼职、社会称号）	A. 完全披露（1分）； B. 笼统披露（0.5分）； C. 未披露（0分）

续表

一级指标	二级指标	评价标准
治理效率（GE）	9. 股东会（含临时股东会）股东出席率	A. 完全披露（1分）； B. 未完全披露（0.5分）； C. 未披露（0分）
	10. 股东会（含临时股东会）投票机制的说明	A. 完全披露（1分）； B. 未完全披露（0.5分）； C. 未披露（0分）
	11. 是否有明确的董事考评和激励制度	A. 是（1分）； B. 否（0分）
	12. 《董事会议事规则》的说明	A. 详细介绍议事规则（1分）； B. 只作一般性说明（0.5分）； C. 未披露任何信息（0分）
	13. 董事会召开方式的说明	A. 披露（几次通信、几次现场等）（1分）； B. 未披露（0分）
	14. 独立董事同意、质疑或否决董事会某项决议的说明	A. 披露（1分）； B. 未披露（0分）
	15. 高管薪酬结构及额度	A. 完全披露（1分）； B. 未完全披露（0.5分）； C. 未披露（0分）
	16. 高管层关系网络	A. 明确披露高管层关系网络（1分）； B. 未披露任何信息（0分）
利益相关者（SH）	17. 投资者关系建设情况的说明	A. 详细披露投资者关系沟通细节或接待措施（1分）； B. 只说明有《投资者关系管理制度》，但没有具体内容（0.5分）； C. 关于投资者关系建设没有任何说明或者笼统说明（0分）
	18. 是否披露社会责任报告或ESG报告或可持续发展报告	A. 披露社会责任报告或ESG报告或可持续发展报告（1分）； B. 只披露参与社会公益或环保情况（0.5分）； C. 未披露任何信息（0分）
	19. 债权人情况	A. 披露（1分）； B. 部分披露（0.5分）； C. 未披露（0分）
	20. 债务人情况	A. 披露（1分）； B. 部分披露（0.5分）； C. 未披露（0分）
	21. 供应商情况	A. 披露（1分）； B. 部分披露（0.5分）； C. 未披露（0分）
	22. 客户情况	A. 披露（1分）； B. 部分披露（0.5分）； C. 未披露（0分）
风险控制（RC）	23. 企业发展战略目标	A. 披露（1分）； B. 未披露（0分）

续表

一级指标	二级指标	评价标准
风险控制（RC）	24. 盈利能力分析	A. 披露（1分）； B. 未披露（0分）
	25. 营运能力分析	A. 披露（1分）； B. 未披露（0分）
	26. 偿债能力分析	A. 披露（1分）； B. 未披露（0分）
	27. 发展能力分析	A. 披露（1分）； B. 未披露（0分）
	28. 关于现聘会计师事务所的说明	A. 详细披露（1分）； B. 笼统披露（0.5分）； C. 没有任何说明（0分）
	29. 宏观形势对公司业绩影响的分析	A. 披露（1分）； B. 未披露（0分）
	30. 行业地位（或市场份额）分析	A. 披露（1分）； B. 未披露（0分）
	31. 竞争对手分析	A. 披露（1分）； B. 未披露（0分）

对于自愿性信息披露指数指标体系，简要解释如下：

（1）治理结构信息披露维度

治理结构信息披露维度衡量与公司治理结构相关的信息披露情况，包括董事会和监事会的构成及成员情况、高层管理人员学历及经历情况，以及专门委员会的构成情况，包括编号1～8的8个二级指标，这些指标所反映的信息对于投资者和其他利益相关者了解代理人是否能够着眼于企业发展和满足各利益相关者的利益诉求具有重要价值。其中指标1衡量上市公司是否明确披露了董事会结构，包括董事类型（执行董事或内部董事、独立董事、外部非独立董事），以及相应的人员构成和兼职情况。指标2和3衡量关于董事个人背景相关信息的披露情况。指标4衡量董事会下设的各专门委员会的信息披露情况，包括专门委员会召集人信息、委员会成员构成等。指标5和6衡量有关监事类型（外部监事、内部监事、股东监事、员工监事等），以及监事会成员方面的自愿性信息披露情况。指标7和8衡量有关高层管理人员个人背景信息的披露情况。

（2）治理效率信息披露维度

治理效率信息披露维度衡量关于股东会和董事会的召开情况、独立董事履职情况、董事考评，以及高层管理人员薪酬和关系网络等与公司治理效率相关信息的披露情况，包括编号9～16的8个指标。这些指标所反映的信息对于投资者和其他利益相关者评估公司的治理效率有着至关重要的作用。其中指标9和10考察公司股东会召开及投票机制（包括法定投票、累积投票、网络投票、举手表决、代理投票等）方面的信息披露情况。只有公司详细说明了每次股东会（含临时股东会）的股东出席率以及投票机制，现有的和潜在的投资者，以及其他利益相关者才能判断股东会的合法性和有效性。指标11衡量公司和投资者对董事的约束是否到位，反映董事的实际履职情况。指标12和13衡量公司董事会决策和监督的有效性，其中董事会召开方式包括通信会议和现场会议等，会议方式不同，董事会履职的效果就会不同。指标 14 衡量独立董事提出的意见是否能被公司记录并进行披露，也反映着独立董事的独立性情况。指标 15 衡量高层管理人员薪酬的合理性，以及高管是否着眼于公司长期发展。指标 16 衡量高层管理人员的社会影响力，该类信息也有助于判断高层管理人员是否存在不规范交易问题。

（3）利益相关者信息披露维度

利益相关者信息披露维度衡量公司对投资者、债权人、债务人、供应商、客户等利益相关者利益保护有关的信息的披露情况，包括编号 17～22 的 6 个指标。其中，指标 17 衡量公司在投资者保护方面的措施是否到位，如公司是否披露与投资者的沟通或接待措施，或者是否建立《投资者关系管理制度》。指标 18 考察公司履行社会责任的情况，如节能环保、参与社会公益，以及是否发布社会责任报告或 ESG 报告或可持续发展报告等。指标 19～22 衡量公司对于排名前几位的主要债权人、债务人、供应商及客户信息的披露情况，其中对于债权人和债务人，公司还应披露他们与公司是否具有关联关系。

（4）风险控制信息披露维度

风险控制信息披露维度衡量公司经营风险及控制方面的信息分析与披露情况，包括编号 23～31 的 9 个指标。其中，指标 23 衡量公司是否明确披露至少三年的发展战略目标及经营计划。指标 24～27 衡量公司是否对自身的财务状况进行了分析并披露。指标 28 衡量公司对于会计师事务所聘任情况的说明。会计师事务所对公司进行独立审计，是投资人权益的重要维护者，对其聘任的相关信息进行披露，可以防止出现会计师事务所与公司存在私下交易的现象，有效地控制风险。指标 29～31 衡量宏观环境对企业发展的影响、行业竞争优势或劣势，以及竞争对手的竞争策略等，这些信息有助于投资者了解公司所处环境及地位，并对公司日后的发展做出预测。

1.7.2 自愿性信息披露指数计算方法

首先是计分方法。自愿性信息披露指数指标体系中的 31 个二级指标得分区间都为 [0, 1]，按赋值方法可以分为两类。第一类是 0/1 变量，使用该种赋值方法的指标有 14 个，包括指标 1、5、11、13、14、16、23、24、25、26、27、29、30、31。这类指标以企业年报中是否披露了理应披露的相关信息作为判断依据。明确披露相关信息的得 1 分，否则得 0 分。第二类是程度变量，按照某个指标的信息披露程度高低对指标分层赋值，使用该种赋值方法的指标有 17 个，包括指标 2、3、4、6、7、8、9、10、12、15、17、18、19、20、21、22、28。这类指标将年报中的相关信息披露程度分为三种，并按照披露程度的高低进行得分高低的赋值。其中，指标 3、8、19、20 在 2020 年及以前评估时为 0/1 变量，2020 年起改为程度变量；指标 21 和 22 在 2022 年及以前评估时为 0/1 变量，2023 年起改为程度变量，以使评价更加严谨。

然后是权重确定。我们认为，自愿性信息披露指数的四个维度具有基本同等的重要性，每个维度内的二级指标也具有基本同等的重要性，为了避免主观性偏差，本报告计算自愿性信息披露指数时所涉及的所有一级指标和二级指标都设置为等权重。首先针对某个一级指标内的所有二级指标进行等权重计算，然后对所有四个一级指标进行等权重计算，以此得出自愿性信息披露指数。具体计算方法如下：

① 二级指标赋值：根据赋值标准对每个上市公司的 31 个二级指标 V_i（$i=1, 2 \cdots 31$）进行打分和

计算，使各个二级指标的取值均位于 0～1 的数值区间。

②计算四个分项指数：对隶属于同一个一级指标的二级指标的得分先进行加总，再简单平均，然后转化为百分制；得到四个一级指标得分，即治理结构分项指数、治理效率分项指数、利益相关者分项指数和风险控制分项指数。

$$GS = \frac{1}{8}\sum_{i=1}^{8}V_i \times 100$$

$$GE = \frac{1}{8}\sum_{i=9}^{16}V_i \times 100$$

$$SH = \frac{1}{6}\sum_{i=17}^{22}V_i \times 100$$

$$RC = \frac{1}{9}\sum_{i=23}^{31}V_i \times 100$$

其中，GS 代表治理结构分项指数，GE 代表治理效率分项指数，SH 代表利益相关者分项指数，RC 代表风险控制分项指数。

③计算总指数：对四个一级指标（治理结构、治理效率、利益相关者和风险控制）的得分进行简单平均，得到上市公司自愿性信息披露指数。

$$CCVDI^{BNU} = \frac{1}{4}(GS + GE + SH + RC)$$

式中，$CCVDI^{BNU}$ 代表中国上市公司自愿性信息披露指数（"北京师范大学自愿性信息披露指数"）。

1.8 高管薪酬指数变量及计算方法[1]

1.8.1 高管薪酬指数评价变量

评价高管薪酬，必须首先对公司高管作出界定。对于如何界定公司高管，理论界有不同的认识和理解，主要有五种观点：①董事长；②总经理（或总裁或 CEO，以下均称"总经理"）；③董事长和总经理两人；④除董事长和总经理外，还包括党委书记和工会主席；⑤所有高层管理人员，既包括董事长和总经理，也包括副职。我们认为，从研究高管薪酬角度，不能把研究仅集中于某个高管，把研究扩展到高级管理层，更易于得到普遍适用的规律性结论。而且，高管的绩效是整个团队共同努力的结果。因此，我们将高管激励延伸至高管团队的激励，本报告所评价的高管是指公司执行层，包括总经理、副总经理，以及执行董事（含担任执行董事的董事长）和董事会秘书。由于各公司高管人员的人数并不一致，为了保证评价的客观性和统一性，本报告在计算高管薪酬指数时，仅包括年报披露的薪酬最高的前三位高管成员。如无特别说明，本报告提及的高管薪酬均为薪酬最高的前三位高管的平均薪酬。

本报告对高管薪酬的评价不是单纯针对薪酬总额，而是在企业经营业绩的基础上对高管薪酬进行比较研究。换言之，本报告是基于经营业绩的薪酬评价，即用高管薪酬与企业营业总收入之比来计算

---

[1] 本指数所使用的原始数据来自公司年报，无法考虑某些公司可能存在的业绩造假情况。

高管薪酬指数。相关变量说明如下：

① 2023年年报披露的薪酬最高的前三名高管的薪酬（不含股权激励）。

② 2023年年报披露的公司年度营业总收入。

对于实施期权激励的公司，先将高管的期权收入折算成货币形式，然后将期权收入与披露的年薪相加，最终确定前三名高管的薪酬。期权激励主要包括股票期权、限制性股票、股票增值权、虚拟股票、股票奖励和业绩股票。目前中国实施高管期权激励的公司还不多，已经实施高管期权激励的公司基本上采用股票期权、限制性股票和股票增值权三种形式，因此，本报告只计算这三种形式的期权激励，且必须是2023年行权的部分，以反映高管可获得的真实收入。需要特别指出的是，由于公开信息披露中没有直接提供针对前三名高管的期权激励数据，只有针对整个高管团队的期权激励总和，如果直接把整个高管团队的期权激励收入总和当作薪酬最高的前三名高管的期权激励收入，将会使得后者的期权收入偏大，从而导致前三名高管薪酬指数偏高。因此，为了保证研究的准确性，我们对股票期权激励收入根据行权人数进行调整，薪酬最高的高管赋予最高权重，对薪酬次高的高管赋予次高权重，以此类推。具体计算公式如下：

$$行权人数调整系数 = \frac{3n-3}{n(n+1)/2}$$

其中，n为行权人数，分子代表行权的薪酬最高前三位的高管赋值，分母代表公司所有行权人的总赋值。需要强调的是，这种方法只是相对准确。我们寄希望于上市公司能够公开每位高管的具体行权额度。

期权激励按行权人数调整方法从2018年评价时开始采用，为了使不同年度具有可比性，对之前年度的高管薪酬指数数据库也进行了同样的调整。

此外，将期权收入折算成货币收入的方法是：

高管的期权收入 = 2023年年末可以行权的期权数量 × （年均股价 − 行权股价）

前三位高管平均薪酬的具体计算方法：

前三位高管平均薪酬 = 薪酬最高的前三位高管薪酬之和（含股票期权）/3

1.8.2 高管薪酬指数计算方法

本报告在高管薪酬指数设计方法上采用基准法，即首先选择每个行业的基准公司，得到每个行业的调整系数，然后计算各行业全部公司的基准值，最后以该基准值为标杆，计算出各公司高管人员薪酬指数，并按照数值大小来排序。计算步骤和公式如下：

①计算第j个行业第i个上市公司薪酬最高前三位高管的平均薪酬与营业总收入的比值，计算公式是：

$$X_{ij} = \frac{i公司薪酬最高前三位高管的薪酬平均值}{i公司营业总收入}$$

其中，高管薪酬是折算成货币形式的收入，包括基本工资、各项奖金、福利、补贴和各种津贴，以及股票期权。

②找出X_{ij}的中位值，以位居该中位值的那家公司作为第j个行业的基准公司，该中位值即行业

调整系数，令：

$$Y_j = X_{ij} \text{ 的中位值}$$

③把 Y_j 相加，再除以行业总数，得到所有上市公司薪酬最高前三位高管的薪酬平均值与营业总收入的比值（Z），计算公式是：

$$Z = \frac{\sum Y_j}{n}$$

其中，n 是行业总数，根据《上市公司行业分类指引（2012年修订）》，上市公司分为19大类行业，2023年样本中有19个行业有上市公司，故行业数定为19。

④将 X_{ij} 除以 Z，得到第 j 个行业第 i 个上市公司的高管薪酬指数，计算公式是：

$$CCECI^{BNU} = \frac{X_{ij}}{Z} \times 100 \text{ [1]}$$

式中，$CCECI^{BNU}$ 代表中国上市公司高管薪酬指数（"北京师范大学高管薪酬指数"）

将 $CCECI^{BNU}$ 值按照大小进行排名，即可得到基于经营业绩的上市公司高管薪酬指数排名。理论上讲，某家上市公司的 $CCECI^{BNU}$ 值越接近100，该公司的高管薪酬激励越适度。在排名中，对所有上市公司按照四分位法进行分类，即按照高管薪酬指数将5052家上市公司进行降序排列，排名在前四分之一的公司确定为激励过度，排名在后四分之一的公司确定为激励不足，中间的公司定为激励适中，这样的划分考虑了行业差距的影响。

1.8.3 高管薪酬指数比较方法

为了进一步找出不同行业、不同地区、不同控股类型、不同板块上市公司高管薪酬指数的特点，分别比较不同类别上市公司的高管薪酬指数，具体方法如下：

①将上市公司高管薪酬指数按行业进行排名，方法是：A.各行业中激励适中公司所占比重的行业间排名：将各行业中激励适中公司数目除以该行业所有公司的数目，得出百分比，然后按照百分比的大小对各行业进行排名。百分比越大，说明该行业激励适中的公司数量相对越多，该行业整体的薪酬激励水平越合理。B.各行业中激励过度公司所占比重的行业间排名：将各行业中激励过度公司数目除以该行业所有公司的数目，得出百分比，然后按照百分比的大小对各行业进行排名。百分比越大，说明该行业激励过度的公司数量相对越多，该行业整体的薪酬水平越趋于激励过度。C.各行业中激励不足公司所占比重的行业间排名：将各行业中激励不足公司数目除以该行业所有公司的数目，得出百分比，然后按照百分比的大小对各行业进行排名。百分比越大，说明该行业激励不足的公司数量相对越多，该行业整体的薪酬水平越趋于激励不足。D.行业间高管薪酬指数排名：用各个行业的公司高管薪酬指数均值来代表各个行业的公司高管薪酬指数，然后把各个行业的公司高管薪酬指数均值按照由高到低的顺序进行排名。理论上讲，将每个行业的中位值与100来比较，如果越接近100，则该行业的高管薪酬水平越适度。

②将上市公司高管薪酬指数按地区进行排名，方法是：以东部、中部、西部和东北上市公司高管

---

[1] 此处乘以100，是因为假设全部上市公司的高管薪酬指数为100。

薪酬指数均值分别代表四个地区的公司高管薪酬指数，然后按照该均值的大小进行排名。

③将上市公司高管薪酬指数按控股类型进行排名，方法是：为了更细致地进行比较，我们将所有公司按控股类型划分为国有绝对控股公司、国有强相对控股公司、国有弱相对控股公司、国有参股公司、无国有股份公司等五种类型（关于所有制的定义详见本章1.9节），分别确定出激励适中、激励过度和激励不足的公司在各类型上市公司中所占的比重，然后按照比重的大小对这五种所有制的公司进行排名。

1.9　中国公司治理分类指数评价范围及相关概念

1.9.1　评价范围

本报告的数据截至2023年12月31日，评价样本也是截至这个日期的沪深北全部A股上市公司。截至2023年12月31日，沪深北三市A股上市公司有5346家。考虑到年报的完整性，剔除截至2024年3月31日上市不足1年的245家公司，同时剔除截至2024年7月10日本报告撰写日前终止上市及暂停上市的公司40家，得到最终样本5061家。最终样本占沪深北全部A股上市公司的94.67%，可以说，基本等同于全样本评价。5061家A股上市公司中，深市主板1475家，深市创业板1235家，沪市主板1659家，沪市科创板508家，北交所184家。需要注意的是，高管薪酬指数样本是5052家上市公司，原因是6家公司的年报出现高管零薪酬或未披露高管薪酬，2家公司的年报显示营业总收入分别为0和负数（导致无法计算高管薪酬指数），1家公司年报的营业总收入和高管薪酬出现极端异常值（应该是信息披露错误），这9家公司均属不正常现象，故予以剔除。

1.9.2　相关概念

中国公司治理分类指数评价，可能会受到控股类型、地区和行业等方面的影响，因此，需要对数据统计和指数计算中涉及的相关概念做出界定。

（1）控股或所有制类型

中国上市公司有不同的控股或所有制类型，不同控股类型对公司治理有不尽相同的影响。我们将所有公司按控股情况分为国有绝对控股公司、国有强相对控股公司、国有弱相对控股公司、国有参股公司和无国有股份公司等五种类型。参照《股份有限公司国有股股东行使股权行为规范意见》第五条规定，并结合本报告研究的实际情况，我们对这五种所有制类型的界定是：

①国有绝对控股公司：国有股股东为第一股东，前十大股东中国有股持股比例下限为50%（不含50%）；

②国有强相对控股公司：国有股股东为第一股东，前十大股东中国有股持股比例上限为50%（含50%），下限为30%（不含30%）；

③国有弱相对控股公司：国有股股东为第一大股东，前十大股东中国有股持股比例小于30%（含30%）；

④国有参股公司：有国有股，但国有股比例不符合上述三条标准；

⑤无国有股份公司：上述四种情形以外的公司。

在上述五类公司中，最后两类其实就是典型的民有或民营控股上市公司，或称非国有控股上市公司。

（2）实际控制人或最终控制人

本报告把实际控制人或最终控制人分为五类：中央企业（含监管机构）、地方国有企业（含监管机构）、集体企业、民营企业、境外企业、自然人。对于年报中没有标注实际控制人或最终控制人，或者标注"无实际控制人"的公司，通过企查查，对第一大股东（含一致行动人）进行层层追溯来认定其实际控制人或最终控制人。对于标注为"无实际控制人"，根据中国实际，我们认为在事实上是不存在的，"无实际控制人"只是形式上的存在。

（3）地区

处于不同地区的公司的市场化程度、制度完善程度、环境条件等是不同的，所以地区也是影响公司治理指数的基本因素。按照中华人民共和国行政区域划分，内地有31个省、自治区和直辖市（不包括中国台湾、中国香港和中国澳门）。这些行政区域又可以划分为东部、中部、西部和东北四个地区，其中，东部地区包括北京、福建、广东、海南、河北、江苏、山东、上海、天津、浙江10个行政区域，中部地区包括安徽、河南、湖北、湖南、江西、山西6个行政区域，西部地区包括重庆、甘肃、广西、贵州、内蒙古、宁夏、青海、陕西、四川、西藏、新疆、云南12个行政区域，东北地区包括黑龙江、吉林、辽宁3个行政区域。

（4）行业

中国证监会2012年修订的《上市公司行业分类指引》将上市公司行业分为19个门类，具体分类结构与代码如下：A.农、林、牧、渔业；B.采矿业；C.制造业；D.电力、热力、燃气及水生产和供应业；E.建筑业；F.批发和零售业；G.交通运输、仓储和邮政业；H.住宿和餐饮业；I.信息传输、软件和信息技术服务业；J.金融业；K.房地产业；L.租赁和商务服务业；M.科学研究和技术服务业；N.水利、环境和公共设施管理业；O.居民服务、修理和其他服务业；P.教育；Q.卫生和社会工作；R.文化、体育和娱乐业；S.综合。在本报告的5061家样本上市公司中，19个行业均有上市公司。

在19个大类行业中，制造业是上市公司最多的行业。本报告5061家公司样本中，制造业企业共3373家。按照中国证监会2012年修订的《上市公司行业分类指引》，制造业还可以细分为31个小类，分别是C13.农副食品加工业；C14.食品制造业；C15.酒、饮料和精制茶制造业；C16.烟草制品业；C17.纺织业；C18.纺织服装、服饰业；C19.皮革、毛皮、羽毛及其制品和制鞋业；C20.木材加工和木、竹、藤、棕、草制品业；C21.家具制造业；C22.造纸和纸制品业；C23.印刷和记录媒介复制业；C24.文教、工美、体育和娱乐用品制造业；C25.石油加工、炼焦和核燃料加工业；C26.化学原料和化学制品制造业；C27.医药制造业；C28.化学纤维制造业；C29.橡胶和塑料制品业；C30.非金属矿物制品业；C31.黑色金属冶炼和压延加工业；C32.有色金属冶炼和压延加工业；C33.金属制品业；C34.通用设备制造业；C35.专用设备制造业；C36.汽车制造业；C37.铁路、船舶、航空航天和其他运输设备制造业；C38.电气机械和器材制造业；C39.计算机、通信和其他电子设备制造业；C40.仪器仪表制造业；C41.其他制造业；C42.废弃资源综合利用业；C43.金属制品、机械和设备修理业。目前制造业上市公司涉及29个小类，尚没有C16（烟草制品业）和C43（金属制品、机械和设备修理业）上市公司。2015年及之前我们出版的指数报告对制造业细分行业都有分析，自2016年度报告开始，限于篇幅，不再对制造业细分类型进行分析。

（5）沪深300

"沪深300"全称是"沪深300成分股指数"，于2005年4月8日正式发布。

选择成分股公司的方法是：一是规模大、流动性好；二是上市交易时间超过一个季度；三是非ST、*ST股票，非暂停上市股票；四是公司经营状况良好，最近一年无重大违法违规事件、财务报告无重大问题；五是股票价格无明显异常波动或市场操纵；六是剔除其他经专家认定不能进入指数的股票。

从计算方法看，公司绩效、公司市值是进入沪深300成分股指数公司的重要参数，被认为是机构投资者乃至整个市场的投资取向标杆。

沪深300成分股指数公司每半年更新一次，分别是1月和6月（或7月初）。本报告的沪深300是2024年6月最新更新的沪深300家成分股公司，但由于其中的华勤技术（603296）上市不足一年，不符合本报告选择样本的要求，故剔除，最终纳入本报告评价的沪深300成分股公司是299家。需要注意的是，在高管薪酬指数计算中，沪深300中的云铝股份（000807）、海光信息（688041）、中芯国际（688981）因高管报酬总额数据缺失而予以剔除，因此，高管薪酬指数中的沪深300是296家公司。

第2章 中国上市公司治理总指数排名及比较

根据第1章确定的上市公司治理总指数计算方法，我们对2015～2023年九个年度上市公司治理水平进行了测度。本章首先对2023年度上市公司治理总指数进行排名，然后分别从地区、行业、所有制、上市板块以及是否沪深300五个角度进行比较分析，最后再从总体、地区、行业、所有制和上市板块五个角度比较分析2015～2023年九个年度上市公司治理水平的变化。

2.1 上市公司治理总指数分布及排名

基于2023年六类上市公司治理指数，对2023年5061家上市公司治理总指数进行计算，从而得到上市公司治理总指数的整体排名情况。

2.1.1 上市公司治理总指数分布

2023年上市公司治理总指数的总体得分情况参见表2-1。

表2-1 2023年上市公司治理总指数的总体情况

项目	公司数目	平均值	中位值	最大值	最小值	标准差	偏度系数	峰度系数
数值	5061	55.6117	55.9544	65.9157	38.0867	3.5226	-0.6908	1.2363

从表2-1可以看出，2023年上市公司治理总指数最大值65.9157分，最小值38.0867分，平均值55.6117分，中位值55.9544分，样本均值未及格（60分为及格线），得分整体偏低。

为进一步了解中国上市公司治理总指数在各个得分区间的分布情况，我们将中国上市公司治理总指数以5分为间隔，划分为9个区间（公司数目为0的连续区间合并），每个指数区间的企业数目和所占比重参见表2-2和图2-1。

表2-2 2023年上市公司治理总指数区间分布

指数区间	公司数目	占比/%	累计占比/%
[0,35)	0	0.00	0.00
[35,40)	4	0.08	0.08
[40,45)	45	0.89	0.97

续表

指数区间	公司数目	占比/%	累计占比/%
[45,50)	263	5.20	6.16
[50,55)	1623	32.07	38.23
[55,60)	2673	52.82	91.05
[60,65)	450	8.89	99.94
[65,70)	3	0.06	100.00
[70,100]	0	0.00	100.00
总计	5061	100	—

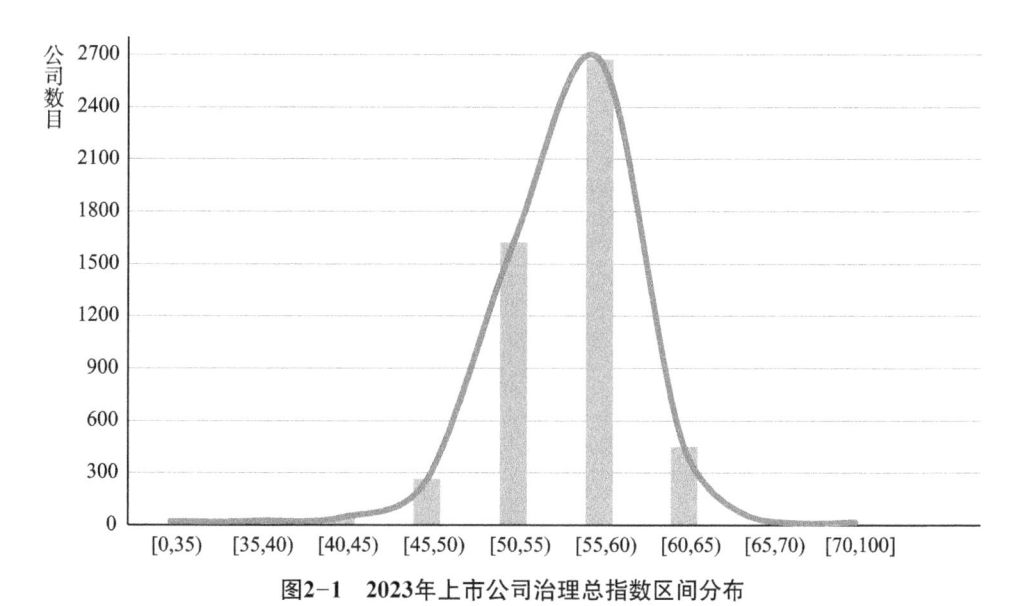

图2-1 2023年上市公司治理总指数区间分布

从表2-2和图2-1可以看出，上市公司治理总指数主要分布在[50,60)区间，总计4296家，占样本总数的84.88%。达到60分及格线的公司有453家，及格率为8.95%，比上年（15.43%）降低6.48个百分点，仅有3家公司得分超过65分。这说明中国上市公司治理总水平较去年有所降低，整体水平仍然存在较大提升空间。从表2-1反映出来的整体分布偏离正态分布的程度来看，偏度系数为-0.6908，峰度系数为1.2363，上市公司治理总指数分布为负偏态分布，基本满足正态分布。

2.1.2 上市公司治理总指数前100名

表2-3列出了5061家上市公司中排名前100家公司的总指数情况。可以看出，前100名公司的治理总指数均值为62.7963分，略高于及格线（60分），比上年（63.7329分）降低0.9366分。

表2-3 2023年上市公司治理总指数前100名情况

项目	平均值	中位值	最大值	最小值	标准差
前100名	62.7963	62.6548	65.9157	61.8878	0.8246
总体	55.6117	55.9544	65.9157	38.0867	3.5226

对5061家上市公司治理总指数进行从大到小降序排列，上市公司治理总指数越高，说明上市公司治理综合水平越高。表2-4是上市公司治理总指数排名前100的上市公司情况。

表2-4 2023年上市公司治理总指数排名－前100名

排名	代码	公司简称	指数	排名	代码	公司简称	指数
1	002925	盈趣科技	65.9157	31	300640	德艺文创	63.0008
2	601377	兴业证券	65.8002	32	000021	深科技	62.9934
3	300818	耐普矿机	65.0832	33	603817	海峡环保	62.9014
4	688187	时代电气	64.7092	34	605567	春雪食品	62.9008
5	301163	宏德股份	64.4407	35	003042	中农联合	62.9002
6	002597	金禾实业	64.1243	36	600026	中远海能	62.8920
7	600111	北方稀土	64.0948	37	600019	宝钢股份	62.8871
8	601177	杭齿前进	64.0903	38	603861	白云电器	62.8789
9	000898	鞍钢股份	63.9987	39	300625	三雄极光	62.8747
10	002126	银轮股份	63.9563	40	301322	绿通科技	62.8111
11	300308	中际旭创	63.8861	41	300197	节能铁汉	62.7958
12	300185	通裕重工	63.8743	42	300907	康平科技	62.7732
13	300983	尤安设计	63.7877	43	600188	兖矿能源	62.7641
14	300017	网宿科技	63.6626	44	300958	建工修复	62.7569
15	000513	丽珠集团	63.6286	45	000902	新洋丰	62.7536
16	000404	长虹华意	63.5158	46	688509	正元地信	62.7150
17	688248	南网科技	63.4850	47	300432	富临精工	62.6743
18	688538	和辉光电	63.4737	48	688151	华强科技	62.6738
19	000779	甘咨询	63.4590	49	688285	高铁电气	62.6705
20	002152	广电运通	63.4338	50	605378	野马电池	62.6587
21	301238	瑞泰新材	63.2828	51	601919	中远海控	62.6508
22	600906	财达证券	63.2740	52	000738	航发控制	62.6422
23	300207	欣旺达	63.2301	53	300057	万顺新材	62.5816
24	000157	中联重科	63.1943	54	300660	江苏雷利	62.5810
25	301260	格力博	63.1545	55	002627	三峡旅游	62.5771
26	688119	中钢洛耐	63.1300	56	688008	澜起科技	62.5539
27	600775	南京熊猫	63.0727	57	603687	大胜达	62.5494
28	002819	东方中科	63.0680	58	300453	三鑫医疗	62.5069
29	300981	中红医疗	63.0574	59	003816	中国广核	62.4957
30	002938	鹏鼎控股	63.0026	60	300218	安利股份	62.4197

续表

排名	代码	公司简称	指数	排名	代码	公司简称	指数
61	688239	航宇科技	62.4139	81	601808	中海油服	62.0674
62	002695	煌上煌	62.4036	82	300627	华测导航	62.0651
63	002404	嘉欣丝绸	62.3798	83	002432	九安医疗	62.0640
64	002242	九阳股份	62.3777	84	600803	新奥股份	62.0332
65	600409	三友化工	62.3724	85	300796	贝斯美	62.0269
66	601969	海南矿业	62.3425	86	002465	海格通信	62.0224
67	002747	埃斯顿	62.2802	87	003041	真爱美家	62.0084
68	000987	越秀资本	62.2741	88	688330	宏力达	61.9990
69	000544	中原环保	62.2328	89	605117	德业股份	61.9889
70	603010	万盛股份	62.2272	90	300759	康龙化成	61.9857
71	300395	菲利华	62.2216	91	002080	中材科技	61.9613
72	601633	长城汽车	62.1754	92	300274	阳光电源	61.9528
73	603213	镇洋发展	62.1657	93	600724	宁波富达	61.9433
74	600958	东方证券	62.0936	94	300579	数字认证	61.9297
75	300650	太龙股份	62.0924	95	300131	英唐智控	61.9267
76	300037	新宙邦	62.0888	96	002044	美年健康	61.9156
77	002245	蔚蓝锂芯	62.0742	97	002615	哈尔斯	61.9141
78	300648	星云股份	62.0734	98	300420	五洋自控	61.8943
79	688122	西部超导	62.0718	99	300973	立高食品	61.8930
80	600436	片仔癀	62.0711	100	002332	仙琚制药	61.8878

从表2-4可以看出，上市公司治理总指数最高的是深市主板的盈趣科技，排在第二、三位的分别是沪市主板的兴业证券和深市创业板的耐普矿机。有18家公司在2023年和2022年连续两年出现在前100名中，它们是兴业证券、时代电气、杭齿前进、银轮股份、网宿科技、丽珠集团、南网科技、财达证券、南京熊猫、正元地信、华强科技、高铁电气、安利股份、煌上煌、越秀资本、中海油服、康龙化成、仙琚制药。有3家公司近三年连续出现在前100名中，它们是网宿科技、丽珠集团、安利股份。

从地区看，前100名中，东部、中部、西部和东北各有78家、15家、6家和1家，各占所在地区上市公司总数的2.15%、2.23%、1.01%和0.59%。从行业来看，前100名公司主要分布在制造业（73家），科学研究和技术服务业（5家），电力、热力、燃气及水生产和供应业（4家），金融业（4家），各占所在行业上市公司总数的2.16%、4.50%、3.05%和3.23%。从控股类型来看，国有控股公司有47家、非国有控股公司有53家，分别占两类公司总数的3.15%和1.49%。从上市板块看，深市主板、深市创业板、沪市主板、沪市科创板各有31家、33家、25家和11家，分别占所在板块上市公司总数的2.10%、2.67%、1.51%和2.17%，北交所没有公司进入前100。从是否沪深300看，沪深 300 有 20 家，非沪深 300 有 80 家，分别占两类上市公司总数的 6.69% 和 1.68%，进入前 100 的沪深 300 公司并不多，说明沪深 300 成分股公司的选择对公司治理因素考虑不多，潜在的公司治理风险仍然存在。

需要注意的是，上市公司治理总指数最高的前 100 名在地区、行业和控股类型中的分布，并不能完全说明某个地区、行业和控股类型整体表现就好，因为各地区、行业和控股类型的上市公司数量不同。比如，制造业进入前 100 名的公司数多于科学研究和技术服务业，但科学研究和技术服务业进入前 100 名的占比更高，无疑科学研究和技术服务业表现更好。

2.2 分地区上市公司治理总指数比较

根据东部、西部、中部、东北四个地区的划分，对上市公司治理总指数按照均值从高到低的顺序进行排名和比较，结果参见表 2-5。

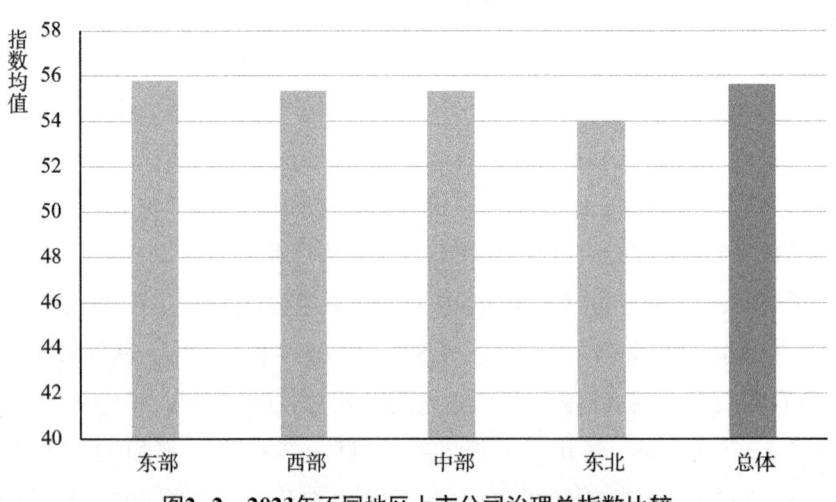

表 2-5 2023 年不同地区上市公司治理总指数比较

排名	地区	公司数目	平均值	中位值	最大值	最小值	标准差
1	东部	3624	55.7854	56.0608	65.9157	38.0867	3.4210
2	西部	595	55.3436	55.7912	64.0948	39.0154	3.7016
3	中部	673	55.3228	55.6993	65.0832	40.4764	3.5803
4	东北	169	53.9815	54.4319	63.9987	41.8939	4.1790
	总体	5061	55.6117	55.9544	65.9157	38.0867	3.5226

由表 2-5 可知，上市公司治理总指数均值最高的地区为东部，东北排在最后一位，上市公司治理总指数最大值和最小值都出自东部地区。总体来看，上市公司治理总指数的地区间差异不是很大。

由图 2-2 可以直观地看出四个地区上市公司治理总指数之间的差异。可以看出，四个地区中，只有东部地区上市公司治理总指数均值高于总体均值，其他三个地区上市公司治理总指数均值都低于总体均值。

图2-2 2023年不同地区上市公司治理总指数比较

按照省份进一步细分，对31个省份的上市公司治理总指数按照均值从高到低的顺序进行排名，结果参见表2-6。

表2-6 2023年不同省份上市公司治理总指数比较

排名	省份	公司数目	平均值	中位值	最大值	最小值	标准差
1	河北	72	56.3725	56.2454	63.2740	48.6215	3.1636
2	内蒙古	25	56.1929	56.8717	64.0948	47.7266	2.9274
3	广东	820	56.0717	56.4656	63.6286	38.0867	3.4254
4	江西	79	56.0409	56.3527	65.0832	46.7291	3.6485
5	福建	165	56.0239	55.9512	65.9157	47.1800	3.3863
6	山东	290	55.9533	56.2830	63.8861	43.6710	3.3683
7	甘肃	35	55.8622	56.2524	63.4590	44.9070	3.4102
8	天津	70	55.8274	56.3200	62.6508	47.9408	3.5129
9	浙江	666	55.7327	55.9545	64.0903	40.6146	3.3092
10	上海	417	55.6899	55.9234	63.7877	40.7552	3.5315
11	北京	454	55.6324	55.7779	63.0680	40.5834	3.2421
12	湖南	140	55.6296	56.1423	64.7092	46.5458	3.4456
13	山西	40	55.5740	55.9695	61.0087	47.3141	3.4945
14	广西	40	55.5419	56.2957	60.2818	48.1669	3.4347
15	四川	169	55.5242	55.9869	62.6743	44.8265	3.3429
16	云南	41	55.5181	56.1150	61.2617	39.0154	4.3151
17	江苏	643	55.4852	55.7618	64.4407	38.5471	3.5259
18	河南	106	55.4492	55.7220	63.1300	44.1515	3.5162
19	新疆	60	55.4488	55.8773	61.8094	45.9488	3.1279
20	贵州	35	55.2174	56.0993	62.4139	42.7108	4.3344
21	安徽	166	55.1975	55.6294	64.1243	45.4940	3.0500
22	重庆	69	55.0710	55.3251	61.5350	42.4759	4.0510
23	陕西	74	54.9406	55.1386	62.6705	41.9202	4.0344
24	宁夏	15	54.8743	55.9901	61.5101	45.5509	3.9613
25	青海	10	54.7230	54.6034	59.6023	50.7527	3.5131
26	海南	27	54.6511	55.6421	62.3425	40.9096	4.4941
27	湖北	142	54.6023	55.1497	62.7536	40.4764	4.1415
28	黑龙江	39	54.4090	55.4250	59.8558	42.8348	4.0086

续表

排名	省份	公司数目	平均值	中位值	最大值	最小值	标准差
29	西藏	22	54.2063	54.8217	61.3095	42.7544	4.1432
30	辽宁	82	53.9372	53.6821	63.9987	45.3919	3.8771
31	吉林	48	53.7100	55.0395	61.0159	41.8939	4.7462
总体		5061	55.6117	55.9544	65.9157	38.0867	3.5226

从表2-6可以看出，31个省份中有12个省份的上市公司治理总指数均值高于总体均值，这12个省份的最大均值与总体均值的绝对差距为0.7608分；其他19个省份的上市公司治理总指数均值低于总体均值，总体均值与19个省份的最小均值之间的绝对差距为1.9017分。高分区省份的内部差距小于低分区省份。上市公司治理总指数最高的三个省份是河北、内蒙古和广东；上市公司治理总指数最低的三个省份是吉林、辽宁和西藏。

图2-3显示了上市公司治理总指数在省份间的差异。可以看出，各省份上市公司治理总指数呈现较平缓的变化，各省份之间差距不大，最高省份上市公司治理总指数均值与最低省份均值的绝对差距只有2.6625分。

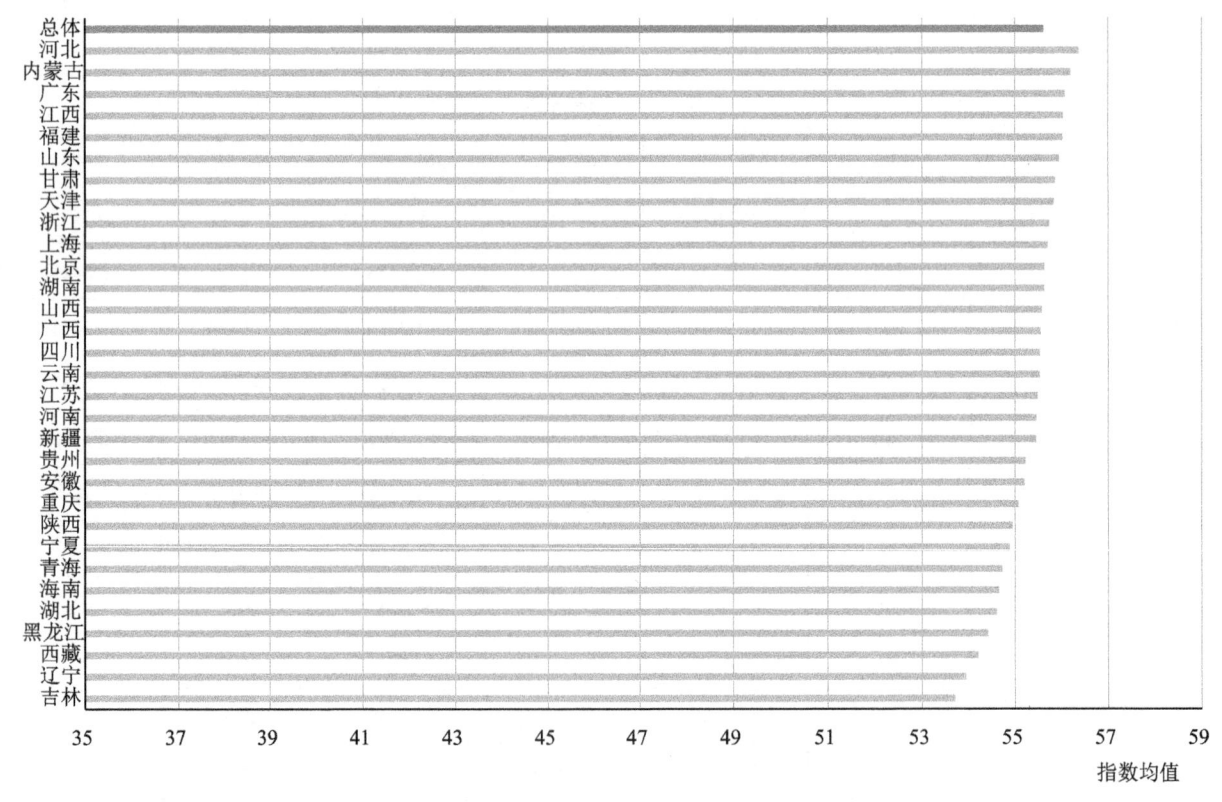

图2-3 2023年不同省份上市公司治理总指数比较

2.3 分行业上市公司治理总指数比较

对18个行业上市公司治理总指数按照均值从高到低的顺序进行排名和比较，结果参见表2-7。

表 2-7 2023 年不同行业上市公司治理总指数比较

排名	行业	公司数目	平均值	中位值	最大值	最小值	标准差
1	金融业（J）	124	56.4860	56.5639	65.8002	48.5110	3.3211
2	住宿和餐饮业（H）	8	56.4715	55.9613	60.7277	54.0062	1.8571
3	科学研究和技术服务业（M）	111	56.2825	56.8827	63.7877	45.0100	3.4229
4	交通运输、仓储和邮政业（G）	112	56.2795	56.5969	62.8920	45.3689	3.3884
5	采矿业（B）	82	56.1766	56.5388	62.7641	44.1515	3.3059
6	卫生和社会工作（Q）	15	56.0965	56.5182	61.9156	50.5699	2.5788
7	制造业（C）	3373	55.7764	56.0459	65.9157	38.5471	3.4261
8	电力、热力、燃气及水生产和供应业（D）	131	55.7302	56.1982	62.9014	44.8399	3.5484
9	信息传输、软件和信息技术服务业（I）	418	55.2191	55.6094	63.6626	40.4764	3.5711
10	水利、环境和公共设施管理业（N）	97	54.9360	56.1351	62.7958	38.0867	4.5029
11	批发和零售业（F）	182	54.7897	54.9341	63.0680	43.5155	3.7554
12	文化、体育和娱乐业（R）	62	54.7873	55.3018	61.8619	42.9726	3.7522
13	建筑业（E）	107	54.6423	54.8087	61.7492	45.6433	3.5014
14	农、林、牧、渔业（A）	48	54.3527	54.8417	61.5101	45.6174	3.5076
15	房地产业（K）	101	54.3400	55.0805	60.8997	43.5076	3.5741
16	租赁和商务服务业（L）	65	54.3051	55.0543	61.1487	40.9096	3.8125
17	综合（S）	12	53.0362	53.5482	59.8100	41.1338	4.7374
18	教育（P）	12	51.7844	52.1398	57.1908	45.3919	3.0923
	总体	5061	55.6117	55.9544	65.9157	38.0867	3.5226

注：居民服务、修理和其他服务业（O）只有 1 家上市公司，难以代表该行业整体水平，故排名时剔除。

从表 2-7 可以看出，18 个行业中有 8 个行业的上市公司治理总指数均值高于总体均值，这 8 个行业的行业最大均值与总体均值的绝对差距为 0.8743 分；低于总体均值的行业有 10 个，总体均值与这 10 个行业的行业最小均值之间的绝对差距为 3.8273 分。低分区行业的内部差距大于高分区行业。上市公司治理总指数最高的三个行业是金融业（J）、住宿和餐饮业（H），以及科学研究和技术服务业（M）；上市公司治理总指数最低的三个行业是教育（P）、综合（S），以及租赁和商务服务业（L）。

图 2-4 显示了上市公司治理总指数在行业间的差异。可以看出，各行业上市公司治理总指数呈现较平缓的变化，各行业差距不大，行业最大均值与最小均值之间的绝对差距只有 4.7016 分。

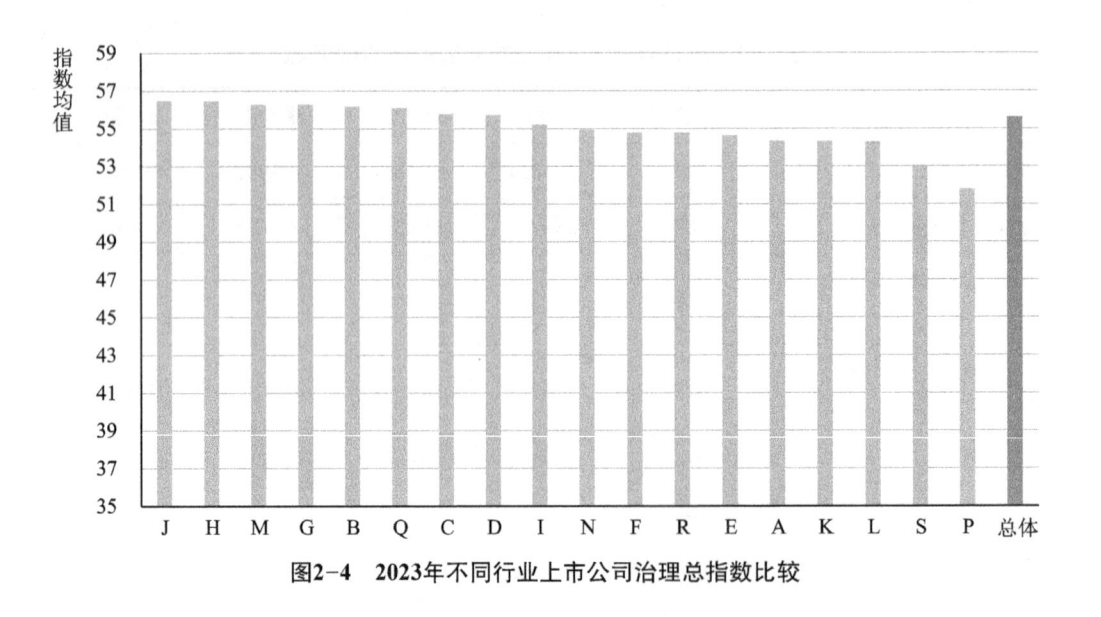

图2-4 2023年不同行业上市公司治理总指数比较

2.4 分所有制上市公司治理总指数比较

根据第1章的五种所有制类型划分，对不同所有制上市公司治理总指数按照均值从高到低的顺序进行排名和比较，结果参见表2-8。

表2-8 2023年不同所有制上市公司治理总指数排名及比较

排名	所有制性质	公司数目	平均值	中位值	最大值	最小值	标准差
1	国有绝对控股公司	554	56.6764	56.8826	64.0903	41.8939	3.3441
2	国有强相对控股公司	532	55.9618	56.0670	65.8002	44.4254	3.1725
3	国有弱相对控股公司	406	55.5862	56.0099	63.8743	40.9096	3.7539
4	无国有股份公司	2385	55.5435	55.8640	65.9157	38.5471	3.4754
5	国有参股公司	1184	55.1024	55.5793	63.6286	38.0867	3.6427
	总体	5061	55.6117	55.9544	65.9157	38.0867	3.5226

根据表2-8，从整体上看，五类所有制上市公司治理总指数均值没有很大的差异，也都未达到及格线。其中，国有绝对控股公司治理总指数均值最高，为56.6764分，国有参股公司治理总指数均值最低，为55.1024分。五类所有制公司的中位值和标准差各自之间的差异也不大。

为了更直观地反映不同所有制上市公司治理总指数的差异，图2-5按照前十大股东中的国有股份比例从大到小进行了排序。可以看出，对于有国有股份的公司，随着国有股比例的降低，公司治理指数呈缓慢下降趋势。

我们进一步将国有绝对控股公司、国有强相对控股公司和国有弱相对控股公司归类为国有控股公司，将国有参股公司和无国有股份公司归类为非国有控股公司，比较两大类公司的公司治理总指数情况，如表2-9所示。

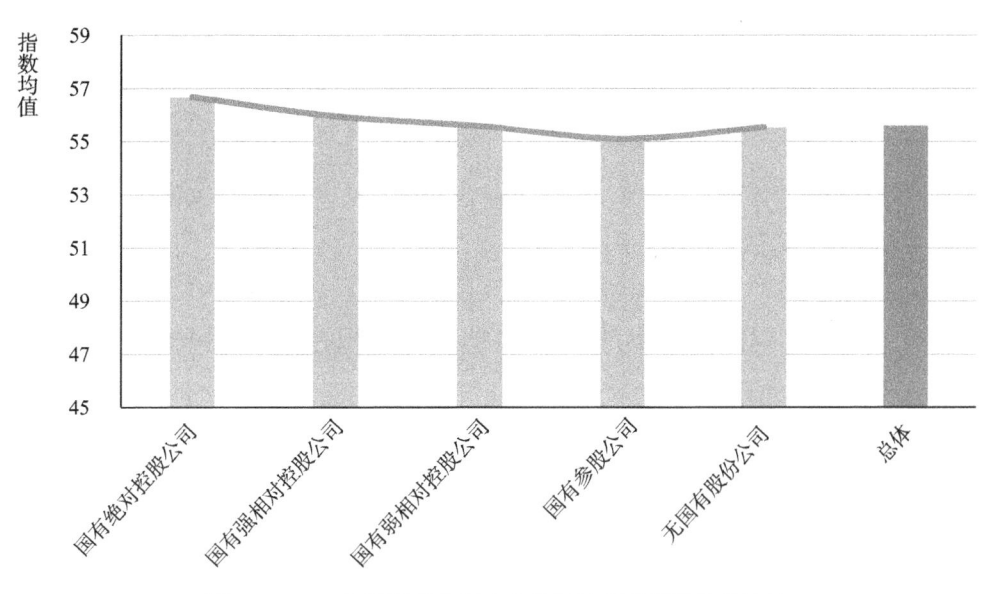

图2-5 2023年不同所有制上市公司治理总指数均值比较

表 2-9 2023 年国有控股和非国有控股公司的治理总指数排名及比较

排名	所有制性质	公司数目	平均值	中位值	最大值	最小值	标准差
1	国有控股公司	1492	56.1249	56.3774	65.8002	40.9096	3.4318
2	非国有控股公司	3569	55.3972	55.7816	65.9157	38.0867	3.5379
	总体	5061	55.6117	55.9544	65.9157	38.0867	3.5226

从表2-9可以看出，2023年上市公司中，国有控股公司与非国有控股公司在平均值、中位值上的差距都很小，且都未达到及格线（60分），国有控股公司治理总指数均值和中位值都略高于非国有控股公司。

根据实际（或最终）控制人的不同，我们进一步将上市公司划分为中央企业（或监管机构）、地方国企（或监管机构）和非国有企业或自然人最终控制的公司三类。表2-10比较了三类上市公司治理总指数情况。

表 2-10 2023 年不同实际（或最终）控制人上市公司治理总指数排名及比较

排名	实际（或最终）控制人	公司数目	平均值	中位值	最大值	最小值	标准差
1	中央企业（或监管机构）	470	56.8068	57.0517	64.7092	45.0100	3.1234
2	地方国企（或监管机构）	1022	55.8114	56.0706	65.8002	40.9096	3.5207
3	非国有企业或自然人总计	3569	55.3972	55.7816	65.9157	38.0867	3.5379
	其中：境外企业	31	56.8413	56.7499	63.0026	50.1041	2.7600
	其中：集体企业	29	55.8478	56.3159	62.9002	48.3944	3.2264
	其中：自然人	3408	55.3827	55.7684	65.9157	38.0867	3.5343
	其中：民营企业	101	55.3111	55.8474	61.4883	43.7644	3.8428
	总体	5061	55.6117	55.9544	65.9157	38.0867	3.5226

从表 2-10 可以看出，中央企业（或监管机构）控制的公司的治理总指数比地方国企（或监管机构）以及非国有企业或自然人控制的公司的治理总指数要高。但如果把实际（或最终）控制人为非国有企业或自然人的类型进一步细分为集体企业、民营企业、境外企业和自然人，则发现，其中实际（或最终）控制人为境外企业的上市公司，其治理总指数高于中央企业（或监管机构）控制的上市公司和地方国企（或监管机构）控制的上市公司。

2.5 分上市板块上市公司治理总指数比较

根据五个上市板块的划分，对上市公司治理总指数按照均值从高到低的顺序进行排名和比较，结果参见表 2-11，其中，深市主板含原来的中小企业板。

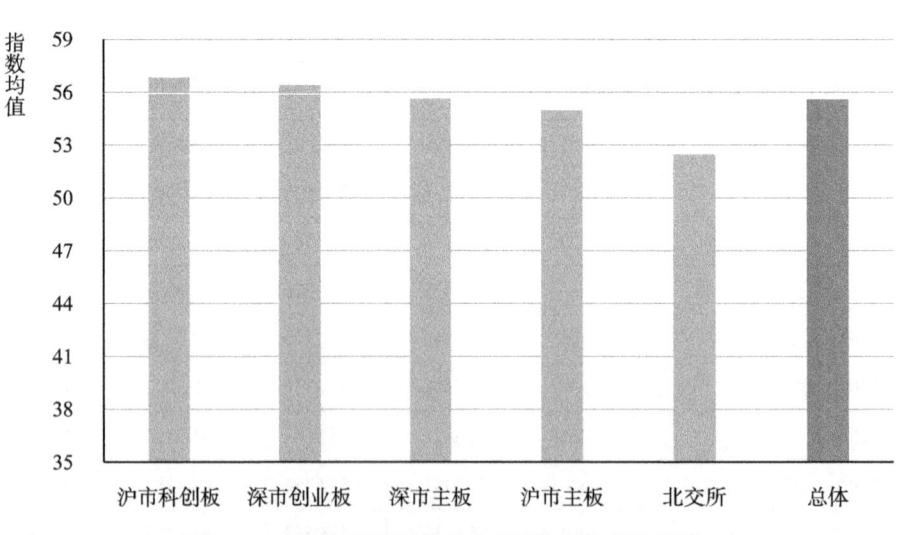

表 2-11 2023 年不同板块上市公司治理总指数比较

排名	上市板块	公司数目	平均值	中位值	最大值	最小值	标准差
1	沪市科创板	508	56.8378	56.8478	64.7092	48.6287	2.8024
2	深市创业板	1235	56.4103	56.5650	65.0832	38.0867	3.1345
3	深市主板	1475	55.6386	56.1012	65.9157	38.6811	3.6804
4	沪市主板	1659	54.9654	55.2039	65.8002	40.7552	3.5210
5	北交所	184	52.4789	52.7267	59.5783	38.5471	3.3612
	总体	5061	55.6117	55.9544	65.9157	38.0867	3.5226

从表 2-11 可以看出，5061 家上市公司中，上市公司治理总指数平均值从高到低排列依次为沪市科创板、深市创业板、深市主板、沪市主板、北交所。从整体上看，沪市科创板和深市创业板治理水平高于两个主板，北交所治理水平最差。

图 2-6 更直观地反映了不同板块上市公司治理总指数的差异。可以看到，沪市科创板和深市两个板块上市公司治理总指数均值都高于总体均值，而沪市主板和北交所上市公司治理总指数均值低于总体均值。

图2-6 2023年不同板块上市公司治理总指数比较

2.6 沪深300与非沪深300公司治理总指数比较

按照是否沪深300成分股指数公司，对沪深300与非沪深300上市公司治理总指数按照均值从高到低的顺序进行排名和比较，结果参见表2-12和图2-7。

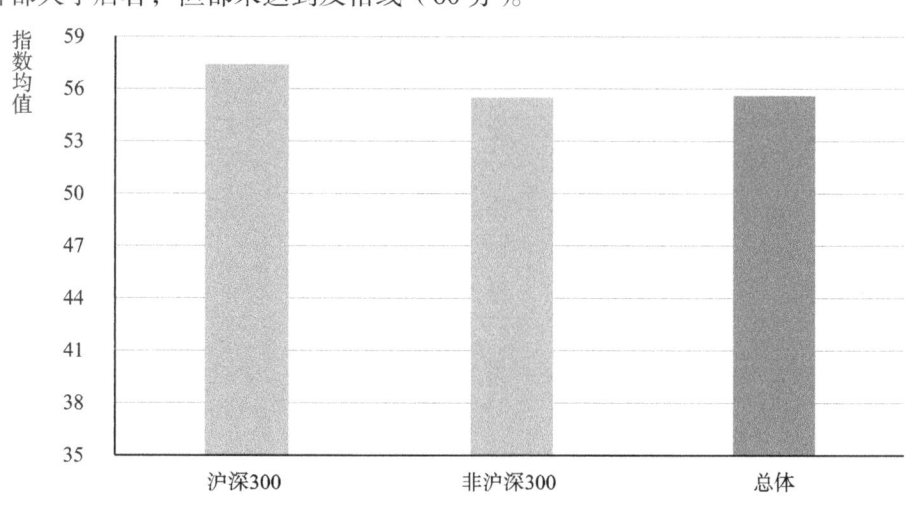

表2-12 2023年沪深300与非沪深300公司治理总指数比较

排名	是否沪深300	公司数目	平均值	中位值	最大值	最小值	标准差
1	沪深300	299	57.4071	57.4296	65.8002	47.1389	2.9741
2	非沪深300	4762	55.4990	55.8587	65.9157	38.0867	3.5238
	总体	5061	55.6117	55.9544	65.9157	38.0867	3.5226

从表2-12可以看出，2023年上市公司中，沪深300与非沪深300公司在平均值、中位值上的差距不大，前者都大于后者，但都未达到及格线（60分）。

图2-7 2023年沪深300与非沪深300公司治理总指数比较

2.7 上市公司治理总指数年度比较（2015～2023）

本节将从总体、地区、行业、所有制和上市板块五个角度，比较分析2015～2023年九个年度的上市公司治理水平，以了解上市公司治理水平的发展趋势，进而对提高中国上市公司治理水平提供参考。

2.7.1 上市公司治理总指数总体的年度比较

在对2015～2023年九个年度中国上市公司治理总指数的评价中，样本公司数从2655家增至5061家，基本上是对全部上市公司的评价。比较2015～2023年九个年度的样本上市公司治理总指数，结果参见表2-13。

表 2-13 2015～2023 年上市公司治理总指数均值比较

年份	样本量	总指数	年份	样本量	总指数
2015	2655	44.7979	2020	3774	52.0471
2016	2840	46.5700	2021	4176	54.9795
2017	3147	47.3617	2022	4687	56.3092
2018	3490	48.3781	2023	5061	55.6117
2019	3569	50.4173	—	—	—

由表 2-13 可知，2015～2022 年，上市公司治理总指数均值连续上升，2023 年首次出现下降，这个结果与 2023 年不太景气的资本市场是一致的。2023 年比 2015 年提高 10.8138 分，比 2022 年降低 0.6975 分。

2.7.2　分地区上市公司治理总指数的年度比较

按照四个地区的划分，将 2015～2023 年九个年度不同地区的上市公司治理总指数进行比较，从而更清晰地了解不同地区上市公司治理水平在不同年度的变化，结果参见表 2-14 和图 2-8。

表 2-14 2015～2023 年不同地区上市公司治理总指数均值比较

地区	年份	总指数	排名	地区	年份	总指数	排名
东部	2015	45.2749	1	西部	2015	43.8561	3
东部	2016	46.9829	1	西部	2016	45.5967	3
东部	2017	47.6095	1	西部	2017	46.9486	3
东部	2018	48.6765	1	西部	2018	47.6438	3
东部	2019	50.6770	1	西部	2019	49.9013	3
东部	2020	52.2172	1	西部	2020	51.7054	3
东部	2021	55.1102	1	西部	2021	54.9348	2
东部	2022	56.4692	1	西部	2022	56.1560	2
东部	2023	55.7854	1	西部	2023	55.3436	2
中部	2015	44.3856	2	东北	2015	42.5554	4
中部	2016	46.4443	2	东北	2016	44.2987	4
中部	2017	47.1061	2	东北	2017	45.7307	4
中部	2018	48.2448	2	东北	2018	46.2540	4
中部	2019	50.3420	2	东北	2019	48.0117	4
中部	2020	51.9602	2	东北	2020	50.4333	4
中部	2021	54.8045	3	东北	2021	53.2134	4
中部	2022	56.0427	3	东北	2022	54.5728	4
中部	2023	55.3228	3	东北	2023	53.9815	4

由表 2-14 和图 2-8 可知,四个地区上市公司治理总指数均值都在前八年间连续上升,2023 年下降。东部连续九年都位居第一,表现相对较好;东北连续九年都排名最后,表现相对较差。

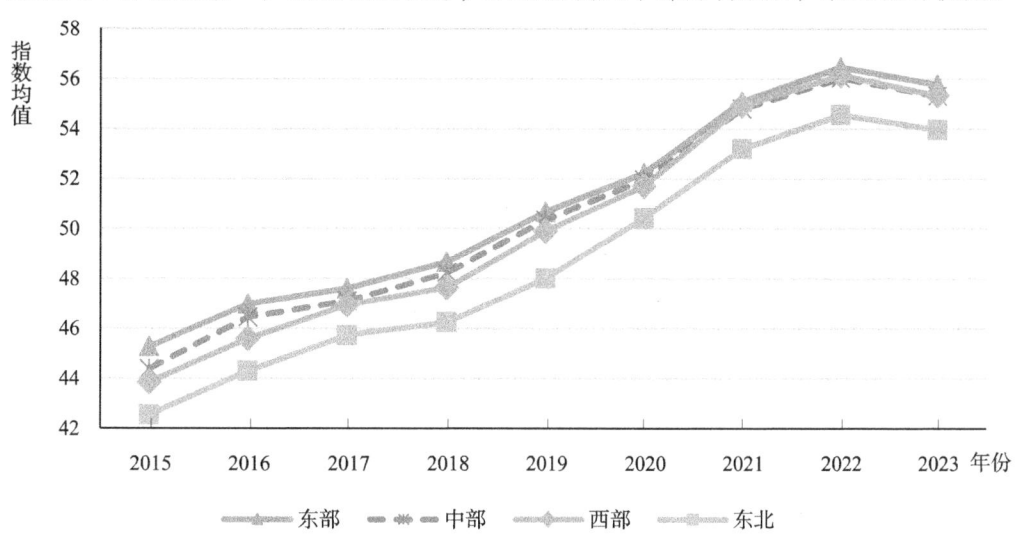

图2-8　2015~2023年不同地区上市公司治理总指数均值比较

2.7.3　分行业上市公司治理总指数的年度比较

将 2015～2023 年九个年度不同行业的上市公司治理总指数进行比较,以了解不同行业上市公司治理在不同年度的变化,结果如表 2-15 所示。

表 2-15　2015～2023 年分行业上市公司治理总指数均值比较

行业	年份	总指数	行业	年份	总指数
农、林、牧、渔业（A）	2015	43.3215	采矿业（B）	2020	51.7940
	2016	47.0187		2021	54.0974
	2017	47.3798		2022	56.1416
	2018	47.1771		2023	56.1766
	2019	49.5108	制造业（C）	2015	45.2163
	2020	51.5646		2016	46.8367
	2021	53.5361		2017	47.4135
	2022	54.6694		2018	48.5271
	2023	54.3527		2019	50.4389
采矿业（B）	2015	43.6547		2020	52.0077
	2016	45.4024		2021	54.9923
	2017	46.5260		2022	56.4027
	2018	47.6700		2023	55.7764
	2019	49.5695	电力、热力、燃气及水生产和供应业（D）	2015	43.6875

续表

行业	年份	总指数	行业	年份	总指数
电力、热力、燃气及水生产和供应业（D）	2016	45.3104	住宿和餐饮业（H）	2015	41.6794
	2017	46.5905		2016	42.8766
	2018	47.2329		2017	45.9096
	2019	49.9120		2018	47.3351
	2020	51.7137		2019	50.2659
	2021	54.9928		2020	51.6553
	2022	56.3286		2021	56.0927
	2023	55.7302		2022	57.9494
建筑业（E）	2015	45.0863	信息传输、软件和信息技术服务业（I）	2023	56.4715
	2016	47.0780		2015	45.3806
	2017	47.3808		2016	47.0894
	2018	47.9556		2017	48.0193
	2019	51.1857		2018	48.6658
	2020	52.2996		2019	50.4051
	2021	54.7826		2020	52.1244
	2022	55.3756		2021	55.1041
	2023	54.6423		2022	56.2827
批发和零售业（F）	2015	43.2514	金融业（J）	2023	55.2191
	2016	44.6720		2015	46.0245
	2017	45.8534		2016	48.4510
	2018	47.3093		2017	49.3286
	2019	49.3037		2018	50.3019
	2020	50.9614		2019	52.2700
	2021	54.3321		2020	54.5678
	2022	55.4637		2021	56.8287
	2023	54.7897		2022	58.3049
交通运输、仓储和邮政业（G）	2015	44.7660	房地产业（K）	2023	56.4860
	2016	46.6015		2015	42.4970
	2017	47.6008		2016	45.2722
	2018	48.6263		2017	46.8601
	2019	51.2703		2018	47.4921
	2020	53.4961		2019	49.9792
	2021	56.0222		2020	51.1641
	2022	57.2092		2021	54.3025
	2023	56.2795		2022	55.0069

续表

行业	年份	总指数	行业	年份	总指数
房地产业（K）	2023	54.3400	教育（P）	2019	50.6767
租赁和商务服务业（L）	2015	44.6028		2020	50.1542
	2016	46.2162		2021	53.3089
	2017	46.1985		2022	55.0871
	2018	47.7451		2023	51.7844
	2019	49.5320	卫生和社会工作（Q）	2015	45.0161
	2020	50.9239		2016	48.4448
	2021	54.2453		2017	47.2958
	2022	55.6040		2018	50.2964
	2023	54.3051		2019	50.1942
科学研究和技术服务业（M）	2015	46.7473		2020	50.3827
	2016	47.1494		2021	53.4085
	2017	47.7314		2022	55.8607
	2018	48.7302		2023	56.0965
	2019	51.5161	文化、体育和娱乐业（R）	2015	44.4233
	2020	53.2367		2016	46.5139
	2021	55.9813		2017	48.4323
	2022	57.1234		2018	48.9379
	2023	56.2825		2019	49.8258
水利、环境和公共设施管理业（N）	2015	45.9741		2020	52.3366
	2016	46.9769		2021	54.5171
	2017	48.5319		2022	55.5247
	2018	49.1929		2023	54.7873
	2019	51.8529	综合（S）	2015	40.9329
	2020	52.3866		2016	44.0360
	2021	55.0129		2017	45.6561
	2022	55.3605		2018	43.7331
	2023	54.9360		2019	46.9385
教育（P）	2015	41.8153		2020	49.9876
	2016	43.4211		2021	51.8905
	2017	48.4660		2022	53.7857
	2018	45.7363		2023	53.0362

注：居民服务、修理和其他服务业（O）只有1家上市公司，难以代表该行业整体水平，故排名时剔除。

由表 2-15 可知，从上市公司治理总指数的均值来看，2015～2023 年，18 个行业中，只有采矿业（B）九年间连续上升；12 个行业 2023 年下降，其他年度均为上升；农、林、牧、渔业（A）和综合（S）2018 年和 2023 年下降，其他年度均为上升；租赁和商务服务业（L）2017 年和 2023 年下降，其他年度均为上升；卫生和社会工作（Q）2017 年和 2019 年下降，其他年度均为上升；教育（P）2018 年、2020 年和 2023 年下降，其他年度均为上升。相比 2015 年，2023 年各行业上市公司治理总指数均值升幅在 8.96～14.80 分，升幅最大的三个行业分别是住宿和餐饮业（H）、采矿业（B），以及综合（S）；相比 2022 年，2023 年除卫生和社会工作（Q）采矿业（B）分别略升 0.2358 分和 0.0350 分外，其他 16 个行业全部下降，降幅 0.31～3.31 分，降幅最大的三个行业分别是教育（P）、金融业（J），以及住宿和餐饮业（H）。18 个行业中，金融业（J）除在 2015 年排名第二外，其他年度都排名第一，反映其上市公司治理水平相对较好，但其 2023 年出现下降，也反映该行业公司治理出现了波动。

2.7.4 分所有制上市公司治理总指数的年度比较

依照第 1 章的五种所有制类型的划分，对 2015～2023 年九个年度上市公司治理总指数进行所有制比较，结果参见表 2-16 Panel A。进一步将国有绝对控股公司、国有强相对控股公司和国有弱相对控股公司归类为国有控股公司，把国有参股公司和无国有股份公司归类为非国有控股公司，统计结果参见表 2-16 Panel B。

表 2-16 2015～2023 年不同所有制上市公司治理总指数均值比较

所有制类型	年份	总指数	排名	所有制类型	年份	总指数	排名
Panel A 按照五类所有制公司分类							
国有绝对控股公司	2015	44.3893	3	国有强相对控股公司	2020	52.4451	2
	2016	46.3438	3		2021	55.5702	2
	2017	47.7064	2		2022	56.9069	2
	2018	48.8425	1		2023	55.9618	2
	2019	51.1712	1	国有弱相对控股公司	2015	43.8464	5
	2020	52.9105	1		2016	45.7212	5
	2021	56.0637	1		2017	47.1369	5
	2022	57.5100	1		2018	48.2842	4
	2023	56.6764	1		2019	50.6571	4
国有强相对控股公司	2015	44.2443	4		2020	51.9514	4
	2016	45.9479	4		2021	54.9380	3
	2017	47.2565	3		2022	56.3362	3
	2018	48.3422	3		2023	55.5862	3
	2019	50.7655	2	国有参股公司	2015	45.4219	1

续表

所有制类型	年份	总指数	排名	所有制类型	年份	总指数	排名
Panel A 按照五类所有制公司分类								
国有参股公司	2015	45.4219	1	无国有股份公司	2015	45.0507	2
	2016	47.4933	1		2016	46.5351	2
	2017	47.7603	1		2017	47.1690	4
	2018	48.6786	2		2018	48.1694	5
	2019	50.7436	3		2019	49.9394	5
	2020	52.2682	3		2020	51.6079	5
	2021	54.7755	4		2021	54.6849	5
	2022	55.8454	5		2022	56.1134	4
	2023	55.1024	5		2023	55.5435	4
Panel B 按照国有控股公司和非国有控股公司分类								
国有控股公司	2015	44.1757	2	非国有控股公司	2015	45.1879	1
	2016	45.9701	2		2016	46.9108	1
	2017	47.3266	2		2017	47.3794	1
	2018	48.4435	1		2018	48.3501	2
	2019	50.8219	1		2019	50.2347	2
	2020	52.5407	1		2020	51.8277	2
	2021	55.6179	1		2021	54.7102	2
	2022	57.0152	1		2022	56.0336	2
	2023	56.1249	1		2023	55.3972	2

从表 2-16 Panel A 可知，五类所有制上市公司治理总指数均值都在前八年间连续上升，2023 年均下降。相比 2015 年，2023 年五类所有制公司治理总指数全部上升，升幅在 9.68 ~ 12.29 分，国有绝对控股公司升幅最大；相比 2022 年，2023 年五类所有制公司治理总指数全部下降，降幅在 0.56 ~ 0.95 分，国有强相对控股公司降幅最大。

图 2-9 则更直观地显示了五类所有制上市公司在 2015 ~ 2023 年九个年度上市公司治理总指数均值的变化。可以看到，五类所有制上市公司总指数每年均值差别不大，变化趋势也基本一致。

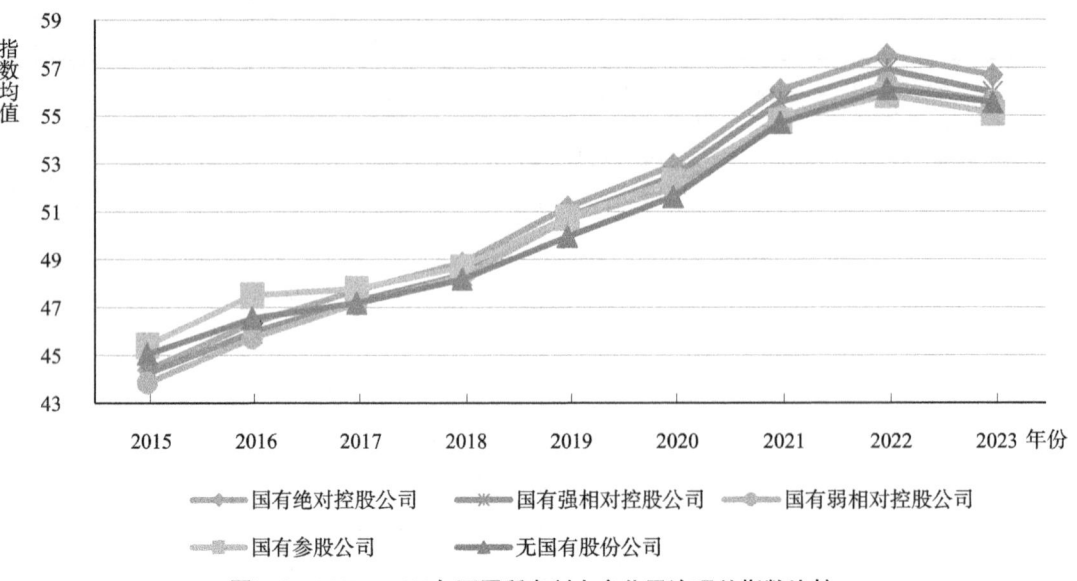

图2-9　2015~2023年不同所有制上市公司治理总指数比较

从表2-16 Panel B可知，把五类所有制公司归纳为国有控股公司和非国有控股公司后，在公司治理总指数均值上，两类公司都在前八年间连续上升，2023年出现下降（参见图2-10）。相比2015年，2023年国有控股公司和非国有控股公司分别上升11.9492分和10.2093分；相比2022年，2023年国有控股公司和非国有控股公司分别下降0.8903分和0.6364分。2015~2017年国有控股公司都低于非国有控股公司，2018~2023年则是国有控股公司略高于非国有控股公司。

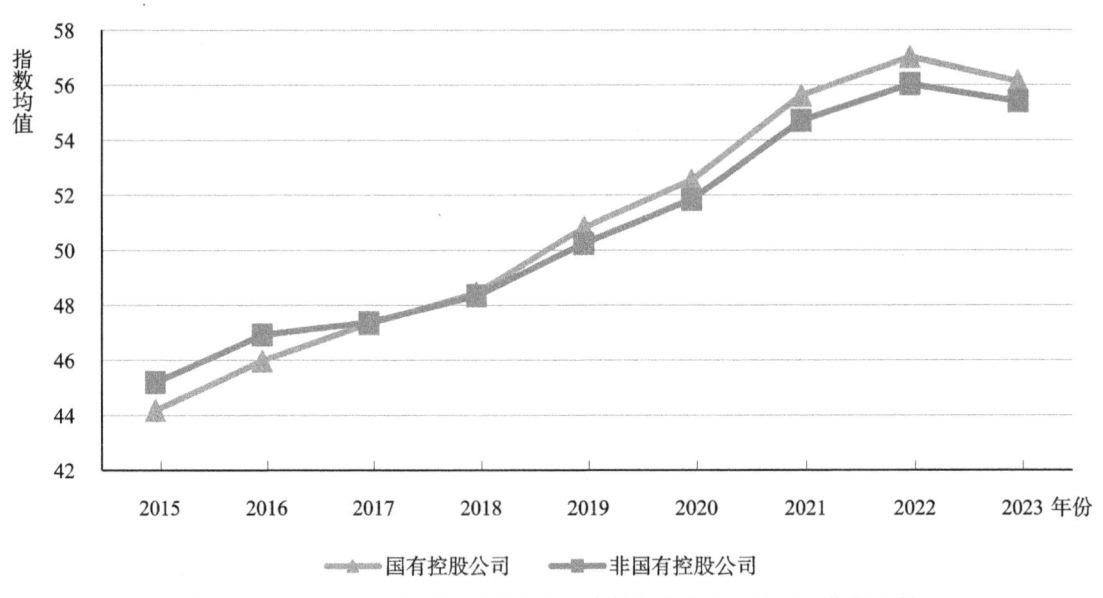

图2-10　2015~2023年国有控股和非国有控股上市公司治理总指数比较

2.7.5　分板块上市公司治理总指数的年度比较

按照深市主板、深市创业板、沪市主板、沪市科创板、北交所的划分，对2015~2023年不同板块上市公司治理总指数进行比较，由于沪市科创板仅有4年数据，北交所仅有2年数据，因此对沪市科创板仅进行2020~2023年的公司治理总指数比较，对北交所仅进行2022~2023年的公司治理总指数比较，结果参见表2-17。

表 2-17　2015～2023 年不同板块上市公司治理总指数均值比较

上市板块	年份	总体指数	总体指数排名	上市板块	年份	总体指数	总体指数排名
深市主板	2015	46.6690	1	沪市主板	2015	41.8693	3
	2016	48.5424	1		2016	43.3887	3
	2017	46.5103	2		2017	45.1218	3
	2018	49.8383	2		2018	45.9117	3
	2019	51.9436	2		2019	47.9675	3
	2020	52.8494	2		2020	50.6012	4
	2021	55.1495	3		2021	54.2782	4
	2022	56.4607	3		2022	55.5451	4
	2023	55.6386	3		2023	54.9654	4
深市创业板	2015	46.4665	2	沪市科创板	2020	51.3533	3
	2016	48.5328	2		2021	55.6829	2
	2017	49.2872	1		2022	57.4797	1
	2018	50.3996	1		2023	56.8378	1
	2019	52.3505	1		—	—	—
	2020	53.4276	1	北交所	2022	50.3941	5
	2021	55.7218	1		2023	52.4789	5
	2022	57.2704	2		—	—	—
	2023	56.4103	2		—	—	—

由表 2-17 可见，深市创业板和沪市主板的上市公司治理总指数均值都在前八年间连续上升，2023 年出现下降；深市主板除 2017 年和 2023 年出现下降外，其他年度都是上升的；沪市科创板自 2020 年（纳入评价年度）以来，除 2023 年下降，其他年度都是上升的。相比 2015 年，2023 年三个板块（无沪市科创板和北交所，下同）全部上升，升幅在 8.96～13.10 分，沪市主板升幅最大；相比 2020 年（沪市科创板纳入评价），2023 年沪市科创板提高 5.4845 分；相比 2022 年，2023 年五个板块中除北交所上升 2.0848 分外，其他四个板块都下降，降幅在 0.57～0.87 分，深市创业板下降最多。

图 2-11 更直观地反映出四个板块上市公司治理总指数在 2015～2023 年九个年度的变化，其中沪市科创板为 2020～2023 年的变化，北交所为 2022～2023 年的变化。可以看到，五个板块上市公司治理总指数均值总体上都呈上升趋势。

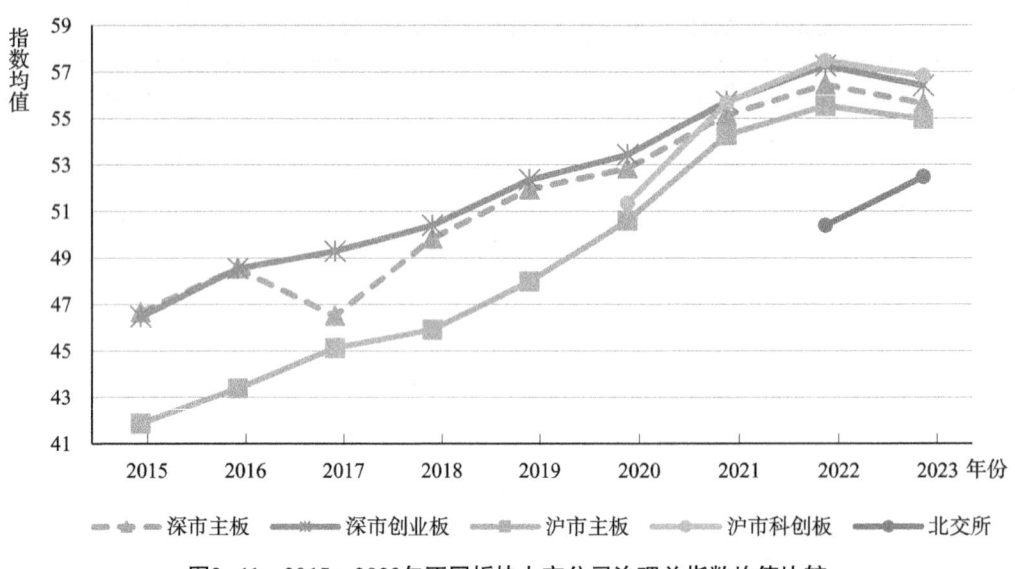

图2-11 2015~2023年不同板块上市公司治理总指数均值比较

2.8 本章小结

本章分别从总体、地区、行业、所有制、上市板块以及是否沪深300等六个方面对2015~2023年上市公司的治理总指数进行了截面和年度比较分析。主要结论如下：

（1）从总体看，2023年上市公司治理总指数最大值65.9157分，最小值38.0867分，平均值55.6117分，中位值55.9544分，样本均值未及格（60分为及格线），得分整体偏低。上市公司治理总指数主要分布在[50,60)区间，占样本总数的84.88%；及格率为8.95%，及格率仍偏低，比去年降低6.48个百分点。

（2）从地区看，2023年上市公司治理总指数均值最高的地区为东部，东北排在最后一位。从省份看，上市公司治理总指数最高的三个省份是河北、内蒙古和广东；上市公司治理总指数最低的三个省份是吉林、辽宁和西藏。总体来看，上市公司治理总指数的地区间差异不是很大。

（3）从行业看，2023年上市公司治理总指数最高的三个行业是金融业（J）、住宿和餐饮业（H），以及科学研究和技术服务业（M）；上市公司治理总指数最低的三个行业是教育（P）、综合（S），以及租赁和商务服务业（L）。

（4）从所有制看，2023年五类所有制上市公司治理总指数均值没有很大的差异，也都未达到及格线。对于有国有股份的公司，随着国有股比例的降低，公司治理指数呈缓慢下降趋势。

（5）从上市板块看，2023年上市公司治理总指数平均值从高到低依次为沪市科创板、深市创业板、深市主板、沪市主板、北交所。从整体上看，沪市科创板和深市创业板治理水平高于两个主板，北交所治理水平最差。

（6）沪深300与非沪深300公司在平均值、中位值上的差距不大，前者都大于后者，但都未达到及格线（60分）。

（7）对2015~2023年上市公司治理总指数进行比较分析，主要结论有：①2015~2022年，上市公司治理总指数均值连续上升，2023年下降，这个结果与2023年不太景气的资本市场是一致的。②四个地区上市公司治理总指数均值都在前八年间连续上升，2023年下降。东部连续九年都位居第一；东北连续九年都排名最后。③18个行业中，只有采矿业（B）九年间连续上升；金融业（J）除在2015年排名第二外，其他年度都排名第一，反映其上市公司治理水平相对较好，但其2023年出现下降，也反映该行业公司治理出现了波动。④国有控股公司和非国有控股公司的治理总指数都在前八年间连续上升，2023年下降，2015～2017年国有控股公司都低于非国有控股公司，2018～2023年则是国有控股公司高于非国有控股公司。⑤深市创业板和沪市主板的上市公司治理总指数均值都在前八年间连续上升，2023年下降；深市主板除2017年和2023年出现下降外，其他年度都是上升的；沪市科创板自2020年（纳入评价年度）以来，除2023年下降，其他年度都是上升的；五个板块中，2023年只有北交所比上年上升。

第二篇　中小投资者权益保护指数

第3章 中小投资者权益保护总体指数排名及比较

根据第 1 章确定的中小投资者权益保护指数评价方法，以及我们评估获得的 2023 年度 5061 家样本上市公司治理指数数据，本章对这些公司的中小投资者权益保护指数进行排名和分析，然后分别从地区、行业、上市板块以及是否沪深 300 四个角度进行比较分析。

3.1 中小投资者权益保护指数总体分布及排名

基于上市公司 2023 年的公开数据，根据本报告构建的中小投资者权益保护指数指标体系和指数计算方法，对 5061 家上市公司中小投资者权益保护指数进行计算，从而得到中国上市公司中小投资者权益保护指数的整体排名情况。

3.1.1 中小投资者权益保护指数总体分布

2023 年上市公司中小投资者权益保护指数的总体得分情况参见表 3-1。

表 3-1 2023 年上市公司中小投资者权益保护指数总体情况

项目	公司数目	平均值	中位值	最大值	最小值	标准差	偏度系数	峰度系数
数值	5061	56.9239	57.7085	74.3197	18.7929	6.0789	-1.0947	2.6168

从表 3-1 可以看出，2023 年上市公司中小投资者权益保护指数最大值 74.3197 分，最小值 18.7929 分，平均值 56.9239 分，中位值 57.7085 分，均值未达到 60 分的及格线。

为进一步了解中小投资者权益保护指数在各个得分区间的分布情况，我们将中小投资者权益保护指数在有分布的区间以 5 分为间隔，划分为 14 个区间（75 分及以上和 15 分以下的公司数目都为 0，分别合并为一个区间），每个指数区间的企业数目和所占比重参见表 3-2 和图 3-1。

表 3-2 2023 年上市公司中小投资者权益保护指数区间分布

指数区间	公司数目	占比 / %	累计占比 / %
[0,15)	0	0.00	0.00
[15,20)	1	0.02	0.02
[20,25)	0	0.00	0.02

续表

指数区间	公司数目	占比/%	累计占比/%
[25,30)	9	0.18	0.20
[30,35)	32	0.63	0.83
[35,40)	55	1.09	1.92
[40,45)	109	2.15	4.07
[45,50)	351	6.94	11.01
[50,55)	1033	20.41	31.42
[55,60)	1861	36.77	68.19
[60,65)	1321	26.10	94.29
[65,70)	274	5.41	99.70
[70,75)	15	0.30	100.00
[75,100]	0	0.00	100.00
总计	5061	100.00	—

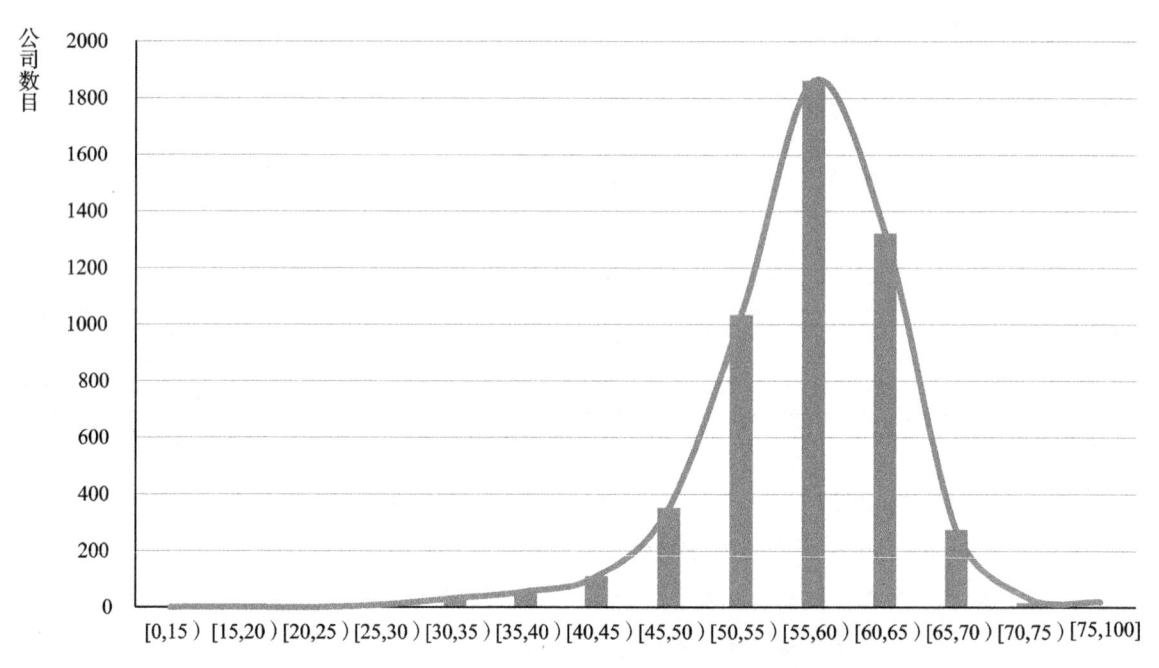

图3-1 2023年上市公司中小投资者权益保护指数区间分布

从表3-2和图3-1可以看出，中小投资者权益保护指数主要集中在[50,65)区间，总计为4215家，占样本总数的83.28%。其中在[55,60)区间的公司数量最多，有1861家，占样本总数的36.77%。及格（达到60分）的公司有1610家，及格率为31.81%，比2022年41.48%的及格率下降9.67个百分点。但达到及格的指数值大多在[60,65)、[65,70)两个区间，只有15家公司得分超过70分。这说明中国上市公司中小投资者权益保护水平整体依然偏低。从表3-1反映出来的整体分布偏离正态分布的程度来看，偏度系数为-1.0947，中小投资者权益保护指数分布为负偏态分布，大体满足正态分布。

3.1.2 中小投资者权益保护指数前100名

表 3-3 列出了 2023 年 5061 家上市公司中排名前 100 名公司的中小投资者权益保护指数情况。可以看出，前 100 名公司的中小投资者权益保护指数均值为 68.5606 分，比 2022 年前 100 名的均值 70.0822 分下降 1.5216 分。

表 3-3 2023 年上市公司中小投资者权益保护指数前 100 名情况

项目	平均值	中位值	最大值	最小值	标准差
前100名	68.5606	68.1479	74.3197	67.1601	1.4349
总体	56.9239	57.7085	74.3197	18.7929	6.0789

对 5061 家上市公司的中小投资者权益保护指数从大到小降序排列，中小投资者权益保护指数越高，说明上市公司中小投资者权益保护水平越高。表 3-4 是中小投资者权益保护指数排名前 100 的上市公司情况。

表 3-4 2023 年上市公司中小投资者权益保护指数排名－前 100 名

排名	代码	公司简称	指数	排名	代码	公司简称	指数
1	601377	兴业证券	74.3197	19	300818	耐普矿机	69.7364
2	600710	苏美达	72.5020	20	603519	立霸股份	69.5393
3	600998	九州通	72.4607	21	601456	国联证券	69.5209
4	600061	国投资本	72.3283	22	600348	华阳股份	69.5071
5	000987	越秀资本	71.5711	23	601866	中远海发	69.4384
6	600909	华安证券	71.1162	24	600483	福能股份	69.4177
7	002807	江阴银行	70.9340	25	601689	拓普集团	69.2726
8	600845	宝信软件	70.8685	26	002126	银轮股份	69.2676
9	601919	中远海控	70.7795	27	688288	鸿泉物联	69.2483
10	002939	长城证券	70.6679	28	688036	传音控股	69.1733
11	600188	兖矿能源	70.4757	29	688165	埃夫特	69.0865
12	000429	粤高速A	70.3684	30	600970	中材国际	69.0859
13	601088	中国神华	70.3528	31	600927	永安期货	69.0762
14	601717	郑煤机	70.2579	32	002677	浙江美大	68.9527
15	600368	五洲交通	70.1549	33	600566	济川药业	68.9421
16	601169	北京银行	69.9534	34	688019	安集科技	68.8189
17	600958	东方证券	69.8003	35	603990	麦迪科技	68.7908
18	002925	盈趣科技	69.7475	36	300800	力合科技	68.7169

续表

排名	代码	公司简称	指数	排名	代码	公司简称	指数
37	600642	申能股份	68.6701	69	002044	美年健康	67.4887
38	601888	中国中免	68.6509	70	300762	上海瀚讯	67.4246
39	601688	华泰证券	68.6117	71	600750	江中药业	67.4151
40	600699	均胜电子	68.4120	72	000090	天健集团	67.3974
41	600109	国金证券	68.4110	73	600161	天坛生物	67.3708
42	688150	莱特光电	68.4049	74	688078	龙软科技	67.3687
43	601990	南京证券	68.4044	75	000157	中联重科	67.3440
44	601512	中新集团	68.3250	76	300456	赛微电子	67.3291
45	688475	萤石网络	68.2940	77	002507	涪陵榨菜	67.3225
46	002182	宝武镁业	68.2847	78	605056	咸亨国际	67.3029
47	002152	广电运通	68.2625	79	301187	欧圣电气	67.3025
48	600351	亚宝药业	68.2325	80	300420	五洋自控	67.2930
49	600919	江苏银行	68.2217	81	301215	中汽股份	67.2914
50	688082	盛美上海	68.1873	82	688360	德马科技	67.2761
51	002465	海格通信	68.1086	83	688571	杭华股份	67.2674
52	603876	鼎胜新材	68.0956	84	002632	道明光学	67.2635
53	688012	中微公司	68.0820	85	300711	广哈通信	67.2549
54	688192	迪哲医药	68.0655	86	688683	莱尔科技	67.2501
55	600867	通化东宝	68.0026	87	601177	杭齿前进	67.2483
56	601898	中煤能源	67.9596	88	301317	鑫磊股份	67.2471
57	601006	大秦铁路	67.9385	89	688129	东来技术	67.2444
58	600548	深高速	67.9074	90	600180	瑞茂通	67.2391
59	601288	农业银行	67.8899	91	603817	海峡环保	67.2390
60	601788	光大证券	67.8694	92	301303	真兰仪表	67.2380
61	688128	中国电研	67.8138	93	688367	工大高科	67.2377
62	600737	中粮糖业	67.7957	94	301038	深水规院	67.2375
63	688016	心脉医疗	67.7079	95	688307	中润光学	67.2372
64	600312	平高电气	67.6878	96	300992	泰福泵业	67.2350
65	688187	时代电气	67.6328	97	300422	博世科	67.2250
66	001215	千味央厨	67.6057	98	002840	华统股份	67.2128
67	300825	阿尔特	67.5952	99	601665	齐鲁银行	67.2127
68	600729	重庆百货	67.4993	100	603369	今世缘	67.1601

从表 3-4 可以看出，中小投资者权益保护指数最高的前三家公司分别是兴业证券、苏美达和九州通。有 13 家公司近两年连续出现在前 100 名中，它们是苏美达、越秀资本、江阴银行、宝信软件、中国神华、国联证券、中国中免、华泰证券、广电运通、江苏银行、农业银行、天坛生物和涪陵榨菜。有 6 家公司近三年连续出现在前 100 名中，分别是江苏银行、宝信软件、中国神华、华泰证券、江阴银行和涪陵榨菜。

在前 100 名上市公司中，从地区来看，东部、中部、西部和东北各有 76 家、17 家、6 家和 1 家，各占所在地区上市公司总数的 2.10%、2.53%、1.01% 和 0.59%；从行业来看，主要分布在制造业（53 家）、金融业（17 家）、交通运输、仓储和邮政业（6 家），分别占所在行业上市公司总数的 1.57%、13.71% 和 5.36%；从所有制类型来看，国有控股公司有 56 家，非国有控股公司有 44 家，分别占两类公司总数的 3.75% 和 1.23%；从实际（或最终）控制人类型看，中央企业（或监管机构）、地方国企（或监管机构）和非国有企业或自然人控制的公司分别有 23 家、33 家和 44 家，分别占同类实际（或最终）控制人控制公司总数的 4.88%、3.23% 和 1.23%；从上市板块看，深市主板、深市创业板、沪市主板、沪市科创板各有 17 家、14 家、50 家和 19 家，分别占所在板块上市公司总数的 1.15%、1.13%、3.01% 和 3.74%，北交所没有上市公司进入前 100；从是否沪深 300 看，沪深 300 有 23 家，非沪深 300 有 77 家，分别占两类公司总数的 7.69% 和 1.62%，就进入前 100 而言，沪深 300 表现比较突出。

需要注意的是，中小投资者权益保护指数最高的前 100 名在地区、行业和控股类型中的分布，并不能完全说明某个地区、行业和控股类型整体表现就好，因为各地区、行业和控股类型的上市公司数量不同。比如，制造业进入前 100 名的公司数多于金融业，但金融业进入前 100 名的占比更高，无疑金融业表现更好。

图 3-2 直观地反映了中小投资者权益保护指数前 100 名的变化。可以看出，前 100 名上市公司的中小投资者权益保护指数的分布并不平坦，前 20 名公司间的指数差距较大，但排在 20 名之后的公司得分差距并不大，绝大多数公司得分在 68 分附近。

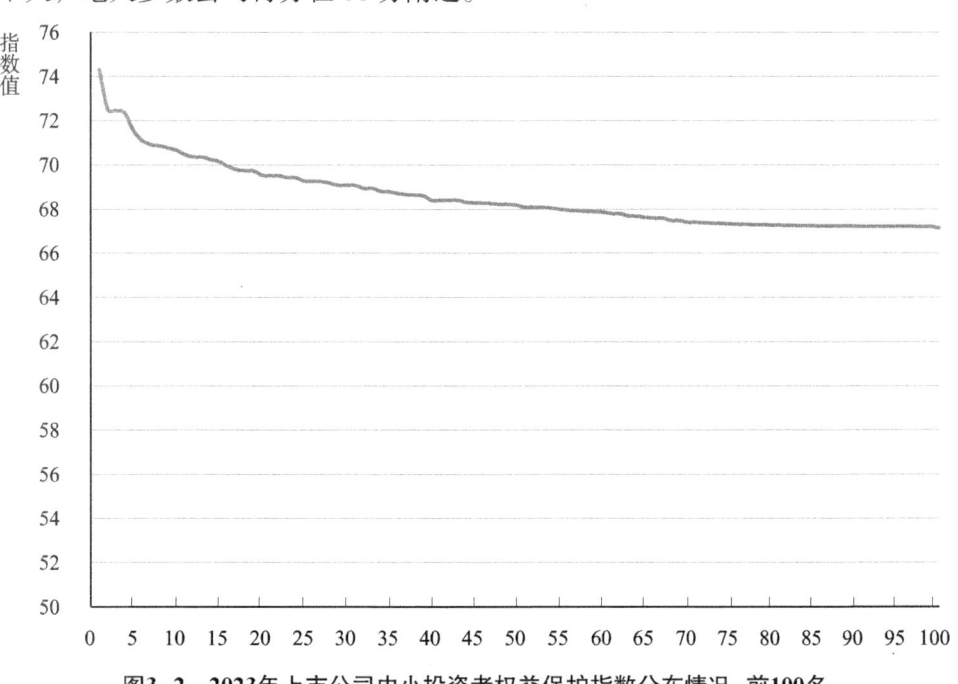

图3-2　2023年上市公司中小投资者权益保护指数分布情况-前100名

3.2 分地区中小投资者权益保护指数比较

根据东部、中部、西部和东北四个地区的划分，对上市公司中小投资者权益保护指数按照均值从高到低的顺序进行排名和比较，结果参见表3-5。

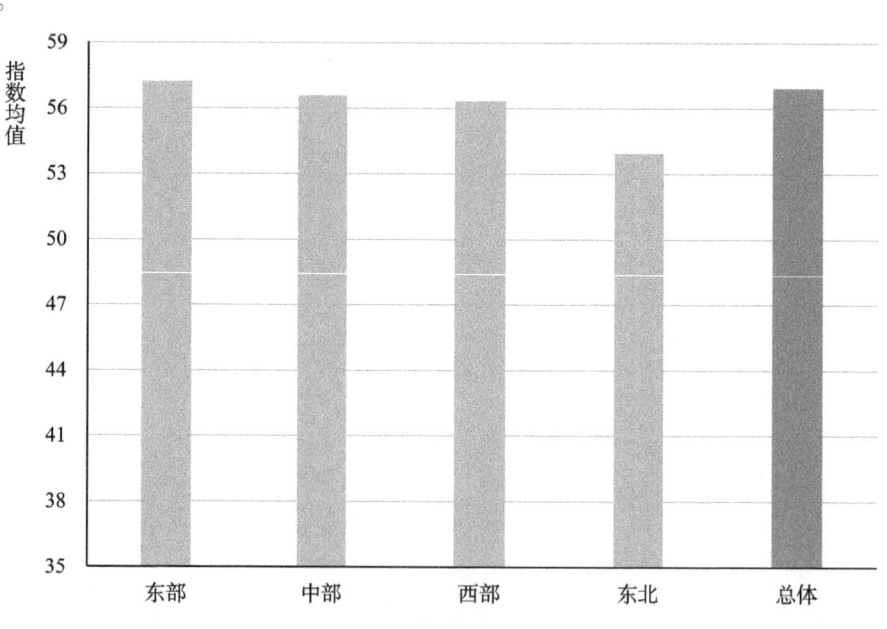

表3-5 2023年不同地区上市公司中小投资者权益保护指数比较

排名	地区	公司数目	平均值	中位值	最大值	最小值	标准差
1	东部	3624	57.2208	57.8295	74.3197	18.7929	5.8526
2	中部	673	56.5907	56.9962	72.4607	28.4470	6.2024
3	西部	595	56.3392	57.2256	70.1549	27.8915	6.5191
4	东北	169	53.9418	55.4146	68.0026	30.3157	7.5391
	总体	5061	56.9239	57.7085	74.3197	18.7929	6.0789

由表3-5可知，上市公司中小投资者权益保护指数均值从高到低分别是东部、中部、西部和东北。中小投资者权益保护指数最大值与最小值均出自东部。总体来看，除东北以外，其他三个地区中小投资者权益保护指数的差异不是很大。

由图3-3可以直观地看出四个地区上市公司中小投资者权益保护指数之间的差异。可以看出，四个地区中，只有东部上市公司中小投资者权益保护指数均值高于总体均值，其他三个地区则低于总体均值。这说明由于东部地区经济发达，市场经济发展较其他地区相对更为成熟，对中小投资者权益保护也更好一些。

图3-3 2023年不同地区上市公司中小投资者权益保护指数比较

按照省份进一步进行细分，对31个省份的上市公司中小投资者权益保护指数按照均值从高到低的顺序进行排名，结果参见表3-6。

表3-6 2023年不同省份上市公司中小投资者权益保护指数比较

排名	省份	公司数目	平均值	中位值	最大值	最小值	标准差
1	山西	40	58.3835	59.0523	69.5071	43.5114	5.8223
2	内蒙古	25	58.3742	59.3244	65.9151	37.6331	6.2705
3	天津	70	57.9441	58.1873	70.7795	40.7247	5.9958
4	上海	417	57.8399	58.5899	72.3283	37.2132	5.4570
5	山东	290	57.4690	58.0696	70.4757	30.5356	5.5262
6	安徽	166	57.4526	57.9578	71.1162	45.1260	4.8626
7	河北	72	57.3990	59.0525	66.9059	34.6914	4.9920
8	浙江	666	57.3240	57.8335	69.2726	29.5253	5.6291
9	北京	454	57.2203	57.7507	70.3528	28.4401	5.5909
10	四川	169	57.1857	57.8900	68.4110	35.2418	5.7233
11	河南	106	57.1573	57.2118	70.2579	40.8147	5.8412
12	广东	820	57.0135	57.6605	71.5711	18.7929	6.2488
13	江苏	643	56.9723	57.7464	72.5020	29.7096	6.1912
14	福建	165	56.9633	57.1989	74.3197	38.1364	5.4109
15	甘肃	35	56.8858	59.0536	65.9354	36.9823	5.9934
16	青海	10	56.5802	57.1375	66.6214	47.3697	6.4126
17	江西	79	56.5767	56.9147	69.7364	35.2096	6.3202
18	重庆	69	56.5594	58.1735	67.4993	29.0278	7.0721
19	云南	41	56.4027	57.7260	66.5507	38.2034	6.2130
20	陕西	74	56.1253	56.3307	68.4049	35.2419	5.8744
21	广西	40	55.9411	57.1340	70.1549	40.1662	6.4061
22	湖南	140	55.8310	56.6938	68.7169	31.5480	6.8066
23	新疆	60	55.7658	55.9387	67.7957	34.5869	6.9045
24	湖北	142	55.4118	56.2428	72.4607	28.4470	6.9133
25	黑龙江	39	54.9665	56.4355	63.7397	30.3157	7.2839
26	贵州	35	54.8011	56.4219	66.0600	29.6212	8.0526
27	辽宁	82	53.9115	54.3145	66.4635	33.3985	6.8513
28	海南	27	53.8895	53.9823	65.2448	35.9199	6.5255
29	西藏	22	53.6638	56.0076	65.7447	27.8915	7.3262
30	吉林	48	53.1608	54.4547	68.0026	33.3916	8.6808
31	宁夏	15	52.7117	54.2778	63.4766	31.4823	7.5434
总体		5061	56.9239	57.7085	74.3197	18.7929	6.0789

从表3-6可以看出，31个省份中，有14个省份的上市公司中小投资者权益保护指数均值高于总体均值，这14个省份的最大均值与总体均值的绝对差距为1.4596分；低于总体均值的省份有17个，总体均值与这17个省份的最小均值之间的绝对差距为4.2122分。显然，低分区省份的内部差距明显大于高分区省份。上市公司中小投资者权益保护指数均值最高的三个省份是山西、内蒙古和天津；中小投资者权益保护指数均值最低的三个省份是宁夏、吉林和西藏。

图3-4则进一步显示了中小投资者权益保护指数在不同省份之间的差异。可以看出，除了排名最前和最后的几个省份外，其他省份上市公司中小投资者权益保护指数的变化曲线比较平缓。

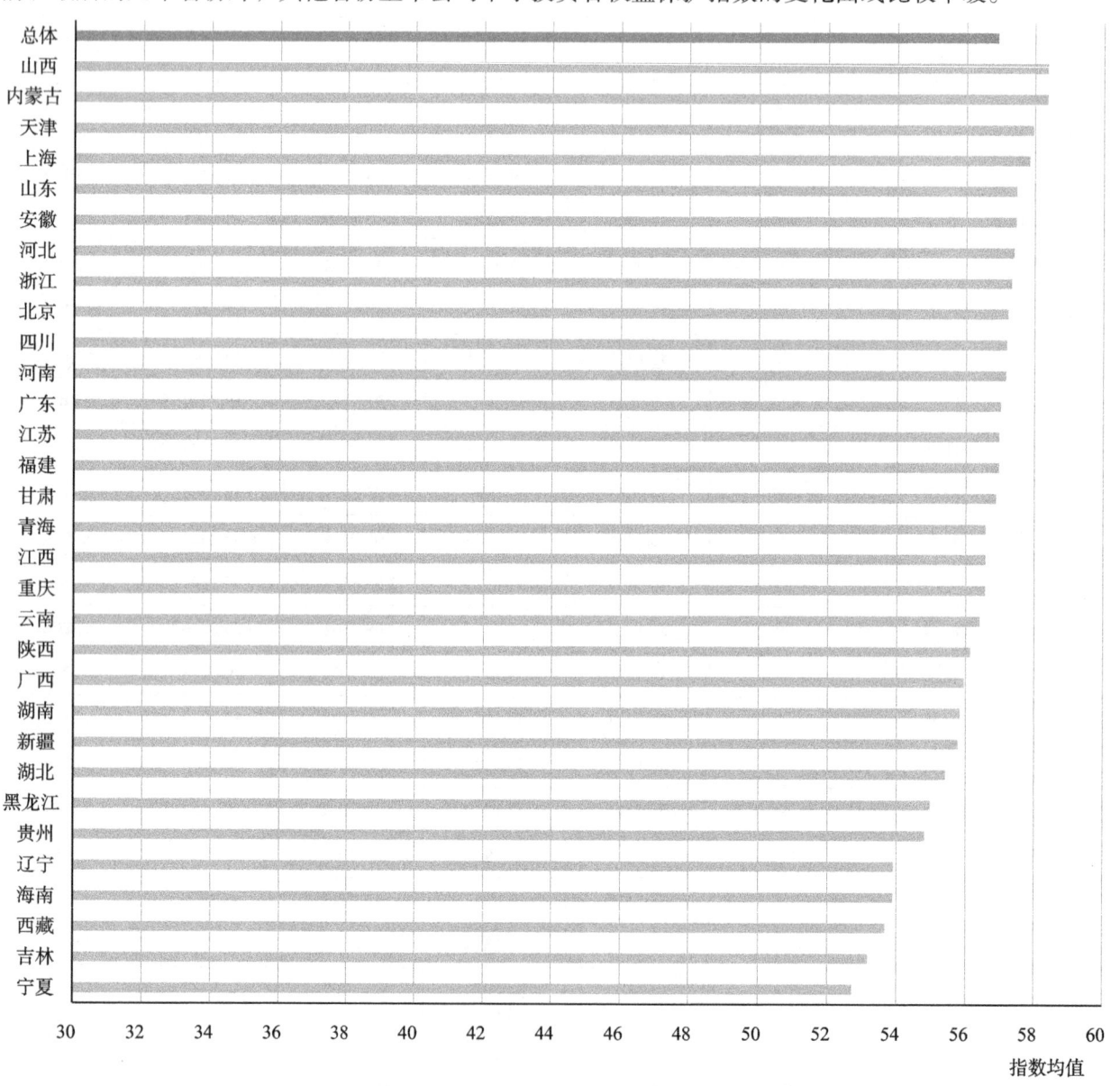

图3-4 2023年不同省份上市公司中小投资者权益保护指数比较

3.3 分行业中小投资者权益保护指数比较

对18个行业上市公司中小投资者权益保护指数按照均值从高到低的顺序进行排名和比较，结果参见表3-7。

表 3-7 2023 年不同行业上市公司中小投资者权益保护指数比较

排名	行业	公司数目	平均值	中位值	最大值	最小值	标准差
1	金融业（J）	124	61.2270	61.8783	74.3197	37.0921	5.9524
2	采矿业（B）	82	59.3295	60.0108	70.4757	42.9219	5.7090
3	交通运输、仓储和邮政业（G）	112	59.1531	59.4640	70.7795	42.2438	5.3602
4	住宿和餐饮业（H）	8	58.4707	58.7357	61.8091	52.1757	3.0648
5	科学研究和技术服务业（M）	111	57.7872	57.8937	67.5952	41.0249	5.2352
6	电力、热力、燃气及水生产和供应业（D）	131	57.4694	58.2087	69.4177	33.3916	5.9978
7	卫生和社会工作（Q）	15	57.2113	56.8115	67.4887	50.8919	4.5077
8	制造业（C）	3373	57.0933	57.7776	70.2579	18.7929	5.7662
9	水利、环境和公共设施管理业（N）	97	55.6994	56.7473	67.2250	27.8157	6.9855
10	批发和零售业（F）	182	55.6978	56.8526	72.5020	30.4457	6.8327
11	信息传输、软件和信息技术服务业（I）	418	55.6383	56.5574	70.8685	28.4401	6.4266
12	农、林、牧、渔业（A）	48	55.3820	56.1013	66.5507	37.9833	6.3135
13	房地产业（K）	101	55.3143	56.8069	68.3250	29.5253	6.9763
14	建筑业（E）	107	55.2033	56.9364	69.0859	30.3157	7.4758
15	租赁和商务服务业（L）	65	55.2029	55.9815	68.6509	35.2634	6.4235
16	文化、体育和娱乐业（R）	62	54.1140	55.0941	66.6772	33.3797	5.5948
17	综合（S）	12	53.2770	56.1071	60.3397	30.9425	8.1319
18	教育（P）	12	48.1537	48.2784	60.8567	33.3985	7.0406
	总体	5061	56.9239	57.7085	74.3197	18.7929	6.0789

注：居民服务、修理和其他服务业（O）只有 1 家上市公司，难以代表该行业整体水平，故排名时剔除。

从表 3-7 可以看出，18 个行业中，有 8 个行业的中小投资者权益保护指数均值高于总体均值，这 8 个行业的行业最大均值与总体均值的绝对差距为 4.3031 分；低于总体均值的行业有 10 个，总体均值与这 10 个行业的行业最小均值之间的绝对差距为 8.7702 分。显然，低分区行业的内部差距明显大于高分区行业。上市公司中小投资者权益保护指数均值最高的三个行业是金融业（J）、采矿业（B），以及交通运输、仓储和邮政业（G）；中小投资者权益保护指数均值最低的三个行业是教育（P）、综合（S），以及文化、体育和娱乐业（R）。

图 3-5 进一步显示了中小投资者权益保护指数在行业间的差异。可以看出，除排名第一和最后的两个行业外，其他各行业上市公司中小投资者权益保护指数呈现平缓的变化。

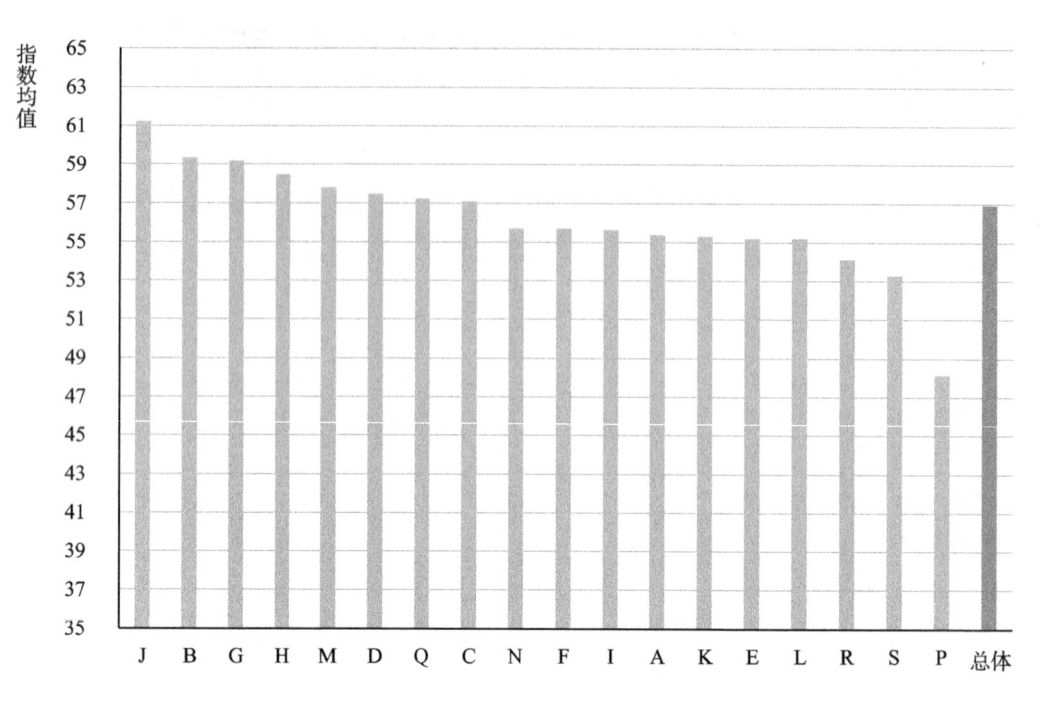

图3-5 2023年不同行业上市公司中小投资者权益保护指数比较

3.4 分上市板块中小投资者权益保护指数比较

根据五个上市板块的划分，对上市公司中小投资者权益保护指数按照均值从高到低的顺序进行排名和比较，结果参见表3-8。

表3-8 2023年不同板块上市公司中小投资者权益保护指数比较

排名	上市板块	公司数目	平均值	中位值	最大值	最小值	标准差
1	沪市科创板	508	59.5456	59.5603	69.2483	43.7819	4.1791
2	深市创业板	1235	57.5123	58.1072	69.7364	27.8157	5.2622
3	沪市主板	1659	57.0133	57.6810	74.3197	29.6212	6.1686
4	深市主板	1475	55.5946	56.7304	71.5711	18.7929	6.8908
5	北交所	184	55.5854	55.7046	64.5584	38.2034	4.6113
	总体	5061	56.9239	57.7085	74.3197	18.7929	6.0789

从表3-8可以看出，五个板块中，中小投资者权益保护指数均值从高到低依次为沪市科创板、深市创业板、沪市主板、深市主板和北交所，五个板块的平均值、中位值各自之间有一定的差距。

图3-6更直观地反映了不同板块上市公司中小投资者权益保护指数的差异。可以看到，沪市科创板、深市创业板和沪市主板上市公司的中小投资者权益保护指数均值高于总体均值，深市主板和北交所的中小投资者权益保护指数均值则低于总体均值。北交所上市公司中小投资者权益保护指数均值低于其他四个板块。

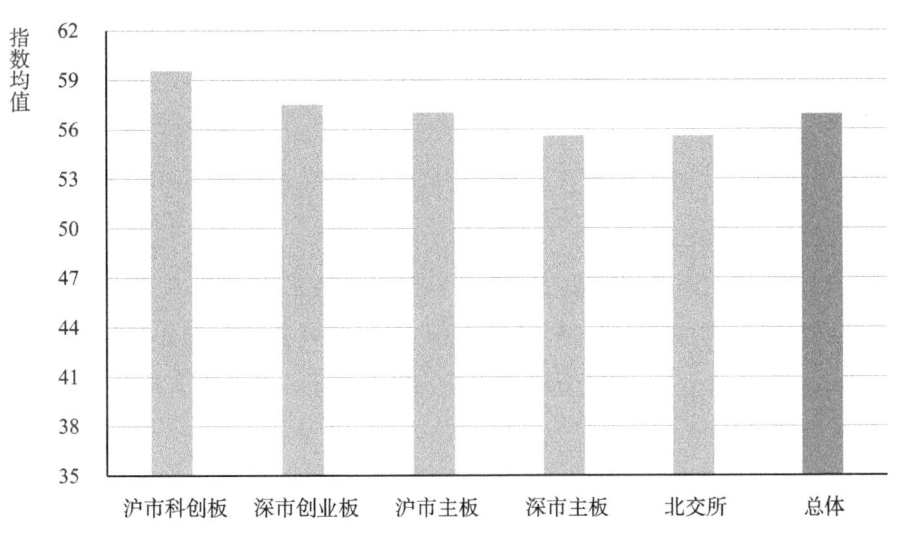

图3-6 2023年不同板块上市公司中小投资者权益保护指数比较

3.5 沪深300与非沪深300中小投资者权益保护指数比较

按照是否沪深300成分股指数公司，对上市公司中小投资者权益保护指数按照均值从高到低的顺序进行排名和比较，结果参见表3-9和图3-7。

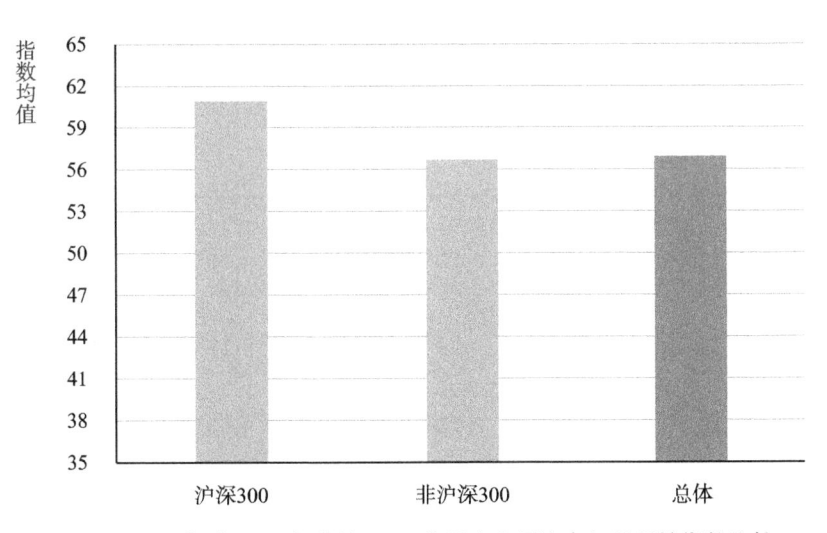

表 3-9 2023 年沪深 300 与非沪深 300 公司中小投资者权益保护指数比较

排名	是否为沪深 300	公司数目	平均值	中位值	最大值	最小值	标准差
1	沪深300	299	60.8851	60.6690	74.3197	45.6559	4.5151
2	非沪深300	4762	56.6751	57.3359	72.5020	18.7929	6.0783
	总体	5061	56.9239	57.7085	74.3197	18.7929	6.0789

图3-7 2023年沪深300与非沪深300公司中小投资者权益保护指数比较

从表3-9和图3-7可以看出，沪深300公司中小投资者权益保护指数的均值和中位值都明显高于非沪深300，前者都高于60分的及格线，而后者则都低于60分。

3.6 本章小结

本章分别从总体、地区、行业、上市板块以及是否沪深300五个方面对2023年上市公司的中小投资者权益保护指数进行了比较分析。主要结论如下：

（1）从总体看，2023年上市公司中小投资者权益保护指数最大值74.3197分，最小值18.7929分，平均值56.9239分，中位值57.7085分，均值未达到60分的及格线。中小投资者权益保护指数主要集中在[50,65)区间，占样本总数的83.28%；及格率为31.81%，中小投资者权益保护整体水平仍然偏低。

（2）从地区看，2023年上市公司中小投资者权益保护指数均值从高到低分别是东部、中部、西部和东北。从省份看，2023年上市公司中小投资者权益保护指数均值最高的三个省份是山西、内蒙古和天津；中小投资者权益保护指数均值最低的三个省份是宁夏、吉林和西藏。

（3）从行业看，2023年上市公司中小投资者权益保护指数均值最高的三个行业是金融业（J）、采矿业（B），以及交通运输、仓储和邮政业（G）；中小投资者权益保护指数均值最低的三个行业是教育（P）、综合（S），以及文化、体育和娱乐业（R）。

（4）从上市板块看，2023年中小投资者权益保护指数均值从高到低依次是沪市科创板、深市创业板、沪市主板、深市主板和北交所。

（5）从沪深300与非沪深300的比较看，2023年沪深300公司中小投资者权益保护指数的均值和中位值都明显高于非沪深300，前者都高于60分的及格线，而后者则低于60分。

第4章　中小投资者权益保护分项指数排名及比较

第3章从总体上对中国上市公司中小投资者权益保护指数做了排名，并从总体、地区、行业以及是否沪深300四个角度进行了分类汇总和分析。本章按照中小投资者权益保护指数四个维度的划分，把中小投资者权益保护指数分解为知情权、决策与监督权、收益权和维权环境四个分项指数，对2023年四个分项指数进行排名和比较分析。

4.1　中小投资者权益保护分项指数总体比较

本报告以2023年5061家上市公司样本，计算获得了2023年中国上市公司中小投资者权益保护的四个分项指数，其描述性统计结果参见表4-1。

表4-1　2023年上市公司中小投资者权益保护分项指数描述性统计

分项指数	公司数目	平均值	中位值	最大值	最小值	标准差
知情权	5061	69.6158	72.5126	95.3546	22.2222	11.5021
决策与监督权	5061	42.3200	39.5455	72.7273	15.4545	10.3721
收益权	5061	45.3359	41.4267	67.0504	0.0000	10.1095
维权环境	5061	70.4237	77.7778	100.0000	0.0000	12.4626

从表4-1中可以看出，四个分项指数中维权环境分项指数的平均值最大，略超70分，知情权分项指数超过及格线60分，其余两个分项指数都远未达到及格线，决策与监督权分项指数的平均值最小。维权环境和知情权两个分项指数的平均值明显高于决策与监督权以及收益权两个分项指数，说明上市公司在维权环境和知情权方面做得相对好一点，而在决策与监督权和收益权方面则表现较差。从标准差看，维权环境分项指数的标准差最大，说明上市公司维权环境分项指数的离散度高于其他三个分项指数。

图4-1直观地反映了中小投资者权益保护四个分项指数的平均值和中位值的差异。可以看出，四个分项指数的平均值和中位值的排序一致。

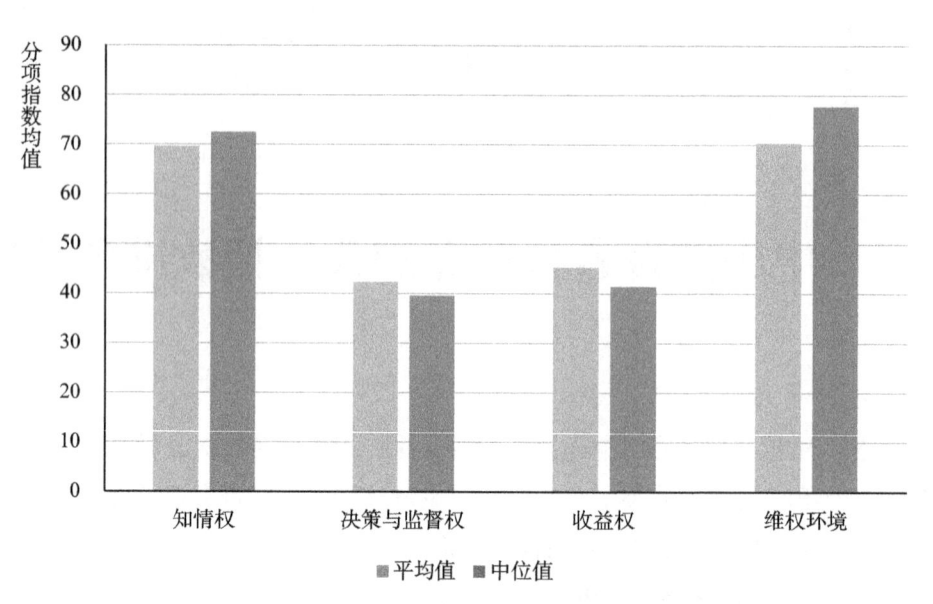

图4-1 2023年上市公司中小投资者权益保护四个分项指数比较

4.2 知情权分项指数排名及比较

中小投资者知情权分项指数考查中小投资者对于公司重要信息的可获取程度，以了解中小投资者知情权的落实状况。本节对知情权分项指数的总体情况进行说明，并分地区、行业及是否沪深300进行比较。

4.2.1 知情权分项指数总体分布

基于5061家上市公司中小投资者知情权的各项指标，我们得出了每家上市公司中小投资者知情权分项指数。以10分为间隔，可以将知情权分项指数划分为9个区间段（公司数目为0的连续区间合并），每个分数区间段的公司数目和所占比重参见表4-2。

表4-2 2023年上市公司中小投资者知情权分项指数区间分布

指数区间	公司数目	占比/%	累计占比/%
[0,20)	0	0.00	0.00
[20,30)	14	0.28	0.28
[30,40)	103	2.04	2.31
[40,50)	189	3.73	6.05
[50,60)	702	13.87	19.92
[60,70)	833	16.46	36.38
[70,80)	2864	56.59	92.97
[80,90)	294	5.81	98.77
[90,100]	62	1.23	100.00
总计	5061	100.00	—

由表 4-2 可见，2023 年上市公司中小投资者知情权分项指数分布比较集中，主要分布在 [50,80) 区间，有 4399 家公司，占样本总数的 86.92%。及格（达到 60 分）的公司有 4053 家，及格率为 80.08%，比上年（83.38%）下降 3.30 个百分点。

图 4-2 直观地描绘了中小投资者知情权分项指数的分布区间。可以看出，2023 年上市公司中小投资者知情权分项指数从低分到高分，公司数目呈负偏态分布，偏度系数是 -1.0649。

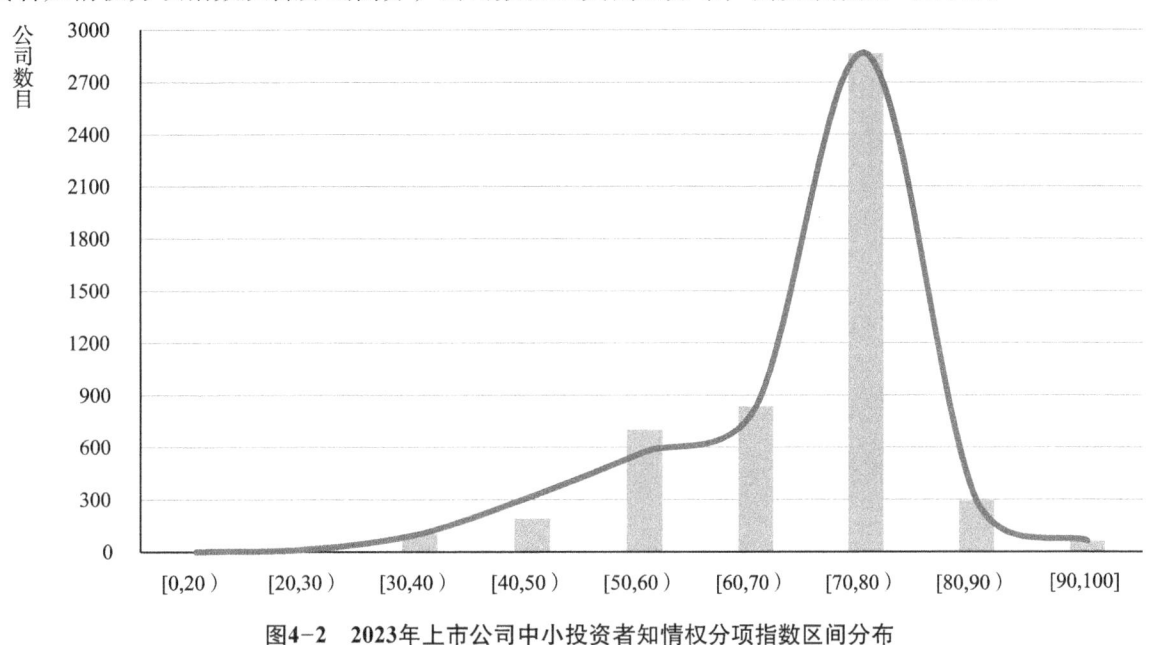

图4-2　2023年上市公司中小投资者知情权分项指数区间分布

4.2.2　分地区知情权分项指数比较

按照东部、中部、西部和东北四个地区的划分，对上市公司中小投资者知情权分项指数按照均值从高到低的顺序进行排名和比较，结果参见表 4-3。

表 4-3　2023 年不同地区上市公司中小投资者知情权分项指数比较

排名	地区	公司数目	平均值	中位值	最大值	最小值	标准差
1	东部	3624	70.2641	72.9481	93.6348	26.8889	11.1196
2	中部	673	68.5807	72.2222	95.3546	27.7778	11.9447
3	西部	595	68.3860	72.2222	91.5913	22.2222	11.9991
4	东北	169	64.1667	68.6114	89.8492	26.8889	13.6766
	总体	5061	69.6158	72.5126	95.3546	22.2222	11.5021

从表 4-3 可以看到，2023 年中小投资者知情权分项指数在东部、中部和西部三个地区的差别不太大，而东北与这三个地区有明显的差距。四个地区中，东部上市公司中小投资者知情权分项指数均值最高，东北最低，二者绝对差距为 6.0974 分。

图 4-3 直观地反映了四个地区上市公司中小投资者知情权分项指数均值的差异。可以看到，东部地区中小投资者知情权分项指数均值高于总体均值，其他三个地区中小投资者知情权分项指数均值都

低于总体均值。

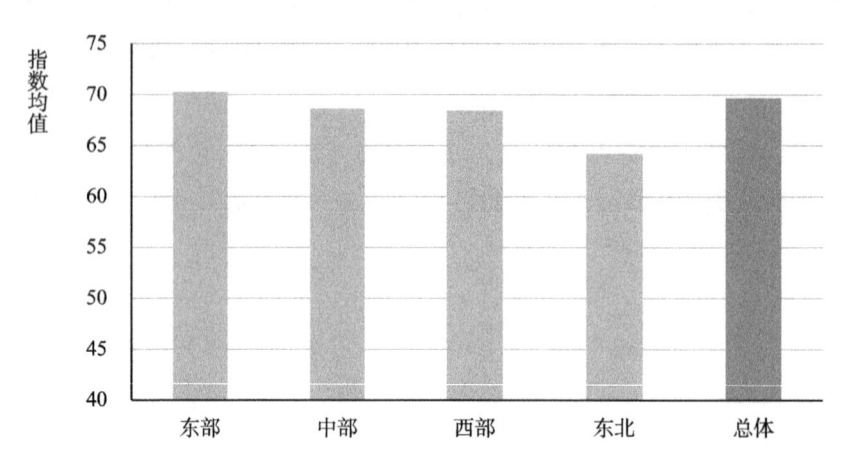

图4-3 2023年不同地区上市公司中小投资者知情权分项指数比较

4.2.3 分行业知情权分项指数比较

对18个行业上市公司中小投资者知情权分项指数按照均值从高到低的顺序进行排名和比较，结果参见表4-4。

表4-4 2023年不同行业上市公司中小投资者知情权分项指数比较

排名	行业	公司数目	平均值	中位值	最大值	最小值	标准差
1	住宿和餐饮业（H）	8	72.4943	73.8738	79.9442	50.6996	8.7364
2	科学研究和技术服务业（M）	111	72.1501	75.4020	90.5863	38.8889	10.8404
3	采矿业（B）	82	71.4146	73.1323	92.2948	46.3333	11.1464
4	制造业（C）	3373	70.1251	72.7471	95.3546	22.2222	11.0788
5	交通运输、仓储和邮政业（G）	112	70.0757	72.2222	91.4573	38.8889	10.0569
6	租赁和商务服务业（L）	65	69.7439	72.4121	91.5578	35.2222	11.8881
7	信息传输、软件和信息技术服务业（I）	418	68.8963	72.7471	93.2328	27.7778	12.3739
8	卫生和社会工作（Q）	15	68.6824	70.3333	79.2406	51.8889	8.3369
9	金融业（J）	124	68.4651	71.3819	91.3903	35.2222	12.0596
10	批发和零售业（F）	182	68.4495	72.2222	90.6868	38.8889	11.7944
11	电力、热力、燃气及水生产和供应业（D）	131	67.9210	72.2222	86.4171	27.7778	11.5704
12	水利、环境和公共设施管理业（N）	97	67.6791	72.2222	86.0022	35.5014	12.2455
13	文化、体育和娱乐业（R）	62	67.4474	72.2222	79.1401	27.7778	12.0672
14	农、林、牧、渔业（A）	48	67.3433	72.2222	92.5293	39.0452	12.4285
15	建筑业（E）	107	66.8200	72.2446	89.7152	27.7778	13.8920
16	房地产业（K）	101	66.1300	71.0106	90.3183	26.8889	13.6569
17	综合（S）	12	60.4561	65.1963	77.7778	27.7778	15.1806
18	教育（P）	12	58.6773	59.5849	81.3512	35.2222	16.9677
	总体	5061	69.6158	72.5126	95.3546	22.2222	11.5021

注：居民服务、修理和其他服务业（O）只有1家上市公司，难以代表该行业整体水平，故排名时剔除。

从表 4-4 可以看出，18 个行业中，有 6 个行业的中小投资者知情权分项指数均值高于总体均值，这 6 个行业的行业最大均值与总体均值的绝对差距为 2.8785 分；其他 12 个行业的上市公司中小投资者知情权分项指数均值低于总体均值，总体均值与这 12 个行业的行业最小均值的绝对差距为 10.9385 分。显然，知情权分项指数的低分区行业内部差距大于高分区行业。中小投资者知情权分项指数均值排名前三位的行业分别是住宿和餐饮业（H）、科学研究和技术服务业（M），以及采矿业（B）；排名最后三位的行业分别是教育（P）、综合（S）和房地产业（K）。中小投资者知情权分项指数最大值与最小值均出自制造业（C）。

图 4-4 直观地反映了不同行业中小投资者知情权分项指数均值的差异。可以看到，排名最后两位的教育（P）和综合（S）的中小投资者知情权分项指数均值明显低于其他行业，其他行业从高到低的变化比较平缓。

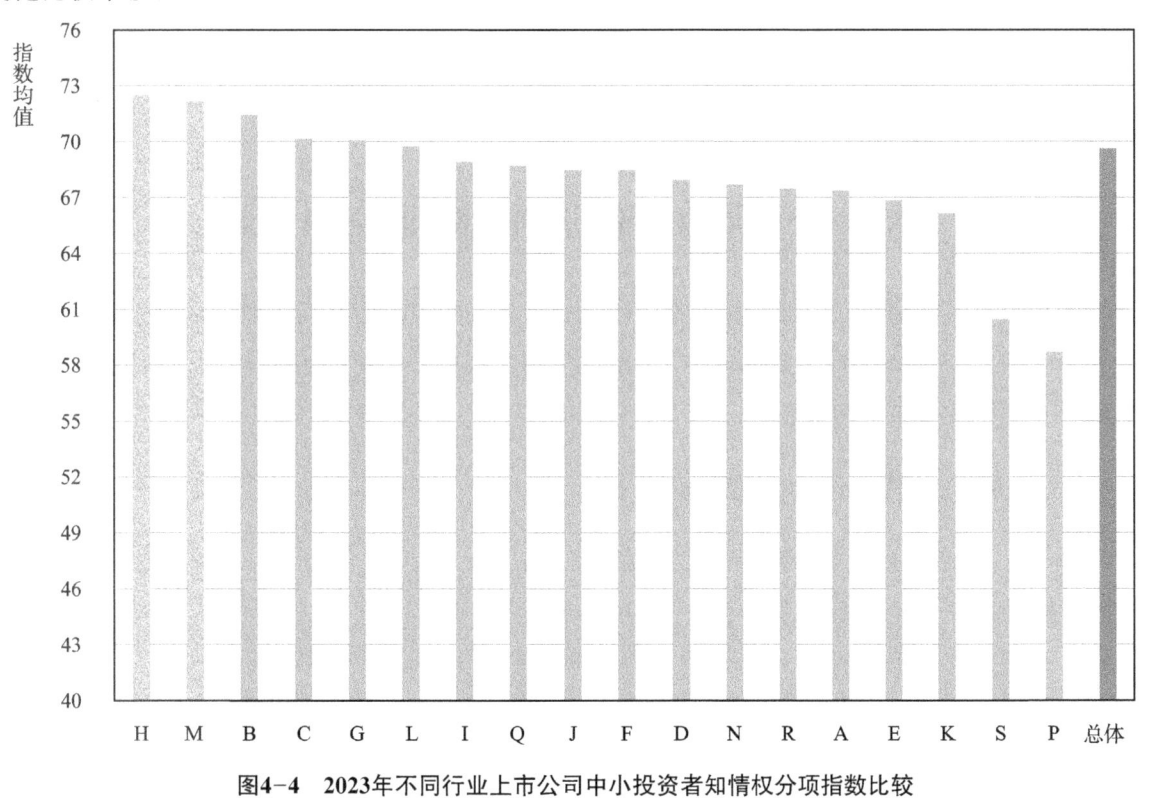

图4-4　2023年不同行业上市公司中小投资者知情权分项指数比较

4.2.4　沪深300与非沪深300知情权分项指数比较

按照是否沪深 300 成分股指数公司，对两类公司的中小投资者知情权分项指数进行比较，结果参见表 4-5 和图 4-5。

表 4-5　2023 年沪深 300 与非沪深 300 公司知情权分项指数比较

排名	是否沪深 300	公司数目	平均值	中位值	最大值	最小值	标准差
1	沪深300	299	75.7006	75.5500	92.5293	46.6795	9.1037
2	非沪深300	4762	69.2338	72.4121	95.3546	22.2222	11.5295
	总体	5061	69.6158	72.5126	95.3546	22.2222	11.5021

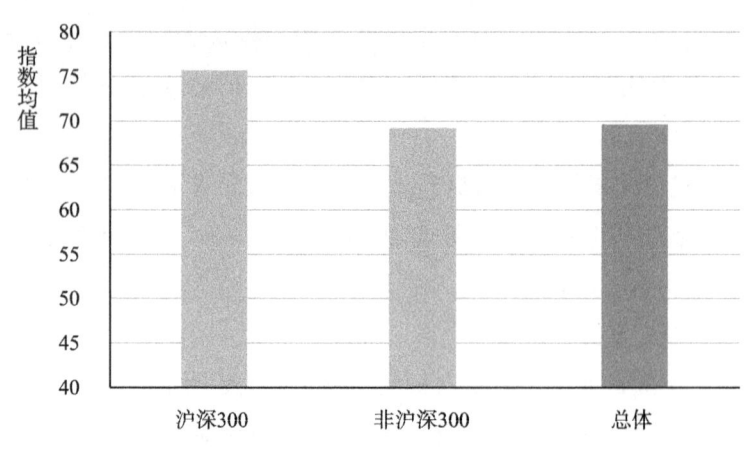

图4-5　2023年沪深300与非沪深300公司中小投资者知情权分项指数比较

从表4-5和图4-5可以看出，沪深300公司知情权分项指数的均值和中位值都远高于非沪深300公司，分别高出6.4668分和3.1379分。

4.3　决策与监督权分项指数排名及比较

中小投资者决策与监督权分项指数考察中小投资者参与决策的机制及其监督代理人的情况，以测度中小投资者决策与监督权的落实情况。本节对决策与监督权分项指数的总体情况进行说明，并分地区、行业和是否沪深300进行比较。

4.3.1　决策与监督权分项指数总体分布

我们将中小投资者决策与监督权分项指数得分以10分为间隔，划分成9个区间段（公司数目为0的连续区间合并），得到的结果参见表4-6和图4-6。

表4-6　2023年上市公司中小投资者决策与监督权分项指数区间分布

指数区间	公司数目	占比/%	累计占比/%
[0,10)	0	0.00	0.00
[10,20)	15	0.30	0.30
[20,30)	228	4.51	4.80
[30,40)	2556	50.50	55.31
[40,50)	1406	27.78	83.09
[50,60)	693	13.69	96.78
[60,70)	162	3.20	99.98
[70,80)	1	0.02	100.00
[80,100]	0	0.00	100.00
总体	5061	100.00	—

由表 4-6 与图 4-6 可以看出，中小投资者决策与监督权分项指数非常集中，主要分布在 [30,60) 区间，总计有 4655 家公司，占样本总数的 91.98%。60 分及以上的公司有 163 家，及格率为 3.22%，比上年（5.97%）下降了 2.75 个百分点。

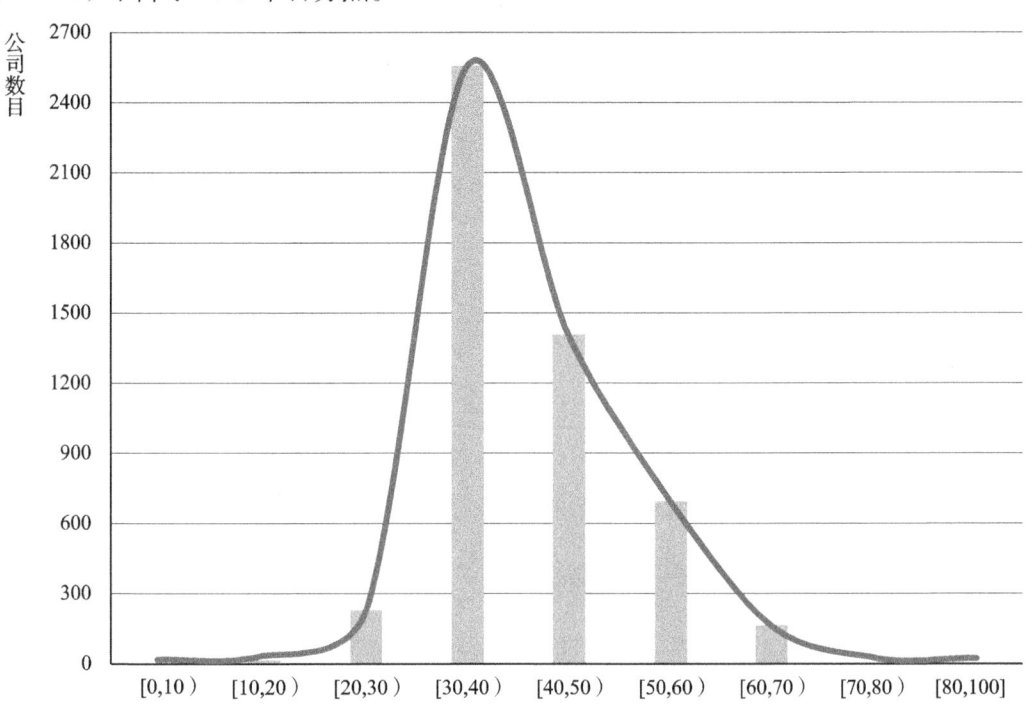

图4-6　2023年上市公司中小投资者决策与监督权分项指数区间分布

4.3.2　分地区决策与监督权分项指数比较

按照东部、中部、西部和东北四个地区的划分，对上市公司中小投资者决策与监督权分项指数按照均值从高到低的顺序进行排名和比较，结果参见表 4-7。

表 4-7　2023 年不同地区上市公司中小投资者决策与监督权分项指数比较

排名	地区	公司数目	平均值	中位值	最大值	最小值	标准差
1	西部	595	43.8542	39.5455	70.0000	21.3636	10.1458
2	东北	169	42.5395	39.5455	66.8182	18.6364	9.8938
3	中部	673	42.2759	39.5455	70.0000	18.6364	10.0175
4	东部	3624	42.0660	39.5455	72.7273	15.4545	10.4730
	总体	5061	42.3200	39.5455	72.7273	15.4545	10.3721

由表 4-7 可以看出，西部上市公司中小投资者决策与监督权分项指数均值最高，东部最低，二者之间的绝对差距为 1.7882 分，差别不大。中小投资者决策与监督权分项指数最大值和最小值都出自东部地区。

图 4-7 更直观地反映了四个地区上市公司中小投资者决策与监督权分项指数均值的差异。可以看出，西部和东北的上市公司中小投资者决策与监督权分项指数均值高于总体均值，中部和东部则略低

于总体均值。

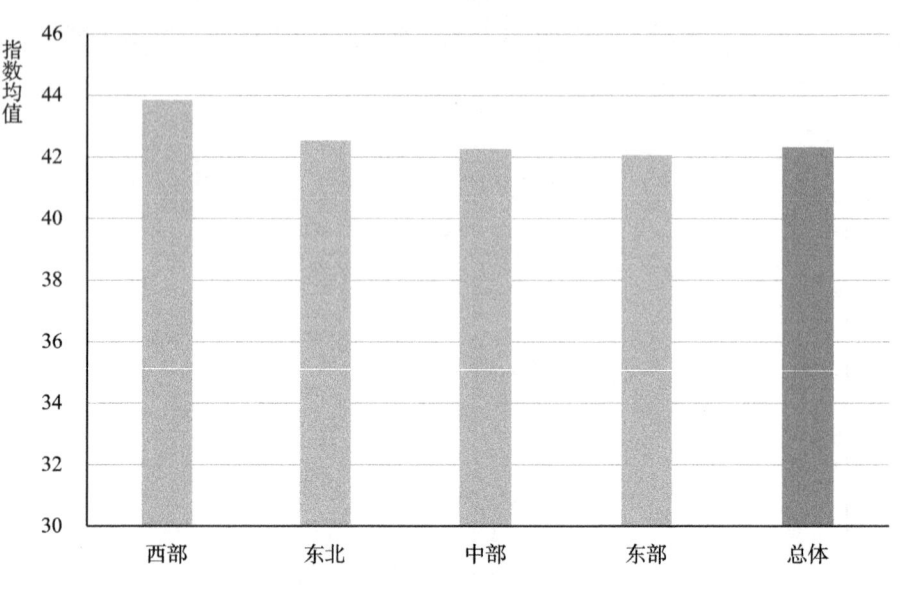

图4-7　2023年不同地区上市公司中小投资者决策与监督权分项指数比较

4.3.3　分行业决策与监督权分项指数比较

对18个行业上市公司中小投资者决策与监督权分项指数按照均值从高到低的顺序进行排名和比较，结果参见表4-8。

表4-8　2023年不同行业上市公司中小投资者决策与监督权分项指数比较

排名	行业	公司数目	平均值	中位值	最大值	最小值	标准差
1	金融业（J）	124	49.0405	48.6364	70.0000	21.3636	10.3730
2	采矿业（B）	82	46.3225	48.6364	69.6212	21.3636	9.5371
3	教育（P）	12	46.1513	45.6818	57.7273	27.7273	11.1791
4	住宿和餐饮业（H）	8	45.6818	44.3182	66.8182	30.4545	9.6905
5	交通运输、仓储和邮政业（G）	112	45.2796	48.6364	66.8182	27.7273	9.2587
6	卫生和社会工作（Q）	15	44.8182	45.9091	57.7273	30.4545	8.6065
7	电力、热力、燃气及水生产和供应业（D）	131	44.6936	48.6364	66.8182	18.6364	10.2246
8	农、林、牧、渔业（A）	48	44.2424	39.5455	66.8182	27.7273	9.6336
9	房地产业（K）	101	42.9876	39.5455	69.4949	21.3636	10.0628
10	批发和零售业（F）	182	42.9101	39.5455	66.8182	18.6364	10.6158
11	科学研究和技术服务业（M）	111	42.8651	39.5455	66.8182	21.3636	10.6576
12	租赁和商务服务业（L）	65	42.6948	39.5455	70.0000	18.6364	11.7179
13	建筑业（E）	107	42.6527	39.5455	66.8182	21.3636	10.9246

续表

排名	行业	公司数目	平均值	中位值	最大值	最小值	标准差
14	文化、体育和娱乐业（R）	62	42.5953	39.5455	66.8182	21.3636	8.9492
15	信息传输、软件和信息技术服务业（I）	418	42.0590	39.5455	67.2727	21.3636	10.8521
16	制造业（C）	3373	41.7160	39.5455	72.7273	15.4545	10.2188
17	水利、环境和公共设施管理业（N）	97	41.0353	39.5455	57.7273	21.3636	9.9168
18	综合（S）	12	39.3182	39.5455	48.6364	27.7273	6.7840
	总体	5061	42.3200	39.5455	72.7273	15.4545	10.3721

注：居民服务、修理和其他服务业（O）只有1家上市公司，难以代表该行业整体水平，故排名时剔除。

由表4-8可知，18个行业中，有14个行业的中小投资者决策与监督权分项指数均值高于总体均值，这14个行业的最大均值与总体均值的绝对差距为6.7205分；其他4个行业的决策与监督权分项指数均值低于总体均值，总体均值与这4个行业的最小均值的绝对差距为3.0018分。显然，中小投资者决策与监督权分项指数高分区行业的内部差距远大于低分区行业。18个行业中，中小投资者决策与监督权分项指数均值排名前三位的行业分别是金融业（J）、采矿业（B）和教育（P）；排在最后三位的分别是综合（S）、水利、环境和公共设施管理业（N）以及制造业（C）。中小投资者决策与监督权分项指数最大值和最小值都出自制造业（C）。

图4-8直观地反映了不同行业上市公司中小投资者决策与监督权分项指数均值的差异。可以看到，除了排名第一的金融业（J）中小投资者决策与监督权分项指数均值明显高于其他行业，排名最后的综合（S）中小投资者决策与监督权分项指数均值明显低于其他行业外，其他行业中小投资者决策与监督权分项指数均值从高到低差别不大。

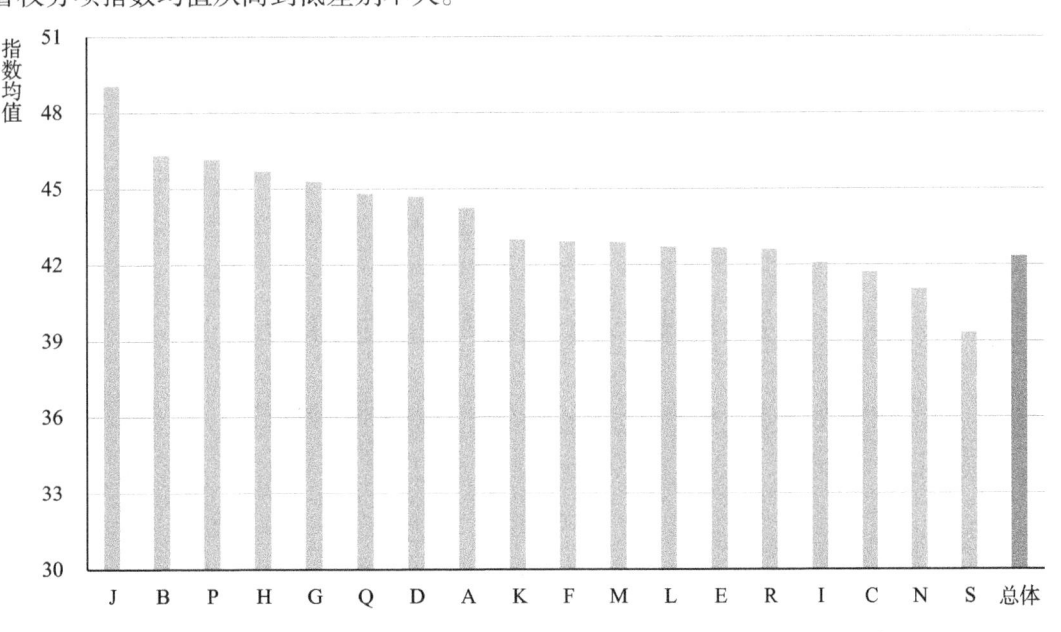

图4-8　2023年不同行业上市公司中小投资者决策与监督权分项指数比较

4.3.4 沪深300与非沪深300决策与监督权分项指数比较

按照是否沪深300成分股指数公司，对两类公司的中小投资者决策与监督权分项指数进行比较，结果参见表4-9和图4-9。

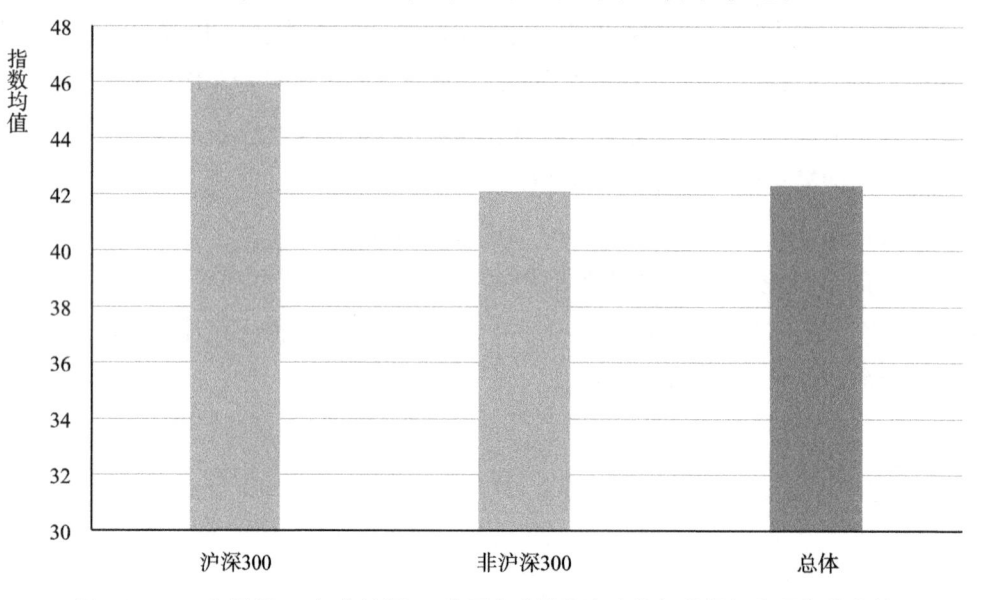

表4-9 2023年沪深300与非沪深300公司决策与监督权分项指数比较

排名	是否沪深300	公司数目	平均值	中位值	最大值	最小值	标准差
1	沪深300	299	45.9634	48.6364	70.0000	15.4545	10.3884
2	非沪深300	4762	42.0912	39.5455	72.7273	15.4545	10.3283
	总体	5061	42.3200	39.5455	72.7273	15.4545	10.3721

从表4-9和图4-9可以看出，沪深300公司决策与监督权分项指数均值高于非沪深300公司，但差距不大，前者高出3.8722分；两者的平均值都距离及格线（60分）较远。

图4-9 2023年沪深300与非沪深300公司中小投资者决策与监督权分项指数比较

4.4 收益权分项指数排名及比较

中小投资者收益权分项指数考察中小投资者收益权的保障和落实情况。本节对收益权分项指数的总体情况进行说明，并分地区、行业和是否沪深300进行比较。

4.4.1 收益权分项指数总体分布

我们将中小投资者收益权分项指数以10分为间隔，划分为8个区间段（公司数目为0的连续区间合并），所有上市公司中小投资者收益权分项指数分布参见表4-10和图4-10。

表 4-10　2023 年上市公司中小投资者收益权分项指数区间分布

指数区间	公司数目	占比 / %	累计占比 / %
[0,10)	31	0.61	0.61
[10,20)	84	1.66	2.27
[20,30)	328	6.48	8.75
[30,40)	2	0.04	8.79
[40,50)	2642	52.20	61.00
[50,60)	1966	38.85	99.84
[60,70)	8	0.16	100.00
[70,100]	0	0.00	100.00
总计	5061	100.00	—

由表 4-10 和图 4-10 可知，2023 年上市公司中小投资者收益权分项指数区间分布并不规则，主要分布在 [40,60) 区间内，共计有 4608 家公司，占样本总数的 91.05%；达到 60 分及格线的公司仅有 8 家，及格率为 0.16%，比上年（0.26%）下降 0.10 个百分点。

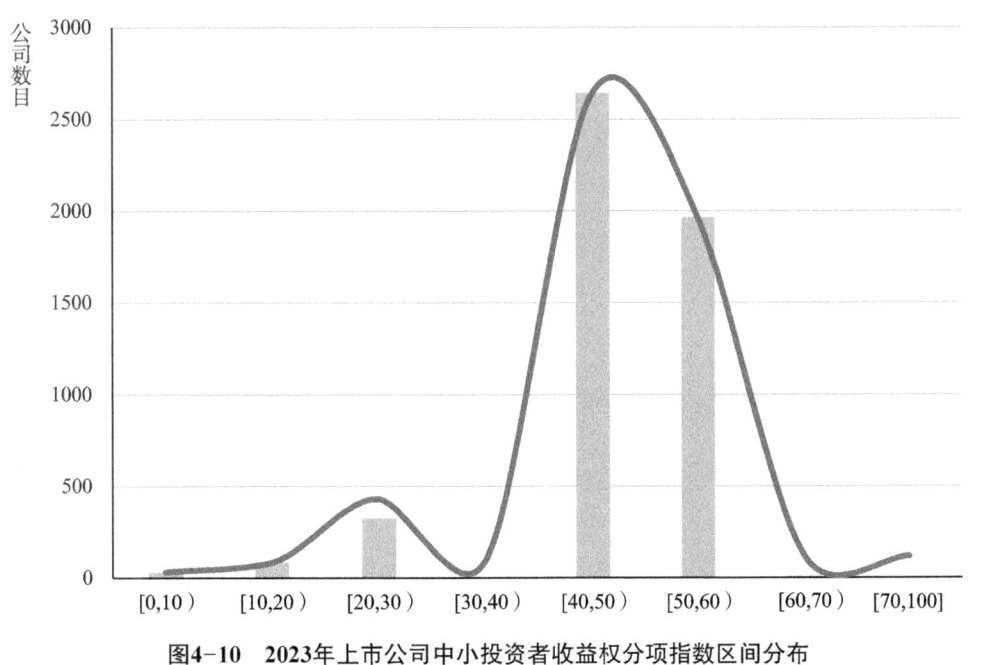

图4-10　2023年上市公司中小投资者收益权分项指数区间分布

4.4.2　分地区收益权分项指数比较

按照东部、中部、西部和东北四个地区的划分，对上市公司中小投资者收益权分项指数按照均值从高到低的顺序进行排名和比较，结果参见表 4-11。

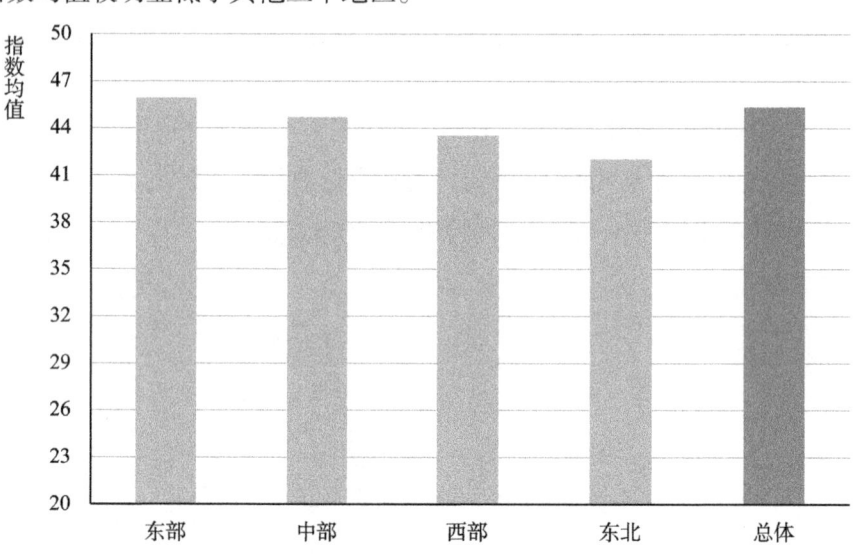

表4-11 2023年不同地区上市公司中小投资者收益权分项指数比较

排名	地区	公司数目	平均值	中位值	最大值	最小值	标准差
1	东部	3624	45.9101	41.4318	66.9991	0.0000	9.6219
2	中部	673	44.6823	41.4184	67.0240	0.0000	10.5012
3	西部	595	43.5163	41.4141	67.0504	0.0000	11.2341
4	东北	169	42.0326	41.4044	56.1065	0.0000	12.6704
	总体	5061	45.3359	41.4267	67.0504	0.0000	10.1095

由表4-11可知，东部中小投资者收益权分项指数均值最高，东北排在最后，二者之间的绝对差距为3.8775分。中小投资者收益权分项指数最大值为67.0504分，出自西部；最小值为0.0000分，四个地区都出现了最小值。

图4-11更直观地反映了不同地区上市公司中小投资者收益权分项指数均值的差异。可以看出，东部中小投资者收益权分项指数均值略高于总体均值，其余地区则低于总体均值，东北地区中小投资者收益权分项指数均值较明显低于其他三个地区。

图4-11 2023年不同地区上市公司中小投资者收益权分项指数比较

4.4.3 分行业收益权分项指数比较

对18个行业上市公司中小投资者收益权分项指数按照均值从高到低的顺序进行排名和比较，结果参见表4-12。

表4-12 2023年不同行业上市公司中小投资者收益权分项指数比较

排名	行业	公司数目	平均值	中位值	最大值	最小值	标准差
1	住宿和餐饮业（H）	8	48.5537	48.5511	55.7787	41.3493	7.1360
2	交通运输、仓储和邮政业（G）	112	47.4675	55.6257	63.8012	12.7629	9.9562

续表

排名	行业	公司数目	平均值	中位值	最大值	最小值	标准差
3	卫生和社会工作（Q）	15	46.9000	41.4266	55.8307	27.0643	8.5777
4	科学研究和技术服务业（M）	111	46.5441	41.4185	55.7889	27.0284	8.0918
5	采矿业（B）	82	45.8613	41.4455	55.7758	12.7786	8.8440
6	制造业（C）	3373	45.6837	41.4311	67.0240	0.0000	9.7171
7	信息传输、软件和信息技术服务业（I）	418	45.2223	41.4126	56.0675	0.0000	10.0996
8	电力、热力、燃气及水生产和供应业（D）	131	45.1003	41.4191	67.0504	12.7078	10.5173
9	水利、环境和公共设施管理业（N）	97	45.0969	41.4351	56.0027	0.0000	11.7920
10	金融业（J）	124	44.5081	41.4087	55.7806	12.7320	9.3529
11	房地产业（K）	101	44.2518	41.4285	56.0526	0.0000	12.9548
12	文化、体育和娱乐业（R）	62	43.9312	41.4245	56.1289	12.7668	10.4529
13	批发和零售业（F）	182	43.7851	41.4214	56.0103	0.0000	11.4189
14	综合（S）	12	42.9633	41.4057	55.6484	12.7093	10.8955
15	租赁和商务服务业（L）	65	42.7317	41.4186	55.7384	0.0635	10.7599
16	建筑业（E）	107	41.5325	41.3979	56.1581	0.0000	12.8150
17	农、林、牧、渔业（A）	48	40.8680	41.3755	56.0846	0.0000	11.8715
18	教育（P）	12	33.1566	41.3056	55.8636	0.0310	16.7307
	总体	5061	45.3359	41.4267	67.0504	0.0000	10.1095

注：居民服务、修理和其他服务业（O）只有1家上市公司，难以代表该行业整体水平，故排名时剔除。

从表4-12中可以看出，18个行业中，有6个行业的中小投资者收益权分项指数均值高于总体均值，这6个行业的最大均值与总体均值的绝对差距为3.2178分；其他12个行业的收益权分项指数均值低于总体均值，总体均值与这12个行业的最小均值的绝对差距为12.1793分，中小投资者收益权分项指数低分区行业的内部差距高于高分区行业。中小投资者收益权分项指数均值排名前三位的行业分别是住宿和餐饮业（H）、交通运输、仓储和邮政业（G），以及卫生和社会工作（Q）；最后三位分别是教育（P）、农、林、牧、渔业（A），以及建筑业（E）。中小投资者收益权分项指数最大值出自电力、热力、燃气及水生产和供应业（D）；最小值为0分，有7个行业有最小值（并列）。

图4-12更直观地反映了不同行业上市公司中小投资者收益权分项指数均值的差异。排名最后的教育（P）中小投资者收益权分项指数均值明显低于其他行业；其余行业间差距较小，曲线变化较为平缓。

图4-12　2023年不同行业上市公司中小投资者收益权分项指数比较

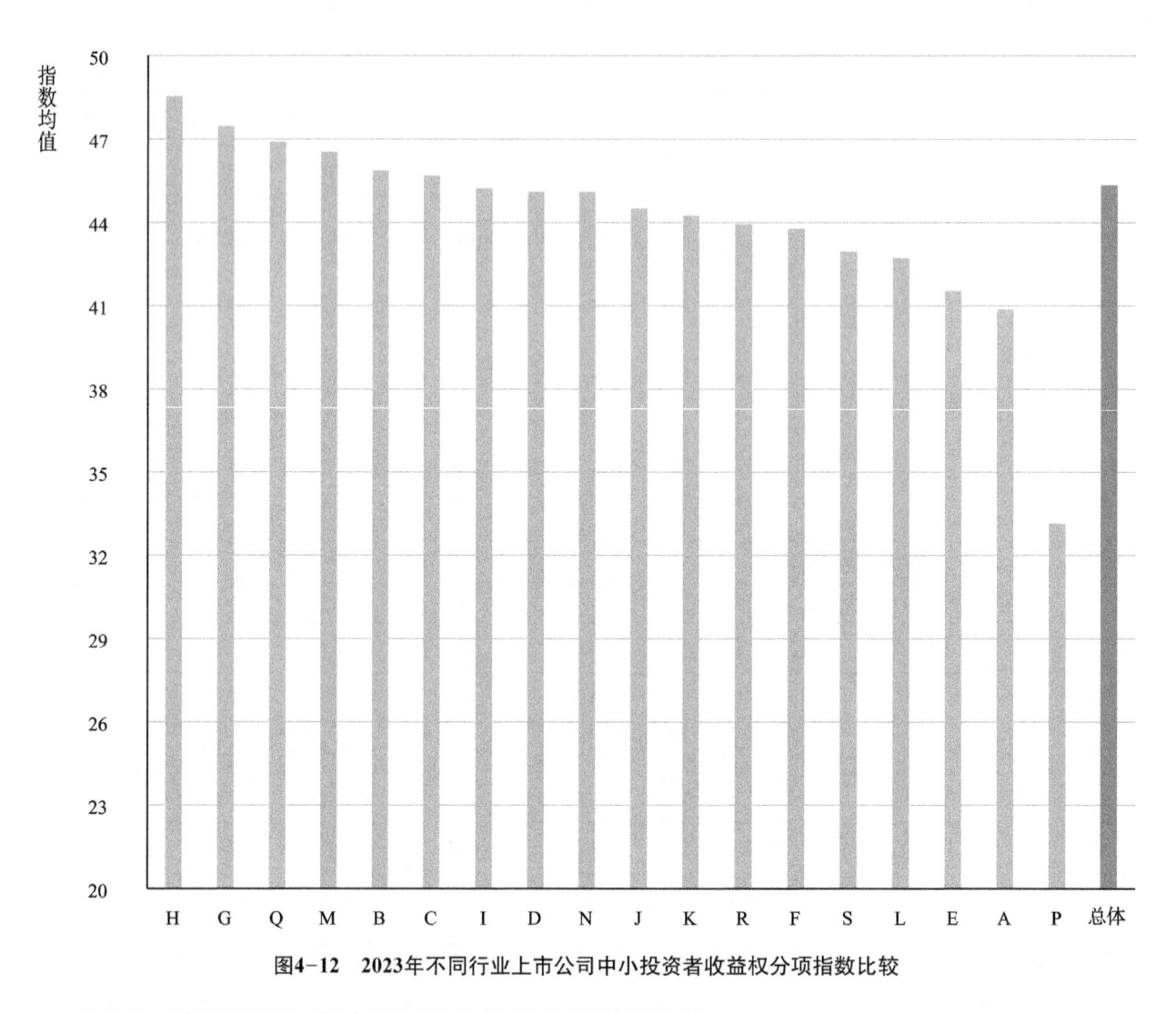

4.4.4　沪深300与非沪深300收益权分项指数比较

按照是否沪深300成分股指数公司，对两类公司的中小投资者收益权分项指数进行比较，结果参见表4-13和图4-13。

表4-13　2023年沪深300与非沪深300公司收益权分项指数比较

排名	是否沪深300	公司数目	平均值	中位值	最大值	最小值	标准差
1	非沪深300	4762	45.3916	41.4274	67.0504	0.0000	10.2331
2	沪深300	299	44.4500	41.4223	55.8102	27.0312	7.8313
	总体	5061	45.3359	41.4267	67.0504	0.0000	10.1095

从表4-13和图4-13可以看出，沪深300公司收益权分项指数均值低于非沪深300，二者绝对差距为0.9416分，都远低于60分的及格线。两类公司的中位值非常相近。

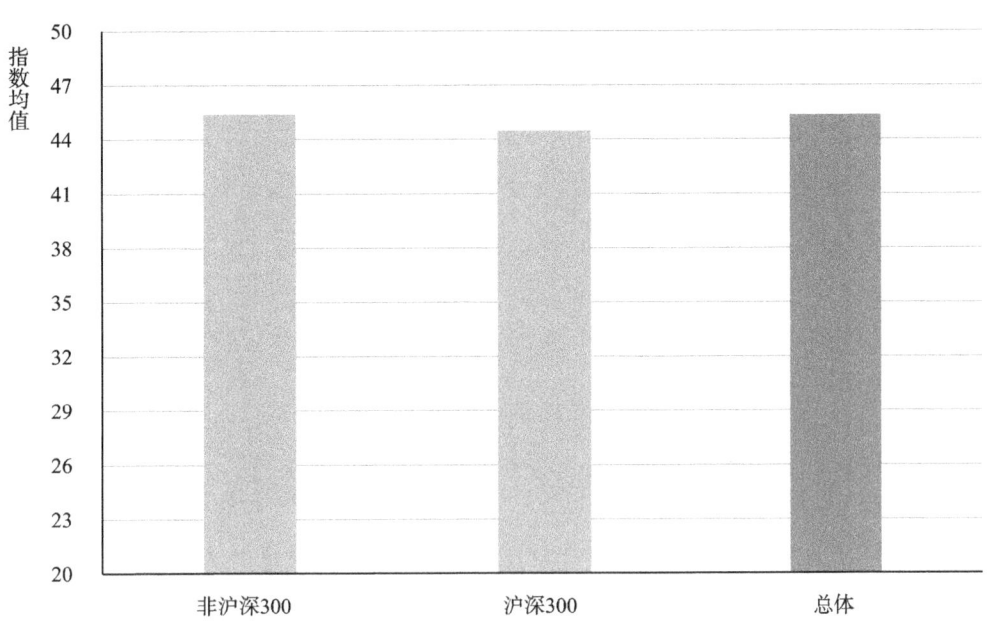

图4-13 2023年沪深300与非沪深300公司中小投资者收益权分项指数比较

4.5 维权环境分项指数排名及比较

中小投资者维权环境分项指数考察中小投资者权利受到侵害时是否可以得到充分的维权。本节对维权环境分项指数的总体情况进行说明，并分地区、行业和是否沪深300进行比较。

4.5.1 维权环境分项指数总体分布

我们把中小投资者维权环境分项指数以10分为间隔划分为10个组，10个区间的公司分布如表4-14所示。

表4-14 2023年上市公司中小投资者维权环境分项指数区间分布

指数区间	公司数目	占比/%	累计占比/%
[0,10)	1	0.02	0.02
[10,20)	4	0.08	0.10
[20,30)	12	0.24	0.34
[30,40)	88	1.74	2.08
[40,50)	187	3.69	5.77
[50,60)	1120	22.13	27.90
[60,70)	336	6.64	34.54
[70,80)	2591	51.20	85.74
[80,90)	678	13.39	99.13
[90,100]	44	0.87	100.00
总计	5061	100.00	—

由表 4-14 可知，上市公司中小投资者维权环境分项指数主要分布在 [50,60) 和 [70,80) 两个区间，共有 3711 家公司，占样本总数的 73.33%。达到 60 分及格线的公司有 3649 家，及格率为 72.10%，比上年（61.72%）增加 10.38 个百分点。

图 4-14 直观地描绘了中小投资者维权环境分项指数的分布区间。可以看出，中小投资者维权环境分项指数分布比较分散，且不规则。

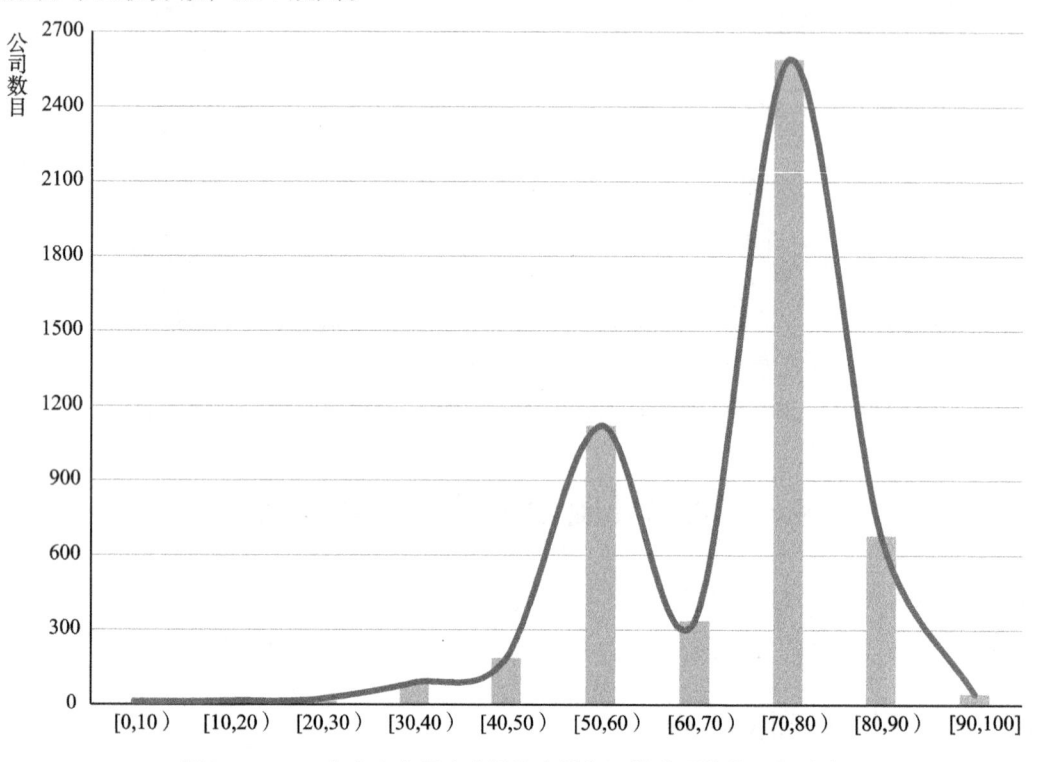

图 4-14　2023 年上市公司中小投资者维权环境分项指数区间分布

4.5.2　分地区维权环境分项指数比较

按照东部、中部、西部和东北四个地区的划分，对上市公司中小投资者维权环境分项指数按照均值从高到低的顺序进行排名和比较，结果参见表 4-15。

表 4-15　2023 年不同地区上市公司中小投资者维权环境分项指数比较

排名	地区	公司数目	平均值	中位值	最大值	最小值	标准差
1	中部	673	70.8238	77.7778	100.0000	11.1111	11.9706
2	东部	3624	70.6429	77.7778	100.0000	0.0000	12.3924
3	西部	595	69.6004	77.7778	96.6667	22.2222	12.8391
4	东北	169	67.0283	72.2222	92.7778	33.3333	13.8389
	总体	5061	70.4237	77.7778	100.0000	0.0000	12.4626

由表 4-15 可知，中部中小投资者维权环境分项指数均值最高，为 70.8238 分；东北最低，为 67.0283 分，二者之间的绝对差距为 3.7955 分，差距较小。在四个地区中，中小投资者维权环境分项指数最大值出自中部和东部（并列）；最小值出自东部。

图 4-15 更直观地反映了不同地区上市公司中小投资者维权环境分项指数均值的差异。可以看到，中部和东部地区中小投资者维权环境分项指数均值超过总体均值，其他两个地区则低于总体均值。

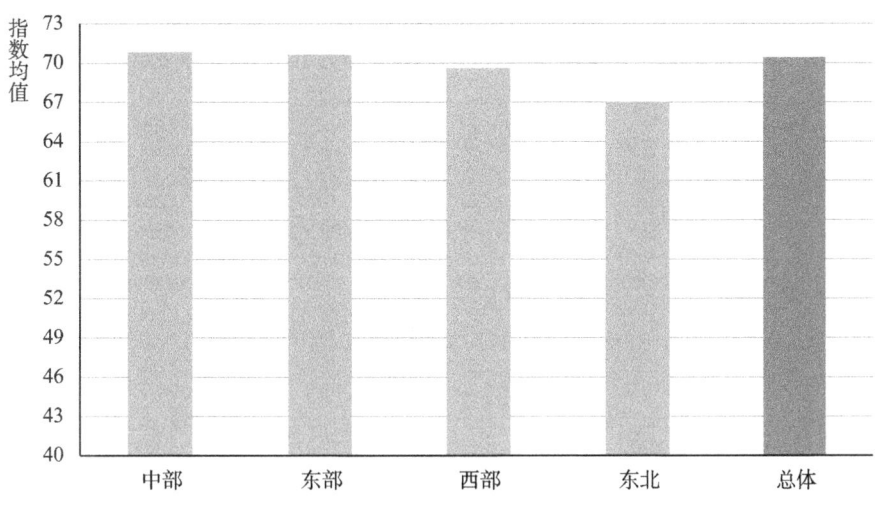

图4-15 2023年不同地区上市公司中小投资者维权环境分项指数比较

4.5.3 分行业维权环境分项指数比较

对18个行业上市公司中小投资者维权环境分项指数按照均值从高到低的顺序进行排名和比较，结果参见表4-16。

表4-16 2023年不同行业上市公司中小投资者维权环境分项指数比较

排名	行业	公司数目	平均值	中位值	最大值	最小值	标准差
1	金融业（J）	124	82.8943	85.5556	100.0000	33.3333	12.7505
2	交通运输、仓储和邮政业（G）	112	73.7897	77.7778	100.0000	33.3333	11.4396
3	采矿业（B）	82	73.7195	77.7778	88.8889	33.3333	10.4230
4	电力、热力、燃气及水生产和供应业（D）	131	72.1628	77.7778	88.8889	33.3333	11.3046
5	制造业（C）	3373	70.8486	77.7778	88.8889	0.0000	11.7255
6	综合（S）	12	70.3704	71.1111	85.5556	53.8889	10.2096
7	建筑业（E）	107	69.8079	77.7778	100.0000	33.3333	13.3325
8	科学研究和技术服务业（M）	111	69.5896	77.7778	81.6667	22.2222	11.9646
9	农、林、牧、渔业（A）	48	69.0741	77.7778	81.6667	20.0000	13.2440
10	水利、环境和公共设施管理业（N）	97	68.9863	77.7778	88.8889	11.1111	13.8021
11	卫生和社会工作（Q）	15	68.4444	77.7778	81.6667	44.4444	12.1058
12	房地产业（K）	101	67.8878	70.5556	88.8889	33.3333	12.4184
13	批发和零售业（F）	182	67.6465	77.7778	88.8889	11.1111	13.6183
14	住宿和餐饮业（H）	8	67.1528	68.6111	77.7778	55.5556	9.7081

续表

排名	行业	公司数目	平均值	中位值	最大值	最小值	标准差
15	信息传输、软件和信息技术服务业（I）	418	66.3756	71.1111	88.8889	14.4444	13.7400
16	租赁和商务服务业（L）	65	65.6410	66.6667	88.8889	22.2222	14.8517
17	文化、体育和娱乐业（R）	62	62.4821	55.5556	92.7778	27.7778	13.4729
18	教育（P）	12	54.6296	55.5556	77.7778	37.2222	11.5143
	总体	5061	70.4237	77.7778	100.0000	0.0000	12.4626

注：居民服务、修理和其他服务业（O）只有1家上市公司，难以代表该行业整体水平，故排名时剔除。

由表4-16可以看出，18个行业中，有5个行业的中小投资者维权环境分项指数均值高于总体均值，这5个行业的最大均值与总体均值的绝对差距为12.4706分；其他13个行业的维权环境分项指数均值低于总体均值，总体均值与这13个行业的最小均值的绝对差距为15.7941分。显然，中小投资者维权环境分项指数高分区行业的内部差距小于低分区行业。中小投资者维权环境分项指数均值排在前三位的行业分别是金融业（J）、交通运输、仓储和邮政业（G），以及采矿业（B）；排在最后三位的行业是教育（P）、文化、体育和娱乐业（R），以及租赁和商务服务业（L）。中小投资者维权环境分项指数最大值出自金融业（J）、建筑业（E），以及交通运输、仓储和邮政业（G）（并列）；最小值出自制造业（C）。

图4-16直观地反映了不同行业上市公司中小投资者维权环境分项指数均值的差异。可以看到，中小投资者维权环境分项指数最高的行业和最低的行业之间的差距很大。排名第一的金融业（J）中小投资者维权环境分项指数远高于其他行业，教育（P）明显低于其他行业。

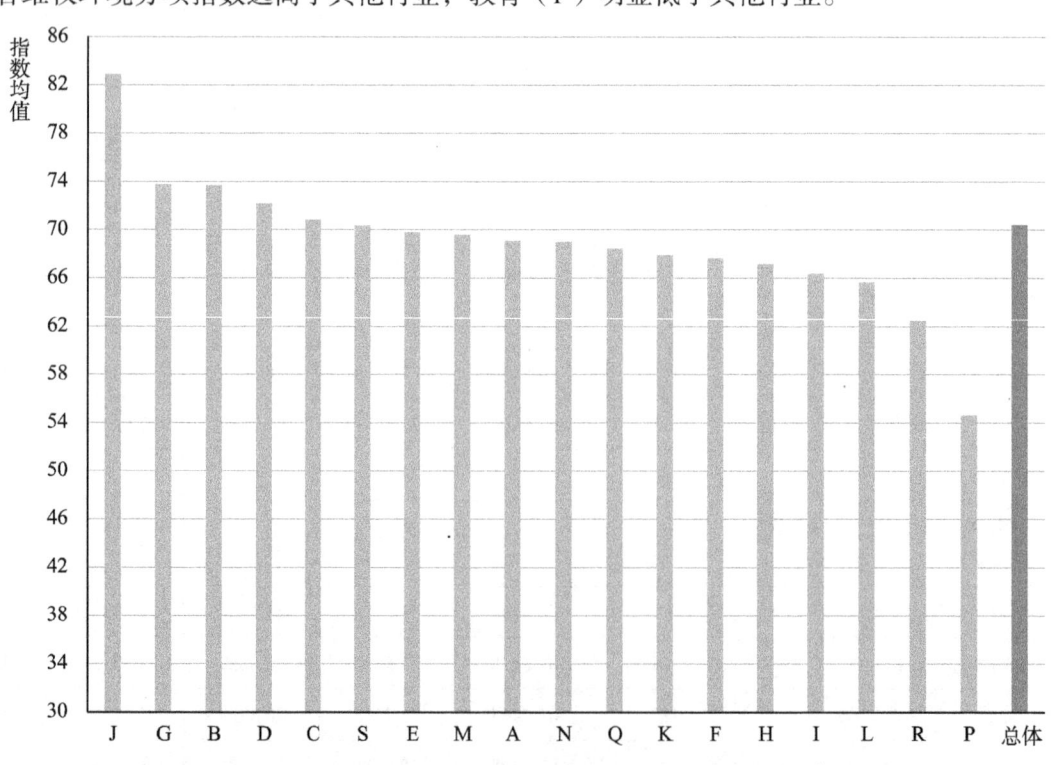

图4-16　2023年不同行业上市公司中小投资者维权环境分项指数比较

4.5.4 沪深300与非沪深300维权环境分项指数比较

按照是否沪深300成分股指数公司，对两类公司的中小投资者维权环境分项指数进行比较，结果参见表4-17和图4-17。

表 4-17 2023 年沪深 300 与非沪深 300 维权环境分项指数比较

排名	是否沪深 300	公司数目	平均值	中位值	最大值	最小值	标准差
1	沪深300	299	77.4266	77.7778	100.0000	44.4444	9.6884
2	非沪深300	4762	69.9840	77.7778	100.0000	0.0000	12.4861
	总体	5061	70.4237	77.7778	100.0000	0.0000	12.4626

从表4-17和图4-17可以看出，沪深300与非沪深300公司在维权环境分项指数平均值上差距较大，前者高出后者7.4426分，都超过了60分的及格线。这反映了沪深300成分股在公司选择上对合规行为比较重视。

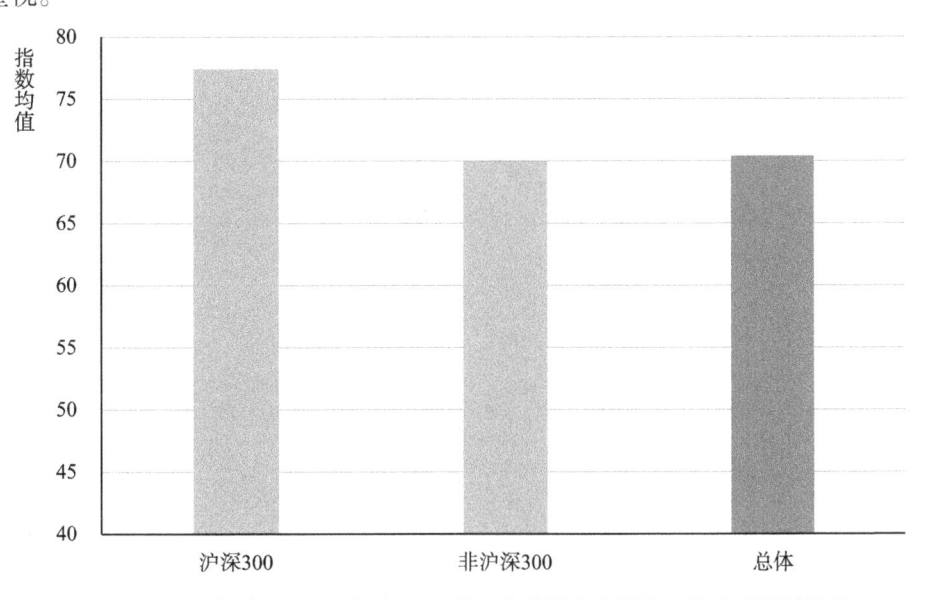

图4-17 2023年沪深300与非沪深300公司中小投资者维权环境分项指数比较

4.6 本章小结

本章从总体、地区、行业和是否沪深300四个方面，对2023年中小投资者权益保护的四个分项指数，即知情权、决策与监督权、收益权和维权环境进行了比较分析，通过分析我们发现：

（1）从中小投资者权益保护四个分项指数比较来看，2023年维权环境分项指数均值最大，略超70分，知情权分项指数均值超过了60分的及格线，其余两个分项指数都远未达到及格线，决策与监督权分项指数均值最低。从指数分布区间看，知情权分项指数主要分布在[50,80)区间，占样本总数的86.92%；决策与监督权分项指数主要分布在[30,60)区间，占样本总数的91.98%；收益权分项指数主要分布在[40,60)区间内，占样本总数的91.05%；维权环境分项指数主要分布在[50,60)和

[70,80）两个区间，占样本总数的73.33%。

（2）从地区来看，东部在知情权和收益权两个分项指数上排名第一；西部在决策与监督权分项指数上排名第一；中部在维权环境分项指数上排名第一；东北除在决策与监督权分项指数以外的其他三个分项指数上都排名最后。

（3）从行业来看，18个行业中，知情权分项指数均值排名前三位的行业分别是住宿和餐饮业（H）、科学研究和技术服务业（M），以及采矿业（B）；决策与监督权分项指数均值排名前三位的行业分别是金融业（J）、采矿业（B）和教育（P）；收益权分项指数均值排名前三位的行业分别是住宿和餐饮业（H）、交通运输、仓储和邮政业（G），以及卫生和社会工作（Q）；维权环境分项指数均值排在前三位的行业分别是金融业（J）、交通运输、仓储和邮政业（G），以及采矿业（B）。其中，采矿业（B）在知情权、决策与监督权以及维权环境三个分项指数中都位居前三，说明采矿业（B）上市公司在中小投资者权益保护方面表现相对较好。

（4）从沪深300与非沪深300的比较看，沪深300公司在中小投资者知情权、决策与监督权和维权环境三个分项指数的均值都高于非沪深300公司，而收益权分项指数均值略低于非沪深300公司。

第5章 中小投资者权益保护指数的所有制比较

根据第1章的控股或所有制类型划分，本章对2023年5061家样本上市公司的中小投资者权益保护指数及四个分项指数从所有制角度进行比较分析，以了解不同所有制公司在中小投资者权益保护方面存在的异同。

5.1 中小投资者权益保护指数总体的所有制比较

5.1.1 中小投资者权益保护总体指数比较

不同的所有制会对上市公司中小投资者权益保护产生影响，表5-1比较了不同所有制上市公司的中小投资者权益保护指数，并按照均值从高到低的顺序进行了排名。

表5-1 2023年不同所有制上市公司中小投资者权益保护指数比较

排名	所有制性质	公司数目	平均值	中位值	最大值	最小值	标准差
1	国有绝对控股公司	554	58.8596	59.1304	72.5020	36.0985	5.3955
2	国有强相对控股公司	532	57.3107	57.5511	74.3197	29.5253	5.5053
3	无国有股份公司	2385	56.9687	57.7472	69.7475	18.7929	5.7849
4	国有弱相对控股公司	406	56.6650	57.7668	70.2579	29.6212	7.0452
5	国有参股公司	1184	55.8428	56.8397	72.4607	27.8157	6.5778
	总体	5061	56.9239	57.7085	74.3197	18.7929	6.0789

根据表5-1，从整体上看，五类所有制上市公司的中小投资者权益保护指数均值差异不大，且均未达到60分的及格线，说明中小投资者权益保护水平仍普遍较低。其中，国有绝对控股公司的中小投资者权益保护指数均值最高，为58.8596分，国有参股公司的中小投资者权益保护指数均值最低，为55.8428分，二者之间的差距为3.0168分。从中位值看，最大的也是国有绝对控股公司，最小的也是国有参股公司。从标准差看，五类所有制公司标准差均在7.1以下，最大的国有弱相对控股公司与最小的国有绝对控股公司之间相差1.6497分，说明五类所有制上市公司之间的离散程度差距不大。

为了更直观地反映不同所有制上市公司中小投资者权益保护指数的差异，图5-1按照前十大股东中的国有股比例从大到小进行了排序。可以看出，对于有国有股份的公司，随着国有股比例的降低，中小投资者权益保护指数均值呈下降趋势。国有绝对控股公司的中小投资者权益保护指数均值较明显高于其他四类所有制公司，国有强相对控股公司、国有弱相对控股公司和无国有股份公司之间的差别很小。

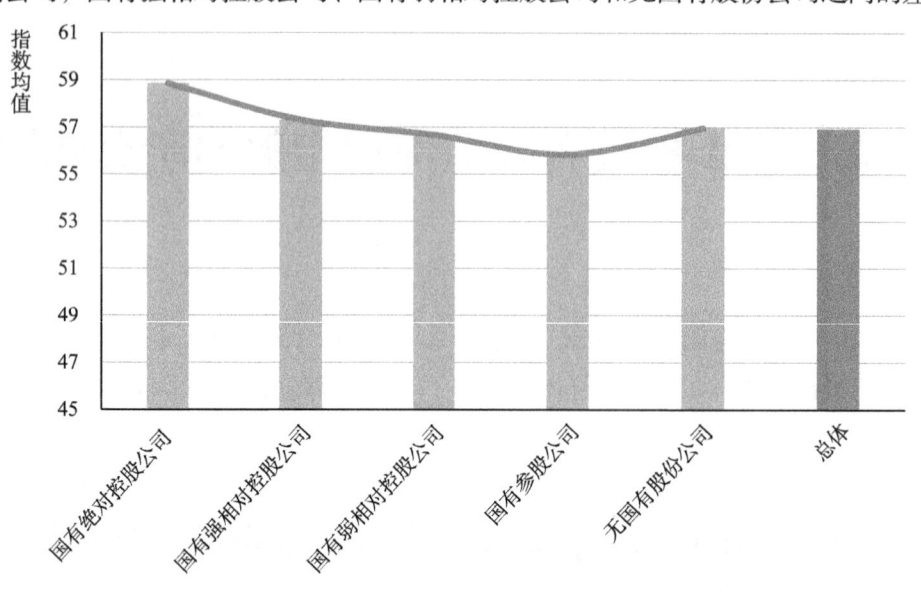

图5-1　2023年不同所有制上市公司中小投资者权益保护指数均值比较

我们进一步将国有绝对控股公司、国有强相对控股公司和国有弱相对控股公司归类为国有控股公司，将国有参股公司和无国有股份公司归类为非国有控股公司，比较两大类公司的中小投资者权益保护水平，如表5-2所示。

表5-2　2023年国有与非国有控股公司中小投资者权益保护指数比较

排名	所有制性质	公司数目	平均值	中位值	最大值	最小值	标准差
1	国有控股公司	1492	57.7101	58.1572	74.3197	29.5253	5.9973
2	非国有控股公司	3569	56.5952	57.3653	72.4607	18.7929	6.0826
	总体	5061	56.9239	57.7085	74.3197	18.7929	6.0789

从表5-2可以看出，2023年上市公司中，国有控股公司与非国有控股公司在平均值和中位值上的差距都不大，都未达到及格线（60分）。不管是平均值还是中位值，国有控股公司都高于非国有控股公司。

根据实际（或最终）控制人的性质，我们还可以将上市公司进一步区分为中央企业（或监管机构）、地方国企（或监管机构）和非国有企业或自然人实际（或最终）控制的上市公司三类。表5-3比较了三类公司的中小投资者权益保护指数。

表5-3　2023年不同实际（或最终）控制人上市公司中小投资者权益保护指数比较

排名	实际（或最终）控制人	公司数目	平均值	中位值	最大值	最小值	标准差
1	中央企业（或监管机构）	471	58.7767	59.0019	72.5020	40.5297	5.1281

续表

排名	实际（或最终）控制人	公司数目	平均值	中位值	最大值	最小值	标准差
2	地方国企（或监管机构）	1021	57.2181	57.8119	74.3197	29.5253	6.2978
3	非国有企业或自然人总计	3569	56.5952	57.3653	72.4607	18.7929	6.0826
	其中：境外企业	31	60.6565	61.3927	69.9534	47.7108	4.9877
	其中：集体企业	29	58.2695	58.0915	66.6043	47.5742	4.3549
	其中：自然人	3408	56.5905	57.3440	72.4607	18.7929	6.0515
	其中：民营企业	101	55.0253	55.1496	70.9340	37.9833	7.0910
	总体	5061	56.9239	57.7085	74.3197	18.7929	6.0789

从表5-3可以看出，三类实际（或最终）控制人控制的上市公司中，中央企业（或监管机构）实际（或最终）控制的上市公司的中小投资者权益保护指数均值最高，非国有企业或自然人实际（或最终）控制的上市公司的中小投资者权益保护指数均值最低，三类公司的中小投资者权益保护指数总体差异不大。把实际（或最终）控制人为非国有企业或自然人的类型进一步细分为集体企业、民营企业、境外企业和自然人四种类型，则境外企业控制的上市公司的中小投资者权益保护指数均值超过了中央企业（或监管机构）控制的上市公司，但其他三个细分类型实际（或最终）控制人控制的上市公司的中小投资者权益保护指数均值仍都低于中央企业（或监管机构）控制的上市公司的中小投资者权益保护指数均值。

5.1.2 中小投资者权益保护分项指数总体比较

中小投资者权益保护指数包括知情权、决策与监督权、收益权和维权环境四个分项指数，对五类所有制上市公司的四个分项指数进行比较，如表5-4所示。

表5-4 2023年不同所有制上市公司中小投资者权益保护分项指数均值比较

所有制类型	知情权	决策与监督权	收益权	维权环境
国有绝对控股公司	70.9786	45.6325	45.8479	72.9793
国有强相对控股公司	69.8114	44.4086	44.2531	70.7696
国有弱相对控股公司	67.3769	45.4604	43.4342	70.3886
国有参股公司	67.9898	41.3289	44.7508	69.3018
无国有股份公司	70.4440	41.0421	46.0727	70.3159
总体	69.6158	42.3200	45.3359	70.4237

从表5-4可以看出，四个分项指数中，五类所有制公司的知情权和维权环境两个分项指数均值达到了60分的及格水平，其他两个分项指数均值则均远未及格。图5-2更直观地反映了五类所有制类型上市公司中小投资者权益保护四个分项指数的差异。可以看出，除无国有股份公司外，其余四类所

有制上市公司在四个分项指数上，都是维权环境分项指数最高，其次是知情权分项指数，决策与监督权和收益权两个分项指数则明显低于其他两个分项指数。各所有制类型上市公司在每个分项指数上的差别不大。

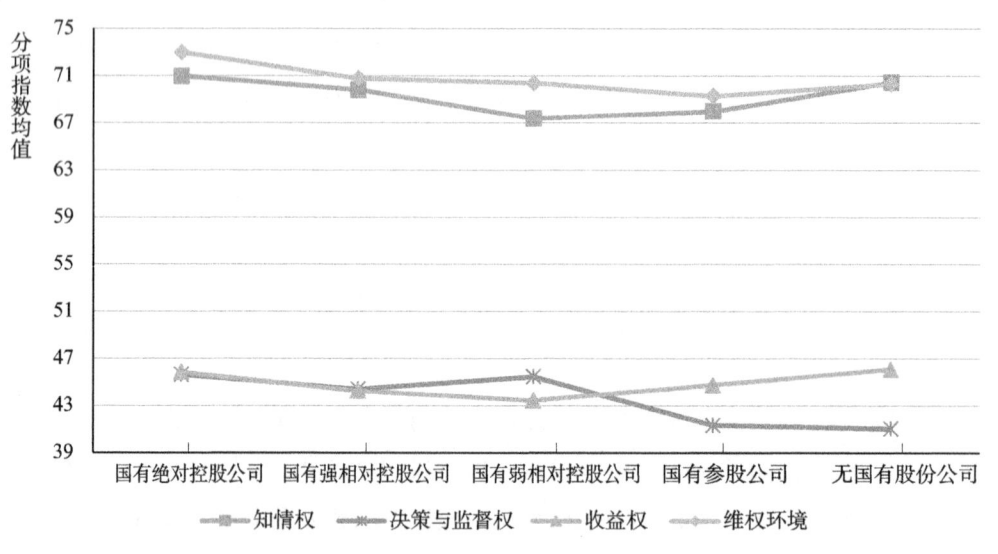

图5-2 2023年不同所有制上市公司中小投资者权益保护分项指数变化趋势

我们进一步将国有绝对控股公司、国有强相对控股公司和国有弱相对控股公司合并，归为国有控股公司，将国有参股公司和无国有股份公司合并，归为非国有控股公司，两者的比较见表5-5和图5-3。可以看出，国有控股公司的决策与监督权和维权环境两个分项指数都高于非国有控股公司；在知情权和收益权两个分项指数则都低于非国有控股公司，但二者的差距并不大。

表5-5 2023年国有与非国有控股上市公司中小投资者权益保护分项指数均值比较

所有制类型	知情权	决策与监督权	收益权	维权环境
国有控股公司	69.5823	45.1493	44.6224	71.4864
非国有控股公司	69.6298	41.1372	45.6342	69.9795
总体	69.6158	42.3200	45.3359	70.4237

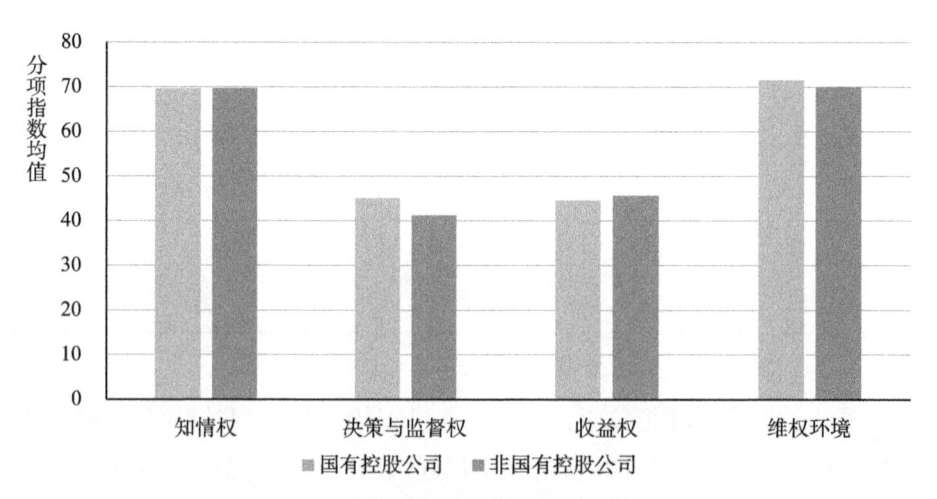

图5-3 2023年国有与非国有控股上市公司中小投资者权益保护分项指数均值比较

根据实际（或最终）控制人性质划分为三种类型，对三类上市公司中小投资者权益保护在四个分项指数上进行比较，结果参见表 5-6 和图 5-4。可以看出，中央企业（或监管机构）实际（或最终）控制的公司在知情权、决策与监督权和维权环境三个分项指数上都高于地方国企（或监管机构）和非国有企业或自然人实际（或最终）控制的公司，在收益权分项指数上低于非国有企业或自然人控制的公司，但高于地方国企（或监管机构）实际（或最终）控制的公司；地方国企（或监管机构）实际（或最终）控制的公司在决策与监督权和维权环境两个分项指数上高于非国有企业或自然人实际（或最终）控制的公司，但在知情权和收益权两个分项指数上却低于后者。除了在维权环境分项指数上中央企业（或监管机构）与地方国企（或监管机构）和非国有企业或自然人之间的差距较大外，在其他三个分项指数上，不同实际（或最终）控制人控制的上市公司之间的差距总体不是很大。

表 5-6　2023 年不同实际（或最终）控制人上市公司中小投资者权益保护分项指数均值比较

实际（或最终）控制人	知情权	决策与监督权	收益权	维权环境
中央企业（或监管机构）	70.8889	45.3551	45.1459	73.7167
地方国企（或监管机构）	68.9795	45.0543	44.3810	70.4576
非国有企业或自然人	69.6298	41.1372	45.6342	69.9795
总体	69.6158	42.3200	45.3359	70.4237

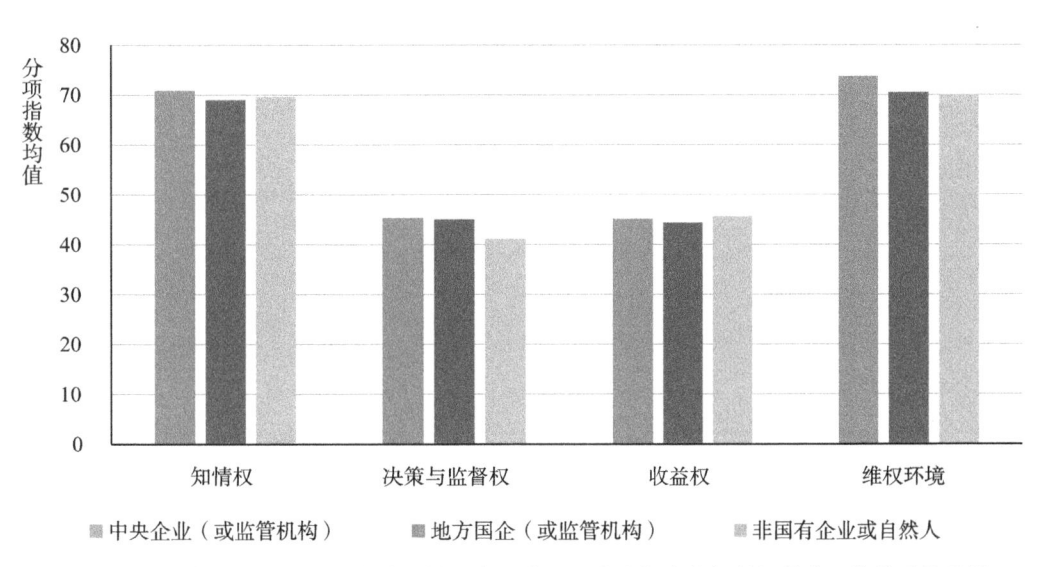

图5-4　2023年不同实际（或最终）控制人上市公司中小投资者权益保护分项指数均值比较

5.2　分地区中小投资者权益保护指数的所有制比较

5.2.1　分地区中小投资者权益保护总体指数比较

按照四个地区的划分，我们比较四个地区上市公司中小投资者权益保护指数的差异，参见表 5-7。

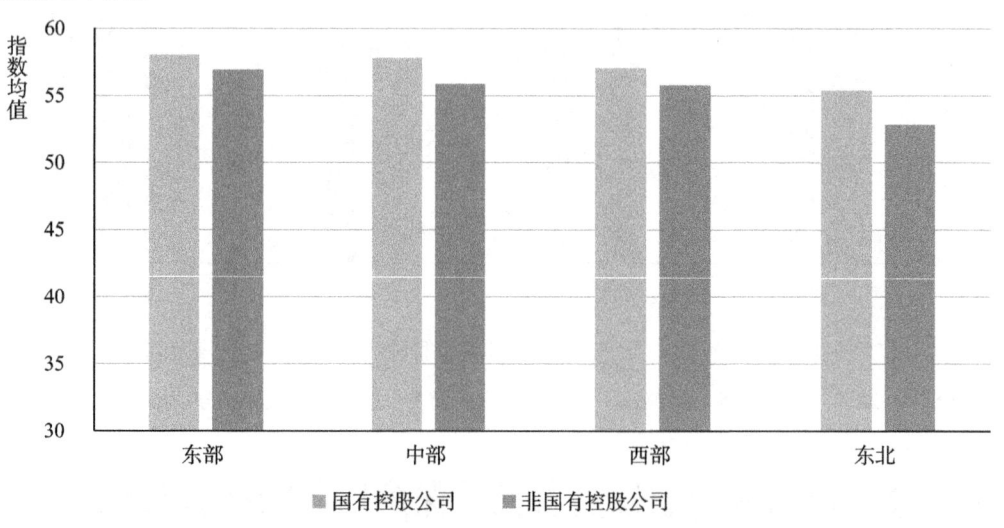

表 5-7 2023 年不同地区国有与非国有控股上市公司中小投资者权益保护指数比较

地区	所有制类型	公司数目	平均值	中位值	最大值	最小值	标准差
东部	国有控股公司	917	58.0421	58.6130	74.3197	29.5253	6.0674
	非国有控股公司	2707	56.9426	57.6810	70.9340	18.7929	5.7516
	总体	3624	57.2208	57.8295	74.3197	18.7929	5.8526
中部	国有控股公司	244	57.8261	58.1931	71.1162	35.2096	5.5354
	非国有控股公司	429	55.8880	56.6551	72.4607	28.4470	6.4468
	总体	673	56.5907	56.9962	72.4607	28.4470	6.2024
西部	国有控股公司	259	57.0662	57.3189	70.1549	29.6212	5.8975
	非国有控股公司	336	55.7788	57.1427	68.4110	27.8915	6.9085
	总体	595	56.3392	57.2256	70.1549	27.8915	6.5191
东北	国有控股公司	72	55.4051	55.8129	66.4635	35.2258	6.2669
	非国有控股公司	97	52.8556	54.0285	68.0026	30.3157	8.1919
	总体	169	53.9418	55.4146	68.0026	30.3157	7.5391

从表 5-7 可以看出，四个地区国有控股公司中小投资者权益保护指数的均值和中位值都高于非国有控股公司。

图 5-5 更直观地反映了四个地区不同所有制上市公司中小投资者权益保护指数均值的差异。可以看到，四个地区的国有控股公司与非国有控股公司中小投资者权益保护水平存在 1.09～2.55 分的差异，总体上差距不大。

图5-5 2023年不同地区国有与非国有控股上市公司中小投资者权益保护指数均值比较

5.2.2 分地区中小投资者权益保护分项指数比较

我们继续对四个地区国有控股与非国有控股上市公司的中小投资者权益保护分项指数均值进行比较分析，参见表 5-8。

表 5-8 2023 年不同地区国有与非国有控股公司中小投资者权益保护分项指数均值比较

地区	所有制类型	知情权	决策与监督权	收益权	维权环境
东部	国有控股公司	70.1795	45.4812	44.9052	71.6024
	非国有控股公司	70.2927	40.9091	46.2505	70.3179
	总体	70.2641	42.0660	45.9101	70.6429
中部	国有控股公司	69.3529	44.0244	45.0265	72.9007
	非国有控股公司	68.1415	41.2813	44.4865	69.6426
	总体	68.5807	42.2759	44.6823	70.8238
西部	国有控股公司	68.7420	45.5564	43.2566	70.7100
	非国有控股公司	68.1115	42.5422	43.7165	68.7450
	总体	68.3860	43.8542	43.5163	69.6004
东北	国有控股公司	65.7765	43.2689	44.5657	68.0093
	非国有控股公司	62.9718	41.9981	40.1523	66.3001
	总体	64.1667	42.5395	42.0326	67.0283

由表 5-8 可知，在四个分项指数中，总体看，四个地区两类所有制上市公司都是维权环境分项指数均值最高。为了便于比较，我们计算出四个地区非国有控股公司中小投资者权益保护四个分项指数均值与对应的国有控股公司中小投资者权益保护四个分项指数均值的差值，由此可以反映四个地区两类所有制上市公司中小投资者权益保护四个分项指数的差异，如图 5-6 所示。可以看出，四个地区中，在知情权分项指数上，除了东部非国有控股公司高于国有控股公司外，其他三个地区都是国有控股公司高于非国有控股公司；在收益权分项指数上，东部和西部非国有控股公司高于国有控股公司，中部和东北地区都是国有控股公司高于非国有控股公司；在决策与监督权和维权环境两个分项指数上，四个地区都是国有控股公司表现好于非国有控股公司。

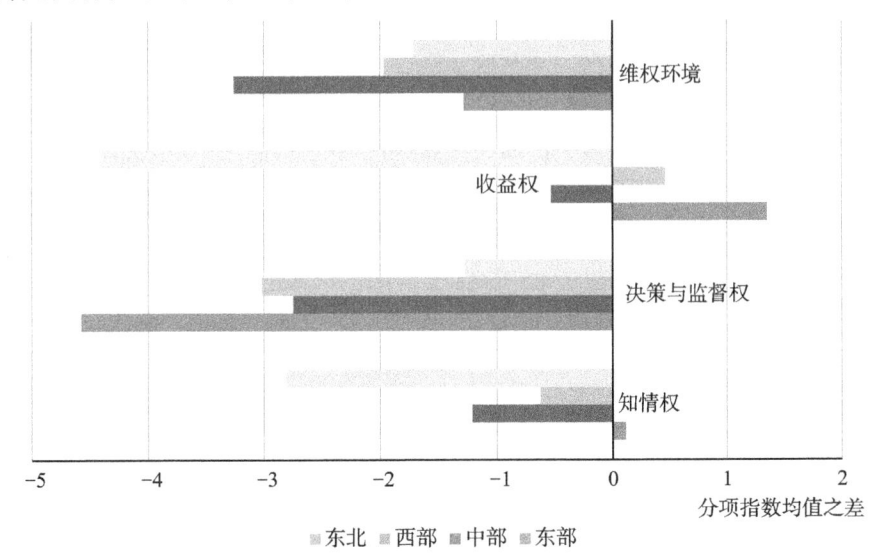

注：指数均值之差 = 非国有控股公司中小投资者权益保护分项指数均值 − 国有控股公司中小投资者权益保护分项指数均值。

图5-6 2023年不同地区国有与非国有控股公司中小投资者权益保护分项指数差值比较

5.3 分行业中小投资者权益保护指数的所有制比较

5.3.1 分行业中小投资者权益保护总体指数比较

我们选择制造业（C），电力、热力、燃气及水生产和供应业（D），交通运输、仓储和邮政业（G），信息传输、软件和信息技术服务业（I），金融业（J）和房地产业（K）这六个具有代表性的行业，对这六个行业上市公司中小投资者权益保护指数进行比较，结果如表5-9所示。

表5-9 2023年不同行业国有与非国有控股公司中小投资者权益保护指数比较

行业	所有制类型	公司数目	平均值	中位值	最大值	最小值	标准差
制造业（C）	国有控股公司	730	57.6540	57.9705	70.2579	29.6212	5.6041
	非国有控股公司	2643	56.9385	57.7404	69.7475	18.7929	5.8007
	总体	3373	57.0933	57.7776	70.2579	18.7929	5.7662
电力、热力、燃气及水生产和供应业（D）	国有控股公司	95	58.0309	58.5246	69.4177	36.2848	5.3124
	非国有控股公司	36	55.9877	57.0534	66.9059	33.3916	7.3078
	总体	131	57.4694	58.2087	69.4177	33.3916	5.9978
交通运输、仓储和邮政业（G）	国有控股公司	79	59.7255	59.8507	70.7795	42.2438	5.4601
	非国有控股公司	33	57.7829	58.0842	65.7259	42.4522	4.8457
	总体	112	59.1531	59.4640	70.7795	42.2438	5.3602
信息传输、软件和信息技术服务业（I）	国有控股公司	76	56.6003	57.4314	70.8685	35.2096	6.3039
	非国有控股公司	342	55.4245	56.3058	67.3687	28.4401	6.4340
	总体	418	55.6383	56.5574	70.8685	28.4401	6.4266
金融业（J）	国有控股公司	94	62.0697	62.2197	74.3197	48.2433	5.0568
	非国有控股公司	30	58.5867	59.1552	70.9340	37.0921	7.5585
	总体	124	61.2270	61.8783	74.3197	37.0921	5.9524
房地产业（K）	国有控股公司	63	56.1014	57.0204	68.3250	29.5253	5.9155
	非国有控股公司	38	54.0093	53.8642	65.9143	32.7761	8.2832
	总体	101	55.3143	56.8069	68.3250	29.5253	6.9763

从表5-9可以看出，在全部六个行业中，国有控股公司中小投资者权益保护指数的均值和中位值都高于非国有控股公司。

图5-7更直观地反映了六个行业国有控股公司与非国有控股公司中小投资者权益保护指数的差异。六个行业中，国有控股公司和非国有控股公司中小投资者权益保护指数均值最高的都是金融业（J），均值最低的都是房地产业（K）。

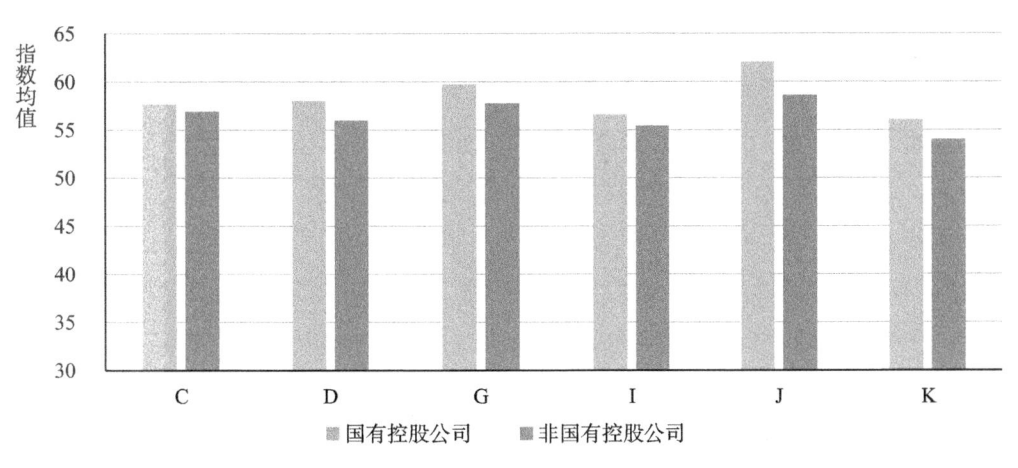

图5-7　2023年不同行业国有与非国有控股公司中小投资者权益保护指数均值比较

5.3.2　分行业中小投资者权益保护分项指数比较

表 5-10 对六个行业国有控股公司与非国有控股公司的中小投资者权益保护分项指数进行了比较。

表 5-10　2023 年不同行业国有与非国有控股公司中小投资者权益保护分项指数均值比较

行业	所有制类型	知情权	决策与监督权	收益权	维权环境
制造业（C）	国有控股公司	69.7776	44.7522	44.2727	71.8135
	非国有控股公司	70.2211	40.8773	46.0734	70.5820
	总体	70.1251	41.7160	45.6837	70.8486
电力、热力、燃气及水生产和供应业（D）	国有控股公司	68.0593	45.5249	45.4401	73.0994
	非国有控股公司	67.5559	42.5000	44.2036	69.6914
	总体	67.9210	44.6936	45.1003	72.1628
交通运输、仓储和邮政业（G）	国有控股公司	70.2749	46.0983	48.7384	73.7904
	非国有控股公司	69.5990	43.3196	44.4251	73.7879
	总体	70.0757	45.2796	47.4675	73.7897
信息传输、软件和信息技术服务业（I）	国有控股公司	71.1055	44.9886	43.8303	66.4766
	非国有控股公司	68.4053	41.4080	45.5317	66.3532
	总体	68.8963	42.0590	45.2223	66.3756
金融业（J）	国有控股公司	68.9136	50.3968	44.2874	84.6809
	非国有控股公司	67.0600	44.7909	45.1997	77.2963
	总体	68.4651	49.0405	44.5081	82.8943
房地产业（K）	国有控股公司	66.8838	43.8445	45.4941	68.1834
	非国有控股公司	64.8802	41.5670	42.1922	67.3977
	总体	66.1300	42.9876	44.2518	67.8878

由表 5-10 可以看出，六个行业两类所有制上市公司在中小投资者权益保护指数四个分项指数上

的排序并不一致。为便于比较，我们进一步计算出六个行业非国有控股公司中小投资者权益保护四个分项指数均值与对应的国有控股公司中小投资者权益保护四个分项指数均值的差值，由此可以反映这六个行业两类所有制公司中小投资者权益保护四个分项指数的差异，参见图5-8。可以看出，在知情权分项指数上，除制造业（C）的非国有控股公司好于国有控股公司外，其他五个行业均为国有控股公司好于非国有控股公司；在收益权分项指数上，制造业（C）、信息传输、软件和信息技术服务业（I）和金融业（J）的非国有控股公司好于国有控股公司，其他三个行业均为国有控股公司好于非国有控股公司；在决策与监督权和维权环境两个分项指数上，六个行业均是国有控股公司好于非国有控股公司。尤其是，金融业（J）的国有控股公司在决策与监督权和维权环境两个分项指数上优势相对明显；信息传输、软件和信息技术服务业（I）的国有控股公司在知情权分项指数上优势相对明显；交通运输、仓储和邮政业（G）的国有控股公司在收益权分项指数上优势相对明显。

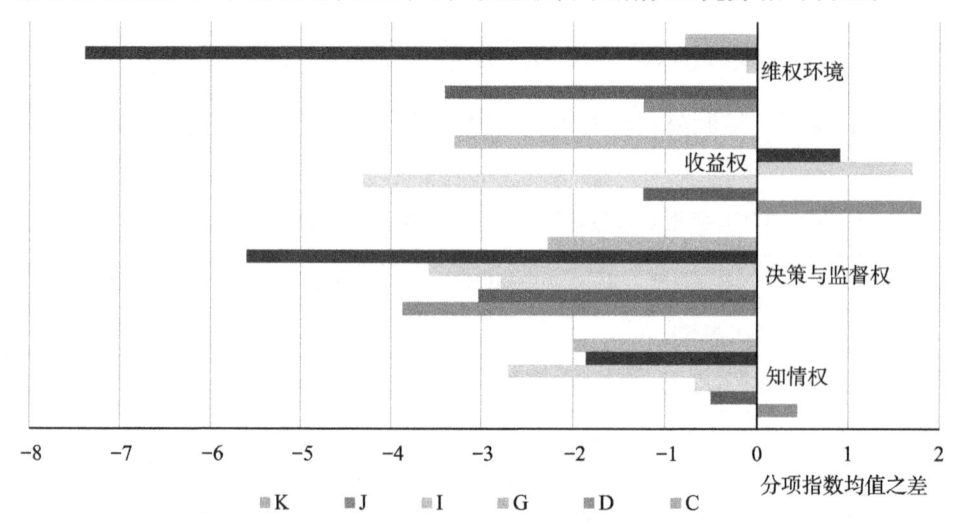

注：指数均值之差 = 非国有控股公司中小投资者权益保护分项指数均值 − 国有控股公司中小投资者权益保护分项指数均值。

图5-8　2023年不同行业国有与非国有控股公司中小投资者权益保护分项指数差值比较

5.4　沪深300与非沪深300中小投资者权益保护指数的所有制比较

5.4.1　沪深300与非沪深300中小投资者权益保护总体指数比较

按照是否沪深300成分股指数公司，我们统计了沪深300与非沪深300不同所有制上市公司的中小投资者权益保护指数，参见表5-11。

表5-11　2023年沪深300与非沪深300不同所有制公司中小投资者权益保护指数比较

类别	所有制类型	公司数目	平均值	中位值	最大值	最小值	标准差
沪深300	国有控股公司	168	61.9762	62.0036	74.3197	48.8908	4.3194
	非国有控股公司	131	59.4859	59.5237	69.9534	45.6559	4.3726
	总体	299	60.8851	60.6690	74.3197	45.6559	4.5151

续表

类别	所有制类型	公司数目	平均值	中位值	最大值	最小值	标准差
非沪深300	国有控股公司	1324	57.1688	57.7448	72.5020	29.5253	5.9634
	非国有控股公司	3438	56.4850	57.2389	72.4607	18.7929	6.1113
	总体	4762	56.6751	57.3359	72.5020	18.7929	6.0783

从表 5-11 可以看出，无论是沪深 300 还是非沪深 300，国有控股公司的中小投资者权益保护指数的均值和中位值都高于非国有控股公司。其中，沪深 300 国有控股公司与非国有控股公司的中小投资者权益保护指数均值的差异相对较大，为 2.4903 分；非沪深 300 两类所有制上市公司的中小投资者权益保护指数均值的差异相对较小，为 0.6838 分。

图 5-9 更直观地反映了沪深 300 与非沪深 300 国有控股公司与非国有控股公司中小投资者权益保护指数均值的差异。可以看出，在两类所有制上市公司中小投资者权益保护指数上，均是沪深 300 公司表现更好。

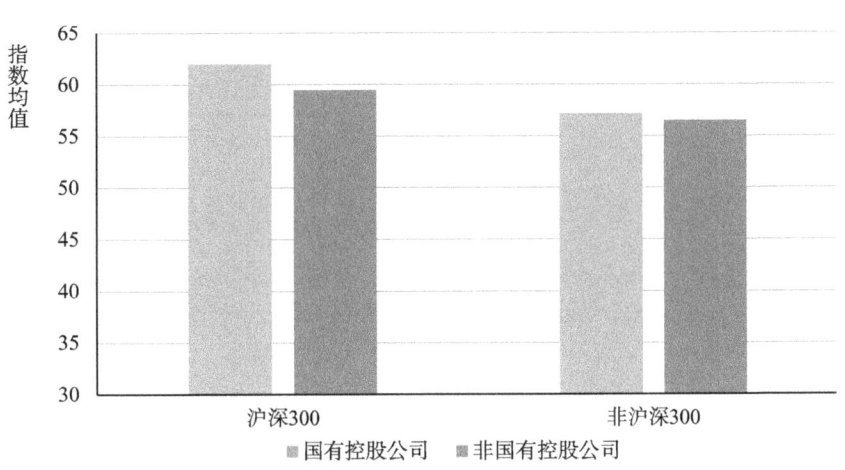

图5-9　2023年沪深300与非沪深300不同所有制公司中小投资者权益保护指数均值比较

5.4.2　沪深300与非沪深300中小投资者权益保护分项指数比较

接下来，我们对沪深 300 与非沪深 300 不同所有制上市公司的中小投资者权益保护分项指数均值进行比较分析，参见表 5-12。

表 5-12　2023 年沪深 300 与非沪深 300 不同所有制公司中小投资者权益保护分项指数均值比较

类别	所有制类型	知情权	决策与监督权	收益权	维权环境
沪深300	国有控股公司	75.0458	48.0349	45.0324	79.7917
	非国有控股公司	76.5403	43.3068	43.7032	74.3936
	总体	75.7006	45.9634	44.4500	77.4266
非沪深300	国有控股公司	68.8891	44.7831	44.5704	70.4326
	非国有控股公司	69.3665	41.0545	45.7078	69.8113
	总体	69.2338	42.0912	45.3916	69.9840

由表 5-12 可知，在四个分项指数中，沪深 300 与非沪深 300 两类所有制上市公司在中小投资者权益保护指数四个分项指数上的排序并不一致。为了便于比较，我们计算出沪深 300 与非沪深 300 中的非国有控股公司中小投资者权益保护四个分项指数均值与对应的国有控股公司中小投资者权益保护四个分项指数均值的差值，由此可以反映沪深 300 与非沪深 300 公司在两类所有制上市公司中小投资者权益保护四个分项指数上的差异，如图 5-10 所示。可以看出，在知情权分项指数上，沪深 300 与非沪深 300 都是非国有控股公司好于国有控股公司；在收益权分项指数上，沪深 300 是国有控股公司好于非国有控股公司，非沪深 300 是非国有控股公司好于国有控股公司；而在决策与监督权和维权环境两个分项指数上，则都是国有控股公司好于非国有控股公司，尤其在维权环境分项指数上，沪深 300 公司的国有控股公司远好于非国有控股公司。

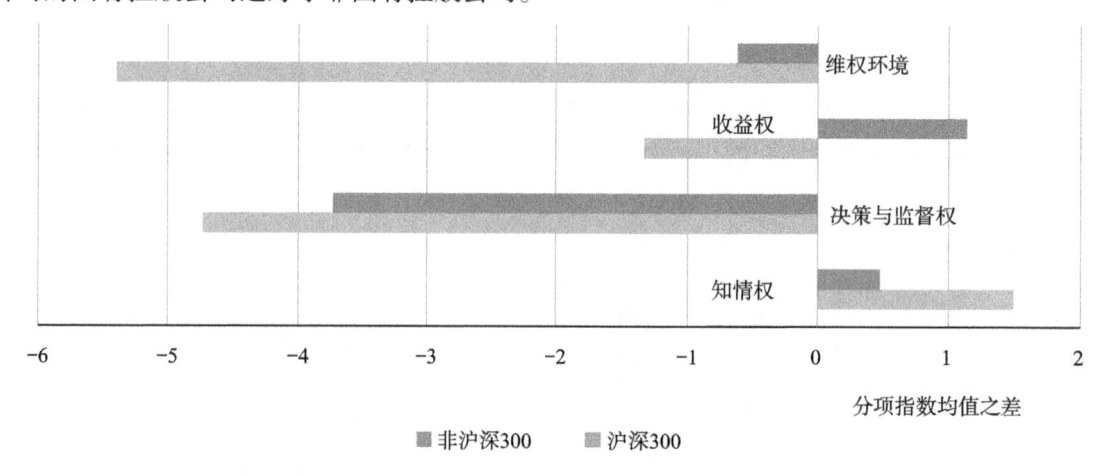

注：指数均值之差 = 非国有控股公司中小投资者权益保护分项指数均值 − 国有控股公司中小投资者权益保护分项指数均值。

图5-10　2023年沪深300与非沪深300不同所有制公司中小投资者权益保护分项指数差值比较

5.5　本章小结

本章从所有制或控股类型角度对 2023 年 5061 家上市公司中小投资者权益保护指数及四个分项指数进行了统计和分析，主要结论如下：

关于中小投资者权益保护总体指数：①五类所有制上市公司的中小投资者权益保护指数均值差异不大，且均未达到 60 分的及格线，说明中小投资者权益保护水平仍普遍较低。对于有国有股份的公司，随着国有股比例的降低，中小投资者权益保护指数均值呈下降趋势。②国有控股公司中小投资者权益保护指数的平均值和中位值都高于非国有控股公司。③中央企业（或监管机构）实际（或最终）控制的公司的中小投资者权益保护指数均值高于地方国企（或监管机构）实际（或最终）控制的公司，地方国企（或监管机构）实际（或最终）控制的公司又高于非国有企业或自然人实际（或最终）控制的公司，但这三类公司的差异不大。④从地区看，四个地区国有控股公司中小投资者权益保护指数的均值和中位值都高于非国有控股公司。⑤从行业看，六个代表行业的国有控股公司中小投资者权益保护指数的均值和中位值都高于非国有控股公司。⑥从沪深 300 与非沪深 300 的比较看，两类公司中的国有控股公司的中小投资者权益保护指数的均值和中位值都高于非国有控股公司。

关于中小投资者权益保护分项指数：①除无国有股份公司外，其余四类所有制上市公司在四个分项指数上，都是维权环境分项指数最高，其次是知情权分项指数，决策与监督权和收益权两个分项指数则明显低于其他两个分项指数。②国有控股公司在决策与监督权和维权环境两个分项指数上都高于非国有控股公司；在知情权和收益权分项指数上则都低于非国有控股公司，但二者的差距并不大。③中央企业（或监管机构）实际（或最终）控制的公司在知情权、决策与监督权和维权环境三个分项指数上都高于地方国企（或监管机构）和非国有企业或自然人实际（或最终）控制的公司，在收益权分项指数上低于非国有企业或自然人控制的公司，但高于地方国企（或监管机构）实际（或最终）控制的公司；地方国企（或监管机构）实际（或最终）控制的公司在决策与监督权和维权环境两个分项指数上高于非国有企业或自然人实际（或最终）控制的公司，但在知情权和收益权两个分项指数上却低于后者。④从地区看，在知情权分项指数上，除了东部非国有控股公司高于国有控股公司外，其他三个地区都是国有控股公司高于非国有控股公司；在收益权分项指数上，东部和西部非国有控股公司高于国有控股公司，中部和东北地区都是国有控股公司高于非国有控股公司；在决策与监督权和维权环境两个分项指数上，四个地区都是国有控股公司表现好于非国有控股公司。⑤从行业看，六个代表性行业中，金融业（J）的国有控股公司在决策与监督权和维权环境两个分项指数上优势相对明显；信息传输、软件和信息技术服务业（I）的国有控股公司在知情权分项指数上优势相对明显；交通运输、仓储和邮政业（G）的国有控股公司在收益权分项指数上优势相对明显。⑥从沪深300与非沪深300的比较看，在知情权分项指数上，沪深300与非沪深300都是非国有控股公司好于国有控股公司；在收益权分项指数上，沪深300是国有控股公司好于非国有控股公司，非沪深300是非国有控股公司好于国有控股公司；而在决策与监督权和维权环境两个分项指数上，则都是国有控股公司好于非国有控股公司，尤其在维权环境分项指数上，沪深300公司的国有控股公司远好于非国有控股公司。

第6章 中小投资者权益保护指数的年度比较（2014~2023）

2015~2023年，我们连续九年对2014~2022年中国上市公司中小投资者权益保护水平进行测度，本年度是第十次评价。本章将从总体、地区、行业、所有制和上市板块五个角度，比较分析2014~2023年十个年度的中国上市公司中小投资者权益保护水平，以了解中小投资者权益保护水平的发展趋势，进而对完善中国中小投资者权益保护制度提供参考。

6.1 中小投资者权益保护指数总体的年度比较

中小投资者权益保护指数评价的样本公司逐年增加，从2014年（2015年评价）的2514家增至2023年（2024年评价）的5061家，基本上是对全部上市公司的评价。比较2014~2023年十个年度的样本上市公司中小投资者权益保护总体指数，以及知情权、决策与监督权、收益权和维权环境四个分项指数，结果参见表6-1和图6-1。

表6-1 2014~2023年上市公司中小投资者权益保护指数均值比较

年份	样本量	总体指数	分项指数			
			知情权	决策与监督权	收益权	维权环境
2014	2514	43.0725	54.7728	35.6674	27.7833	54.0666
2015	2655	45.6560	57.2432	40.0962	40.9259	44.3587
2016	2840	47.6505	57.9181	38.2866	38.5055	55.8920
2017	3147	52.4006	62.1646	44.2825	43.8235	59.3320
2018	3490	51.7099	60.8504	46.5092	41.2533	58.2267
2019	3569	52.1392	61.1028	46.6984	43.5789	57.1766
2020	3774	51.9541	62.8212	46.9828	41.1518	56.8607
2021	4176	55.5645	71.4469	48.2293	39.6196	62.9622
2022	4687	57.7809	71.6104	48.3926	45.0626	66.0581
2023	5061	56.9239	69.6158	42.3200	45.3359	70.4237

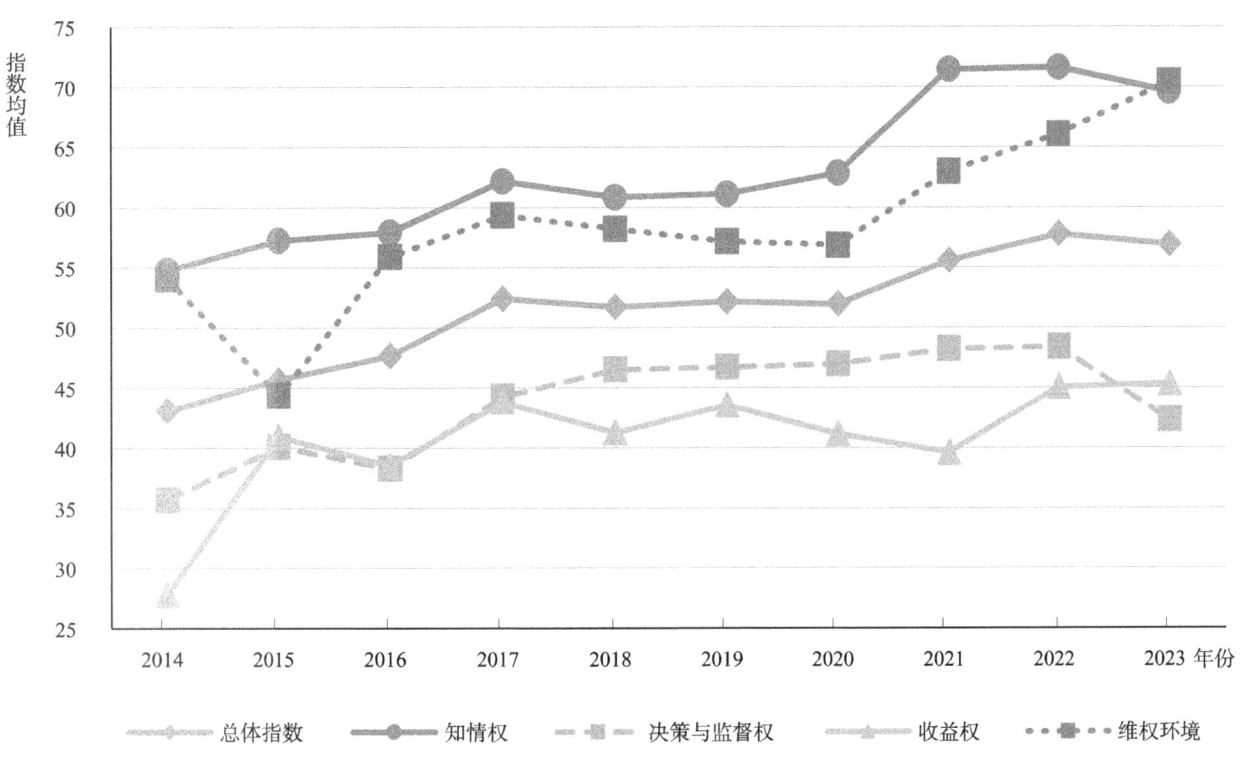

图6-1　2014～2023年上市公司中小投资者权益保护指数的变化

由表6-1和图6-1可知：

第一，从中小投资者权益保护总体指数看，2014～2023年，除了2018年、2020年和2023年出现下降外，其他年度都是上升的，其中2017～2023年中小投资者权益保护总体指数均值明显高于2016年及之前的各个年度，2022年达到十个年度的最高值。相比2014年，2023年上升13.8514分；相比2022年，2023年下降0.8570分。

第二，从知情权分项指数看，2023年该分项指数均值为69.6158分。相比2014年，2023年上升14.8430分；相比2022年，2023年下降1.9946分。

第三，从决策与监督权分项指数看，2023年该分项指数均值为42.3200分。相比2014年，2023年上升6.6526分，在四个分项指数中提升幅度最小；相比2022年，2023年下降6.0726分，在四个分项指数中下降幅度最大。

第四，从收益权分项指数看，2023年该分项指数均值为45.3359分。相比2014年，2023年上升17.5526分；相比2022年，2023年上升0.2733分。相比2014年，2023年收益权分项指数在四个分项指数中上升幅度是最大的，但仍处于很低水平。

第五，从维权环境分项指数看，2023年该分项指数均值为70.4237分。相比2014年，2023年上升16.3571分；相比2022年，2023年上升4.3656分。近三年维权环境分项指数上升幅度较大，这与新证券法等法规对违规行为处罚力度的加大，以及违规案例实际判决的示范效应有密切关系。

6.2　分地区中小投资者权益保护指数的年度比较

按照四个地区的划分，对不同地区上市公司2014～2023年十个年度中小投资者权益保护总体指数和四个分项指数进行比较，结果参见表6-2。

表 6-2 2014～2023 年不同地区上市公司中小投资者权益保护指数均值比较

地区	年份	总体指数	分项指数				总体指数排名
			知情权	决策与监督权	收益权	维权环境	
东部	2014	43.2961	55.2955	35.4075	28.3215	54.1601	1
	2015	46.2340	58.3801	40.4071	41.4665	44.6824	1
	2016	48.2532	58.8827	38.5090	38.8172	56.8039	1
	2017	52.9653	62.8001	44.4178	44.7009	59.9422	1
	2018	52.2622	61.4184	46.6153	41.9750	59.0401	1
	2019	52.6838	62.0380	46.5465	44.3346	57.8159	1
	2020	52.3050	63.3218	46.8442	41.6090	57.4449	1
	2021	55.9320	71.8336	48.1985	39.6849	64.0112	1
	2022	58.0759	72.2626	48.1967	45.2876	66.5565	1
	2023	57.2208	70.2641	42.0660	45.9101	70.6429	1
中部	2014	42.9013	53.5783	35.5611	27.4429	55.0227	2
	2015	44.8437	55.3368	39.2081	40.8048	44.0252	2
	2016	47.3800	57.3843	37.7459	38.9148	55.4750	2
	2017	51.2938	60.7612	43.8306	42.6928	57.8907	3
	2018	50.8880	60.0220	46.0800	39.9829	57.4670	2
	2019	51.6169	60.0543	46.6010	43.0550	56.7575	2
	2020	51.7405	62.5562	47.1223	41.2862	55.9973	2
	2021	55.2962	72.0345	47.7494	40.0295	61.3716	2
	2022	57.3898	71.1175	47.7653	44.6467	66.0295	2
	2023	56.5907	68.5807	42.2759	44.6823	70.8238	2
西部	2014	42.4465	54.0067	36.5027	26.3563	52.9205	4
	2015	44.4869	55.2858	39.8204	39.0671	43.7743	3
	2016	45.7351	55.3216	37.8067	37.0314	52.7805	4
	2017	51.0253	60.8751	44.0761	41.1949	57.9552	4
	2018	50.4963	59.1655	46.7014	40.0106	56.1076	3
	2019	50.8862	58.8946	47.4450	41.4344	55.7708	3
	2020	51.0983	61.5928	47.4615	39.5519	55.7868	3
	2021	54.6351	70.0556	48.6600	39.8806	59.9440	3
	2022	57.3072	69.6055	49.7564	45.1333	64.7337	3
	2023	56.3392	68.3860	43.8542	43.5163	69.6004	3

续表

地区	年份	总体指数	分项指数				总体指数排名
			知情权	决策与监督权	收益权	维权环境	
东北	2014	42.5138	53.7344	36.8494	26.0320	53.4395	3
	2015	43.8495	53.5918	39.3779	39.5957	42.8326	4
	2016	45.9410	54.1600	38.2276	37.4613	53.9153	3
	2017	51.5016	60.8573	44.2536	42.1351	58.7604	2
	2018	49.0716	59.4601	45.4907	37.3235	54.0119	4
	2019	48.7524	55.9305	47.1428	39.5373	52.3988	4
	2020	49.2354	58.8358	47.4139	37.8509	52.8412	4
	2021	52.5208	66.5234	49.0927	35.9877	58.4795	4
	2022	54.8510	66.9582	50.1047	41.8159	60.5254	4
	2023	53.9418	64.1667	42.5395	42.0326	67.0283	4

由表6-2可知：

第一，从中小投资者权益保护总体指数看，四个地区的总体指数均值在2014～2017年都是连续上升；2019～2022年四个地区总体都呈上升趋势，只有东北和东部在个别年份发生过小幅波动；2018年和2023年四个地区都出现下降。东部地区连续10年位居第一，中部地区除2017年被东北地区赶超外，其余年份均位居第二（参见图6-2）。相比2014年，2023年四个地区都上升，升幅在11.42～13.93分，东部升幅最大；相比2022年，2023年四个地区都下降，降幅在0.79～0.97分，西部降幅最大。

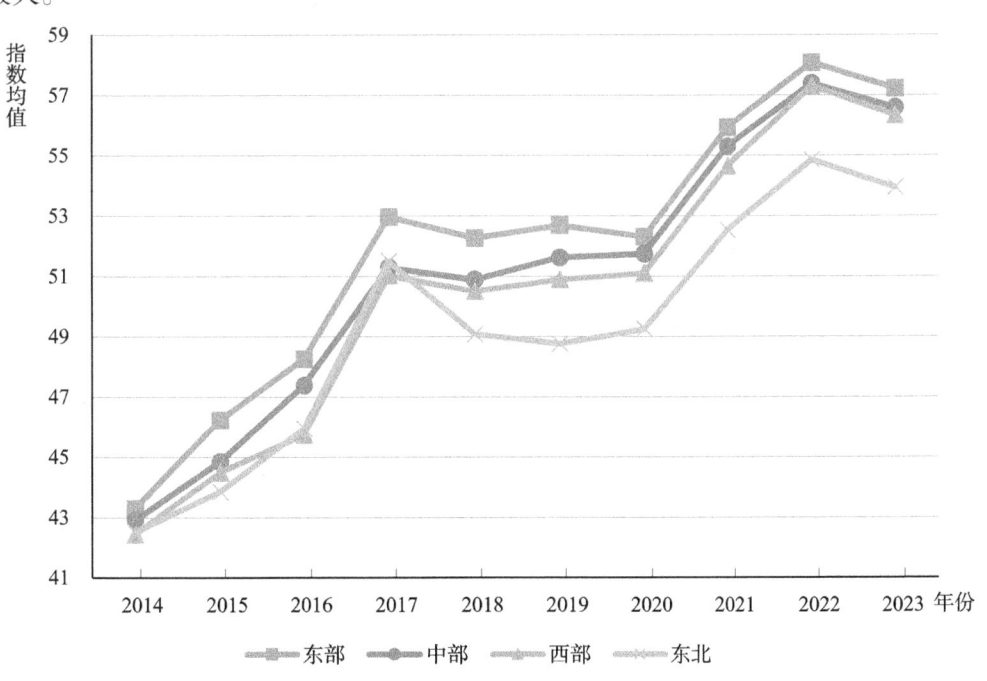

图6-2 2014～2023年不同地区中小投资者权益保护总体指数的变化

第二，从知情权分项指数看，相比2014年，2023年四个地区都上升，升幅在10.43～15.01分，中部升幅最大。相比2022年，2023年四个地区都下降，降幅在1.21～2.80分，东北降幅最大。

第三，从决策与监督权分项指数看，相比2014年，2023年四个地区都上升，升幅在5.69～7.36分，西部升幅最大。相比2022年，2023年四个地区都较大幅度下降，降幅在5.48～7.57分，东北降幅最大。

第四，从收益权分项指数看，相比2014年，2023年四个地区都上升，升幅在16.00～17.59分，东部升幅最大。相比2022年，2023年除西部地区下降1.6170分外，其余三个地区都小幅上升，升幅在0.03～0.63分，东部升幅最大。

第五，从维权环境分项指数看，相比2014年，2023年四个地区都上升，升幅在13.58～16.68分，西部升幅最大。相比2022年，2023年四个地区也都上升，升幅在4.08～6.51分，东北升幅最大。

6.3 分行业中小投资者权益保护指数的年度比较

对18个行业上市公司2014～2023年十个年度中小投资者权益保护总体指数和四个分项指数进行比较，结果参见表6-3。

表6-3 2014～2023年分行业上市公司中小投资者权益保护指数均值比较

行业	年份	总体指数	分项指数			
			知情权	决策与监督权	收益权	维权环境
农、林、牧、渔业（A）	2014	42.6878	54.2903	36.5568	24.3763	55.5278
	2015	43.9545	54.4538	38.5939	39.7808	42.9894
	2016	48.0790	56.2953	40.0940	40.5481	55.3788
	2017	51.9558	60.3654	44.0942	41.2474	62.1164
	2018	49.9627	58.4681	46.8614	37.2856	57.2358
	2019	49.2819	58.1250	47.4498	39.8726	51.6802
	2020	50.8322	61.3892	49.7232	39.3858	52.8307
	2021	53.0909	66.5745	49.9798	37.0794	58.7302
	2022	55.3957	67.3597	49.6186	41.2238	63.3806
	2023	55.3820	67.3433	44.2424	40.8680	69.0741
采矿业（B）	2014	43.4506	56.0581	35.7773	27.2650	54.7021
	2015	43.3604	55.6446	39.3508	35.7367	42.7093
	2016	46.9354	58.1810	38.8115	39.9273	50.8219
	2017	51.0282	58.9822	44.7944	43.2191	57.1171
	2018	50.9246	58.2563	48.0406	41.9339	55.4679
	2019	52.5341	59.7480	47.1842	45.3375	57.8667

续表

行业	年份	总体指数	分项指数			
			知情权	决策与监督权	收益权	维权环境
采矿业（B）	2020	52.1271	61.9182	48.9559	41.0417	56.5926
	2021	53.4845	70.0352	50.0989	40.3965	53.4074
	2022	57.2268	70.6228	48.7726	46.2213	63.2906
	2023	59.3295	71.4146	46.3225	45.8613	73.7195
制造业（C）	2014	43.0682	54.7994	35.2801	27.6051	54.5879
	2015	45.7615	57.3809	40.0348	40.8581	44.7721
	2016	47.6475	57.9955	37.9521	38.7978	55.8448
	2017	52.3584	62.3935	43.8405	43.6790	59.5206
	2018	51.8138	61.1018	46.0843	41.2946	58.7746
	2019	51.9867	61.4265	46.0095	43.4676	57.0432
	2020	51.7059	62.9259	46.3385	41.1997	56.3595
	2021	55.5320	71.8632	47.5860	39.9623	62.7166
	2022	58.0176	72.2531	47.8243	45.4136	66.5792
	2023	57.0933	70.1251	41.7160	45.6837	70.8486
电力、热力、燃气及水生产和供应业（D）	2014	43.9841	56.6041	36.0883	28.4067	54.8374
	2015	45.0464	56.7773	40.7022	39.4727	43.2335
	2016	47.2367	59.1396	37.4903	38.6593	53.6574
	2017	51.5463	61.7235	44.3705	44.5031	55.5879
	2018	50.2860	59.5096	46.3320	40.4135	54.8889
	2019	51.9143	60.2092	47.1036	44.1468	56.1978
	2020	51.5302	61.9512	47.2142	41.2730	55.6823
	2021	54.4448	71.5651	48.8500	39.0074	58.3567
	2022	57.8817	69.9988	50.6495	45.4444	65.4340
	2023	57.4694	67.9210	44.6936	45.1003	72.1628
建筑业（E）	2014	42.8735	56.4913	35.1240	27.7911	52.0875
	2015	46.2280	59.4730	40.9465	40.6584	43.8341
	2016	48.5287	60.2079	38.8874	41.0512	53.9683
	2017	52.3568	62.2868	45.3193	44.9323	56.8889
	2018	52.1518	61.1636	46.9618	42.2347	58.2469
	2019	53.3895	61.4782	47.8341	44.5145	59.7310
	2020	52.6799	62.8421	48.0496	41.3134	58.5146
	2021	55.0447	69.8215	49.0932	38.2788	62.9854
	2022	56.2774	69.0803	49.6010	44.5436	61.8847
	2023	55.2033	66.8200	42.6527	41.5325	69.8079

续表

行业	年份	总体指数	分项指数			
			知情权	决策与监督权	收益权	维权环境
批发和零售业（F）	2014	42.9961	53.6763	37.6602	27.0239	53.6242
	2015	43.6555	54.7753	39.1890	39.4786	41.1791
	2016	46.2264	55.5094	38.5842	38.3045	52.5075
	2017	51.5923	60.8199	43.7733	43.6607	58.1153
	2018	51.2555	60.5460	46.9859	41.5280	55.9621
	2019	51.1308	58.4746	47.0959	42.8794	56.0732
	2020	50.8658	61.4940	47.9758	41.1608	52.8326
	2021	55.1923	70.1140	49.8448	38.5106	62.2997
	2022	56.7445	69.0466	49.7830	44.8699	63.2787
	2023	55.6978	68.4495	42.9101	43.7851	67.6465
交通运输、仓储和邮政业（G）	2014	43.3420	55.9543	35.4714	27.1274	54.8148
	2015	45.7789	56.9287	39.9482	42.0821	44.1564
	2016	49.0615	57.6401	39.5360	39.6575	59.4125
	2017	52.5764	62.3319	44.3302	45.2116	58.4321
	2018	51.8326	61.1299	46.9120	40.9494	58.3391
	2019	53.9607	62.1656	47.7296	45.3918	60.5556
	2020	54.2923	65.6971	48.3861	41.6194	61.4667
	2021	58.1736	72.3744	50.0126	41.4507	68.8565
	2022	59.2524	72.4078	50.5660	46.7880	67.2477
	2023	59.1531	70.0757	45.2796	47.4675	73.7897
住宿和餐饮业（H）	2014	40.7078	45.9368	40.1653	24.7090	52.0202
	2015	40.3651	50.2985	37.1610	35.0109	38.9899
	2016	43.3241	49.2260	39.0040	32.2381	52.8283
	2017	51.5338	63.1685	41.6162	41.1038	60.2469
	2018	50.0270	59.7025	46.5758	35.0644	58.7655
	2019	54.7548	61.3940	46.6667	41.2055	69.7531
	2020	50.7785	65.4939	43.5065	34.5899	59.5238
	2021	62.1995	78.4996	56.4935	41.5827	72.2222
	2022	58.8698	78.6042	52.5000	45.5557	58.8194
	2023	58.4707	72.4943	45.6818	48.5537	67.1528

续表

行业	年份	总体指数	分项指数			
			知情权	决策与监督权	收益权	维权环境
信息传输、软件和信息技术服务业（I）	2014	40.0978	52.3039	31.0482	30.0656	46.9735
	2015	47.3074	59.2932	39.6315	44.4273	45.8774
	2016	47.5175	58.3390	38.0992	35.2264	58.4055
	2017	53.1794	63.0199	45.4522	44.9275	59.3181
	2018	52.0608	61.2502	46.3995	41.2467	59.3467
	2019	51.5666	60.9077	47.2409	42.7944	55.3236
	2020	52.2102	62.6743	46.9317	40.8979	58.3370
	2021	55.6004	71.2598	47.7464	38.8344	64.5611
	2022	57.1977	71.3724	47.9273	43.8624	65.6287
	2023	55.6383	68.8963	42.0590	45.2223	66.3756
金融业（J）	2014	49.4602	58.4564	46.5328	32.4900	60.3618
	2015	52.8519	62.3184	49.4680	46.6960	52.9252
	2016	54.0216	60.2975	47.2256	41.3118	67.2515
	2017	56.5470	63.5600	51.4082	45.7942	65.4257
	2018	55.2126	60.7994	53.3699	44.6229	62.0581
	2019	56.9225	66.2494	53.4708	46.8274	61.1422
	2020	58.0769	65.6385	53.8743	44.6753	68.1197
	2021	60.8246	73.4977	53.6880	41.3348	74.7778
	2022	62.9997	74.4800	54.1026	46.2386	77.1774
	2023	61.2270	68.4651	49.0405	44.5081	82.8943
房地产业（K）	2014	43.5303	54.6224	38.4435	27.3010	53.7542
	2015	43.3686	53.9639	39.4199	39.7010	40.3897
	2016	46.3376	56.2299	37.2436	37.5390	54.3378
	2017	50.9716	59.8344	43.9913	42.3095	57.7511
	2018	51.3034	60.0411	46.9873	41.5006	56.6846
	2019	52.0086	58.9917	47.4979	42.7024	58.8426
	2020	50.8357	60.3334	47.3595	40.0658	55.5840
	2021	53.8322	68.2461	50.4195	38.0321	58.6310
	2022	54.7570	67.7993	48.9496	41.9121	60.3669
	2023	55.3143	66.1300	42.9876	44.2518	67.8878

续表

行业	年份	总体指数	分项指数			
			知情权	决策与监督权	收益权	维权环境
租赁和商务服务业（L）	2014	45.5304	58.5542	33.9394	31.2484	58.3796
	2015	47.4210	59.9429	39.4378	43.6796	46.6239
	2016	47.4160	57.3663	38.7163	36.0257	57.5556
	2017	51.8522	60.7869	42.8836	42.9709	60.7672
	2018	49.2588	57.8548	46.6298	38.6305	53.9204
	2019	51.2806	56.0039	48.4699	42.7211	57.9274
	2020	49.0901	58.1085	47.1230	37.4315	53.6973
	2021	54.3763	69.4273	47.6932	36.1405	64.2441
	2022	55.8584	69.6220	49.1564	43.5528	61.1024
	2023	55.2029	69.7439	42.6948	42.7317	65.6410
科学研究和技术服务业（M）	2014	41.6164	56.0100	31.5702	27.8752	51.0101
	2015	46.9269	59.7685	42.1362	41.0500	44.7531
	2016	47.2647	58.7895	37.1881	36.4143	56.6667
	2017	52.6212	61.4582	45.8274	44.1715	59.0278
	2018	52.3594	61.9718	47.7334	40.9594	58.7732
	2019	53.2124	63.5535	46.6463	43.0201	59.6296
	2020	53.3577	66.5863	47.5445	41.2389	58.0610
	2021	57.2902	73.2438	48.2920	39.9354	67.6896
	2022	58.4032	71.9780	47.7267	45.8701	68.0378
	2023	57.7872	72.1501	42.8651	46.5441	69.5896
水利、环境和公共设施管理业（N）	2014	43.4407	51.5356	37.0280	29.2164	55.9829
	2015	48.0286	60.5654	40.3220	44.1530	47.0741
	2016	49.0338	61.6964	38.7842	36.0251	59.6296
	2017	54.1087	65.2039	45.8909	43.0901	62.2500
	2018	52.1890	63.7909	46.5538	40.5891	57.8222
	2019	54.0122	61.8266	48.0235	45.8902	60.3087
	2020	52.7836	63.4215	47.3758	41.2691	59.0681
	2021	55.2973	69.8465	48.6292	38.5083	64.2053
	2022	55.1893	67.9305	48.7237	40.4982	63.6049
	2023	55.6994	67.6791	41.0353	45.0969	68.9863

续表

行业	年份	总体指数	分项指数			
			知情权	决策与监督权	收益权	维权环境
教育（P）	2014	40.9927	60.4084	30.4545	28.6632	44.4444
	2015	34.1289	60.9806	21.3636	23.0600	31.1111
	2016	44.7326	62.5587	39.4636	25.7970	51.1111
	2017	54.0706	64.6162	44.0909	49.7974	57.7778
	2018	47.8354	55.0035	42.9546	37.6891	55.6945
	2019	54.4682	65.3946	50.1074	44.8708	57.5000
	2020	49.9422	59.4634	45.3636	41.8308	53.1111
	2021	51.3657	65.8590	49.2149	36.1466	54.2424
	2022	56.0837	69.6931	53.7121	43.1520	57.7778
	2023	48.1537	58.6773	46.1513	33.1566	54.6296
卫生和社会工作（Q）	2014	43.6228	55.3054	27.5000	43.0745	48.6111
	2015	51.4727	61.9884	43.1818	52.9427	47.7778
	2016	51.4501	62.1515	41.7532	37.9273	63.9683
	2017	55.1697	65.3379	45.9659	44.3749	65.0000
	2018	53.3775	62.6594	49.9243	38.3338	62.5926
	2019	51.2304	58.2698	47.1311	44.5206	55.0000
	2020	49.4070	64.0820	50.3073	34.0080	49.2308
	2021	51.9350	71.7636	48.6922	31.5435	55.7407
	2022	55.3210	66.7873	47.5175	43.1759	63.8034
	2023	57.2113	68.6824	44.8182	46.9000	68.4444
文化、体育和娱乐业（R）	2014	43.3422	53.1464	38.0251	31.1627	51.0345
	2015	46.6340	60.2488	38.8541	44.5011	42.9321
	2016	47.0785	59.3870	37.0328	35.7968	56.0976
	2017	53.1773	63.9599	43.5339	45.2387	59.9769
	2018	50.7747	61.7793	45.2919	42.1388	53.8889
	2019	50.7697	59.3759	45.7940	43.2307	54.6784
	2020	52.1086	63.0086	46.1643	41.8862	57.3755
	2021	55.0029	69.6863	48.8627	39.6570	61.8056
	2022	56.0283	68.4553	49.0487	45.2795	61.3297
	2023	54.1140	67.4474	42.5953	43.9312	62.4821

续表

行业	年份	总体指数	分项指数			
			知情权	决策与监督权	收益权	维权环境
综合（S）	2014	41.1202	54.8146	37.6894	22.6711	49.3056
	2015	43.2707	52.9961	40.2557	37.1196	42.7111
	2016	45.4401	52.3574	38.9236	38.4504	52.0290
	2017	51.2537	58.2376	44.8265	40.6946	61.2560
	2018	46.0179	52.0886	46.9601	38.1975	46.8254
	2019	47.0534	51.9161	49.3462	41.7224	45.2288
	2020	50.0660	59.1403	46.4840	38.4005	56.2393
	2021	50.2517	63.2873	51.8454	36.8142	49.0598
	2022	53.9061	67.9951	49.5571	42.0892	55.9829
	2023	53.2770	60.4561	39.3182	42.9633	70.3704

注：①由于教育（P）在2014年和2015年只有1家上市公司，难以反映该行业的实际平均水平，故只比较2016～2023年；②居民服务、修理和其他服务业（O）只有1家上市公司，难以代表该行业整体水平，故排名时剔除。

由表6-3可知：

第一，从中小投资者权益保护总体指数看，18个行业中，大部分行业都有所波动。2014～2020年金融业（J）连续七年排名第一，2022～2023年又回归第一（2021年位居第二），反映其中小投资者权益保护相对较好且较稳定。相比2014年，2023年全部17个行业（剔除教育）都上升，升幅在9.67～17.77分，升幅最大的是住宿和餐饮业（H），升幅最小的是租赁和商务服务业（L）。相比2022年，2023年除了采矿业（B）、卫生和社会工作（Q）、房地产业（K）、水利、环境和公共设施管理业（N）有所上升外，其他14个行业都下降，降幅在0.01～7.94分，降幅最大的是教育（P）。

第二，从知情权分项指数看，相比2014年，2023年全部17个行业（剔除教育）都上升，升幅在5.64～26.56分，升幅最大的是住宿和餐饮业（H）。相比2022年，2023年有4个行业上升，升幅在0.12～1.90分，升幅最大的是卫生和社会工作（Q）；另外14个行业下降，降幅在0.01～11.02分，降幅最大的是教育（P）。

第三，从决策与监督权分项指数看，相比2014年，2023年全部17个行业（剔除教育）都上升，升幅在1.62～17.32分，升幅最大的是卫生和社会工作（Q）。相比2022年，2023年全部18个行业都下降，降幅在2.45～10.24分，降幅最大的是综合（S）。

第四，从收益权分项指数看，相比2014年，2023年全部17个行业（剔除教育）都上升，升幅在3.82～23.85分，升幅最大的是住宿和餐饮业（H）。相比2022年，2023年有9个行业上升，升幅在0.27～4.60分，升幅最大的是水利、环境和公共设施管理业（N）；另外9个行业下降，降幅在0.34～10.00分，降幅最大的是教育业（P）。

第五，从维权环境分项指数看，相比2014年，2023全部17个行业（剔除教育）都上升，升幅在7.26～22.54分，升幅最大的是金融业（J）。相比2022年，2023年除了教育业（P）下降3.1482分外，另外 17 个行业全部上升，升幅在 0.74 ～ 14.39 分，升幅最大的是综合（S）。

6.4 分所有制中小投资者权益保护指数的年度比较

依照第 1 章的五种所有制类型的划分，对 2014 ～ 2023 年十个年度中小投资者权益保护总体指数和四个分项指数进行比较，结果参见表 6-4 Panel A。另外，进一步将样本按照国有控股公司和非国有控股公司分类，统计结果参见表 6-4 Panel B。

表 6-4　2014 ～ 2023 年不同所有制上市公司中小投资者权益保护指数均值比较

所有制类型	年份	总体指数	分项指数				总体指数排名
			知情权	决策与监督权	收益权	维权环境	
Panel A 按照五类所有制公司分类							
国有绝对控股公司	2014	44.1752	56.7246	36.7554	27.7777	55.4433	1
	2015	45.1921	57.5453	39.0220	38.9280	45.2731	3
	2016	48.3373	60.0109	38.2954	39.4784	55.5644	1
	2017	52.8579	62.6613	44.8942	45.6745	58.2015	2
	2018	53.1814	62.0645	47.3011	44.3664	58.9935	1
	2019	53.9891	64.1042	47.1744	46.0980	58.5798	1
	2020	54.2803	65.5639	48.2175	42.8204	60.5193	1
	2021	57.4440	72.7122	50.8312	41.3518	64.8809	1
	2022	60.3171	73.2142	51.0779	47.6059	69.3704	1
	2023	58.8596	70.9786	45.6325	45.8479	72.9793	1
国有强相对控股公司	2014	43.7867	55.5650	36.8703	26.8723	55.8393	2
	2015	44.9070	56.5195	40.2755	40.5484	42.2848	4
	2016	47.6521	57.4672	38.2481	39.5509	55.3424	3
	2017	52.2775	62.3197	44.5057	43.5494	58.7351	3
	2018	52.4392	61.3870	46.7357	42.2029	59.4314	2
	2019	53.3470	62.2476	47.1735	45.4483	58.5185	2
	2020	52.8747	64.1607	47.3620	41.4737	58.5023	2
	2021	56.4329	71.6030	50.7741	39.9760	63.3784	2
	2022	58.9009	70.8978	51.1732	46.8523	66.6804	2
	2023	57.3107	69.8114	44.4086	44.2531	70.7696	2

续表

所有制类型	年份	总体指数	分项指数				总体指数排名
			知情权	决策与监督权	收益权	维权环境	
Panel A按照五类所有制公司分类							
国有弱相对控股公司	2014	43.4083	55.5650	36.8703	26.8723	53.9878	4
	2015	44.6300	55.6476	40.0769	39.0277	43.7676	5
	2016	46.9666	56.1515	38.7106	37.8721	55.1323	5
	2017	51.6304	60.5512	45.3812	41.2575	59.3314	5
	2018	51.4971	59.7675	48.1688	39.8365	58.2156	4
	2019	52.7641	61.0520	49.3471	43.2039	57.4535	3
	2020	52.1925	62.0432	49.4881	40.5062	56.7323	3
	2021	54.9771	69.8110	50.2045	38.0760	61.8168	5
	2022	57.2982	70.5687	50.0267	43.2131	65.3843	4
	2023	56.6650	67.3769	45.4604	43.4342	70.3886	4
国有参股公司	2014	43.5952	54.4938	36.8887	27.4342	55.5642	3
	2015	46.2574	57.9186	40.1177	41.8617	45.1317	1
	2016	47.9983	58.2605	38.3502	38.3261	57.0563	2
	2017	52.9646	62.5253	43.8845	43.8006	61.6480	1
	2018	51.6692	60.4933	46.1155	40.4080	59.6600	3
	2019	52.0354	60.3730	47.1485	42.8520	57.7680	4
	2020	52.1403	62.7709	46.8538	41.2672	57.6692	4
	2021	55.1073	71.2688	48.0377	38.7459	62.3769	4
	2022	56.8204	70.8317	48.1882	43.8561	64.4057	5
	2023	55.8428	67.9898	41.3289	44.7508	69.3018	5
无国有股份公司	2014	42.2440	54.0019	33.9210	28.5129	52.5400	5
	2015	46.0429	57.5134	40.3196	41.6370	44.7014	2
	2016	47.4784	57.9427	38.1296	38.1728	55.6686	4
	2017	52.2421	62.2366	44.0271	44.2386	58.4660	4
	2018	51.3465	60.9581	46.1485	41.2882	56.9912	5
	2019	51.3847	60.7135	45.5143	43.1591	56.1518	5
	2020	50.9456	61.8474	46.2651	40.6327	55.0373	5
	2021	55.1985	71.4136	46.8809	39.6903	62.8093	3
	2022	57.4580	71.8654	47.1021	44.8810	65.9834	3
	2023	56.9687	70.4440	41.0421	46.0727	70.3159	3

续表

所有制类型	年份	总体指数	分项指数				总体指数排名
			知情权	决策与监督权	收益权	维权环境	
Panel B 按照国有控股公司和非国有控股公司分类							
国有控股公司	2014	43.7916	55.7356	37.1371	27.1073	55.1863	1
	2015	44.9123	56.5732	39.8589	39.6590	43.5582	2
	2016	47.5948	57.6556	38.4106	38.9851	55.3277	2
	2017	52.2047	61.8174	44.8903	43.3087	58.8024	2
	2018	52.2891	60.9836	47.3759	41.8987	58.8984	1
	2019	53.2814	62.2423	47.9922	44.7588	58.1321	1
	2020	53.3287	64.3207	48.1571	41.8446	58.9922	1
	2021	56.4923	71.6216	50.6610	40.0762	63.6104	1
	2022	59.0944	71.7457	50.8695	46.3095	67.4531	1
	2023	57.7101	69.5823	45.1493	44.6224	71.4864	1
非国有控股公司	2014	42.5912	54.1283	34.6836	28.2357	53.3171	2
	2015	46.1221	57.6631	40.2450	41.7200	44.8604	1
	2016	47.6822	58.0673	38.2161	38.2329	56.2127	1
	2017	52.4993	62.3394	43.9763	44.0827	59.5987	1
	2018	51.4610	60.7932	46.1368	40.9759	57.9380	2
	2019	51.6236	60.5885	46.1144	43.0463	56.7453	2
	2020	51.3434	62.1549	46.4611	40.8440	55.9136	2
	2021	55.1731	71.3732	47.2035	39.4269	62.6887	2
	2022	57.2681	71.5575	47.4256	44.5758	65.5135	2
	2023	56.5952	69.6298	41.1372	45.6342	69.9795	2

从表6-4 Panel A 可知：

第一，从中小投资者权益保护总体指数看，五类所有制公司2023年均有所下降。国有绝对控股公司2014～2022年连续上升，2023年下降；国有强相对控股公司2014～2019年及2021～2022年连续上升，2020年和2023年出现下降；国有弱相对控股公司和无国有股份公司2014～2017年连续上升，此后三年波动式变化，2021～2022年连续上升，2023年下降；国有参股公司2014～2017年及2019～2022年连续上升，2018年和2023年有所下降（参见图6-3）。相比2014年，2023年五类所有制公司都上升，升幅都在12.24分以上，升幅最大的是无国有股份公司，升幅为14.7247分。相比2022年，2023年五类所有制公司都下降，降幅在0.48分以上，降幅最大的是国有强相对控股公司，降幅为1.5902分。

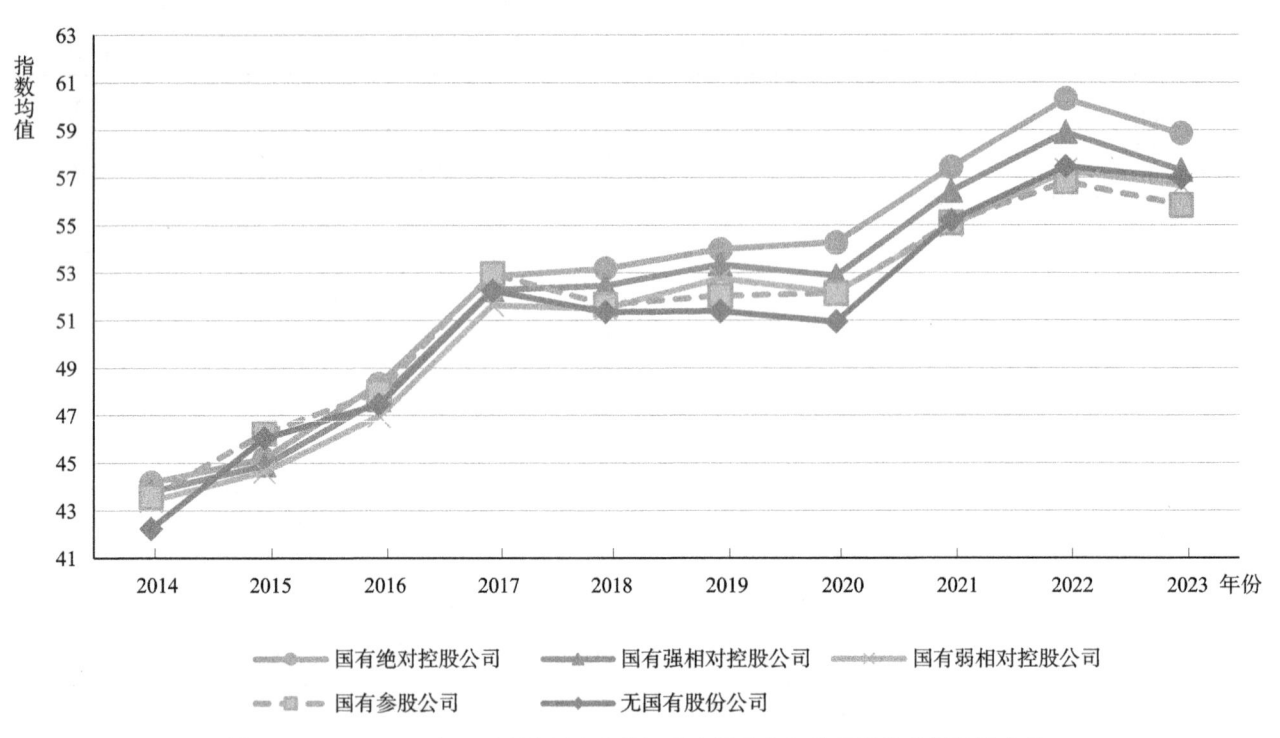

图6-3 2014～2023年不同所有制上市公司中小投资者权益保护总体指数的变化

第二，从知情权分项指数看，相比2014年，2023年五类所有制公司都上升，升幅在11.81～16.45分，升幅最大的是无国有股份公司。相比2022年，2023年五类所有制公司都下降，降幅在1.08～3.20分，降幅最大的是国有弱相对控股公司。

第三，从决策与监督权分项指数看，相比2014年，2023年五类所有制公司都上升，升幅在4.44～8.88分，升幅最大的是国有绝对控股公司。相比2022年，2023年五类所有制公司都下降，降幅在4.56～6.86分，降幅最大的是国有参股公司。

第四，从收益权分项指数看，相比2014年，2023年五类所有制公司都上升，升幅在16.56～18.08分，升幅最大的是国有绝对控股公司。相比2022年，2023年国有绝对控股公司和国有强相对控股公司分别下降1.7580分和2.5992分，其余三类所有制公司都上升，升幅在0.22～1.20分，升幅最大的是无国有股份公司。

第五，从维权环境分项指数看，相比2014年，2023年五类所有制公司都上升，升幅在13.73～17.78分，升幅最大的是无国有股份公司。相比2022年，2023年五类所有制公司都上升，升幅在3.60～5.01分，升幅最大的是国有弱相对控股公司。

从表6-4 Panel B可知：

第一，从中小投资者权益保护总体指数看，2014～2022年，国有控股公司连续上升，2023年下降；非国有控股公司2014～2017年连续上升，此后三年波动式变化，但变化幅度都很小，2021～2022年连续上升，2023年下降（参见图6-4）。相比2014年，2023年国有控股公司和非国有控股公司分别上升13.9185分和14.0040分，非国有控股公司升幅略大于国有控股公司；相比2022年，2023年国有控股公司和非国有控股公司分别下降1.3843分和0.6729分，国有控股公司降幅大于非国有控股公司。

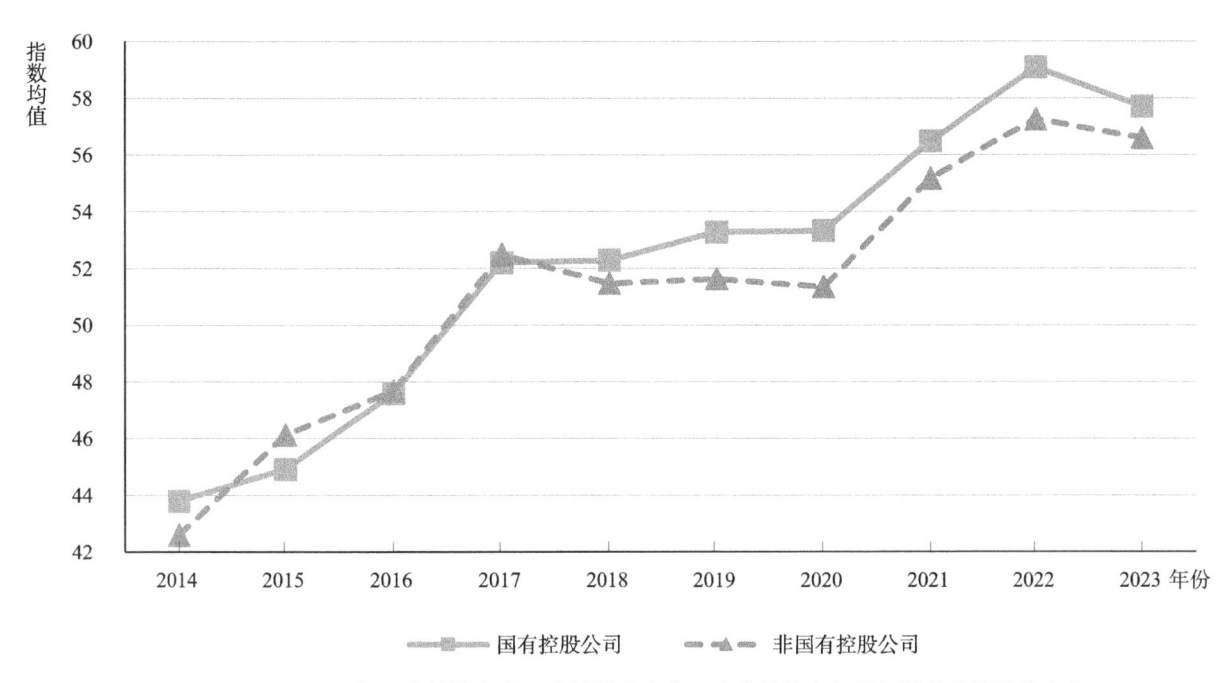

图6-4 2014～2023年国有控股和非国有控股上市公司中小投资者权益保护总体指数的变化

第二，从知情权分项指数看，相比2014年，2023年国有控股公司和非国有控股公司分别上升13.8467分和15.5015分；相比2022年，2023年国有控股公司和非国有控股公司分别下降2.1634分和1.9277分。与2014年相比，非国有控股公司升幅大于国有控股公司；与2022年相比，则是国有控股公司降幅略大于非国有控股公司。

第三，从决策与监督权分项指数看，相比2014年，2023年国有控股公司和非国有控股公司分别上升8.0122分和6.4536分；相比2022年，2023年国有控股公司和非国有控股公司分别下降5.7202分和6.2884分。与2014年相比，国有控股公司升幅大于非国有控股公司，与2022年相比，则是非国有控股公司降幅大于国有控股公司。

第四，从收益权分项指数看，相比2014年，2023年国有控股公司和非国有控股公司分别上升17.5151分和17.3985分；相比2022年，2023年国有控股公司下降1.6871分，非国有控股公司上升1.0584分。与2014年相比，国有控股公司升幅略大于非国有控股公司。

第五，从维权环境分项指数看，相比2014年，2023年国有控股公司和非国有控股公司分别上升16.3001分和16.6624分；相比2022年，2023年国有控股公司和非国有控股公司分别上升4.0333分和4.4660分。不论是与2014年相比还是与2022年相比，都是非国有控股公司升幅略大于国有控股公司。

6.5 分上市板块中小投资者权益保护指数的年度比较

按照五个上市板块的划分，对不同板块上市公司2014～2023年十个年度中小投资者权益保护总体指数和四个分项指数进行比较。由于沪市科创板2019年6月才开板，所以只比较2020～2023年四年的数据。北交所是2021年11月开市，所以只比较2022～2023年两年的数据。另外，深市主板含原来的中小企业板。统计结果参见表6-5。

表 6-5　2014～2023 年不同板块上市公司中小投资者权益保护指数均值比较

上市板块	年份	总体指数	分项指数				总体指数排名
			知情权	决策与监督权	收益权	维权环境	
深市主板	2014	46.4092	55.3103	38.8514	27.7891	63.6861	1
	2015	46.5830	57.5074	40.4173	40.6064	47.8007	2
	2016	48.4344	58.2700	38.6667	37.8250	58.9760	1
	2017	53.0059	61.7450	44.3258	43.2090	62.7440	2
	2018	52.2724	60.0785	46.8281	39.9892	62.1938	2
	2019	52.6737	60.4201	48.0206	41.3112	60.9429	2
	2020	52.4527	62.1138	48.0221	39.4637	60.2111	3
	2021	54.6494	70.4131	47.9111	37.2800	62.9936	4
	2022	56.3576	70.1783	48.2450	43.8482	63.1590	4
	2023	55.5946	68.7410	42.3179	41.5219	69.7977	4
深市创业板	2014	37.7138	53.4384	23.8954	32.1317	41.3896	3
	2015	47.3502	59.7012	39.1573	43.6499	46.8925	1
	2016	48.3551	60.1635	36.6357	37.8381	58.7831	2
	2017	54.3961	63.6305	44.7530	45.9558	63.2449	1
	2018	54.1474	62.5636	47.5609	43.3396	63.1256	1
	2019	54.2429	62.3047	46.4001	46.2016	62.0652	1
	2020	53.4545	62.4368	46.9529	43.1274	61.3009	2
	2021	56.4804	70.7708	46.7338	39.4869	68.9301	2
	2022	58.4057	71.7229	46.5702	43.5541	71.7759	2
	2023	57.5123	70.1047	40.0495	47.6553	72.2398	2
沪市主板	2014	42.8373	56.0248	36.3895	26.2351	52.6999	2
	2015	43.8401	55.8943	40.1094	40.1596	39.1970	3
	2016	46.4763	56.4710	38.6152	39.5984	51.2206	3
	2017	50.7647	61.8740	44.0015	43.4052	53.7780	3
	2018	49.9049	60.7207	45.6561	41.4116	51.8313	3
	2019	50.5482	61.1368	45.5899	44.3956	51.0704	3
	2020	50.5522	63.3248	46.1381	41.4447	51.3014	4
	2021	55.3576	71.7627	49.5169	41.6362	58.5145	3
	2022	58.2318	71.5940	50.1181	47.5189	63.6961	3
	2023	57.0133	69.0221	44.3493	45.7334	68.9482	3

续表

上市板块	年份	总体指数	分项指数				总体指数排名
			知情权	决策与监督权	收益权	维权环境	
沪市科创板	2020	54.0565	68.5950	45.1945	44.8360	57.6005	1
	2021	58.7621	77.8658	47.4577	40.9025	68.8225	1
	2022	60.9381	78.0075	48.7855	46.2310	70.7283	1
	2023	59.5456	74.4879	43.7015	46.0537	73.9392	1
北交所	2022	50.4953	64.8117	39.7699	32.9422	64.4574	5
	2023	55.5854	65.2487	35.4644	54.7775	66.8508	5

由表6-5可以看出：

第一，从中小投资者权益保护总体指数看，深市主板和深市创业板两个板块都是在2014～2017年及2021～2022年连续上升，2018～2020年呈现波动式变化，但变化幅度不大，2023年下降；沪市主板在2014～2017年及2019～2022年连续上升，2018年和2023年出现下降；沪市科创板2021～2022年连续上升，2023年下降。四个板块中，深市创业板在2015年以及2017年至2019年排名第一；沪市科创板开板后2020～2023年均排名第一；沪市主板2015～2020年排名最后，2021～2023年上升为第三（参见图6-5）。相比2014年，2023年三个板块（无沪市科创板和北交所，下同）都上升，升幅在9.18～19.80分，升幅最大的是深市创业板；相比2020年（沪市科创板纳入评价，下同），2023年沪市科创板上升5.4891分；相比2022年，2023年北交所上升5.0901分，其余四个板块都下降，降幅在0.76～1.40分，降幅最大的是沪市科创板，沪市主板下降幅度仅次于沪市科创板。

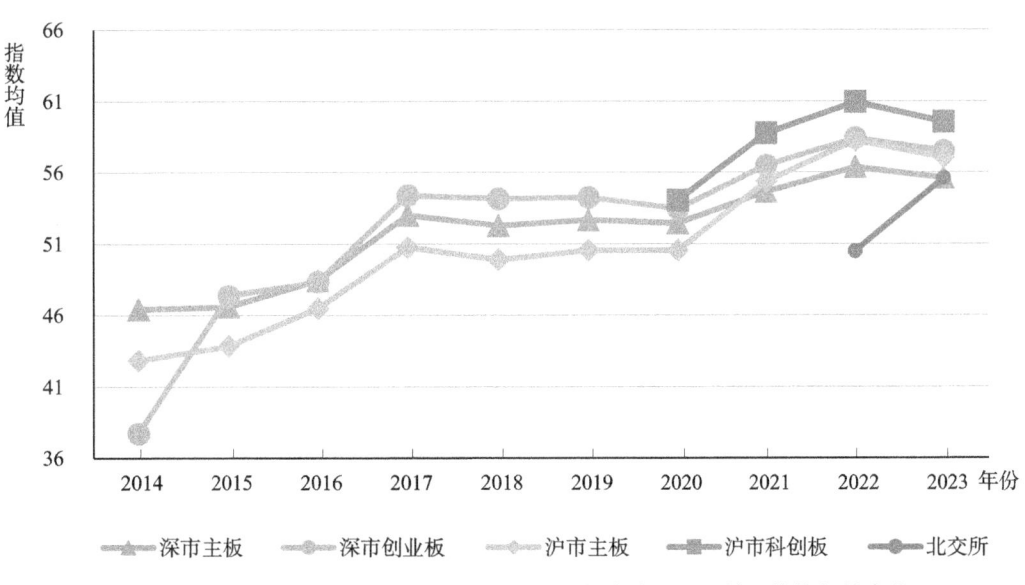

图6-5　2014～2023年不同板块上市公司中小投资者权益保护总体指数的变化

第二，从知情权分项指数看，相比2014年，2023年三个板块都上升，升幅在12.99～16.67分，升幅最大的是深市创业板；相比2020年，2023年沪市科创板上升5.8929分；相比2022年，2023年北交所上升 0.4370 分，其余四个板块都下降，降幅在 1.43～3.52 分，沪市科创板降幅最大。

第三，从决策与监督权分项指数看，相比 2014 年，2023 年三个板块都上升，升幅在 3.46～16.16 分，升幅最大的是深市创业板；相比 2020 年，2023 年沪市科创板下降 1.4930 分；相比 2022 年，2023 年五个板块都下降，降幅在 4.30～6.53 分，降幅最大的是深市创业板。

第四，从收益权分项指数看，相比 2014 年，2023 年三个板块都上升，升幅在 13.73～19.50 分，升幅最大的是沪市主板；相比 2020 年，2023 年沪市科创板上升 1.2177 分；相比 2022 年，2023 年深市创业板上升 4.1012 分，北交所大幅上升 21.8353 分，其余三个板块都下降，降幅在 0.17～2.33 分，降幅最大的是深市主板。

第五，从维权环境分项指数看，相比 2014 年，2023 年三个板块都上升，升幅在 6.11～30.86 分，升幅最大的是深市创业板；相比 2020 年，2023 年沪市科创板上升 16.3387 分；相比 2022 年，2023 年五个板块都上升，升幅在 0.46～6.64 分，升幅最大的是深市主板。

6.6 本章小结

本章分别从总体、地区、行业、所有制和上市板块五个角度，对 2014～2023 年上市公司中小投资者权益保护总体指数及四个分项指数进行了比较分析，主要结论如下：

（1）从总体看，2014～2023 年，中小投资者权益保护总体指数除了 2018 年、2020 年和 2023 年出现下降外，其他年度都是上升的。相比 2014 年，2023 年上升 13.8514 分；相比 2022 年，2023 年下降 0.8570 分。在四个分项指数上，2014～2022 年九年中最高的始终是知情权分项指数，2023 年知情权分项指数均值仅次于维权环境分项指数。相比 2014 年，2023 年四个分项指数都是上升的，升幅最大的是收益权分项指数。相比 2022 年，知情权和决策与监督权两个分项指数下降，收益权和维权环境两个分项指数上升。

（2）从地区来看，四个地区的总体指数均值在 2014～2017 年连续上升，2018 年全部下降，2019～2022 年四个地区总体都呈上升趋势，2023 年下降。相比 2014 年，2023 年四个地区都上升，东部升幅最大；相比 2022 年，2023 年四个地区都下降，西部降幅最大。在四个分项指数上，相比 2014 年，2023 年四个地区四个分项指数均有较大幅度上升，东部在收益权分项指数上升幅最大，中部在知情权分项指数上升幅最大，西部在决策与监督权和维权环境两个分项指数上升幅最大。相比 2022 年，2023 年在知情权和决策与监督权两个分项指数上，四个地区都下降，其中东北都是降幅最大；在收益权分项指数上，除西部地区下降外，其余三个地区都上升，其中东部升幅最大；在维权环境分项指数上，四个地区都上升，其中东北升幅最大。

（3）从行业来看，在总体指数上，18 个行业中，大部分行业都有所波动，2014～2020 年金融业（J）连续七年排名第一，2022～2023 年又回归第一（2021 年位居第二），反映其中小投资者权益保护相对较好且较稳定。相比 2014 年，2023 年全部 17 个行业（剔除教育）都上升，升幅最大的为住宿和餐饮业（H）；相比 2022 年，2023 年有 14 个行业下降，降幅最大的是教育（P）。在知情权分项指数上，相比 2014 年，2023 年全部 17 个行业（剔除教育）都上升；相比 2022 年，2023 年有 14 个行业下降。在决策与监督权分项指数上，相比 2014 年，2023 年全部 17 个行业（剔除教育）都上升；相比 2022 年，2023 年全部 18 个行业都下降。在收益权分项指数上，相比 2014 年，2023 年全部 17 个行业（剔除教育）都上升；相比2022年，2023年有9个行业上升。在维权环境分项指数上，相比2014年，2023年全部17个行业（剔除教育）都上升；相比2022年，2023年有17个行业都上升。

（4）从所有制来看，在总体指数上，2014～2022年，国有控股公司连续上升，2023年下降；非国有控股公司2014～2017年连续上升，此后三年波动式变化，但变化幅度都很小，2021～2022年连续上升，2023年下降。相比2014年，2023年两类所有制公司都上升，非国有控股公司升幅略大于国有控股公司；相比2022年，2023年两类所有制公司都下降，国有控股公司降幅大于非国有控股公司。在知情权分项指数上，相比2014年，2023年两类公司都上升，非国有控股公司升幅大于国有控股公司；相比2022年，2023年两类公司都下降，国有控股公司降幅略大于非国有控股公司。在决策与监督权分项指数上，相比2014年，2023年两类公司都上升，国有控股公司升幅大于非国有控股公司；相比2022年，2023年两类公司都下降，非国有控股公司降幅大于国有控股公司。在收益权分项指数上，相比2014年，2023年两类公司都上升，国有控股公司升幅大于非国有控股公司；相比2022年，2023年国有控股公司下降，非国有控股公司上升。在维权环境分项指数上，相比2014年和2022年，2023年两类公司都上升，非国有控股公司升幅都略大于国有控股公司。

（5）从上市板块来看，在总体指数上，相比2014年，2023年三个板块（无沪市科创板和北交所，下同）都上升；相比2020年，2023年沪市科创板上升；相比2022年，2023年除北交所上升外，其余四个板块都下降。在知情权分项指数上，相比2014年，2023年三个板块都上升；相比2020年，2023年沪市科创板上升；相比2022年，2023年除北交所上升外，其余四个板块都下降。在决策与监督权分项指数上，相比2014年，2023年三个板块都上升；相比2020年，2023年沪市科创板下降；相比2022年，2023年五个板块都下降。在收益权分项指数上，相比2014年，2023年三个板块都上升；相比2020年，2023年沪市科创板上升；相比2022年，2023年深市创业板和北交所都上升，其余三个板块都下降。在维权环境分项指数上，相比2014年，2023年三个板块都上升；相比2020年，2023年沪市科创板上升；相比2022年，2023年五个板块都上升。

第三篇　董事会治理指数

第7章 董事会治理总体指数排名及比较

根据第 1 章确定的董事会治理指数评价方法，以及我们评估获得的 2023 年度 5061 家样本上市公司治理指数数据，本章对这些上市公司的董事会治理指数进行排名和分析，然后分别从地区、行业、上市板块以及是否沪深 300 四个角度进行比较分析。

7.1 董事会治理指数总体分布及排名

基于上市公司 2023 年的公开数据，根据本报告构建的董事会治理指数指标体系和指数计算方法，我们对 5061 家上市公司董事会治理指数进行计算，可以得到中国上市公司董事会治理指数的整体排名情况。

7.1.1 董事会治理指数总体分布

2023 年上市公司董事会治理指数的总体情况参见表 7-1。

表 7-1 2023 年上市公司董事会治理指数的总体情况

项目	公司数目	平均值	中位值	最大值	最小值	标准差	偏度系数	峰度系数
数值	5061	61.2011	61.3410	78.4755	37.5439	5.0583	−0.2475	0.3939

从表 7-1 可以看出，2023 年上市公司董事会治理指数最大值为 78.4755 分，最小值为 37.5439 分，平均值为 61.2011 分，中位值为 61.3410 分。2023 年平均值较 2022 年下降 1.2758 分。

为进一步了解董事会治理总体指数在各个得分区间的分布情况，我们将董事会治理指数以 5 分为间隔，划分为 11 个区间。由于 35 分以下和 80 分及以上的公司数为 0，可以把 [0,35) 和 [80,100] 各作为一个区间，每个得分区间的企业数目和所占比重参见表 7-2 和图 7-1。

表 7-2 2023 年上市公司董事会治理指数区间分布

指数区间	公司数目 / 家	占比 / %	累计占比 / %
[0,35)	0	0.00	0.00
[35,40)	3	0.06	0.06

续表

指数区间	公司数目/家	占比/%	累计占比/%
[40,45)	11	0.22	0.28
[45,50)	83	1.64	1.92
[50,55)	452	8.93	10.85
[55,60)	1440	28.45	39.30
[60,65)	1930	38.13	77.44
[65,70)	961	18.99	96.42
[70,75)	170	3.36	99.78
[75,80)	11	0.22	100.00
[80,100]	0	0.00	100.00
总计	5061	100	—

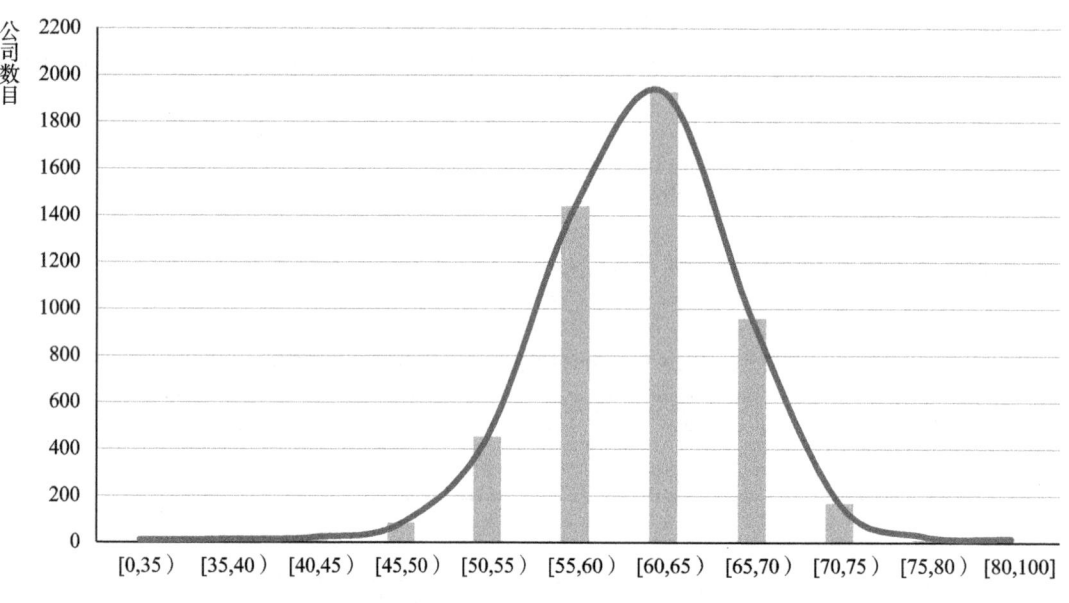

图7-1　2023年上市公司董事会治理指数区间分布

从表7-2和图7-1可以看出，上市公司董事会治理指数主要集中在[55,70)区间，共有4331家公司，占样本总数的85.58%。其中，董事会治理指数在[60,65)区间的公司数最多，有1930家，占样本总数的38.13%。达到60分及格线的公司有3072家，及格率为60.70%，比上年的70.94%下降10.24个百分点，及格率大幅倒退。从表7-1反映的整体分布偏离正态分布的程度看，偏度系数为-0.2475，董事会治理指数分布基本满足正态分布，略呈负偏态。

7.1.2　董事会治理指数前100名

表7-3显示了5061家上市公司中排名前100名的公司的情况。可以看出，前100名公司的董事会治理指数均值为72.7644分，比2022年降低0.7313分。

表 7-3　2023 年上市公司董事会治理指数前 100 名情况

项目	平均值	中位值	最大值	最小值	标准差
前100名	72.7644	72.2980	78.4755	71.0642	1.5452
总体	61.2011	61.3410	78.4755	37.5439	5.0583

我们对 5061 家上市公司的董事会治理指数从大到小降序排列，董事会治理指数越高，说明上市公司董事会治理水平越高。表 7-4 是董事会治理指数排名前 100 的上市公司情况。

表 7-4　2023 年上市公司董事会治理指数排名 – 前 100 名

排名	代码	公司简称	指数	排名	代码	公司简称	指数
1	600906	财达证券	78.4755	24	002513	蓝丰生化	73.8647
2	000563	陕国投A	77.4785	25	603876	鼎胜新材	73.6141
3	300958	建工修复	76.7978	26	688121	卓然股份	73.5526
4	002152	广电运通	76.0833	27	600252	中恒集团	73.2978
5	000728	国元证券	75.9011	28	688298	东方生物	73.2719
6	603861	白云电器	75.8538	29	000768	中航西飞	73.2444
7	600778	友好集团	75.8083	30	300072	海新能科	72.9851
8	002839	张家港行	75.7734	31	002265	建设工业	72.9357
9	688398	赛特新材	75.6508	32	300395	菲利华	72.9310
10	002939	长城证券	75.1475	33	300308	中际旭创	72.9262
11	002893	京能热力	74.7688	34	002207	准油股份	72.8818
12	300806	斯迪克	74.6768	35	300981	中红医疗	72.8319
13	301439	泓淋电力	74.5306	36	600369	西南证券	72.8286
14	000409	云鼎科技	74.5034	37	605117	德业股份	72.7531
15	688239	航宇科技	74.4213	38	600468	百利电气	72.7332
16	600329	达仁堂	74.3206	39	301136	招标股份	72.6688
17	300437	清水源	74.2150	40	000738	航发控制	72.6405
18	000815	美利云	74.1342	41	300421	力星股份	72.6218
19	601116	三江购物	74.0915	42	300128	锦富技术	72.5485
20	000978	桂林旅游	74.0395	43	002254	泰和新材	72.5311
21	600702	舍得酒业	74.0023	44	002925	盈趣科技	72.4612
22	301163	宏德股份	73.8832	45	002677	浙江美大	72.4208
23	000779	甘咨询	73.8825	46	600483	福能股份	72.3620

续表

排名	代码	公司简称	指数	排名	代码	公司简称	指数
47	603010	万盛股份	72.3533	74	601633	长城汽车	71.6516
48	300254	仟源医药	72.3375	75	600725	云维股份	71.6472
49	688410	山外山	72.3315	76	688248	南网科技	71.6425
50	601825	沪农商行	72.3011	77	002190	成飞集成	71.6215
51	000035	中国天楹	72.2949	78	000803	山高环能	71.5955
52	600889	南京化纤	72.1998	79	600936	广西广电	71.5243
53	002605	姚记科技	72.1673	80	002273	水晶光电	71.5173
54	000533	顺钠股份	72.1650	81	002294	信立泰	71.4710
55	300864	南大环境	72.0876	82	001338	永顺泰	71.4321
56	300092	科新机电	72.0674	83	000919	金陵药业	71.4229
57	603042	华脉科技	72.0620	84	603889	新澳股份	71.4035
58	000755	山西高速	72.0496	85	300039	上海凯宝	71.3955
59	688295	中复神鹰	72.0448	86	000537	中绿电	71.3886
60	600830	香溢融通	72.0371	87	300760	迈瑞医疗	71.3782
61	300453	三鑫医疗	72.0130	88	600111	北方稀土	71.3351
62	603551	奥普科技	71.9634	89	603357	设计总院	71.2748
63	600814	杭州解百	71.9344	90	300845	捷安高科	71.2587
64	688215	瑞晟智能	71.9265	91	688219	会通股份	71.2451
65	600529	山东药玻	71.8855	92	002179	中航光电	71.2320
66	002238	天威视讯	71.8716	93	002204	大连重工	71.2267
67	300420	五洋自控	71.8179	94	002399	海普瑞	71.2197
68	300660	江苏雷利	71.7982	95	603053	成都燃气	71.1825
69	002678	珠江钢琴	71.7847	96	688590	新致软件	71.1565
70	001896	豫能控股	71.7763	97	600746	江苏索普	71.1308
71	301206	三元生物	71.7691	98	300021	大禹节水	71.1245
72	002753	永东股份	71.7671	99	688333	铂力特	71.0821
73	600744	华银电力	71.6606	100	002628	成都路桥	71.0642

从表7-4可以看出，董事会治理指数最高的前三名是财达证券、陕国投A、建工修复。有12家公司2023年和2022年连续两年出现在前100名中，它们是财达证券、陕国投A、张家港行、长城证券、京能热力、中恒集团、海新能科、泰和新材、万盛股份、珠江钢琴、永东股份、山高环能。

其中，有 4 家公司近三年连续出现在前 100 名中，它们是张家港行、长城证券、中恒集团和珠江钢琴。

从地区看，在前 100 名公司中，东部、中部、西部和东北各有 63 家、13 家、23 家和 1 家，分别占四个地区上市公司总数的 1.74%、1.93%、3.87% 和 0.59%；从行业看，前 100 名公司主要分布在制造业（65 家），金融业（7 家），信息传输、软件和信息技术服务业（6 家），分别占所在行业上市公司总数的 1.93%、5.65% 和 1.44%；从控股类型看，国有控股公司有 51 家，非国有控股公司有 49 家，分别占同类上市公司总数的 3.42% 和 1.37%；从实际（或最终）控制人类型看，实际（或最终）控制人为中央企业（或监管机构）、地方国企（或监管机构）、非国有企业或自然人的公司分别有 12 家、39 家和 49 家，分别占同类实际（或最终）控制人类型上市公司总数的 2.55%、3.82% 和 1.37%；从上市板块看，深市主板、深市创业板、沪市主板和沪市科创板各有 37 家、23 家、29 家和 11 家，分别占所在板块全部上市公司总数的 2.51%、1.86%、1.75% 和 2.17%，北交所没有上市公司进入前 100。从是否沪深 300 看，沪深 300 有 7 家，非沪深 300 有 93 家，分别占两类公司总数的 2.34% 和 1.95%，相比 2022 年，2023 年进入前 100 的沪深 300 公司数量和占比都有所减少。

需要注意的是，董事会治理指数得分最高的前 100 名在地区、行业和控股类型等不同类别中的分布，并不能完全说明某个地区、行业和控股类型整体表现就好，因为各地区、行业和控股类型的上市公司数量不同。比如，制造业尽管有 65 家公司进入前 100，但比例却低于金融业，虽然后者只有 7 家公司进入前 100，但是比例更高，达到了 5.65%。从这个角度，金融业反而表现更好一些。

图 7-2 为前 100 名上市公司董事会治理指数的分布情况。可以看出，前 100 名上市公司董事会治理指数基本呈现平缓下降的趋势，排在前 10 位的公司下降略快一点。最高 78.4755 分，最低 71.0821 分，绝对差距 7.3934 分，说明有一定的差异。

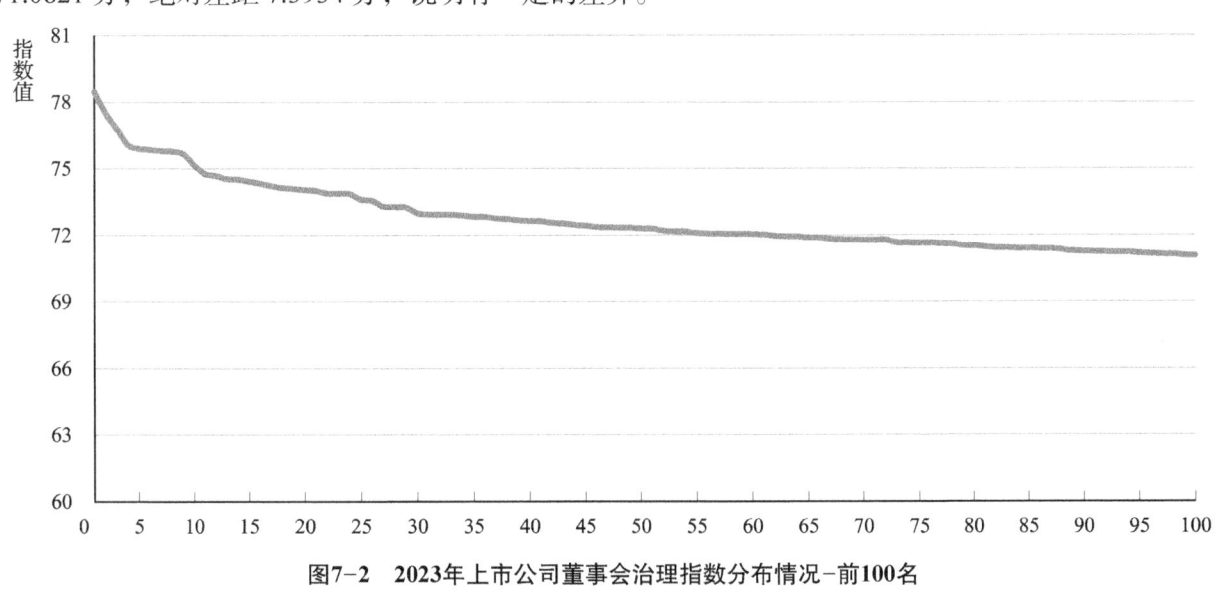

图7-2　2023年上市公司董事会治理指数分布情况–前100名

7.2　分地区董事会治理指数比较

根据东部、中部、西部和东北四个地区的划分，对上市公司董事会治理指数按照均值从高到低的顺序进行排名和比较，结果参见表 7-5。

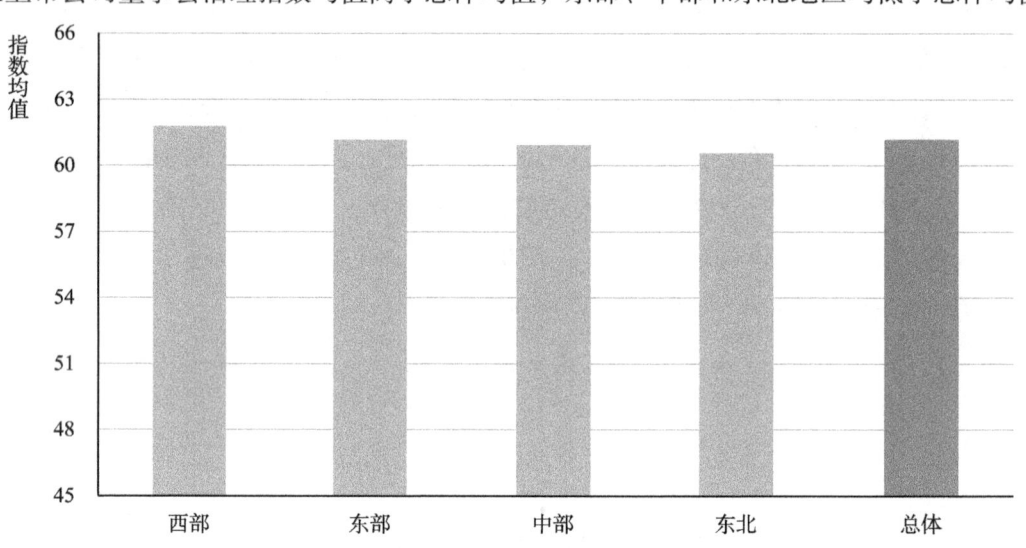

表 7-5 2023 年不同地区上市公司董事会治理指数比较

排名	地区	公司数目	平均值	中位值	最大值	最小值	标准差
1	西部	595	61.7865	61.8705	77.4785	39.1037	5.4750
2	东部	3624	61.1830	61.3756	78.4755	37.5439	4.9923
3	中部	673	60.9390	60.9162	75.9011	41.1293	5.0628
4	东北	169	60.5705	60.7871	71.2267	45.7679	4.7225
	总体	5061	61.2011	61.3410	78.4755	37.5439	5.0583

由表 7-5 可知，各地区上市公司董事会治理指数均值由大到小分别为西部、东部、中部和东北，四个地区之间差异不大，都刚刚超过 60 分的及格线。董事会治理指数的最大值和最小值都出自东部。

图 7-3 更直观地反映了四个地区上市公司董事会治理之间的差异。可以看出，四个地区中，只有西部地区上市公司董事会治理指数均值高于总体均值，东部、中部和东北地区均低于总体均值。

图7-3 2023年不同地区上市公司董事会治理指数比较

按照省份进一步进行细分，对 31 个省份的上市公司董事会治理指数按照均值从高到低的顺序进行排名，结果参见表 7-6。

表 7-6 2023 年不同省份上市公司董事会治理指数比较

排名	省份	公司数目	平均值	中位值	最大值	最小值	标准差
1	宁夏	15	63.9369	64.6762	74.1342	56.0899	4.4621
2	青海	10	63.8655	65.0690	67.9692	54.6138	3.8979
3	甘肃	35	63.7828	64.7200	73.8825	51.1574	5.3227
4	新疆	60	63.5643	63.0868	75.8083	51.7007	4.9161
5	广西	40	63.2189	64.5168	74.0395	44.5536	6.0676

续表

排名	省份	公司数目	平均值	中位值	最大值	最小值	标准差
6	贵州	35	63.0463	62.7800	74.4213	54.2073	4.6701
7	河北	72	62.9011	63.2775	78.4755	51.3942	4.8093
8	山西	40	62.7294	63.4896	72.3375	50.3538	5.2376
9	重庆	69	61.8070	61.2560	72.8286	50.1673	5.1719
10	云南	41	61.7903	62.8151	72.9357	43.0470	5.6212
11	黑龙江	39	61.7467	62.6162	70.5206	48.5837	4.7947
12	福建	165	61.6189	61.4301	75.6508	45.8814	5.2152
13	山东	290	61.5337	62.0642	74.5306	48.2812	4.9446
14	内蒙古	25	61.3281	60.8888	71.3351	55.0096	3.2728
15	天津	70	61.3246	60.8817	74.3206	50.5973	5.3369
16	江西	79	61.3236	60.4013	72.0130	49.9294	4.6126
17	上海	417	61.3236	61.3836	73.5526	40.8597	4.7784
18	浙江	666	61.2206	61.3106	74.0915	45.0642	4.7328
19	湖南	140	61.1804	61.2249	71.6606	48.5789	4.6893
20	广东	820	61.1660	61.5259	76.0833	44.4880	5.0135
21	四川	169	61.1047	61.1462	74.0023	48.4204	5.1345
22	江苏	643	61.0772	61.3994	75.7734	38.4564	5.1588
23	吉林	48	61.0492	61.1666	70.6546	49.1233	4.8039
24	河南	106	61.0467	60.9221	74.2150	47.1801	5.2061
25	北京	454	60.6025	60.7593	76.7978	37.5439	4.9738
26	安徽	166	60.5775	60.8238	75.9011	47.2083	4.7731
27	湖北	142	60.3249	60.9251	72.9310	41.1293	5.6382
28	陕西	74	60.1432	60.0100	77.4785	39.1037	6.2886
29	辽宁	82	59.7308	59.6954	71.2267	45.7679	4.4748
30	海南	27	59.5021	62.1236	69.7110	47.0585	6.5652
31	西藏	22	57.9575	58.8635	65.7556	43.3040	5.7649
总体		5061	61.2011	61.3410	78.4755	37.5439	5.0583

从表7-6可以看出，在31个省份中，董事会治理指数均值高于总体均值的省份有18个，这18个省份的最大均值与总体均值的绝对差距是2.7358分；董事会治理指数均值低于总体均值的省份有13个，总体均值与这13个行业的最小均值的绝对差距是3.2436分。显然，高分区的行业间差距略小于低分区的行业间差距。董事会治理指数均值最高的三个省份是宁夏、青海和甘肃；董事会治理指数

均值最低的三个省份是西藏、海南和辽宁，除了这三个省份外，其他省份上市公司董事会治理均值都超过了60分。

图7-4进一步显示了不同省份上市公司董事会治理指数的差别。可以看出，31个省份上市公司董事会治理指数均值都集中在[57,64]这一范围内，除西藏、海南和辽宁外都达到60分的及格线。

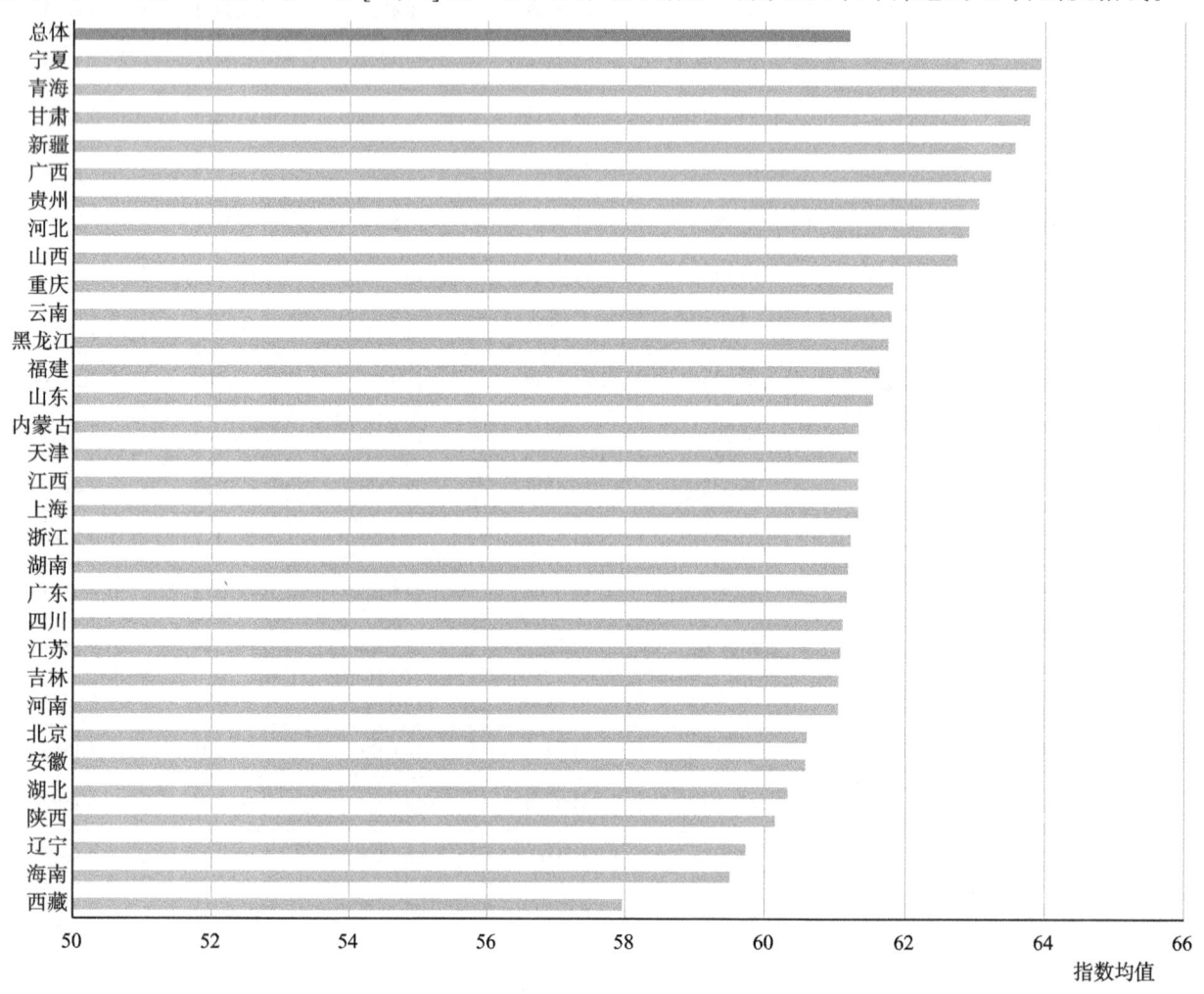

图7-4　2023年不同省份上市公司董事会治理指数比较

7.3　分行业董事会治理指数比较

对18个行业上市公司董事会治理指数按照均值从高到低的顺序进行排名和比较，结果参见表7-7。

表7-7　2023年不同行业上市公司董事会治理指数比较

排名	行业	公司数目	平均值	中位值	最大值	最小值	标准差
1	住宿和餐饮业（H）	8	65.0263	66.1240	69.1984	59.7093	3.0286
2	金融业（J）	124	63.4108	63.4141	78.4755	49.2324	5.0814
3	交通运输、仓储和邮政业（G）	112	61.9363	61.9286	72.0496	48.8087	4.6592

续表

排名	行业	公司数目	平均值	中位值	最大值	最小值	标准差
4	农、林、牧、渔业（A）	48	61.8159	61.9608	70.8780	48.5491	5.1702
5	卫生和社会工作（Q）	15	61.7985	60.0491	70.7200	54.6263	4.4302
6	电力、热力、燃气及水生产和供应业（D）	131	61.7510	61.6984	74.7688	48.5837	5.1999
7	文化、体育和娱乐业（R）	62	61.5697	61.6926	69.9788	49.3574	4.4370
8	科学研究和技术服务业（M）	111	61.4553	61.6423	73.8825	43.8469	5.4005
9	制造业（C）	3373	61.2142	61.3646	76.0833	37.5439	4.9981
10	采矿业（B）	82	61.1091	60.9111	72.8818	43.3040	5.1423
11	水利、环境和公共设施管理业（N）	97	60.9668	61.1316	76.7978	45.6469	6.0290
12	综合（S）	12	60.8740	63.1567	67.7235	48.6948	5.5668
13	信息传输、软件和信息技术服务业（I）	418	60.7393	60.9875	74.5034	41.1293	4.8139
14	批发和零售业（F）	182	60.6977	60.7836	75.8083	45.8814	5.3731
15	建筑业（E）	107	60.5725	60.8113	75.6470	46.3800	4.9864
16	租赁和商务服务业（L）	65	60.4315	59.6457	72.0371	44.4880	5.8311
17	教育（P）	12	60.1415	60.3323	70.6547	50.6015	4.7193
18	房地产业（K）	101	59.7780	60.0204	71.3886	47.9879	4.9771
	总体	5061	61.2011	61.3410	78.4755	37.5439	5.0583

注：居民服务、修理和其他服务业（O）只有1家上市公司，难以代表该行业整体水平，故排名时剔除。

从表7-7可以看出，在18个行业中，董事会治理指数均值高于总体均值的行业有9个，这9个行业的最大均值与总体均值的绝对差距是3.8253分；董事会治理指数均值低于总体均值的行业有9个，总体均值与这9个行业的最小均值的绝对差距是1.4230分。显然，高分区的行业间差距高于低分区的行业间差距。董事会治理指数均值最高的三个行业是住宿和餐饮业（H）、金融业（J）和交通运输、仓储和邮政业（G）；董事会治理指数均值最低的三个行业是房地产业（K）、教育（P）和租赁和商务服务业（L）。

从整体来看，除房地产业（K）外各行业上市公司董事会治理指数均值都在60分及格线以上。由于近几年金融风险防范加强，同时受疫情影响较严重的住宿和餐饮业亟须实现经营回转，因此金融业（J）、住宿和餐饮业（H）等行业的董事会治理有所强化；而房地产业（K）等行业受经济下行影响，董事会治理水平相对较低。

图7-5进一步显示了不同行业上市公司董事会治理指数的差别。可以看出，各行业上市公司董事会治理指数均值都集中在[59,66]这一范围内，住宿和餐饮业（H）是唯一超过65分的行业，其次是金融业（J），为63.4108分，其他行业上市公司的董事会治理水平之间差距不大。

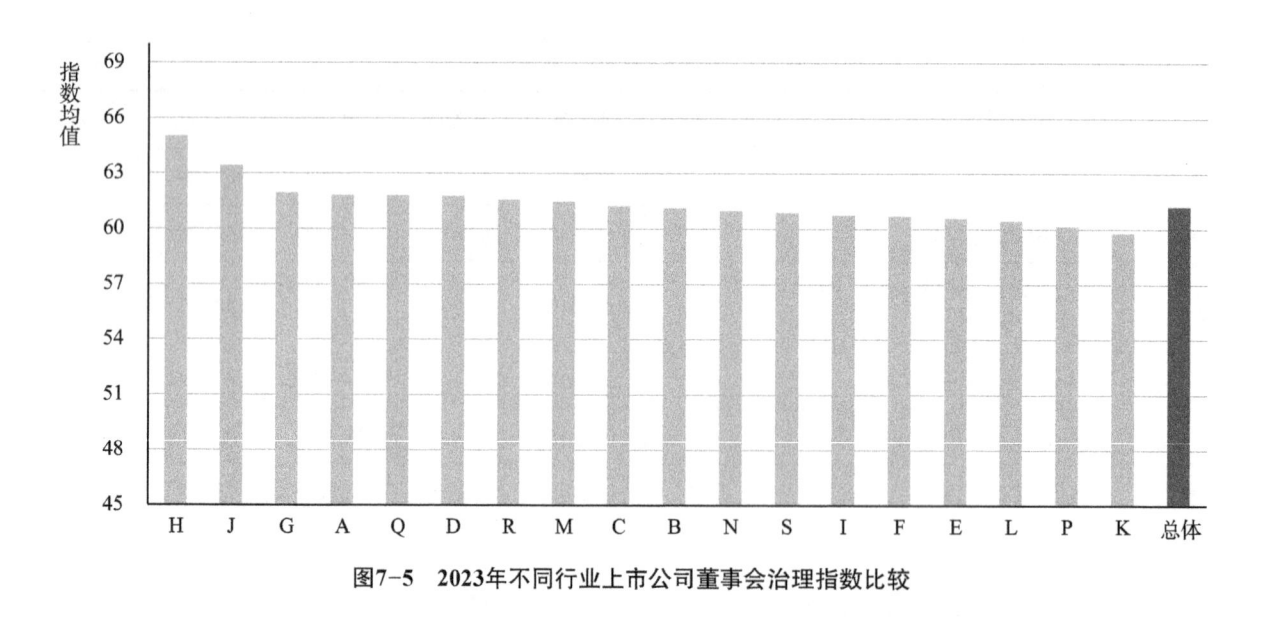

图7-5 2023年不同行业上市公司董事会治理指数比较

7.4 分上市板块董事会治理指数比较

根据五个上市板块的划分，对上市公司董事会治理指数按照均值从高到低的顺序进行排名和比较，结果参见表7-8。

表7-8 2023年不同板块上市公司董事会治理指数比较

排名	上市板块	公司数目	平均值	中位值	最大值	最小值	标准差
1	深市创业板	1235	61.6778	61.7111	76.7978	41.7598	4.7870
2	沪市主板	1659	61.4048	61.5795	78.4755	40.8597	4.9093
3	沪市科创板	508	61.3055	61.2607	75.6508	43.8469	4.5737
4	深市主板	1475	61.1747	61.4357	77.4785	39.1037	5.2715
5	北交所	184	56.0871	56.5333	67.2051	37.5439	4.9056
	总体	5061	61.2011	61.3410	78.4755	37.5439	5.0583

从表7-8可以看出，董事会治理指数平均值从高到低依次为深市创业板、沪市主板、沪市科创板、深市主板和北交所。整体上看，沪深两个市场上市公司董事会治理水平相当，均好于北交所上市公司，这说明沪深两市场对所辖公司的监管力度大于北交所。

图7-6更直观地反映了不同上市板块上市公司董事会治理指数的差异。可以看到，深市创业板、沪市主板和沪市科创板上市公司的董事会治理指数均值高于总体均值；而深市主板和北交所上市公司的董事会治理指数则低于总体均值，尤其是北交所上市公司的董事会治理指数均值明显低于其他四个板块，而且是五个板块中唯一没有达到及格线的板块，说明其上市公司董事会治理尚未受到足够的重视。

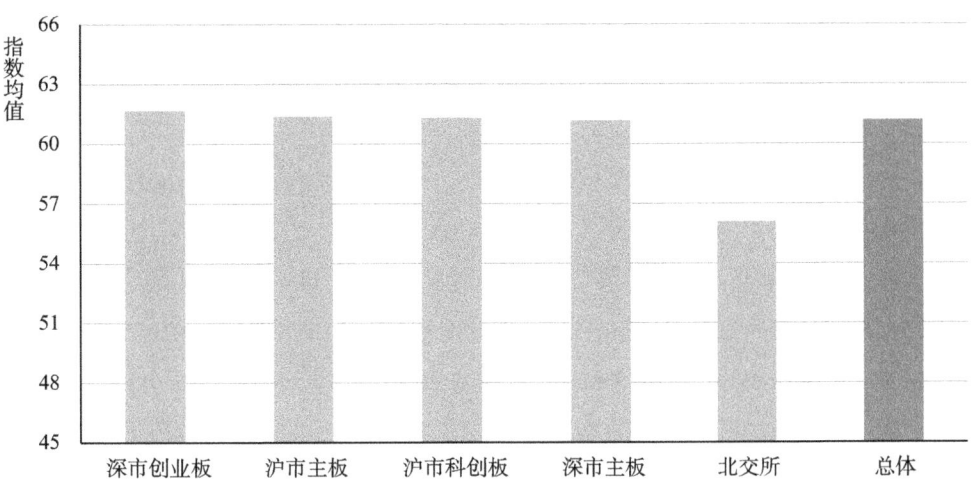

图7-6　2023年不同板块上市公司董事会治理指数比较

7.5　沪深300与非沪深300董事会治理指数比较

按照是否沪深300成分股指数公司，对上市公司董事会治理指数按照均值从高到低的顺序进行排名和比较，结果参见表7-9和图7-7。

表 7-9　2023 年沪深 300 和非沪深 300 公司董事会治理指数比较

排名	是否沪深 300	公司数目	平均值	中位值	最大值	最小值	标准差
1	非沪深300	4762	61.2092	61.3682	78.4755	37.5439	5.0747
2	沪深300	299	61.0714	60.8057	73.2444	48.0560	4.7878
	总体	5061	61.2011	61.3410	78.4755	37.5439	5.0583

从表7-9和图7-7可以看出，沪深300公司董事会治理指数均值低于非沪深300公司，二者绝对差距为0.1378分，这意味着以短期绩效作为主要选择标准的沪深300公司在董事会治理上的合规风险仍需要关注。

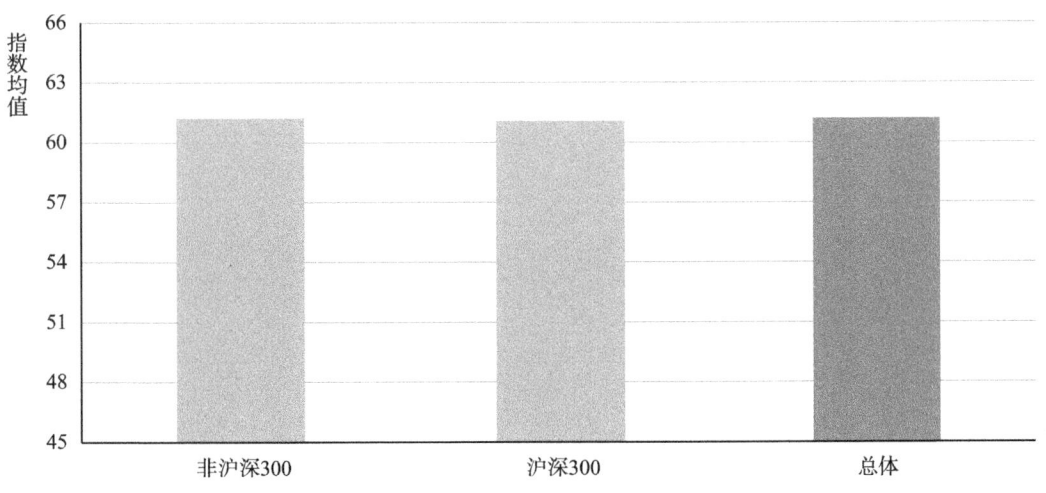

图7-7　2023年沪深300和非沪深300上市公司董事会治理指数比较

7.6 本章小结

本章计算了沪、深、北三市2023年共计5061家上市公司的董事会治理指数，并分别从总体、地区、行业、上市板块和是否沪深300五个角度全面评价了中国上市公司董事会治理水平，结论如下：

（1）从总体看，2023年上市公司董事会治理指数最大值为78.4755分，最小值为37.5439分，平均值为61.2011分，中位值为61.3410分。董事会治理指数主要集中在[55,70)区间，占样本总数的85.58%。董事会治理指数及格率为60.70%，比上年的70.94%下降10.24个百分点，及格率大幅倒退。

（2）从地区看，董事会治理指数均值由大到小分别为西部、东部、中部和东北，四个地区之间差异不大。从省份看，董事会治理指数均值最高的三个省份是宁夏、青海和甘肃；董事会治理指数均值最低的三个省份是西藏、海南和辽宁。四个地区和除西藏、海南和辽宁外的28个省份上市公司董事会治理指数均值都超过了60分的及格线。

（3）从行业看，上市公司董事会治理指数均值最高的三个行业是住宿和餐饮业（H）、金融业（J），以及交通运输、仓储和邮政业（G）；董事会治理指数均值最低的三个行业是房地产业（K）、教育（P），以及和租赁和商务服务业（L）。除房地产业（K）外各行业上市公司董事会治理指数均值都在60分及格线以上。由于近几年金融风险防范加强，同时受疫情影响较严重的住宿和餐饮业亟须实现经营回转，因此金融业（J）、住宿和餐饮业（H）等行业的董事会治理有所强化。

（4）从上市板块看，董事会治理指数均值从高到低依次为深市创业板、沪市主板、沪市科创板、深市主板和北交所。沪深两个市场上市公司董事会治理水平相当，均好于北交所上市公司。北交所是五个板块中唯一没有达到及格线的板块，说明其上市公司董事会治理尚未受到足够的重视。

（5）从沪深300与非沪深300比较看，沪深300公司董事会治理指数均值低于非沪深300公司，这意味着以短期绩效作为主要选择标准的沪深300公司在董事会治理上的合规风险仍需要关注。

第8章 董事会治理分项指数排名及比较

第7章从总体上对中国上市公司董事会治理指数进行了排名，并从地区、行业、上市板块以及是否沪深300四个角度进行了分类汇总和分析。本章按照对董事会治理四个维度的划分，把董事会治理指数分解为董事会结构、独立董事独立性、董事会行为和董事激励与约束四个分项指数，根据上市公司董事会治理分项指数数据，对2023年上市公司在不同维度下的董事会治理分项指数进行排名和比较分析。

8.1 董事会治理分项指数总体比较

依据我们评估的5061家上市公司董事会治理指数数据，2023年中国上市公司董事会治理四个分项指数的描述性统计结果参见表8-1。

表8-1 2023年上市公司董事会治理分项指数描述性统计

维度	公司数目	平均值	中位值	最大值	最小值	标准差
董事会结构	5061	44.0812	44.2593	77.6894	8.1548	10.2259
独立董事独立性	5061	60.7434	60.0000	90.0000	15.0000	12.1098
董事会行为	5061	80.8861	83.0230	99.1051	47.2417	6.6773
董事激励与约束	5061	59.0935	55.5556	88.8889	5.5556	9.5989

从表8-1中可以看出，董事会治理四个分项指数的平均值相差较大。其中董事会行为和独立董事独立性两个分项指数均值达到了60分的及格水平，其他两个分项指数的平均值均未达到60分的及格水平。董事会行为分项指数均值最大，为80.8861分，董事会结构分项指数均值最小，为44.0812分。独立董事独立性分项指数的标准差最大，说明上市公司独立董事独立性分项指数的离散程度高于其他三个分项指数。需要注意的是，董事会结构虽然是董事会建设和发展的基础，但因其内部结构的不规范、下设机构的缺失或不健全、对利益相关者的忽视，使董事会结构分项指数在四个分项指数中最低。

图8-1直观地反映了董事会治理四个分项指数的均值和中位值的差异。可以看出，四个分项指数的均值与中位值的变化方向是一致的，董事会行为分项指数的均值和中位值都是最高的，而董事会结构分项指数的均值和中位值都是最低的。

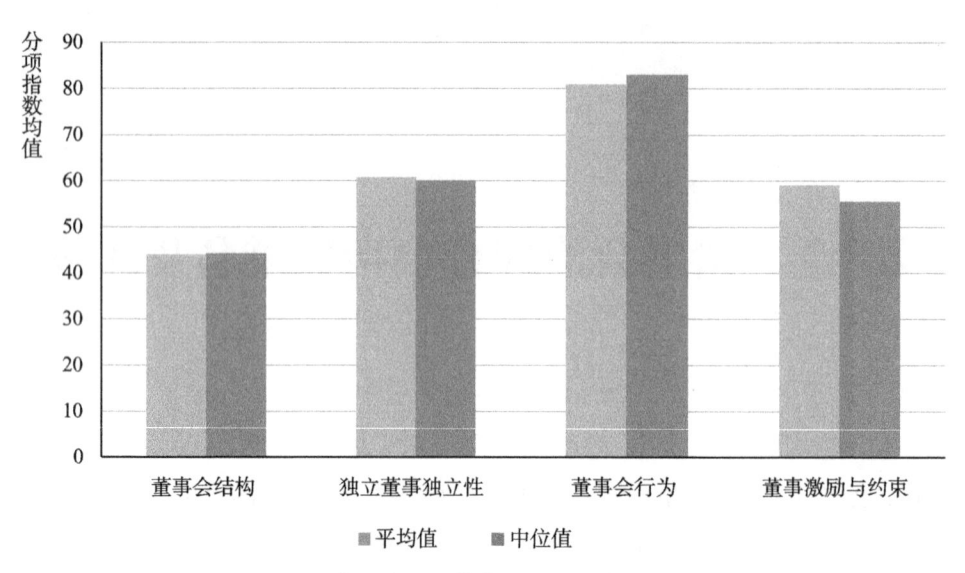

图8-1 2023年上市公司董事会治理四个分项指数比较

8.2 董事会结构分项指数排名及比较

董事会结构分项指数侧重从形式上考察上市公司董事会成员构成和机构设置的合理性和有效性。本节主要是对董事会结构分项指数排名的各种情况进行比较说明和分析。

8.2.1 董事会结构分项指数总体分布

基于5061家上市公司董事会结构的各项指标，我们得出了每家上市公司董事会结构分项指数。以10分为间隔，将董事会结构分项指数划分为9个区间（80分以上区间的公司数为0，合并为一个区间），每个区间段的公司数目和所占比重参见表8-2。

表8-2 2023年上市公司董事会结构分项指数区间分布

指数区间	公司数目	占比/%	累计占比/%
[0,10)	1	0.02	0.02
[10,20)	38	0.75	0.77
[20,30)	411	8.12	8.89
[30,40)	1288	25.45	34.34
[40,50)	1780	35.17	69.51
[50,60)	1180	23.32	92.83
[60,70)	338	6.68	99.51
[70,80)	25	0.49	100
[80,100]	0	0	100
总计	5061	100	—

由表 8-2 可见，2023 年董事会结构分项指数得分主要集中在 [30,60) 区间，共计 4248 家公司，占样本总数的 83.94%。及格（达到 60 分）的公司有 363 家，及格率为 7.17%，比上年（7.62%）下降 0.45 个百分点。

图 8-2 可以直观地看出上市公司董事会结构分项指数的区间分布。可以看到，2023 年上市公司董事会结构分项指数从低分到高分呈现正偏态分布，偏度系数是 0.0182。

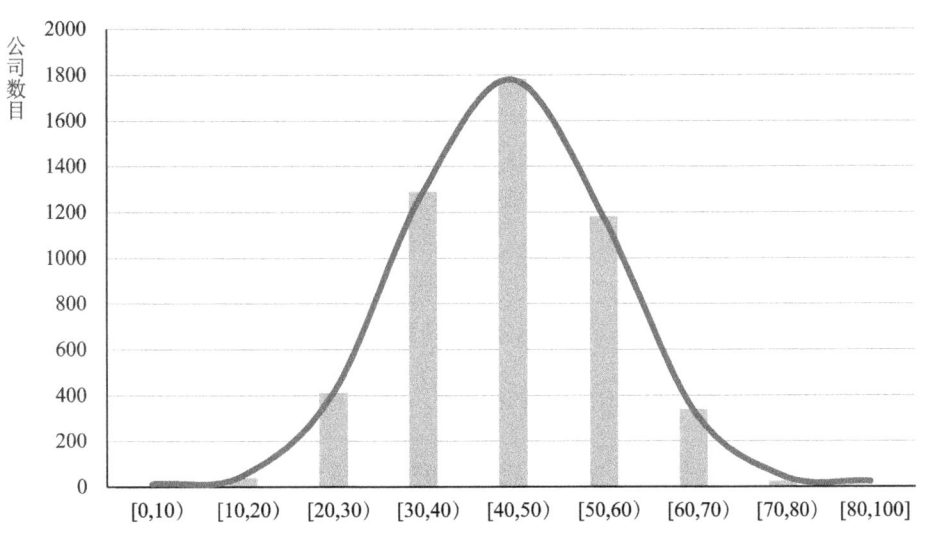

图8-2　2023年上市公司董事会结构分项指数区间分布

8.2.2　分地区董事会结构分项指数比较

根据东部、中部、西部和东北四个地区的划分，对上市公司董事会结构分项指数按照均值从高到低的顺序进行排名和比较，参见表 8-3。

表 8-3　2023 年不同地区上市公司董事会结构分项指数比较

排名	地区	公司数目	平均值	中位值	最大值	最小值	标准差
1	西部	595	46.8715	45.4167	75.4167	10.8796	10.2537
2	东北	169	45.5097	44.5076	72.6042	15.4167	9.9323
3	中部	673	44.6594	44.3452	73.5833	17.3148	10.3490
4	东部	3624	43.4491	43.9815	77.6894	8.1548	10.1215
	总体	5061	44.0812	44.2593	77.6894	8.1548	10.2259

从表 8-3 可以看到，四个地区董事会结构分项指数均值均远未达到及格线，西部上市公司董事会结构分项指数均值最高，为 46.8715 分；东部上市公司董事会结构分项指数均值最低，为 43.4491 分，二者绝对差距为 3.4224 分。董事会结构分项指数的最大值和最小值都出自东部。

图 8-3 直观地反映了四个地区上市公司董事会结构分项指数均值的差异。可以看到，不同地区上市公司董事会结构分项指数均值差异较为明显，东部的董事会结构分项指数均值低于总体均值，其余三个地区的董事会结构分项指数均值都高于总体均值。

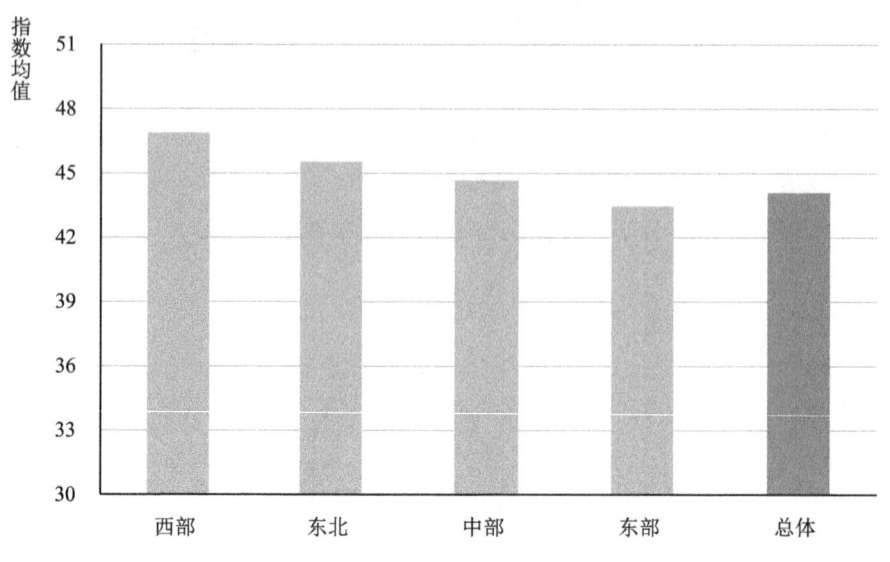

图8-3 2023年不同地区上市公司董事会结构分项指数比较

8.2.3 分行业董事会结构分项指数比较

对18个行业上市公司董事会结构分项指数按照均值从高到低的顺序进行排名和比较，结果参见表8-4。

表8-4 2023年不同行业上市公司董事会结构分项指数比较

排名	行业	公司数目	平均值	中位值	最大值	最小值	标准差
1	金融业（J）	124	53.7019	53.9583	75.4167	26.7130	9.3920
2	电力、热力、燃气及水生产和供应业（D）	131	50.3313	51.4352	76.5278	27.5926	9.8611
3	采矿业（B）	82	49.8709	51.6288	73.8333	22.5463	10.0031
4	房地产业（K）	101	48.6641	48.6364	70.8333	30.6250	8.9296
5	综合（S）	12	48.4406	50.3556	61.1742	29.7500	9.1391
6	交通运输、仓储和邮政业（G）	112	48.3072	48.4921	68.0833	24.0000	9.7104
7	教育（P）	12	47.5983	49.9405	57.3611	30.1786	7.8005
8	住宿和餐饮业（H）	8	47.0600	44.5069	70.5682	35.5556	10.0304
9	批发和零售业（F）	182	46.5728	44.8611	72.6667	19.4907	10.0384
10	建筑业（E）	107	46.2327	44.8611	69.7348	26.9048	10.1648
11	农、林、牧、渔业（A）	48	46.1515	44.6894	66.7130	22.8241	9.2970
12	文化、体育和娱乐业（R）	62	45.6042	44.8380	62.8704	23.9286	7.8424
13	科学研究和技术服务业（M）	111	45.1536	44.7024	69.3056	22.9167	10.0993
14	水利、环境和公共设施管理业（N）	97	44.7341	44.7348	65.3125	19.9074	9.8997

续表

排名	行业	公司数目	平均值	中位值	最大值	最小值	标准差
15	租赁和商务服务业（L）	65	44.4047	44.3056	70.0000	16.5833	10.6202
16	卫生和社会工作（Q）	15	44.0033	42.5000	58.7963	35.2778	7.3360
17	信息传输、软件和信息技术服务业（I）	418	42.9142	44.0712	69.8611	18.3333	10.0727
18	制造业（C）	3373	42.8590	43.6574	77.6894	8.1548	9.9759
	总体	5061	44.0812	44.2593	77.6894	8.1548	10.2259

注：居民服务、修理和其他服务业（O）只有1家上市公司，难以代表该行业整体水平，故排名时剔除。

从表8-4可以看出，18个行业中，有15个行业的董事会结构分项指数均值高于总体均值，这15个行业的董事会结构分项指数最大均值与总体均值的绝对差距为9.6207分；其他3个行业的董事会结构分项指数均值低于总体均值，总体均值与这3个行业的最低均值的绝对差距为1.2222分。显然，董事会结构分项指数高分区行业的内部差距远高于低分区行业。上市公司董事会结构分项指数均值排名前三位的行业分别是金融业（J）、电力、热力、燃气及水生产和供应业（D），以及采矿业（B）；排名最后三位的行业是制造业（C）、信息传输、软件和信息技术服务业（I），以及卫生和社会工作（Q）。董事会结构分项指数最大值和最小值均出自制造业（C）。

图8-4直观地反映了不同行业上市公司董事会结构分项指数均值的差异。可以看到，得分最高的金融业（J）与其他行业相比，差异较为明显，其他各行业董事会结构分项指数均值相差较小。

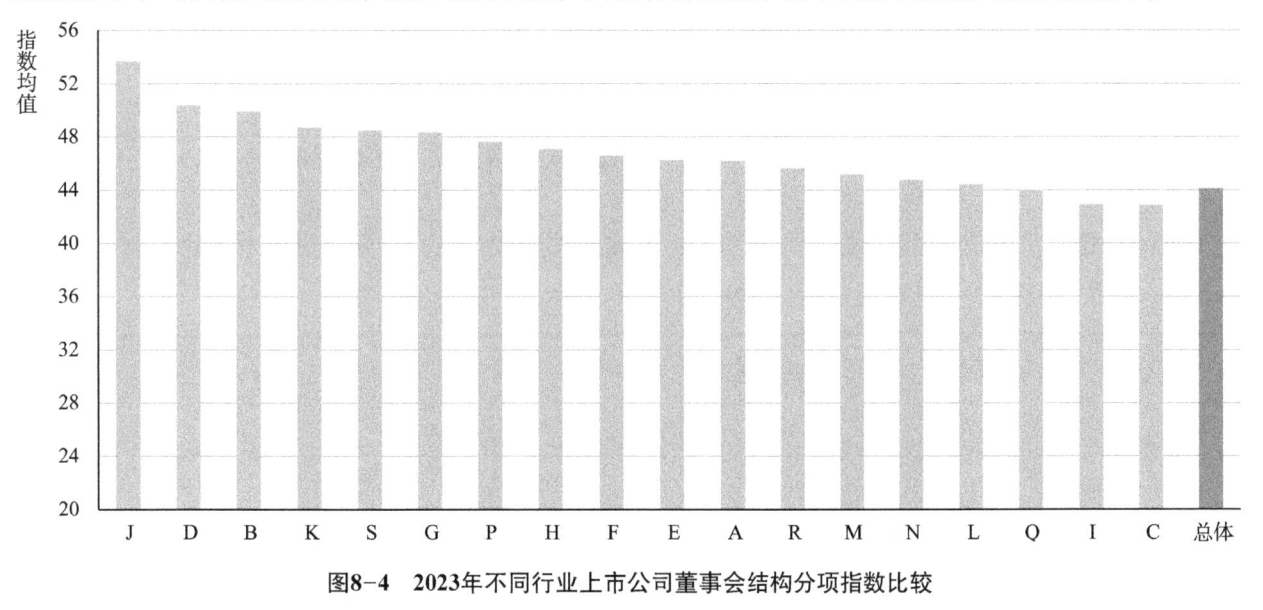

图8-4 2023年不同行业上市公司董事会结构分项指数比较

8.2.4 沪深300与非沪深300董事会结构分项指数比较

按照是否沪深300成分股指数公司，对两类公司的董事会结构分项指数进行比较，结果参见表8-5和图8-5。

表8-5 2023年沪深300与非沪深300公司董事会结构分项指数比较

排名	是否沪深300	公司数目	平均值	中位值	最大值	最小值	标准差
1	沪深300	299	48.8346	48.4722	76.5278	21.4352	10.2553
2	非沪深300	4762	43.7828	44.0278	77.6894	8.1548	10.1500
	总体	5061	44.0812	44.2593	77.6894	8.1548	10.2259

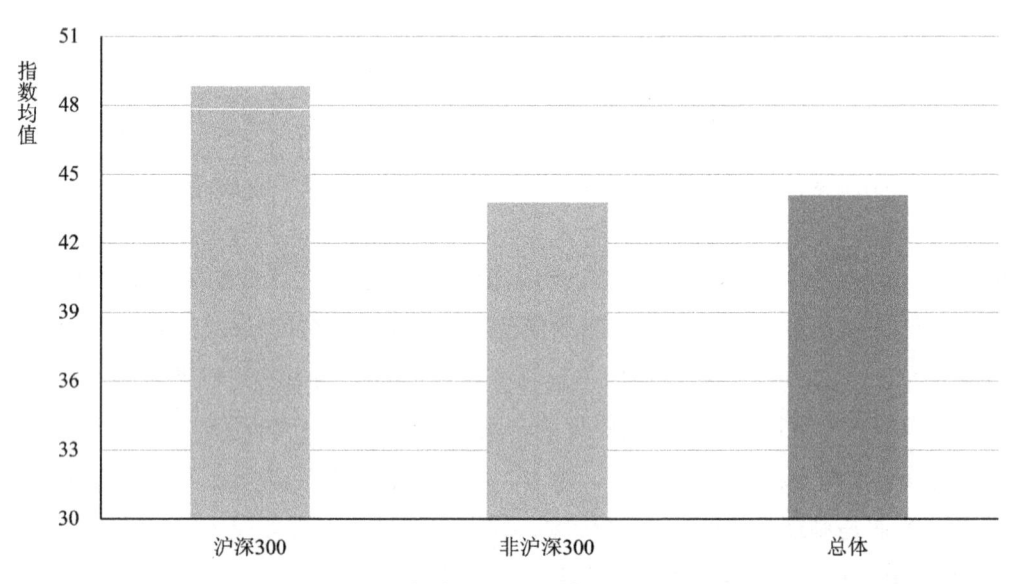

图8-5 2023年沪深300和非沪深300公司比较

从表8-5和图8-5可以看出，沪深300公司的董事会结构分项指数均值高于非沪深300，二者绝对差距为5.0518分，两类公司在董事会结构方面的建设都还非常不到位。

8.3 独立董事独立性分项指数排名及比较

独立董事独立性分项指数衡量独立董事的专业素质和履职情况，主要从形式上来评价独立董事的独立性。本节主要对独立董事独立性分项指数排名的各种情况进行比较分析。

8.3.1 独立董事独立性分项指数总体分布

根据独立董事独立性分项指数的分布，我们将其划分为10个区间，每个区间以10分为间隔，得到的结果参见表8-6。

表8-6 2023年上市公司独立董事独立性分项指数区间分布

指数区间	公司数目	占比/%	累计占比/%
[0,10)	0	0.00	0.00
[10,20)	1	0.02	0.02
[20,30)	20	0.40	0.41

续表

指数区间	公司数目	占比 / %	累计占比 / %
[30,40)	148	2.92	3.34
[40,50)	571	11.28	14.62
[50,60)	1224	24.18	38.81
[60,70)	1528	30.19	69.00
[70,80)	1096	21.66	90.65
[80,90)	426	8.42	99.07
[90,100]	47	0.93	100
总计	5061	100	—

由表 8-6 可以看出，独立董事独立性分项指数主要集中在 [50,80) 区间，总计有 3848 家公司，占样本总数的 76.03%。及格（达到 60 分）的公司有 3097 家，及格率为 61.19%，比上年（79.45%）下降 18.26 个百分点。

图 8-6 直观地反映出上市公司独立董事独立性分项指数的区间分布。可以看出，2023 年上市公司独立董事独立性分项指数从低分到高分呈负偏态分布，偏度系数是 -0.1632。

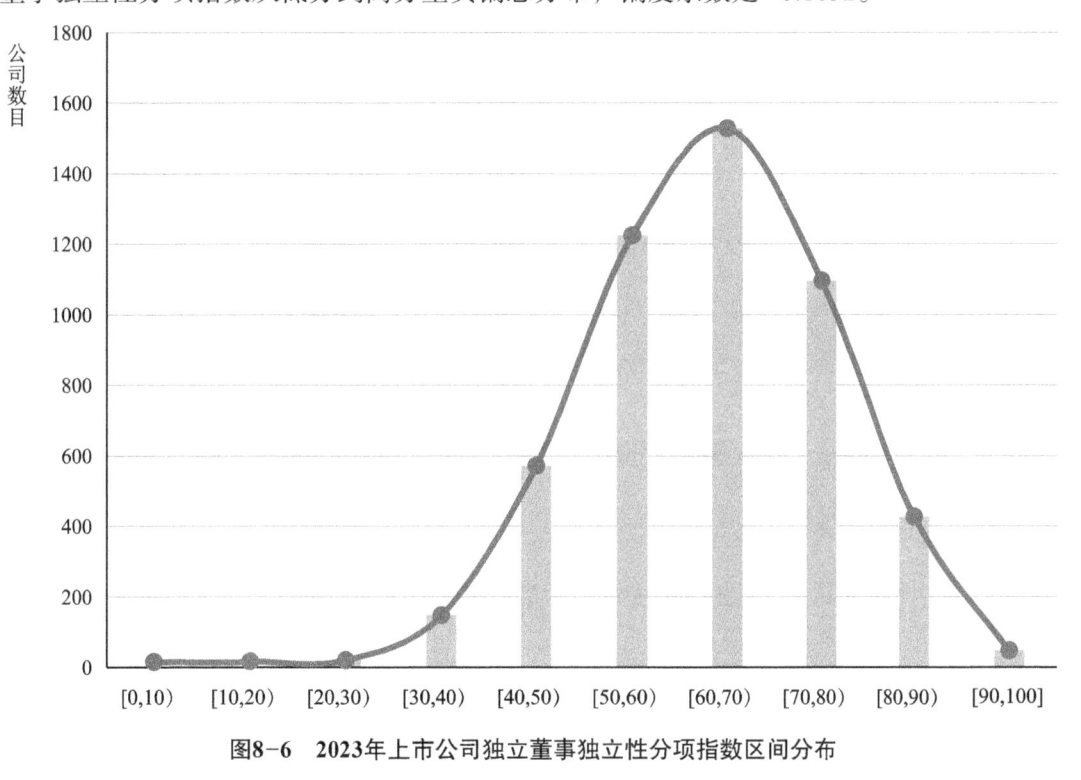

图8-6　2023年上市公司独立董事独立性分项指数区间分布

8.3.2　分地区独立董事独立性分项指数比较

根据东部、中部、西部和东北四个地区的划分，对上市公司独立董事独立性分项指数按照均值从高到低的顺序进行排名和比较，结果参见表 8-7。

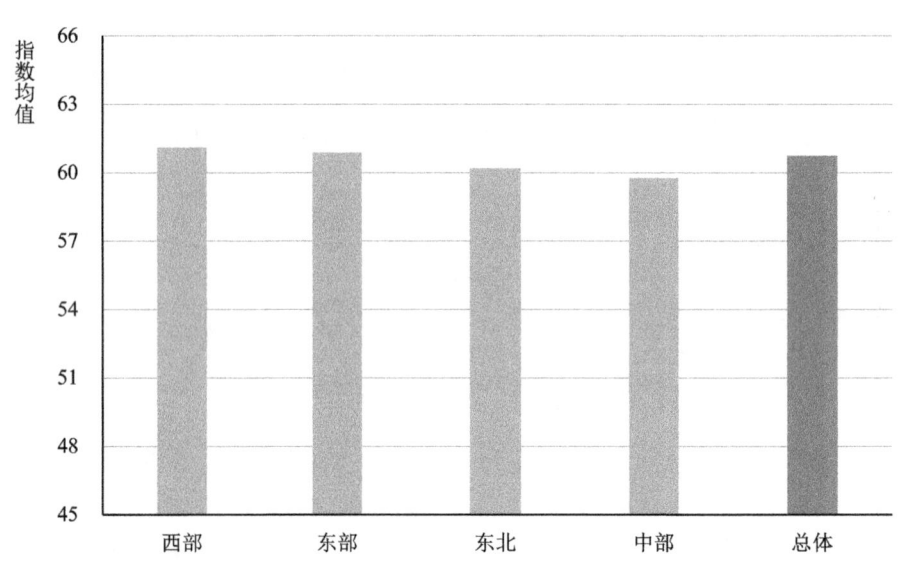

表 8-7 2023 年不同地区上市公司独立董事独立性分项指数比较

排名	地区	公司数目	平均值	中位值	最大值	最小值	标准差
1	西部	595	61.1170	60.0000	90.0000	20.0000	12.5272
2	东部	3624	60.8880	60.0000	90.0000	15.0000	12.1833
3	东北	169	60.1958	60.0000	90.0000	35.0000	10.6539
4	中部	673	59.7724	60.0000	90.0000	25.0000	11.6198
	总体	5061	60.7434	60.0000	90.0000	15.0000	12.1098

从表 8-7 可以看到，西部上市公司独立董事独立性分项指数均值最高，为 61.1170 分；中部最低，为 59.7724 分，二者之间的绝对差距为 1.3446 分，差距不大。独立董事独立性分项指数的最大值同时出现在四个地区，最小值出自东部。

图 8-7 更直观地反映了四个地区上市公司独立董事独立性分项指数均值的差异。可以看出，西部和东部上市公司独立董事独立性分项指数均值高于总体均值，东北和中部地区上市公司低于总体均值。

图8-7 2023年不同地区上市公司独立董事独立性分项指数比较

8.3.3 分行业独立董事独立性分项指数比较

对 18 个行业上市公司独立董事独立性分项指数按照均值从高到低的顺序进行排名和比较，结果参见表 8-8。

表 8-8 2023 年不同行业上市公司独立董事独立性分项指数比较

排名	行业	公司数目	平均值	中位值	最大值	最小值	标准差
1	住宿和餐饮业（H）	8	68.1250	67.5000	80.0000	55.0000	8.2680
2	农、林、牧、渔业（A）	48	62.3958	65.0000	90.0000	30.0000	11.6811

续表

排名	行业	公司数目	平均值	中位值	最大值	最小值	标准差
3	文化、体育和娱乐业（R）	62	62.1774	65.0000	85.0000	35.0000	10.4966
4	教育（P）	12	62.0581	60.0000	75.0000	45.0000	10.1131
5	卫生和社会工作（Q）	15	62.0000	60.0000	85.0000	35.0000	12.6227
6	综合（S）	12	61.6667	60.0000	80.0000	50.0000	8.7401
7	科学研究和技术服务业（M）	111	61.6156	60.0000	90.0000	30.0000	12.9520
8	交通运输、仓储和邮政业（G）	112	61.5307	60.0000	85.0000	30.0000	11.3134
9	制造业（C）	3373	61.1092	60.0000	90.0000	15.0000	12.0619
10	电力、热力、燃气及水生产和供应业（D）	131	61.0790	60.0000	85.0000	35.0000	11.6033
11	信息传输、软件和信息技术服务业（I）	418	60.3929	60.0000	90.0000	25.0000	12.0056
12	水利、环境和公共设施管理业（N）	97	60.0872	60.0000	90.0000	30.0000	12.1227
13	批发和零售业（F）	182	59.9429	60.0000	90.0000	30.0000	12.9815
14	采矿业（B）	82	59.0157	57.2917	80.0000	30.0000	12.0209
15	金融业（J）	124	58.9244	60.0000	90.0000	25.0000	11.7139
16	租赁和商务服务业（L）	65	58.5951	55.0000	80.0000	30.0000	12.1820
17	建筑业（E）	107	58.0348	60.0000	80.0000	30.0000	12.5596
18	房地产业（K）	101	54.9795	55.0000	90.0000	25.0000	12.2504
	总体	5061	60.7434	60.0000	90.0000	15.0000	12.1098

注：居民服务、修理和其他服务业（O）只有1家上市公司，难以代表该行业整体水平，故排名时剔除。

由表8-8可知，18个行业中，有10个行业的独立董事独立性分项指数均值高于总体均值，这10个行业的行业均值最大值与总体均值的绝对差距是7.3816分；其他8个行业的独立董事独立性分项指数均值低于总体均值，总体均值与这8个行业的最小均值的绝对差距是5.7640分。独立董事独立性分项指数高分区行业的内部差距大于低分区行业。上市公司独立董事独立性分项指数均值排名前三位的行业分别是住宿和餐饮业（H）、农、林、牧、渔业（A），以及文化、体育和娱乐业（R）；排在最后三位的分别是房地产业（K）、建筑业（E），以及租赁和商务服务业（L）。独立董事独立性分项指数最大值出现在农、林、牧、渔业（A）等8个行业（并列）；最小值出自制造业（C）。

图8-8直观地反映了不同行业上市公司独立董事独立性分项指数均值的差异。可以看到，得分最高的住宿和餐饮业（H）明显高于其他行业，得分最低的房地产业（K）较明显低于其他行业，除此之外各行业上市公司独立董事独立性分项指数均值从大到小差别不大。

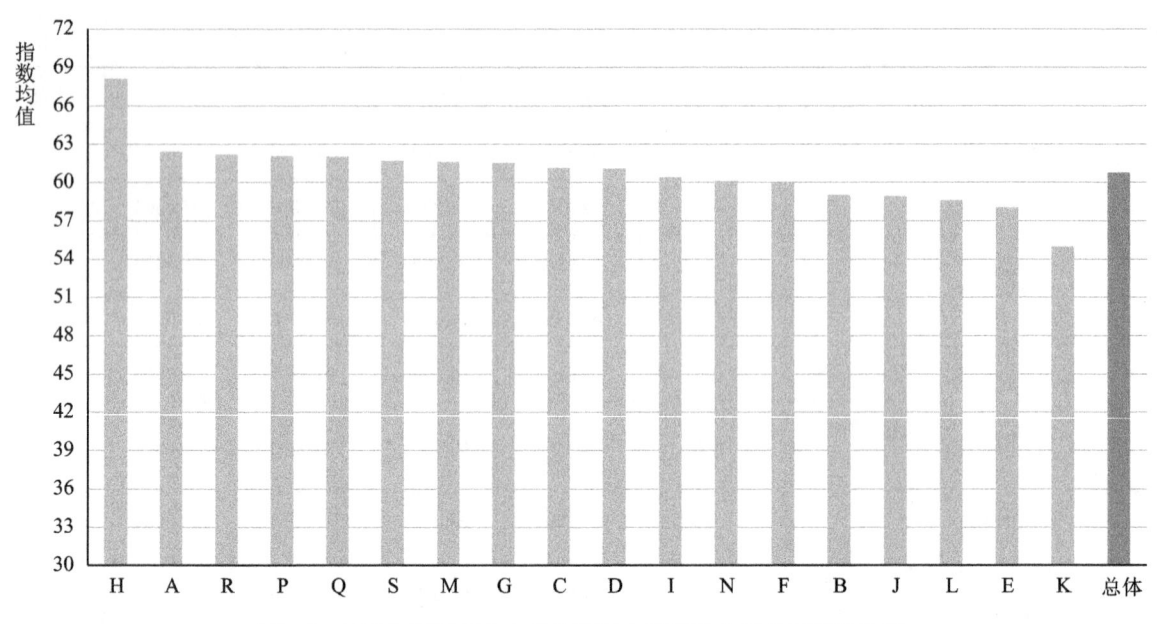

图8-8　2023年不同行业上市公司独立董事独立性分项指数比较

8.3.4　沪深300与非沪深300独立董事独立性分项指数比较

按照是否沪深300成分股指数公司，对两类公司的独立董事独立性分项指数进行比较，结果参见表8-9和图8-9。

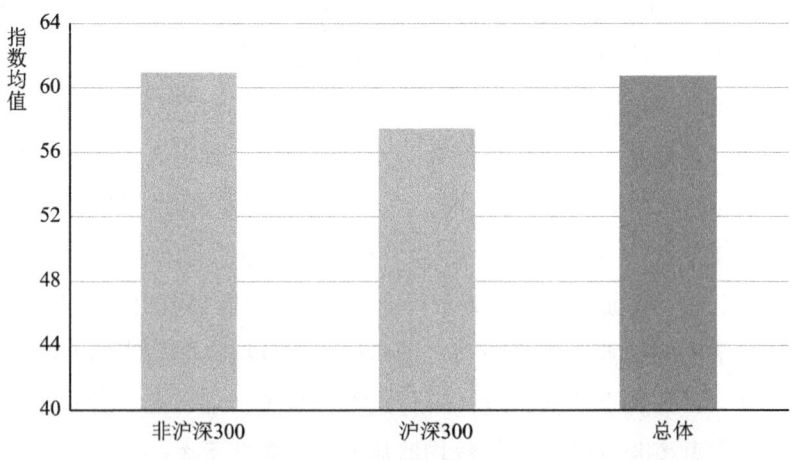

表8-9　2023年沪深300与非沪深300公司独立董事独立性分项指数比较

排名	是否沪深300	公司数目	平均值	中位值	最大值	最小值	标准差
1	非沪深300	4762	60.9488	60.0000	90.0000	15.0000	12.0861
2	沪深300	299	57.4727	55.0000	90.0000	20.0000	12.0176
	总体	5061	60.7434	60.0000	90.0000	15.0000	12.1098

从表8-9和图8-9可以看出，沪深300公司的独立董事独立性分项指数均值明显低于非沪深300，二者绝对差距为3.4761分，这意味着沪深300在独立董事独立性方面还需要进一步加强。

图8-9　2023年沪深300和非沪深300公司独立董事独立性分项指数比较

8.4 董事会行为分项指数排名及比较

董事会行为分项指数主要衡量董事会行为相关制度的建立及其执行情况，侧重从实质上来衡量董事会的实际履职情况。本节就董事会行为分项指数从不同角度进行比较和分析。

8.4.1 董事会行为分项指数总体分布

根据5061家样本上市公司的董事会行为分项指数，我们将其划分为7个区间，每个区间以10分为间隔（40分以下区间的公司数为0，合并为一个区间）。所有上市公司的董事会行为分项指数分布如表8-10所示。

表8-10 2023年上市公司董事会行为分项指数区间分布

指数区间	公司数目	占比/%	累计占比/%
[0,40)	0	0.00	0.00
[40,50)	6	0.12	0.12
[50,60)	44	0.87	0.99
[60,70)	590	11.66	12.65
[70,80)	463	9.15	21.79
[80,90)	3742	73.94	95.73
[90,100]	216	4.27	100
总计	5061	100	—

由表8-10可知，董事会行为分项指数主要集中在[60,90)区间，有4795家公司，占样本总数的94.74%。及格（达到60分）的公司有5011家，及格率为99.01%，比上年（98.17%）提高0.84个百分点。

图8-10直观地反映了上市公司董事会行为分项指数的分布情况。可以看到，各区间的公司数呈不规则分布，偏度系数为-1.0579，明显呈负偏态分布。

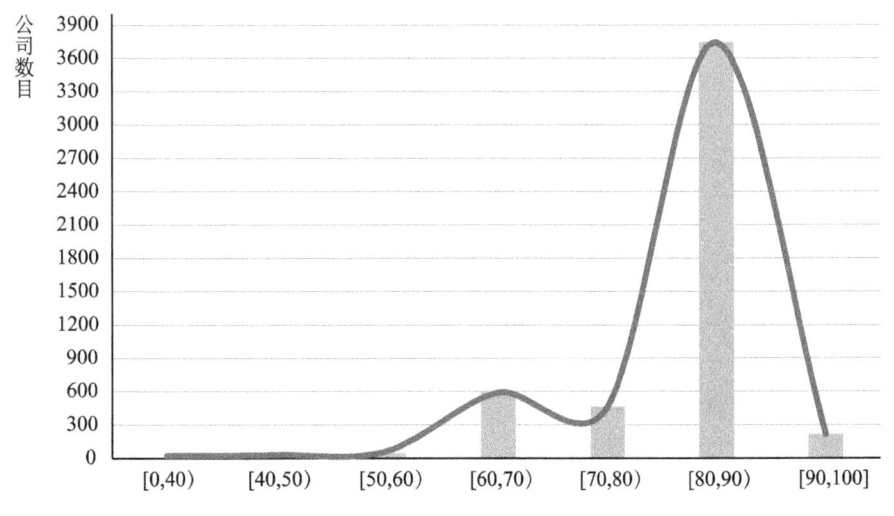

图8-10 2023年上市公司董事会行为分项指数区间分布

8.4.2 分地区董事会行为分项指数比较

根据东部、中部、西部和东北四个地区的划分，对上市公司董事会行为分项指数按照均值从高到低的顺序进行排名和比较，结果参见表8-11。

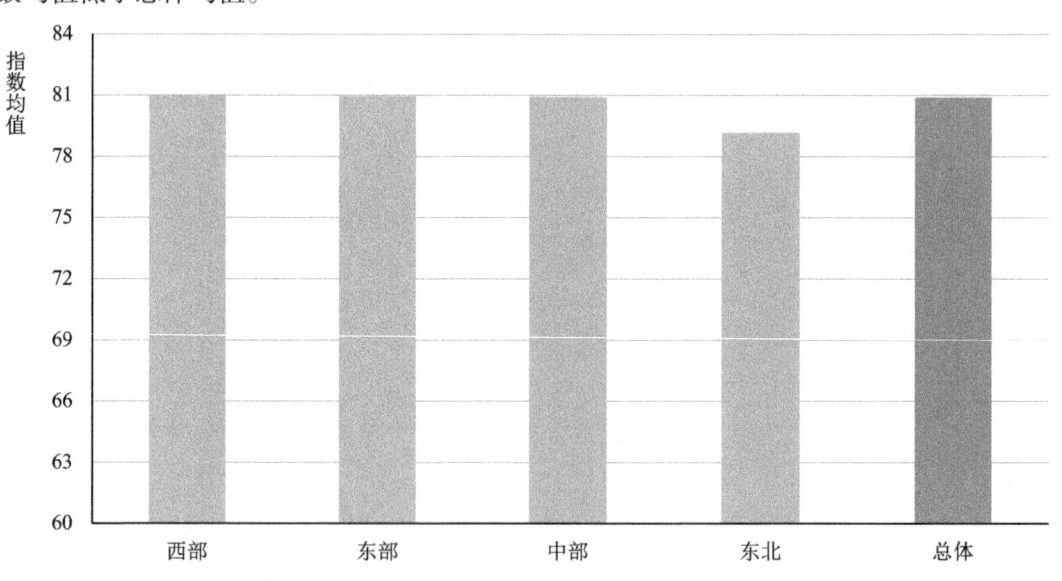

表8-11 2023年不同地区上市公司董事会行为分项指数比较

排名	地区	公司数目	平均值	中位值	最大值	最小值	标准差
1	西部	595	80.9596	83.0301	98.6286	57.7892	6.2735
2	东部	3624	80.9486	83.0234	99.1051	47.2417	6.6585
3	中部	673	80.9125	83.0262	98.4868	53.6392	6.7528
4	东北	169	79.1798	82.9367	97.9404	50.2432	7.8315
	总体	5061	80.8861	83.0230	99.1051	47.2417	6.6773

由表8-11可知，西部上市公司的董事会行为分项指数均值最高，为80.9596分；东北上市公司的董事会行为分项指数均值最低，为79.1798分，二者之间的绝对差距为1.7798分。在四个地区中，董事会行为分项指数最大值和最小值均出自东部。

图8-11更直观地反映了四个地区上市公司董事会行为分项指数均值的差异。可以看出，东北明显低于其他三个地区，其他三个地区的上市公司的董事会行为分项指数均值的差别不大。其中，西部、东部和中部地区上市公司董事会行为分项指数均值高于总体均值，东北地区上市公司董事会行为分项指数均值低于总体均值。

图8-11 2023年不同地区上市公司董事会行为分项指数比较

8.4.3 分行业董事会行为分项指数比较

对18个行业上市公司董事会行为分项指数按照均值从高到低的顺序进行排名和比较，结果参见表8-12。

表 8-12 2023 年不同行业上市公司董事会行为分项指数比较

排名	行业	公司数目	平均值	中位值	最大值	最小值	标准差
1	金融业（J）	124	82.1460	83.6518	98.5225	49.8884	6.5144
2	卫生和社会工作（Q）	15	81.9315	83.1452	95.6773	68.5925	6.1209
3	信息传输、软件和信息技术服务业（I）	418	81.4895	83.0184	98.6486	50.8638	6.2070
4	建筑业（E）	107	81.4286	82.9697	99.1051	52.5561	8.0617
5	水利、环境和公共设施管理业（N）	97	81.4286	83.0162	97.8855	47.2417	8.4133
6	制造业（C）	3373	81.0044	83.0268	99.1000	47.2878	6.4749
7	采矿业（B）	82	80.8749	83.0767	98.0447	53.6473	6.5911
8	农、林、牧、渔业（A）	48	80.8457	83.0439	97.2956	54.4741	6.9919
9	租赁和商务服务业（L）	65	80.5211	83.0093	98.5402	54.2518	8.2768
10	科学研究和技术服务业（M）	111	80.2432	83.0265	97.3448	53.5821	6.4198
11	交通运输、仓储和邮政业（G）	112	80.2188	83.0268	97.4897	49.9391	7.2194
12	文化、体育和娱乐业（R）	62	80.0744	83.0209	97.3380	53.6153	7.6138
13	批发和零售业（F）	182	79.9868	82.9801	98.0002	50.6545	6.7909
14	综合（S）	12	79.6851	82.5935	84.4157	65.1128	5.3166
15	住宿和餐饮业（H）	8	79.6426	83.0939	83.2490	68.8322	6.0347
16	房地产业（K）	101	78.9779	82.9418	84.6217	49.7436	6.9025
17	电力、热力、燃气及水生产和供应业（D）	131	78.7657	82.8103	97.9550	54.3991	7.5971
18	教育（P）	12	76.2801	81.0489	83.5912	65.6903	7.7077
	总体	5061	80.8861	83.0230	99.1051	47.2417	6.6773

注：居民服务、修理和其他服务业（O）只有 1 家上市公司，难以代表该行业整体水平，故排名时剔除。

从表 8-12 中可以看出，18 个行业中，有 6 个行业的董事会行为分项指数均值高于总体均值，这 6 个行业的行业均值最大值与总体均值的绝对差距是 1.2600 分；其他 12 个行业的董事会行为分项指数均值低于总体均值，总体均值与这 12 个行业的最小均值的绝对差距是 4.6059 分。董事会行为分项指数高分区行业的内部差距明显低于低分区行业。上市公司董事会行为分项指数均值排名前三位的行业分别是金融业（J）、卫生和社会工作（Q），以及信息传输、软件和信息技术服务业（I）；最后三位分别是教育（P）、电力、热力、燃气及水生产和供应业（D），以及房地产业（K）。董事会行为分项指数最大值出自建筑业（E），最小值出自水利、环境和公共设施管理业（N）。

图 8-12 更直观地反映了不同行业上市公司董事会行为分项指数均值的差异。可以看出，得分最低的教育（P）明显低于其他行业，除此之外董事会行为分项指数行业均值从大到小差别不大。

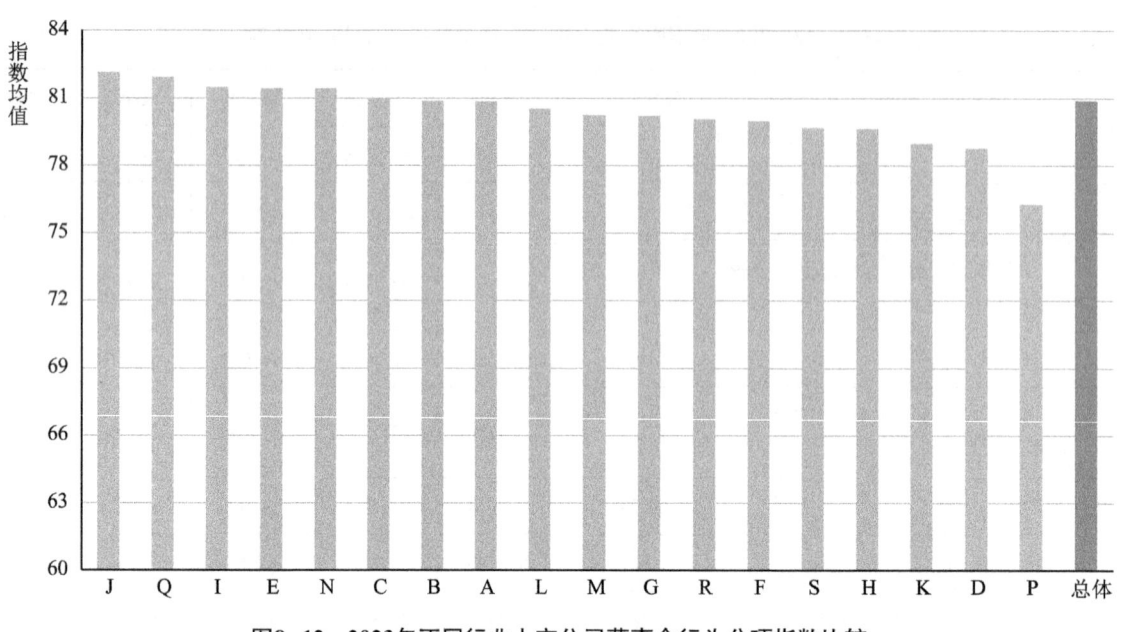

图8-12　2023年不同行业上市公司董事会行为分项指数比较

8.4.4　沪深300与非沪深300董事会行为分项指数比较

按照是否沪深300成分股指数公司，对两类公司的董事会行为分项指数进行比较，结果参见表8-13和图8-13。

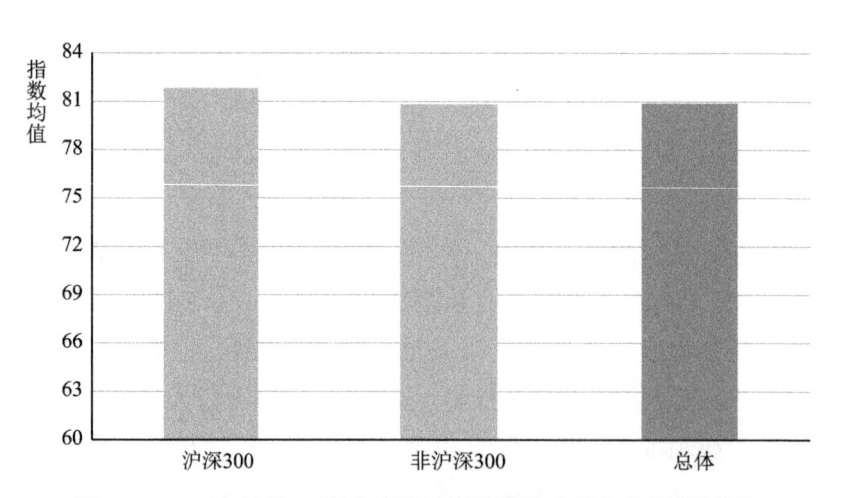

表 8-13　2023 年沪深 300 与非沪深 300 公司董事会行为分项指数比较

排名	是否沪深 300	公司数目	平均值	中位值	最大值	最小值	标准差
1	沪深300	299	81.8095	83.1130	99.1051	62.5668	6.0855
2	非沪深300	4762	80.8281	83.0185	98.6486	47.2417	6.7085
	总体	5061	80.8861	83.0230	99.1051	47.2417	6.6773

图8-13　2023年沪深300和非沪深300公司董事会行为分项指数比较

从表8-13和图8-13可以看出，沪深300公司的董事会行为分项指数均值略高于非沪深300，二者之间的绝对差距为0.9814分，两类公司差别很小。

8.5 董事激励与约束分项指数排名及比较

董事激励与约束分项指数衡量董事激励和约束制度的建立和执行情况，主要从实质上评价董事激励与约束机制，尤其是约束机制的有效性。本节就董事激励与约束分项指数从不同角度进行比较和分析。

8.5.1 董事激励与约束分项指数总体分布

根据5061家样本上市公司的董事激励与约束分项指数，我们将其划分为10个区间，每个区间以10分为间隔，所有上市公司的董事激励与约束分项指数分布如表8-14所示。

表8-14 2023年上市公司董事激励与约束分项指数区间分布

指数区间	公司数目	占比/%	累计占比/%
[0,10)	1	0.02	0.02
[10,20)	3	0.06	0.08
[20,30)	29	0.57	0.65
[30,40)	199	3.93	4.58
[40,50)	335	6.62	11.20
[50,60)	2141	42.30	53.51
[60,70)	2155	42.58	96.09
[70,80)	193	3.81	99.90
[80,90)	5	0.10	100
[90,100]	0	0	100
总计	5061	100	—

由表8-14可知，董事激励与约束分项指数主要集中在[50,70)区间内，共有4296家公司，占样本总数的84.88%。及格（达到60分）的公司有2353家，及格率为46.49%，比上年（45.08%）上升1.41个百分点。

从图8-14中可以更直观地看出，董事激励与约束分项指数分布较集中，偏度系数为-0.8781，略呈负偏态分布。

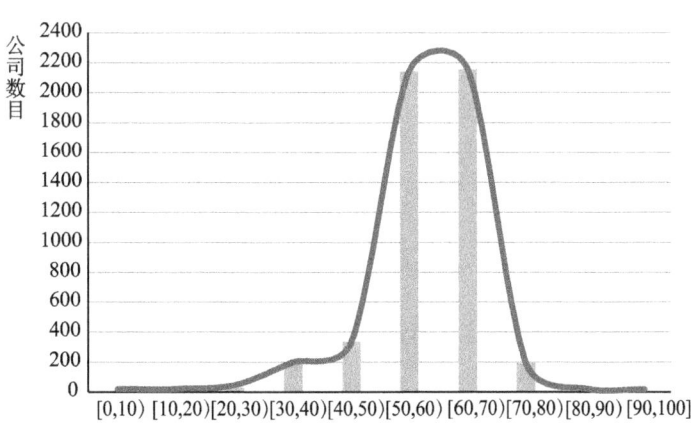

图8-14 2023年上市公司董事激励与约束分项指数区间分布

8.5.2 分地区董事激励与约束分项指数比较

根据东部、中部、西部和东北四个地区的划分，对上市公司董事激励与约束分项指数按照均值从高到低的顺序进行排名和比较，结果参见表8-15。

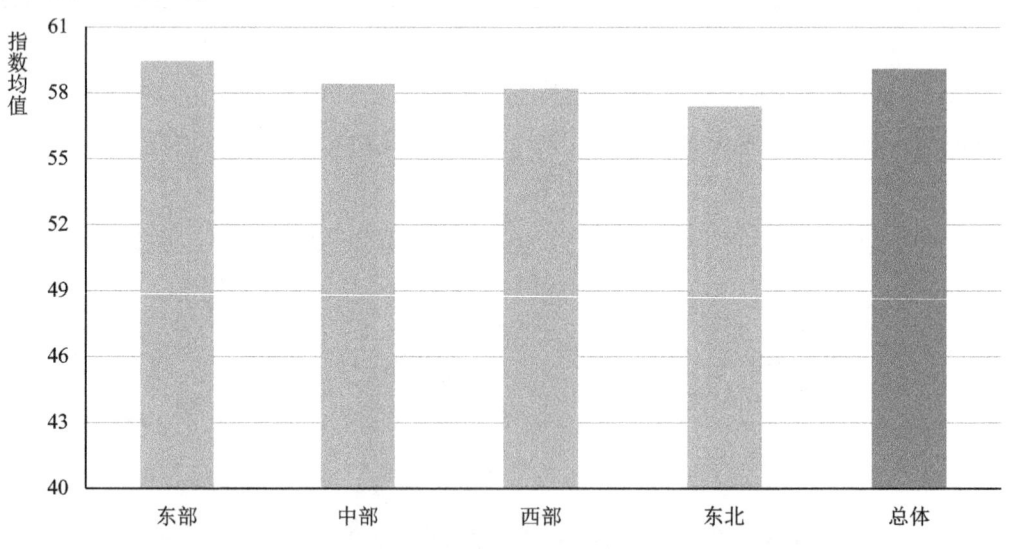

表8-15 2023年不同地区上市公司董事激励与约束分项指数比较

排名	地区	公司数目	平均值	中位值	最大值	最小值	标准差
1	东部	3624	59.4463	55.5556	88.8889	5.5556	9.5106
2	中部	673	58.4118	55.5556	77.7778	22.2222	9.2906
3	西部	595	58.1979	55.5556	77.7778	22.2222	10.1967
4	东北	169	57.3964	55.5556	77.7778	22.2222	9.9807
	总体	5061	59.0935	55.5556	88.8889	5.5556	9.5989

由表8-15可知，东部上市公司的董事激励与约束分项指数均值最高，为59.4463分；东北上市公司的董事激励与约束分项指数均值最低，为57.3964分，二者之间的绝对差距为2.0498分。在四个地区中，董事激励与约束分项指数的最大值和最小值均出自东部。

图8-15更直观地反映了四个地区上市公司董事激励与约束分项指数均值的差异。可以看到，东部上市公司董事激励与约束分项指数均值高于总体均值，其他三个地区的上市公司董事激励与约束分项指数均值则低于总体均值。

图8-15 2023年不同地区上市公司董事激励与约束分项指数比较

8.5.3 分行业董事激励与约束分项指数比较

对18个行业上市公司董事激励与约束分项指数按照均值从高到低的顺序进行排名，结果参见表8-16。

表 8-16　2023 年不同行业上市公司董事激励与约束分项指数比较

排名	行业	公司数目	平均值	中位值	最大值	最小值	标准差
1	住宿和餐饮业（H）	8	65.2778	66.6667	77.7778	55.5556	6.6609
2	制造业（C）	3373	59.8840	61.1111	88.8889	11.1111	9.1933
3	卫生和社会工作（Q）	15	59.2593	66.6667	66.6667	33.3333	9.6581
4	金融业（J）	124	58.8710	55.5556	88.8889	33.3333	9.9009
5	科学研究和技术服务业（M）	111	58.8088	55.5556	77.7778	33.3333	9.4466
6	文化、体育和娱乐业（R）	62	58.4229	55.5556	77.7778	22.2222	9.4524
7	租赁和商务服务业（L）	65	58.2051	55.5556	77.7778	22.2222	10.0855
8	信息传输、软件和信息技术服务业（I）	418	58.1606	55.5556	88.8889	5.5556	9.9251
9	农、林、牧、渔业（A）	48	57.8704	55.5556	77.7778	33.3333	9.9402
10	交通运输、仓储和邮政业（G）	112	57.6885	55.5556	77.7778	33.3333	9.4271
11	水利、环境和公共设施管理业（N）	97	57.6174	55.5556	88.8889	11.1111	12.8709
12	电力、热力、燃气及水生产和供应业（D）	131	56.8278	55.5556	77.7778	22.2222	10.1484
13	建筑业（E）	107	56.5940	55.5556	77.7778	22.2222	11.1145
14	房地产业（K）	101	56.4906	55.5556	66.6667	22.2222	9.5770
15	批发和零售业（F）	182	56.2882	55.5556	77.7778	22.2222	9.4879
16	采矿业（B）	82	54.6748	55.5556	66.6667	22.2222	9.9483
17	教育（P）	12	54.6296	55.5556	66.6667	33.3333	11.5277
18	综合（S）	12	53.7037	55.5556	66.6667	11.1111	13.4817
	总体	5061	59.0935	55.5556	88.8889	5.5556	9.5989

注：居民服务、修理和其他服务业（O）只有 1 家上市公司，难以代表该行业整体水平，故排名时剔除。

由表 8-16 可以看出，18 个行业中，董事激励与约束分项指数均值高于总体均值的行业有 3 个，这 3 个行业董事激励与约束分项指数最大均值与总体均值的绝对差距为 6.1843 分；低于总体均值的行业有 15 个，总体均值与这 15 个行业董事激励与约束分项指数最小均值的绝对差距为 5.3898 分。高分区行业的内部差距大于低分区行业。董事激励与约束分项指数均值排名前三位的行业分别是住宿和餐饮业（H）、制造业（C），以及卫生和社会工作（Q）；排名最后三位的行业分别是综合（S）、教育（P），以及采矿业（B）。董事激励与约束分项指数最大值出现在制造业（C）等 4 个行业中（并列），最小值出自信息传输、软件和信息技术服务业（I）。

图 8-16 直观地反映了不同行业上市公司董事激励与约束分项指数均值的差异。可以看到，排名最高的住宿和餐饮业（H）明显高于其他行业，排名最低的三个行业明显低于其他行业，除此之外其他行业的董事激励与约束分项指数均值按照排名递减。

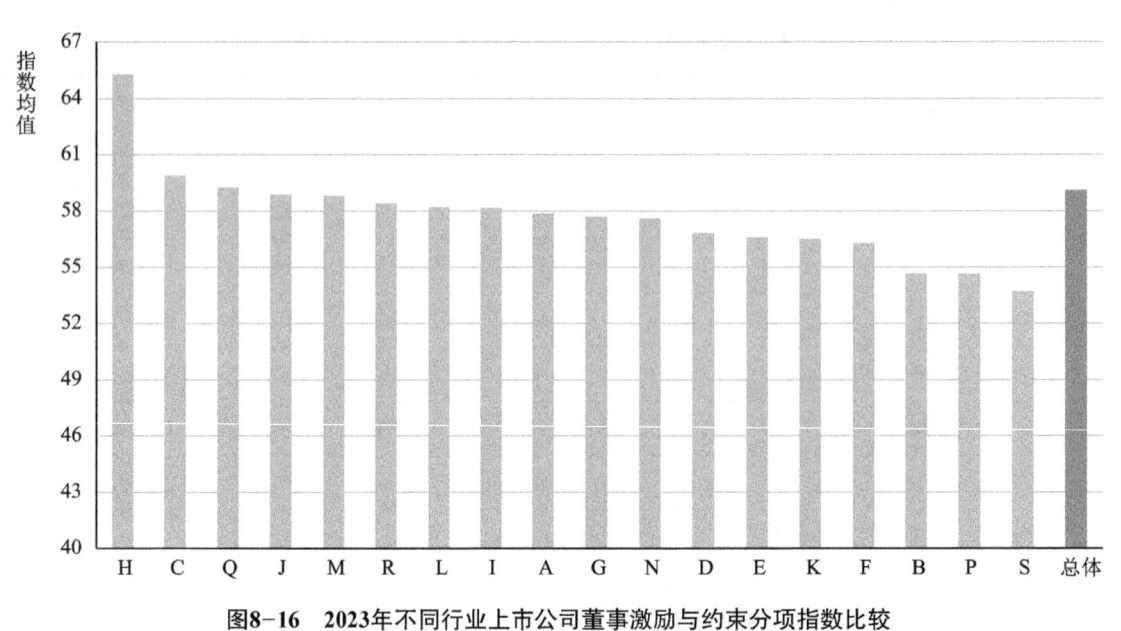

图8-16 2023年不同行业上市公司董事激励与约束分项指数比较

8.5.4 沪深300与非沪深300董事激励与约束分项指数比较

按照是否沪深300成分股指数公司，对两类公司的董事激励与约束分项指数进行比较，结果参见表8-17和图8-17。

表8-17 2023年沪深300与非沪深300公司董事激励与约束分项指数比较

排名	是否沪深300	公司数目	平均值	中位值	最大值	最小值	标准差
1	非沪深300	4762	59.2771	55.5556	88.8889	5.5556	9.6336
2	沪深300	299	56.1687	55.5556	77.7778	22.2222	8.5087
	总体	5061	59.0935	55.5556	88.8889	5.5556	9.5989

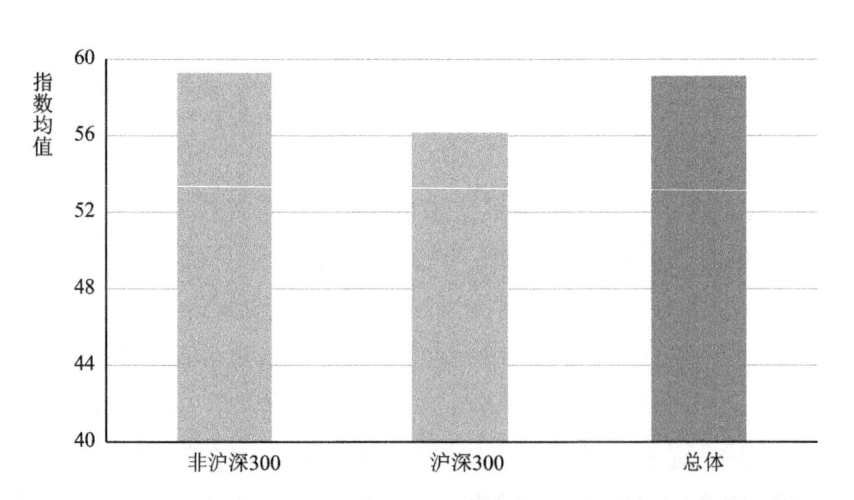

图8-17 2023年沪深300和非沪深300公司董事激励与约束分项指数比较

从表8-17和图8-17可以看出，沪深300公司的董事激励与约束分项指数均值低于非沪深300，二者绝对差距为3.1084分。两类公司均值都没有到达及格线，在董事激励与约束机制建设方面很不到位。

8.6 本章小结

本章从总体、地区、行业以及是否沪深300四个方面，对2023年董事会治理的四个分项指数，即董事会结构、独立董事独立性、董事会行为和董事激励与约束进行了全面比较分析，主要结论如下：

（1）从董事会治理四个分项指数的比较看，2023年董事会行为分项指数均值最高，董事会结构分项指数均值最低。董事会行为和独立董事独立性两个分项指数均值达到了60分的及格水平。从指数分布区间来看，董事会结构分项指数得分主要集中在[30,60)区间，占样本总数的83.94%；独立董事独立性分项指数主要集中在[50,80)区间，占样本总数的76.03%；董事会行为分项指数主要集中在[60,90)区间内，占样本总数的94.74%；董事激励与约束分项指数主要集中在[50,70)区间内，占样本总数的84.88%。从总体上看，四个分项指数分布都比较集中，董事会行为和董事激励与约束分项两个分项指数及格率较上年有所提升，董事会结构和独立董事独立性两个分项指数及格率有所下降，特别是独立董事独立性下降明显。

（2）从地区来看，董事会结构分项指数均值从大到小分别是西部、东北、中部和东部；独立董事独立性分项指数均值从大到小分别是西部、东部、东北和中部；董事会行为分项指数均值从大到小分别是西部、东部、中部和东北；董事激励与约束分项指数均值从大到小分别是东部、中部、西部和东北。从总体上看，西部在董事会结构、独立董事独立性和董事会行为三个分项指数上均表现较好；东部在董事激励与约束分项指数上表现较好；东北在独立董事独立性、董事会行为和董事激励与约束三个分项指数上均表现较差。

（3）从行业来看，董事会结构分项指数均值排名前三的行业分别是金融业（J）、电力、热力、燃气及水生产和供应业（D），以及采矿业（B）；独立董事独立性分项指数均值排名前三的行业分别是住宿和餐饮业（H）、农、林、牧、渔业（A），以及文化、体育和娱乐业（R）；董事会行为分项指数均值排名前三的行业分别是金融业（J）、卫生和社会工作（Q），以及信息传输、软件和信息技术服务业（I）；董事激励与约束分项指数均值排名前三的行业分别是住宿和餐饮业（H）、制造业（C），以及卫生和社会工作（Q）。金融业（J）在董事会结构和董事会行为两个分项指数上表现最好，住宿和餐饮业（H）在独立董事独立性和董事激励与约束两个分项指数上表现最好。

（4）从沪深300与非沪深300的比较看，沪深300公司在董事会结构和董事会行为两个分项指数上，表现好于非沪深300；而在独立董事独立性和董事激励与约束两个分项指数上，都不如非沪深300。这意味着沪深300在董事会治理方面，还存在一些治理风险。

第9章 董事会治理指数的所有制比较

根据第 1 章的控股或所有制类型划分，本章对 2023 年 5061 家样本上市公司的董事会治理指数及四个分项指数从所有制角度进行比较分析，以了解不同所有制公司在董事会治理方面存在的异同。

9.1 董事会治理指数总体的所有制比较

9.1.1 董事会治理总体指数比较

不同的所有制会对上市公司董事会治理产生影响，表 9-1 比较了不同所有制上市公司总体的董事会治理指数，并按照均值从高到低的顺序进行了排名。

表 9-1 2023 年不同所有制上市公司董事会治理指数比较

排名	所有制类型	公司数目	平均值	中位值	最大值	最小值	标准差
1	国有绝对控股公司	554	62.5973	62.6229	78.4755	47.6824	5.2165
2	国有强相对控股公司	532	62.3543	62.4292	76.7978	47.9879	4.6078
3	国有弱相对控股公司	406	62.1117	62.8332	74.7688	45.8814	4.9391
4	无国有股份公司	2385	60.8385	60.9668	75.8538	37.5439	4.9413
5	国有参股公司	1184	60.4475	60.6220	75.8083	39.1037	5.1887
	总体	5061	61.2011	61.3410	78.4755	37.5439	5.0583

从表 9-1 可以看出，中国上市公司董事会治理指数总体较低，平均值 61.2011 分，刚达到 60 分的及格水平。五类所有制公司的董事会治理指数均值差异不大，最大值和最小值之差仅为 2.1498 分。国有绝对控股公司董事会治理指数的均值最高，国有弱相对控股公司的中位值最高；国有参股公司董事会治理指数的均值和中位值都是最低。董事会治理指数的最大值和最小值分别来自国有绝对控股公司和无国有股份公司。从标准差来看，五类所有制公司的离散程度差别很小。

图 9-1 按照前十大股东中的国有股比例从大到小进行了排序。可以发现，对于有国有股份的公司，随着国有股比例的降低，董事会治理指数均值呈下降趋势；三类国有控股公司的董事会治理均值明显高于两类非国有控股公司。

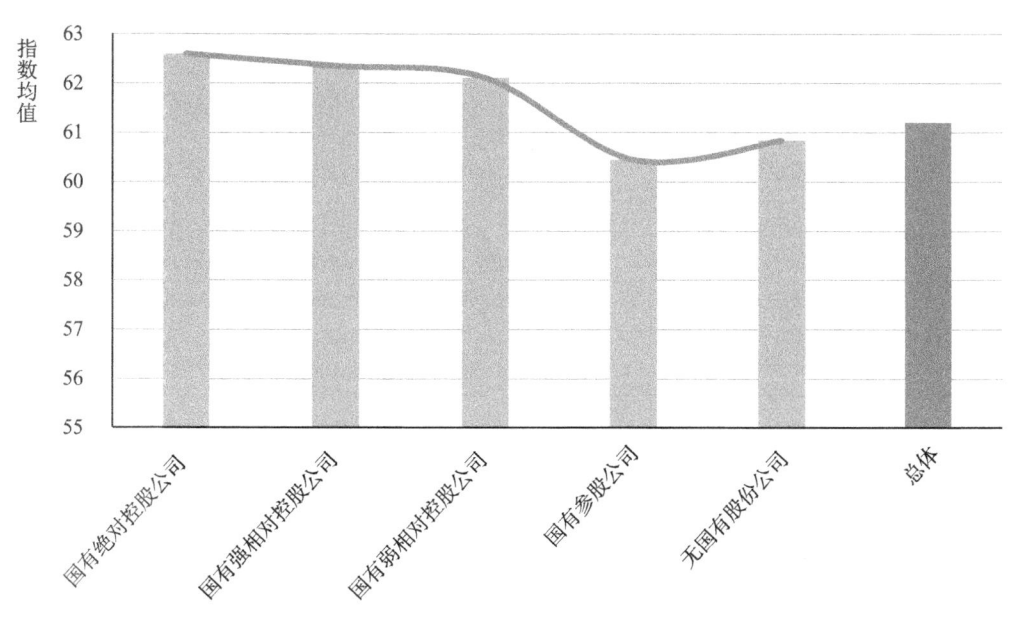

图9-1 2023年不同所有制上市公司董事会治理指数均值比较

我们进一步将国有绝对控股公司、国有强相对控股公司和国有弱相对控股公司归类为国有控股公司，将国有参股公司和无国有股份公司归类为非国有控股公司，表9-2比较了国有控股公司和非国有控股公司董事会治理指数的差异。

表9-2 2023年国有与非国有控股上市公司董事会治理指数比较

排名	控股类型	公司数目	平均值	中位值	最大值	最小值	标准差
1	国有控股公司	1492	62.3785	62.5608	78.4755	45.8814	4.9346
2	非国有控股公司	3569	60.7088	60.8601	75.8538	37.5439	5.0281
	总体	5061	61.2011	61.3410	78.4755	37.5439	5.0583

从表9-2可知，国有控股公司与非国有控股公司的董事会治理指数均值差距不大，二者相差1.6697分。国有控股公司董事会治理指数的均值和中位值都高于非国有控股公司。

我们进一步按照实际（或最终）控制人划分为中央企业（或监管机构）、地方国企（或监管机构）和非国有企业或自然人三种类型，表9-3按照董事会治理指数均值从大到小对三类实际（或最终）控制人公司进行了比较。可以发现，地方国企（或监管机构）实际（或最终）控制的上市公司的董事会治理指数的均值最高，其次为中央企业（或监管机构）实际（或最终）控制的上市公司，最低的是非国有企业或自然人实际（或最终）控制的公司。把实际（或最终）控制人为非国有企业或自然人的类型进一步细分为集体企业、民营企业、境外企业、自然人四种类型，则在四个细分类中，民营企业控制的上市公司的董事会治理指数均值最高，境外企业控制的上市公司的董事会治理指数均值最低，但这四种细分类型实际（或最终）控制人控制的上市公司的董事会治理指数均值仍都低于两类国企（或监管机构）控制的上市公司的董事会治理指数均值。

表 9-3 2023年不同实际（或最终）控制人上市公司董事会治理指数比较

排名	实际（或最终）控制人	公司数目	平均值	中位值	最大值	最小值	标准差
1	地方国企（或监管机构）	1021	62.4136	62.6263	78.4755	45.8814	4.9506
2	中央企业（或监管机构）	471	62.3026	62.4018	75.1475	47.5642	4.8988
3	非国有企业或自然人总计	3569	60.7088	60.8601	75.8538	37.5439	5.0281
	其中：民营企业	101	61.3648	61.3278	75.7734	48.3410	5.0566
	其中：自然人	3408	60.6950	60.8504	75.8538	37.5439	5.0348
	其中：集体企业	29	60.5196	61.0159	70.7766	49.1195	5.0540
	其中：境外企业	31	60.2651	59.9574	68.1521	54.4199	3.8801
	总体	5061	61.2011	61.3410	78.4755	37.5439	5.0583

9.1.2 董事会治理分项指数总体比较

董事会治理指数包括董事会结构、独立董事独立性、董事会行为和董事激励与约束四个分项指数，表9-4对五类所有制上市公司的四个董事会治理分项指数进行了比较。

表 9-4 2023年不同所有制上市公司董事会治理分项指数均值比较

所有制类型	董事会结构	独立董事独立性	董事会行为	董事激励与约束
国有绝对控股公司	51.8448	60.2273	80.7060	57.6113
国有强相对控股公司	50.9516	59.8222	80.3205	58.3229
国有弱相对控股公司	49.1540	60.2342	81.2317	57.8270
国有参股公司	41.7983	60.4850	81.0044	58.5023
无国有股份公司	41.0151	61.2838	80.9365	60.1188
总体	44.0812	60.7434	80.8861	59.0935

从表9-4可以看出，四个分项指数中，五类所有制公司都是董事会行为分项指数均值最高，均值都在80～82分；其次为独立董事独立性分项指数，均值在59～62分，其中国有强相对控股公司独立董事独立性分项指数未达到及格标准；五类所有制公司中仅有无国有股份公司的董事激励与约束分项指数及格（60分），其余四类所有制公司该分项指数未及格；五类所有制公司的董事会结构分项指数均值均未及格，且该分项指数距离及格线还较远。

图9-2更直观地反映了不同所有制上市公司董事会治理四个分项指数均值的差异。可以发现，对

于五种所有制上市公司，董事会行为分项指数均为最高，其后依次均为独立董事独立性和董事激励与约束两个分项指数，董事会结构分项指数均为最低。从各分项指数来看，对于董事会结构分项指数，三类国有控股公司明显高于两类非国有控股公司；对于独立董事独立性分项指数，无国有股份公司最高，国有强相对控股公司最低；对于董事会行为分项指数，国有弱相对控股公司最高，国有强相对控股公司最低；对于董事激励与约束分项指数，无国有股份公司最高，国有绝对控股公司最低。除了董事会结构分项指数外，对于其他三个分项指数，五类公司的差异并不大。

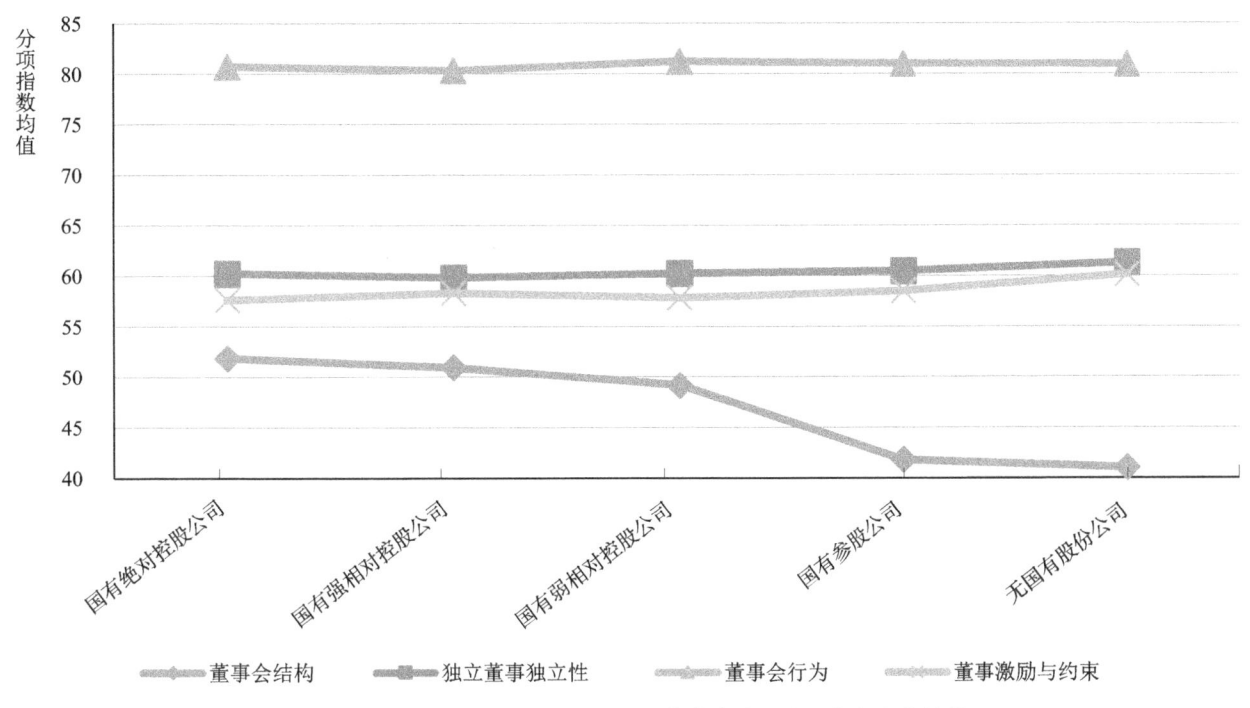

图 9-2　2023 年不同所有制上市公司董事会治理分项指数变化趋势

我们进一步将国有绝对控股公司、国有强相对控股公司和国有弱相对控股公司归类为国有控股公司，将国有参股公司和无国有股份公司归类为非国有控股公司，两类所有制上市公司董事会治理分项指数均值的比较参见表 9-5 和图 9-3。可以看出，在董事会结构分项指数上，国有控股公司明显高于非国有控股公司；在独立董事独立性、董事会行为和董事激励与约束三个分项指数上，都是非国有控股公司略高于国有控股公司。从总体看，国有控股公司相对比较重视董事会结构，而非国有控股公司则相对比较重视独立董事独立性、董事会行为和董事激励与约束。

表 9-5　2023 年国有与非国有控股上市公司董事会治理分项指数均值比较

控股类型	董事会结构	独立董事独立性	董事会行为	董事激励与约束
国有控股公司	50.7941	60.0848	80.7116	57.9237
非国有控股公司	41.2750	61.0188	80.9590	59.5825
总体	44.0812	60.7434	80.8861	59.0935

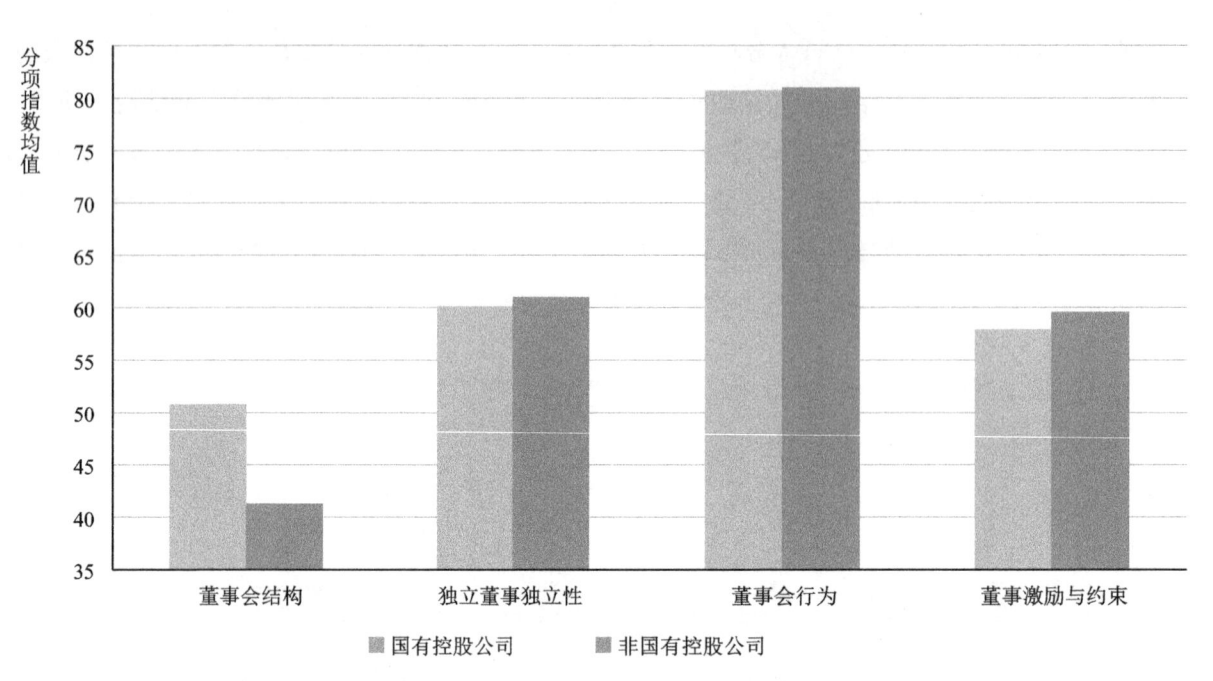

图9-3 2023年国有与非国有控股上市公司董事会治理分项指数均值比较

按照三类实际（或最终）控制人的划分，进一步比较它们实际（或最终）控制的公司在董事会分项指数均值上的差异，结果参见表9-6和图9-4。可以看出，在董事会结构和董事会行为两个分项指数上，中央企业（或监管机构）实际（或最终）控制的公司都好于地方国有企业（或监管机构）实际（或最终）控制的公司和非国有企业或自然人实际（或最终）控制的公司，而且在董事会结构分项指数上，两类实控人为国企（或监管机构）的公司远大于实控人为非国企或自然人的公司；在独立董事独立性和董事激励与约束分项指数上，非国有企业或自然人实际（或最终）控制的公司都好于中央企业（或监管机构）和地方国有企业（或监管机构）实际（或最终）控制的公司。进一步说，中央企业（或监管机构）和地方国企（或监管机构）实际（或最终）控制的公司更偏重于董事会结构，而非国有企业或自然人实际（或最终）控制的公司更偏重于董事激励与约束，三类公司在其他两个分项指数上的差异比较小，这与上面的结论基本一致。

表9-6 2023年不同实际（或最终）控制人上市公司董事会治理分项指数均值比较

实际（或最终）控制人	董事会结构	独立董事独立性	董事会行为	董事激励与约束
中央企业（或监管机构）	51.3208	58.3843	81.2133	58.2921
地方国有企业（或监管机构）	50.5511	60.8692	80.4801	57.7538
非国有企业或自然人	41.2750	61.0188	80.9590	59.5825
总体	44.0812	60.7434	80.8861	59.0935

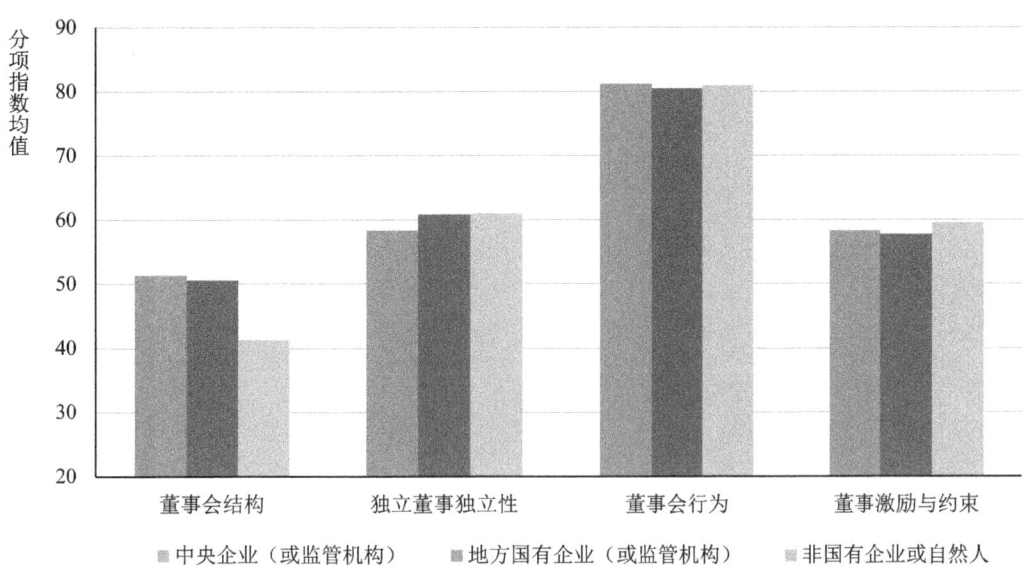

图9-4 2023年不同实际（或最终）控制人上市公司董事会治理分项指数均值比较

9.2 分地区董事会治理指数的所有制比较

9.2.1 分地区董事会治理总体指数比较

按照四个地区的划分，我们进一步统计了不同地区国有控股和非国有控股上市公司的董事会治理指数，参见表9-7。

表 9-7 2023 年不同地区国有与非国有控股上市公司董事会治理指数比较

地区	所有制类型	公司数目	平均值	中位值	最大值	最小值	标准差
东部	国有控股公司	917	62.3079	62.5000	78.4755	45.8814	4.9214
	非国有控股公司	2707	60.8020	60.9569	75.8538	37.5439	4.9586
	总体	3624	61.1830	61.3756	78.4755	37.5439	4.9923
中部	国有控股公司	244	61.9037	62.1423	75.9011	47.5642	4.8118
	非国有控股公司	429	60.3903	60.5519	74.2150	41.1293	5.1197
	总体	673	60.9390	60.9162	75.9011	41.1293	5.0628
西部	国有控股公司	259	63.4318	63.1531	77.4785	51.7007	4.9225
	非国有控股公司	336	60.5182	60.4211	75.8083	39.1037	5.5415
	总体	595	61.7865	61.8705	77.4785	39.1037	5.4750
东北	国有控股公司	72	61.0987	61.3258	71.2267	49.1233	4.9025
	非国有控股公司	97	60.1784	60.2059	70.6546	45.7679	4.5447
	总体	169	60.5705	60.7871	71.2267	45.7679	4.7225

从表9-7可以看出，四个地区均是国有控股公司董事会治理指数的均值和中位值高于非国有控股公司，其中西部差值最大，国有控股公司高出非国有控股公司2.9136分。

图9-5直观地反映了四个地区国有控股公司与非国有控股公司董事会治理指数均值的差异。可以看出，在国有控股公司的董事会治理上，西部地区较明显好于其他三个地区；在非国有控股公司的董事会治理上，四个地区差异较小，东部地区表现最好；两类公司的董事会治理都是东北表现最差。

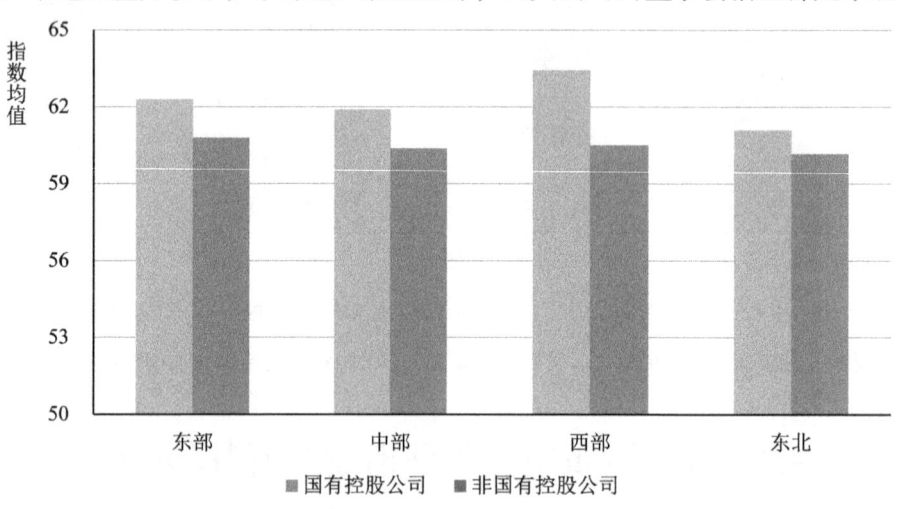

图9-5　2023年不同地区国有与非国有控股上市公司董事会治理指数均值比较

9.2.2　分地区董事会治理分项指数比较

接下来，我们对四个地区国有控股与非国有控股上市公司的董事会治理分项指数均值进行比较分析，参见表9-8。

表9-8　2023年不同地区国有与非国有控股上市公司董事会治理分项指数均值比较

地区	所有制类型	董事会结构	独立董事独立性	董事会行为	董事激励与约束
东部	国有控股公司	50.7860	59.6504	80.6890	58.1061
	非国有控股公司	40.9638	61.3072	81.0366	59.9003
	总体	43.4491	60.8880	80.9486	59.4463
中部	国有控股公司	50.3449	58.9904	80.9024	57.3770
	非国有控股公司	41.4257	60.2172	80.9182	59.0003
	总体	44.6594	59.7724	80.9125	58.4118
西部	国有控股公司	51.5745	62.7993	81.2884	58.0652
	非国有控股公司	43.2462	59.8202	80.7062	58.3003
	总体	46.8715	61.1170	80.9596	58.1979
东北	国有控股公司	49.6120	59.5611	78.2772	56.9444
	非国有控股公司	42.4648	60.6670	79.8498	57.7320
	总体	45.5097	60.1958	79.1798	57.3964

由表9-8可知，四个地区两类所有制上市公司在董事会治理四个分项指数上的排序并不一致。为了便于比较国有和非国有控股公司的地区差异，我们计算出四个地区非国有控股公司董事会治理四个分项指数均值与对应的国有控股公司董事会治理四个分项指数均值的差值，由此可以反映四个地区两类所有制上市公司董事会治理四个分项指数的差异，如图9-6所示。

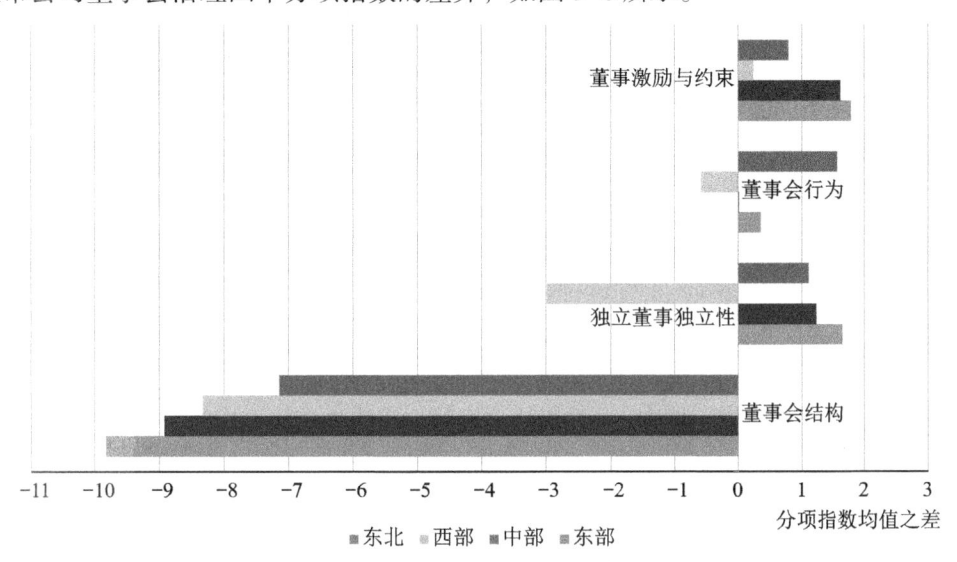

注：指数均值之差 = 非国有控股公司董事会治理分项指数均值 − 国有控股公司董事会治理分项指数均值。

图9-6　2023年不同地区国有与非国有控股上市公司董事会治理分项指数差值比较

由图9-6可以看出，在董事会结构分项指数上，四个地区均是国有控股公司明显优于非国有控股公司；在独立董事独立性和董事会行为两个分项指数上，均为除西部地区外，其他三个地区的非国有控股公司优于国有控股公司；在董事激励与约束分项指数上，四个地区均是非国有控股公司优于国有控股公司。从总体看，在董事会结构分项指数上，四个地区国有控股公司表现均明显好于非国有控股公司；在其他三个分项指数上，非国有控股公司表现总体好于国有控股公司。

9.3　分行业董事会治理指数的所有制比较

9.3.1　分行业董事会治理总体指数比较

我们选择上市公司数量较多且具有代表性的六个行业，即制造业（C）、电力、热力、燃气及水生产和供应业（D）、交通运输、仓储和邮政业（G）、信息传输、软件和信息技术服务业（I）、金融业（J）和房地产业（K），对这六个行业上市公司的董事会治理指数进行比较，参见表9-9。

表9-9　2023年不同行业国有与非国有控股上市公司董事会治理指数比较

行业	所有制类型	公司数目	平均值	中位值	最大值	最小值	标准差
制造业（C）	国有控股公司	730	62.6308	62.9767	76.0833	47.5642	4.7555
	非国有控股公司	2643	60.8229	60.9430	75.8538	37.5439	4.9927
	总体	3373	61.2142	61.3646	76.0833	37.5439	4.9981

续表

行业	所有制类型	公司数目	平均值	中位值	最大值	最小值	标准差
电力、热力、燃气及水生产和供应业（D）	国有控股公司	95	62.2750	62.3329	74.7688	49.4306	5.2701
	非国有控股公司	36	60.3682	60.2307	70.4540	48.5837	4.7396
	总体	131	61.7510	61.6984	74.7688	48.5837	5.1999
交通运输、仓储和邮政业（G）	国有控股公司	79	62.0557	61.8512	72.0496	48.8087	4.6194
	非国有控股公司	33	61.6505	62.2377	70.4178	51.8977	4.7411
	总体	112	61.9363	61.9286	72.0496	48.8087	4.6592
信息传输、软件和信息技术服务业（I）	国有控股公司	76	61.8438	61.9910	74.5034	50.5212	5.1048
	非国有控股公司	342	60.4938	60.8910	72.1673	41.1293	4.7118
	总体	418	60.7393	60.9875	74.5034	41.1293	4.8139
金融业（J）	国有控股公司	94	63.9753	64.3076	78.4755	51.8011	4.9406
	非国有控股公司	30	61.6422	61.0100	75.7734	49.2324	5.1103
	总体	124	63.4108	63.4141	78.4755	49.2324	5.0814
房地产业（K）	国有控股公司	63	60.6223	60.9425	71.3886	47.9879	4.7014
	非国有控股公司	38	58.3783	57.4490	70.8143	48.3939	5.1042
	总体	101	59.7780	60.0204	71.3886	47.9879	4.9771

从表9-9可以看出，六个行业均是国有控股公司董事会治理指数均值高于非国有控股公司，其中金融业（J）差值最大，国有控股公司高出非国有控股公司2.3331分。

图9-7更直观地反映了六个行业国有控股公司与非国有控股公司董事会治理指数均值的差异。可以看到，六个行业中，国有控股公司在金融业（J）的董事会治理水平最高，在房地产业（K）的董事会治理水平最低，非国有控股公司在交通运输、仓储和邮政业（G）的董事会治理水平最高，在房地产业（K）的董事会治理水平最低。

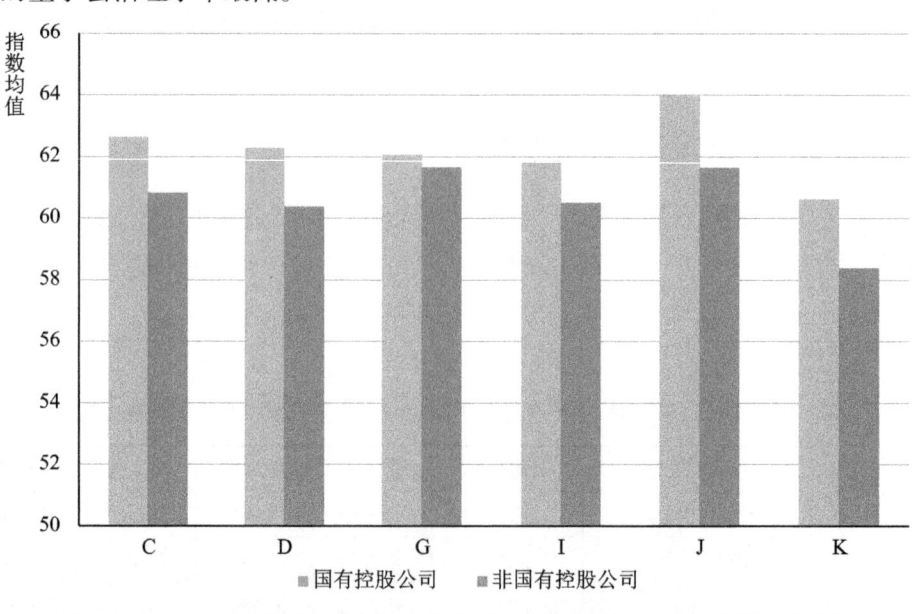

图9-7 2023年不同行业国有与非国有控股上市公司董事会治理指数均值比较

9.3.2 分行业董事会治理分项指数比较

接下来，我们对六个行业国有控股与非国有控股上市公司的董事会治理分项指数进行比较，参见表 9-10。

表 9-10　2023 年不同行业国有与非国有控股上市公司董事会治理分项指数比较

行业	所有制类型	董事会结构	独立董事独立性	董事会行为	董事激励与约束
制造业（C）	国有控股公司	50.2262	60.2335	81.2505	58.8128
	非国有控股公司	40.8242	61.3510	80.9364	60.1799
	总体	42.8590	61.1092	81.0044	59.8840
电力、热力、燃气及水生产和供应业（D）	国有控股公司	52.7765	61.8037	78.9056	55.6140
	非国有控股公司	43.8785	59.1667	78.3966	60.0309
	总体	50.3313	61.0790	78.7657	56.8278
交通运输、仓储和邮政业（G）	国有控股公司	50.7137	60.7777	79.3473	57.3840
	非国有控股公司	42.5460	63.3333	82.3051	58.4175
	总体	48.3072	61.5307	80.2188	57.6885
信息传输、软件和信息技术服务业（I）	国有控股公司	50.4353	58.8098	80.5276	57.6023
	非国有控股公司	41.2428	60.7447	81.7032	58.2846
	总体	42.9142	60.3929	81.4895	58.1606
金融业（J）	国有控股公司	54.9821	59.8248	82.0518	59.0426
	非国有控股公司	49.6908	56.1033	82.4412	58.3333
	总体	53.7019	58.9244	82.1460	58.8710
房地产业（K）	国有控股公司	50.9783	54.9671	78.7838	57.7601
	非国有控股公司	44.8276	55.0000	79.2995	54.3860
	总体	48.6641	54.9795	78.9779	56.4906

由表 9-10 可知，六个代表性行业两类所有制上市公司在董事会治理四个分项指数上的排序也不一致。为便于比较国有和非国有控股公司的行业差异，我们计算了六个行业非国有控股公司董事会治理四个分项指数均值与对应的国有控股公司董事会治理四个分项指数均值的差值，由此可以反映出六个代表性行业两类所有制上市公司董事会治理四个分项指数的差异，如图 9-8 所示。

图9-8 2023年不同行业国有与非国有控股上市公司董事会治理分项指数差值比较

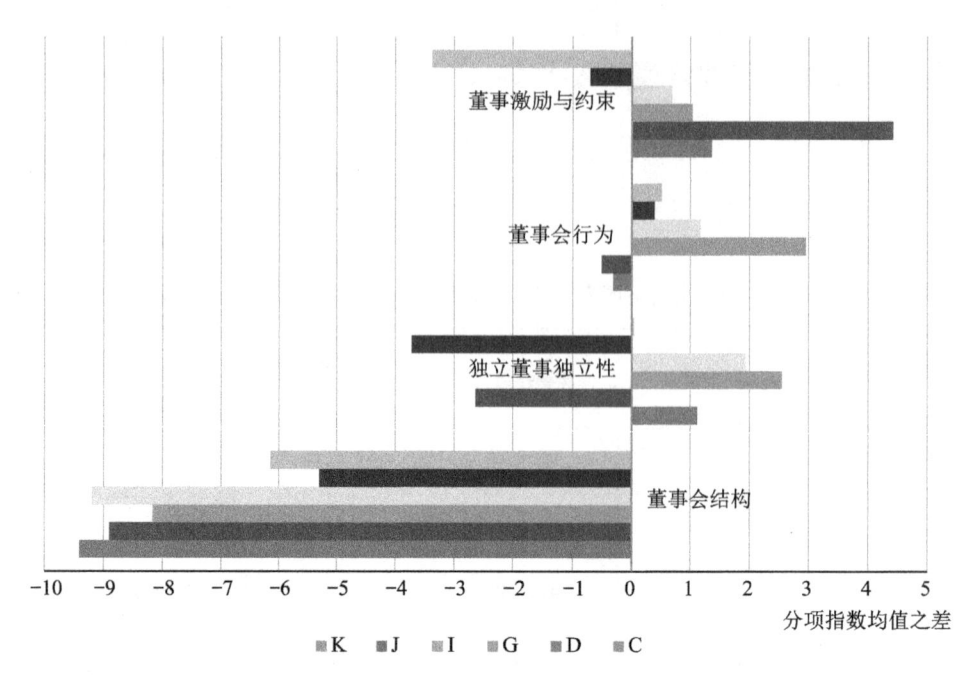

注：指数均值之差 = 非国有控股公司董事会治理分项指数均值 - 国有控股公司董事会治理分项指数均值。

由图9-8可知，在董事会结构分项指数上，六个行业的国有控股公司都优于非国有控股公司，而且差距都较大；在独立董事独立性分项指数上，电力、热力、燃气及水生产和供应业（D）以及金融业（J）的国有控股公司优于非国有控股公司，其他四个行业的非国有控股公司优于国有控股公司；在董事会行为分项指数上，制造业（C）以及电力、热力、燃气及水生产和供应业（D）的国有控股公司优于非国有控股公司，其他四个行业的非国有控股公司优于国有控股公司；在董事激励与约束分项指数上，金融业（J）和房地产业（K）的国有控股公司优于非国有控股公司，其他四个行业的非国有控股公司优于国有控股公司。总体看，在董事会结构分项指数上，六个行业国有控股公司表现均好于非国有控股公司；在其他三个分项指数上，非国有控股公司表现总体好于国有控股公司。

9.4 沪深300与非沪深300董事会治理指数的所有制比较

9.4.1 沪深300与非沪深300董事会治理总体指数比较

按照是否沪深300成分股指数公司，我们统计了沪深300与非沪深300不同所有制上市公司的董事会治理指数，参见表9-11。

表9-11 2023年沪深300与非沪深300不同所有制公司董事会治理指数比较

成分股指数	所有制类型	公司数目	平均值	中位值	最大值	最小值	标准差
沪深300	国有控股公司	168	61.5343	61.5911	73.2444	48.0560	4.5239
	非国有控股公司	131	60.4777	60.0799	72.9262	48.4031	5.0445
	总体	299	61.0714	60.8057	73.2444	48.0560	4.7878

续表

成分股指数	所有制类型	公司数目	平均值	中位值	最大值	最小值	标准差
非沪深300	国有控股公司	1324	62.4857	62.6739	78.4755	45.8814	4.9741
	非国有控股公司	3438	60.7176	60.8727	75.8538	37.5439	5.0273
	总体	4762	61.2092	61.3682	78.4755	37.5439	5.0747

从表9-11可以看出，不论是沪深300还是非沪深300，国有控股公司董事会治理指数的均值和中位值都高于非国有控股公司，其中非沪深300的差异略大，国有控股公司高出非国有控股公司1.7681分。

图9-9直观地反映了沪深300与非沪深300国有控股公司与非国有控股公司董事会治理指数均值的差异。可以看出，在两类所有制上市公司董事会治理上，均是非沪深300公司表现更好。

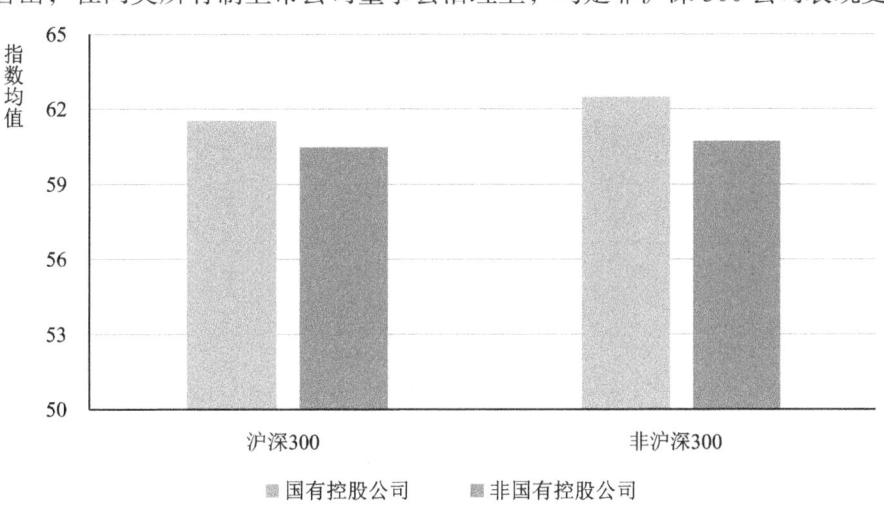

图9-9　2023年沪深300与非沪深300不同所有制公司董事会治理指数均值比较

9.4.2　沪深300与非沪深300董事会治理分项指数比较

接下来，我们对沪深300与非沪深300不同所有制上市公司的董事会治理分项指数均值进行比较分析，参见表9-12。

表9-12　2023年沪深300与非沪深300不同所有制公司董事会治理分项指数均值比较

成分股指数	所有制类型	董事会结构	独立董事独立性	董事会行为	董事激励与约束
沪深300	国有控股公司	52.6260	56.4366	82.1473	54.9272
	非国有控股公司	43.9722	58.8016	81.3763	57.7608
	总体	48.8346	57.4727	81.8095	56.1687
非沪深300	国有控股公司	50.5616	60.5477	80.5294	58.3040
	非国有控股公司	41.1722	61.1033	80.9431	59.6519
	总体	43.7828	60.9488	80.8281	59.2771

由表 9-12 可知，沪深 300 与非沪深 300 中两类所有制上市公司在董事会治理四个分项指数上的排序并不一致。为了便于比较，我们计算出沪深 300 与非沪深 300 中非国有控股公司董事会治理四个分项指数均值与对应的国有控股公司董事会治理四个分项指数均值的差值，由此可以反映沪深 300 和非沪深 300 在两类所有制上市公司董事会治理四个分项指数上的差异，如图 9-10 所示。

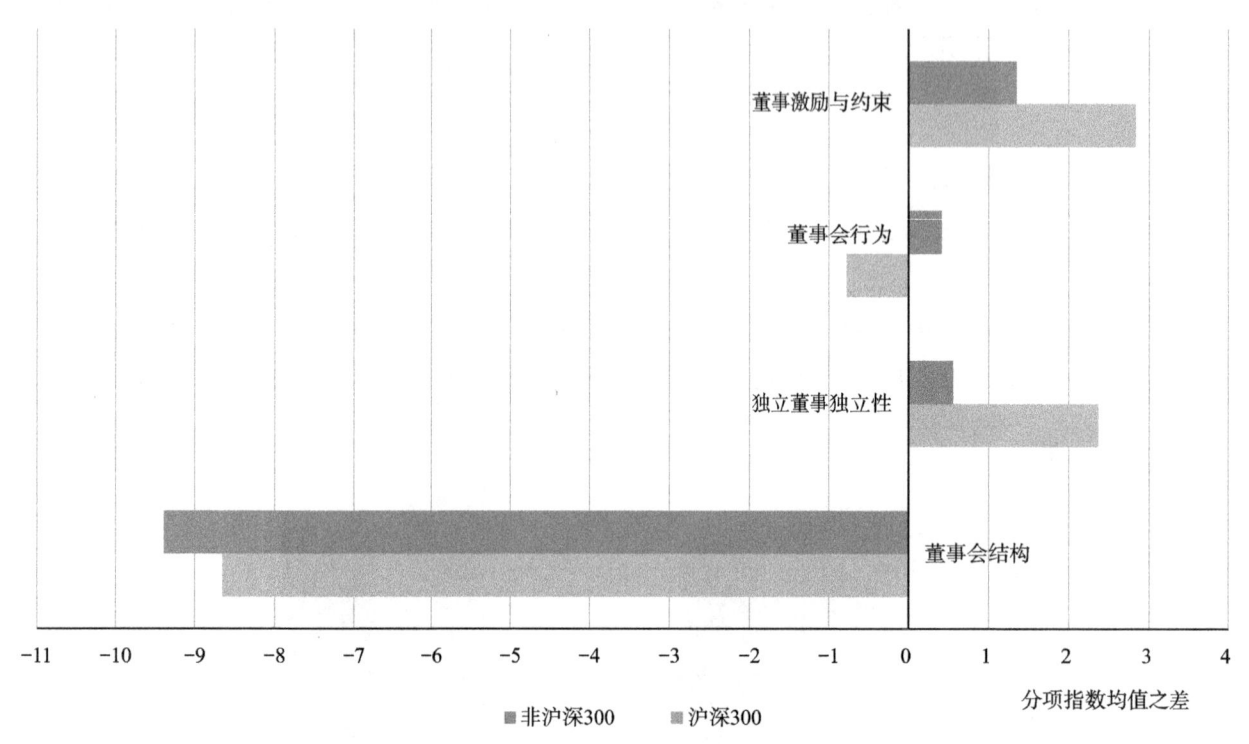

注：指数均值之差 = 非国有控股公司董事会治理分项指数均值 − 国有控股公司董事会治理分项指数均值。

图9-10　2023年沪深300与非沪深300不同所有制公司董事会治理分项指数差值比较

由图 9-10 可以看出，在董事会结构分项指数上，沪深 300 与非沪深 300 均是国有控股公司优于非国有控股公司；在独立董事独立性和董事激励与约束两个分项指数上，沪深 300 与非沪深 300 均是非国有控股公司优于国有控股公司；在董事会行为分项指数上，沪深 300 国有控股公司表现更突出，非沪深 300 非国有控股公司表现更突出。总体来看，沪深 300 中国有控股公司在董事会结构和董事会行为方面表现较好，而非国有控股公司在独立董事独立性和董事激励与约束方面表现较好；非沪深 300 中国有控股公司在董事会结构方面表现较好，而非国有控股公司在另外三个维度上表现较好。

9.5　本章小结

本章对 2023 年国有控股公司与非国有控股公司的董事会治理指数及四个分项指数进行了统计和比较分析，主要结论如下：

关于董事会治理总体指数：①对于有国有股份的公司，随着国有股比例的降低，董事会治理指数均值呈下降趋势；三类国有控股公司的董事会治理均值明显高于两类非国有控股公司。②国有控股公司董事会治理指数的均值和中位值都高于非国有控股公司。③地方国有企业（或监管机构）实际（或最终）控制的公司的董事会治理指数均值最高，其次为中央企业（或监管机构）实际（或最终）控制的公司，最低的是非国有企业或自然人实际（或最终）控制的公司。④从地区看，四个地区均是国有控股公司董事会治理指数的均值和中位值高于非国有控股公司，其中西部差值最大。⑤从行业看，六个代表性行业均是国有控股公司董事会治理指数均值高于非国有控股公司，其中金融业（J）差值最大。⑥从沪深300与非沪深300比较看，不论是沪深300还是非沪深300，国有控股公司董事会治理指数的均值和中位值都高于非国有控股公司。

关于董事会治理分项指数：①从五类所有制公司看，对于董事会结构分项指数，三类国有控股公司明显高于两类非国有控股公司；对于独立董事独立性分项指数，无国有股份公司最高，国有强相对控股公司最低；对于董事会行为分项指数，国有弱相对控股公司最高，国有强相对控股公司最低；对于董事激励与约束分项指数，无国有股份公司最高，国有绝对控股公司最低。除了董事会结构分项指数外，对于其他三个分项指数，五类公司的差异并不大。②从两类所有制公司看，在董事会结构分项指数上，国有控股公司明显高于非国有控股公司，在独立董事独立性、董事会行为和董事激励与约束三个分项指数上，都是非国有控股公司略高于国有控股公司。③从三类实际（或最终）控制人看，中央企业（或监管机构）和地方国企（或监管机构）实际（或最终）控制的公司更偏重于董事会结构，而非国有企业或自然人实际（或最终）控制的公司更偏重于董事激励与约束，三类公司在其他两个分项指数上的差异比较小。④从地区看，在董事会结构分项指数上，四个地区国有控股公司表现均明显好于非国有控股公司；在其他三个分项指数上，非国有控股公司表现总体好于国有控股公司。⑤从行业看，在董事会结构分项指数上，六个代表性行业国有控股公司表现均好于非国有控股公司；在其他三个分项指数上，非国有控股公司表现总体好于国有控股公司。⑥从沪深300与非沪深300的比较看，沪深300中国有控股公司在董事会结构和董事会行为方面表现较好，而非国有控股公司在独立董事独立性和董事激励与约束方面表现较好；非沪深300中国有控股公司在董事会结构方面表现较好，而非国有控股公司在另外三个维度上表现较好。

第10章 董事会治理指数的年度比较（2012~2023）

2013~2023年，我们对2012~2022年中国上市公司董事会治理水平进行了十次测度，今年是第十一次测度。本章将从总体、地区、行业、所有制和上市板块五个角度，比较分析十一个年度中国上市公司董事会治理水平，以便了解董事会治理质量是否有所改进以及改进程度，以期对董事会治理的完善有所启示。

10.1 董事会治理指数总体的年度比较

董事会治理指数评价的样本公司逐年增加，从2012年（2013年评价）的2314家，增至2023年（2024年评价）的5061家，基本上涵盖了全部上市公司。比较2012年以及2014年至2023年样本上市公司的董事会治理指数，以及董事会结构、独立董事独立性、董事会行为和董事激励与约束四个分项指数，结果参见表10-1和图10-1。

表10-1 2012~2023年上市公司董事会治理指数均值比较

年份	样本量	总体指数	分项指数			
			董事会结构	独立董事独立性	董事会行为	董事激励与约束
2012	2314	51.8220	49.6966	58.8121	47.4252	51.3541
2014	2514	50.1722	49.0601	57.0975	42.6572	51.8740
2015	2655	50.1344	40.2751	60.5699	48.6130	51.0797
2016	2840	50.7269	40.5016	59.3846	51.0926	51.9288
2017	3147	51.4107	37.8602	60.7244	54.8657	52.1926
2018	3490	54.2273	38.5042	62.3343	61.7488	54.3219
2019	3569	56.3849	42.8039	61.1200	64.3884	57.2274
2020	3774	58.2667	42.2604	62.8434	69.6768	58.2862
2021	4176	62.9772	48.7629	67.0226	77.6608	58.4624
2022	4687	62.4769	45.1079	67.1478	79.4684	58.1834
2023	5061	61.2011	44.0812	60.7434	80.8861	59.0935

由表 10-1 和图 10-1 可知：

第一，从董事会治理总体指数看，2012～2023 年十一年间，2016～2021 年逐年上升，2014～2015 年及 2022～2023 年两个时间段连续下降，2021 年是十一个年度的最高值。相比 2012 年，2023 年提高 9.3791 分；相比 2022 年，2023 年下降 1.2758 分。

第二，从董事会结构分项指数看，2023 年该分项指数均值为 44.0812 分。相比 2012 年，2023 年下降 5.6154 分；相比 2022 年，2023 年下降 1.0267 分。

第三，从独立董事独立性分项指数看，2023 年该分项指数均值为 60.7434 分。相比 2012 年，2023 年上升 1.9313 分；相比 2022 年，2023 年下降 6.4044 分。

第四，从董事会行为分项指数看，2023 年该分项指数均值为 80.8861 分，是 2012 年以来的最高值。相比 2012 年，2023 年上升 33.4609 分；相比 2022 年，2023 年上升 1.4177 分。

第五，从董事激励与约束分项指数看，2023 年该分项指数均值为 59.0935 分，是 2012 年以来的最高值。相比 2012 年，2023 年上升 7.7394 分；相比 2022 年，2023 年上升 0.9101 分。

从近几年的变化看，董事会行为分项指数上升幅度远大于其他三个分项指数，反映了董事会实质性治理水平的提升。但需要说明的是，董事会行为主要还是反映相应制度的建立情况，制度是否发挥作用，还难以完全体现出来。

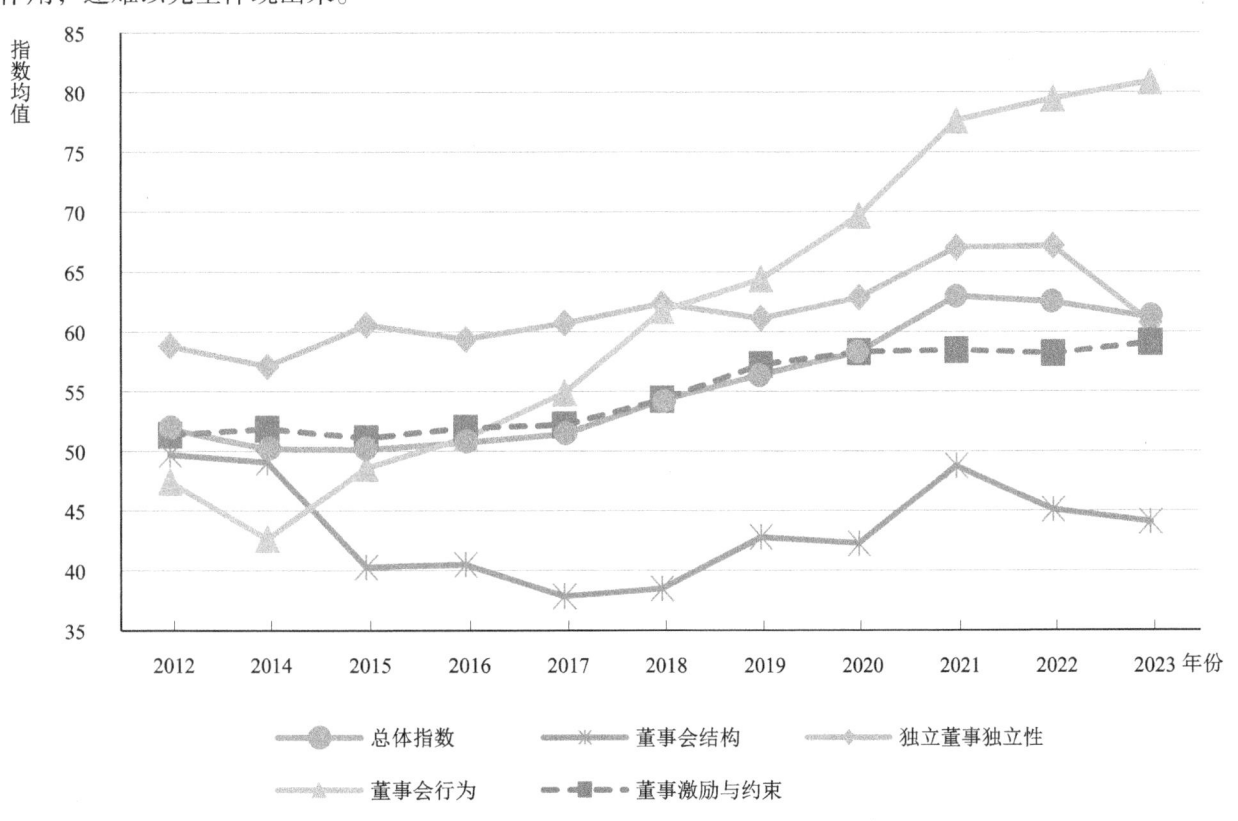

图 10-1 2012～2023 年上市公司董事会治理总体指数和分项指数的变化

10.2 分地区董事会治理指数的年度比较

按照四个地区的划分，对不同地区上市公司 2012 年以及 2014～2023 年十一个年度董事会治理总体指数和四个分项指数进行比较，结果参见表 10-2。

表 10-2　2012～2023 年不同地区上市公司董事会治理指数均值比较

地区	年份	总体指数	分项指数				总体指数排名
			董事会结构	独立董事独立性	董事会行为	董事激励与约束	
东部	2012	52.0972	49.6929	59.0708	48.0436	51.5814	1
	2014	50.1932	48.9373	56.7206	42.8083	52.3067	2
	2015	50.3104	40.3700	60.4467	49.1716	51.2533	2
	2016	50.8815	40.4096	59.3311	51.5273	52.2581	2
	2017	51.4961	37.6673	60.5910	55.2672	52.4590	2
	2018	54.4635	38.2736	62.2958	62.4688	54.8158	1
	2019	56.5438	42.3739	61.0837	65.0859	57.6316	1
	2020	58.3138	41.8017	62.7833	70.0902	58.5799	2
	2021	62.9964	48.2849	67.0514	77.8696	58.7797	2
	2022	62.4713	44.5422	67.2167	79.5650	58.5612	2
	2023	61.1830	43.4491	60.8880	80.9486	59.4463	2
中部	2012	51.0924	48.9875	57.9780	46.3752	51.0288	3
	2014	49.6033	48.0151	57.3733	41.9351	51.0899	4
	2015	49.7729	39.6478	60.4903	48.1033	50.8502	3
	2016	50.2845	40.2714	59.0042	50.0014	51.8611	3
	2017	51.1395	37.9105	60.6155	54.0047	52.0272	3
	2018	53.9416	38.6664	61.8476	61.5447	53.7078	3
	2019	56.2139	43.5256	60.7342	63.9173	56.6786	3
	2020	58.2685	43.3032	62.4411	69.3605	57.9690	3
	2021	62.6520	49.2148	66.2350	77.2829	57.8755	3
	2022	62.2485	45.4596	66.3738	79.6294	57.5313	3
	2023	60.9390	44.6594	59.7724	80.9125	58.4118	3
西部	2012	51.9320	50.8373	58.5893	47.3086	50.9926	2
	2014	50.8464	50.9167	58.1421	43.3402	50.9866	1
	2015	50.3193	40.7816	61.4578	48.1095	50.9283	1
	2016	51.0356	41.3930	60.5308	51.2470	50.9715	1
	2017	51.9956	38.9828	62.1469	55.0524	51.8004	1
	2018	54.0059	39.8362	63.3193	60.0252	52.8429	2
	2019	56.4096	44.0976	62.2295	63.0421	56.2690	2
	2020	58.3318	43.4836	63.6026	68.6784	57.5624	1
	2021	63.3974	50.2660	67.7586	77.4899	58.0749	1
	2022	63.0542	47.4128	67.7447	79.2916	57.7678	1
	2023	61.7865	46.8715	61.1170	80.9596	58.1979	1

续表

地区	年份	总体指数	分项指数				总体指数排名
			董事会结构	独立董事独立性	董事会行为	董事激励与约束	
东北	2012	50.3528	48.6091	58.7010	43.5027	50.5983	4
	2014	49.6385	48.3695	58.1005	40.9401	51.1438	3
	2015	48.4310	39.4127	59.9072	44.4432	49.9609	4
	2016	49.0936	39.8477	57.9415	48.0560	50.5291	4
	2017	49.2499	37.2143	58.8014	51.0218	49.9622	4
	2018	51.9616	37.5595	61.3417	56.1113	52.8337	4
	2019	54.2269	43.5676	59.4134	58.6287	55.2980	4
	2020	57.2111	42.9726	62.7325	66.6516	56.4877	4
	2021	62.3437	51.3517	66.7914	75.5300	55.7018	4
	2022	61.5030	47.5280	66.6181	77.5151	54.3507	4
	2023	60.5705	45.5097	60.1958	79.1798	57.3964	4

根据表10-2可以看出：

第一，从董事会治理总体指数看，2012、2018和2019年东部地区位居第一；2014～2017年、2020～2023年西部地区居首位；东北除2014年居第三外，其他年度都位于末位。2012年以来，四个地区的董事会治理指数在经历2014年或2015年的下降后逐渐提升，2021年均成为前九个年度以来的最高值，随后2022、2023年均略有下降。相比2012年，2023年四个地区都上升，升幅在9.08～10.22分，东北升幅最大；相比2022年，2023年四个地区都略有下降，降幅在0.93～1.31分，中部降幅最大。

第二，从董事会结构分项指数看，相比2012年，2023年四个地区均有所下降，降幅在3.09～6.25分，东部降幅最大；相比2022年，2023年四个地区也均下降，降幅在0.54～2.02分，东北降幅最大。

第三，从独立董事独立性分项指数看，相比2012年，2023年四个地区都上升，升幅在1.49～2.53分，西部升幅最大；相比2022年，2023年四个地区均有所下降，降幅在6.32～6.63分，西部降幅最大。

第四，从董事会行为分项指数看，相比2012年，2023年四个地区都大幅度提升，升幅在32.90～35.68分，东北升幅最大；相比2022年，2023年四个地区也都有所上升，升幅在1.28～1.67分，西部升幅最大。

第五，从董事激励与约束分项指数看，相比2012年，2023年四个地区都上升，升幅在6.79～7.87分，东部升幅最大；相比2022年，2023年四个地区都上升，升幅在0.43～3.05分，东北升幅最大。

图10-2显示了四个地区董事会治理总体指数的变化趋势。可以看出，东部和中部自2015年起连续七年呈现上升趋势，西部和东北自2016年起连续六年上升，四个地区均在2021年达到最大，2022、

2023年略有下降。

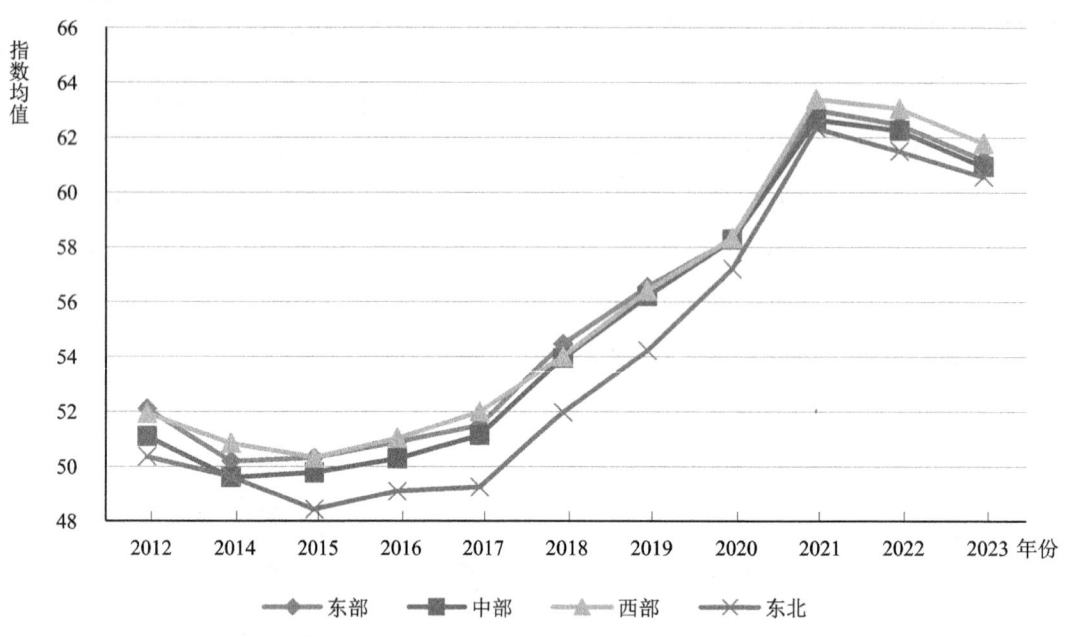

图10-2 2012~2023年不同地区上市公司董事会治理总体指数的变化

10.3 分行业董事会治理指数的年度比较

对18个行业上市公司2012年以及2014~2023年十一个年度董事会治理总体指数和四个分项指数进行比较，结果参见表10-3。

表10-3 2012~2023年不同行业上市公司董事会治理指数均值比较

行业	年份	总体指数	分项指数			
			董事会结构	独立董事独立性	董事会行为	董事激励与约束
农、林、牧、渔业（A）	2012	51.9521	49.2741	58.9423	47.1230	52.4691
	2014	53.3154	51.5785	60.5000	46.1830	55.0000
	2015	49.4305	38.7398	59.3818	49.4681	50.1323
	2016	51.4685	39.3256	60.8079	53.9731	51.7677
	2017	52.9386	36.5136	63.0869	58.7147	53.4392
	2018	53.3793	37.4688	62.4133	62.1446	51.4905
	2019	56.5859	43.0215	62.1215	65.1032	56.0976
	2020	58.9327	43.3524	64.2550	69.6575	58.4656
	2021	63.1576	49.5270	69.5849	76.3757	57.1429
	2022	61.9805	44.8328	67.2613	78.9721	56.8558
	2023	61.8159	46.1515	62.3958	80.8457	57.8704

续表

行业	年份	总体指数	分项指数			
			董事会结构	独立董事独立性	董事会行为	董事激励与约束
采矿业（B）	2012	51.6178	49.7309	57.0607	48.9975	50.6823
	2014	50.2761	50.2145	59.0580	44.0864	47.7456
	2015	48.8876	41.0768	58.1763	45.6125	50.6849
	2016	48.8156	43.3075	57.7475	46.5665	47.6408
	2017	49.4091	41.1089	58.1252	49.6036	48.7988
	2018	52.7054	43.0336	61.4236	55.1949	51.1696
	2019	54.1713	44.2752	59.5426	57.0897	55.7778
	2020	57.1237	46.2232	59.5848	67.2054	55.4815
	2021	61.0322	51.2834	64.7221	74.7158	53.4074
	2022	61.3557	47.4974	65.2268	78.8523	53.8462
	2023	61.1091	49.8709	59.0157	80.8749	54.6748
制造业（C）	2012	51.7430	49.1963	58.8384	47.4177	51.5196
	2014	50.1734	48.3955	57.0059	42.7593	52.5329
	2015	50.4672	39.7456	61.2551	49.5624	51.3058
	2016	50.9133	39.7612	59.8062	51.7508	52.3349
	2017	51.5549	36.8884	61.1907	55.5838	52.5569
	2018	54.4380	37.3672	62.7634	62.8998	54.7215
	2019	56.3655	41.4251	61.3879	65.3677	57.2813
	2020	58.2328	40.7787	63.2045	70.0259	58.9221
	2021	62.9977	47.5563	67.4268	77.8991	59.1084
	2022	62.4693	43.9769	67.5284	79.4511	58.9207
	2023	61.2142	42.8590	61.1092	81.0044	59.8840
电力、热力、燃气及水生产和供应业（D）	2012	51.2467	50.6491	58.5701	43.8196	51.9481
	2014	50.1653	49.6323	58.8008	41.5505	50.6775
	2015	49.8174	41.9915	59.6376	44.0825	53.5581
	2016	49.2991	40.8815	57.6248	46.4333	52.2569
	2017	50.2894	40.3068	59.2347	49.4044	52.2114
	2018	53.0315	40.6809	62.1890	54.9173	54.3386
	2019	55.6033	45.7948	60.3644	57.6405	58.6137
	2020	58.1964	45.5742	62.9049	66.2168	58.0897
	2021	62.8553	53.5187	65.0879	74.9714	57.8431
	2022	63.2461	50.8782	67.1207	77.7805	57.2049
	2023	61.7510	50.3313	61.0790	78.7657	56.8278

续表

行业	年份	总体指数	分项指数			
			董事会结构	独立董事独立性	董事会行为	董事激励与约束
建筑业（E）	2012	53.0903	49.4457	58.5202	52.3119	52.0833
	2014	50.3517	50.8567	59.6818	44.6158	50.2525
	2015	50.5815	40.1488	59.5975	49.6061	52.9734
	2016	50.9310	40.7111	59.8865	51.8999	51.2266
	2017	51.3453	39.2290	60.5902	54.2656	51.2963
	2018	53.5216	39.8273	61.1524	59.2794	53.8272
	2019	57.4384	45.7636	61.7701	65.9625	56.2573
	2020	58.8680	44.9566	63.8124	70.2703	56.4327
	2021	63.4253	50.9857	66.3914	78.0748	58.2492
	2022	62.0222	47.5006	65.6546	79.2223	55.7113
	2023	60.5725	46.2327	58.0348	81.4286	56.5940
批发和零售业（F）	2012	51.4891	50.1455	60.0271	49.0060	50.7778
	2014	49.4314	49.4804	57.8591	40.9456	49.4407
	2015	48.4862	39.8619	59.7678	44.3528	49.9622
	2016	48.5603	40.0607	58.6859	46.5834	48.9114
	2017	48.5385	37.0769	58.8595	50.3272	47.8903
	2018	52.0216	39.0713	61.5717	55.8176	51.6260
	2019	55.0499	43.4977	61.1160	59.7886	55.7971
	2020	56.6750	43.2296	62.0357	67.2167	54.2181
	2021	62.5138	50.9093	66.4456	76.5311	56.1693
	2022	61.9377	46.8590	66.6274	79.0730	55.1913
	2023	60.6977	46.5728	59.9429	79.9868	56.2882
交通运输、仓储和邮政业（G）	2012	53.0385	50.5281	58.9228	49.0955	53.6075
	2014	50.8385	49.8959	58.3951	43.4854	51.5775
	2015	50.4096	42.6532	58.4677	48.1856	52.3320
	2016	51.1708	43.4555	59.9494	48.4687	52.8097
	2017	51.8444	40.3825	62.7243	50.6906	53.5802
	2018	54.0475	41.5655	63.4434	56.1982	54.9828
	2019	56.6206	46.4183	62.0173	59.4955	58.5512
	2020	59.4260	46.4399	64.1197	68.3667	58.7778
	2021	63.3684	51.1533	67.9993	76.3380	57.9827
	2022	63.5339	49.0425	68.7648	78.4793	57.8491
	2023	61.9363	48.3072	61.5307	80.2188	57.6885

续表

行业	年份	总体指数	分项指数			
			董事会结构	独立董事独立性	董事会行为	董事激励与约束
住宿和餐饮业（H）	2012	54.2590	54.5959	62.6717	47.9167	51.8519
	2014	49.2138	52.4703	59.5455	43.4253	41.4141
	2015	49.5306	40.3565	60.6044	46.1513	51.0101
	2016	49.4225	42.0253	59.9498	51.7755	43.9394
	2017	48.3821	33.8777	55.5556	55.9471	48.1481
	2018	52.9774	36.7428	63.2333	64.4024	47.5309
	2019	55.3964	38.5638	64.4444	65.4908	53.0864
	2020	55.3900	35.8654	61.4286	67.9167	56.3492
	2021	67.2769	50.6651	79.2857	76.4584	62.6984
	2022	65.8336	46.9059	76.8750	77.7478	61.8056
	2023	65.0263	47.0600	68.1250	79.6426	65.2778
信息传输、软件和信息技术服务业（I）	2012	49.2696	47.3182	59.8364	49.7390	48.1848
	2014	47.9860	49.8415	53.5821	39.8254	52.6949
	2015	50.3573	40.4353	59.5740	50.4239	50.9962
	2016	51.7482	40.8666	60.4599	54.1596	51.5066
	2017	52.4564	37.5968	61.6949	58.1498	52.3844
	2018	55.1900	38.0854	63.0151	65.4358	54.2239
	2019	57.2286	42.7021	61.6444	67.8728	56.6952
	2020	58.3307	41.1602	63.2621	71.0391	57.8613
	2021	63.0253	48.0360	67.3738	79.8402	56.8513
	2022	62.1662	44.2714	67.1082	80.2970	56.9883
	2023	60.7393	42.9142	60.3929	81.4895	58.1606
金融业（J）	2012	56.0669	62.6741	56.4566	54.5950	50.5420
	2014	53.0054	61.3309	59.3488	47.2799	48.0620
	2015	49.7628	49.5428	56.7413	50.1367	42.6304
	2016	52.6134	52.7567	53.1850	52.2702	52.2417
	2017	54.2745	52.7050	58.1334	55.3937	50.8658
	2018	56.5689	52.6008	59.1330	58.8599	55.6818
	2019	59.1768	57.0289	59.0982	60.7667	59.8131
	2020	62.2246	58.3676	60.7917	71.6195	58.1197
	2021	64.1200	57.5327	62.1902	76.7571	60.0000
	2022	64.6249	54.8074	62.8637	81.1958	59.6326
	2023	63.4108	53.7019	58.9244	82.1460	58.8710

续表

行业	年份	总体指数	分项指数			
			董事会结构	独立董事独立性	董事会行为	董事激励与约束
房地产业（K）	2012	52.5244	51.0853	60.0771	47.7616	51.1737
	2014	50.3785	51.8365	57.6894	41.6937	50.2946
	2015	48.3869	40.4784	59.1977	44.9496	48.9221
	2016	49.3171	40.6999	55.6560	49.5790	51.3333
	2017	50.1663	38.3241	56.8705	53.0705	52.4000
	2018	52.2568	39.2682	58.4562	58.2563	53.0466
	2019	54.6456	44.4991	56.8810	61.5541	55.6482
	2020	56.5397	44.3954	57.0015	67.4496	57.3124
	2021	62.3978	54.0944	63.1981	74.9079	57.3909
	2022	61.5706	48.7808	62.7171	79.2811	55.5031
	2023	59.7780	48.6641	54.9795	78.9779	56.4906
租赁和商务服务业（L）	2012	52.7840	49.4709	57.8812	51.4031	52.3810
	2014	51.4592	49.8702	58.5417	45.5729	51.8519
	2015	49.7562	40.0187	58.4777	50.7422	49.7863
	2016	51.1025	40.4422	58.8629	52.8828	52.2222
	2017	49.9175	36.7750	58.1481	55.2759	49.4709
	2018	54.6110	37.4306	60.9154	66.1148	53.9832
	2019	56.3078	43.1814	58.8361	68.1922	55.0214
	2020	58.2521	43.0105	62.6284	70.8563	56.5134
	2021	62.1099	48.1055	65.3970	77.8333	57.1038
	2022	62.4571	44.9953	66.7517	80.2688	57.8125
	2023	60.4315	44.4047	58.5951	80.5211	58.2051
科学研究和技术服务业（M）	2012	50.8180	41.6093	62.5116	53.4722	45.6790
	2014	50.6820	46.9216	57.7273	45.0487	53.0303
	2015	52.3374	42.2470	65.6276	50.2403	51.2346
	2016	51.9371	40.9034	63.2982	52.8222	50.7246
	2017	52.6849	40.5183	63.3945	54.3961	52.4306
	2018	55.4178	40.8660	65.5275	62.0367	53.2408
	2019	57.5174	43.3611	64.1331	62.3284	60.2469
	2020	59.0207	44.1011	63.0146	69.3809	59.5861
	2021	63.5055	50.5923	66.0815	78.3534	58.9947
	2022	62.8392	45.2701	67.4409	79.1894	59.4563
	2023	61.4553	45.1536	61.6156	80.2432	58.8088

续表

行业	年份	总体指数	分项指数			
			董事会结构	独立董事独立性	董事会行为	董事激励与约束
水利、环境和公共设施管理业（N）	2012	52.2696	51.4597	61.3366	46.0404	50.2416
	2014	51.7255	50.7598	56.1539	45.5014	54.4872
	2015	51.6046	41.8793	61.3376	50.6089	52.5926
	2016	51.8127	42.6087	58.4960	53.2842	52.8620
	2017	53.1349	39.6493	60.5300	56.9436	55.4167
	2018	55.2796	40.1499	60.4792	63.3781	57.1111
	2019	58.3625	44.8177	61.6591	66.4795	60.4939
	2020	59.1336	42.5381	64.7989	69.7890	59.4086
	2021	63.2999	49.2622	67.5174	78.6844	57.7356
	2022	62.4193	46.1652	66.1294	80.9628	56.4198
	2023	60.9668	44.7341	60.0872	81.4286	57.6174
教育（P）	2012	60.4969	62.9798	71.6667	51.7857	55.5556
	2014	54.8061	45.4546	70.0000	48.2143	55.5556
	2015	51.2003	40.9091	70.0000	38.3366	55.5556
	2016	52.0097	41.4941	69.9099	37.3755	59.2593
	2017	52.5554	36.1921	67.5000	50.9737	55.5556
	2018	53.0014	34.9933	64.3750	62.6374	50.0000
	2019	57.3004	47.5089	63.0556	60.9982	57.6389
	2020	56.8544	43.4225	62.0000	66.9949	55.0000
	2021	62.6375	50.2410	72.7273	77.0767	50.5051
	2022	61.6550	49.3521	70.0000	77.2681	50.0000
	2023	60.1415	47.5983	62.0581	76.2801	54.6296
卫生和社会工作（Q）	2012	47.3709	46.9096	53.2222	37.5000	51.8519
	2014	45.0260	46.2695	53.7500	31.4732	48.6111
	2015	51.0602	41.6111	64.0000	49.7409	48.8889
	2016	49.6250	40.7941	59.2857	47.6267	50.7937
	2017	51.2785	42.4424	59.3750	53.9911	49.3056
	2018	57.5180	43.2240	63.3333	65.6443	57.8704
	2019	56.0562	43.9837	57.0525	69.4849	53.7037
	2020	55.9327	44.1818	62.2611	66.0059	51.2821
	2021	61.5786	46.7615	62.0614	76.8434	60.6481
	2022	62.3185	44.3113	63.0769	81.6294	60.2564
	2023	61.7985	44.0033	62.0000	81.9315	59.2593

续表

行业	年份	总体指数	分项指数			
			董事会结构	独立董事独立性	董事会行为	董事激励与约束
文化、体育和娱乐业（R）	2012	53.1762	51.6794	59.1406	49.1071	52.7778
	2014	50.8285	51.0905	58.6207	41.6872	51.9157
	2015	49.4388	41.0871	60.2256	43.2019	53.2407
	2016	51.2896	41.8678	59.0287	48.7065	55.5556
	2017	51.7777	38.0063	59.7102	54.6490	54.7454
	2018	53.8054	39.5882	59.6400	60.6296	55.3640
	2019	55.7991	42.2695	60.7330	62.0068	58.1872
	2020	56.9805	42.1354	60.4704	68.7069	56.6092
	2021	62.7577	49.7596	69.2937	75.8268	56.1508
	2022	61.8848	46.3456	68.2158	77.8774	55.1002
	2023	61.5697	45.6042	62.1774	80.0744	58.4229
综合（S）	2012	50.1483	49.7220	58.6950	41.9237	50.2525
	2014	49.5376	48.8417	56.6667	40.3274	52.3148
	2015	48.2421	40.1366	59.0013	41.6082	52.2222
	2016	50.0251	39.4016	61.9899	45.3271	53.3816
	2017	50.9541	36.9862	61.9830	50.2580	54.5894
	2018	50.1189	38.5633	61.2989	51.4072	49.2063
	2019	53.3912	45.5767	59.7514	53.3347	54.9020
	2020	58.6881	44.9105	68.7477	64.6840	56.4103
	2021	63.6065	52.6442	72.6068	71.0551	58.1197
	2022	62.9416	48.6545	69.2051	78.3512	55.5556
	2023	60.8740	48.4406	61.6667	79.6851	53.7037

注：①由于教育（P）在2012年、2014年和2015年只有1家上市公司，难以反映该行业的实际平均水平，故只比较2016～2023年；②居民服务、修理和其他服务业（O）只有1家上市公司，难以代表该行业整体水平，故排名时剔除。

从表10-3中可以看出：

第一，从董事会治理总体指数看，2021年，大部分行业都达到前九个年度的最高值，随后2022年大部分行业略有下降，部分行业略有上升，2023年全部18个行业略有下降。相比2012年，2023年全部17个行业（剔除教育）都上升，升幅在7.25～14.43分，升幅最大的行业是卫生和社会工作（Q）；相比2022年，2023年全部18个行业都有所下降，降幅在0.16～2.07分，降幅最大的行业是综合（S）。

第二，从董事会结构分项指数看，相比2012年，2023年有15个行业（剔除教育）下降，降幅在0.31～8.98分，降幅最大的行业是金融业（J）；有2个行业上升，分别是科学研究和技术服务业

（M）、采矿业（B），分别上升3.5443分和0.1400分。相比2022年，2023年有15个行业下降，降幅在0.11～1.76分，降幅最大的行业是教育（P）；有3个行业上升，分别是采矿业（B）、农、林、牧、渔业（A），以及住宿和餐饮业（H），分别上升2.3735分、1.3187分和0.1541分。

第三，从独立董事独立性分项指数看，相比2012年，2023年有12个行业上升，升幅在0.55～8.78分，升幅最大的行业是卫生和社会工作（Q）；有5个行业（剔除教育）下降，降幅在0.08～5.10分，降幅最大的行业是房地产业（K）。相比2022年，2023年全部18个行业下降，降幅在1.07～8.75分，降幅最大的行业是住宿和餐饮业（H）。

第四，从董事会行为分项指数看，相比2012年，2023年全部17个行业（剔除教育）都上升，升幅在26.77～44.44分，升幅最大的行业是卫生和社会工作（Q）。相比2022年，2023年有16个行业上升，升幅在0.25～2.21分，升幅最大的行业是建筑业（E）；有2个行业下降，分别是教育（P）和房地产业（K），分别下降0.9880分和0.3032分。

第五，从董事激励与约束分项指数看，相比2012年，2023年全部17个行业（剔除教育）都上升，升幅在3.45～13.43分，升幅最大的行业是住宿和餐饮业（H）。相比2022年，2023年有12个行业上升，升幅在0.39～4.63分，升幅最大的行业是教育（P）；有6个行业下降，降幅在0.16～1.86分，降幅最大的行业是综合（S）。

10.4 分所有制董事会治理指数的年度比较

依照第1章五种所有制类型的划分，对2012年以及2014～2023年十一个年度董事会治理总体指数和四个分项指数进行比较，结果见表10-4 Panel A。另外，进一步将样本按照国有控股公司和非国有控股公司分类，比较结果参见表10-4 Panel B。

表10-4 2012～2023年不同所有制上市公司董事会治理指数均值比较

所有制类型	年份	总体指数	分项指数				总体指数排名
			董事会结构	独立董事独立性	董事会行为	董事激励与约束	
Panel A 按照五类所有制公司分类							
国有绝对控股公司	2012	51.3830	50.2349	57.4871	47.4476	50.3623	4
	2014	49.9327	51.1554	56.9731	42.2198	49.3827	4
	2015	49.2353	41.2992	58.3869	45.5225	51.7326	5
	2016	49.1661	42.8285	57.2369	46.0658	50.5333	5
	2017	50.4530	41.3879	59.1268	50.0866	51.2105	5
	2018	53.1976	42.5491	61.4174	55.4253	53.3987	4
	2019	55.3361	46.1908	59.4839	57.6288	58.0410	5
	2020	58.1615	47.5128	60.8964	67.3662	56.8707	4
	2021	63.3976	54.7998	65.6528	75.7339	57.4037	2
	2022	63.4196	51.7822	65.8953	78.9321	57.0688	2
	2023	62.5973	51.8448	60.2273	80.7060	57.6113	1

续表

所有制类型	年份	总体指数	分项指数				总体指数排名
			董事会结构	独立董事独立性	董事会行为	董事激励与约束	
Panel A 按照五类所有制公司分类							
国有强相对控股公司	2012	52.4214	51.8172	58.7547	46.9145	52.1991	2
	2014	50.8110	51.7851	57.4272	42.4139	51.6176	2
	2015	50.0703	42.3986	59.8447	45.9109	52.1271	3
	2016	50.0440	42.9489	58.0943	47.6279	51.5049	4
	2017	50.7400	40.9798	59.1147	51.2285	51.6369	4
	2018	53.0426	41.8266	60.5982	56.0682	53.6776	5
	2019	55.6540	46.1572	60.4694	58.7644	57.2249	4
	2020	58.4094	45.8437	61.7710	67.7023	58.3205	2
	2021	63.6901	53.4148	66.3684	76.4689	58.5085	1
	2022	63.6915	51.0301	66.9531	79.3524	57.4303	1
	2023	62.3543	50.9516	59.8222	80.3205	58.3229	2
国有弱相对控股公司	2012	53.0391	51.6198	59.7199	48.2375	52.5794	1
	2014	51.0383	51.4312	58.8584	42.3985	51.4650	1
	2015	50.4304	42.6243	60.9209	46.6504	51.5258	2
	2016	50.9194	42.7188	58.9894	48.9435	53.0258	2
	2017	51.7115	41.5564	59.8778	52.3871	53.0245	2
	2018	54.2528	42.9966	61.6174	58.1703	54.2271	3
	2019	56.8324	47.6163	60.5509	62.2113	56.9511	2
	2020	58.6072	46.7202	60.8884	69.0611	57.7590	1
	2021	63.3853	52.2181	65.9429	77.6660	57.7140	3
	2022	63.4117	49.4335	66.4163	80.0556	57.7413	3
	2023	62.1117	49.1540	60.2342	81.2317	57.8270	3
国有参股公司	2012	51.6720	49.1394	59.2114	46.7108	51.6264	3
	2014	50.6939	49.0825	58.0491	43.7062	51.9380	3
	2015	50.6870	39.5999	60.9727	50.7473	51.4280	1
	2016	51.5811	39.8906	60.4916	54.0329	51.9092	1
	2017	51.9251	36.8569	61.2354	57.5425	52.0656	1
	2018	54.8313	37.5838	62.2570	64.9102	54.5740	1
	2019	57.0257	42.5524	60.7841	67.8758	56.8906	1
	2020	58.3846	41.5055	62.7467	70.9784	58.3078	3
	2021	62.7432	47.9884	66.8409	78.0103	58.1332	5
	2022	61.8950	44.2128	66.9074	79.2330	57.2266	5
	2023	60.4475	41.7983	60.4850	81.0044	58.5023	5

续表

所有制类型	年份	总体指数	分项指数				总体指数排名
			董事会结构	独立董事独立性	董事会行为	董事激励与约束	
Panel A 按照五类所有制公司分类							
无国有股份公司	2012	51.3783	48.3006	58.7642	47.6497	50.7986	5
	2014	49.5901	46.8572	56.2183	42.5691	52.7157	5
	2015	50.0144	38.8125	61.1757	49.9558	50.1134	4
	2016	50.7465	38.7060	59.7982	52.3879	52.0941	3
	2017	51.4541	35.7484	61.5006	56.1480	52.4192	3
	2018	54.3764	36.4071	63.1624	63.4069	54.5291	2
	2019	56.2722	40.1599	61.9256	65.6447	57.3586	3
	2020	58.1556	39.6620	63.9719	70.2520	58.7365	5
	2021	62.7621	46.1821	67.7036	78.2288	58.9340	4
	2022	62.1447	42.2338	67.6617	79.6354	59.0480	4
	2023	60.8385	41.0151	61.2838	80.9365	60.1188	4
Panel B 按照国有控股公司和非国有控股公司分类							
国有控股公司	2012	52.3219	51.3032	58.7004	47.4875	51.7964	1
	2014	50.6181	51.4971	57.7080	42.3523	50.9149	1
	2015	49.9295	42.1442	59.7231	46.0042	51.8464	2
	2016	50.1166	42.8445	58.1783	47.6780	51.7655	2
	2017	50.9917	41.2702	59.3704	51.3337	51.9924	2
	2018	53.5049	42.4127	61.1549	56.6494	53.8026	2
	2019	56.0216	46.7147	60.2639	59.7903	57.3173	2
	2020	58.3452	46.7271	61.2217	67.8378	57.5940	1
	2021	63.4995	53.6867	65.9785	76.4589	57.8737	1
	2022	63.5182	50.9601	66.4067	79.3477	57.3582	1
	2023	62.3785	50.7941	60.0848	80.7116	57.9237	1
非国有控股公司	2012	51.4625	48.5412	58.8924	47.3805	51.0360	2
	2014	49.8738	47.4291	56.6888	42.8613	52.5159	2
	2015	50.2629	39.1034	61.1007	50.2483	50.5991	1
	2016	51.0737	39.1704	60.0700	53.0328	52.0216	1
	2017	51.6217	36.1430	61.4062	56.6444	52.2934	1
	2018	54.5378	36.8245	62.8412	63.9402	54.5451	1
	2019	56.5489	41.0385	61.5064	66.4640	57.1868	1
	2020	58.2319	40.2758	63.5640	70.4939	58.5938	2
	2021	62.7569	46.6858	67.4630	78.1679	58.7107	2
	2022	62.0703	42.8232	67.4371	79.5156	58.5056	2
	2023	60.7088	41.2750	61.0188	80.9590	59.5825	2

从表10-4 Panel A 可以看出：

第一，从董事会治理总体指数看，2012年、2014年和2020年国有弱相对控股公司位居第一，2015～2019年国有参股公司为第一，2021年和2022年国有强相对控股公司位居第一，2023年，国有绝对控股公司位居第一。2022年国有绝对控股公司、国有强相对控股公司和国有弱相对控股公司都达到十个年度的最高值，国有参股公司和无国有股份公司在2021年达到最高值后略有回落；2023年，五类所有制公司均有回落。相比2012年，2023年五类公司均上升，升幅在8.77～11.22分，国有绝对控股公司升幅最大；相比2022年，2023年五类所有制公司均有所下降，降幅在0.82～1.45分，降幅最大的是国有参股公司。

第二，从董事会结构分项指数看，相比2012年，2023年国有绝对控股公司上升1.6099分，其他四类所有制公司均下降，降幅在0.86～7.35分，降幅最大的是国有参股公司；相比2022年，2023年国有绝对控股公司上升0.0626分，其他四类所有制公司均下降，降幅在0.07～2.42分，降幅最大的是国有参股公司；

第三，从独立董事独立性分项指数看，相比2012年，2023年五类公司全部上升，升幅在0.51～2.75分，升幅最大的是国有绝对控股公司；相比2022年，2023年五类公司全部下降，降幅在5.66～7.14分，降幅最大的是国有强相对控股公司。

第四，从董事会行为分项指数看，相比2012年，2023年五类公司全部大幅上升，升幅在32.99～34.30分，升幅最大的是国有参股公司；相比2022年，2023年五类公司也都上升，升幅在0.96～1.78分，升幅最大的是国有绝对控股公司。

第五，从董事激励与约束分项指数看，相比2012年，2023年五类公司都上升，升幅在5.24～9.33分，升幅最大的是无国有股份公司；相比2022年，2023年五类公司都上升，升幅在0.08～1.28分，升幅最大的是国有参股公司。

图10-3显示了五类所有制公司董事会治理总体指数的变化。可以看出，国有绝对控股公司和国有强相对控股公司2012～2016年连续下降，2017～2022年连续上升，2023年略有回落；国有弱相对控股公司2012～2015年连续下降，2016～2022年连续上升，2023年略有回落；国有参股公司2012～2015年连续下降，2016～2021年连续上升后2022年和2023年连续略有回落；无国有股份公司2014年下降，2015～2021年连续上升后2022年和2023年略有回落。值得注意的是，2018～2021年五类公司的董事会治理指数均上升较快，说明随着混改不断推进以及公司治理逐渐与国际接轨，在一定程度上促进了董事会治理水平的提升，而2022年和2023年五类公司董事会治理水平略有回落，说明受疫情和经济增速放缓等因素的影响，董事会治理制度的改善也受到影响。

从表10-4 Panel B 可以看出：

第一，从董事会治理总体指数看，国有控股公司在2014年和2015年连续下降后，2016～2022年连续上升，2022年达到十个年度的最高值，2023年略有回落；非国有控股公司在2014年下降后，2015～2021年连续上升达到最高值，2022年和2023年连续回落；非国有控股公司在2015～2019年超过国有控股公司，而国有控股公司在2020～2023年又超过非国有控股公司（参见图10-4）。相比2012年，2023年国有控股公司和非国有控股公司分别上升10.0566分和9.2463分；相比2022年，2023年国有控股公司和非国有控股公司分别下降1.1397分和1.3615分。

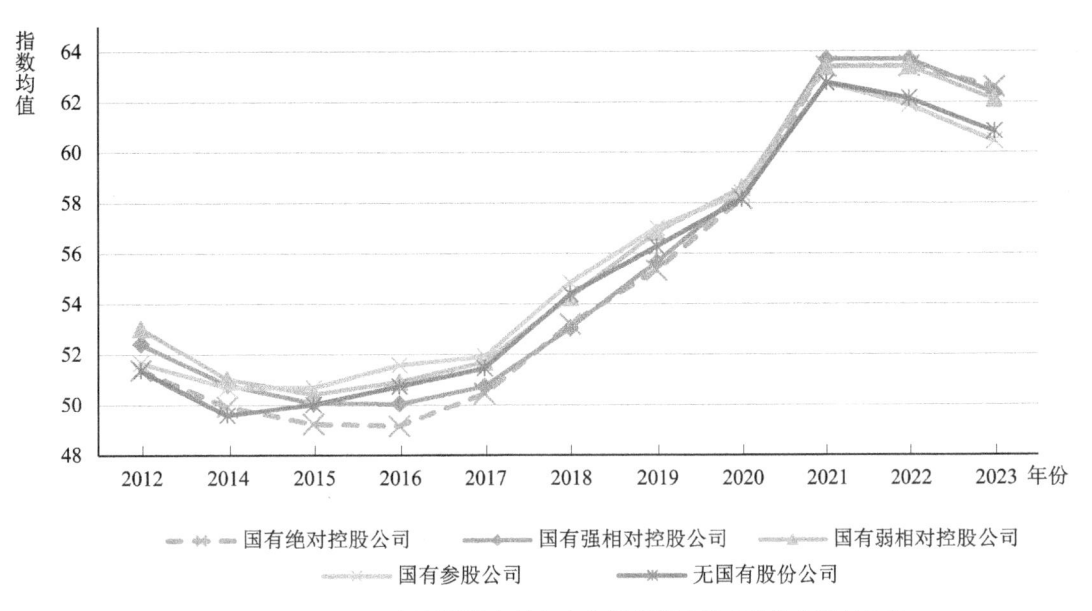

图10-3 2012～2023年不同所有制上市公司董事会治理总体指数的变化

图10-4 2012～2023年国有控股与非国有控股上市公司董事会治理总体指数的变化

第二，从董事会结构分项指数看，相比2012年，2023年国有控股公司和非国有控股公司分别下降0.5091分和7.2662分；相比2022年，2023年国有控股公司和非国有控股公司分别下降0.1660分和1.5482分。

第三，从独立董事独立性分项指数看，相比2012年，2023年国有控股公司和非国有控股公司分别上升1.3844分和2.1264分；相比2022年，2023年国有控股公司和非国有控股公司分别下降6.3219分和6.4183分。

第四，从董事会行为分项指数看，相比2012年，2023年国有控股公司和非国有控股公司均有大幅上升，分别上升33.2241分和33.5785分；相比2022年，2023年国有控股公司和非国有控股公司分别上升1.3639分和1.4434分。

第五，从董事激励与约束分项指数看，相比2012年，2023年国有控股公司和非国有控股公司分别上升6.1273分和8.5465分；相比2022年，2023年国有控股公司和非国有控股公司分别上升0.5655分和1.0769分。

10.5 分上市板块董事会治理指数的年度比较

按照五个上市板块的划分，对不同板块上市公司2012年以及2014~2023年十一个年度董事会治理总体指数和四个分项指数进行比较。由于沪市科创板2019年6月才开板，所以只比较2020~2023年四年的数据。北交所是2021年11月开市，只比较2022~2023年两年的数据。另外，深市主板含原来的中小企业板。统计结果参见表10-5。

表 10-5 2012~2023年不同板块上市公司董事会治理指数均值比较

板块	年份	总体指数	分项指数				总体指数排名
			董事会结构	独立董事独立性	董事会行为	董事激励与约束	
深市主板	2012	53.7315	51.7048	60.4739	50.6664	52.0809	1
	2014	52.0743	51.2216	58.6442	45.4898	52.9417	1
	2015	52.2135	41.0489	61.7310	54.8160	51.2580	1
	2016	53.1431	41.6712	60.1306	57.9572	52.8133	1
	2017	53.4195	38.6801	61.5447	60.8488	52.6046	2
	2018	56.7973	39.7638	62.5069	69.9115	55.0069	2
	2019	59.1920	44.5508	61.7653	73.7691	56.6828	2
	2020	59.4808	43.7550	62.9182	73.4005	57.8495	2
	2021	63.2992	48.6227	66.4520	80.0456	58.0766	2
	2022	62.7123	45.7614	66.4342	81.2248	57.4290	2
	2023	61.1747	44.9654	60.0107	81.3684	58.3540	4
深市创业板	2012	46.7867	42.6673	54.2004	43.6007	46.6785	3
	2014	46.6467	41.9404	50.1979	39.1420	55.3064	3
	2015	51.4645	39.6964	61.6840	52.9851	51.4927	2
	2016	52.5617	38.9836	60.9967	57.8303	52.4361	2
	2017	54.1269	36.5039	62.5944	64.2708	53.1385	1
	2018	57.3351	38.0087	64.5573	72.2885	54.4860	1
	2019	59.3148	41.3857	62.7642	74.7347	58.3745	1
	2020	59.7835	40.7918	64.6771	74.2010	59.4640	1
	2021	63.8044	46.6609	67.5704	81.8344	59.1521	1
	2022	63.2004	42.7457	67.9269	82.6859	59.4429	1
	2023	61.6778	41.8216	61.1718	82.7598	60.9582	1

续表

板块	年份	总体指数	分项指数				总体指数排名
			董事会结构	独立董事独立性	董事会行为	董事激励与约束	
沪市主板	2012	51.0411	49.4066	58.2028	44.6526	51.9023	2
	2014	49.3069	49.2023	57.9199	40.5210	49.5844	2
	2015	47.1010	39.5979	58.7196	39.3928	50.6938	3
	2016	47.0944	39.8599	57.7779	40.0645	50.6753	3
	2017	47.9345	37.6739	58.9244	43.8547	51.2852	3
	2018	50.1181	37.5305	61.0203	48.3526	53.5689	3
	2019	52.2005	41.8654	59.6592	50.1196	57.1577	3
	2020	56.4365	41.8952	61.7556	64.0400	58.0554	3
	2021	62.2509	50.5490	66.8858	73.2743	58.2944	4
	2022	62.2622	47.2911	67.2768	76.2157	58.2653	3
	2023	61.4048	47.1098	60.9395	78.7595	58.8105	2
沪市科创板	2020	56.3958	38.3021	63.4373	65.3924	58.4515	4
	2021	62.6548	46.0664	69.1497	76.1956	59.2076	3
	2022	62.2232	43.5122	69.2797	78.0716	58.0293	4
	2023	61.3055	42.9459	62.6750	81.3554	58.2458	3
北交所	2022	54.4239	30.4819	56.7643	76.5735	53.8760	5
	2023	56.0871	27.9887	56.6413	82.3211	57.3973	5

从表10-5可以看出：

第一，从董事会治理总体指数看，深市主板和深市创业板在2014年出现下降后，2015~2021年连续上升，2021年达到最高值，2022年和2023年连续下降；沪市主板则在2012~2016年连续下降后，2017~2022年连续上升，2022年达到最高值，2023年出现下降；沪市科创板2021年先上升，2022年和2023年连续下降（参见图10-5）。五个板块中，深市创业板近七年都排名第一位，沪市主板2023年排名由第三位升至第二位，沪市科创板2023年由第四位升至第三位，深市主板2023年排名由第二位降至第四位，北交所近两年均排名最后。相比2012年，2023年三个板块（无沪市科创板和北交所，下同）均有上升，升幅在7.44~14.90分，深市创业板升幅最大。相比2020年（沪市科创板纳入评价，下同），2023年沪市科创板上升4.9097分；相比2022年，2023年除北交所上升1.6632分外，其他四个板块都下降，降幅在0.85~1.54分，深市主板降幅最大。

第二，从董事会结构分项指数看，相比2012年，2023年三个板块均下降，降幅在0.84~6.74分，深市主板降幅最大；相比2020年，2023年沪市科创板上升4.6438分；相比2022年，2023年全部五个板块均下降，降幅在0.18~2.50分，北交所降幅最大。

第三，从独立董事独立性分项指数看，相比2012年，2023年深市创业板和沪市主板分别上升6.9714分和2.7367分，深市主板下降0.4632分；相比2020年，2023年沪市科创板下降0.7623分；

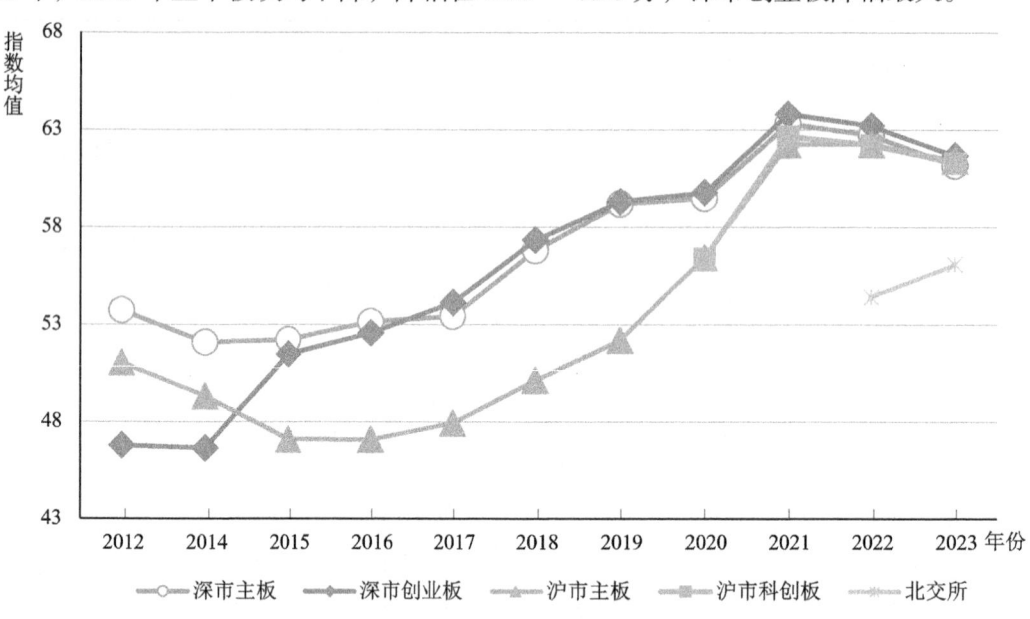

相比 2022 年，2023 年五个板块均下降，降幅在 0.12～6.76 分，深市创业板降幅最大。

图10-5　2012～2023年不同板块上市公司董事会治理总体指数的变化

第四，从董事会行为分项指数看，相比 2012 年，2023 年三个板块均有大幅提升，升幅在 30.70～39.16 分，深市创业板升幅最大；相比 2020 年，2023 年沪市科创板大幅上升 15.9630 分；相比 2022 年，2023 年五个板块均上升，升幅在 0.07～5.75 分，北交所升幅最大。

第五，从董事激励与约束分项指数看，相比 2012 年，2023 年三个板块均上升，升幅在 6.27～14.28 分，深市创业板升幅最大；相比 2020 年，2023 年沪市科创板下降 0.2057 分；相比 2022 年，2023 年五个板块均上升，升幅在 0.21～3.53 分，北交所升幅最大。

10.6　本章小结

本章从总体、地区、行业、所有制和上市板块五个角度分别比较了 2012～2023 年十一个年度的中国上市公司董事会治理水平，主要结论如下：

（1）从总体看，在董事会治理总体指数上，2012～2023 年十一年间，2014～2015 年和 2022～2023 年两个时间段连续下降，2016～2021 年逐年上升，2021 年是十一个年度的最高值。相比 2012 年，2023 年提高 9.3791 分；相比 2022 年，2023 年下降 1.2758 分。四个分项指数中，相比 2012 年，2023 年董事会结构分项指数下降，独立董事独立性、董事会行为、董事激励与约束三个分项指数上升，其中董事会行为分项指数升幅较大；相比 2022 年，2023 年董事会结构和独立董事独立性两个分项指数有所下降，董事会行为和董事激励与约束两个分项指数有所上升。从近几年的变化看，董事会行为分项指数升幅大于其他三个分项指数，反映了董事会实质性治理水平的提升。但需要说明的是，董事会行为主要还是反映相应制度的建立情况，制度是否发挥作用，还难以完全体现出来。

（2）从地区看，在董事会治理总体指数上，2012 年以来，四个地区的董事会治理指数在经历 2014 年或 2015 年的下降后逐渐提升，2021 年均成为前九个年度以来的最高值，但随后 2022 年和 2023 年连续略有下降。相比 2012 年，2023 年四个地区都上升；相比 2022 年，2023 年四个地区都略有下降。在董事会结构分项指数上，相比2012年和2022年，2023年四个地区均是下降的。在独立董事独立性分项指数上，相比2012年，2023年四个地区都上升；相比2022年，2023年四个地区均有所下降。在董事会行为和董事激励与约束两个分项指数上，相比2012年和2022年，2023年四个地区都是上升的。

（3）从行业看，在董事会治理总体指数上，2021年大部分行业都达到前九个年度的最高值，随后2022年大部分行业略有下降，部分行业略有上升，2023年全部18个行业略有下降。相比2012年，2023年全部17个行业（剔除教育）都上升；相比2022年，2023年全部18个行业都有所下降。在董事会结构分项指数上，相比2012年，2023年有15个行业（剔除教育）下降，2个行业上升；相比2022年，2023年有15个行业下降，3个行业上升。在独立董事独立性分项指数上，相比2012年，2023年有12个行业上升，5个行业（剔除教育）下降；相比2022年，2023年全部18个行业都有所下降。在董事会行为分项指数上，相比2012年，2023年全部17个行业（剔除教育）都上升；相比2022年，2023年有16个行业上升，2个行业下降。在董事激励与约束分项指数上，相比2012年，2023年全部17个行业（剔除教育）都上升；相比2022年，2023年有12个行业上升，6个行业下降。

（4）从所有制看，在董事会治理总体指数上，国有控股公司在2014年和2015年连续下降后，2016～2022年连续上升，2022年达到最高值，2023年略有回落；非国有控股公司在2014年下降后，2015～2021年连续上升达到最高值，2022年和2023年连续回落。相比2012年，2023年两类公司均上升；相比2022年，2023年两类公司均下降。在董事会结构分项指数上，相比2012年和2022年，2023年两类公司均有所下降。在独立董事独立性分项指数上，相比2012年，2023年两类公司均上升；相比2022年，2023年两类公司均下降。在董事会行为和董事激励与约束两个分项指数上，相比2012年和2022年，2023年两类公司均有所上升。

（5）从上市板块看，在董事会治理总体指数上，深市创业板近七年都排名第一位。北交所自纳入评估以来（两年）都排在最后一位，其他三个板块的位次有升有降。相比2012年，2023年三个板块（无沪市科创板和北交所，下同）均上升；相比纳入评价的2020年，2023年沪市科创板上升；相比2022年，2023年除北交所上升外，其他四个板块都下降。在董事会结构分项指数上，相比2012年，2023年三个板块均下降；相比2020年，2023年沪市科创板上升；相比2022年，2023年全部五个板块均下降。在独立董事独立性分项指数上，相比2012年，2023年深市创业板和沪市主板上升，深市主板下降；相比2020年，2023年沪市科创板下降；相比2022年，2023年五个板块均下降。在董事会行为分项指数上，相比2012年，2023年三个板块均有大幅提升；相比2020年，2023年沪市科创板大幅上升；相比2022年，2023年五个板块均上升。在董事激励与约束分项指数上，相比2012年，2023年三个板块均上升；相比2020年，2023年沪市科创板下降；相比2022年，2023年五个板块均上升。

第四篇　企业家能力指数

第11章 企业家能力总体指数排名及比较

根据第1章确定的企业家能力指数评价方法，以及我们评估获得的2023年度5061家样本上市公司指数数据，本章对这些公司的企业家能力指数进行总体排名和分析，随后分别从地区、行业、上市板块以及是否沪深300四个方面进行比较和分析。

11.1 企业家能力指数总体分布及排名

基于上市公司2023年的公开数据，根据本报告构建的企业家能力指数指标体系和指数计算方法，对5061家上市公司企业家能力指数进行计算，可以得到中国上市公司企业家能力指数的整体排名情况。

11.1.1 企业家能力指数总体分布

2023年上市公司企业家能力指数总体得分情况参见表11-1。

表 11-1 2023年上市公司企业家能力指数总体情况

项目	公司数目	平均值	中位值	最大值	最小值	标准差	偏度系数	峰度系数
数值	5061	31.4496	31.7165	52.6306	11.3774	4.8837	−0.1886	0.5616

从表11-1可以看出，2023年上市公司企业家能力指数最大值为52.6306分，最小值为11.3774分，平均值为31.4496分，中位值为31.7165分。与2022年相比较，本年度企业家能力指数有所下降，平均值从32.7898分下降至31.4496分，下降1.3402分。上述情况说明，企业家能力仍然处于较低水平，需要推动相关机构和企业进一步落实经理层的独立性和能动性，避免其他主体的不当干预，促使其发挥最大潜能。

为进一步了解企业家能力指数在各个区间的分布情况，将企业家能力指数以5分为间隔进行区间划分。由于10分以下和55分及以上的公司数都为0，可以把[0,10]之间、[55,100]之间的区间分别合并为一个区间，每个得分区间的企业数目和所占比重参见表11-2。

表 11-2 2023年上市公司企业家能力指数区间分布

指数区间	公司数目	占比/%	累计占比/%
[0,10)	0	0.00	0.00

续表

指数区间	公司数目	占比/%	累计占比/%
[10,15)	8	0.16	0.16
[15,20)	65	1.28	1.44
[20,25)	405	8.00	9.44
[25,30)	1336	26.40	35.84
[30,35)	2114	41.77	77.61
[35,40)	968	19.13	96.74
[40,45)	148	2.92	99.66
[45,50)	14	0.28	99.94
[50,55)	3	0.06	100.00
[55,100]	0	0.00	100.00
总体	5061	100.00	—

从表11-2可以看出，企业家能力指数主要分布在[25,40)区间，共计4418家公司，占样本总数的87.30%。其中，企业家能力指数分布在[30,35)区间的公司数量最多，共计2114家公司，占样本总数的41.77%。值得关注的是，在5061家上市公司中，没有一家公司的企业家能力指数达到60分及格线，与上年情况一致，总体水平仍然存在极大提升空间。

图11-1更直观地展示了企业家能力指数在各个区间内的分布情况。结合表11-1来看，企业家能力指数的偏度系数为-0.1886，峰度系数为0.5616，基本符合正态分布，略呈负偏态分布，且分布较为集中。

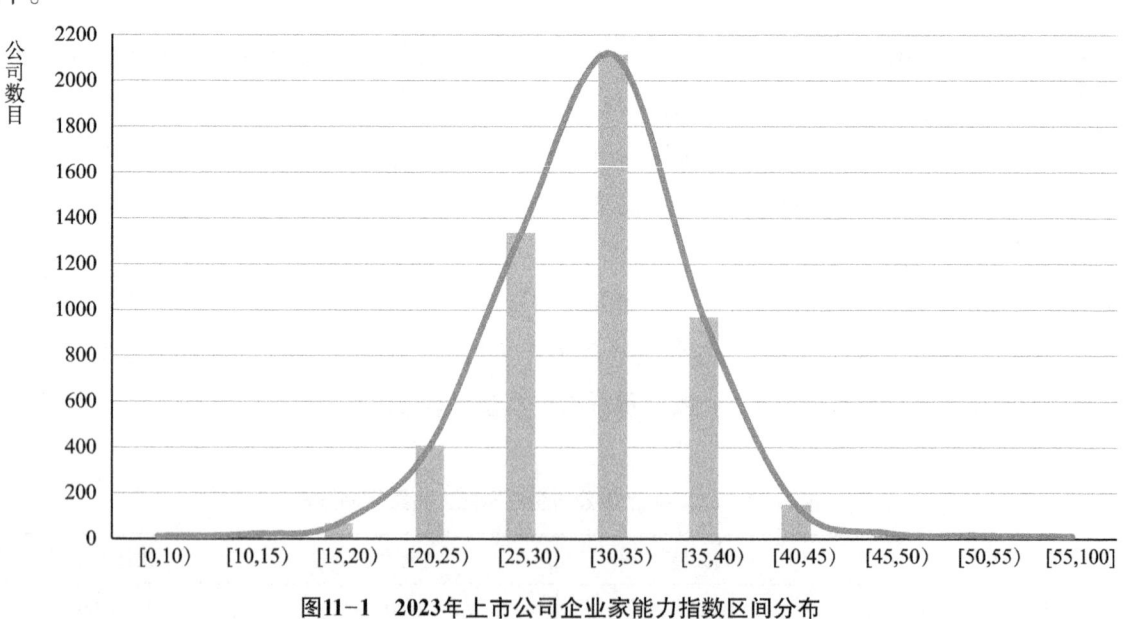

图11-1　2023年上市公司企业家能力指数区间分布

11.1.2 企业家能力指数前100名

表 11-3 给出了 5061 家上市公司中前 100 名公司的企业家能力指数情况。可以看出，前 100 名公司的企业家能力指数平均值为 43.3674 分，比 2022 年下降 2.6671 分，与及格线（60 分）之间仍存在较大差距。

表 11-3　2023 年上市公司企业家能力指数前 100 名情况

项目	平均值	中位值	最大值	最小值	标准差
前100名	43.3674	42.5168	52.6306	41.1286	2.3177
总体	31.4496	31.7165	52.6306	11.3774	4.8837

对 5061 家上市公司的企业家能力指数进行从大到小的降序排列，企业家能力指数越高，说明上市公司企业家能力水平越高。表 11-4 是企业家能力指数排名前 100 的上市公司情况。

表 11-4　2023 年上市公司企业家能力指数排名 – 前 100

排名	代码	公司简称	总经理	指数值	排名	代码	公司简称	总经理	指数值
1	600584	长电科技	郑 力	52.6306	19	002472	双环传动	MIN ZHANG	44.6446
2	601939	建设银行	张金良	51.4077	20	300780	德恩精工	雷永志	44.5633
3	601288	农业银行	付万军	50.4273	21	002594	比亚迪	王传福	44.3940
4	002363	隆基机械	张海燕	49.7660	22	688185	康希诺	宇学峰	44.3858
5	601398	工商银行	廖 林	48.6452	23	688010	福光股份	何文波	44.3196
6	301230	泓博医药	PING CHEN	48.2132	24	688589	力合微	LIU KUN	44.1221
7	000157	中联重科	詹纯新	48.0198	25	688520	神州细胞	谢良志	44.0112
8	002286	保龄宝	王 强	47.0243	26	300353	东土科技	李 平	43.9969
9	688426	康为世纪	王春香	46.9871	27	688173	希荻微	TAO HAI	43.9320
10	000727	冠捷科技	宣建生	46.4899	28	600711	盛屯矿业	周贤锦	43.8600
11	300723	一品红	李捍雄	46.2294	29	000553	安道麦A	Steve Hawkins	43.8264
12	688008	澜起科技	杨崇和	46.0894	30	300650	太龙股份	袁 怡	43.7183
13	002930	宏川智慧	林海川	45.8975	31	000726	鲁泰A	刘子斌	43.6884
14	603883	老百姓	谢子龙	45.7604	32	833914	远航精密	周林峰	43.6706
15	600499	科达制造	杨学先	45.5069	33	002422	科伦药业	刘思川	43.5537
16	603309	维力医疗	韩广源	45.2936	34	688599	天合光能	高纪凡	43.5330
17	001368	通达创智	尤军峰	44.9842	35	605378	野马电池	余谷峰	43.5248
18	300707	威唐工业	张锡亮	44.7690	36	603919	金徽酒	周志刚	43.4752

排名	代码	公司简称	总经理	指数值	排名	代码	公司简称	总经理	指数值
37	002404	嘉欣丝绸	徐 鸿	43.4623	64	000925	众合科技	潘丽春	42.1104
38	600941	中国移动	董 昕	43.4488	65	600227	赤天化	丁林洪	42.1052
39	601857	中国石油	黄永章	43.3746	66	688289	圣湘生物	戴立忠	42.0571
40	301097	天益医疗	吴志敏	43.2991	67	300735	光弘科技	唐建兴	42.0447
41	688259	创耀科技	YAOLONG TAN	43.2372	68	300480	光力科技	胡延艳	42.0329
42	601988	中国银行	刘 金	43.2204	69	603993	洛阳钼业	孙瑞文	41.9282
43	688267	中触媒	甄玉科	43.1055	70	605066	天正电气	高天乐	41.9145
44	688005	容百科技	刘相烈	43.0280	71	300529	健帆生物	董 凡	41.9140
45	300184	力源信息	赵马克	42.9168	72	300759	康龙化成	BOLIANG LOU	41.8942
46	002864	盘龙药业	谢晓林	42.8551	73	601318	中国平安	谢永林	41.8518
47	601319	中国人保	王廷科	42.7151	74	300188	国投智能	申 强	41.8149
48	603668	天马科技	陈庆堂	42.7037	75	003816	中国广核	高立刚	41.7975
49	603678	火炬电子	蔡劲军	42.6310	76	300026	红日药业	郑 丹	41.7975
50	601231	环旭电子	魏镇炎	42.5514	77	603083	剑桥科技	Gerald g Wong	41.6908
51	003022	联泓新科	郑月明	42.4821	77	600537	亿晶光电	唐 骏	41.6766
52	001300	三柏硕	朱希龙	42.4758	79	300640	德艺文创	吴体芳	41.6494
53	002611	东方精工	邱业致	42.4568	80	002695	煌上煌	褚 浚	41.6291
54	301103	何氏眼科	何 伟	42.4467	81	600572	康恩贝	罗国良	41.5716
55	603259	药明康德	李 革	42.3180	82	301187	欧圣电气	WEIDONG LU	41.5594
56	600770	综艺股份	杨 朦	42.2668	83	300040	九洲集团	赵晓红	41.5515
57	688271	联影医疗	GUOSHENG TAN	42.2577	84	002245	蔚蓝锂芯	陈 锴	41.5394
58	300346	南大光电	王陆平	42.2443	85	300605	恒锋信息	欧霖杰	41.5221
59	600028	中国石化	喻宝才	42.2221	86	002925	盈趣科技	杨 明	41.5073
60	600016	民生银行	郑万春	42.2076	87	301073	君亭酒店	朱晓东	41.4493
61	002505	鹏都农牧	沈伟平	42.1625	88	002698	博实股份	邓喜军	41.4374
62	600177	雅戈尔	李寒穷	42.1550	89	430300	辰光医疗	王 杰	41.3349
63	300218	安利股份	姚和平	42.1159	90	688787	海天瑞声	王晓东	41.3054

续表

排名	代码	公司简称	总经理	指数值	排名	代码	公司简称	总经理	指数值
91	600104	上汽集团	王晓秋	41.3022	96	300668	杰恩设计	姜峰	41.2183
92	600545	卓郎智能	Uwe Rondé	41.2994	97	600031	三一重工	俞宏福	41.1874
93	300782	卓胜微	许志翰	41.2871	98	688363	华熙生物	赵燕	41.1820
94	688122	西部超导	杜予昉	41.2840	99	605111	新洁能	朱袁正	41.1685
95	688416	恒烁股份	XIANGDONG LU	41.2769	100	603703	盛洋科技	叶利明	41.1286

从表 11-4 可以看出，企业家能力指数最高的前三位总经理分别是长电科技的郑力、建设银行的张金良和农业银行的付万军。其中，共有 29 位总经理连续出现在 2022 年和 2023 年两个年度的前 100 名，分别是长电科技的郑力、建设银行的张金良、隆基机械的张海燕、工商银行的廖林、中联重科的詹纯新、冠捷科技的宣建生、一品红的李捍雄、宏川智慧的林海川、比亚迪的王传福、力合微的 LIU KUN、康希诺的宇学峰、神州细胞的谢良志、太龙股份的袁怡、科伦药业的刘思川、天合光能的高纪凡、中国移动的董昕、中国银行的刘金、天马科技的陈庆堂、东方精工的邱业致、何氏眼科的何伟、药明康德的李革、安利股份的姚和平、圣湘生物的戴立忠、洛阳钼业的孙瑞文、天正电气的高天乐、健帆生物的董凡、中国平安的谢永林、上汽集团的王晓秋和卓胜微的许志翰。共有 16 位总经理连续出现在 2021 年至 2023 年三个年度的前 100 名，分别是长电科技的郑力、隆基机械的张海燕、工商银行的廖林、力合微的 LIU KUN、中联重科的詹纯新、冠捷科技的宣建生、一品红的李捍雄、宏川智慧的林海川、康希诺的宇学峰、神州细胞的谢良志、科伦药业的刘思川、中国银行的刘金、药明康德的李革、安利股份的姚和平、圣湘生物的戴立忠和中国平安的谢永林。

在前 100 家上市公司中，从地区看，东部、中部、西部和东北各有 78 家、11 家、7 家和 4 家，分别占所在地区上市公司总数的 2.15%、1.63%、1.18% 和 2.37%。从行业看，制造业（C）有 69 家，信息传输、软件和信息技术服务业（I）有 7 家，金融业（J）有 7 家，分别占所在行业全部上市公司数的 2.05%、1.67% 和 5.65%，其他行业都仅有 4 家或 4 家以下。从控股类型看，国有控股公司有 21 家，非国有控股公司有 79 家，分别占同类型上市公司总数的 1.41% 和 2.21%。从实际（或最终）控制人看，中央企业（或监管机构）控股的公司有 14 家，地方国企（或监管机构）控股的公司有 7 家，非国有企业或自然人控股的公司有 79 家，分别占同类型公司总数的 2.97%、0.69% 和 2.21%。从上市板块来看，深市主板、深市创业板、沪市主板、沪市科创板和北交所分别有 23 家、24 家、34 家、17 家和 2 家，分别占所在板块全部上市公司数的 1.56%、1.94%、2.05%、3.35% 和 1.09%。从是否沪深 300 看，沪深 300 有 24 家，非沪深 300 有 76 家，分别占两类公司总数的 8.03% 和 1.60%；就进入前 100 名的比例而言，沪深 300 的企业表现优于非沪深 300 的企业。

需要说明的是，企业家能力指数得分最高的前 100 名在地区、行业和控股类型等不同类别中的分布，并不能完全说明某个地区、行业和控股类型整体表现更佳，因为各地区、行业和控股类型的上市公司数量不同。比如，制造业尽管有 69 家公司进入前 100 名，但比例却低于金融业，虽然后者仅有 7 家公司进入前 100 名，但是占比达 5.65%。从这个角度来看，金融业企业反而表现更为良好。

图 11-2 为前 100 名上市公司企业家能力指数分布情况。可以看出，前 100 名上市公司的企业家

能力指数分布在 41～53 分，最高分为 52.6306 分，最低分为 41.1286 分，绝对差距为 11.5020 分，较上年略有扩大（上年差距为 11.0488 分）。

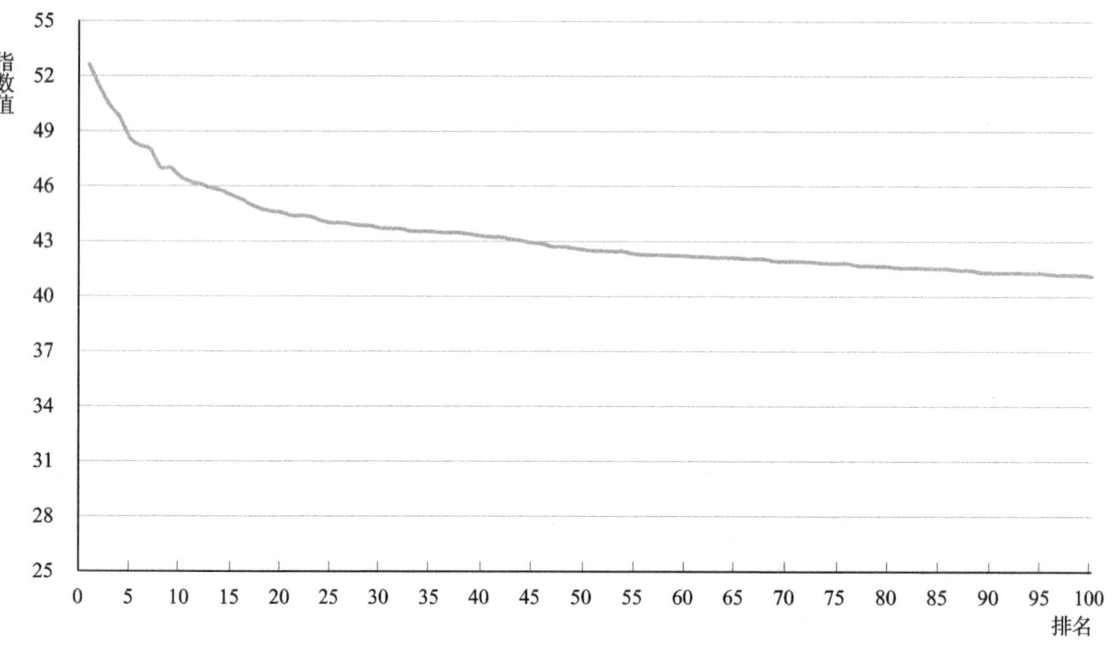

图11-2　2023年上市公司企业家能力指数分布情况-前100名

11.2　分地区企业家能力指数比较

根据东部、中部、西部、东北四个地区的划分，对上市公司企业家能力指数按照均值从高到低的顺序进行排名和比较，结果参见表11-5。

表 11-5　2023 年不同地区上市公司企业家能力指数比较

排名	地区	公司数目	平均值	中位值	最大值	最小值	标准差
1	东部	3624	31.7094	31.9877	52.6306	11.3774	4.8231
2	中部	673	31.1355	31.2817	48.0198	15.0567	4.9786
3	西部	595	30.5153	30.9426	44.5633	13.9885	4.9307
4	东北	169	30.4181	30.9774	43.1055	12.7464	5.0147
	总体	5061	31.4496	31.7165	52.6306	11.3774	4.8837

由表 11-5 可以看出，各地区上市公司企业家能力指数均值由大到小排列分别为东部、中部、西部和东北。综合来看，四个地区的上市公司企业家能力指数总体差距很小，平均值最高为 31.7094 分，最低为 30.4181，绝对差距为 1.2913。其中，企业家能力指数最大值和最小值均位于东部地区。

图 11-3 直观地表现出四个地区上市公司企业家能力指数之间的差异。结合表 11-5 具体来看，四个地区中，仅东部地区的上市公司企业家能力指数均值略高于总体均值，中部、西部和东北地区上市公司企业家能力指数均值则低于总体均值。

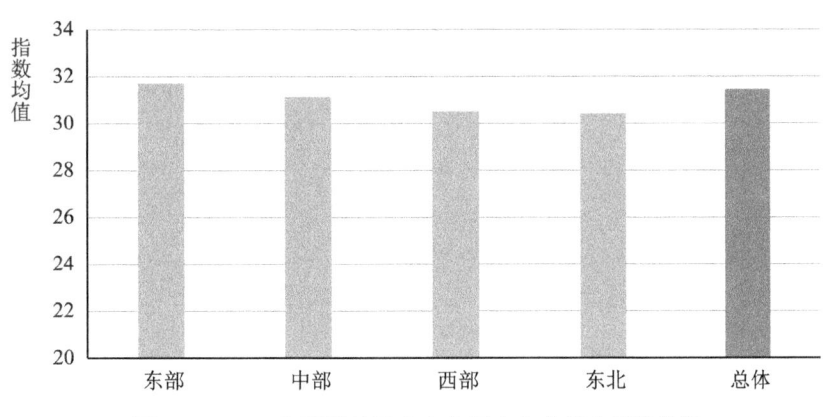

第11章 企业家能力总体指数排名及比较

图11-3 2023年不同地区上市公司企业家能力指数比较

按照省份进一步进行细分，对31个省份的上市公司企业家能力指数按照均值从高到低的顺序进行排名，结果参见表11-6。

表11-6 2023年不同省份上市公司企业家能力指数比较

排名	省份	公司数目	平均值	中位值	最大值	最小值	标准差
1	内蒙古	25	32.2607	32.2250	39.5116	26.8777	3.1087
2	福建	165	32.1867	32.1677	44.9842	13.0610	5.4840
3	浙江	666	32.1737	32.6026	44.6446	12.9679	4.4588
4	天津	70	32.0561	32.6124	44.3858	20.1375	4.9991
5	上海	418	31.8833	32.2361	48.2132	12.9809	4.5655
6	山东	290	31.7548	31.7945	49.7660	11.3774	4.8213
7	江苏	643	31.7461	31.9053	52.6306	12.5532	4.7557
8	湖南	140	31.6920	31.6824	48.0198	16.9705	5.1297
9	江西	79	31.5119	32.1022	41.6291	18.2561	4.4513
10	北京	454	31.5068	31.5484	51.4077	16.1790	4.9188
11	河南	106	31.4502	31.7351	42.0329	15.0567	4.9148
12	广东	819	31.2653	31.5992	46.2294	13.6231	5.0052
13	甘肃	35	31.2038	31.2753	43.4752	22.2591	4.1282
14	安徽	166	31.1841	31.2736	42.1159	16.5249	4.8845
15	西藏	22	31.1811	31.9331	39.0956	16.5070	5.6174
16	青海	10	31.0962	31.3370	34.3334	26.5186	2.4353
17	河北	72	31.0533	31.5604	41.0413	20.0580	4.7148
18	海南	27	31.0078	30.3409	40.4878	17.6806	5.5218
19	陕西	74	30.9354	31.8562	42.8551	18.3484	5.4639
20	黑龙江	39	30.7812	30.4542	41.5515	23.4531	4.3186
21	湖北	142	30.7580	30.4259	43.8264	17.9759	4.9020
22	云南	41	30.6994	30.5000	40.6205	19.4214	5.0012
23	辽宁	82	30.6509	31.1437	43.1055	16.5240	5.0658

续表

排名	省份	公司数目	平均值	中位值	最大值	最小值	标准差
24	贵州	35	30.6296	31.2532	42.1052	18.5846	4.7337
25	新疆	60	30.3747	30.5570	41.2994	15.3294	4.9846
26	四川	169	30.2834	30.2581	44.5633	16.1877	4.8655
27	重庆	69	30.1470	31.3218	38.1570	17.1719	5.2692
28	吉林	48	29.7254	30.7954	38.2649	12.7464	5.3730
29	广西	40	29.4947	29.7417	36.4363	20.2532	4.3351
30	宁夏	15	29.3852	30.4106	40.7933	13.9885	5.7431
31	山西	40	28.7492	29.2607	37.7900	17.6918	5.4437
	总体	5061	31.4496	31.7165	52.6306	11.3774	4.8837

表 11-6 显示，在 31 个省份中，11 个省份的企业家能力指数均值高于总体均值，最大均值与总体均值之间的绝对差距为 0.8111 分；其余 20 个省份的企业家能力指数均值均低于总体均值，总体均值与最小均值的绝对差距为 2.7004 分，显然，高分区的省份间差距小于低分区的省份间差距。上市公司企业家能力指数均值最高的三个省份是内蒙古、福建和浙江；企业家能力指数均值最低的三个省份是山西、宁夏和广西。

图 11-4 直观地显示了 31 个省份上市公司企业家能力指数之间的差异。可以看出，各省份上市公司企业家能力指数呈现较平缓的变化，最高省份与最低省份的上市公司企业家能力指数均值的绝对差距为 3.5115 分，相较于上年减小 0.7922 分。

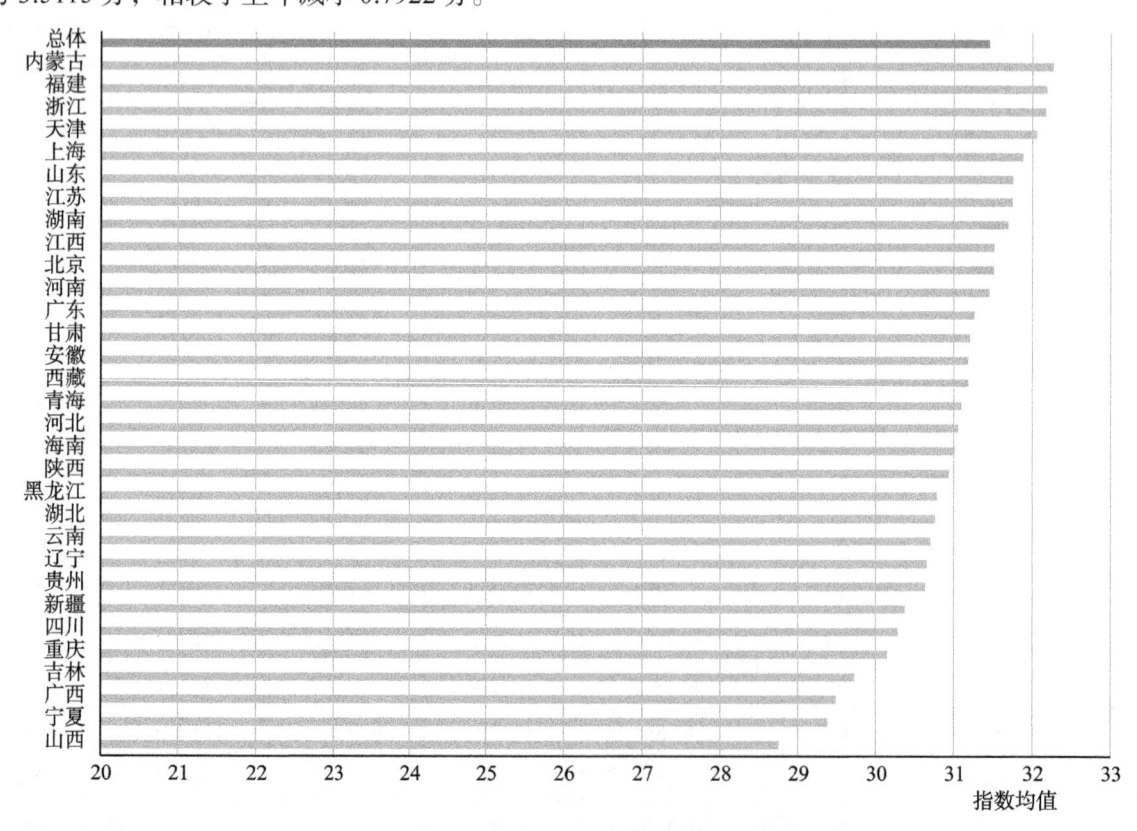

图11-4　2023年不同省份上市公司企业家能力指数比较

11.3 分行业企业家能力指数比较

对18个行业上市公司企业家能力指数按照均值从高到低的顺序进行排名和比较，结果参见表11-7。

表11-7 2023年不同行业上市公司企业家能力指数比较

排名	行业	公司数目	平均值	中位值	最大值	最小值	标准差
1	制造业（C）	3373	31.9093	32.1201	52.6306	11.3774	4.7080
2	金融业（J）	124	31.4038	30.8078	51.4077	21.8212	5.4577
3	科学研究和技术服务业（M）	111	31.3052	31.6509	48.2132	12.9809	5.1733
4	住宿和餐饮业（H）	8	31.2706	29.9004	41.4493	27.4823	4.0896
5	批发和零售业（F）	182	31.1983	31.9385	45.7604	15.3294	4.9668
6	采矿业（B）	82	31.0540	32.0248	43.8600	15.0567	5.6482
7	信息传输、软件和信息技术服务业（I）	418	31.0447	31.1818	44.1221	18.3117	4.5756
8	教育（P）	12	30.3787	31.1487	39.4778	19.4799	4.9332
9	交通运输、仓储和邮政业（G）	112	30.3355	30.2890	45.8975	13.0610	5.3108
10	农、林、牧、渔业（A）	48	30.3321	29.8686	40.7933	16.3564	5.7384
11	文化、体育和娱乐业（R）	62	30.2492	31.2707	37.8848	18.5785	4.8476
12	房地产业（K）	101	30.1624	30.0821	40.1680	12.5532	4.9715
13	卫生和社会工作（Q）	15	30.0826	30.1888	42.4467	19.3237	5.6994
14	电力、热力、燃气及水生产和供应业（D）	131	29.8340	30.3574	41.7975	16.5240	5.0275
15	租赁和商务服务业（L）	65	29.5618	29.5674	40.7534	20.8905	4.5146
16	综合（S）	12	29.4566	30.9184	42.2668	17.6806	5.8861
17	水利、环境和公共设施管理业（N）	97	29.2512	29.8842	40.9380	13.6231	5.7162
18	建筑业（E）	107	28.7903	28.4674	39.1635	16.1790	4.7150
	总体	5061	31.4496	31.7165	52.6306	11.3774	4.8837

注：居民服务、修理和其他服务业（O）只有1家上市公司，难以代表该行业整体水平，故排名时剔除。

从表11-7可以看出，在18个行业中，仅有1个行业的上市公司企业家能力指数均值高于总体均值，该行业的平均值为31.9093分，与总体均值的绝对差距为0.4597；有17个行业的上市公司企业家能力指数均值低于总体均值，总体均值与该17个行业中的最小均值之间的绝对差距为2.6593分。企业家能力指数均值最高的三个行业分别为制造业（C）、金融业（J），以及科学研究和技术服务业（M）；企业家能力指数均值最低的三个行业分别为建筑业（E）、水利、环境和公共设施管理业（N），以及综合（S）。

图 11-5 展示了上市公司企业家能力指数在行业间的差异。可以看出，各行业上市公司企业家能力指数均值呈现较平缓的变化，行业最大均值与最小均值之间的绝对差距仅有 3.1190 分。

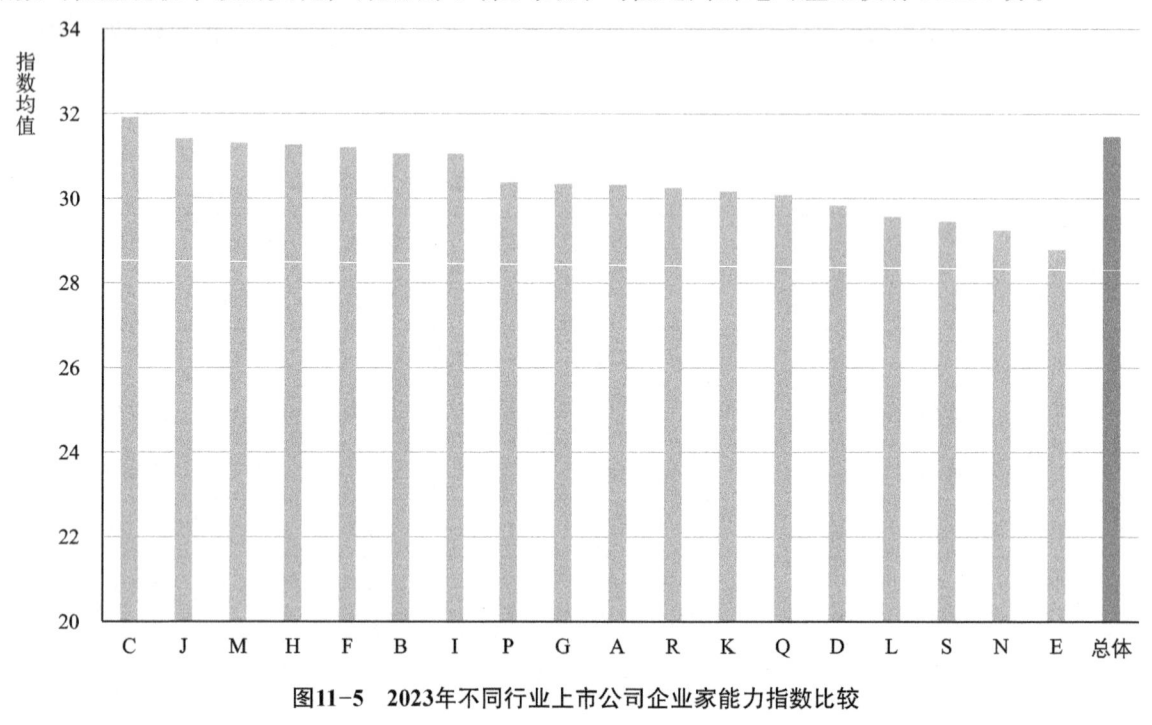

图11-5　2023年不同行业上市公司企业家能力指数比较

11.4　分上市板块企业家能力指数比较

根据五个上市板块的划分，对上市公司企业家能力指数按照均值从高到低的顺序进行排名和比较，结果参见表 11-8 和图 11-6。

表 11-8　2023 年不同板块上市公司企业家能力指数比较

排名	上市板块	公司数目	平均值	中位值	最大值	最小值	标准差
1	沪市科创板	508	33.2653	33.1944	46.9871	20.0637	4.0987
2	沪市主板	1659	31.9061	32.1538	52.6306	15.0567	4.6228
3	深市创业板	1235	31.2072	31.4694	48.2132	11.3774	5.0371
4	深市主板	1475	30.6392	30.9152	49.7660	12.5532	5.1345
5	北交所	184	30.4435	30.2556	43.6706	20.9201	4.2060
	总体	5061	31.4496	31.7165	52.6306	11.3774	4.8837

从表 11-8 和图 11-6 可以看出，企业家能力指数均值从高到低依次为沪市科创板、沪市主板、深市创业板、深市主板和北交所。沪市科创板和沪市主板的上市公司企业家能力指数均值高于总体均值，而深市创业板、深市主板和北交所的上市公司企业家能力指数均值均低于总体均值。

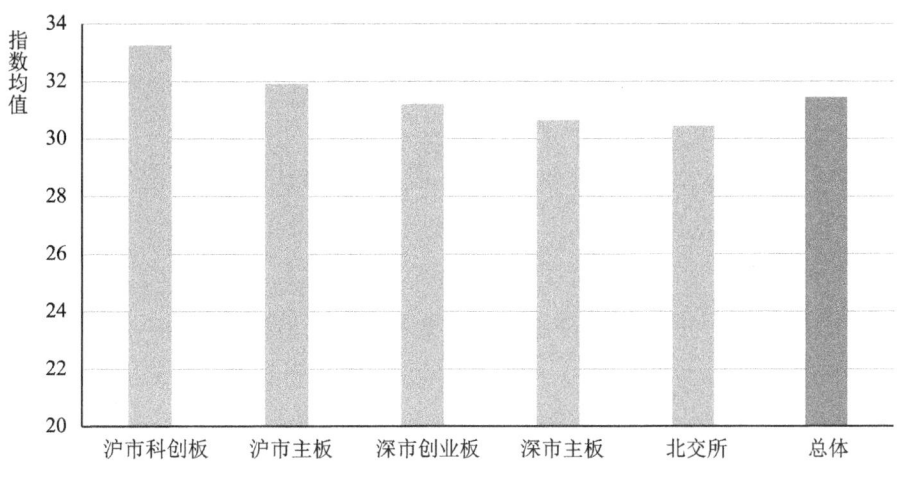

图11-6　2023年不同板块上市公司企业家能力指数比较

11.5　沪深300与非沪深300企业家能力指数比较

按照是否沪深300成分股指数公司，对沪深300与非沪深300上市公司企业家能力指数按照均值从高到低的顺序进行排名和比较，结果参见表11-9和图11-7。

表 11-9　2023 年沪深 300 与非沪深 300 公司企业家能力指数比较

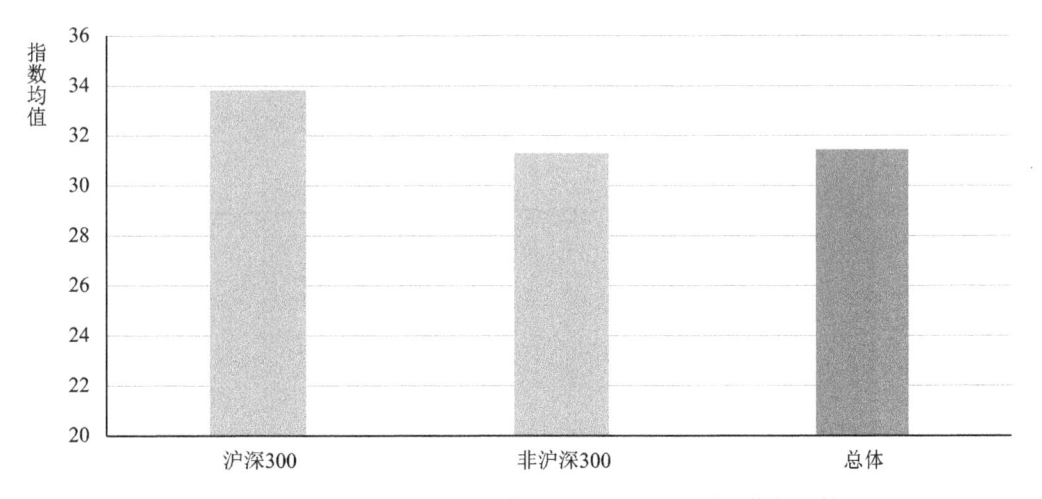

排名	是否沪深300	公司数目	平均值	中位值	最大值	最小值	标准差
1	沪深300	299	33.8398	33.5951	52.6306	20.5497	4.9523
2	非沪深300	4762	31.2995	31.5422	49.7660	11.3774	4.8402
	总体	5061	31.4496	31.7165	52.6306	11.3774	4.8837

图11-7　2023年沪深300与非沪深300公司企业家能力指数比较

从表11-9和图11-7可以看出，沪深300公司的企业家能力指数均值高于总体均值，非沪深300公司的企业家能力指数均值则低于总体均值。沪深300公司的企业家能力指数的均值和中位值均高于非沪深300公司，二者的均值相差2.5403分。

11.6 本章小结

本章计算了沪深北三市2023年共计5061家A股上市公司的企业家能力指数，并分别从总体、地区、行业、上市板块和是否沪深300五个方面评价了中国上市公司企业家能力水平。主要结论如下：

（1）从总体看，2023年上市公司企业家能力指数最大值为52.6306分，最小值为11.3774分，平均值为31.4496分，中位值为31.7165分。企业家能力指数主要集中在[25,40)区间，占样本总数的87.30%。相对于2022年，2023年企业家能力指数有所下降，平均值从32.7898分下降至31.4496分，企业家能力总体仍然处于低水平，需要相关机构和企业进一步落实经理层的独立经营权，避免其他主体的不当干预，促使其发挥最大潜能。

（2）从地区看，各地区上市公司企业家能力指数均值由大到小分别为东部、中部、西部和东北，四个地区总体差距很小。31个省份中，企业家能力指数均值最高的三个省份是内蒙古、福建和浙江，最低的三个省份是山西、宁夏和广西。

（3）从行业看，企业家能力指数均值最高的三个行业分别为制造业（C）、金融业（J），以及科学研究和技术服务业（M）；企业家能力指数均值最低的三个行业分别为建筑业（E）、水利、环境和公共设施管理业（N），以及综合（S）。

（4）从上市板块看，企业家能力指数均值从高到低依次为沪市科创板、沪市主板、深市创业板、深市主板和北交所。

（5）从沪深300与非沪深300的比较看，沪深300公司企业家能力指数的均值和中位值都高于非沪深300公司。

第12章　企业家能力分项指数排名及比较

第11章从总体上对中国上市公司企业家能力指数作了排名，并从地区、行业、上市板块以及是否沪深300四个角度进行了分类汇总和分析。本章按照对企业家能力指数四个维度的划分，把企业家能力指数分解为人力资本、关系网络能力、社会责任能力和战略领导能力四个分项指数，对2023年四个分项指数进行排名和比较分析。

12.1　企业家能力分项指数总体比较

本报告以2023年5061家上市公司样本，计算出了2023年中国上市公司企业家能力的四个分项指数，其描述性统计结果参见表12-1。

表12-1　2023年上市公司企业家能力分项指数描述性统计

分项指数	公司数目	平均值	中位值	最大值	最小值	标准差
人力资本	5061	30.2546	28.5714	85.7143	5.0000	9.6678
关系网络能力	5061	5.0034	0.0000	77.7778	0.0000	8.1729
社会责任能力	5061	63.6899	70.0000	90.0508	0.0000	12.9000
战略领导能力	5061	20.3561	21.3733	71.2408	0.1627	6.1941

表12-1显示，在企业家能力四个分项指数中，仅有社会责任能力均值达到60分的及格水平，为63.6899分，而其他三个分项指数均值与及格线仍存在较大差距。企业家关系网络能力分项指数均值最低，仅为5.0034分，这反映出当前社会对关系网络存在的认识偏差比较严重。企业家人力资本和战略领导能力两个分项指数的均值分别为30.2546分和20.3561分，也处于较低水平。对比四个分项指数的标准差发现，企业家社会责任能力指数的标准差最大，说明各公司的企业家社会责任能力表现出较大差异。同时，社会责任能力分项指数的中位值和最大值在四个分项指数中也是最大的。需要说明的是，企业家社会责任能力分项指数较高，一定程度上与本报告对社会责任的认识以及相应的指标设计有关。企业家社会责任能力指标包括10个二级指标，主要涉及两个角度，一是公益行为；二是对主要利益相关者（政府、客户、员工、股东、债权人等）的责任。关于企业家对社会公益的贡献，不能以绝对额来评价，而是以公益行为来评价，因为企业规模和利润不同，对社会公益的贡献额度必然有差异，但爱心无价。对于利益相关者的责任，有的可能因信息披露缺陷而使得分较高，如指标

"本年度企业是否有关于产品质量的重大投诉或因此被处罚事件""本年度企业是否有关于生产安全的重大投诉或因此被处罚事件""本年度企业是否有关于环境保护的重大投诉或因此被处罚事件",没有投诉并不意味着产品质量、生产安全、环境保护绝对没有问题;再如指标"是否有贷款诉讼",没有贷款诉讼也不意味着企业征信水平一定很高。这是社会责任评价方面的一个难以避免的缺憾。

图 12-1 直观地反映了企业家能力四个分项指数的均值差异。可以看出,四个分项指数均值的差异较大。然而,由于各分项指标体系的设计不同,不同指标之间的可比性有限。

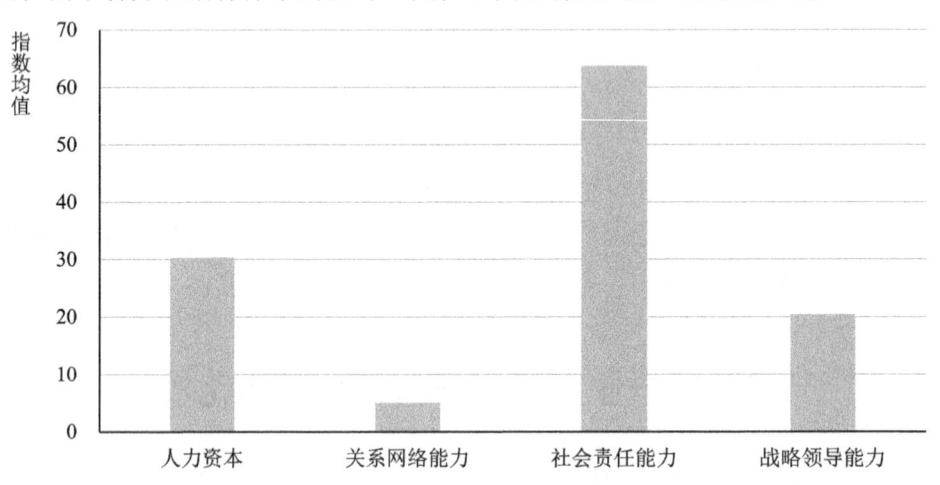

图12-1 2023年上市公司企业家能力四个分项指数比较

12.2 企业家人力资本分项指数排名及比较

企业家人力资本分项指数侧重评价企业家以往的教育和工作经历,以及选聘路径。本节主要是对企业家人力资本分项指数排名的各种情况进行比较说明和分析。

12.2.1 企业家人力资本分项指数总体分布

基于5061家上市公司企业家人力资本的各项指标,最终获得了每家上市公司企业家人力资本分项指数。以10分为间隔,将企业家人力资本分项指数划分为10个区间段,每个分数区间段的公司数目和所占比重参见表12-2和图12-2。

表 12-2 2023 年上市公司企业家人力资本分项指数区间分布

指数区间	公司数目	占比 / %	累计占比 / %
[0,10)	6	0.12	0.12
[10,20)	542	10.71	10.83
[20,30)	2226	43.98	54.81
[30,40)	1597	31.56	86.37
[40,50)	443	8.75	95.12
[50,60)	198	3.91	99.03
[60,70)	32	0.63	99.66

续表

指数区间	公司数目	占比/%	累计占比/%
[70,80)	13	0.26	99.92
[80,90)	4	0.08	100.00
[90,100]	0	0.00	100.00
总体	5061	100.00	—

由表 12-2 可见，2023 年企业家人力资本分项指数主要集中在 [20,40) 的区间内，共计 3823 家公司，占样本总数的 75.54%。及格（达到 60 分）的公司 49 家，及格率为 0.97%，比上年（2.18%）降低 1.21 个百分点。

图 12-2 直观地描绘了企业家人力资本分项指数的分布区间。可以看出，2023 年上市公司企业家人力资本分项指数由低到高，公司数目呈正偏态分布，偏度系数为 0.9430。

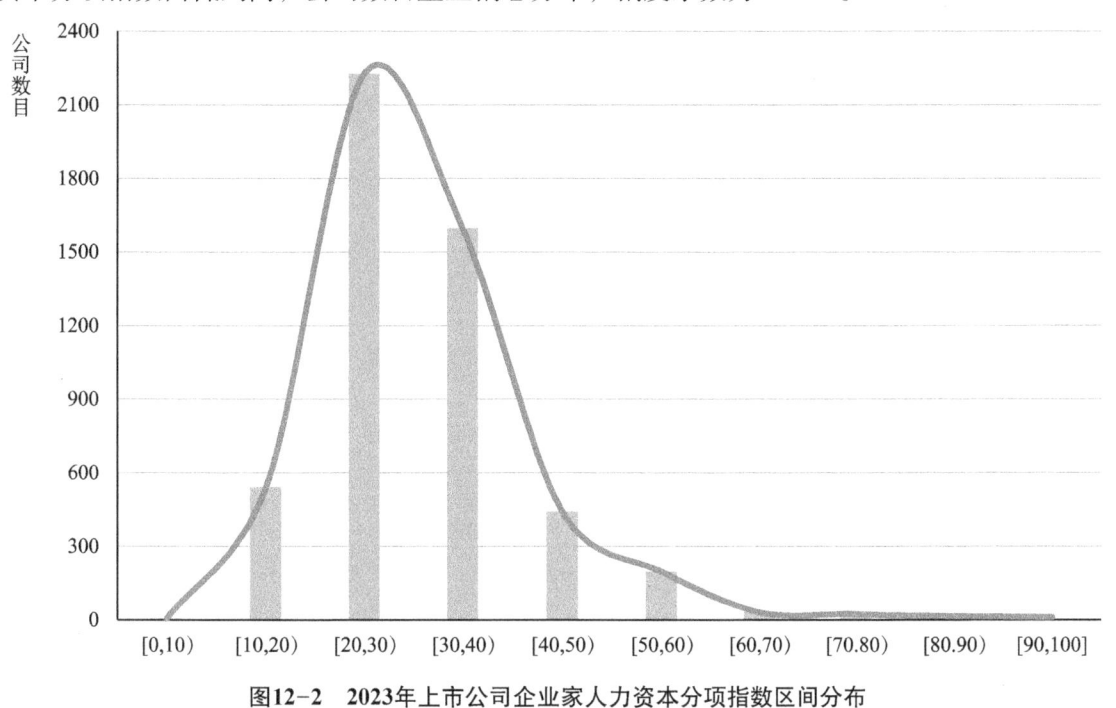

图12-2　2023年上市公司企业家人力资本分项指数区间分布

12.2.2　分地区企业家人力资本分项指数比较

按照东部、中部、西部和东北四个地区的划分，对上市公司企业家人力资本分项指数按照均值从高到低的顺序进行排名和比较，结果参见表 12-3。

表 12-3　2023 年不同地区上市公司企业家人力资本分项指数比较

排名	地区	公司数目	平均值	中位值	最大值	最小值	标准差
1	西部	595	30.7959	29.2857	78.5714	5.0000	9.2273
2	东部	3624	30.3814	28.5714	85.7143	5.0000	9.8645

排名	地区	公司数目	平均值	中位值	最大值	最小值	标准差
3	中部	673	29.3292	28.5714	64.2857	5.0000	8.9566
4	东北	169	29.3153	28.5714	64.2857	10.0000	9.3514
	总体	5061	30.2546	28.5714	85.7143	5.0000	9.6678

从表12-3可以看到，四个地区中，西部地区企业家人力资本分项指数均值最高，东北地区企业家人力资本分项指数均值最低，二者绝对差距为1.4806分，地区间差距相对较小。

图12-3展示了上市公司企业家人力资本分项指数均值在四个地区的差距大小。可以看出，西部和东部地区的上市公司企业家人力资本分项指数均值略大于总体均值，而中部和东北地区的上市公司企业家人力资本分项指数均值则略低于总体均值。

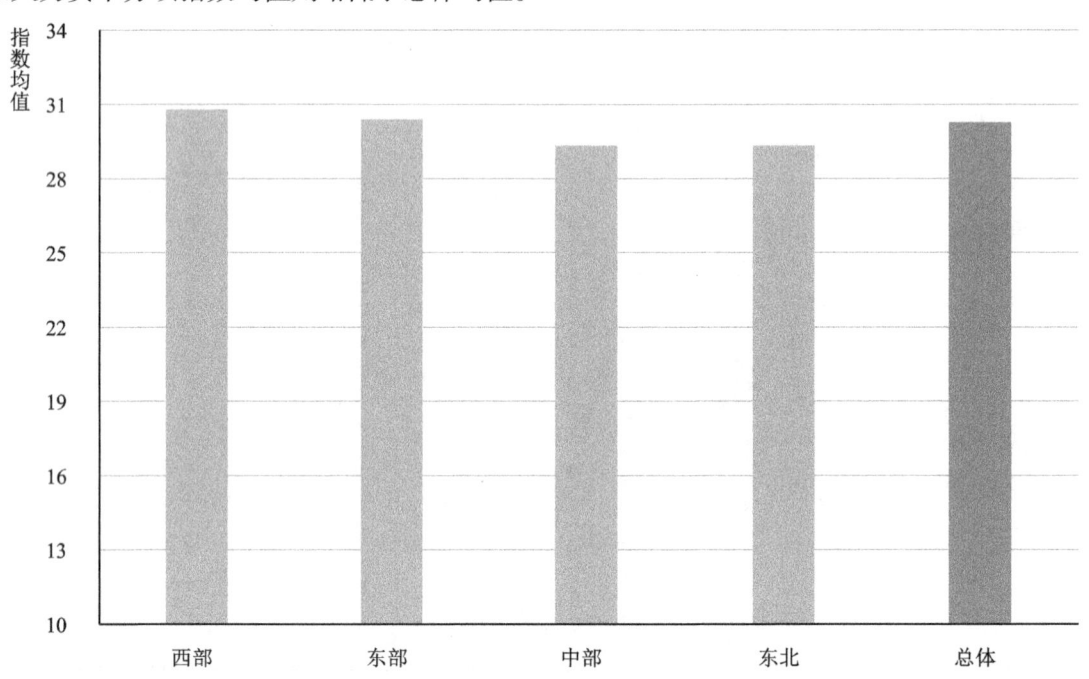

图12-3　2023年不同地区上市公司企业家人力资本分项指数比较

12.2.3　分行业企业家人力资本分项指数比较

对18个行业上市公司企业家人力资本分项指数按照均值从高到低的顺序进行排名和比较，结果参见表12-4。

表12-4　2023年不同行业上市公司企业家人力资本分项指数比较

排名	行业	公司数目	平均值	中位值	最大值	最小值	标准差
1	住宿和餐饮业（H）	8	37.0536	35.7143	71.4286	15.0000	14.6142
2	卫生和社会工作（Q）	15	33.3333	28.5714	64.2857	21.4286	11.6720
3	采矿业（B）	82	33.1272	31.4286	60.0000	15.0000	9.2115

续表

排名	行业	公司数目	平均值	中位值	最大值	最小值	标准差
4	金融业（J）	124	32.4942	28.5714	57.1429	15.0000	8.7395
5	综合（S）	12	31.6667	31.4286	47.8571	19.2857	8.0724
6	电力、热力、燃气及水生产和供应业（D）	131	31.4558	31.4286	57.1429	15.0000	8.6251
7	房地产业（K）	101	31.3861	31.4286	50.0000	10.0000	9.3255
8	科学研究和技术服务业（M）	111	31.3385	28.5714	85.7143	14.2857	10.9475
9	交通运输、仓储和邮政业（G）	112	31.1480	28.5714	64.2857	10.0000	9.7604
10	农、林、牧、渔业（A）	48	30.9375	28.5714	71.4286	15.0000	10.0437
11	水利、环境和公共设施管理业（N）	97	30.7806	29.2857	57.1429	7.1429	10.0891
12	信息传输、软件和信息技术服务业（I）	418	30.7656	28.5714	78.5714	10.0000	9.6548
13	教育（P）	12	30.7143	27.8571	50.0000	20.0000	7.9218
14	建筑业（E）	107	30.3872	29.2857	64.2857	10.0000	9.0532
15	文化、体育和娱乐业（R）	62	29.8733	28.5714	57.1429	17.1429	7.8786
16	制造业（C）	3373	29.8719	28.5714	85.7143	5.0000	9.6921
17	批发和零售业（F）	182	29.8352	28.5714	71.4286	5.0000	9.5006
18	租赁和商务服务业（L）	65	29.5934	28.5714	52.8571	5.0000	9.6931
	总体	5061	30.2546	28.5714	85.7143	5.0000	9.6678

注：居民服务、修理和其他服务业（O）只有1家上市公司，难以代表该行业整体水平，故排名时剔除。

从表12-4可以看出，在18个行业中，最大均值与最小均值的绝对差距为7.4602分。有14个行业的企业家人力资本分项指数均值高于总体均值，该14个行业中的行业均值最大值与总体均值的绝对差距是6.7990分；其他4个行业的上市公司企业家人力资本分项指数均值低于总体均值，总体均值与该4个行业的最小均值的绝对差距是0.6612分。企业家人力资本分项指数行业高分区的内部差距大于低分区。企业家人力资本分项指数均值排名前三位的行业分别为住宿和餐饮业（H）、卫生和社会工作（Q），以及采矿业（B）；排名最后三位的行业是租赁和商务服务业（L）、批发和零售业（F），以及制造业（C）。

图12-4直观地反映了企业家人力资本分项指数均值在不同行业之间的差异。可以发现，企业家人力资本指数均值在各行业之间的变化较为平缓，但排名第一位的住宿和餐饮业（H）明显高于其他行业。

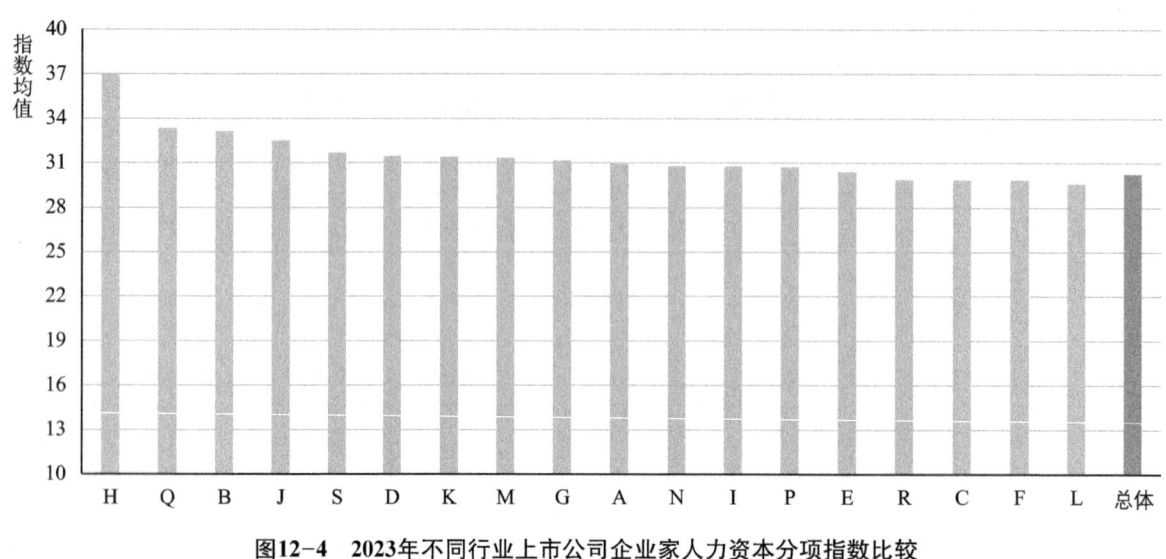

图12-4　2023年不同行业上市公司企业家人力资本分项指数比较

12.2.4　沪深300与非沪深300企业家人力资本分项指数比较

按照是否沪深300成分股指数公司，对两类公司的企业家人力资本分项指数进行比较，结果参见表12-5和图12-5。

表12-5　2023年沪深300与非沪深300公司企业家人力资本分项指数比较

排名	是否沪深300	公司数目	平均值	中位值	最大值	最小值	标准差
1	沪深300	299	32.8189	31.4286	85.7143	10.0000	10.0878
2	非沪深300	4762	30.0936	28.5714	85.7143	5.0000	9.6180
	总体	5061	30.2546	28.5714	85.7143	5.0000	9.6678

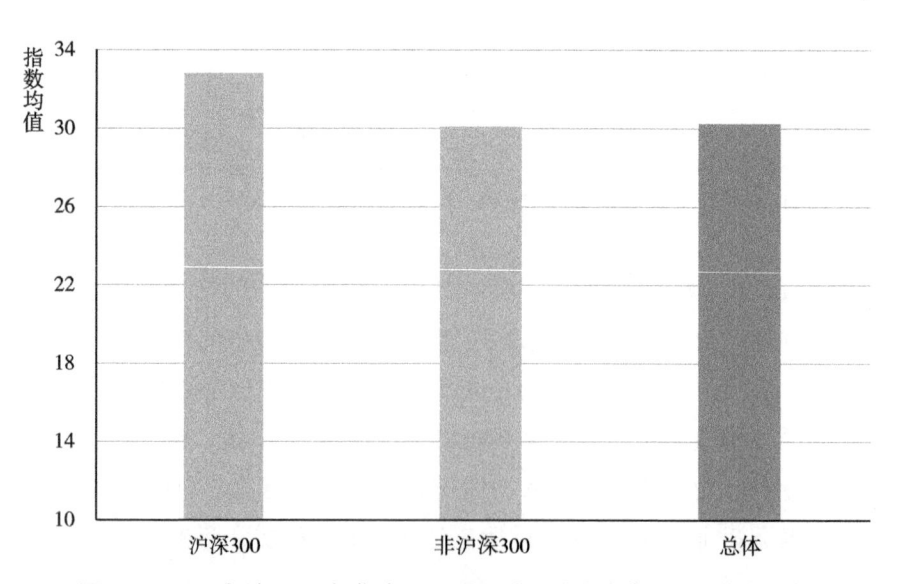

图12-5　2023年沪深300与非沪深300公司企业家人力资本分项指数比较

从表12-5和图12-5可以看出，沪深300公司企业家人力资本分项指数均值明显高于非沪深300公司，二者绝对差距为2.7253分。

12.3 企业家关系网络能力分项指数排名及比较

企业家关系网络能力分项指数侧重评价企业家曾经的政府和社会任职、目前的社会兼职及其影响。本节主要对企业家关系网络能力分项指数排名的各种情况进行比较说明和分析。

12.3.1 企业家关系网络能力分项指数总体分布

基于 5061 家上市公司企业家关系网络能力的各项指标，最终获得每家上市公司企业家关系网络能力分项指数。以 10 分为间隔，将企业家关系网络能力分项指数划分为 9 个区间段（公司数目为 0 的连续区间合并），每个分数区间段的公司数目和所占比重参见表 12-6。

表 12-6 2023 年上市公司企业家关系网络能力分项指数区间分布

指数区间	公司数目	占比 / %	累计占比 / %
[0,10)	3758	74.25	74.25
[10,20)	971	19.19	93.44
[20,30)	232	4.58	98.02
[30,40)	68	1.34	99.37
[40,50)	19	0.38	99.74
[50,60)	11	0.22	99.96
[60,70)	1	0.02	99.98
[70,80)	1	0.02	100.00
[80,100]	0	0.00	100.00
总体	5061	100.00	—

由表 12-6 可见，2023 年企业家关系网络能力分项指数主要集中在 [0,20) 区间，有 4729 家公司，占样本总数的 93.44%。及格（达到 60 分）的公司有 2 家，及格率为 0.04%，比上年（0.06%）下降了 0.02 个百分点。需要指出的是，2023 年企业家关系网络能力分项指数中，有 3014 家上市公司得分为 0，占样本总数的 59.55%。

图 12-6 可以直观地看出企业家关系网络能力分项指数的分布区间。可以看到，2023 年企业家关系网络能力分项指数从低分区间到高分区间的公司数目呈明显下降趋势，大部分公司的指数得分极低。关系网络能力指数得分较低与近些年的强力反腐而导致的社会对关系网络的误解以及经济下行等因素存在一定关系，这些因素也抑制了正常的关系网络发挥效应。

图12-6　2023年上市公司企业家关系网络能力分项指数区间分布

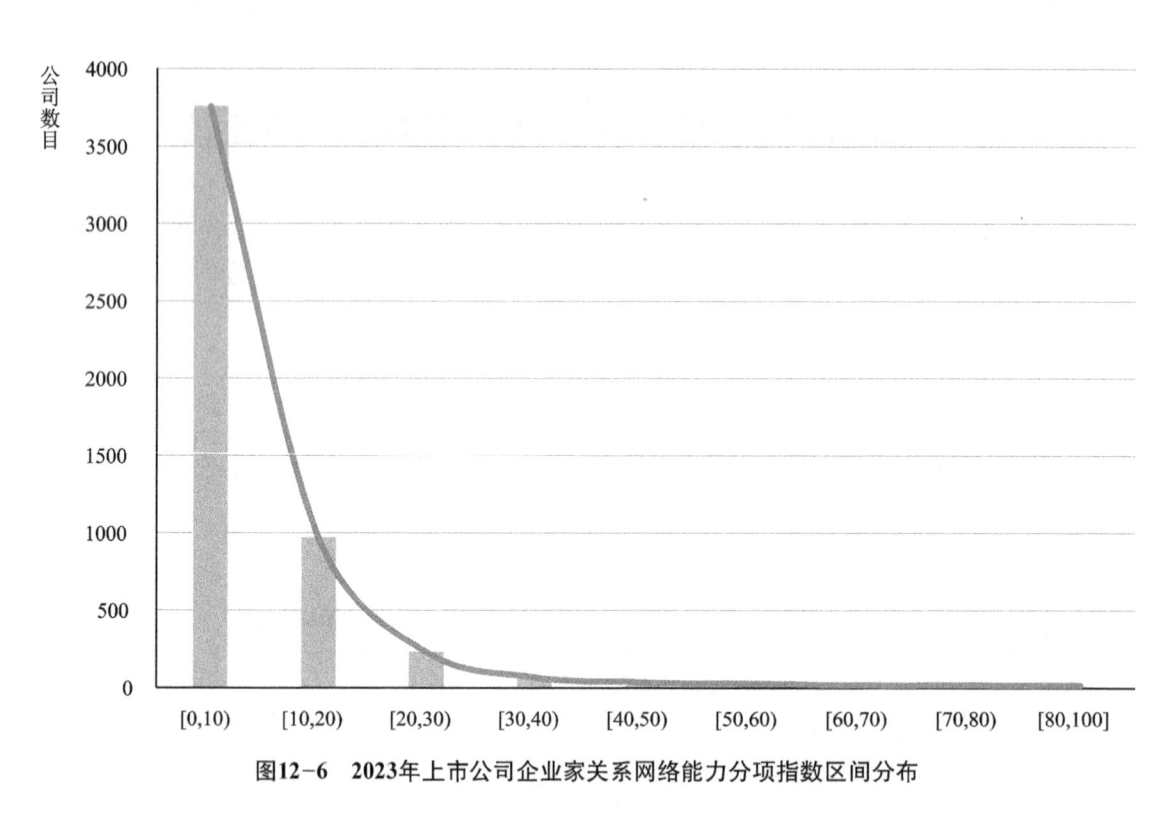

12.3.2　分地区企业家关系网络能力分项指数比较

按照东部、中部、西部和东北四个地区的划分，对上市公司企业家关系网络能力分项指数按照均值从高到低的顺序进行排名和比较，结果参见表12-7。

表 12-7　2023 年不同地区上市公司企业家关系网络能力分项指数比较

排名	地区	公司数目	平均值	中位值	最大值	最小值	标准差
1	中部	673	6.4553	0.0000	77.7778	0.0000	9.4162
2	西部	595	5.5649	0.0000	55.5556	0.0000	8.2716
3	东北	169	5.5227	0.0000	44.4444	0.0000	8.6214
4	东部	3624	4.6174	0.0000	61.1111	0.0000	7.8430
	总体	5061	5.0034	0.0000	77.7778	0.0000	8.1729

从表 12-7 可以看到，四个地区中，中部地区企业家关系网络能力分项指数均值最高，东部地区企业家关系网络能力分项指数均值最低，二者绝对差距为 1.8379 分。

图 12-7 直观地反映了四个地区上市公司企业家关系网络能力分项指数均值的差异。可以看到，中部、西部和东北地区的企业家关系网络能力分项指数均值高于总体均值，而东部地区的企业家关系网络能力分项指数均值低于总体均值；中部地区企业家关系网络能力分项指数均值较明显高于其他三个地区。

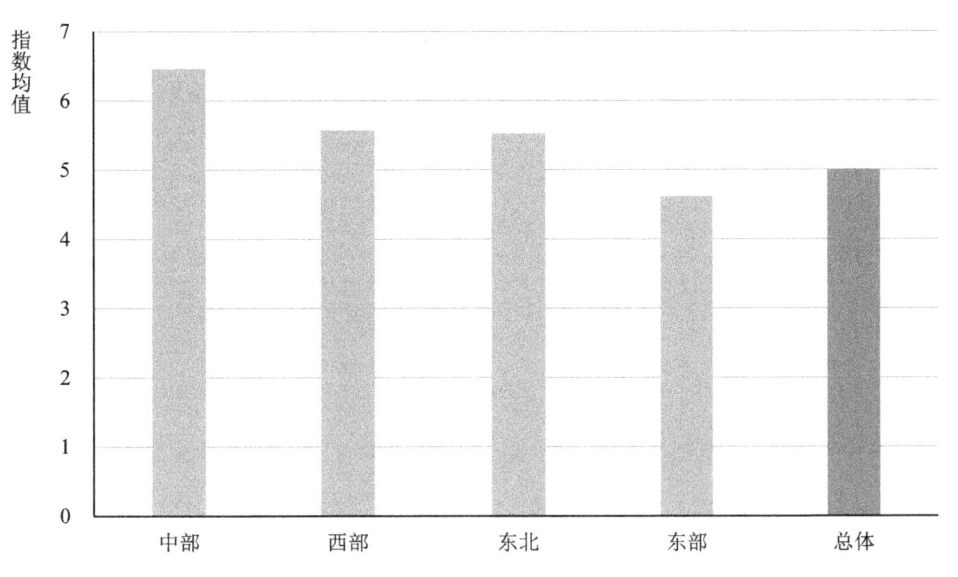

图12-7　2023年不同地区上市公司企业家关系网络能力分项指数比较

12.3.3 分行业企业家关系网络能力分项指数比较

对18个行业上市公司企业家关系网络能力分项指数按照均值从高到低的顺序进行排名和比较，结果参见表12-8。

表12-8　2023年不同行业上市公司企业家关系网络能力分项指数比较

排名	行业	公司数目	平均值	中位值	最大值	最小值	标准差
1	农、林、牧、渔业（A）	48	11.1111	8.3333	44.4444	0.0000	12.7798
2	卫生和社会工作（Q）	15	8.8889	0.0000	38.8889	0.0000	11.9670
3	综合（S）	12	6.4815	2.7778	27.7778	0.0000	9.0248
4	水利、环境和公共设施管理业（N）	97	6.2428	5.5556	44.4444	0.0000	8.0669
5	金融业（J）	124	5.1971	0.0000	22.2222	0.0000	7.1167
6	批发和零售业（F）	182	5.0977	0.0000	55.5556	0.0000	8.9634
7	教育（P）	12	5.0926	0.0000	27.7778	0.0000	8.3205
8	建筑业（E）	107	5.0363	0.0000	27.7778	0.0000	6.4240
9	制造业（C）	3373	5.0252	0.0000	77.7778	0.0000	8.3815
10	交通运输、仓储和邮政业（G）	112	5.0099	5.5556	50.0000	0.0000	7.2344
11	房地产业（K）	101	5.0055	0.0000	33.3333	0.0000	7.5191
12	文化、体育和娱乐业（R）	62	4.9283	0.0000	33.3333	0.0000	7.4070
13	科学研究和技术服务业（M）	111	4.7548	0.0000	33.3333	0.0000	6.9895
14	信息传输、软件和信息技术服务业（I）	418	4.3062	0.0000	44.4444	0.0000	7.6126
15	租赁和商务服务业（L）	65	4.2735	0.0000	38.8889	0.0000	7.9630
16	电力、热力、燃气及水生产和供应业（D）	131	4.0712	0.0000	22.2222	0.0000	5.3536

续表

排名	行业	公司数目	平均值	中位值	最大值	最小值	标准差
17	采矿业（B）	82	3.7940	0.0000	22.2222	0.0000	5.1970
18	住宿和餐饮业（H）	8	2.7778	0.0000	16.6667	0.0000	5.5556
	总体	5061	5.0034	0.0000	77.7778	0.0000	8.1729

注：居民服务、修理和其他服务业（O）只有1家上市公司，难以代表该行业整体水平，故排名时剔除。

从表12-8可以看出，18个行业中，行业最大均值与最小均值的绝对差距为8.3333分。有11个行业的企业家关系网络能力分项指数均值高于总体均值，该11个行业的最大均值与总体均值的绝对差距是6.1077分；其他7个行业的企业家关系网络能力分项指数均值低于总体均值，总体均值与该7个行业最小均值的绝对差距为2.2256分。企业家关系网络能力分项指数高分区行业的内部差距大于低分区行业。企业家关系网络能力分项指数均值排名前三位的行业分别为农、林、牧、渔业（A）、卫生和社会工作（Q），以及综合（S）；排名最后三位的行业为住宿和餐饮业（H）、采矿业（B），以及电力、热力、燃气及水生产和供应业（D）。

图12-8直观地反映了企业家关系网络能力分项指数均值在不同行业之间的差异。可以看到，排名前两位行业的企业家关系网络能力分项指数均值明显高于其他行业，其他行业之间差距很小。

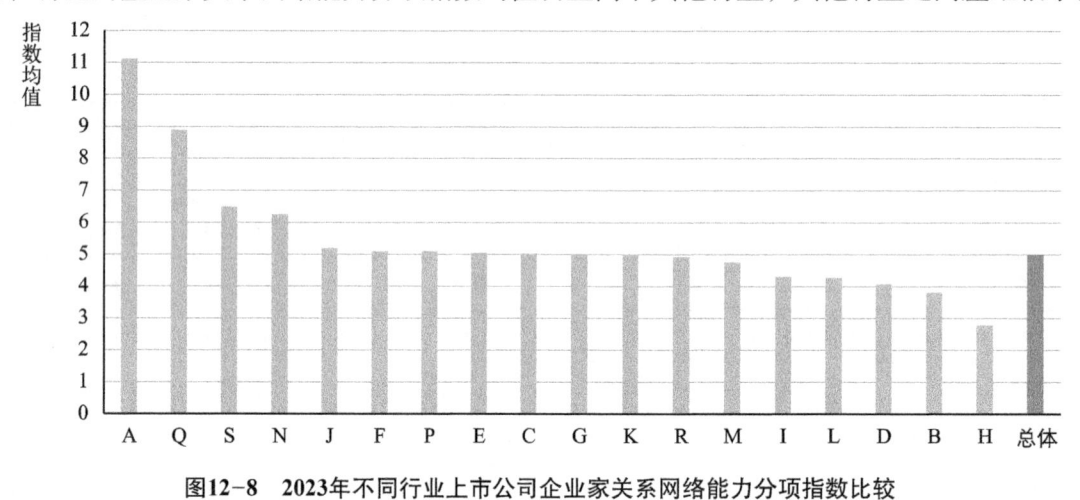

图12-8　2023年不同行业上市公司企业家关系网络能力分项指数比较

12.3.4　沪深300与非沪深300企业家关系网络能力分项指数比较

按照是否沪深300成分股指数公司，对两类公司的企业家关系网络能力分项指数进行比较，结果参见表12-9和图12-9。

表12-9　2023年沪深300与非沪深300公司企业家关系网络能力分项指数比较

排名	是否沪深300	公司数目	平均值	中位值	最大值	最小值	标准差
1	沪深300	299	6.7633	5.5556	77.7778	0.0000	9.2275
2	非沪深300	4762	4.8929	0.0000	61.1111	0.0000	8.0893
	总体	5061	5.0034	0.0000	77.7778	0.0000	8.1729

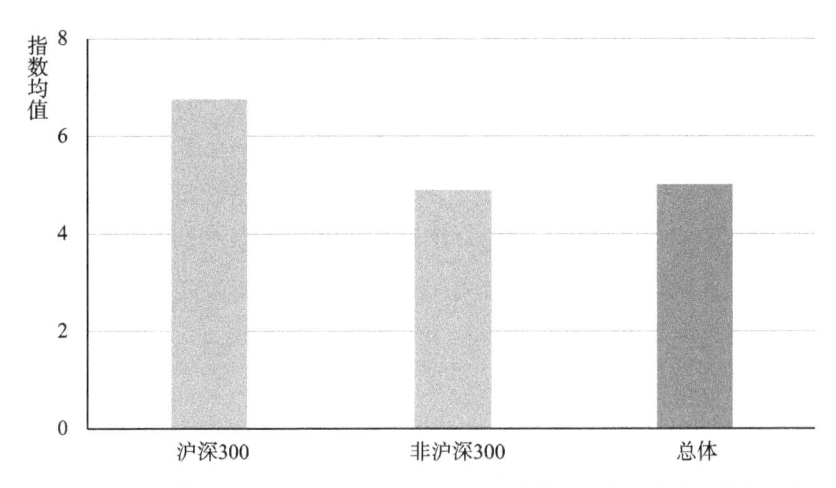

图12-9 2023年沪深300与非沪深300公司企业家关系网络能力分项指数比较

从表 12-9 和图 12-9 可以看出，沪深 300 公司企业家关系网络能力分项指数均值高于非沪深 300，二者绝对差距为 1.8704 分。

12.4 企业家社会责任能力分项指数排名及比较

企业家社会责任能力分项指数侧重评价企业家对利益相关者的回报和义务。本节主要对企业家社会责任能力分项指数排名的各种情况进行比较和分析。

12.4.1 企业家社会责任能力分项指数总体分布

基于 5061 家上市公司企业家社会责任能力的各项指标，最终获得了每家上市公司企业家社会责任能力分项指数。以 10 分为间隔，将企业家社会责任能力分项指数划分为 10 个区间段，每个区间段的公司数目和所占比重参见表 12-10。

表 12-10 2023 年上市公司企业家社会责任能力分项指数区间分布

指数区间	公司数目	占比 / %	累计占比 / %
[0,10)	1	0.02	0.02
[10,20)	18	0.36	0.38
[20,30)	29	0.57	0.95
[30,40)	97	1.92	2.87
[40,50)	271	5.35	8.22
[50,60)	731	14.44	22.66
[60,70)	1196	23.63	46.30
[70,80)	1820	35.96	82.26
[80,90)	890	17.59	99.84
[90,100]	8	0.16	100.00
总体	5061	100.00	—

从表 12-10 可以发现，2023 年企业家社会责任能力分项指数主要集中在 [50,90) 区间，共有 4637 家公司，占样本总数的 91.62%。及格（达到 60 分）的公司有 3914 家，及格率为 77.34%，比上年（78.69%）下降 1.35 个百分点。

图 12-10 直观地展示了企业家社会责任能力分项指数的区间分布情况。可以看出，与其他三个企业家能力分项指数分布情况不同，在企业家社会责任能力分项指数的所有得分区间内，高分区的上市公司较多。这也在一定程度上说明，中国上市公司企业家在积极地履行其社会责任。

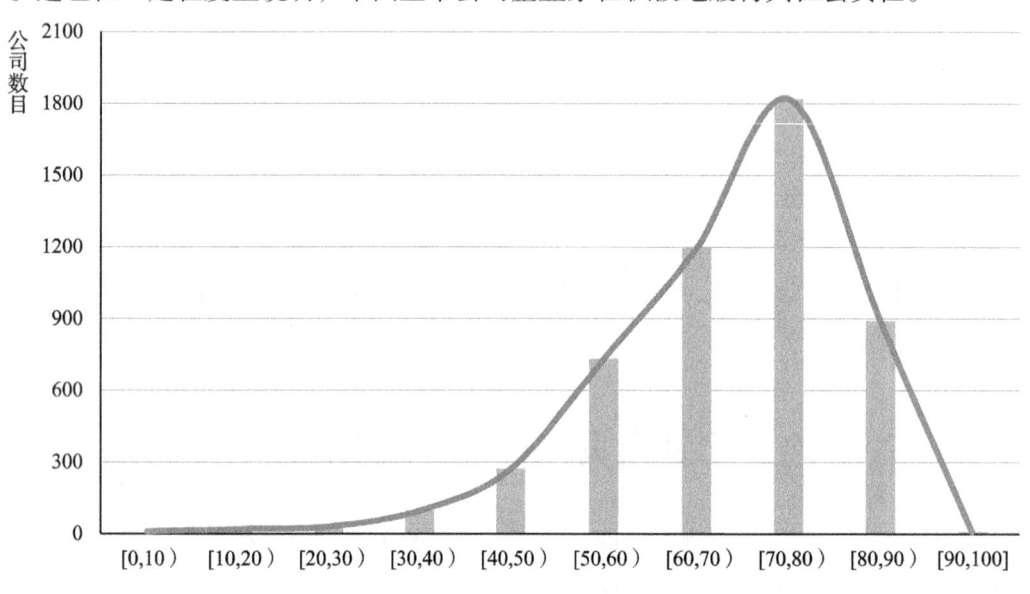

图12-10　2023年上市公司企业家社会责任能力分项指数区间分布

12.4.2　分地区企业家社会责任能力分项指数比较

按照东部、中部、西部和东北四个地区的划分，对上市公司企业家社会责任能力分项指数按照均值从高到低的顺序进行排名和比较，结果参见表 12-11。

表 12-11　2023 年不同地区上市公司企业家社会责任能力分项指数比较

排名	地区	公司数目	平均值	中位值	最大值	最小值	标准差
1	东部	3624	64.3167	70.0000	90.0394	10.0000	12.6261
2	中部	673	62.6655	60.2240	90.0287	10.0000	13.1661
3	西部	595	61.7001	60.0807	90.0508	10.0000	13.7102
4	东北	169	61.3345	60.0771	80.0785	0.0000	13.4425
	总体	5061	63.6899	70.0000	90.0508	0.0000	12.9000

结合表 12-11 与图 12-11 来看，在四个地区中，东部地区企业家社会责任能力分项指数均值最高，东北地区企业家社会责任能力分项指数均值最低，二者绝对差距为 2.9822 分。仅东部地区企业家社会责任能力分项指数均值高于总体均值，而中部、西部和东北地区的企业家社会责任能力分项指数均值则低于总体均值。

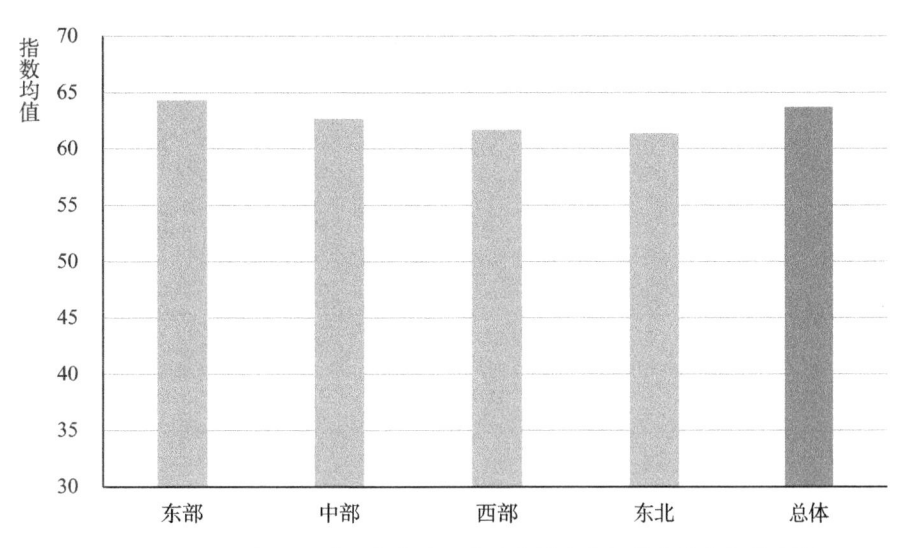

图12-11 2023年不同地区上市公司企业家社会责任能力分项指数比较

12.4.3 分行业企业家社会责任能力分项指数比较

对18个行业上市公司企业家社会责任能力分项指数按照均值从高到低的顺序进行排名和比较，结果参见表12-12。

表12-12 2023年不同行业上市公司企业家社会责任能力分项指数比较

排名	行业	公司数目	平均值	中位值	最大值	最小值	标准差
1	科学研究和技术服务业（M）	111	65.1663	70.0139	80.1010	20.0000	12.1504
2	制造业（C）	3373	64.8440	70.0127	90.0287	0.0000	12.5476
3	信息传输、软件和信息技术服务业（I）	418	63.4279	60.1515	80.1544	30.0000	11.3203
4	金融业（J）	124	63.1779	60.0446	80.0512	30.0056	9.7871
5	批发和零售业（F）	182	62.4038	60.3735	80.2251	20.0000	13.4075
6	房地产业（K）	101	62.0161	60.0704	80.3047	20.0000	12.3646
7	交通运输、仓储和邮政业（G）	112	61.5490	60.0845	80.0835	10.0185	12.8353
8	住宿和餐饮业（H）	8	61.2855	60.0837	70.0827	50.0000	7.8193
9	电力、热力、燃气及水生产和供应业（D）	131	60.9601	60.1271	80.0828	10.0000	15.0553
10	教育（P）	12	60.8476	60.0000	80.0057	40.0000	10.3837
11	租赁和商务服务业（L）	65	60.0312	60.0291	90.0508	30.0000	11.9049
12	采矿业（B）	82	59.9153	60.0490	80.0721	20.0238	14.8541
13	文化、体育和娱乐业（R）	62	59.2222	60.0000	80.0839	10.0000	13.3690
14	综合（S）	12	58.3493	60.0223	80.0289	10.0000	18.6383

续表

排名	行业	公司数目	平均值	中位值	最大值	最小值	标准差
15	水利、环境和公共设施管理业（N）	97	57.5634	60.0201	90.0394	10.0289	16.6251
16	农、林、牧、渔业（A）	48	56.6866	60.0000	80.1016	10.0000	15.7304
17	建筑业（E）	107	55.7287	60.0000	80.0503	20.0131	14.6713
18	卫生和社会工作（Q）	15	54.0180	60.0000	70.0328	30.0000	11.4401
	总体	5061	63.6899	70.0000	90.0508	0.0000	12.9000

注：居民服务、修理和其他服务业（O）只有1家上市公司，难以代表该行业整体水平，故排名时剔除。

从表12-12可以看出，行业最大均值与最小均值的差距为11.1483分，差距较大。仅2个行业的企业家社会责任能力分项指数均值高于总体均值，该2个行业的最大均值与总体均值之间的绝对差距是1.4764分；其他16个行业的企业家社会责任能力分项指数均值低于总体均值，总体均值与该16个行业的最小均值之间的绝对差距是9.6719分。企业家社会责任能力分项指数低分区行业的内部差距大于高分区行业。企业家社会责任能力分项指数均值排名前三位的行业分别为科学研究和技术服务业（M）、制造业（C），以及信息传输、软件和信息技术服务业（I）；排名最后三位的行业为卫生和社会工作（Q）、建筑业（E），以及农、林、牧、渔业（A）。

图12-12直观地反映了企业家社会责任能力分项指数均值在不同行业之间的差异。可以发现，企业家社会责任能力分项指数的行业之间差距较为明显，尤其是排名后三位的行业更加突出。

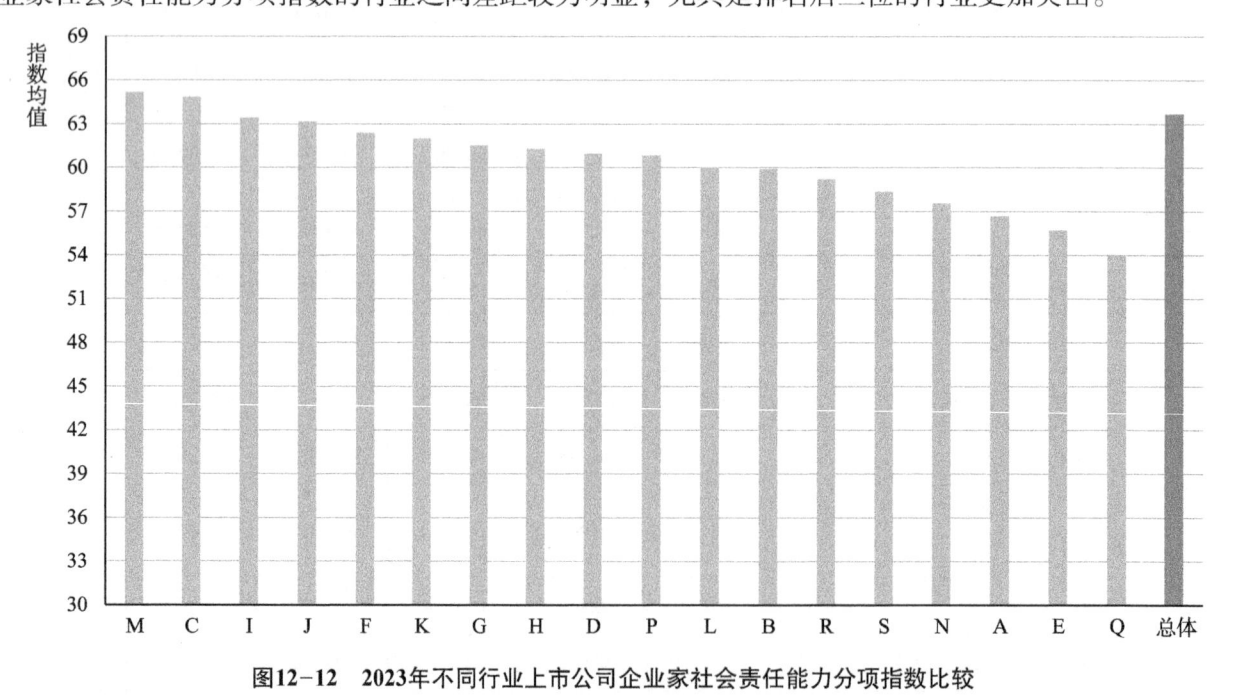

图12-12 2023年不同行业上市公司企业家社会责任能力分项指数比较

12.4.4 沪深300与非沪深300企业家社会责任能力分项指数比较

按照是否沪深300成分股指数公司，对两类公司的企业家社会责任能力分项指数进行比较，结果参见表12-13和图12-13。

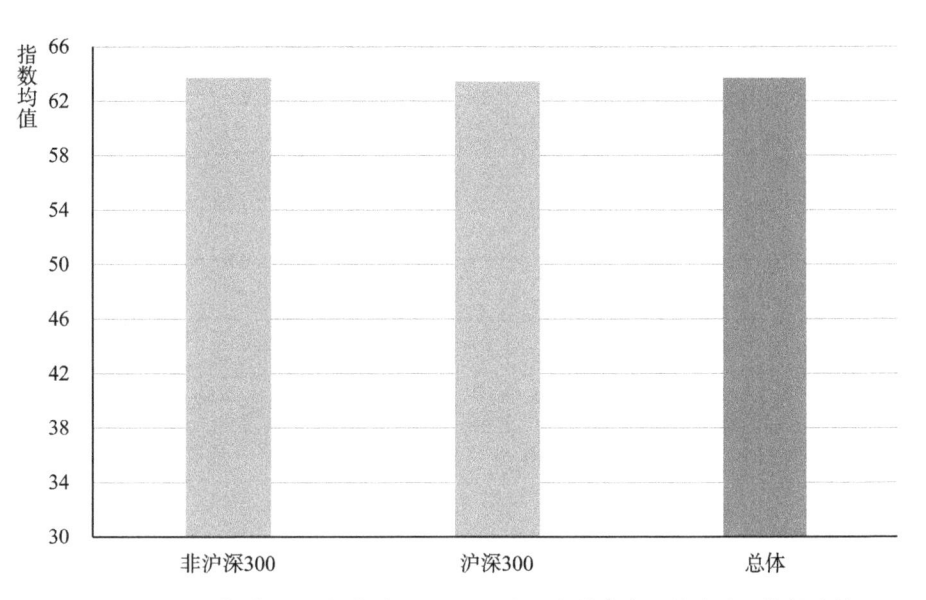

表 12-13　2023 年沪深 300 与非沪深 300 公司企业家社会责任能力分项指数比较

排名	是否沪深300	公司数目	平均值	中位值	最大值	最小值	标准差
1	非沪深300	4762	63.7072	70.0000	90.0508	0.0000	12.9538
2	沪深300	299	63.4150	70.0053	80.0728	10.0000	12.0069
	总体	5061	63.6899	70.0000	90.0508	0.0000	12.9000

图12-13　2023年沪深300与非沪深300公司企业家社会责任能力分项指数比较

从表 12-13 和图 12-13 可以看出，非沪深 300 公司与沪深 300 公司的企业家社会责任能力分项指数均值非常接近，前者比后者仅高出 0.2922 分。

12.5　企业家战略领导能力分项指数排名及比较

企业家战略领导能力分项指数侧重评价企业家的实际贡献及其对企业发展战略的掌控能力。本节主要对企业家战略领导能力分项指数排名的各种情况进行比较和分析。

12.5.1　企业家战略领导能力分项指数总体分布

基于 5061 家上市公司企业家战略领导能力的各项指标，最终获得了每家上市公司企业家战略领导能力分项指数。以 10 分为间隔，将企业家战略领导能力分项指数划分为 9 个区间段（公司数目为 0 的连续区间合并），每个区间段的公司数目和所占比重参见表 12-14。

表 12-14　2023 年上市公司企业家战略领导能力分项指数区间分布

指数区间	公司数目	占比 / %	累计占比 / %
[0,10)	447	8.83	8.83
[10,20)	841	16.62	25.45

续表

指数区间	公司数目	占比/%	累计占比/%
[20,30)	3553	70.20	95.65
[30,40)	208	4.11	99.76
[40,50)	8	0.16	99.92
[50,60)	1	0.02	99.94
[60,70)	2	0.04	99.98
[70,80)	1	0.02	100.00
[80,100]	0	0.00	100.00
总体	5061	100.00	—

由表12-14可见，2023年企业家战略领导能力分项指数主要集中在[10,30)区间，共有4394家公司，占样本总数的86.82%。及格（达到60分）的公司仅有3家，及格率为0.06%，与上年及格率（0.06%）持平。

图12-14直观地显示了企业家战略领导能力分项指数的分布区间。可以看出，企业家战略领导能力分项指数绝大部分集中在低分区，这说明2023年各上市公司企业家战略领导能力普遍表现不佳，这既反映了中国上市公司总经理经营权在独立性方面仍存在问题，也反映了目前企业的经营状况有所恶化。

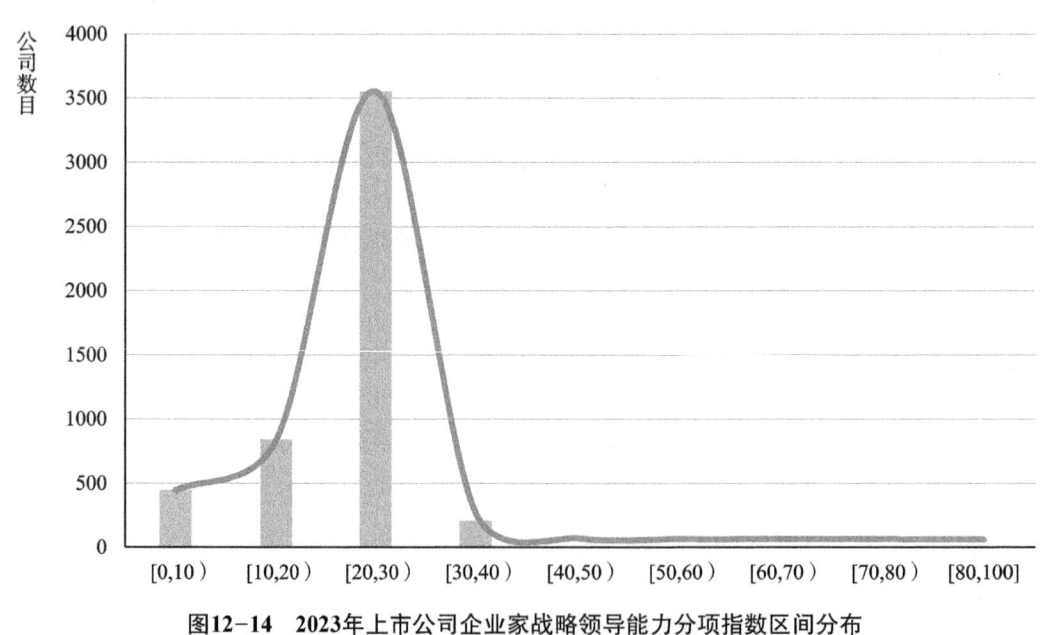

图12-14 2023年上市公司企业家战略领导能力分项指数区间分布

12.5.2 分地区企业家战略领导能力分项指数比较

按照东部、中部、西部和东北四个地区的划分，对上市公司企业家战略领导能力分项指数按照均值从高到低的顺序进行排名和比较，结果参见表12-15。

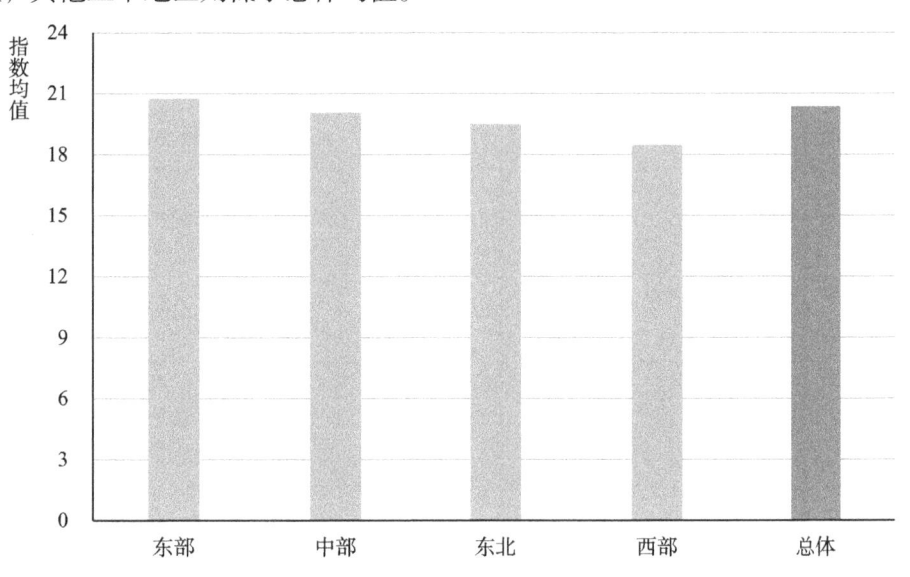

表 12-15 2023 年不同地区上市公司企业家战略领导能力分项指数比较

排名	地区	公司数目	平均值	中位值	最大值	最小值	标准差
1	东部	3624	20.7585	21.4810	71.2408	7.9790	6.2265
2	中部	673	20.0658	21.3379	36.8273	8.7531	5.9597
3	东北	169	19.4969	21.0778	32.7297	7.8439	5.6103
4	西部	595	18.4778	21.0217	35.5785	0.1627	6.0231
	总体	5061	20.3561	21.3733	71.2408	0.1627	6.1941

从表 12-15 可以看到，东部地区上市公司企业家战略领导能力分项指数均值最高，其次为中部和东北地区，而西部地区最低。四个地区企业家战略领导能力分项指数均值差距较小，最高均值与最低均值的绝对差距为 2.2807 分。

图 12-15 直观地反映了四个地区企业家战略领导能力分项指数均值的差异。可以看到，企业家战略领导能力分项指数均值在四个地区之间的变化平缓。仅东部地区企业家战略领导能力分项指数均值高于总体均值，其他三个地区则低于总体均值。

图12-15 2023年不同地区上市公司企业家战略领导能力分项指数比较

12.5.3 分行业企业家战略领导能力分项指数比较

对 18 个行业上市公司企业家战略领导能力分项指数按照均值从高到低的顺序进行排名和比较，结果参见表 12-16。

表 12-16 2023 年不同行业上市公司企业家战略领导能力分项指数比较

排名	行业	公司数目	平均值	中位值	最大值	最小值	标准差
1	制造业（C）	3373	21.0522	21.6376	46.0866	0.1627	5.6432
2	采矿业（B）	82	20.9812	21.5096	49.0347	9.1819	8.2262

续表

排名	行业	公司数目	平均值	中位值	最大值	最小值	标准差
3	批发和零售业（F）	182	20.8750	21.5304	36.8273	8.9316	5.8042
4	文化、体育和娱乐业（R）	62	20.6639	21.2827	34.8971	9.5471	7.4686
5	卫生和社会工作（Q）	15	19.9286	16.4497	39.8222	9.8457	9.1965
6	信息传输、软件和信息技术服务业（I）	418	19.3810	21.0066	48.0123	9.0637	5.4855
7	教育（P）	12	19.0738	21.0294	32.2142	9.0489	6.8196
8	金融业（J）	124	19.0294	20.0599	71.2408	7.9790	11.3641
9	农、林、牧、渔业（A）	48	18.8910	21.1783	34.7267	8.9673	6.5564
10	建筑业（E）	107	18.6898	20.7643	44.3619	8.9671	7.0846
11	租赁和商务服务业（L）	65	18.4613	20.9342	34.6084	9.2817	6.2451
12	住宿和餐饮业（H）	8	18.4437	21.3473	24.6725	9.4672	5.5458
13	交通运输、仓储和邮政业（G）	112	18.1236	20.9445	37.2120	8.4064	6.9081
14	科学研究和技术服务业（M）	111	18.1201	20.8843	42.4577	9.2871	6.7699
15	水利、环境和公共设施管理业（N）	97	17.6637	20.8140	28.9393	7.8439	5.8955
16	电力、热力、燃气及水生产和供应业（D）	131	17.3908	20.9250	35.2836	9.0040	6.4095
17	房地产业（K）	101	17.0587	20.6881	36.4184	8.7531	6.2108
18	综合（S）	12	16.9196	16.4345	26.7561	8.4332	6.9707
	总体	5061	20.3561	21.3733	71.2408	0.1627	6.1941

注：居民服务、修理和其他服务业（O）只有1家上市公司，难以代表该行业整体水平，故排名时剔除。

从表12-16可以看出，18个行业中，行业最大均值与最小均值的差距为4.1326分。4个行业的企业家战略领导能力分项指数均值高于总体均值，该4个行业的最大均值与总体均值的绝对差距为0.6961分；其他14个行业的企业家战略领导能力分项指数均值低于总体均值，总体均值与该14个行业的最小均值的绝对差距为3.4365分。企业家战略领导能力分项指数低分区行业的内部差距大于高分区行业。企业家战略领导能力分项指数均值排名前三位的行业分别为制造业（C）、采矿业（B），以及批发和零售业（F）；排名最后三位的行业分别为综合（S）、房地产业（K），以及电力、热力、燃气及水生产和供应业（D）。

图12-16直观地反映了上市公司企业家战略领导能力分项指数均值在不同行业之间的差异。可以看到，18个行业企业家战略领导能力分项指数均值由高到低，曲线比较平缓，各行业之间差距较小。

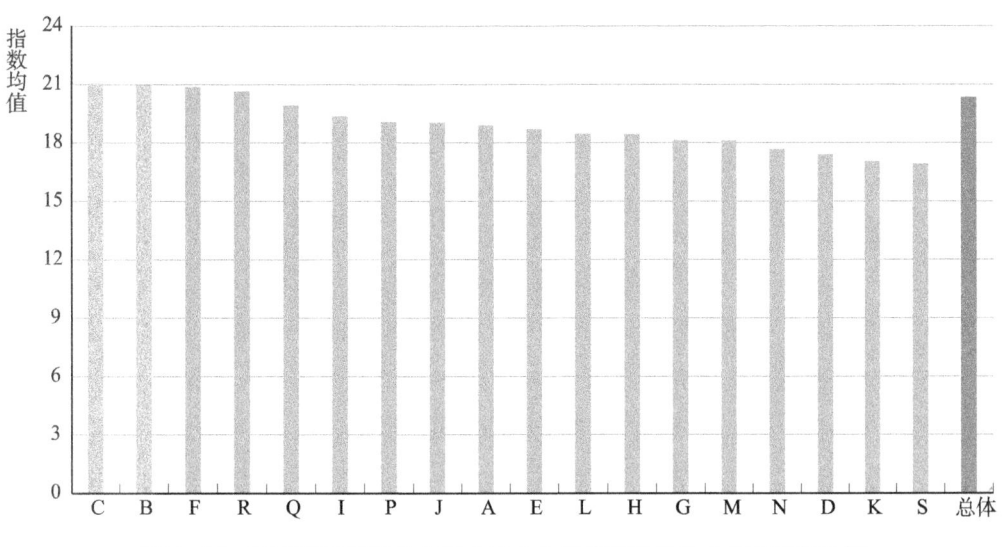

图12-16　2023年不同行业上市公司企业家战略领导能力分项指数比较

12.5.4　沪深300与非沪深300企业家战略领导能力分项指数比较

按照是否沪深300成分股指数公司，对两类公司的企业家战略领导能力分项指数进行比较，结果参见表12-17和图12-17。

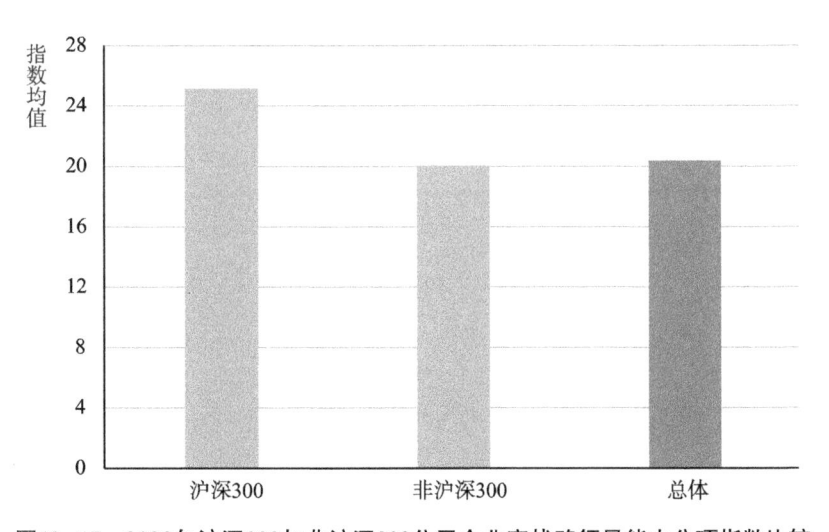

表 12-17　2023 年沪深 300 与非沪深 300 公司企业家战略领导能力分项指数比较

排名	是否沪深300	公司数目	平均值	中位值	最大值	最小值	标准差
1	沪深300	299	25.1556	23.8881	71.2408	8.9397	8.3575
2	非沪深300	4762	20.0548	21.3181	40.1053	0.1627	5.9036
	总体	5061	20.3561	21.3733	71.2408	0.1627	6.1941

图12-17　2023年沪深300与非沪深300公司企业家战略领导能力分项指数比较

结合表12-17和图12-17可以看出，沪深300公司企业家战略领导能力分项指数均值明显高于非沪深300，二者绝对差距为5.1008分。由于战略领导能力在很大程度上反映着公司的经营业绩，这也说明沪深300成分股公司比较重视短期业绩表现。

12.6 本章小结

本章从总体、地区、行业以及是否沪深300四个方面，对2023年企业家能力的四个分项指数，即人力资本、关系网络能力、社会责任能力和战略领导能力进行了比较分析，通过分析发现：

（1）从企业家能力四个分项指数比较看，2023年企业家社会责任能力分项指数均值最高，关系网络能力分项指数均值最低。从指数分布区间来看，企业家人力资本分项指数主要集中在[20,40)区间，占样本总数的75.54%；企业家关系网络能力分项指数主要集中在[0,20)区间，占样本总数的93.44%；企业家社会责任能力分项指数主要集中在[50,90)区间，占样本总数的91.62%；企业家战略领导能力分项指数主要集中在[10,30)区间，占样本总数的86.82%。

（2）从地区来看，企业家人力资本分项指数均值从高到低依次是西部、东部、中部和东北；企业家关系网络能力分项指数均值从高到低依次是中部、西部、东北和东部；企业家社会责任能力分项指数均值从高到低依次是东部、中部、西部和东北；企业家战略领导能力分项指数均值从高到低依次是东部、中部、东北和西部。总体看。在四个分项指数中，东部表现相对较好，东北表现相对较差。

（3）从行业来看，企业家人力资本分项指数均值排名前三位的行业分别为住宿和餐饮业（H）、卫生和社会工作（Q），以及采矿业（B）；企业家关系网络能力分项指数均值排名前三位的行业分别为农、林、牧、渔业（A）、卫生和社会工作（Q），以及综合（S）；企业家社会责任能力分项指数均值排名前三位的行业分别为科学研究和技术服务业（M）、制造业（C），以及信息传输、软件和信息技术服务业（I）；企业家战略领导能力分项指数均值排名前三位的行业分别为制造业（C）、采矿业（B），以及批发和零售业（F）。在四个分项指数中，各行业排名并没有表现出特别的规律性。

（4）从沪深300与非沪深300的比较看，沪深300公司在企业家人力资本、关系网络能力和战略领导能力三个分项指数上，其均值都高于非沪深300公司；而在企业家社会责任能力分项指数均值上，沪深300公司的指数均值则略低于非沪深300公司。总体看，沪深300公司在企业家能力方面的表现好于非沪深300公司。

第13章 企业家能力指数的所有制比较

根据第1章的控股或所有制类型划分，本章对2023年5061家样本上市公司的企业家能力指数及四个分项指数从所有制角度进行比较，以了解不同所有制上市公司在企业家能力方面存在的异同。

13.1 企业家能力指数总体的所有制比较

13.1.1 企业家能力总体指数比较

不同的所有制会对上市公司企业家能力产生影响，表13-1比较了不同所有制上市公司的企业家能力指数，并按照均值从高到低的顺序进行了排名。

表 13-1 2023年不同所有制上市公司企业家能力指数比较

排名	所有制类型	公司数目	平均值	中位值	最大值	最小值	标准差
1	无国有股份公司	2385	31.7974	32.1046	48.2132	12.5532	4.8141
2	国有参股公司	1184	31.3255	31.4527	49.7660	13.6231	5.0463
3	国有绝对控股公司	554	31.1809	31.2970	51.4077	13.0610	4.7147
4	国有强相对控股公司	532	31.1403	31.7496	46.4899	16.5249	4.5941
5	国有弱相对控股公司	406	30.5399	30.7839	52.6306	11.3774	5.2072
	总体	5061	31.4496	31.7165	52.6306	11.3774	4.8837

从表13-1可以看出，五种所有制上市公司的企业家能力指数均值为31.4496分，都远低于60分的及格线。无国有股份公司的企业家能力指数均值最高，为31.7974分，国有弱相对控股公司的企业家能力指数均值最低，为30.5399分。最大均值与最小均值的绝对差距为1.2575分，差距不大。从中位值看，同样是无国有股份公司企业家能力指数最大，国有弱相对控股公司企业家能力指数最小。从标准差看，五类公司企业家能力指数的标准差都不大，相互之间差异也很小，即离散程度相差不大。

为了更直观地反映不同所有制上市公司企业家能力指数的差异，图13-1按照前十大股东中的国有股比例从大到小进行了排序。可以看到，随着国有持股比例的降低，企业家能力指数均值先下降，后上升，大体呈比较平缓的"V"形。两类非国有控股公司对企业家的吸引力不弱于国有控股公司，尤其是无国有股份公司，在五类所有制企业当中表现最好。

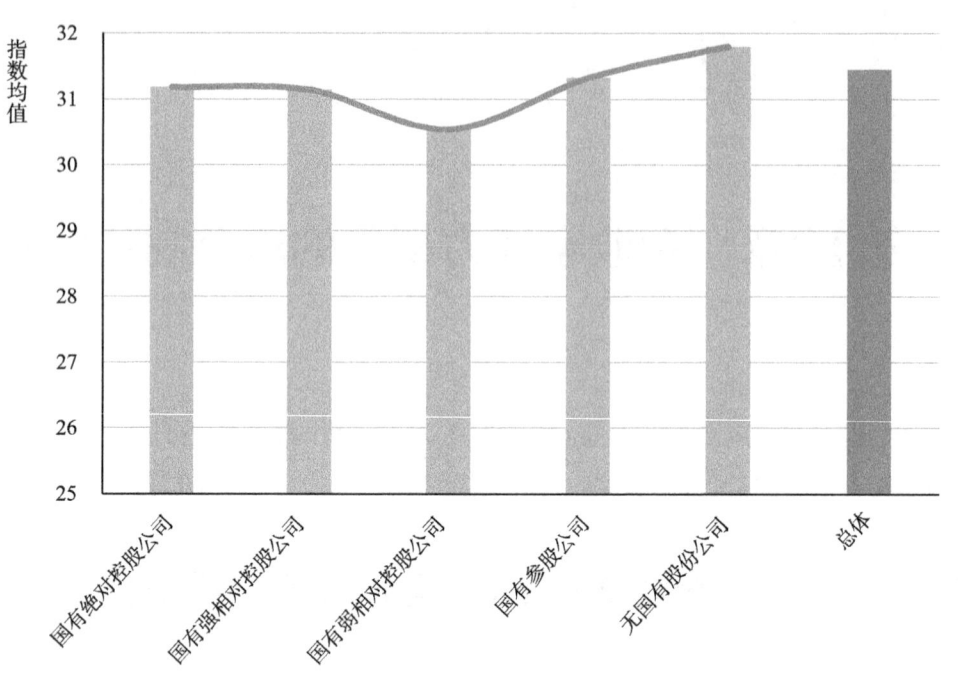

图13-1 2023年不同所有制上市公司企业家能力指数均值比较

我们进一步将国有绝对控股公司、国有强相对控股公司和国有弱相对控股公司归类为国有控股公司，将国有参股公司和无国有股份公司归类为非国有控股公司，表13-2比较了国有控股公司和非国有控股公司的企业家能力指数。

表13-2 2023年国有与非国有控股上市公司企业家能力指数比较

排名	所有制	公司数目	平均值	中位值	最大值	最小值	标准差
1	非国有控股公司	3569	31.6408	31.9053	49.7660	12.5532	4.8974
2	国有控股公司	1492	30.9920	31.2749	52.6306	11.3774	4.8202
	总体	5061	31.4496	31.7165	52.6306	11.3774	4.8837

从表13-2可以看出，2023年上市公司中，非国有控股公司企业家能力指数的均值和中位值都略高于国有控股公司，前者均值高出后者0.6488分，前者中位值高出后者0.6304分。就标准差反映的离散程度看，两类公司的差异很小。

按照实际（或最终）控制人类型，可以将上市公司划分为实际（或最终）控制人为中央企业（或监管机构）、地方国企（或监管机构）、非国有企业或自然人实际（或最终）控制的公司三种类型。表13-3比较了实际（或最终）控制人不同的上市公司的企业家能力指数。可以看出，中央企业（或监管机构）实际（或最终）控制的上市公司的企业家能力指数均值高于非国有企业或自然人和地方国企（或监管机构）实际（或最终）控制的上市公司。不过，它们之间的差距并不大。把实际（或最终）控制人为非国有企业或自然人的类型进一步细分为集体企业、民营企业、境外企业、自然人四种类型，则在四个细分类中，境外企业控制的上市公司的企业家能力指数均值最高，民营企业控制的上市公司的企业家能力指数均值最低，而且，境外企业控制的上市公司的企业家能力指数均值高于大类中排在第一的中央企业（或监管机构）控制的上市公司，而民营企业控制的上市公司的企业家能力指数均值则略低于大类中排在最后一位的地方国企（或监管机构）控制的上市公司。

表 13-3　2023 年不同实际（或最终）控制人上市公司企业家能力指数比较

排名	实际（或最终）控制人	公司数目	平均值	中位值	最大值	最小值	标准差
1	中央企业（或监管机构）	471	31.7590	31.5640	52.6306	12.9809	5.0205
2	非国有企业或自然人总计	3569	31.6408	31.9053	49.7660	12.5532	4.8974
	其中：境外企业	31	32.5834	32.6622	40.4468	26.4191	4.0092
	其中：自然人	3408	31.6636	31.9213	49.7660	12.5532	4.8818
	其中：集体企业	29	31.5724	31.8801	40.9077	20.0187	5.3708
	其中：民营企业	101	30.6021	31.1918	42.4821	13.9885	5.3672
3	地方国企（或监管机构）	1021	30.6382	31.0896	48.0198	11.3774	4.6828
	总体	5061	31.4496	31.7165	52.6306	11.3774	4.8837

13.1.2　企业家能力分项指数总体比较

企业家能力指数包括人力资本、关系网络能力、社会责任能力和战略领导能力四个分项指数，表 13-4 对五类所有制上市公司的四个企业家能力分项指数均值进行了比较。

表 13-4　2023 年不同所有制上市公司企业家能力分项指数均值比较

所有制类型	人力资本	关系网络能力	社会责任能力	战略领导能力
国有绝对控股公司	30.9979	4.5728	62.7474	20.0496
国有强相对控股公司	30.6767	4.7306	63.1549	19.7216
国有弱相对控股公司	30.5718	4.7619	61.0592	19.6667
国有参股公司	30.3650	5.6259	62.7041	20.3712
无国有股份公司	29.8790	4.8963	64.9655	20.6788
总体	30.2546	5.0034	63.6899	20.3561

从表 13-4 可以看出，五类所有制上市公司的四个企业家能力分项指数存在一定差异。图 13-2 更直观地反映了不同所有制上市公司企业家能力四个分项指数均值的差异。可以看出，五类所有制上市公司的四个分项指数中，都是社会责任能力最高，其次是人力资本，再次是战略领导能力，最低的是关系网络能力。相对来说，三类国有控股公司更偏重于企业家人力资本，而两类非国有控股公司则更偏重于关系网络能力、社会责任能力和战略领导能力。但五类所有制公司在四个分项指数上的差异不是很明显。

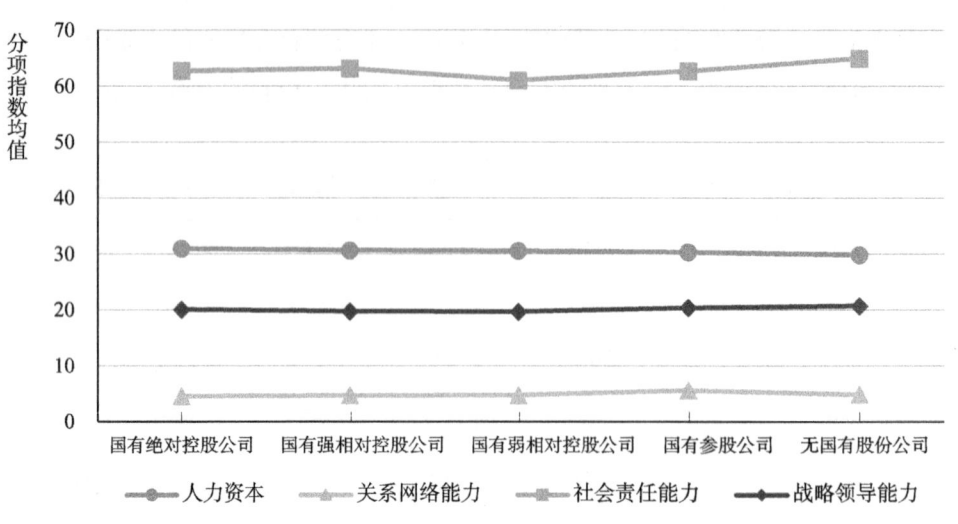

图13-2　2023年不同所有制上市公司企业家能力分项指数变化趋势

我们进一步将国有绝对控股公司、国有强相对控股公司和国有弱相对控股公司归类为国有控股公司，将国有参股公司和无国有股份公司归类为非国有控股公司，两者的比较见表13-5和图13-3。可以看出，在人力资本分项指数上，国有控股公司高于非国有控股公司；在关系网络能力、社会责任能力和战略领导能力三个分项指数上，则是国有控股公司低于非国有控股公司，但两类公司在四个分项指数上的差距不是很大。

表13-5　2023年国有与非国有控股上市公司企业家能力分项指数均值比较

所有制类型	人力资本	关系网络能力	社会责任能力	战略领导能力
国有控股公司	30.7674	4.6805	62.4334	19.8284
非国有控股公司	30.0402	5.1384	64.2153	20.5767
总体	30.2546	5.0034	63.6899	20.3561

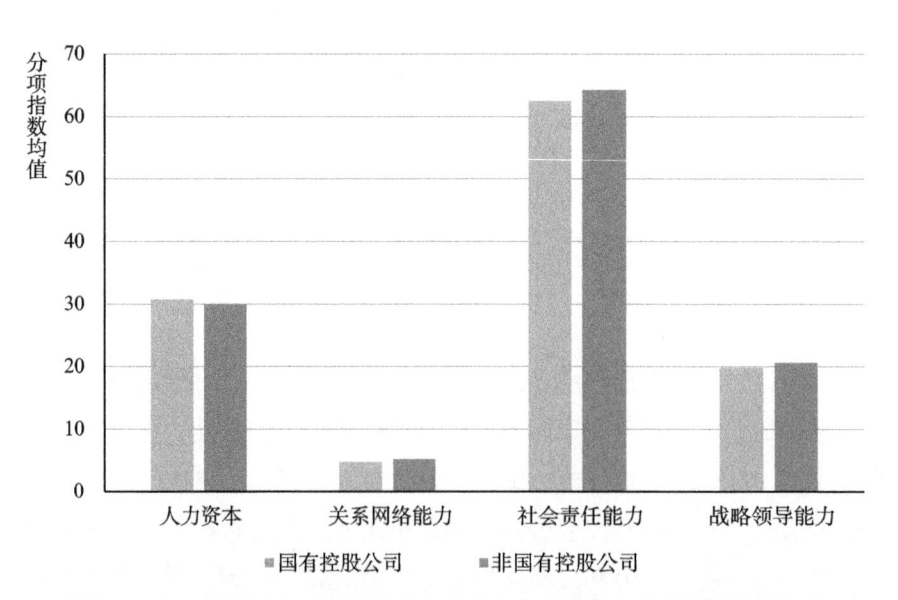

图13-3　2023年国有与非国有控股上市公司企业家能力分项指数均值比较

按照三类实际（或最终）控制人的划分，三类实际（或最终）控制人控制的上市公司企业家能力的四个分项指数均值的比较参见表13-6和图13-4。可以看到，在人力资本分项指数上，中央企业（或监管机构）实际（或最终）控制的公司高于地方国企（或监管机构）实际（或最终）控股的公司，地方国企（或监管机构）实际（或最终）控制的公司又高于非国有企业或自然人实际（或最终）控制的公司；在关系网络能力分项指数上，非国有企业或自然人实际（或最终）控制的公司最高，其次是地方国企（或监管机构）实际（或最终）控制的公司，最低的是中央企业（或监管机构）实际（或最终）控制的公司；在社会责任能力分项指数上，非国有企业或自然人实际（或最终）控制的公司最高，其次是中央企业（或监管机构）实际（或最终）控制的公司，最低的是地方国企（或监管机构）实际（或最终）控制的公司；在战略领导能力分项指数上，中央企业（或监管机构）实际（或最终）控制的公司高于另两类公司，但非国有企业或自然人实际（或最终）控制的公司高于地方国企（或监管机构）实际（或最终）控制的公司。总体上，三类公司在企业家能力四个分项指数上的差别不是很大。

表13-6　2023年不同实际（或最终）控制人上市公司企业家能力分项指数均值比较

实际（或最终）控制人	人力资本	关系网络能力	社会责任能力	战略领导能力
中央企业（或监管机构）	31.8274	4.1637	63.1759	21.1222
地方国企（或监管机构）	30.2784	4.9189	62.0908	19.2316
非国有企业或自然人	30.0402	5.1384	64.2153	20.5767
总体	30.2546	5.0034	63.6899	20.3561

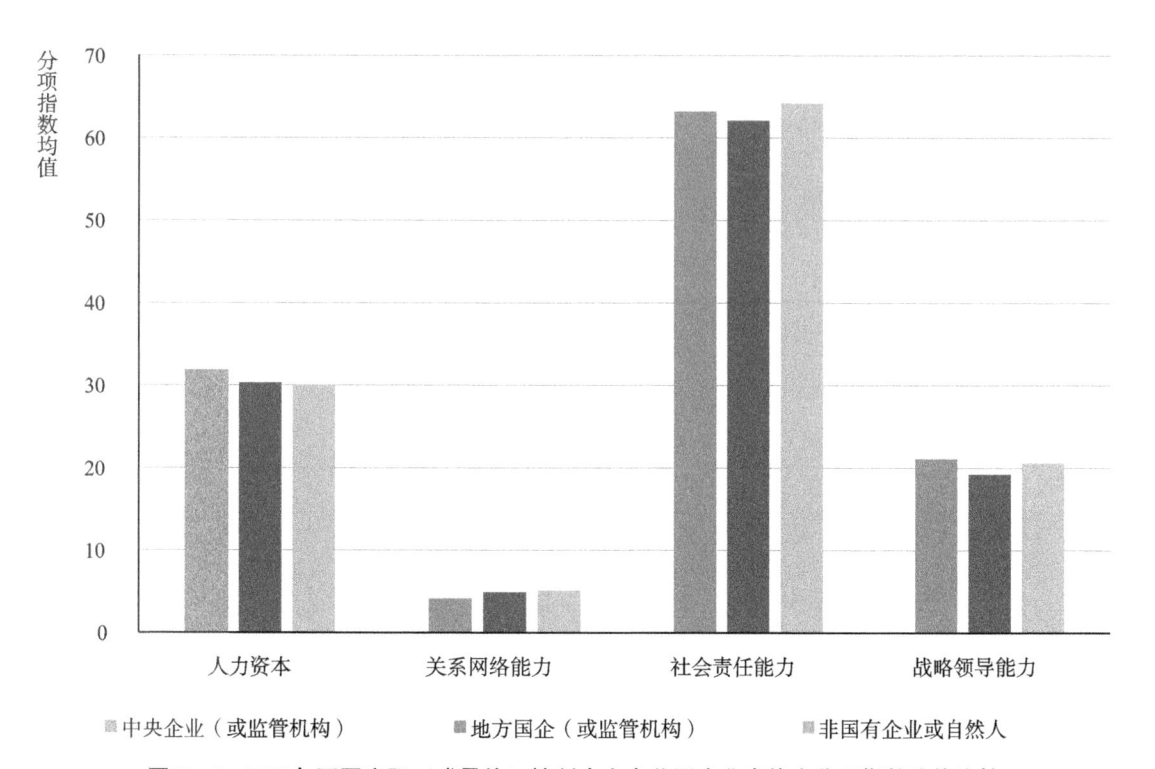

图13-4　2023年不同实际（或最终）控制人上市公司企业家能力分项指数均值比较

13.2 分地区企业家能力指数的所有制比较

根据四个地区的划分，我们对各个地区不同所有制上市公司企业家能力指数及其分项指数进行比较分析。

13.2.1 分地区企业家能力总体指数比较

根据四个地区的划分，我们对四个地区上市公司企业家能力总体指数进行了统计，参见表13-7。

表 13-7 2023 年不同地区国有与非国有控股上市公司企业家能力指数比较

地区	所有制类型	公司数目	平均值	中位值	最大值	最小值	标准差
东部	国有控股公司	917	31.2663	31.5520	52.6306	11.3774	4.9596
	非国有控股公司	2707	31.8594	32.1079	49.7660	12.5532	4.7666
	总体	3624	31.7094	31.9877	52.6306	11.3774	4.8231
中部	国有控股公司	244	30.5607	30.9536	48.0198	15.0567	4.7871
	非国有控股公司	429	31.4625	31.5622	45.7604	16.3564	5.0552
	总体	673	31.1355	31.2817	48.0198	15.0567	4.9786
西部	国有控股公司	259	30.5520	31.0317	41.2840	17.1719	4.4477
	非国有控股公司	336	30.4871	30.8220	44.5633	13.9885	5.2727
	总体	595	30.5153	30.9426	44.5633	13.9885	4.9307
东北	国有控股公司	72	30.5427	31.1937	37.5874	16.5240	4.1081
	非国有控股公司	97	30.3256	30.0878	43.1055	12.7464	5.5917
	总体	169	30.4181	30.9774	43.1055	12.7464	5.0147

从表 13-7 可以看出，东部和中部两个地区国有控股公司企业家能力指数的均值和中位值都低于非国有控股公司；西部和东北两个地区的国有控股公司企业家能力指数的均值和中位值都高于非国有控股公司。

图 13-5 直观地反映了四个地区不同所有制上市公司企业家能力指数均值的差异。可以看出，东部地区国有控股公司和非国有控股公司的企业家能力指数均值在四个地区中都是最高的。

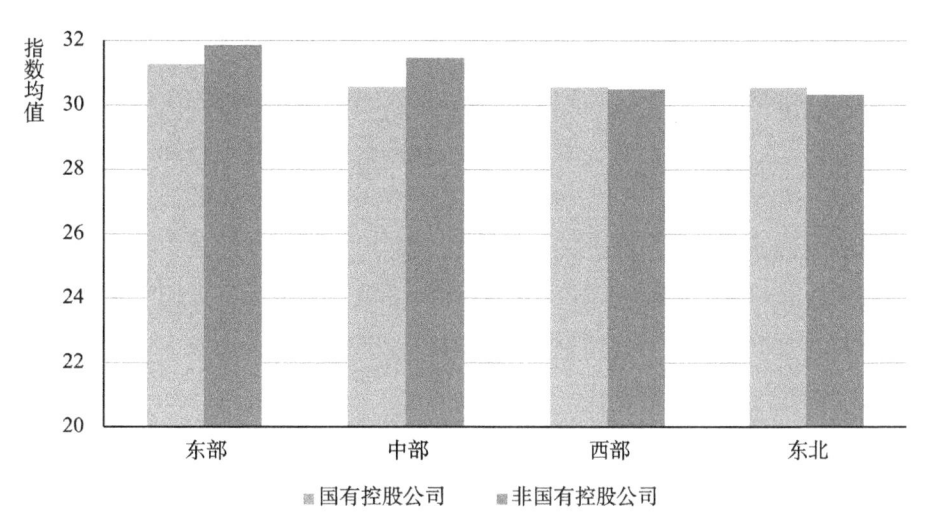

图13-5　2023年不同地区国有与非国有控股上市公司企业家能力指数均值比较

13.2.2　分地区企业家能力分项指数比较

接下来，我们对四个地区国有与非国有控股上市公司的企业家能力分项指数均值进行比较分析，参见表13-8。

表13-8　2023年不同地区国有与非国有控股上市公司企业家能力分项指数均值比较

地区	所有制类型	人力资本	关系网络能力	社会责任能力	战略领导能力
东部	国有控股公司	31.2120	4.2712	62.7062	20.3643
	非国有控股公司	30.1000	4.7346	64.8623	20.8921
	总体	30.3814	4.6174	64.3167	20.7585
中部	国有控股公司	29.3852	5.7149	61.5499	19.6014
	非国有控股公司	29.2974	6.8765	63.3000	20.3299
	总体	29.3292	6.4553	62.6655	20.0658
西部	国有控股公司	30.9046	5.1695	62.3115	18.2326
	非国有控股公司	30.7122	5.8697	61.2288	18.6668
	总体	30.7959	5.5649	61.7001	18.4778
东北	国有控股公司	29.2956	4.6296	62.3903	19.5137
	非国有控股公司	29.3299	6.1856	60.5508	19.4844
	总体	29.3153	5.5227	61.3345	19.4969

由表13-8可知，四个地区两类所有制上市公司在企业家能力指数四个分项指数均值上的排序并不一致。为了便于比较，我们计算出四个地区非国有控股公司企业家能力四个分项指数均值与对应的国有控股公司企业家能力四个分项指数均值的差值，由此可以反映四个地区两类所有制上市公司企业家能力四个分项指数的差异，如图13-6所示。可以看出，在人力资本分项指数上，除了东北非国有控股公司好于国有控股公司外，其他三个地区都是国有控股公司好于非国有控股公司；在关系网络能力分项指数上，四个地区都是非国有控股公司好于国有控股公司；在社会责任能力分项指数上，西部

和东北两个地区国有控股公司好于非国有控股公司，而东部和中部两个地区则都是非国有控股公司好于国有控股公司；在战略领导能力分项指数上，除了东北国有控股公司好于非国有控股公司外，其他三个地区都是非国有控股公司好于国有控股公司。从总体看，东部和中部地区上市公司在除人力资本分项指数以外的其他三个分项指数上，都是非国有控股公司好于国有控股公司；西部地区上市公司在人力资本和社会责任能力两个分项指数上国有控股公司好于非国有控股公司，在关系网络能力和战略领导能力两个分项指数上非国有控股公司好于国有控股公司；东北地区上市公司在社会责任能力和战略领导能力两个分项指数上国有控股公司好于非国有控股公司，在人力资本和关系网络能力两个分项指数上非国有控股公司好于国有控股公司。

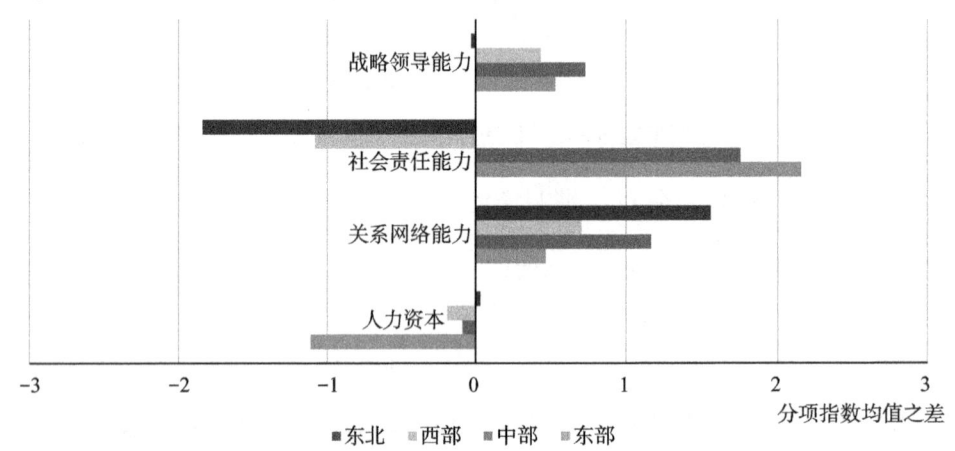

注：指数均值之差＝非国有控股公司企业家能力分项指数均值－国有控股公司企业家能力分项指数均值。

图13-6　2023年不同地区国有与非国有控股上市公司企业家能力分项指数差值比较

13.3　分行业企业家能力指数的所有制比较

我们选择具有代表性的六个行业，即制造业（C），电力、热力、燃气及水生产和供应业（D），交通运输、仓储和邮政业（G），信息传输、软件和信息技术服务业（I），金融业（J）和房地产业（K），从所有制角度对这六个行业上市公司的企业家能力指数以及分项指数进行比较分析。

13.3.1　分行业企业家能力总体指数比较

六个代表性行业不同所有制上市公司的企业家能力指数比较参见表13-9。

表13-9　2023年不同行业国有与非国有控股上市公司企业家能力指数比较

行业	所有制类型	公司数目	平均值	中位值	最大值	最小值	标准差
制造业（C）	国有控股公司	730	31.6285	31.8296	52.6306	11.3774	4.4735
	非国有控股公司	2643	31.9869	32.1961	49.7660	12.7464	4.7679
	总体	3373	31.9093	32.1201	52.6306	11.3774	4.7080
电力、热力、燃气及水生产和供应业（D）	国有控股公司	95	29.6440	30.2581	41.7975	16.5240	4.9561
	非国有控股公司	36	30.3356	30.5498	41.0475	19.2866	5.1778
	总体	131	29.8340	30.3574	41.7975	16.5240	5.0275

续表

行业	所有制类型	公司数目	平均值	中位值	最大值	最小值	标准差
交通运输、仓储和邮政业（G）	国有控股公司	79	30.2144	30.3190	39.4187	13.0610	5.1612
	非国有控股公司	33	30.6256	30.2752	45.8975	18.5208	5.6425
	总体	112	30.3355	30.2890	45.8975	13.0610	5.3108
信息传输、软件和信息技术服务业（I）	国有控股公司	76	31.3716	31.2256	44.1221	19.4214	4.8570
	非国有控股公司	342	30.9721	31.1818	43.9320	18.3117	4.5075
	总体	418	31.0447	31.1818	44.1221	18.3117	4.5756
金融业（J）	国有控股公司	94	31.9953	31.0895	51.4077	22.4190	5.6696
	非国有控股公司	30	29.5502	29.5014	42.2076	21.8212	4.2271
	总体	124	31.4038	30.8078	51.4077	21.8212	5.4577
房地产业（K）	国有控股公司	63	30.1900	29.9657	40.1680	19.1572	4.4431
	非国有控股公司	38	30.1167	31.0251	39.1912	12.5532	5.7412
	总体	101	30.1624	30.0821	40.1680	12.5532	4.9715

从表 13-9 可以看出，六个代表性行业中，制造业（C）、电力、热力、燃气及水生产和供应业（D）、交通运输、仓储和邮政业（G）三个行业的国有控股公司企业家能力指数均值低于非国有控股公司；另外三个行业的国有控股公司企业家能力指数均值都高于非国有控股公司，但差距都不大。

图 13-7 更直观地反映了六个行业国有控股公司与非国有控股公司企业家能力指数均值的差异。可以看出，六个行业中，国有控股公司企业家能力指数均值最高的是金融业（J），最低的是电力、热力、燃气及水生产和供应业（D）；非国有控股公司企业家能力指数均值最高的是制造业（C），最低的是金融业（J）。

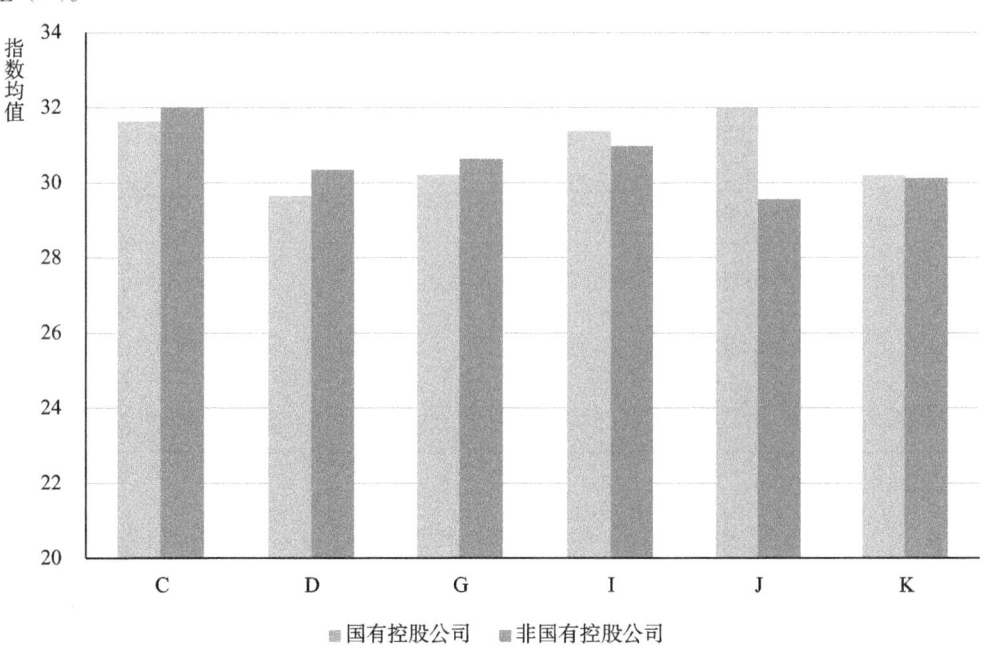

图13-7　2023年不同行业国有与非国有控股上市公司企业家能力指数均值比较

13.3.2 分行业企业家能力分项指数比较

六个行业国有与非国有控股上市公司的企业家能力分项指数比较结果参见表13-10。

表13-10　2023年不同行业国有与非国有控股上市公司企业家能力分项指数比较

行业	所有制类型	人力资本	关系网络能力	社会责任能力	战略领导能力
制造业（C）	国有控股公司	30.1223	4.6195	64.0468	20.9063
	非国有控股公司	29.8027	5.1373	65.0642	21.0926
	总体	29.8719	5.0252	64.8440	21.0522
电力、热力、燃气及水生产和供应业（D）	国有控股公司	31.0602	4.1520	60.3567	17.5283
	非国有控股公司	32.5000	3.8580	62.5525	17.0279
	总体	31.4558	4.0712	60.9601	17.3908
交通运输、仓储和邮政业（G）	国有控股公司	31.8807	4.1491	61.8052	17.5267
	非国有控股公司	29.3939	7.0707	60.9358	19.5524
	总体	31.1480	5.0099	61.5490	18.1236
信息传输、软件和信息技术服务业（I）	国有控股公司	32.0019	4.5322	64.2414	18.7559
	非国有控股公司	30.4908	4.2560	63.2471	19.5199
	总体	30.7656	4.3062	63.4279	19.3810
金融业（J）	国有控股公司	32.8647	5.5556	63.6495	19.9949
	非国有控股公司	31.3333	4.0741	61.7002	16.0043
	总体	32.4942	5.1971	63.1779	19.0294
房地产业（K）	国有控股公司	31.7687	4.0564	62.4135	17.0807
	非国有控股公司	30.7519	6.5789	61.3573	17.0223
	总体	31.3861	5.0055	62.0161	17.0587

由表13-10可知，六个代表性行业两类所有制上市公司在企业家能力指数四个分项指数均值上的排序也不一致。为了便于比较，我们计算出六个行业非国有控股公司企业家能力四个分项指数均值与对应的国有控股公司企业家能力四个分项指数均值的差值，由此可以反映六个行业两类所有制上市公司企业家能力四个分项指数的差异，参见图13-8。

图13-8　2023年不同行业国有与非国有控股上市公司企业家能力分项指数差值比较

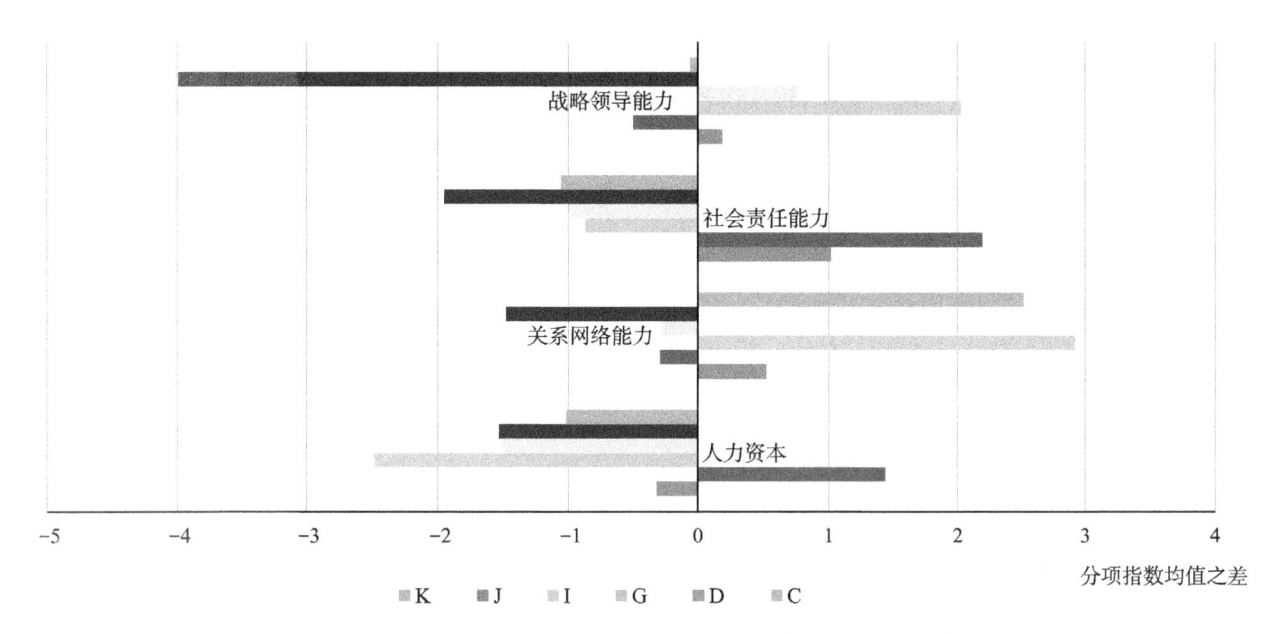

注：指数均值之差＝非国有控股公司企业家能力分项指数均值－国有控股公司企业家能力分项指数均值。

由图13-8可以看出，在人力资本分项指数上，除电力、热力、燃气及水生产和供应业（D）的非国有控股公司高于国有控股公司外，其他五个行业的国有控股公司均高于非国有控股公司；在关系网络能力分项指数上，电力、热力、燃气及水生产和供应业（D）、信息传输、软件和信息技术服务业（I）、金融业（J）三个行业的国有控股公司高于非国有控股公司，其他三个行业都是国有控股公司低于非国有控股公司；在社会责任能力分项指数上，除制造业（C）、电力、热力、燃气及水生产和供应业（D）的非国有控股公司高于国有控股公司外，其他四个行业的非国有控股公司均低于国有控股公司；在战略领导能力分项指数上，电力、热力、燃气及水生产和供应业（D）、金融业（J），以及房地产业（K）三个行业的国有控股公司高于非国有控股公司，其他三个行业都是国有控股公司低于非国有控股公司。总体看，六个代表性行业中，在人力资本分项指数上，交通运输、仓储和邮政业（G）的国有控股公司表现比非国有控股公司较为突出；在关系网络能力分项指数上，交通运输、仓储和邮政业（G）的非国有控股公司表现比国有控股公司较为突出；在社会责任能力分项指数上，电力、热力、燃气及水生产和供应业（D）的非国有控股公司表现比国有控股公司较为突出；在战略领导能力分项指数上，金融业（J）的国有控股公司表现比非国有控股公司较为突出。

13.4　沪深300与非沪深300企业家能力指数的所有制比较

13.4.1　沪深300与非沪深300企业家能力总体指数比较

按照是否沪深300成分股指数公司，我们统计了沪深300与非沪深300不同所有制上市公司的企业家能力指数，参见表13-11。

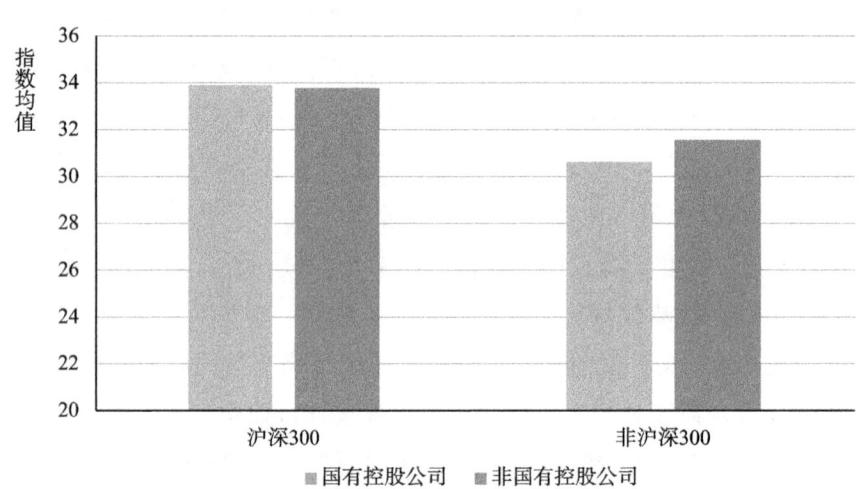

表 13-11 2023 年沪深 300 和非沪深 300 不同所有制公司企业家能力指数比较

是否沪深300	所有制类型	公司数目	平均值	中位值	最大值	最小值	标准差
沪深300	国有控股公司	168	33.9017	33.5884	52.6306	20.6231	5.2837
	非国有控股公司	131	33.7605	33.6133	44.3940	20.5497	4.4904
	总体	299	33.8398	33.5951	52.6306	20.5497	4.9523
非沪深300	国有控股公司	1324	30.6228	31.0567	46.4899	11.3774	4.6292
	非国有控股公司	3438	31.5601	31.7849	49.7660	12.5532	4.8941
	总体	4762	31.2995	31.5422	49.7660	11.3774	4.8402

从表 13-11 可以看出，沪深 300 的国有控股公司企业家能力指数的均值高于非国有控股公司，但中位值低于非国有控股公司；而非沪深 300 的国有控股公司企业家能力指数的均值和中位值都低于非国有控股公司。

图 13-9 直观地反映了沪深 300 和非沪深 300 不同所有制公司企业家能力指数均值的差异。可以看出，不论是国有控股公司还是非国有控股公司，都是沪深 300 公司的企业家能力指数均值高于非沪深 300 公司。

图13-9 2023年沪深300和非沪深300不同所有制公司企业家能力指数均值比较

13.4.2 沪深300与非沪深300企业家能力分项指数比较

接下来，我们对沪深 300 与非沪深 300 不同所有制上市公司的企业家能力分项指数均值进行比较分析，参见表 13-12。

表 13-12 2023 年沪深 300 和非沪深 300 不同所有制公司企业家能力分项指数比较

是否沪深300	所有制类型	人力资本	关系网络能力	社会责任能力	战略领导能力
沪深300	国有控股公司	33.9838	6.4153	62.8952	25.1787
	非国有控股公司	31.3250	7.2095	64.0817	25.1259
	总体	32.8189	6.7633	63.4150	25.1556

续表

是否沪深300	所有制类型	人力资本	关系网络能力	社会责任能力	战略领导能力
非沪深300	国有控股公司	30.3593	4.4604	62.3747	19.1496
	非国有控股公司	29.9913	5.0595	64.2204	20.4034
	总体	30.0936	4.8929	63.7072	20.0548

由表13-12可知，沪深300和非沪深300的两类所有制上市公司在企业家能力指数四个分项指数均值上的排序也不一致。为了便于比较，我们计算出沪深300和非沪深300非国有控股公司企业家能力四个分项指数均值与对应的国有控股公司企业家能力四个分项指数均值的差值，由此可以反映沪深300与非沪深300在两类所有制上市公司企业家能力四个分项指数上的差异，参见图13-10。

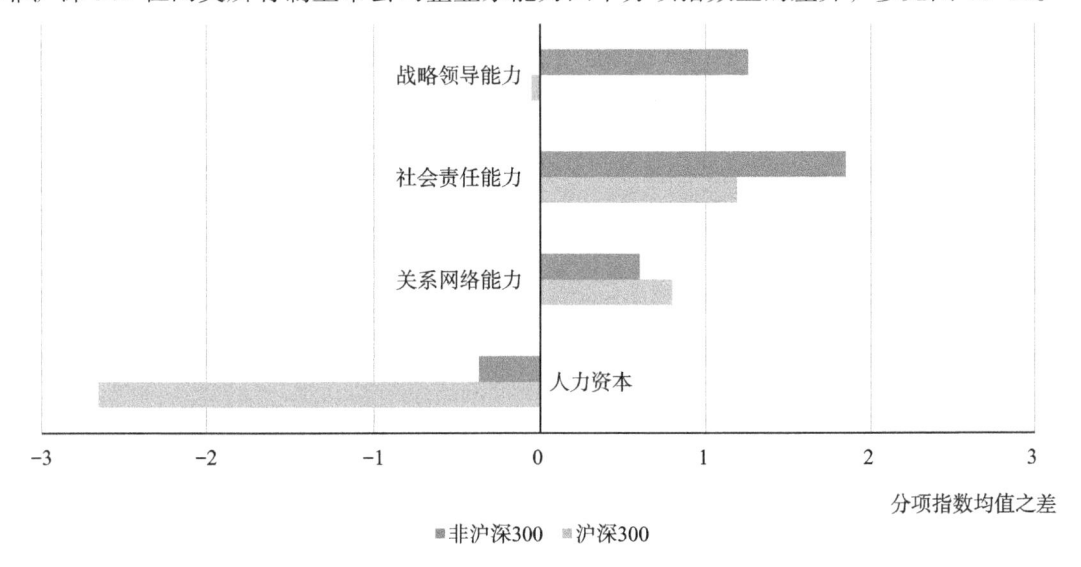

注：指数均值之差 = 非国有控股公司企业家能力分项指数均值 − 国有控股公司企业家能力分项指数均值。

图13-10　2023年沪深300和非沪深300不同所有制公司企业家能力分项指数差值比较

由图13-10可以看出，在人力资本分项指数上，沪深300与非沪深300中的国有控股公司均高于非国有控股公司；在关系网络能力和社会责任能力两个分项指数上，沪深300与非沪深300中的国有控股公司均低于非国有控股公司；在战略领导能力分项指数上，沪深300中的国有控股公司高于非国有控股公司，而非沪深300中的国有控股公司低于非国有控股公司。从总体看，沪深300中的国有控股公司在人力资本和战略领导能力两个分项指数上的表现好于非国有控股公司，而非沪深300中的非国有控股公司在除人力资本分项指数以外的其他三个分项指数上的表现都好于国有控股公司。

13.5　本章小结

本章从所有制角度对2023年沪深北三市5061家上市公司企业家能力指数及四个分项指数进行了统计和分析，结论如下：

关于企业家能力总体指数：①五种所有制上市公司的企业家能力指数均值都远低于60分的及格线。随着国有持股比例的降低，企业家能力指数均值先下降，后上升，大体呈比较平缓的"V"形。

两类非国有控股公司对企业家的吸引力不弱于国有控股公司,尤其是无国有股份公司,在五类所有制企业当中表现最好。②总体上,非国有控股公司企业家能力指数的均值与中位值都略高于国有控股公司。③中央企业(或监管机构)实际(或最终)控制的上市公司的企业家能力指数的均值高于非国有企业或自然人和地方国企(或监管机构)实际(或最终)控制的公司。不过,它们之间的差距并不大。④从地区看,东部和中部两个地区国有控股公司企业家能力指数的均值和中位值都低于非国有控股公司;西部和东北两个地区的国有控股公司企业家能力指数的均值和中位值都高于非国有控股公司。东部地区国有控股公司和非国有控股公司的企业家能力指数均值在四个地区中都是最高的。⑤从行业看,六个代表性行业中,制造业(C)、电力、热力、燃气及水生产和供应业(D)、交通运输、仓储和邮政业(G)三个行业的国有控股公司企业家能力指数均值低于非国有控股公司;另外三个行业的国有控股公司企业家能力指数均值都高于非国有控股公司,但差距都不大。⑥从沪深300与非沪深300的比较看,不论是国有控股公司还是非国有控股公司,沪深300公司企业家能力指数均值都高于非沪深300公司。

关于企业家能力分项指数:①在人力资本分项指数上,国有控股公司高于非国有控股公司;在关系网络能力、社会责任能力和战略领导能力三个分项指数上,则是国有控股公司低于非国有控股公司,但两类公司在四个分项指数上的差距不是很大。②在人力资本和战略领导能力两个分项指数上,都是中央企业(或监管机构)实际(或最终)控制的公司最高;在关系网络能力和社会责任能力两个分项指数上,都是非国有企业或自然人实际(或最终)控制的公司最高。总体上,三类公司在企业家能力四个分项指数上的差别不是很大。③从地区看,东部和中部上市公司在除人力资本分项指数以外的其他三个分项指数上,都是非国有控股公司好于国有控股公司;西部上市公司在人力资本和社会责任能力两个分项指数上国有控股公司好于非国有控股公司,在关系网络能力和战略领导能力两个分项指数上非国有控股公司好于国有控股公司;东北上市公司在社会责任能力和战略领导能力两个分项指数上国有控股公司好于非国有控股公司,在人力资本和关系网络能力两个分项指数上非国有控股公司好于国有控股公司。④从行业看,六个代表性行业中,在人力资本分项指数上,交通运输、仓储和邮政业(G)的国有控股公司表现比非国有控股公司较为突出;在关系网络能力分项指数上,交通运输、仓储和邮政业(G)的非国有控股公司表现比国有控股公司较为突出;在社会责任能力分项指数上,电力、热力、燃气及水生产和供应业(D)的非国有控股公司表现比国有控股公司较为突出;在战略领导能力分项指数上,金融业(J)的国有控股公司表现比非国有控股公司较为突出。⑤从沪深300与非沪深300的比较看,沪深300中的国有控股公司在人力资本和战略领导能力两个分项指数上的表现好于非国有控股公司,而非沪深300中的非国有控股公司在除人力资本分项指数以外的其他三个分项指数上的表现都好于国有控股公司。

第14章 企业家能力指数的年度比较（2011~2023）

2012~2023年，我们对2011年、2013年，以及2015~2022年十个年度的中国上市公司企业家能力水平进行了十次测度，今年是第十一次测度。本章将从总体、地区、行业、所有制和上市板块五个角度，比较分析十一个年度中国上市公司企业家能力水平，以便了解企业家能力水平是否有所提高以及提高程度，以期对企业家能力的完善有所启示。需要说明的是，由于评价对象是总经理，而很多公司的总经理可能有变化，所以这种比较不完全是对同一总经理的纵向比较，而是在很大程度上反映公司选择总经理的方式以及公司经营能力的变化。

14.1 企业家能力指数总体的年度比较

企业家能力指数评价的样本公司逐年增加，从2011年（2012年评价）的1939家增加到2023年（2024年评价）的5061家，基本上是对全部上市公司总经理的评价。比较十一个年度样本上市公司的企业家能力指数，以及人力资本、关系网络能力、社会责任能力和战略领导能力四个分项指数，结果参见表14-1。

表14-1 2011~2023年上市公司企业家能力指数均值比较

年份	样本量	总体指数	分项指数			
			人力资本	关系网络能力	社会责任能力	战略领导能力
2011	1939	35.7148	31.1754	12.7898	65.0234	27.3325
2013	2293	34.8096	29.2561	8.4286	67.3003	26.3960
2015	2655	34.0589	28.4504	6.9136	61.1558	30.5138
2016	2840	30.6948	27.7907	6.0452	61.9025	20.6075
2017	3147	29.7777	28.0476	6.3323	60.3379	18.7740
2018	3490	30.6824	29.1210	6.6635	58.1174	22.4366
2019	3569	29.6270	29.6109	7.0094	55.7632	20.6410
2020	3774	32.7635	30.3867	7.3603	58.7983	26.9680
2021	4176	31.3732	31.2341	6.8207	63.8320	18.3565
2022	4687	32.7898	31.4133	6.3758	64.9033	21.9043
2023	5061	31.4496	30.2546	5.0034	63.6899	20.3561

由表 14-1 可以看出：

第一，从企业家能力总体指数看，2023 年指数均值为 31.4496 分。十一个年度中，2011～2017 年连续下降，2018～2023 年呈小幅波动式变化参见图 14-1。相比 2011 年，2023 年下降 4.2652 分；相比 2022 年，2023 年下降 1.3402 分。

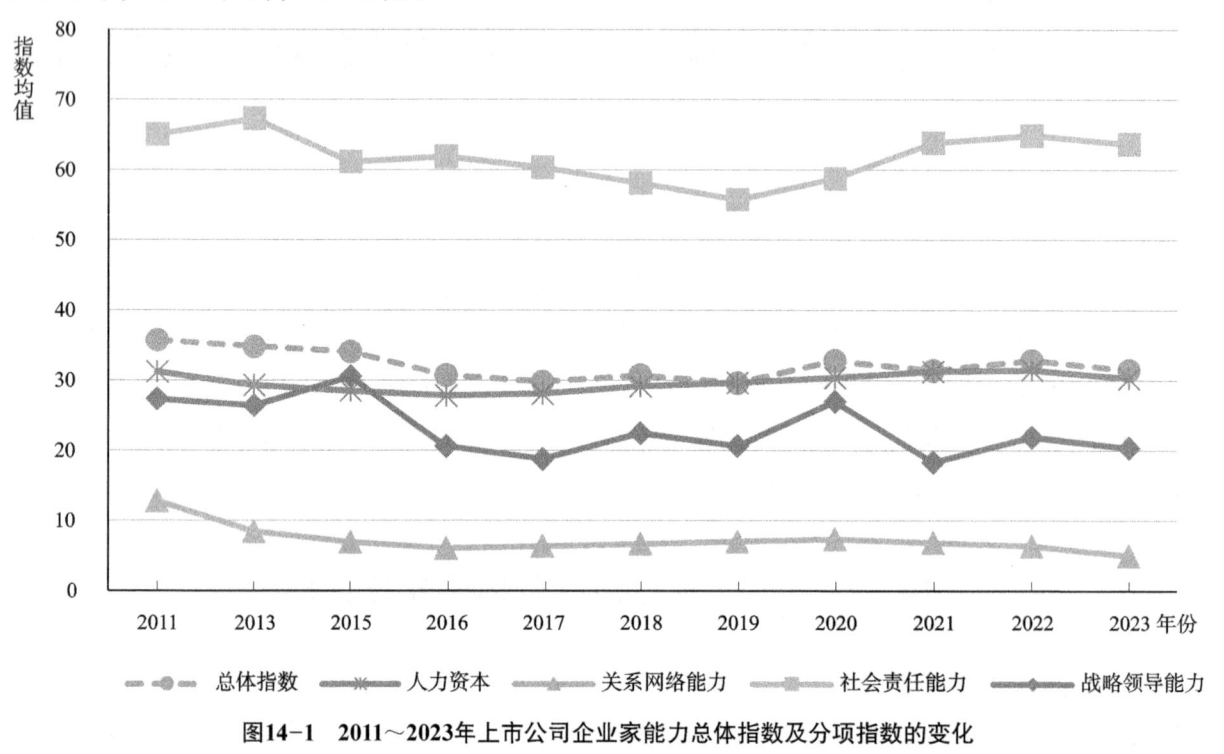

图14-1　2011～2023年上市公司企业家能力总体指数及分项指数的变化

第二，从人力资本分项指数看，2023 年该分项指数均值为 30.2546 分。2011～2016 年连续下降，2017～2022 年连续上升，2023 年有所下降。相比 2011 年，2023 年下降 0.9208 分；相比 2022 年，2023 年下降 1.1587 分。

第三，从关系网络能力分项指数看，2023 年该分项指数均值为 5.0034 分。2011～2016 年连续下降，2017～2020 年连续上升，2021～2023 年连续下降。相比 2011 年，2023 年下降 7.7864 分；相比 2022 年，2023 年下降 1.3724 分。企业家关系网络能力的下降与强力反腐下社会对企业家关系网络的误解、国际经贸关系偏紧等因素紧密相关，从而正常的关系网络也受到了较大影响。

第四，从社会责任能力分项指数看，2023 年该分项指数均值为 63.6899 分。2011～2019 年为波动式下降，2020～2022 年连续上升，2023 年有所下降。相比 2011 年，2023 年下降 1.3335 分；相比 2022 年，2023 年下降 1.2134 分。企业家社会责任能力分项指数在四个分项指数中是最高的，这与近些年国际机构、中国政府和企业对可持续发展或 ESG 的高度重视有关，但无疑，经济下行也对企业家履行社会责任产生了影响。

第五，从战略领导能力分项指数看，2023 年该分项指数均值为 20.3561 分。2011～2023 年一直处于波动状态，且波动幅度较大。相比 2011 年，2023 年下降 6.9764 分；相比 2022 年，2023 年下降 1.5482 分。企业家战略领导能力的下降与经济下行关系密切。

不难看出，2023 年企业家人力资本、关系网络能力、社会责任能力和战略领导能力四个分项指数均出现不同程度的下降，这导致 2023 年企业家能力总体指数降低。

14.2 分地区企业家能力指数的年度比较

按照四个地区的划分，对不同地区上市公司 2011 年、2013 年，以及 2015～2023 年十一个年度企业家能力总体指数和四个分项指数进行比较，结果参见表 14-2。

表 14-2　2011～2023 年不同地区上市公司企业家能力指数均值比较

地区	年份	总体指数	分项指数				总体指数排名
			人力资本	关系网络能力	社会责任能力	战略领导能力	
东部	2011	37.0764	31.8740	13.3074	66.9994	29.0979	1
	2013	35.2368	29.4781	8.2526	68.2440	26.8683	1
	2015	34.5315	28.4254	6.6235	61.9865	31.4443	1
	2016	31.1775	27.7371	5.7790	62.9578	21.3912	1
	2017	29.9032	27.9301	6.0786	60.6884	19.0860	2
	2018	31.0305	29.0054	6.3551	58.9722	23.0403	1
	2019	29.9584	29.5740	6.7326	56.7806	20.9913	1
	2020	33.0022	30.5956	7.1087	59.1841	27.3746	1
	2021	31.5465	31.4722	6.4183	64.1997	18.6426	1
	2022	33.0472	31.6750	5.9913	65.5099	22.2247	1
	2023	31.7094	30.3814	4.6174	64.3167	20.7585	1
中部	2011	33.9689	29.2953	12.7987	62.6896	25.1964	2
	2013	34.5201	28.0449	10.0252	67.5119	25.2811	2
	2015	34.3358	28.0531	8.9871	61.8937	29.8810	2
	2016	31.0231	27.8429	7.9472	62.0490	20.4075	2
	2017	30.4743	28.1904	8.7247	60.7675	19.1316	1
	2018	30.9326	29.1929	8.5781	57.5645	22.5519	2
	2019	29.7909	29.0476	8.8769	55.6368	20.5968	2
	2020	32.6717	29.5902	9.1872	57.5371	27.2543	2
	2021	31.2716	29.6900	9.2491	63.2443	18.2337	2
	2022	32.4770	30.0210	8.1385	64.0999	21.5794	2
	2023	31.1355	29.3292	6.4553	62.6655	20.0658	2
西部	2011	32.9734	29.9420	11.2642	61.0806	23.8978	4
	2013	33.3583	29.1603	6.8552	64.0466	25.5780	4
	2015	32.3076	28.9519	6.1198	58.1052	27.7916	3
	2016	28.8794	28.0542	5.5405	58.4952	17.9840	3

续表

地区	年份	总体指数	分项指数				总体指数排名
			人力资本	关系网络能力	社会责任能力	战略领导能力	
西部	2017	28.8755	28.6210	5.2855	59.1122	17.2272	3
	2018	29.2565	29.6817	6.2781	55.8338	19.8117	3
	2019	28.4092	30.3940	6.8655	52.6136	19.0752	3
	2020	31.9339	30.1370	7.3583	58.7704	24.6407	3
	2021	31.0120	31.6556	6.9875	63.4637	17.1875	3
	2022	32.0953	31.3308	6.7968	63.5843	20.6996	3
	2023	30.5153	30.7959	5.5649	61.7001	18.4778	3
东北	2011	33.0709	31.8843	11.3815	60.5721	23.2441	3
	2013	34.3554	30.0510	10.5247	64.1865	25.8840	3
	2015	32.2167	28.4658	7.0970	57.1713	28.0703	4
	2016	28.6188	27.6093	5.6803	57.3679	18.3365	4
	2017	28.5537	27.6482	6.0469	57.5842	17.7351	4
	2018	28.7592	29.0125	7.0470	53.1187	20.5505	4
	2019	27.5127	29.4891	6.2546	49.3641	19.9531	4
	2020	31.5530	30.1055	5.8538	56.1657	26.4603	4
	2021	29.5865	30.7096	5.3728	60.0275	17.1894	4
	2022	31.0681	31.5448	6.2249	60.0278	20.6609	4
	2023	30.4181	29.3153	5.5227	61.3345	19.4969	4

由表14-2可以看出：

第一，从企业家能力总体指数看，十一个年度中，四个地区整体均呈现波动式下降趋势。相比2011年，2023年四个地区都下降，东部下降幅度最大，下降5.3670分；相比2022年，2023年四个地区也都下降，西部降幅最大，下降1.5800分。

第二，从人力资本分项指数看，相比2011年，2023年中部和西部地区上升，西部升幅较大，上升0.8539分，东部和东北下降，东北降幅较大，下降2.5690分；相比2022年，2023年四个地区都下降，东北降幅最大，下降2.2295分。

第三，从关系网络能力分项指数看，相比2011年，2023年四个地区都下降，东部降幅最大，下降8.6900分；相比2022年，2023年四个地区也都下降，中部降幅最大，下降1.6832分。

第四，从社会责任能力分项指数看，相比2011年，2023年西部和东北地区上升，东北升幅较大，上升0.7624分，东部和中部下降，东部降幅较大，下降2.6827分；相比2022年，2023年只有东北地区上升，升幅为1.3067分，其他三个地区都下降，西部降幅较大，下降1.8842分。

第五，从战略领导能力分项指数看，相比2011年，2023年四个地区都下降，东部降幅最大，下降8.3394分；相比2022年，四个地区同样都下降，西部降幅最大，下降2.2218分。

图 14-2 显示了四个地区企业家能力总体指数均值的变化。从总体指数排名看，十一个年度中，东部和中部一直保持前两位；中部仅在 2017 年超越东部成为第一名，其他年份东部均为第一名；东北自 2015 年开始都是最后一名。

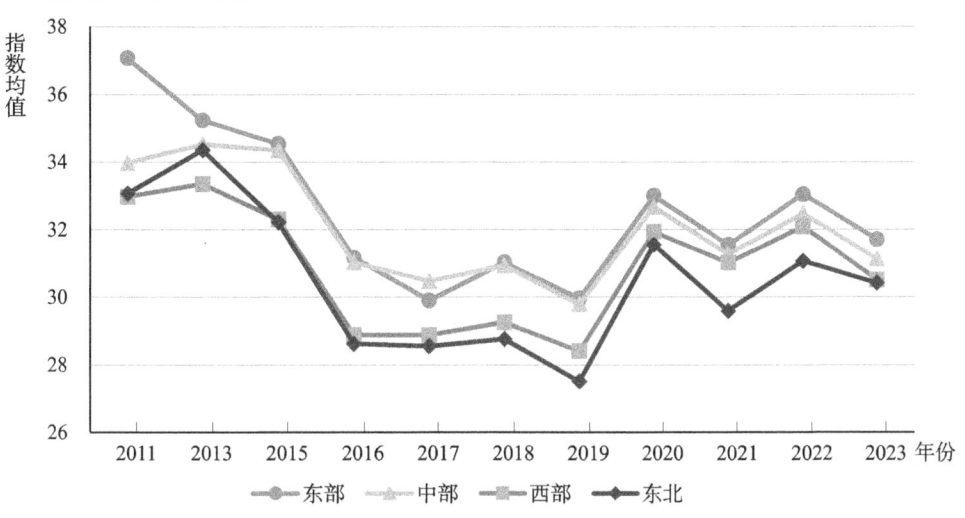

图14-2 2011~2023年不同地区上市公司企业家能力总体指数的变化

14.3 分行业企业家能力指数的年度比较

本节对 18 个行业上市公司 2013 年以及 2015～2023 年十个年度企业家能力总体指数和四个分项指数进行比较。需要说明的是，由于《中国上市公司企业家能力指数报告 2012》使用的是《上市公司行业分类（2001 年）》，与之后报告使用的《上市公司行业分类（2012 年）》有所不同，因此，2011 年企业家能力指数不再纳入本年度行业比较分析，只比较 2013 年以及 2015～2023 年十个年度的企业家能力指数。结果参见表 14-3。

表 14-3 2013～2023 年不同行业上市公司企业家能力指数均值比较

行业	年份	总体指数	分项指数			
			人力资本	关系网络能力	社会责任能力	战略领导能力
农、林、牧、渔业（A）	2013	35.4346	30.8776	12.7302	67.3980	24.7712
	2015	32.8621	27.2959	10.2249	61.3434	25.6870
	2016	32.6173	28.9935	10.9722	65.4099	20.0702
	2017	29.7496	27.1259	10.8466	60.8899	16.3825
	2018	29.7458	27.7700	11.7886	54.5958	20.5729
	2019	29.8897	29.4599	10.9756	55.5178	19.5686
	2020	32.9310	30.2211	10.7143	60.5959	24.2796
	2021	30.8300	30.2551	12.3016	60.9806	16.6946
	2022	31.2378	32.1277	10.4019	58.5393	19.7157
	2023	30.3321	30.9375	11.1111	56.6866	18.8910

续表

行业	年份	总体指数	分项指数			
			人力资本	关系网络能力	社会责任能力	战略领导能力
采矿业（B）	2013	33.8269	30.5300	6.3710	65.3802	25.2571
	2015	33.2365	30.9198	3.9041	62.0402	27.2870
	2016	30.0147	29.9902	3.3409	60.1597	19.9760
	2017	29.4619	29.1795	4.1291	59.2397	19.1619
	2018	30.2459	29.9060	4.4591	55.8156	23.6760
	2019	27.4415	31.3333	4.1481	46.8692	21.6959
	2020	31.5530	30.5429	5.1111	53.4998	28.7551
	2021	30.4413	33.9238	5.4074	56.5764	20.4357
	2022	31.6468	33.9744	4.8433	57.4783	23.6323
	2023	31.0540	33.1272	3.7940	59.9153	20.9812
制造业（C）	2013	35.2253	28.3266	8.8984	68.7298	26.8539
	2015	35.0164	27.8084	7.5701	62.6837	32.2409
	2016	31.3063	27.4962	6.5427	62.7810	21.6700
	2017	30.2219	27.6314	6.8126	61.1016	19.5135
	2018	31.2851	28.7033	6.8896	59.1849	23.5491
	2019	30.3745	29.1039	7.3858	57.9797	21.2307
	2020	33.4185	30.0418	7.6345	59.8492	28.1773
	2021	31.8627	30.7153	7.0147	65.0900	19.0547
	2022	33.2177	31.1816	6.4679	65.9025	22.4907
	2023	31.9093	29.8719	5.0252	64.8440	21.0522
电力、热力、燃气及水生产和供应业（D）	2013	33.2295	30.9524	6.8357	65.9679	22.4249
	2015	31.2371	28.7560	6.1486	58.2017	24.5782
	2016	28.5166	26.9866	5.2025	58.7826	17.5476
	2017	28.2160	29.2926	4.9083	57.1963	16.5491
	2018	28.9009	30.7959	6.2963	55.6513	18.1249
	2019	27.7393	31.1533	5.3007	52.2132	17.7173
	2020	30.5302	31.6416	5.9454	55.3804	22.9184
	2021	29.8610	32.9292	6.0224	60.0422	16.1679
	2022	31.5214	32.7958	5.1215	62.2312	20.0003
	2023	29.8340	31.4558	4.0712	60.9601	17.3908

续表

行业	年份	总体指数	分项指数			
			人力资本	关系网络能力	社会责任能力	战略领导能力
建筑业（E）	2013	32.7491	27.5370	9.7031	61.2377	25.5546
	2015	32.1820	28.5714	8.1612	54.2603	29.6930
	2016	29.8184	27.2727	8.6219	57.9894	20.0842
	2017	28.7725	27.4603	6.7901	56.9375	18.6473
	2018	28.8088	28.8413	7.0370	52.8182	21.0673
	2019	28.2234	29.9774	7.7193	48.9756	21.2990
	2020	30.2613	31.1654	8.4795	50.3201	25.1733
	2021	28.5369	30.3824	6.8462	55.7867	16.8849
	2022	29.6655	31.0547	5.9709	56.2907	19.9279
	2023	28.7903	30.3872	5.0363	55.7287	18.6898
批发和零售业（F）	2013	33.9472	30.8424	7.2682	62.4754	27.2980
	2015	34.0337	29.2906	5.0076	59.9260	31.9244
	2016	30.7258	29.0299	4.4144	60.0068	22.3155
	2017	29.6670	28.4268	4.5007	57.7603	21.2961
	2018	31.1373	30.4443	5.6233	56.5709	24.7663
	2019	29.8730	30.2529	5.6936	53.3751	23.6323
	2020	32.1179	30.3351	6.5158	55.9215	27.8585
	2021	31.1567	31.4701	5.6202	62.7691	19.0682
	2022	32.6476	30.9836	5.6163	65.0664	22.0429
	2023	31.1983	29.8352	5.0977	62.4038	20.8750
交通运输、仓储和邮政业（G）	2013	33.9336	31.1317	5.0072	63.4045	24.5052
	2015	32.2609	30.6526	5.0480	60.0899	25.4735
	2016	29.0787	27.9228	4.2593	59.6759	18.4127
	2017	28.4385	29.8016	5.7407	58.3700	15.4674
	2018	29.1927	29.7496	4.5819	56.8768	19.6480
	2019	28.4198	29.5098	5.6100	53.9571	19.2881
	2020	30.8902	29.6571	5.9444	57.0262	23.9948
	2021	29.8122	31.6713	5.6095	60.3506	16.8363
	2022	31.8416	31.1271	5.1478	63.9132	20.7000
	2023	30.3355	31.1480	5.0099	61.5490	18.1236

续表

行业	年份	总体指数	分项指数			
			人力资本	关系网络能力	社会责任能力	战略领导能力
住宿和餐饮业（H）	2013	33.9200	31.4286	5.8025	65.4762	25.1705
	2015	31.2901	34.2857	6.8182	52.3120	25.4861
	2016	24.9495	26.6883	6.5657	46.6133	16.1283
	2017	27.1153	32.7778	4.3210	48.8005	18.0632
	2018	27.7038	33.2540	4.3210	47.2351	20.8115
	2019	27.9047	36.4286	4.3210	45.8684	20.4123
	2020	34.0973	36.2245	6.3492	61.9160	25.1086
	2021	29.5175	31.8367	4.7619	55.7351	20.0713
	2022	34.9591	39.5536	6.9444	63.7769	23.6460
	2023	31.2706	37.0536	2.7778	61.2855	18.4437
信息传输、软件和信息技术服务业（I）	2013	35.0535	30.3480	9.0313	67.5214	25.8937
	2015	33.4360	27.9902	5.6475	61.8588	29.0493
	2016	29.7844	27.6231	4.3252	62.5047	18.4054
	2017	28.8666	27.8847	4.8879	59.8190	17.3328
	2018	29.6980	29.3071	5.7636	58.0602	19.8634
	2019	28.1201	29.4924	5.6777	53.2767	18.9097
	2020	32.4710	31.0761	6.5723	60.6928	24.4995
	2021	31.2397	32.3095	6.2034	64.9577	16.6477
	2022	32.6779	31.7556	6.5789	65.8735	20.4300
	2023	31.0447	30.7656	4.3062	63.4279	19.3810
金融业（J）	2013	37.0652	37.7992	8.4384	63.6583	30.4940
	2015	29.1822	33.0904	4.4785	44.9430	27.1982
	2016	30.7738	33.3459	4.3762	60.5586	19.1390
	2017	28.4293	32.3377	4.7619	55.9856	16.2271
	2018	28.8896	32.1023	5.6818	54.1565	18.7749
	2019	26.4030	32.4099	5.7113	46.2934	17.4371
	2020	30.9884	33.7057	6.2678	52.1534	25.3901
	2021	29.7640	34.5655	5.3241	57.7812	17.0094
	2022	32.3537	33.3353	4.9283	62.6167	21.9563
	2023	31.4038	32.4942	5.1971	63.1779	19.0294

续表

行业	年份	总体指数	分项指数			
			人力资本	关系网络能力	社会责任能力	战略领导能力
房地产业（K）	2013	32.5684	29.8229	5.5005	63.6659	23.7895
	2015	31.1584	29.4456	4.1915	57.9848	25.1266
	2016	28.2079	28.5200	4.5378	59.2513	15.5638
	2017	29.7686	29.0971	5.3778	63.2934	16.1481
	2018	28.8615	30.1382	5.6452	56.6119	18.0166
	2019	28.7836	31.8036	6.8519	54.4094	17.8054
	2020	30.7463	31.4164	5.9829	56.7153	22.6126
	2021	30.1216	32.7232	6.1508	62.2652	15.2079
	2022	31.5870	32.7358	6.1845	62.6771	19.2928
	2023	30.1624	31.3861	5.0055	62.0161	17.0587
租赁和商务服务业（L）	2013	35.3286	27.9643	10.8333	69.0179	26.1149
	2015	31.0658	28.3242	6.2179	52.9344	28.6190
	2016	29.6661	26.0893	4.7500	64.4093	17.2829
	2017	28.1306	27.1429	6.6138	55.2155	18.4166
	2018	29.6292	25.6604	6.7086	58.5092	21.2127
	2019	26.7631	26.3736	8.9744	48.8250	18.7162
	2020	31.4256	28.2266	7.3755	58.4462	24.6333
	2021	30.2059	31.1007	6.9217	61.6679	16.6174
	2022	31.7326	30.6585	7.1181	62.9996	20.3514
	2023	29.5618	29.5934	4.2735	60.0312	18.4613
科学研究和技术服务业（M）	2013	37.6685	31.2338	10.4040	71.4286	29.2905
	2015	35.4892	29.5238	11.4815	63.9329	29.3629
	2016	30.0951	25.7764	5.3623	57.6518	23.9881
	2017	28.7492	28.5938	8.1597	58.5216	15.7710
	2018	30.4198	30.0446	8.3333	55.7333	20.6507
	2019	30.1692	30.9683	8.8889	56.9737	19.3581
	2020	33.9734	32.0728	9.0414	63.4183	24.8108
	2021	31.9421	33.2200	8.2011	65.2681	16.8222
	2022	33.0586	31.7021	7.1513	67.4757	19.9973
	2023	31.3052	31.3385	4.7548	65.1663	18.1201

续表

行业	年份	总体指数	分项指数			
			人力资本	关系网络能力	社会责任能力	战略领导能力
水利、环境和公共设施管理业（N）	2013	36.0363	31.2500	9.2361	74.4792	22.4685
	2015	33.5916	30.9762	7.8333	62.5295	25.7750
	2016	28.7023	28.8745	7.7946	62.1871	12.6414
	2017	30.0726	29.5893	8.0556	62.7335	15.7326
	2018	30.4198	30.7286	8.6667	59.5066	18.3288
	2019	29.9725	30.7672	9.0535	58.8299	17.2867
	2020	31.3763	29.7926	10.3047	56.8221	23.1588
	2021	30.9990	31.2839	10.4782	62.1781	16.5372
	2022	30.8676	30.6667	7.2840	60.0276	20.0606
	2023	29.2512	30.7806	6.2428	57.5634	17.6637
教育（P）	2013	37.7685	60.0000	0.0000	57.1429	27.7064
	2015	40.5919	31.4286	5.5556	75.0000	37.7381
	2016	30.9630	16.4286	10.7407	66.6849	22.5502
	2017	33.3152	30.8929	8.3333	62.6271	24.6381
	2018	30.1647	25.4464	10.4167	57.8264	21.5096
	2019	29.0055	33.8393	4.1667	50.0264	22.1717
	2020	33.7852	26.4286	8.8889	65.5635	26.3494
	2021	30.6058	30.1948	7.0707	64.5608	15.9901
	2022	32.5394	35.6548	9.2593	60.8541	20.0361
	2023	30.3787	30.7143	5.0926	60.8476	19.0738
卫生和社会工作（Q）	2013	37.4562	27.6190	6.2963	76.1905	29.4217
	2015	31.4771	31.4286	3.7778	57.5447	25.3521
	2016	34.3330	30.2041	5.3968	67.8772	25.5022
	2017	30.4832	28.0357	5.5556	57.9393	23.3115
	2018	30.9759	35.7143	7.8704	53.1346	22.3259
	2019	29.8317	33.5119	5.5556	48.9758	24.9982
	2020	31.8644	37.8571	6.8376	52.1427	24.9648
	2021	30.7757	36.8452	7.8704	55.8406	18.7465
	2022	31.5945	34.5604	8.9744	54.6283	23.1503
	2023	30.0826	33.3333	8.8889	54.0180	19.9286

续表

行业	年份	总体指数	分项指数			
			人力资本	关系网络能力	社会责任能力	战略领导能力
文化、体育和娱乐业（R）	2013	37.5355	36.9156	9.8485	67.2890	28.7712
	2015	33.9998	31.8056	9.4290	61.8405	26.1486
	2016	30.4291	27.8746	6.3550	63.1432	18.5601
	2017	30.3603	29.1369	6.9444	64.4430	16.1189
	2018	31.8038	29.1502	8.7165	61.2225	22.1705
	2019	28.2663	29.7744	7.5049	51.3393	19.7488
	2020	32.9272	29.2118	7.5670	61.7026	25.7626
	2021	30.3002	30.5995	4.9603	63.0648	17.1709
	2022	31.7912	29.8712	6.3752	62.6526	21.7476
	2023	30.2492	29.8733	4.9283	59.2222	20.6639
综合（S）	2013	32.8815	31.8012	6.7150	57.2981	27.9592
	2015	28.7070	29.0571	2.8000	49.5269	25.6269
	2016	27.5760	25.9627	3.7198	54.9167	19.3530
	2017	26.8156	23.7888	2.4155	58.7906	16.0460
	2018	25.6433	27.7211	5.5556	42.8603	21.1661
	2019	27.4389	31.8487	3.9216	44.8696	23.1028
	2020	27.0627	27.8571	3.8462	47.8709	22.2209
	2021	28.6210	26.8132	3.8462	59.2437	18.3465
	2022	30.2597	27.1429	4.2735	60.7841	21.6061
	2023	29.4566	31.6667	6.4815	58.3493	16.9196

注：①由于教育（P）在2013年和2015年只有1家上市公司，难以反映该行业的实际平均水平，故只比较2016～2022年；②居民服务、修理和其他服务业（O）只有1家上市公司，难以代表该行业整体水平，故排名时剔除。

从表14-3可以看出：

第一，从企业家能力总体指数看，相比2013年，2023年全部17个行业（剔除教育）均下降，降幅最大的是卫生和社会工作（Q），下降7.3736分。相比2022年，2023年全部18个行业均出现不同程度下降，降幅最大的是住宿和餐饮业（H），下降3.6885分。

第二，从人力资本分项指数看，相比2013年，2023年有5个行业（剔除教育）下降，降幅最大的是文化、体育和娱乐业（R），下降7.0423分；其他12个行业都上升，升幅最大的是卫生和社会工作（Q），上升5.7143分。相比2022年，2023年有14个行业下降，降幅最大的是教育（P），下降4.9405分；另外有4个行业上升，升幅最大的是综合（S），上升4.5238分。

第三，从关系网络能力分项指数看，相比2013年，2023年仅卫生和社会工作（Q）、交通运输、仓储和邮政业（G）两个行业（剔除教育）上升，分别上升2.5926分和0.0027分；其他15个行业下降，降幅最大的是租赁和商务服务业（L），下降6.5598分。相比2022年，2023年有3个行业上升，升幅最大的是综合（S），上升2.2080分；有15个行业下降，降幅最大的是教育（P），下降4.1667分。

第四，从社会责任能力分项指数看，相比2013年，2023年仅综合（S）（剔除教育）上升1.0512分；其他16个行业都下降，降幅最大的是卫生和社会工作（Q），下降22.1725分。相比2022年，2023年仅采矿业（B）、金融业（J）两个行业上升，分别上升2.4370分和0.5612分；其他16个行业都下降，降幅最大的行业是文化、体育和娱乐业（R），下降3.4304分。

第五，从战略领导能力分项指数看，相比2013年，2023年所有行业（剔除教育）均下降，其中降幅最大的是金融业（J），下降11.4646分。相比2022年，2023年所有行业均下降，其中降幅最大的行业是住宿和餐饮业（H），下降5.2023分。

14.4 分所有制企业家能力指数的年度比较

依照第1章的五种所有制类型的划分，对2011年、2013年以及2015～2023年十一个年度企业家能力总体指数和四个分项指数进行比较，结果参见表14-4 Panel A。另外，进一步将样本按照国有控股公司和非国有控股公司分类，结果参见表14-4 Panel B。

表14-4 2011～2023年不同所有制上市公司企业家能力指数均值比较

所有制类型	年份	总体指数	分项指数				总体指数排名
			人力资本	关系网络能力	社会责任能力	战略领导能力	
Panel A 按照五类所有制公司分类							
国有绝对控股公司	2011	36.6200	30.8870	11.9411	66.6021	29.4469	2
	2013	35.0605	31.2867	7.7628	65.5724	27.5756	2
	2015	33.5482	29.4649	5.9379	60.2598	29.5511	3
	2016	31.1328	28.8857	5.6622	60.4623	22.5915	2
	2017	30.3042	29.5970	5.9014	59.6134	20.1631	1
	2018	30.8418	29.6751	5.6645	57.4401	23.6505	1
	2019	29.4823	30.4377	5.9106	53.5198	22.0851	4
	2020	31.6608	31.1341	6.3379	54.5145	27.1841	5
	2021	30.8582	32.2903	5.8228	61.7260	18.3549	3
	2022	32.5886	32.2082	5.2698	64.0443	22.0693	3
	2023	31.1809	30.9979	4.5728	62.7474	20.0496	3
国有强相对控股公司	2011	34.6124	29.8701	12.2300	62.1758	27.4967	4
	2013	34.3110	30.4860	7.4047	64.0029	27.3169	3
	2015	33.2207	28.6551	5.8896	60.2390	29.1427	4

续表

所有制类型	年份	总体指数	分项指数				总体指数排名
			人力资本	关系网络能力	社会责任能力	战略领导能力	
Panel A 按照五类所有制公司分类							
国有强相对控股公司	2016	30.3597	28.3908	5.2671	59.9801	21.1870	4
	2017	29.8292	28.8425	5.0595	60.5392	18.9303	3
	2018	30.3090	30.0620	5.0209	57.4175	22.1449	5
	2019	29.6020	30.7294	5.9468	54.4077	21.5068	3
	2020	32.3904	30.9990	6.4900	57.1369	27.2610	3
	2021	30.7001	31.3948	5.8058	62.2216	18.0790	4
	2022	32.4828	31.8445	5.7270	64.5672	21.3135	4
	2023	31.1403	30.6767	4.7306	63.1549	19.7216	4
国有弱相对控股公司	2011	33.5773	30.0183	13.4119	59.8940	25.4746	5
	2013	33.8378	29.2576	7.5459	64.1803	26.4809	5
	2015	32.9314	28.6846	6.9366	58.6606	28.9628	5
	2016	29.5753	27.3618	5.9226	59.7691	19.3089	5
	2017	29.3766	28.1253	6.3356	58.8970	18.6815	5
	2018	30.4272	30.4639	6.5519	56.4107	22.2198	4
	2019	29.0393	30.8766	6.8448	53.1707	20.2203	5
	2020	32.1282	30.1989	7.6184	56.9857	26.5066	4
	2021	30.3963	31.1559	6.4752	61.3787	17.6397	5
	2022	32.0255	32.0937	6.0291	62.3889	21.3752	5
	2023	30.5399	30.5718	4.7619	61.0592	19.6667	5
国有参股公司	2011	36.0996	32.0099	14.5207	65.3461	26.7294	3
	2013	34.2035	28.8689	8.4327	66.3176	25.6172	4
	2015	34.6433	29.1045	7.3125	61.7948	31.1083	1
	2016	31.2702	28.2294	6.7668	62.9059	20.8444	1
	2017	30.0960	27.8159	7.0321	60.7474	19.1772	2
	2018	30.7267	28.7752	7.2684	57.9195	22.6336	3
	2019	29.7873	29.7659	7.2167	55.6187	21.0286	1
	2020	32.9414	30.7972	8.0587	58.0021	27.5019	2
	2021	31.5467	31.9013	7.7059	63.4082	18.2984	2
	2022	32.7234	31.8704	7.2598	63.7830	21.8288	2
	2023	31.3255	30.3650	5.6259	62.7041	20.3712	2

续表

所有制类型	年份	总体指数	分项指数				总体指数排名
			人力资本	关系网络能力	社会责任能力	战略领导能力	
Panel A 按照五类所有制公司分类							
无国有股份公司	2011	36.6351	31.9971	12.2375	67.8597	27.5576	1
	2013	35.3275	28.4158	9.1546	69.9090	25.9994	1
	2015	34.5358	27.6232	7.3950	62.1225	31.4610	2
	2016	30.7007	27.1487	6.0173	63.0071	20.1673	3
	2017	29.5881	27.5959	6.4499	60.5559	18.2584	4
	2018	30.7928	28.6531	6.9630	58.9240	22.2613	2
	2019	29.7233	28.7335	7.4122	57.2982	20.0451	2
	2020	33.1640	29.8447	7.4807	61.0601	26.6306	1
	2021	31.7050	30.7045	6.9746	65.1725	18.5377	1
	2022	33.0242	30.8670	6.4240	65.9621	22.0892	1
	2023	31.7974	29.8790	4.8963	64.9655	20.6788	1
Panel B 按照国有控股公司和非国有控股公司分类							
国有控股公司	2011	34.8450	30.2017	12.5250	62.6886	27.3994	2
	2013	34.4258	30.4028	7.5642	64.5760	27.1650	2
	2015	33.2349	28.8968	6.1942	59.8068	29.2106	2
	2016	30.2914	28.1751	5.5772	60.0283	20.9150	2
	2017	29.7952	28.7890	5.6873	59.7697	19.1485	1
	2018	30.4800	30.1089	5.7144	57.0698	22.5372	2
	2019	29.3614	30.7149	6.2763	53.7291	21.1609	2
	2020	32.0289	30.8927	6.6561	55.9992	27.0746	2
	2021	30.6912	31.6984	5.9726	61.8206	18.0852	2
	2022	32.4190	32.0473	5.6147	63.8537	21.6293	2
	2023	30.9920	30.7674	4.6805	62.4334	19.8284	2
非国有控股公司	2011	36.4528	32.0015	13.0145	67.0043	27.2757	1
	2013	35.0540	28.5261	8.9789	69.0349	25.9064	1
	2015	34.5755	28.1705	7.3645	62.0014	31.3307	1
	2016	30.9240	27.5724	6.3111	62.9674	20.4327	1
	2017	29.7689	27.6742	6.6571	60.6241	18.5854	2
	2018	30.7693	28.6964	7.0713	58.5676	22.3934	1
	2019	29.7468	29.1126	7.3404	56.6814	20.4062	1

续表

所有制类型	年份	总体指数	分项指数				总体指数排名
			人力资本	关系网络能力	社会责任能力	战略领导能力	
Panel B 按照国有控股公司和非国有控股公司分类							
非国有控股公司	2020	33.0899	30.1618	7.6732	60.0419	26.9207	1
	2021	31.6609	31.0382	7.1785	64.6805	18.4709	1
	2022	32.9346	31.1658	6.6729	65.3131	22.0116	1
	2023	31.6408	30.0402	5.1384	64.2153	20.5767	1

从表 14-4 Panel A 可以看出：

第一，从企业家能力总体指数看，2011～2023 年，五类公司总体呈波动式下降趋势参见图 14-3。相比 2011 年，2023 年五类公司企业家能力总体指数都是下降的，降幅最大的是国有绝对控股公司，下降 5.4391 分；相比 2022 年，2023 年五类公司企业家能力总体指数仍然都下降，降幅最大的是国有弱相对控股公司，下降 1.4856 分。

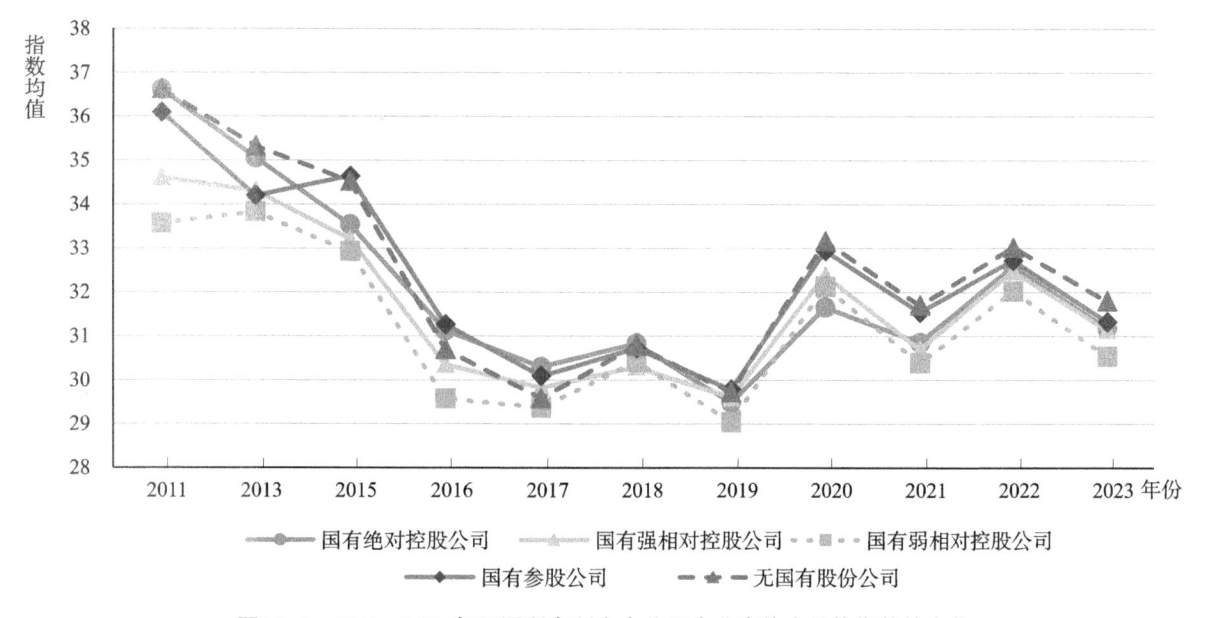

图14-3　2011～2023年不同所有制上市公司企业家能力总体指数的变化

第二，从人力资本分项指数看，相比 2011 年，2023 年两类非国有控股公司都下降，降幅较大的是无国有股份公司，下降 2.1181 分；三类国有控股公司均上升，升幅最大的是国有强相对控股公司，上升 0.8066 分。相比 2022 年，2023 年五类公司都下降，降幅较大的是国有弱相对控股公司，下降 1.5219 分。

第三，从关系网络能力分项指数看，相比 2011 年，2023 年五类公司全部下降，降幅最大的是国有参股公司，下降 8.8948 分。相比 2022 年，2023 年五类公司全部下降，降幅最大的仍是国有参股公司，下降 1.6339 分。

第四，从社会责任能力分项指数看，相比 2011 年，2023 年国有强相对控股公司和国有弱相对控股公司上升，分别上升 0.9791 分和 1.1652 分；其他三类公司下降，降幅最大的是国有绝对控股公司，下降3.8547分。相比2022年，2023年五类公司全部下降，降幅最大的是国有强相对控股公司，下降1.4123分。

第五，从战略领导能力分项指数看，相比2011年，2023年五类公司全部下降，降幅最大的是国有绝对控股公司，下降9.3973分。相比2022年，2023年五类公司均下降，其中降幅最大的仍是国有绝对控股公司，下降2.0197分。

从表14-4 Panel B 可以看出：

第一，从企业家能力总体指数看，国有控股公司和非国有控股公司在2011-2023年间总体呈波动式下降趋势参见图14-4。相比2011年，2023年国有控股公司和非国有控股公司分别下降3.8530分和4.8120分；相比2022年，2023年两类公司分别下降1.4270分和1.2938分。

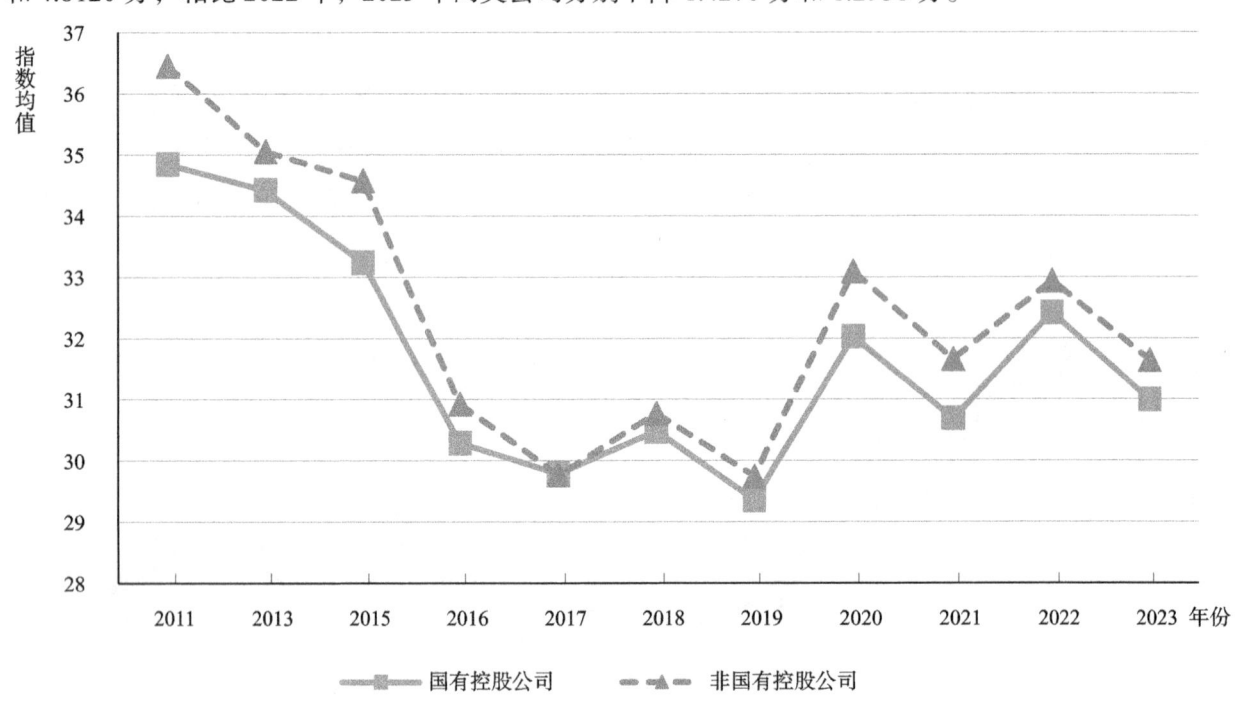

图14-4　2011～2023年国有控股与非国有控股上市公司企业家能力总体指数的变化

第二，从人力资本分项指数看，相比2011年，2023年国有控股公司上升0.5657分，非国有控股公司下降1.9613分；相比2022年，2023年国有控股公司和非国有控股公司分别下降1.2799分和1.1256分。

第三，从关系网络能力分项指数看，相比2011年，2023年国有控股公司和非国有控股公司都下降较多，分别下降7.8445分和7.8761分；相比2022年，2023年两类公司也都下降，国有控股公司和非国有控股公司分别下降0.9342分和1.5345分。

第四，从社会责任能力分项指数看，相比2011年，2023年国有控股公司和非国有控股公司分别下降0.2552分和2.7890；相比2022年，2023年国有控股公司和非国有控股公司分别下降1.4203分和1.0978分。

第五，从战略领导能力分项指数看，相比2011年，2023年国有控股公司和非国有控股公司都下降较多，分别下降7.5710分和6.6990分；相比2022年，2023年国有控股公司和非国有控股公司分别下降1.8009分和1.4349分。

14.5 分上市板块企业家能力指数的年度比较

按照四个上市板块的划分，对不同板块上市公司2011年、2013年以及2015～2023年十一个年度企业家能力总体指数和四个分项指数进行比较。由于沪市科创板2019年6月才开板，所以只比较2020～2023年四年的数据。北交所是2021年11月开市，所以只比较2022～2023年两年的数据。另外，深市主板含原来的中小企业板。统计结果参见表14-5。

表14-5 2011～2023年不同板块上市公司企业家能力指数均值比较

板块	年份	总体指数	分项指数				总体指数排名
			人力资本	关系网络能力	社会责任能力	战略领导能力	
深市主板	2011	35.7933	29.9688	14.4127	65.4489	27.1422	2
	2013	34.9544	28.3196	8.2880	68.8262	26.2915	2
	2015	34.3515	28.3542	7.1690	61.8218	30.7817	2
	2016	30.9104	28.0114	6.8164	62.2040	20.4451	2
	2017	29.8633	28.6490	7.0995	59.9249	18.5487	1
	2018	31.5597	29.3583	7.1202	57.5269	25.1742	1
	2019	29.3846	29.7702	7.3671	54.4811	20.6516	3
	2020	32.0268	29.9319	7.3755	56.8193	26.6469	4
	2021	31.2947	30.9888	7.0110	63.5182	18.4352	3
	2022	32.1729	31.0513	7.1123	62.2431	22.0472	4
	2023	30.6392	30.2015	5.9925	60.5297	19.9756	4
深市创业板	2011	37.5760	36.3633	10.0835	73.9613	23.6763	1
	2013	35.4176	27.8615	11.2732	70.4787	25.0179	1
	2015	35.1422	28.9903	8.0556	62.8472	31.4313	1
	2016	31.4809	28.4793	6.6556	64.8129	19.8171	1
	2017	29.7976	27.9615	6.7821	61.0468	18.0659	2
	2018	30.7422	28.8079	6.9252	59.0603	21.9193	2
	2019	29.7433	29.0540	7.4249	57.0740	20.0674	2
	2020	33.5658	30.3033	7.2795	62.3194	26.6227	2
	2021	31.4122	30.9085	6.8656	64.3584	18.2379	2
	2022	32.8653	30.9796	6.2519	65.6598	21.8729	3
	2023	31.2072	29.6981	4.8313	62.9885	20.6613	3
沪市主板	2011	35.2654	31.6598	11.3264	62.8061	28.2592	3
	2013	34.4077	30.9134	7.5433	64.2635	27.0349	3

续表

板块	年份	总体指数	分项指数				总体指数排名
			人力资本	关系网络能力	社会责任能力	战略领导能力	
沪市主板	2015	33.2549	28.3376	6.1291	59.6516	29.8088	3
	2016	30.0818	27.2172	4.8742	60.2048	21.1612	3
	2017	29.6775	27.4565	5.2985	60.4189	19.3657	3
	2018	30.6580	29.0507	6.0830	58.2077	22.6537	3
	2019	29.7984	29.7451	6.4546	56.3133	20.9254	1
	2020	32.8620	30.2835	7.2196	58.4362	27.7093	3
	2021	31.0686	30.9445	6.5251	62.9665	18.4958	4
	2022	32.8881	31.2668	6.0724	65.4905	21.9865	2
	2023	31.9061	30.1968	4.8590	65.2299	20.6000	2
沪市科创板	2020	35.3439	39.4757	10.0473	64.0842	22.9155	1
	2021	33.5855	35.6403	7.4148	69.1238	17.4657	1
	2022	34.7532	35.0729	5.7490	70.1573	21.4574	1
	2023	33.2653	32.5534	3.7402	69.4239	20.3287	1
北交所	2022	31.2166	28.8123	4.1990	64.4713	20.4165	5
	2023	30.4435	28.5908	3.0193	64.0164	19.2363	5

从表14-5可以看出：

第一，从企业家能力总体指数看，2011～2023年，深市主板、深市创业板和沪市主板三个板块总体呈波动式下降趋势；沪市科创板自2020年纳入评价后，该板块上市公司企业家能力指数均值都明显高于其他板块，但也呈波动式下降趋势参见图14-5；北交所自2022年纳入评价后的这两年，该板块上市公司企业家能力指数均值较明显低于其他板块。相比2011年，2023年三个板块（未纳入沪市科创板和北交所，下同）都下降，降幅最大的是深市创业板，下降6.3688分；相比2020年（沪市科创板纳入评价，下同），2023年沪市科创板下降2.0786分；相比2022年，2023年五个板块都下降，降幅最大的仍是深市创业板，下降1.6581分。

第二，从人力资本分项指数看，相比2011年，2023年深市主板有所上升，上升0.2327分；深市创业板和沪市主板都有所下降，其中深市创业板下降较多，下降6.6652分；相比2020年，2023年沪市科创板较大幅度下降6.9223分；相比2022年，2023年五个板块均下降，降幅最大的是沪市科创板，下降2.5195分。

第三，从关系网络能力分项指数看，相比2011年，2023年三个板块都下降，降幅最大的是深市主板，下降8.4202分；相比2020年，2023年沪市科创板较大幅度下降6.3071分；相比2022年，2023年五个板块都下降，降幅最大的是沪市科创板，下降2.0088分。

第四，从社会责任能力分项指数看，相比2011年，2023年沪市主板上升2.4238分，深市主板和深市创业板则分别下降4.9192分和10.9728分；相比2020年，2023年沪市科创板上升5.3397分；相

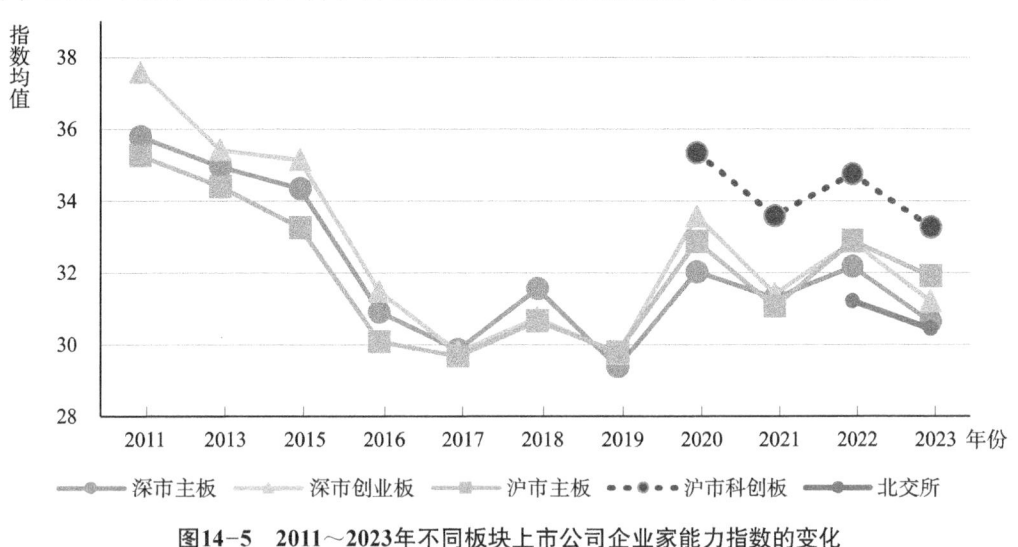

比2022年，2023年五个板块都下降，降幅最大的是深市创业板，下降2.6713分。

图14-5 2011~2023年不同板块上市公司企业家能力指数的变化

第五，从战略领导能力分项指数看，相比2011年，2023年三个板块都下降，降幅最大的是沪市主板，下降7.6592分；相比2020年，2023年沪市科创板下降2.5868分；相比2022年，2023年五个板块都下降，降幅最大的是深市主板，下降2.0716分。

14.6 本章小结

本章从总体、地区、行业、所有制和上市板块五个角度分别比较了2011年、2013年，以及2015~2023年中国上市公司的企业家能力水平，主要结论如下：

（1）从总体看，企业家能力总体指数在2011~2017年连续下降，在2018~2023年呈小幅波动式变化。相比2011年，2023年下降4.2652分；相比2022年，2023年下降1.3402分。在人力资本分项指数上，相比2011年，2023年下降0.9208分；相比2022年，2023年下降1.1587分。在关系网络能力分项指数上，相比2011年，2023年下降7.7864分；相比2022年，2023年下降1.3724分。企业家关系网络能力的下降与强力反腐下社会对企业家关系网络的误解、国际经贸关系偏紧等因素紧密相关，从而正常的关系网络也受到了较大影响。在社会责任能力分项指数上，相比2011年，2023年下降1.3335分；相比2022年，2023年下降1.2134分。经济下行无疑对企业家履行社会责任产生了影响。在战略领导能力分项指数上，相比2011年，2023年下降6.9764分；相比2022年，2023年下降1.5482分。企业家战略领导能力下降同样与经济下行关系密切。

（2）从地区看，在企业家能力总体指数上，相比2011年，2023年四个地区都下降，东部下降幅度最大；相比2022年，2023年四个地区也都下降，西部降幅最大。在四个分项指数上，相比2011年，2023年在人力资本分项指数上，中部和西部地区上升，东部和东北地区下降；在社会责任能力分项指数上，西部和东北地区上升，东部和中部下降；其他两个分项指数在四个地区都是下降的。相比2022年，2023年社会责任能力分项指数除东北地区上升外，其他三个地区都下降；其他三个分项指数在四个地区都下降。从总体指数排名看，十一个年度中，中部除在2017年超越东部成为第一名，其他年份东部均为第一名，东北自2015年开始都是最后一名。

（3）从行业看，在企业家能力总体指数上，相比2013年，2023年17个行业（剔除教育）下降；相比2022年，2023年全部18个行业都下降。在人力资本分项指数上，相比2013年，2023年有12个行业上升；相比2022年，2023年有4个行业上升。在关系网络能力分项指数上，相比2013年，2023年仅有2个行业（剔除教育）上升；相比2022年，2023年仅有3个行业上升。在社会责任能力分项指数上，相比2013年，2023年仅综合（S）（剔除教育）上升；相比2022年，2023年仅有2个行业上升。在战略领导能力分项指数上，相比2013年，2023年所有行业（剔除教育）均下降；相比2022年，2023年所有行业均下降。

（4）从所有制看，在企业家能力总体指数上，国有控股公司和非国有控股公司在2011~2023年总体呈波动式下降趋势。相比2011年，2023年两类公司都下降；相比2022年，2023年两类公司也都下降。在人力资本分项指数上，相比2011年，2023年国有控股公司上升，非国有控股公司下降；相比2022年，2023年两类公司都下降。在其他三个分项指数上，相比2011年，2023年两类公司都下降；相比2022年，2023年两类公司也都下降。

（5）从上市板块看，在企业家能力总体指数上，相比2011年，2023年三个板块（未纳入沪市科创板和北交所，下同）都下降；相比2020年，2023年沪市科创板下降；相比2022年，2023年五个板块都下降。在人力资本分项指数上，相比2011年，2023年仅深市主板有所上升；相比2020年，2023年沪市科创板较大幅度下降；相比2022年，2023年五个板块都下降。在社会责任能力分项指数上，相比2011年，2023年仅沪市主板有所上升；相比2020年，2023年沪市科创板上升；相比2022年，2023年五个板块都下降。在其他两个分项指数上，相比2011年，2023年三个板块都下降；相比2020年，2023年沪市科创板都下降；相比2022年，2023年五个板块都下降。

第五篇　财务治理指数

第15章 财务治理总体指数排名及比较

根据第1章确定的财务治理指数评价方法，以及我们评估获得的2023年度5061家样本上市公司财务治理指数数据，本章将对这些公司的财务治理指数进行排名和分析，然后分别从总体、地区、行业、上市板块以及是否沪深300五个角度进行比较分析。

15.1 财务治理指数总体分布及排名

基于上市公司2023年的公开数据，根据第1章构建的财务治理指标体系和指数计算方法，我们对5061家上市公司的财务治理指数进行了计算，得到2023年中国上市公司财务治理指数的总体排名情况。

15.1.1 财务治理指数总体分布

2023年上市公司财务治理指数的总体情况参见表15-1。

表15-1 2023年上市公司财务治理指数总体情况

项目	公司数目	平均值	中位值	最大值	最小值	标准差	偏度系数	峰度系数
数值	5061	57.4581	57.8573	76.4150	22.4721	6.5512	-0.4387	0.4921

从表15-1可以看出，在5061家上市公司中，财务治理指数最大值为76.4150分，最小值为22.4721分，平均值为57.4581分，中位值为57.8573分。整体而言，全部样本的绝对差距较大，最大值高出最小值53.9429分。

为进一步了解财务治理指数在各个得分区间的分布情况，我们将财务治理指数在有分布的区域按5分一个区间划分为14个区间（其中[0,20)和[80,100]的公司数目为0，因此将指数区间合并），每个得分区间的企业数目和所占比重参见表15-2和图15-1。

表15-2 2023年上市公司财务治理指数分布情况

指数区间	公司数目	占比/%	累计占比/%
[0,20)	0	0.00	0.00
[20,25)	1	0.02	0.02

续表

指数区间	公司数目	占比/%	累计占比/%
[25,30)	1	0.02	0.04
[30,35)	11	0.22	0.26
[35,40)	38	0.75	1.01
[40,45)	153	3.02	4.03
[45,50)	417	8.24	12.27
[50,55)	1054	20.83	33.10
[55,60)	1540	30.43	63.53
[60,65)	1264	24.98	88.51
[65,70)	497	9.82	98.33
[70,75)	82	1.62	99.95
[75,80)	3	0.06	100.00
[80,100]	0	0.00	100.00
总计	5061	100.00	—

由表15-2可知，财务治理指数分值主要集中在[45,70)区间，共有4772家公司，占全部样本公司的94.29%。其中在[55,60)区间的公司数最多，有1540家，占样本总数的30.43%。及格（达到60分）的公司有1846家，及格率为36.48%，比2022年下降1.35个百分点（2022年及格率为37.83%），这应该与经济下行有关。

图15-1直观地反映了2023年上市公司财务治理指数的分布。可以看出，2023年上市公司财务治理指数的区间分布相对比较集中。从表15-1可知，上市公司财务治理指数的偏度系数为-0.4387，峰度系数为0.4921，财务治理指数整体分布基本满足正态分布，指数分布为负偏态。

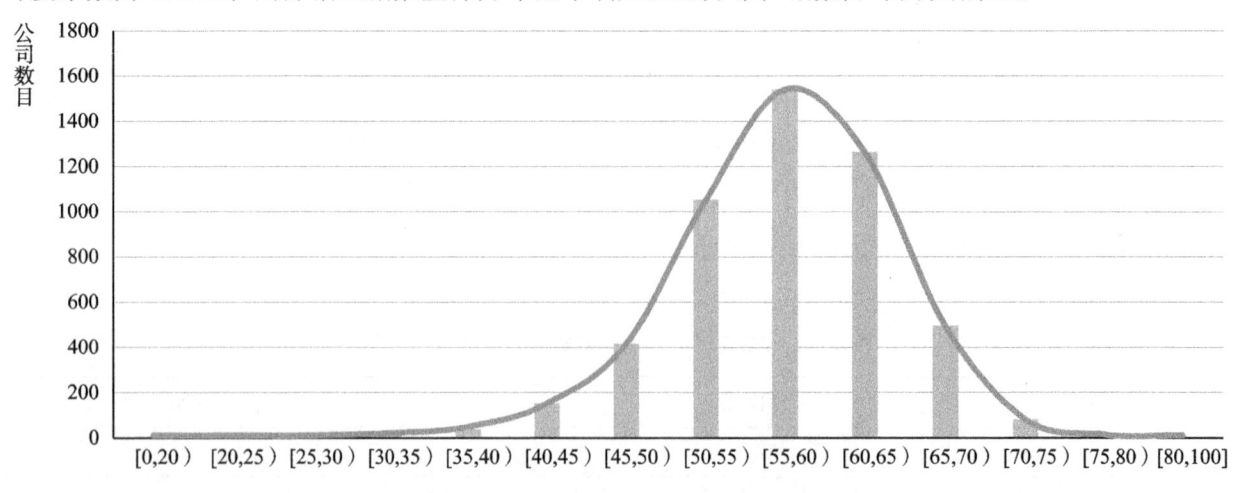

图15-1　2023年上市公司财务治理指数区间分布

15.1.2 财务治理指数前100名

表15-3给出了5061家上市公司中排名前100位公司的财务治理指数的基本统计数据。可以看出，前100名公司的财务治理指数均值为71.3194分，较2022年（71.6890分）下降0.3696分。

表 15-3 2023 年上市公司财务治理指数前 100 名情况

项目	平均值	中位值	最大值	最小值	标准差
前100名	71.3194	70.7005	76.4150	69.4623	1.5508
总体	57.4581	57.8573	76.4150	22.4721	6.5512

我们对5061家上市公司的财务治理指数从大到小降序排列，财务治理指数越高，说明上市公司财务治理水平越高。表15-4是财务治理指数排名前100的上市公司情况。

表 15-4 2023 年上市公司财务治理指数总体排名 - 前 100 名

排名	代码	公司简称	指数值	排名	代码	公司简称	指数值
1	000968	蓝焰控股	76.4150	21	300142	沃森生物	72.6228
2	688509	正元地信	75.7283	22	002460	赣锋锂业	72.4735
3	603712	七一二	75.5355	23	600572	康恩贝	72.2916
4	002819	东方中科	74.8148	24	600724	宁波富达	72.1033
5	002246	北化股份	74.3807	25	600936	广西广电	72.0940
6	300054	鼎龙股份	74.3304	26	300453	三鑫医疗	72.0624
7	002242	九阳股份	74.2965	27	002839	张家港行	72.0305
8	600337	美克家居	74.0796	28	601872	招商轮船	72.0002
9	600184	光电股份	73.7234	29	002286	保龄宝	71.9080
10	000513	丽珠集团	73.4632	30	601828	美凯龙	71.8658
11	600315	上海家化	73.4222	31	301163	宏德股份	71.8441
12	000404	长虹华意	73.2292	32	002695	煌上煌	71.8134
13	300017	网宿科技	73.2280	33	603060	国检集团	71.7984
14	600633	浙数文化	73.2012	34	002026	山东威达	71.7926
15	300548	博创科技	73.1151	35	003013	地铁设计	71.7550
16	000021	深科技	73.0887	36	603018	华设集团	71.7511
17	600775	南京熊猫	73.0069	37	002066	瑞泰科技	71.7443
18	002725	跃岭股份	72.9486	38	002067	景兴纸业	71.6402
19	002312	川发龙蟒	72.9342	39	002961	瑞达期货	71.4914
20	601116	三江购物	72.8781	40	300717	华信新材	71.3126

续表

排名	代码	公司简称	指数值	排名	代码	公司简称	指数值
41	300340	科恒股份	71.2938	71	601177	杭齿前进	70.2453
42	002352	顺丰控股	71.2314	72	300212	易华录	70.2433
43	603316	诚邦股份	71.1276	73	002126	银轮股份	70.2152
44	000408	藏格矿业	71.0769	74	002088	鲁阳节能	70.2091
45	002245	蔚蓝锂芯	70.9046	75	603096	新经典	70.1876
46	601860	紫金银行	70.8496	76	002797	第一创业	70.1669
47	002989	中天精装	70.7970	77	603687	大胜达	70.1359
48	002785	万里石	70.7925	78	002812	恩捷股份	70.1022
49	600051	宁波联合	70.7843	79	600019	宝钢股份	70.0970
50	603073	彩蝶实业	70.7360	80	600031	三一重工	70.0881
51	300676	华大基因	70.6650	81	002985	北摩高科	70.0732
52	002367	康力电梯	70.5613	82	600552	凯盛科技	70.0653
53	300628	亿联网络	70.5500	83	300746	汉嘉设计	70.0417
54	603026	石大胜华	70.5251	84	000011	深物业A	70.0352
55	603010	万盛股份	70.5236	85	002405	四维图新	70.0323
56	600584	长电科技	70.5110	86	600597	光明乳业	69.9842
57	600460	士兰微	70.4711	87	603717	天域生态	69.9600
58	688696	极米科技	70.4524	88	600476	湘邮科技	69.9030
59	688308	欧科亿	70.4454	89	600536	中国软件	69.8833
60	002232	启明信息	70.4433	90	002110	三钢闽光	69.8443
61	300107	建新股份	70.4398	91	000975	山金国际	69.8071
62	600802	福建水泥	70.4140	92	300613	富瀚微	69.6873
63	688538	和辉光电	70.4111	93	000810	创维数字	69.6827
64	002615	哈尔斯	70.3863	94	600889	南京化纤	69.6648
65	002212	天融信	70.3728	95	002015	协鑫能科	69.6420
66	002741	光华科技	70.3538	96	603160	汇顶科技	69.5378
67	600420	国药现代	70.3210	97	600188	兖矿能源	69.5146
68	300803	指南针	70.2869	98	603002	宏昌电子	69.4963
69	002238	天威视讯	70.2627	99	002053	云南能投	69.4690
70	002587	奥拓电子	70.2584	100	002627	三峡旅游	69.4623

由表15-4可以看出，财务治理指数最高的前三家公司分别是蓝焰控股、正元地信和七一二。有16家公司近两年连续出现在前100名中，它们依次是正元地信、东方中科、丽珠集团、上海家化、

南京熊猫、三鑫医疗、煌上煌、国检集团、山东威达、宁波联合、士兰微、建新股份、福建水泥、银轮股份、第一创业、云南能投。有5家公司近三年连续出现在前100名中，它们依次是东方中科、丽珠集团、国检集团、宁波联合和第一创业。

从地区分布来看，前100名中，东部、中部、西部和东北地区各有76家、12家、11家和1家，分别占各地区上市公司总数的2.10%、1.78%、1.85%和0.59%。从行业来看，制造业（C）61家，信息传输、软件和信息技术服务业（I）11家，科学研究和技术服务业（M）6家，金融业（J）5家，分别占所在行业上市公司总数的1.81%、2.63%、5.41%和4.03%。从所有制看，国有控股公司45家，非国有控股公司55家，分别占两类所有制公司总数的3.02%和1.54%。从实际（或最终）控制人看，中央企业（或监管机构）控制的公司有17家，地方国企（或监管机构）控制的公司有28家，非国有企业或自然人控制的公司有55家，分别占三类实际（或最终）控制人控制公司总数的3.61%、2.74%和1.54%。从上市板块来看，深市主板、深市创业板、沪市主板和沪市科创板分别有43家、15家、38家和4家，分别占所在板块全部上市公司数的2.92%、1.21%、2.29%和0.79%。从是否属于沪深300看，沪深300有12家，非沪深300有88家，分别占两类公司总数的4.01%和1.85%，就进入前100的比例而言，沪深300并不突出。

需要注意的是，财务治理指数最高的前100名在地区、行业和控股类型等不同类别中的分布，并不能完全说明某个地区、行业和控股类型表现更好，因为各地区、行业和控股类型的上市公司数量不同。比如，制造业（C）进入前100名的公司数多于科学研究和技术服务业（M），但后者进入前100名的比例更高，无疑科学研究和技术服务业（M）的表现更好。

图15-2为前100名上市公司财务治理指数分布情况。从图15-2可以看出，前100家公司的财务治理指数分布在69～77分，最高76.4150分，最低69.4623分，绝对差距6.9527分，差距较上年有所减少（上年差距为8.1177分），前几名相对比较突出。

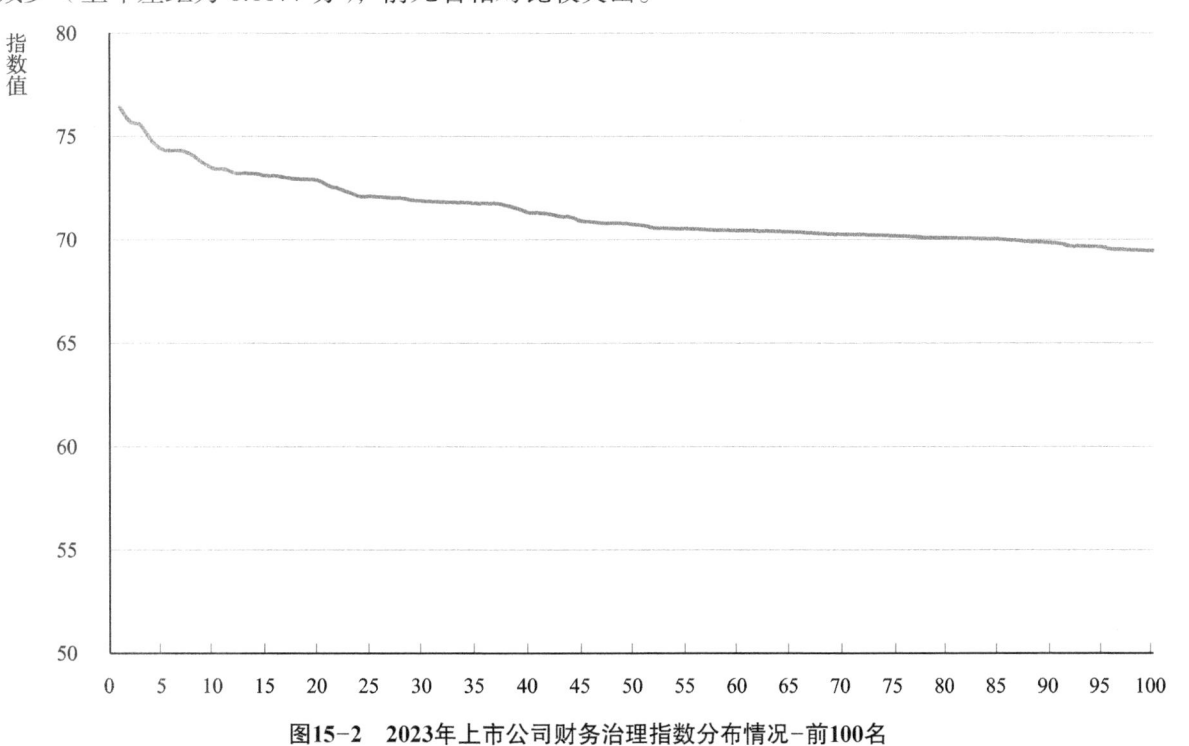

图15-2　2023年上市公司财务治理指数分布情况-前100名

15.2 分地区财务治理指数排名及比较

根据东部、中部、西部和东北四个地区的划分，对上市公司财务治理指数按照均值从高到低的顺序进行排名和比较，结果参见表15-5。

表 15-5　2023 年不同地区上市公司财务治理指数比较

排名	地区	公司数目	平均值	中位值	最大值	最小值	标准差
1	东部	3624	57.6895	58.1106	75.7283	22.4721	6.4269
2	西部	595	57.2608	57.5326	74.3807	29.9754	6.8449
3	中部	673	56.9647	57.0972	76.4150	35.4188	6.5594
4	东北	169	55.1569	55.8154	70.4433	33.9241	7.4634
	总体	5061	57.4581	57.8573	76.4150	22.4721	6.5512

由表15-5可见，上市公司财务治理指数均值由大到小分别为东部、西部、中部和东北，各地区之间财务治理指数均值之间的差距不大。

图15-3直观地显示了四个地区财务治理指数均值的差异。可以看到，东部地区的财务治理指数均值高于总体均值，其他三个地区低于总体均值，尤其是东北地区较明显低于其他三个地区。

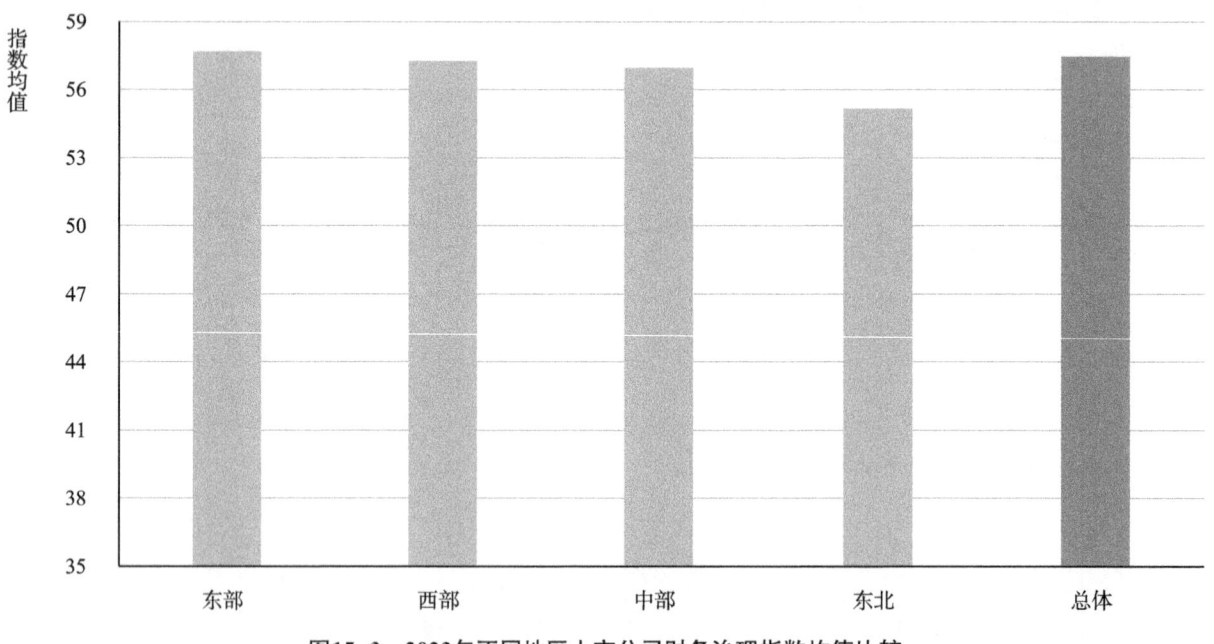

图15-3　2023年不同地区上市公司财务治理指数均值比较

按照省份进一步进行细分，对31个省份的上市公司财务治理指数按照均值从高到低的顺序进行排名，结果参见表15-6。

表 15-6　2023 年不同省份上市公司财务治理指数比较

排名	省份	公司数目	平均值	中位值	最大值	最小值	标准差
1	内蒙古	25	59.1262	59.2728	69.8071	47.4922	5.5749
2	江西	79	58.9128	58.7616	74.0796	43.3308	6.4168
3	福建	165	58.5721	59.1635	71.4914	40.0434	6.2419
4	天津	70	58.3751	58.9129	75.5355	42.9477	6.1370
5	河北	72	58.2966	59.2298	70.4398	44.5744	5.7332
6	甘肃	35	58.2819	59.7044	69.2701	40.6366	6.3300
7	山西	40	58.2118	57.4034	76.4150	43.7250	6.6489
8	山东	290	58.1470	58.7386	74.2965	36.5532	6.5328
9	重庆	69	58.0035	58.9487	69.9600	42.8314	5.9568
10	广东	819	57.9786	58.8306	73.4632	34.2030	6.4196
11	浙江	666	57.8424	58.4631	73.2012	31.3142	6.3099
12	云南	41	57.7126	58.1319	72.6228	29.9754	7.9120
13	四川	169	57.6098	57.5252	74.3807	39.4241	6.8115
14	北京	454	57.5365	57.7761	75.7283	22.4721	6.4490
15	上海	418	57.3039	57.8310	73.4222	32.1624	6.4285
16	湖南	140	57.2783	57.9515	70.4454	37.9503	7.0869
17	宁夏	15	57.2265	59.2597	68.3492	40.8689	6.7242
18	江苏	643	57.0026	56.9752	73.0069	32.4437	6.4951
19	广西	40	56.6590	58.6450	72.0940	41.8829	7.1781
20	安徽	166	56.6011	56.4790	70.0653	41.1072	5.3576
21	新疆	60	56.5962	57.0504	68.7038	38.3689	6.3990
22	河南	106	56.4946	56.5391	69.3678	39.8782	5.6897
23	陕西	74	56.4151	57.0287	68.8247	40.3672	5.9975
24	海南	27	56.3446	56.4481	68.9057	42.7200	7.6347
25	西藏	22	56.0387	57.9653	67.7399	33.3304	7.6079
26	湖北	142	55.9965	56.2311	74.3304	35.4188	7.5772
27	贵州	35	55.9929	57.5147	69.0237	34.9807	8.6144
28	青海	10	55.9795	56.8572	71.0769	40.3364	8.5042
29	黑龙江	39	55.4933	56.4180	66.3633	38.4657	6.6925
30	辽宁	82	55.3512	56.0305	69.4429	35.9881	7.1728
31	吉林	48	54.5518	55.4526	70.4433	33.9241	8.4447
	总体	5061	57.4581	57.8573	76.4150	22.4721	6.5512

从表 15-6 可以看出，31 个省份中，有 14 个省份的财务治理指数均值高于总体均值，这 14 个省份的最大均值与总体均值之间的绝对差距为 1.6681 分，其他 17 个省份的财务治理指数均值低于总体均值，总体均值与这 17 个省份的最小均值之间的绝对差距为 2.9063 分。高分区省份上市公司财务治理指数的内部差距略小于低分区省份。上市公司财务治理指数均值最高的三个省份是内蒙古、江西和福建；财务治理指数均值最低的三个省份是吉林、辽宁和黑龙江。

图 15-4 进一步显示了不同省份上市公司财务治理水平的差别。可以看出，各省份上市公司财务治理指数均值集中在 [54,60] 这一范围内，各省份上市公司财务治理水平差距不是很大。

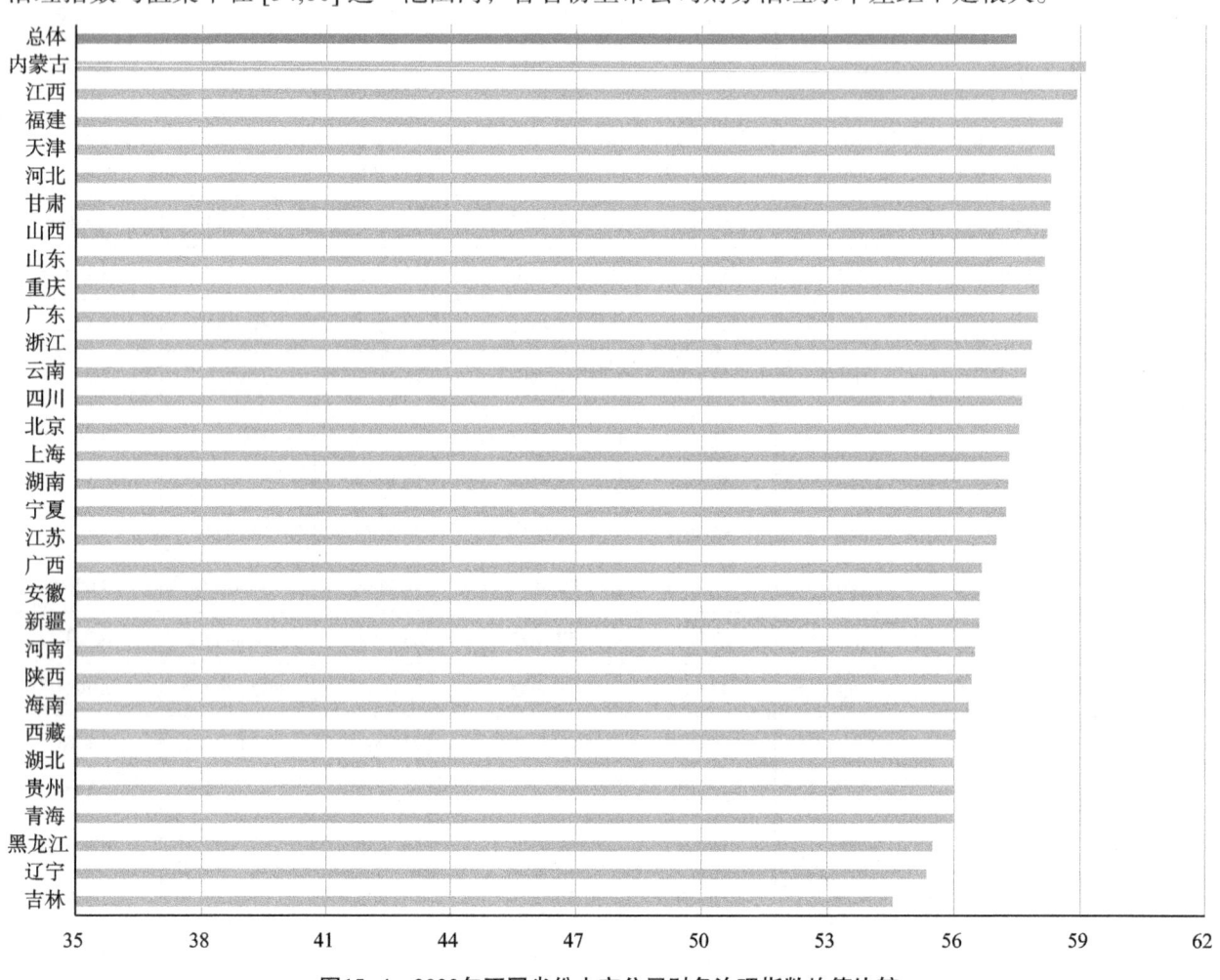

图15-4　2023年不同省份上市公司财务治理指数均值比较

15.3　分行业财务治理指数排名及比较

对 18 个行业上市公司财务治理指数按照均值由高到低的顺序进行排名和比较，结果见表 15-7。

表 15-7　2023 年不同行业上市公司财务治理指数比较

排名	行业	公司数目	平均值	中位值	最大值	最小值	标准差
1	交通运输、仓储和邮政业（G）	112	59.1484	60.1196	72.0002	37.3021	6.4262

续表

排名	行业	公司数目	平均值	中位值	最大值	最小值	标准差
2	住宿和餐饮业（H）	8	59.1003	60.2230	64.5574	53.1351	4.1644
3	采矿业（B）	82	58.9594	59.3968	76.4150	39.2013	6.3081
4	金融业（J）	124	58.6913	58.7719	72.0305	43.8642	5.7326
5	卫生和社会工作（Q）	15	58.3231	57.9623	67.5818	50.0725	4.8076
6	电力、热力、燃气及水生产和供应业（D）	131	58.1962	57.9952	69.6420	38.3689	5.4172
7	科学研究和技术服务业（M）	111	57.9669	59.1370	75.7283	39.4067	6.8412
8	制造业（C）	3373	57.5434	57.9232	75.5355	29.9754	6.4807
9	建筑业（E）	107	57.2326	57.3385	71.1276	41.6899	6.8306
10	房地产业（K）	101	57.1745	57.8316	70.0352	37.7637	6.3149
11	批发和零售业（F）	182	56.8266	57.1075	74.8148	39.8503	6.8343
12	信息传输、软件和信息技术服务业（I）	418	56.6971	57.0571	73.2280	22.4721	6.8311
13	文化、体育和娱乐业（R）	62	56.6018	56.6791	70.1876	38.6805	7.0243
14	租赁和商务服务业（L）	65	56.5802	57.9603	71.8658	40.0434	7.2016
15	水利、环境和公共设施管理业（N）	97	56.4650	57.5440	69.4623	33.9241	7.3045
16	农、林、牧、渔业（A）	48	54.9522	56.1969	69.3562	39.3926	6.4278
17	综合（S）	12	53.1127	52.7441	64.9375	36.1841	7.3307
18	教育（P）	12	52.7277	53.1741	62.7519	40.4254	6.5740
	总体	5061	57.4581	57.8573	76.4150	22.4721	6.5512

注：居民服务、修理和其他服务业（O）只有1家上市公司，难以代表该行业整体水平，故排名时剔除。

从表15-7可以看出，18个行业中，有8个行业的上市公司财务治理指数均值高于总体均值，这8个行业的最大均值与总体均值的绝对差距是1.6903分；另外10个行业的上市公司财务治理指数均值低于总体均值，总体均值与这10个行业的最小均值的绝对差距是4.7304分。财务治理指数高分区行业的内部差距小于低分区行业。上市公司财务治理水平最好的三个行业是交通运输、仓储和邮政业（G）、住宿和餐饮业（H），以及采矿业（B）；财务治理水平最差的三个行业是教育（P）、综合（S），以及农、林、牧、渔业（A）。

图15-5进一步显示了行业间上市公司财务治理水平的差别。可以看出，各行业上市公司财务治理指数均值集中在[52,60]这一范围内，除了排名最低的三个行业外，其他各行业财务治理水平之间的差距不是很大。

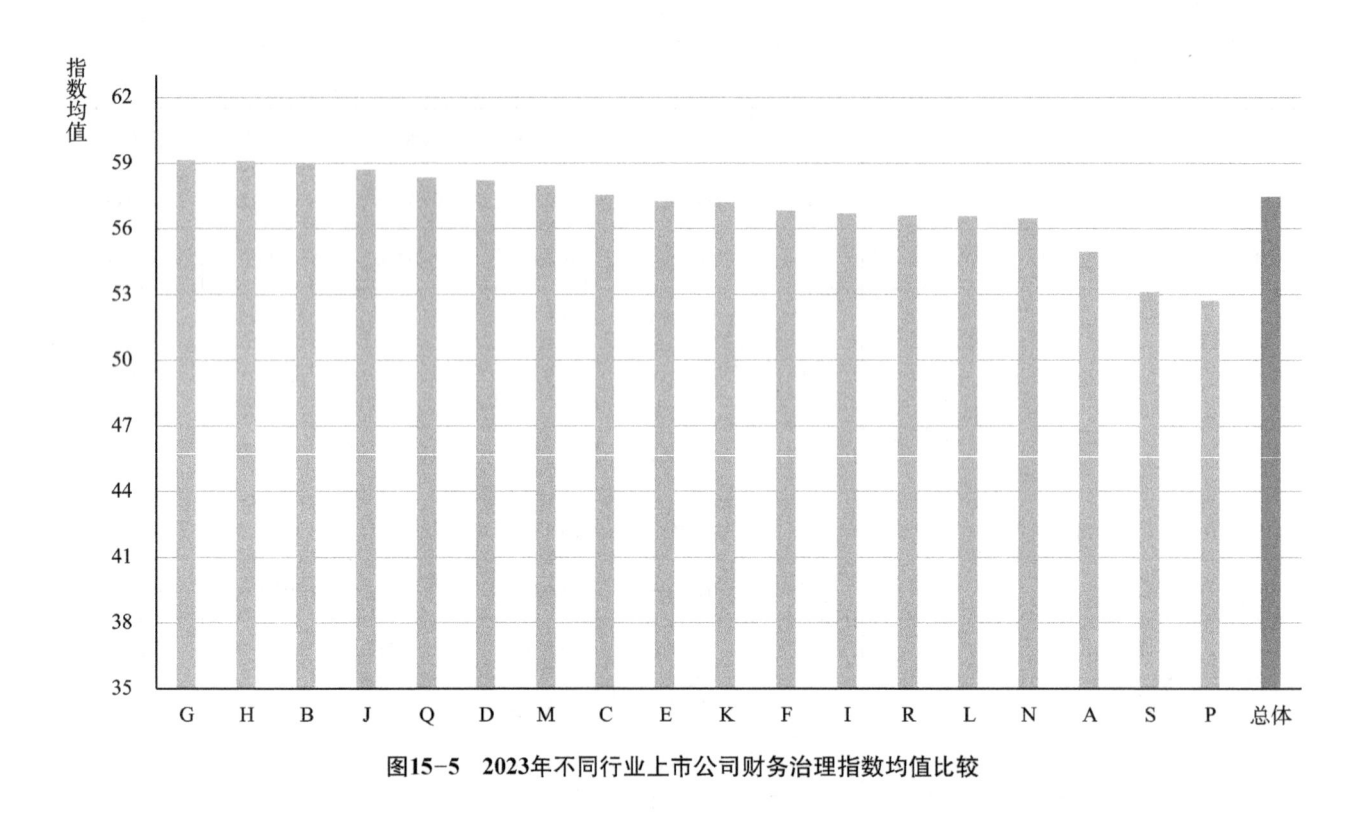

图15-5　2023年不同行业上市公司财务治理指数均值比较

15.4　分上市板块财务治理指数排名及比较

根据五个上市板块的划分，对上市公司财务治理指数按照均值从高到低的顺序进行排名和比较，结果参见表15-8和图15-6。

表15-8　2023年不同板块上市公司财务治理指数比较

排名	板块	公司数目	平均值	中位值	最大值	最小值	标准差
1	深市主板	1475	58.1462	58.7312	76.4150	31.3142	6.6863
2	深市创业板	1235	57.7762	58.1236	74.3304	33.8857	6.1349
3	沪市主板	1659	57.6514	57.9950	75.5355	32.1624	6.4716
4	沪市科创板	508	56.5645	56.6411	75.7283	41.7602	5.6667
5	北交所	184	50.5329	51.1624	68.1360	22.4721	6.9465
	总体	5061	57.4581	57.8573	76.4150	22.4721	6.5512

从表15-8和图15-6可以看出，财务治理指数均值从高到低依次为深市主板、深市创业板、沪市主板、沪市科创板和北交所。深市主板、深市创业板和沪市主板上市公司财务治理指数均值高于总体均值，沪市科创板和北交所上市公司财务治理指数均值低于总体均值。北交所上市公司财务治理指数均值较大幅度低于其他四个板块，这意味着北交所上市公司财务治理制度需要加快建设步伐。

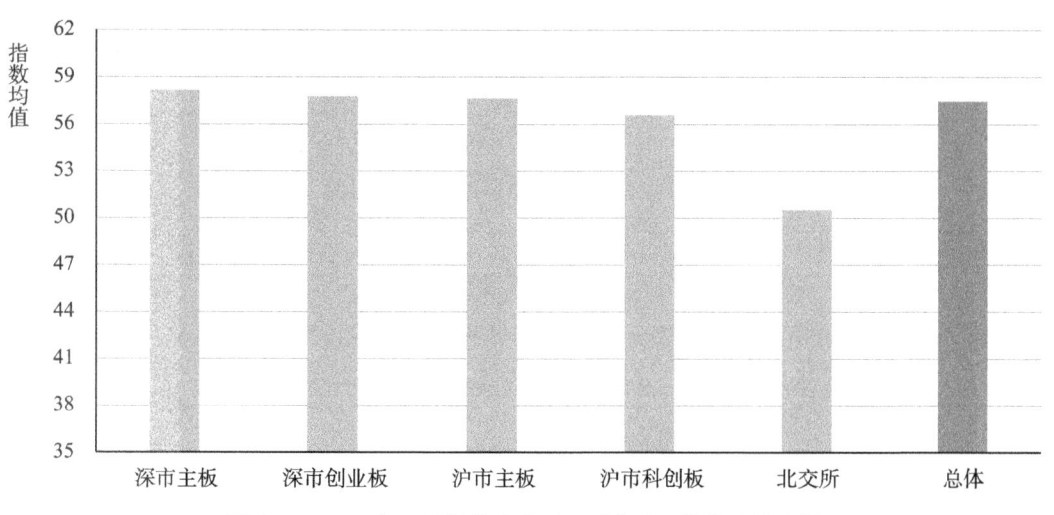

图15-6　2023年不同板块上市公司财务治理指数均值比较

15.5　沪深300与非沪深300财务治理指数比较

按照是否属于沪深300成分股指数公司，对上市公司财务治理指数按照均值从高到低的顺序进行排名和比较，结果参见表15-9和图15-7。

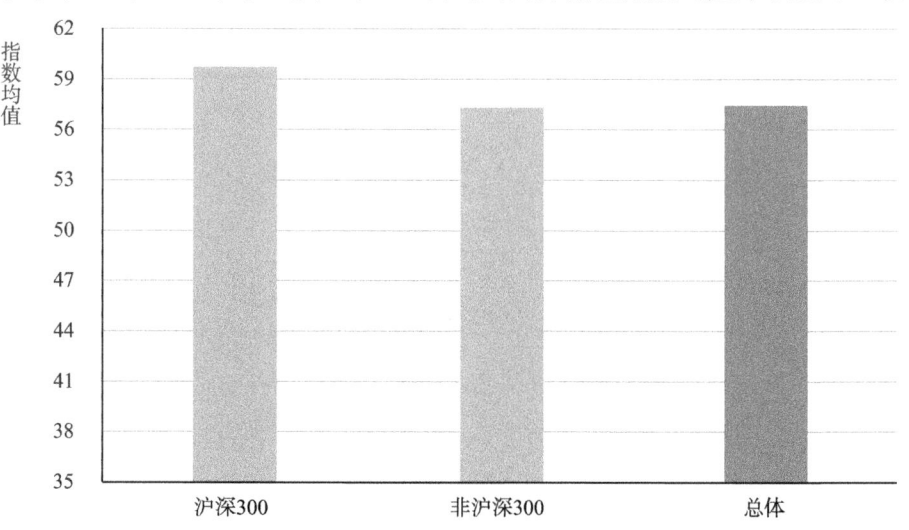

表 15-9　2023 年沪深 300 与非沪深 300 公司财务治理指数比较

排名	是否沪深 300	公司数目	平均值	中位值	最大值	最小值	标准差
1	沪深300	299	59.7338	59.8289	72.6228	37.3021	5.5643
2	非沪深300	4762	57.3153	57.7044	76.4150	22.4721	6.5821
	总体	5061	57.4581	57.8573	76.4150	22.4721	6.5512

从表15-9和图15-7可以看出，沪深300公司财务治理指数均值高于非沪深300公司，二者绝对差距为2.4185分，但沪深300公司和非沪深300公司的财务治理指数均值都未达到60分的及格水平。

图15-7　2023年沪深300与非沪深300公司财务治理指数均值比较

15.6 本章小结

本章从总体、地区分布、行业属性、上市板块和是否沪深300等多角度全面评价了2023年中国上市公司财务治理水平。主要结论如下：

（1）从总体看，2023年中国上市公司财务治理指数最大值为76.4150分，最小值为22.4721分，平均值为57.4581分，中位值为57.8573分，全部样本的绝对差距较大。财务治理指数分值主要集中在[45,70)区间，占全部样本公司的94.29%。及格（达到60分）公司占比为36.48%，比2022年下降1.35个百分点，这应该与经济下行有关。

（2）从地区看，上市公司财务治理指数均值由大到小分别为东部、西部、中部和东北，各地区财务治理指数之间的差距不大，东北地区较明显低于其他三个地区。从省份看，上市公司财务治理指数均值最高的三个省份是内蒙古、江西和福建；财务治理指数均值最低的三个省份是吉林、辽宁和黑龙江。

（3）从行业看，18个行业中，上市公司财务治理指数均值最高的三个行业是交通运输、仓储和邮政业（G）、住宿和餐饮业（H），以及采矿业（B）；财务治理指数均值最低的三个行业是教育（P）、综合（S），以及农、林、牧、渔业（A）。除了排名最低的三个行业外，其他各行业财务治理水平之间的差距不是很大。

（4）从上市板块看，财务治理指数均值从高到低依次为深市主板、深市创业板、沪市主板、沪市科创板和北交所，北交所财务治理指数均值较大幅度低于其他四个板块，这意味着北交所上市公司财务治理制度需要加快建设步伐。

（5）从沪深300与非沪深300的比较看，沪深300公司财务治理指数均值高于非沪深300公司，但沪深300公司和非沪深300公司的财务治理指数均值都未达到60分的及格水平。

第16章 财务治理分项指数排名及比较

第15章从总体上对中国上市公司财务治理指数作了排名,并从地区、行业、上市板块以及是否沪深300四个角度进行了比较分析。本章按照对财务治理指数四个维度的划分,把财务治理指数分解为财权配置、财务控制、财务监督和财务激励四个分项指数,对2023年四个分项指数进行排名和比较分析。

16.1 财务治理分项指数总体比较

本报告以2023年5061家上市公司样本,计算获得了2023年中国上市公司财务治理的四个分项指数,其描述性统计结果参见表16-1。

表16-1 2023年上市公司财务治理分项指数描述性统计

分项指数	公司数目	平均值	中位值	最大值	最小值	标准差
财权配置	5061	44.8406	48.3333	85.5556	3.8889	12.3031
财务控制	5061	79.9249	81.4015	95.2276	25.0429	6.6177
财务监督	5061	76.2777	81.2500	100.0000	6.2500	16.6055
财务激励	5061	28.7893	28.3796	66.7679	0.0000	13.1225

从表16-1可以看出,财务治理四个分项指数中,财务控制分项指数均值最大,财务激励分项指数均值最小。财务控制和财务监督两个分项指数的均值都超过了70分,中位值则略超80分;而财权配置和财务激励两个分项指数的均值距离及格线还甚远。这说明,上市公司在财务控制和财务监督方面进步较大,但在财权配置和财务激励方面则需要进一步加大改进力度。

图16-1更直观地对财务治理四个分项指数进行了对比。可以看到,四个分项指数的平均值和中位值的排序一致。

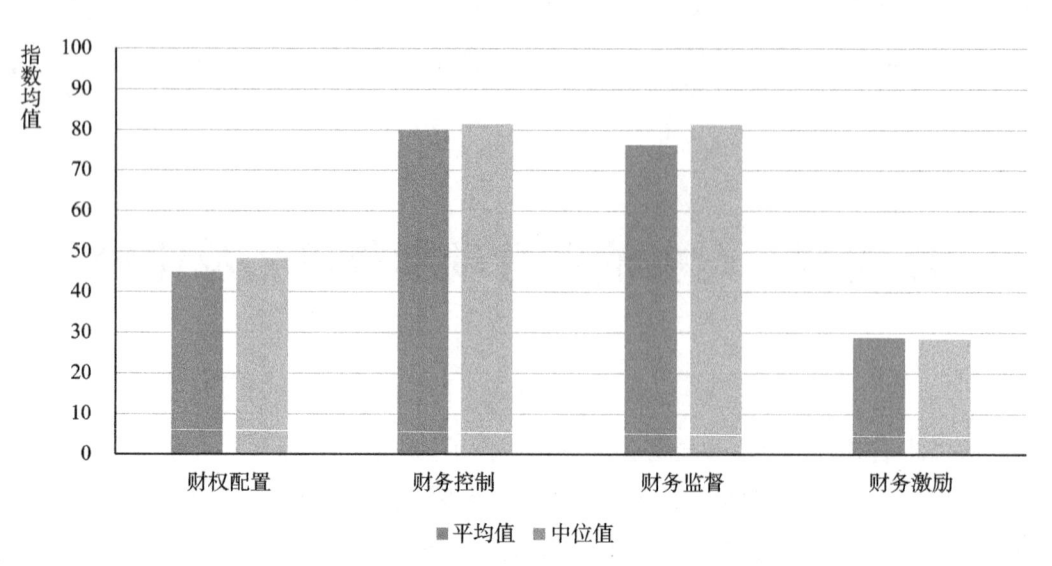

图16-1　2023年上市公司财务治理四个分项指数比较

16.2　财权配置分项指数排名及比较

财权配置分项指数主要考察企业的各利益相关者是否能够行使好自己的财务决策权。本节主要是对财权配置分项指数排名的各种情况进行比较分析。

16.2.1　财权配置分项指数总体分布

基于5061家上市公司财权配置的各项指标，我们得到了每家上市公司的财权配置分项指数。以10分为间隔，可以将财权配置分项指数划分为10个区间，各区间的分布情况参见表16-2。

表16-2　2023年上市公司财权配置分项指数区间分布

指数区间	公司数目	占比/%	累计占比/%
[0,10)	7	0.14	0.14
[10,20)	68	1.34	1.48
[20,30)	638	12.61	14.09
[30,40)	1443	28.51	42.60
[40,50)	1560	30.82	73.42
[50,60)	867	17.13	90.55
[60,70)	296	5.85	96.40
[70,80)	177	3.50	99.90
[80,90)	5	0.10	100.00
[90,100]	0	0.00	100.00
总计	5061	100.00	—

从表16-2可见，2023年上市公司财权配置分项指数主要集中在[20,60)区间，共有4508家公司，占比89.07%。及格（达到60分）的公司有478家，及格率为9.44%，相比上年（10.75%）下降1.31个百分点。

图16-2直观地描绘了财权配置分项指数的分布区间。可以看出，2023年上市公司财权配置分项指数从低分到高分，公司数目呈正偏态分布，偏度系数是0.0104。

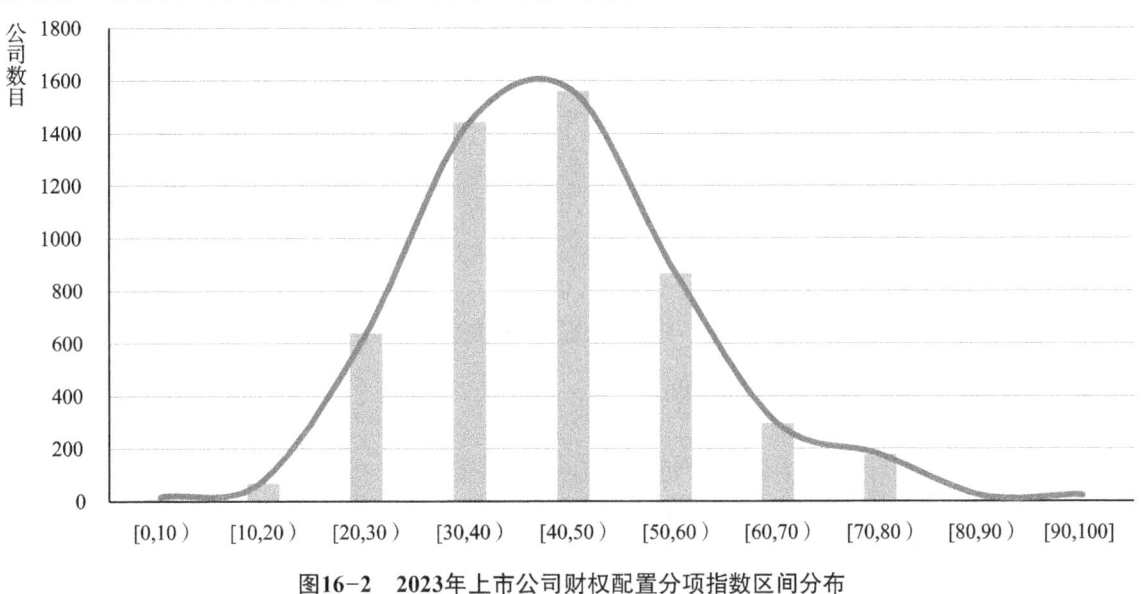

图16-2　2023年上市公司财权配置分项指数区间分布

16.2.2　分地区财权配置分项指数比较

按照东部、中部、西部和东北四个地区的划分，对上市公司财权配置分项指数按照均值从高到低的顺序进行排名和比较，结果参见表16-3。

表16-3　2023年不同地区上市公司财权配置分项指数比较

排名	地区	公司数目	平均值	中位值	最大值	最小值	标准差
1	西部	595	47.5200	48.3333	82.0666	3.8889	12.8545
2	中部	673	46.5136	48.3333	84.3144	3.8889	12.5283
3	东北	169	45.7374	48.3333	74.4444	15.0000	12.1566
4	东部	3624	44.0482	48.3333	85.5556	3.8889	12.0771
总体		5061	44.8406	48.3333	85.5556	3.8889	12.3031

从表16-3可以看出，四个地区上市公司财权配置分项指数均值从高到低依次为西部、中部、东北和东部，均值最大值与最小值之间的绝对差距为3.4718分，差距不大。

图16-3更直观地反映了四个地区上市公司财权配置分项指数的差异。可以看到，西部、中部和东北上市公司财权配置分项指数均值高于总体均值，东部上市公司财权配置分项指数均值低于总体均值，东部明显低于其他三个地区。

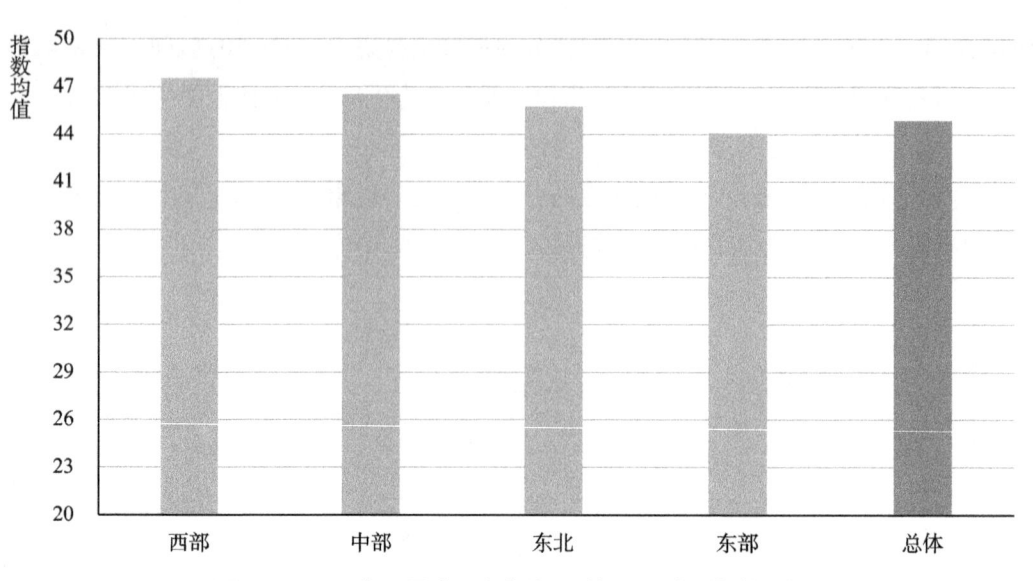

图16-3　2023年不同地区上市公司财权配置分项指数比较

16.2.3　分行业财权配置分项指数比较

对18个行业上市公司财权配置分项指数按照均值从高到低的顺序进行排名和比较，结果参见表16-4。

表16-4　2023年不同行业上市公司财权配置分项指数比较

排名	行业	公司数目	平均值	中位值	最大值	最小值	标准差
1	采矿业（B）	82	52.4475	59.4444	84.3144	15.0904	13.6645
2	交通运输、仓储和邮政业（G）	112	51.9495	50.0640	73.4461	26.1111	11.6556
3	电力、热力、燃气及水生产和供应业（D）	131	51.1084	49.4775	72.7648	15.0000	11.5598
4	建筑业（E）	107	49.6611	48.7260	85.5556	15.0000	13.2968
5	综合（S）	12	48.9817	49.5296	60.3781	26.1111	10.2067
6	农、林、牧、渔业（A）	48	48.3737	48.3333	65.0000	15.1449	11.4175
7	金融业（J）	124	48.1880	48.3333	70.5556	15.0000	10.3538
8	住宿和餐饮业（H）	8	48.0627	43.0204	74.4444	37.2222	12.7729
9	房地产业（K）	101	47.7754	48.3333	73.0966	26.1111	11.9371
10	文化、体育和娱乐业（R）	62	47.5254	48.3333	72.3358	26.1111	10.8725
11	科学研究和技术服务业（M）	111	46.2599	48.3333	71.2500	15.0000	12.9160
12	批发和零售业（F）	182	46.1407	48.3333	72.9887	3.8889	11.5917
13	卫生和社会工作（Q）	15	46.1343	48.3333	60.5338	27.4738	10.1940
14	水利、环境和公共设施管理业（N）	97	46.1176	48.3333	70.5556	15.0000	11.9083
15	教育（P）	12	44.7042	48.3333	59.7163	15.0000	13.7532

续表

排名	行业	公司数目	平均值	中位值	最大值	最小值	标准差
16	制造业（C）	3373	43.9456	48.3333	82.0666	3.8889	12.2092
17	租赁和商务服务业（L）	65	43.5444	48.3333	71.2488	15.0012	12.0843
18	信息传输、软件和信息技术服务业（I）	418	41.7460	38.6915	74.4444	15.0000	11.2538
	总体	5061	44.8406	48.3333	85.5556	3.8889	12.3031

注：居民服务、修理和其他服务业（O）只有1家上市公司，难以代表该行业整体水平，故排名时剔除。

从表16-4可以看出，18个行业中，财权配置分项指数均值的最大值和最小值之间的绝对差距为10.7015分，差距较大。有14个行业的财权配置分项指数均值高于总体均值，这14个行业的最大均值与总体均值之间的绝对差距为7.6069分；有4个行业的财权配置分项指数均值低于总体均值，总体均值与这4个行业的最小均值的绝对差距为3.0946分。可以看出，高分区行业内部的差距大于低分区行业。财权配置分项指数均值排名前三位的行业分别是采矿业（B）、交通运输、仓储和邮政业（G），以及电力、热力、燃气及水生产和供应业（D）；排名最后三位的行业分别是信息传输、软件和信息技术服务业（I）、租赁和商务服务业（L），以及制造业（C）。

图16-4更直观地反映了不同行业上市公司财权配置分项指数的差异。可以看到，各行业上市公司财权配置分项指数呈阶梯状分布，相对差距比较均匀。整体来讲，不同行业上市公司财权配置分项指数相对差距较大。

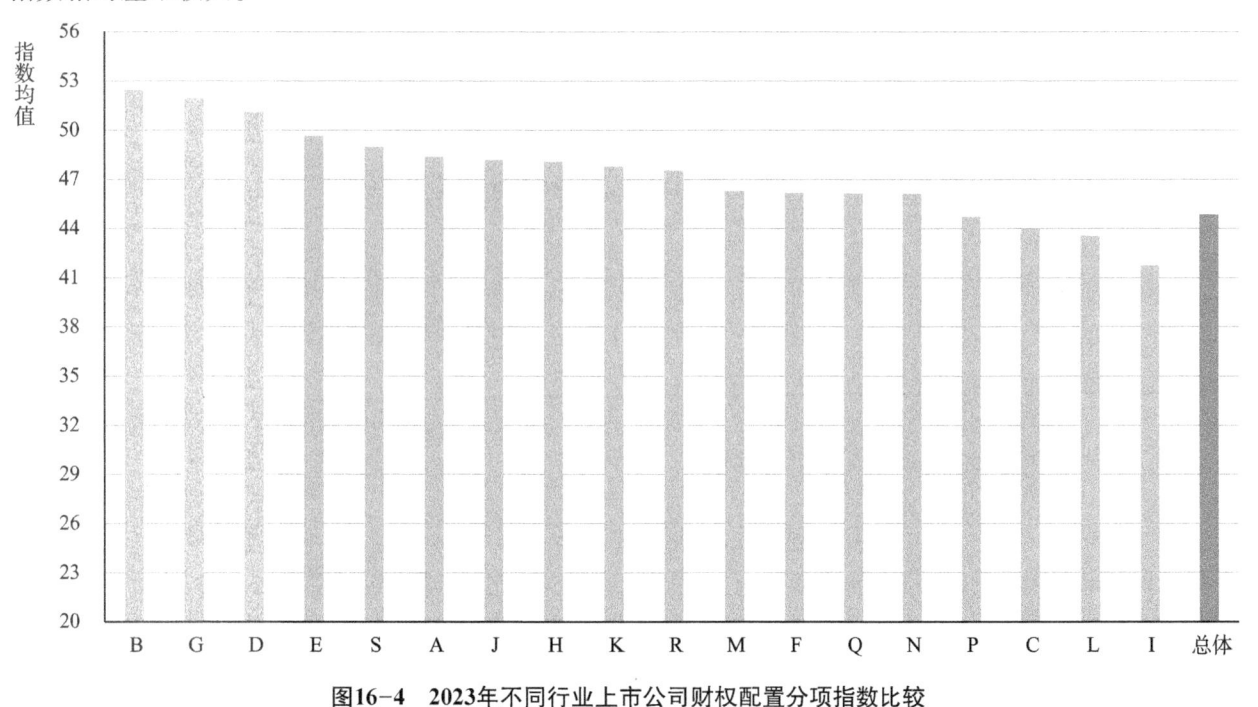

图16-4　2023年不同行业上市公司财权配置分项指数比较

16.2.4　沪深300与非沪深300财权配置分项指数比较

按照是否沪深300成分股指数公司，对两类公司的财权配置分项指数进行比较，结果参见表16-5和图16-5。

表 16-5　2023 年沪深 300 与非沪深 300 公司财权配置分项指数比较

排名	是否沪深 300	公司数目	平均值	中位值	最大值	最小值	标准差
1	沪深300	299	49.1671	48.3333	85.5556	15.0000	12.5564
2	非沪深300	4762	44.5690	48.3333	84.3144	3.8889	12.2361
	总体	5061	44.8406	48.3333	85.5556	3.8889	12.3031

从表 16-5 和图 16-5 可以看出，沪深 300 公司财权配置分项指数均值高于非沪深 300，二者之间的绝对差距为 4.5981 分，差距较大。

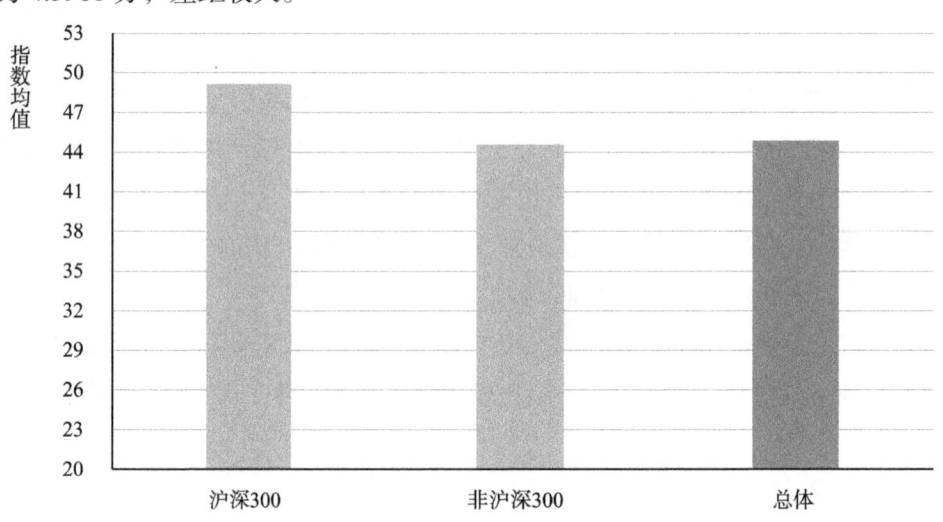

图16-5　2023年沪深300与非沪深300公司财权配置分项指数均值比较

16.3　财务控制分项指数排名及比较

财务控制分项指数包含三方面的内容：一是对上市公司内部控制体系和风险控制体系建设的评估；二是对董事会风险委员会设立的评估；三是对上市公司财务风险状况的评估。本节主要对财务控制分项指数排名的各种情况进行比较分析。

16.3.1　财务控制分项指数总体分布

基于5061家上市公司财务控制的各项指标，我们得到了每家上市公司的财务控制分项指数。以10分为间隔，可以将财务控制分项指数划分为9个区间（公司数目为0的连续区间合并），各区间的分布情况参见表16-6。

表 16-6　2023 年上市公司财务控制分项指数区间分布

指数区间	公司数目	占比 / %	累计占比 / %
[0,20)	0	0.00	0.00

续表

指数区间	公司数目	占比/%	累计占比/%
[20,30)	1	0.02	0.02
[30,40)	2	0.04	0.06
[40,50)	21	0.41	0.47
[50,60)	123	2.43	2.90
[60,70)	267	5.28	8.18
[70,80)	890	17.59	25.77
[80,90)	3652	72.16	97.93
[90,100]	105	2.07	100.00
总计	5061	100.00	—

由表 16-6 可见，2023 年上市公司财务控制分项指数主要集中在 [70,90) 区间，总计有 4542 家公司，占比为 89.75%。及格（达到 60 分）公司有 4914 家，及格率为 97.10%，相比上年（95.95%）上升 1.15 个百分点，反映本年度上市公司财务控制水平有所提高。

图 16-6 更直观地描绘了财务控制分项指数的分布区间。可以看出，2023 年上市公司财务控制分项指数从低分到高分呈负偏态分布，偏度系数为 -2.1393。

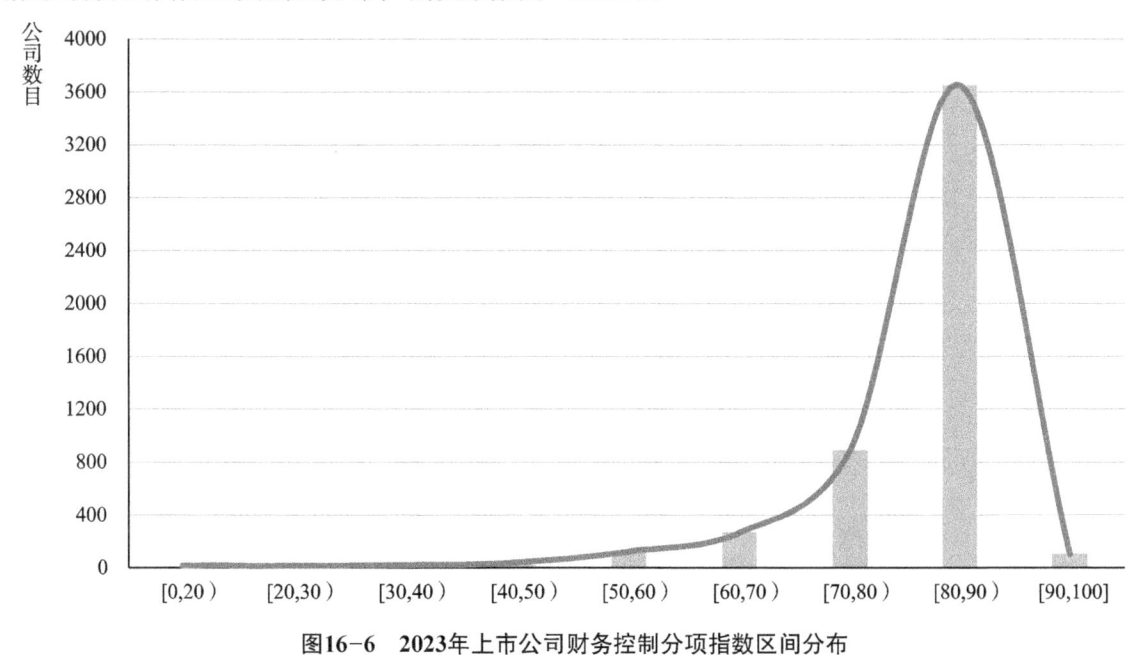

图 16-6　2023 年上市公司财务控制分项指数区间分布

16.3.2　分地区财务控制分项指数比较

按照东部、中部、西部和东北四个地区的划分，对上市公司财务控制分项指数按照均值从高到低的顺序进行排名和比较，结果参见表 16-7。

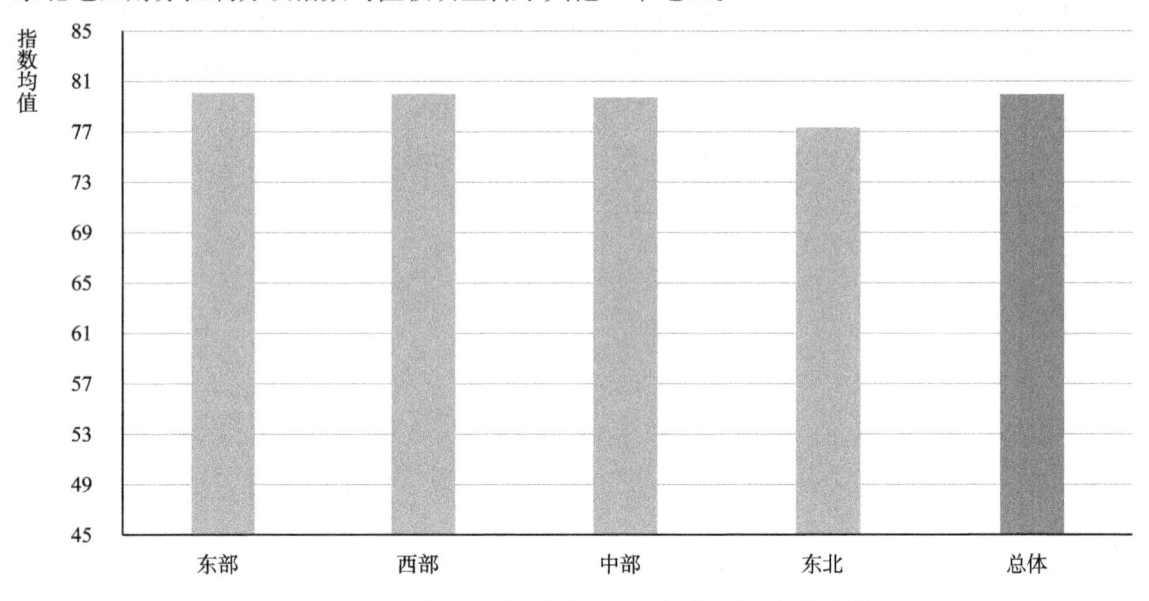

表 16-7 2023 年不同地区上市公司财务控制分项指数比较

排名	地区	公司数目	平均值	中位值	最大值	最小值	标准差
1	东部	3624	80.0786	81.4127	95.2276	37.4705	6.2829
2	西部	595	79.9946	81.4166	95.0702	49.2761	7.0920
3	中部	673	79.6861	81.4086	94.3798	43.7335	6.6571
4	东北	169	77.3358	81.1109	94.4090	25.0429	10.1974
	总体	5061	79.9249	81.4015	95.2276	25.0429	6.6177

从表 16-7 可以看出，四个地区上市公司财务控制分项指数均值从高到低依次为东部、西部、中部和东北。最大均值和最小均值之间的绝对差距为 2.7428 分，差距不大。

图 16-7 更直观地反映了四个地区上市公司财务控制分项指数均值的差异。可以看到，东部和西部地区财务控制分项指数均值超过总体均值，其他两个地区的财务控制分项指数均值都低于总体均值，东北地区财务控制分项指数均值较明显低于其他三个地区。

图16-7 2023年不同地区上市公司财务控制分项指数比较

16.3.3 分行业财务控制分项指数比较

对 18 个行业上市公司财务控制分项指数按照均值从高到低的顺序进行排名和比较，结果参见表 16-8。

表 16-8 2023 年不同行业上市公司财务控制分项指数比较

排名	行业	公司数目	平均值	中位值	最大值	最小值	标准差
1	金融业（J）	124	85.9092	85.7145	94.0021	49.2187	6.2948

续表

排名	行业	公司数目	平均值	中位值	最大值	最小值	标准差
2	住宿和餐饮业（H）	8	82.4982	81.9081	86.9118	81.2002	1.7191
3	采矿业（B）	82	81.3679	81.8737	94.4563	55.9719	6.1446
4	交通运输、仓储和邮政业（G）	112	80.7279	81.7944	95.2276	37.9675	7.8707
5	电力、热力、燃气及水生产和供应业（D）	131	80.3678	81.5345	94.4328	56.4229	6.7367
6	卫生和社会工作（Q）	15	80.1874	81.9438	86.7314	69.2096	5.6947
7	科学研究和技术服务业（M）	111	80.1712	81.4063	93.5671	56.8989	5.6871
8	信息传输、软件和信息技术服务业（I）	418	79.8759	81.3147	94.7888	46.2564	6.6166
9	文化、体育和娱乐业（R）	62	79.8757	81.3944	94.1285	49.9260	6.7632
10	制造业（C）	3373	79.8085	81.4115	95.0702	25.0429	6.2404
11	租赁和商务服务业（L）	65	79.8014	81.4247	89.7815	56.0380	6.4118
12	房地产业（K）	101	79.5776	81.0892	93.9517	44.0934	8.0741
13	农、林、牧、渔业（A）	48	79.4617	81.3386	89.4864	55.6054	6.1600
14	水利、环境和公共设施管理业（N）	97	78.7628	81.2513	94.3798	51.7026	7.4583
15	综合（S）	12	78.6289	81.2924	90.9100	55.7899	9.5946
16	批发和零售业（F）	182	78.5887	81.1621	90.0469	42.2914	7.6008
17	建筑业（E）	107	78.4112	80.8839	93.8134	49.5676	9.1201
18	教育（P）	12	75.6275	81.1391	85.1382	53.6460	10.5730
	总体	5061	79.9249	81.4015	95.2276	25.0429	6.6177

注：居民服务、修理和其他服务业（O）只有1家上市公司，难以代表该行业整体水平，故排名时剔除。

从表16-8可以看出，18个行业中，财务控制分项指数均值的最大值和最小值之间的绝对差距为10.2817分，差距较大。有7个行业的财务控制分项指数均值高于总体均值，这7个行业的最大均值与总体均值之间的绝对差距为5.9843分；有11个行业低于总体均值，总体均值与这11个行业的最小均值之间的绝对差距为4.2974分。可以看出，高分区行业内部的差距大于低分区行业。财务控制分项指数均值排名前三位的行业分别为金融业（J）、住宿和餐饮业（H），以及采矿业（B）；排名最后三位的行业分别为教育（P）、建筑业（E），以及批发和零售业（F）。

图16-8更直观地反映了不同行业上市公司财务控制分项指数均值的差异。可以看到，排名第一的金融业（J）较大幅度领先于其他行业，其他各行业之间的变化相对比较平缓。

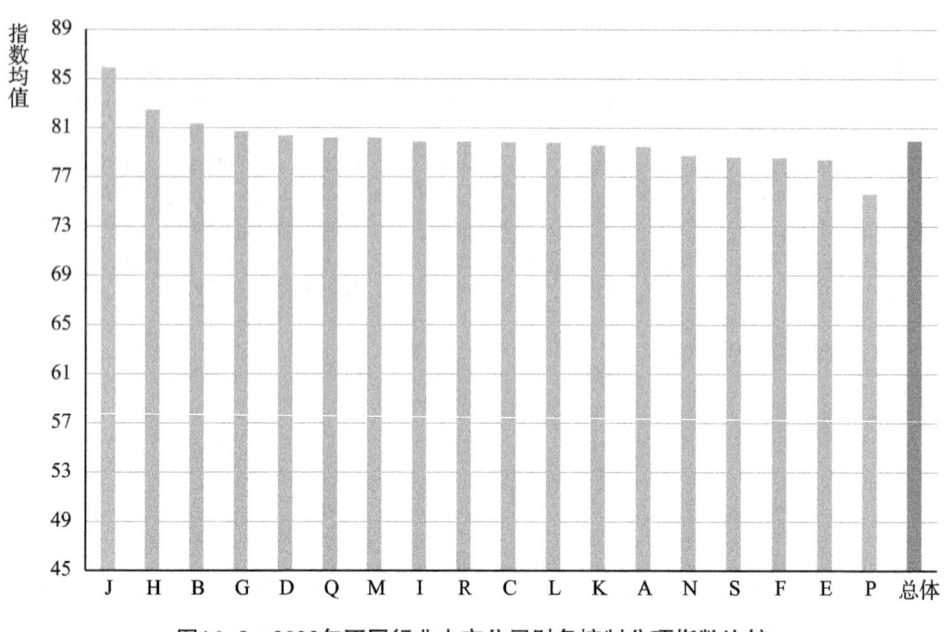

图16-8　2023年不同行业上市公司财务控制分项指数比较

16.3.4　沪深300与非沪深300财务控制分项指数比较

按照是否沪深300成分股指数公司，对两类公司的财务控制分项指数进行比较，结果参见表16-9和图16-9。

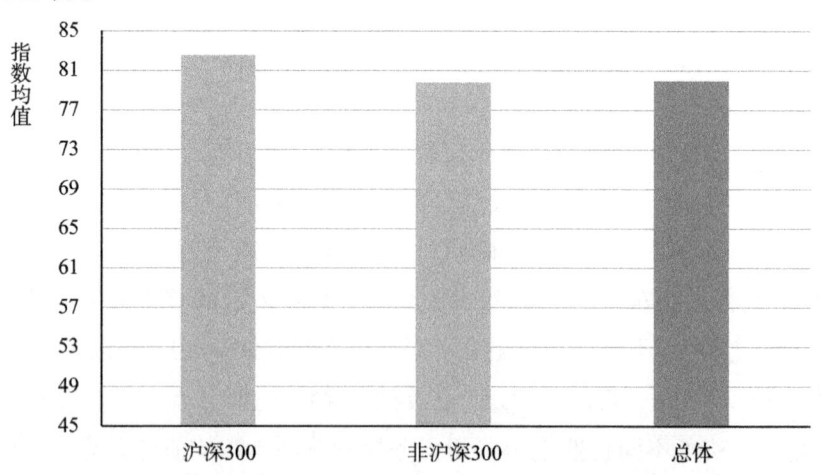

表 16-9　2023年沪深300与非沪深300公司财务控制分项指数比较

排名	是否沪深300	公司数目	平均值	中位值	最大值	最小值	标准差
1	沪深300	299	82.5327	82.1360	94.7888	37.9675	5.7321
2	非沪深300	4762	79.7612	81.3684	95.2276	25.0429	6.6353
	总体	5061	79.9249	81.4015	95.2276	25.0429	6.6177

从表16-9和图16-9可以看出，沪深300公司财务控制分项指数均值高于非沪深300，二者之间的绝对差距为2.7715分。

图16-9　2023年沪深300与非沪深300公司财务控制分项指数均值比较

16.4 财务监督分项指数排名及比较

财务监督分项指数主要考察企业各个职能部门及其他利益相关者对财务权力执行过程的监督，包括企业的内部监督机制以及外部监督机制。本节主要对财务监督分项指数排名的各种情况进行比较分析。

16.4.1 财务监督分项指数总体分布

基于 5061 家上市公司财务监督的各项指标，我们得到了每家上市公司的财务监督分项指数。以 10 分为间隔，可以将财务监督分项指数划分为 10 个区间，各区间的分布情况参见表 16-10。

表 16-10　2023 年上市公司财务监督分项指数区间分布

指数区间	公司数目	占比 / %	累计占比 / %
[0,10)	1	0.02	0.02
[10,20)	2	0.04	0.06
[20,30)	51	1.01	1.07
[30,40)	16	0.32	1.38
[40,50)	308	6.09	7.47
[50,60)	148	2.92	10.39
[60,70)	1643	32.46	42.86
[70,80)	345	6.82	49.67
[80,90)	134	2.65	52.32
[90,100]	2413	47.68	100.00
总计	5061	100.00	—

表 16-10 显示，2023 年上市公司财务监督分项指数主要集中在 [60,70) 和 [90,100] 区间，共有 4056 家公司，占比为 80.14%。及格（达到 60 分）的公司有 4535 家，及格率为 89.61%，相比上年（89.63%）降低 0.02 个百分点。

图 16-10 更直观地显示了财务监督分项指数的区间分布情况。可以看到，财务监督分项指数的分布不太规则。

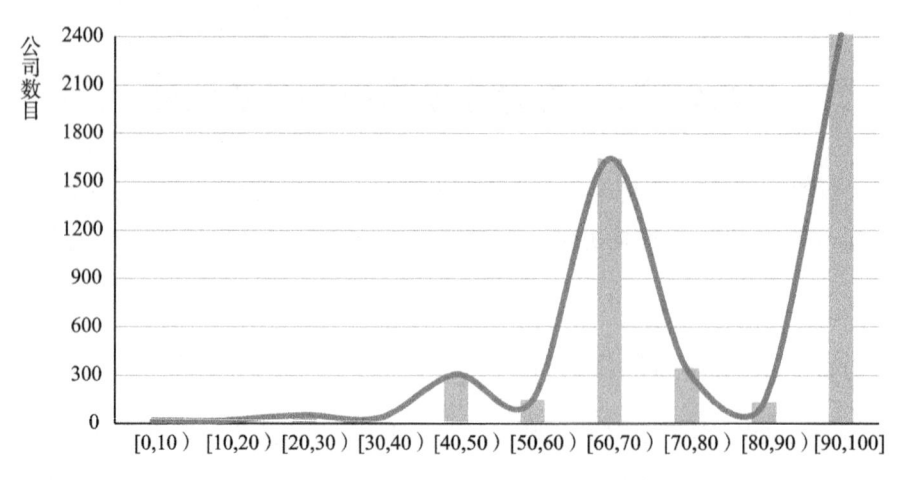

图16-10　2023年上市公司财务监督分项指数区间分布

16.4.2　分地区财务监督分项指数比较

按照东部、中部、西部和东北四个地区的划分，对上市公司财务监督分项指数按照均值从高到低的顺序进行排名和比较，结果参见表16-11。

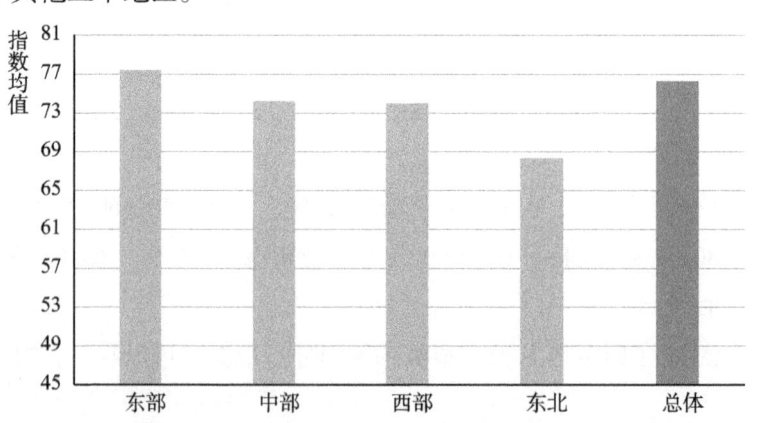

表 16-11　2023 年不同地区上市公司财务监督分项指数比较

排名	地区	公司数目	平均值	中位值	最大值	最小值	标准差
1	东部	3624	77.4036	90.0000	100.0000	6.2500	16.1713
2	中部	673	74.2329	71.2500	100.0000	27.5000	17.0635
3	西部	595	73.9947	71.2500	100.0000	15.0000	17.1937
4	东北	169	68.3136	65.0000	96.2500	27.5000	17.9986
	总体	5061	76.2777	81.2500	100.0000	6.2500	16.6055

从表16-11可以看出，四个地区上市公司财务监督分项指数均值从高到低依次为东部、中部、西部和东北。最大均值和最小均值之间的绝对差距为9.0900分，差距较大。

图16-11更直观地反映了四个地区上市公司财务监督分项指数均值的差异。可以看出，只有东部上市公司的财务监督分项指数均值高于总体均值，其他三个地区都低于总体均值，东北地区的财务监督分项指数明显低于其他三个地区。

图16-11　2023年不同地区上市公司财务监督分项指数比较

16.4.3 分行业财务监督分项指数比较

对 18 个行业上市公司财务监督分项指数按照均值从高到低的顺序进行排名和比较，结果参见表 16-12。

表 16-12　2023 年不同行业上市公司财务监督分项指数比较

排名	行业	公司数目	平均值	中位值	最大值	最小值	标准差
1	住宿和餐饮业（H）	8	79.5313	82.5000	96.2500	65.0000	12.5614
2	科学研究和技术服务业（M）	111	77.8773	90.0000	100.0000	40.0000	15.9991
3	交通运输、仓储和邮政业（G）	112	77.3438	82.5000	100.0000	40.0000	15.6570
4	制造业（C）	3373	76.9274	85.6250	100.0000	15.0000	16.3335
5	采矿业（B）	82	76.1128	79.3750	100.0000	40.0000	17.3905
6	批发和零售业（F）	182	76.0371	76.2500	100.0000	27.5000	16.4910
7	信息传输、软件和信息技术服务业（I）	418	75.7013	83.7500	100.0000	6.2500	17.2140
8	租赁和商务服务业（L）	65	75.6154	77.5000	100.0000	27.5000	17.7006
9	卫生和社会工作（Q）	15	75.5000	65.0000	93.7500	65.0000	12.4147
10	电力、热力、燃气及水生产和供应业（D）	131	75.0334	71.2500	100.0000	27.5000	15.9866
11	金融业（J）	124	74.8942	71.2500	96.2500	40.0000	14.8278
12	建筑业（E）	107	73.9428	77.5000	96.2500	27.5000	18.0974
13	房地产业（K）	101	73.6696	71.2500	96.2500	27.5000	16.8560
14	文化、体育和娱乐业（R）	62	73.0847	65.0000	96.2500	27.5000	17.7626
15	水利、环境和公共设施管理业（N）	97	72.3518	71.2500	96.2500	27.5000	17.9105
16	农、林、牧、渔业（A）	48	68.1901	65.0000	96.2500	31.2500	19.0323
17	教育（P）	12	65.0000	65.0000	96.2500	27.5000	22.6787
18	综合（S）	12	61.1458	65.0000	90.0000	33.7500	19.8461
	总体	5061	76.2777	81.2500	100.0000	6.2500	16.6055

注：居民服务、修理和其他服务业（O）只有 1 家上市公司，难以代表该行业整体水平，故排名时剔除。

由表 16-12 可知，18 个行业中，财务监督分项指数均值的最大值和最小值之间的绝对差距为 18.3854 分，差距较大。有 4 个行业的财务监督分项指数均值高于总体均值，这 4 个行业的最大均值与总体均值之间的绝对差距为 3.2536 分；另外 14 个行业的财务监督分项指数均值低于总体均值，总体均值与这 14 个行业的最小均值之间的绝对差距为 15.1319 分。高分区行业的内部差距小于低分区行业。财务监督分项指数均值排名前三的行业分别是住宿和餐饮业（H）、科学研究和技术服务业

（M），以及交通运输、仓储和邮政业（G）；排在最后三位的分别是综合（S）、教育（P），以及农、林、牧、渔业（A）。

图 16-12 更直观地反映了不同行业上市公司财务监督分项指数均值的差异。可以看到，排名第一的住宿和餐饮业（H）明显领先于其他行业，排名最后三位的综合（S）、教育（P），以及农、林、牧、渔业（A）较大幅度落后于其他行业，其他各行业之间的变化相对比较平缓。

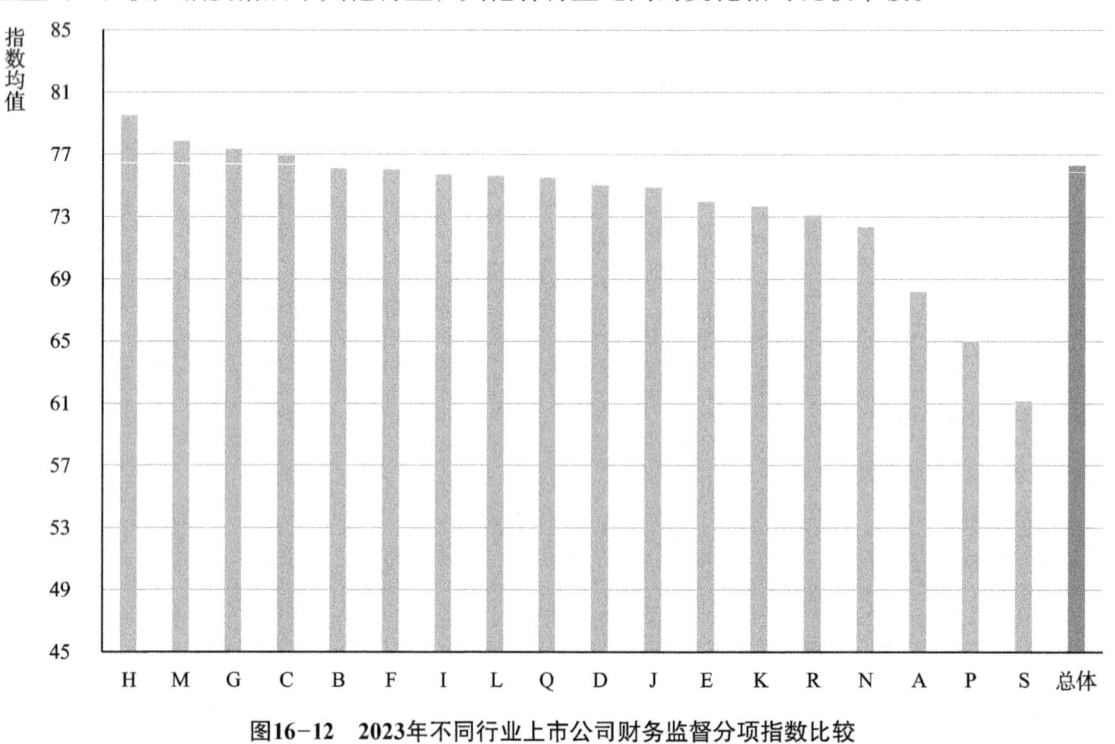

图16-12　2023年不同行业上市公司财务监督分项指数比较

16.4.4　沪深300与非沪深300财务监督分项指数比较

按照是否属于沪深300成分股指数公司，对两类公司的财务监督分项指数进行比较，结果参见表 16-13 和图 16-13。

表 16-13　2023 年沪深 300 与非沪深 300 公司财务监督分项指数比较

排名	是否沪深 300	公司数目	平均值	中位值	最大值	最小值	标准差
1	沪深300	299	82.8303	90.0000	100.0000	40.0000	13.5016
2	非沪深300	4762	75.8662	77.5000	100.0000	6.2500	16.6957
	总体	5061	76.2777	81.2500	100.0000	6.2500	16.6055

从表 16-13 和图 16-13 可以看出，沪深300公司财务监督分项指数均值高于非沪深300，二者之间的绝对差距为 6.9641 分。可见，在财务监督分项指数上，沪深 300 公司远高于非沪深 300 公司。

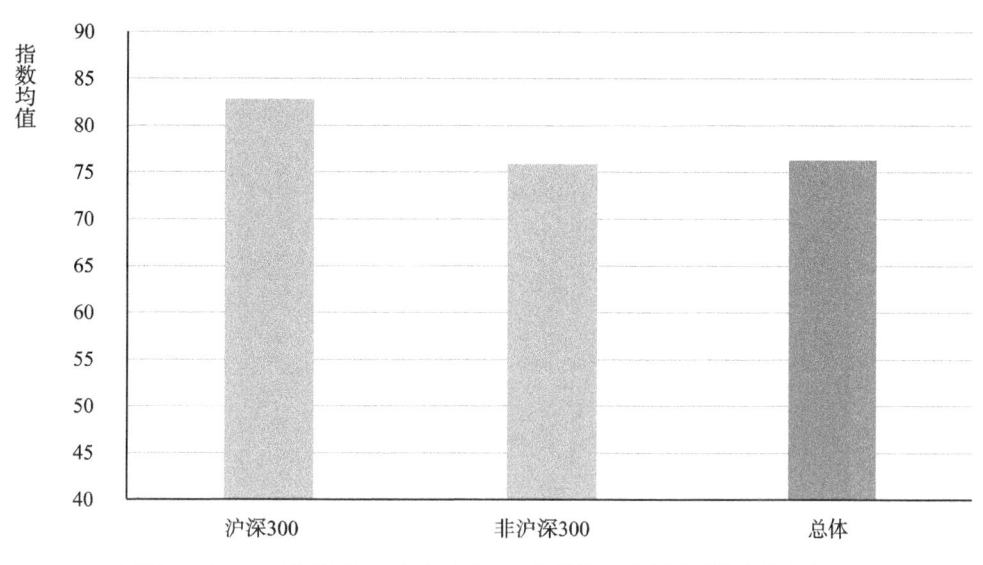

图16-13　2023年沪深300与非沪深300公司财务监督分项指数均值比较

16.5　财务激励分项指数排名及比较

财务激励分项指数主要考察企业是否具有足够有效的财务激励机制。本节主要是对财务激励分项指数排名的各种情况进行比较分析。

16.5.1　财务激励分项指数总体分布

基于5061家上市公司财务激励的各项指标，我们得到了每家上市公司的财务激励分项指数。以10分为间隔，可以将财务激励分项指数划分为8个区间（公司数目为0的连续区间合并），各区间的分布情况参见表16-14。

表 16-14　2023年上市公司财务激励分项指数区间分布

指数区间	公司数目	占比 / %	累计占比 / %
[0,10)	105	2.07	2.07
[10,20)	1228	24.26	26.34
[20,30)	2252	44.50	70.84
[30,40)	176	3.48	74.31
[40,50)	1149	22.70	97.02
[50,60)	33	0.65	97.67
[60,70)	118	2.33	100.00
[70,100]	0	0.00	100.00
总计	5061	100.00	—

从表 16-14 可以看出，2023 年上市公司财务激励分项指数主要集中在 [10,30) 和 [40,50) 区间，共有 4629 家公司，占比为 91.46%。及格（达到 60 分）的公司有 118 家，及格率为 2.33%，比上年（2.62%）下降 0.29 个百分点。

图 16-14 更直观地显示了财务激励分项指数的区间分布情况。可以看到，财务激励分项指数的分布很不规则，但集中在低分区的公司比较多。

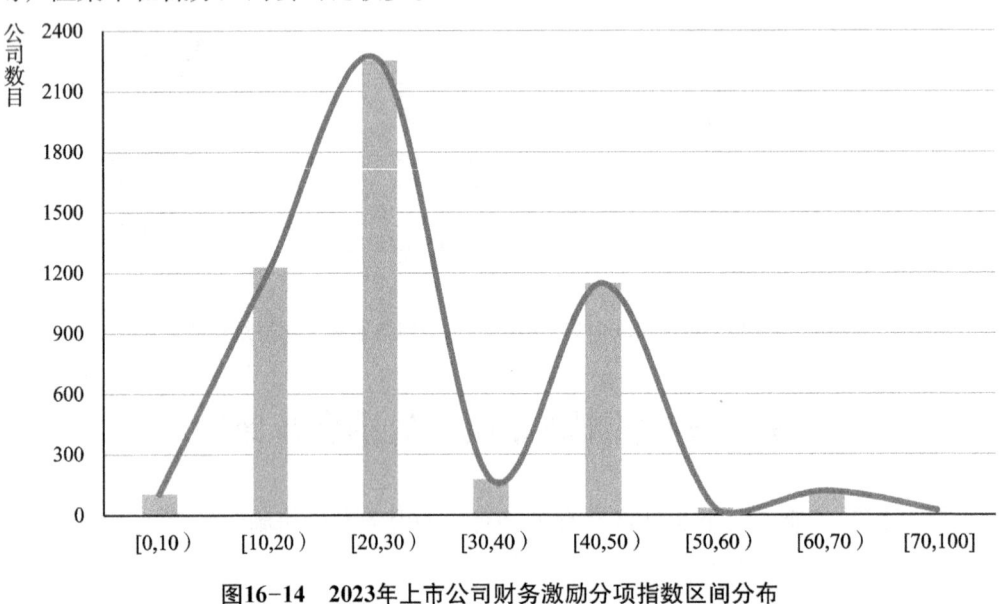

图16-14　2023年上市公司财务激励分项指数区间分布

16.5.2　分地区财务激励分项指数比较

按照东部、中部、西部和东北四个地区的划分，对上市公司财务激励分项指数按照均值从高到低的顺序进行排名和比较，结果参见表 16-15。

表 16-15　2023 年不同地区上市公司财务激励分项指数比较

排名	地区	公司数目	平均值	中位值	最大值	最小值	标准差
1	东北	169	29.2409	28.3631	66.7178	0.1063	12.8112
2	东部	3624	29.2275	28.3850	66.7679	0.0000	13.3251
3	西部	595	27.5339	28.3720	66.6832	0.0167	12.4503
4	中部	673	27.4263	28.3636	63.0780	0.1065	12.4996
	总体	5061	28.7893	28.3796	66.7679	0.0000	13.1225

由表 16-15 可知，财务激励分项指数均值从高到低依次为东北、东部、西部和中部，各地区差距不大，整体偏低。

图 16-15 更直观地反映了不同地区上市公司财务激励分项指数均值的差异。可以看出，东北、东部财务激励分项指数均值略高于总体均值，其他两个地区的财务激励分项指数均值都低于总体均值。

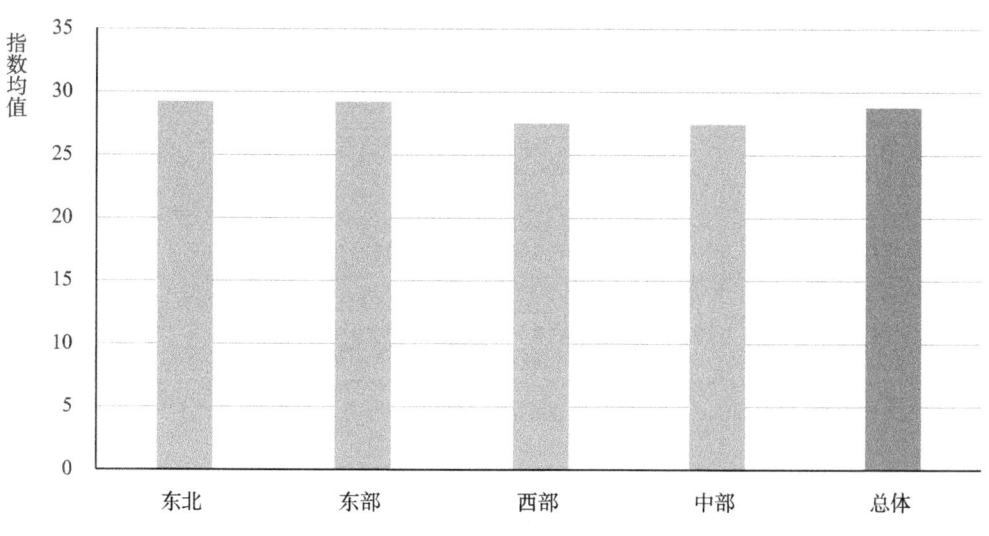

图16-15　2023年不同地区上市公司财务激励分项指数比较

16.5.3　分行业财务激励分项指数比较

对18个行业上市公司财务激励分项指数按照均值从高到低的顺序进行排名和比较，结果参见表16-16。

表16-16　2023年不同行业上市公司财务激励分项指数比较

排名	行业	公司数目	平均值	中位值	最大值	最小值	标准差
1	卫生和社会工作（Q）	15	31.4709	28.3475	61.7183	11.6667	13.9598
2	制造业（C）	3373	29.4922	28.3888	66.7679	0.0000	13.0122
3	信息传输、软件和信息技术服务业（I）	418	29.4651	28.3704	66.7178	0.0000	14.4321
4	水利、环境和公共设施管理业（N）	97	28.6280	28.3672	61.7020	0.0897	12.4193
5	房地产业（K）	101	27.6754	28.3602	61.6667	0.0718	12.9064
6	科学研究和技术服务业（M）	111	27.5594	28.3694	61.7729	0.1478	13.3275
7	租赁和商务服务业（L）	65	27.3597	28.3333	66.7563	0.0000	15.4715
8	建筑业（E）	107	26.9155	28.3333	61.7558	5.8546	12.9127
9	交通运输、仓储和邮政业（G）	112	26.5725	28.3702	61.6981	0.0561	13.5451
10	批发和零售业（F）	182	26.5396	28.3359	61.7302	0.0000	13.6619
11	住宿和餐饮业（H）	8	26.3091	28.3333	28.4929	11.7861	5.4895
12	电力、热力、燃气及水生产和供应业（D）	131	26.2752	28.3761	58.3110	11.6667	11.4122
13	文化、体育和娱乐业（R）	62	25.9214	28.3333	61.8064	5.8804	11.9154
14	采矿业（B）	82	25.9093	28.3570	50.0000	0.0000	11.4361

续表

排名	行业	公司数目	平均值	中位值	最大值	最小值	标准差
15	金融业（J）	124	25.7736	28.3787	61.9857	11.6667	11.0048
16	教育（P）	12	25.5793	28.3333	45.0450	11.6667	11.4644
17	农、林、牧、渔业（A）	48	23.7832	28.3333	50.0000	5.8333	12.0878
18	综合（S）	12	23.6945	28.3333	50.7299	11.6667	11.1300
	总体	5061	28.7893	28.3796	66.7679	0.0000	13.1225

注：居民服务、修理和其他服务业（O）只有1家上市公司，难以代表该行业整体水平，故排名时剔除。

从表16-16中可以看出，18个行业中，行业最大均值与最小均值的绝对差距为7.7764分，行业间有较大差距。有3个行业的财务激励分项指数均值高于总体均值，这3个行业的最大均值与总体均值之间的绝对差距为2.6816分；另外15个行业的财务激励分项指数均值低于总体均值，总体均值与这15个行业的最小均值之间的绝对差距为5.0948分。高分区行业内部的差距小于低分区行业。财务激励分项指数均值排名前三的行业分别是卫生和社会工作（Q）、制造业（C），以及信息传输、软件和信息技术服务业（I）；排名最后三位的行业分别是综合（S）、农、林、牧、渔业（A），以及教育（P）。

图16-16更直观地反映了不同行业上市公司财务激励分项指数均值的差异。可以看出，排名第一的卫生和社会工作（Q）和排名最后两位的综合（S）和农、林、牧、渔业（A）与其他行业的差距比较明显，其他各行业间的财务激励分项指数均值的变化相对比较平缓。

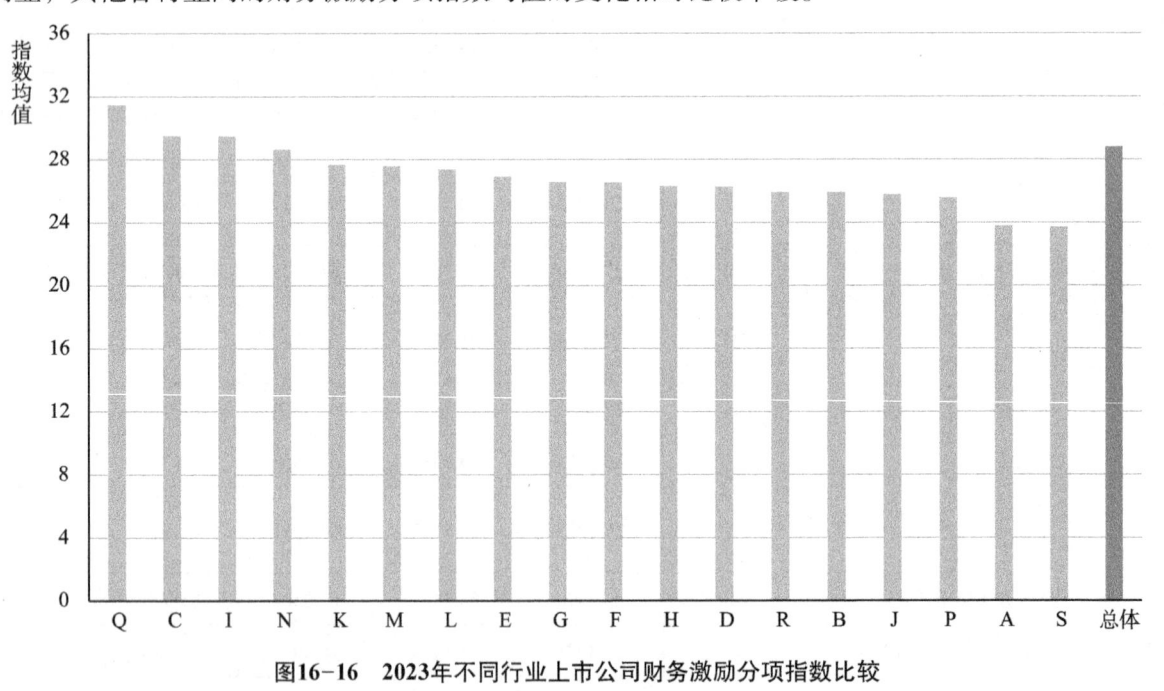

图16-16 2023年不同行业上市公司财务激励分项指数比较

16.5.4 沪深300与非沪深300财务激励分项指数比较

按照是否沪深300成分股指数公司，对两类公司的财务激励分项指数进行比较，结果参见表16-17和图16-17。

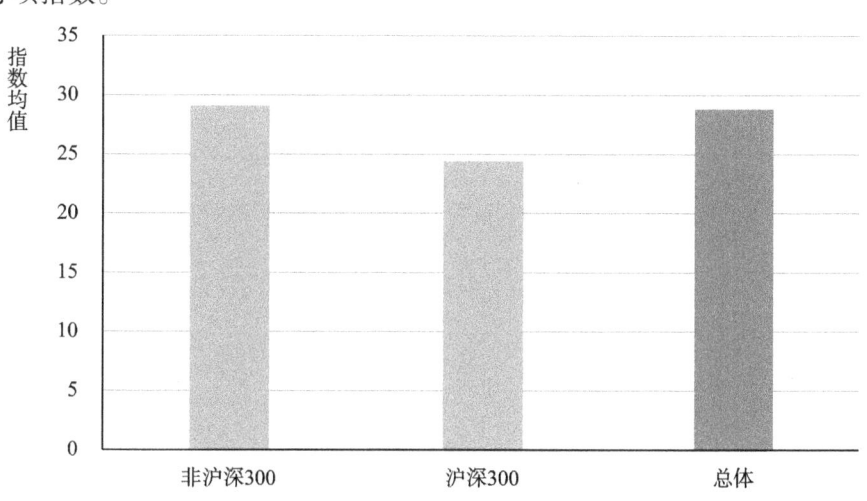

表 16-17　2023 年沪深 300 与非沪深 300 公司财务激励分项指数比较

排名	是否沪深 300	公司数目	平均值	中位值	最大值	最小值	标准差
1	非沪深300	4762	29.0646	28.3815	66.7679	0.0000	13.0890
2	沪深300	299	24.4051	28.3511	66.6832	0.0561	12.8747
	总体	5061	28.7893	28.3796	66.7679	0.0000	13.1225

从表 16-17 和图 16-17 可以看出，非沪深 300 公司财务激励分项指数均值高于沪深 300，二者之间的绝对差距为 4.6595 分。在财务治理四个分项指数中，财务激励是唯一的沪深 300 公司低于非沪深 300 公司的分项指数。

图16-17　2023年沪深300与非沪深300公司财务激励分项指数均值比较

16.6　本章小结

本章从总体、地区、行业以及是否沪深 300 四个方面，对 2023 年财务治理指数的四个维度，即财权配置、财务控制、财务监督和财务激励进行了比较分析。主要结论如下：

（1）从财务治理四个分项指数比较来看，财务控制分项指数均值最大，财务激励分项指数均值最小，财权配置和财务激励两个分项指数的均值距离及格线还甚远。财权配置分项指数主要集中在 [20,60) 区间，占比为 89.07%；财务控制分项指数主要集中在 [70,90) 区间，占比为 89.75%；财务监督分项指数主要集中在 [60,70) 和 [90,100] 区间，占比为 80.14%；财务激励分项指数主要集中在 [10,30) 和 [40,50) 区间，占比为 91.46%。

（2）从地区来看，财权配置分项指数均值从高到低依次为西部、中部、东北和东部；财务控制分项指数均值从高到低依次为东部、西部、中部和东北；财务监督分项指数均值从高到低依次为东部、中部、西部和东北；财务激励分项指数均值从高到低依次是东北、东部、西部和中部。从总体看，东部上市公司在除财权配置之外的三个分项指数上表现相对较好。需要指出的是，四个地区在财务激励分项指数上的得分都非常低。

（3）从行业来看，上市公司财权配置分项指数均值排名前三位的行业分别是采矿业（B）、交通运输、仓储和邮政业（G），以及电力、热力、燃气及水生产和供应业（D）；财务控制分项指数均值排名前三位的行业分别是金融业（J）、住宿和餐饮业（H），以及采矿业（B）；财务监督分项指数均值排名前三位的行业分别是住宿和餐饮业（H）、科学研究和技术服务业（M），以及交通运输、仓储和邮政业（G）；财务激励分项指数均值排名前三位的行业分别是卫生和社会工作（Q）、制造业（C），以及信息传输、软件和信息技术服务业（I）。四个分项指数中，各个行业之间的差距都较大，除财务激励外，其余三个分项指数的行业最大均值与最小均值的差距都超过10分。

（4）从沪深300与非沪深300的比较看，除财务激励分项指数外，在其他三个分项指数上，都是沪深300公司的均值高于非沪深300公司。尤其在财务监督分项指数上，沪深300公司较大幅度高于非沪深300公司。

第17章　财务治理指数的所有制比较

根据第1章的控股或所有制类型划分，本章对2023年5061家样本上市公司的财务治理指数及四个分项指数从所有制角度进行比较分析，以了解不同所有制公司在财务治理方面存在的异同。

17.1　财务治理指数总体的所有制比较

17.1.1　财务治理总体指数比较

不同的所有制会对上市公司财务治理产生影响，表17-1比较了不同所有制上市公司的财务治理指数，并按照均值从高到低的顺序进行了排名。

表17-1　2023年不同所有制上市公司财务治理指数比较

排名	所有制类型	公司数目	平均值	中位值	最大值	最小值	标准差
1	国有绝对控股公司	554	59.4900	59.7905	76.4150	33.9241	5.9771
2	国有强相对控股公司	532	58.9522	58.8623	75.5355	39.4067	5.9250
3	国有弱相对控股公司	406	58.0642	58.6337	74.8148	34.9807	6.6171
4	无国有股份公司	2385	56.9274	57.4922	74.3304	22.4721	6.5730
5	国有参股公司	1184	56.6974	56.6848	74.2965	32.1624	6.6869
	总体	5061	57.4581	57.8573	76.4150	22.4721	6.5512

从表17-1可以看出，五类所有制上市公司的财务治理指数均值都未达到60分的及格水平。国有绝对控股公司的财务治理指数均值最高，为59.4900分；国有参股公司的财务治理指数均值最低，为56.6974分。最大值与最小值之间的绝对差距为2.7926分，差距不太大。从中位值看，最高的也是国有绝对控股公司，最低的也是国有参股公司。从标准差看，国有参股公司的标准差最大，国有强相对控股公司的标准差最小，五类公司的标准差差异很小，说明五类公司财务治理指数的离散程度相近。

图17-1按照前十大股东中的国有股比例从大到小进行了排序。可以看出，对于有国有股份的公司，随着国有股比例的降低，财务治理指数均值呈下降趋势，表明国有股东控股比例与财务治理存在一定的正相关关系；三类国有控股公司的财务治理指数均值较明显高于两类非国有控股公司，且三类国有控股公司的财务治理指数均值差异不大。

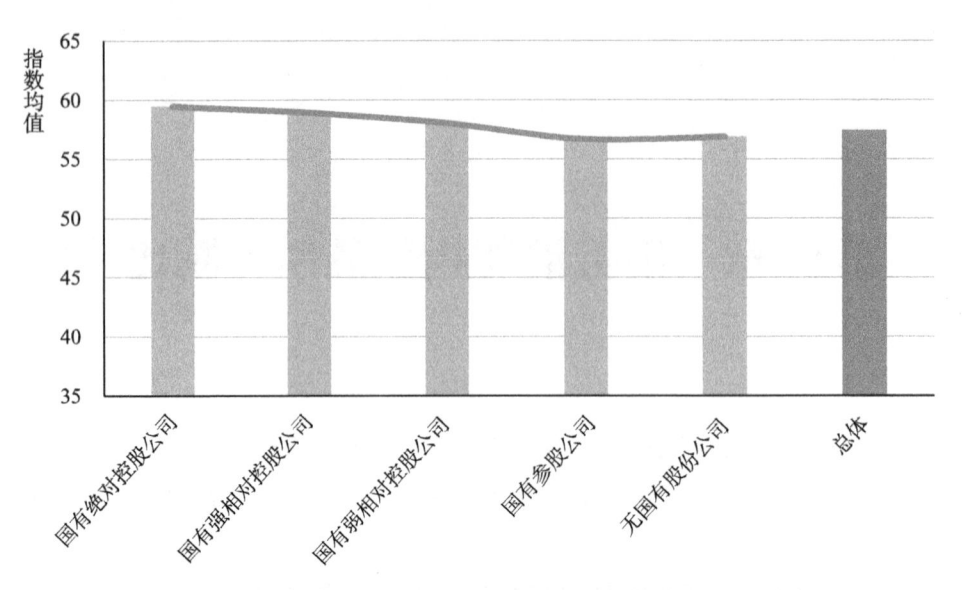

图17-1 2023年不同所有制上市公司财务治理指数均值比较

我们进一步将国有绝对控股公司、国有强相对控股公司和国有弱相对控股公司归类为国有控股公司，将国有参股公司和无国有股份公司归类为非国有控股公司，表17-2比较了国有控股公司和非国有控股公司的财务治理指数，并按照均值大小进行了排名。

表 17-2 2023 年国有与非国有控股上市公司财务治理指数比较

排名	所有制	公司数目	平均值	中位值	最大值	最小值	标准差
1	国有控股公司	1492	58.9102	59.1540	76.4150	33.9241	6.1659
2	非国有控股公司	3569	56.8511	57.2281	74.3304	22.4721	6.6119
	总体	5061	57.4581	57.8573	76.4150	22.4721	6.5512

从表17-2可以看出，2023年上市公司中，国有控股公司财务治理指数的均值和中位值都高于非国有控股公司，两类公司财务治理指数均值的绝对差距为2.0591分，差距不太大。

我们进一步按照实际（或最终）控制人划分为中央企业（或监管机构）、地方国企（或监管机构）和非国有企业或自然人三种类型，表17-3按照财务治理指数均值从大到小对六类实际（或最终）控制人公司进行了比较。可以发现，中央企业（或监管机构）实际（或最终）控制的上市公司的财务治理指数均值最高，其次为地方国企（或监管机构）实际（或最终）控制的上市公司，最低的是非国有企业或自然人实际（或最终）控制的上市公司。把实际（或最终）控制人为非国有企业或自然人的类型进一步细分为集体企业、民营企业、境外企业、自然人四种类型，则在四个细分类型中，境外企业控制的上市公司的财务治理指数均值最高，自然人控制的上市公司的财务治理指数均值最低，其中境外企业控制的上市公司的财务治理指数均值低于中央企业（或监管机构）实际（或最终）控制的上市公司的财务治理指数均值，但高于地方国企（或监管机构）实际（或最终）控制的上市公司的财务治理指数均值；其他三种细分类型实际（或最终）控制人控制的上市公司的财务治理指数均值都低于两类国企（或监管机构）控制的上市公司的财务治理指数均值。

表 17-3　2023 年不同实际（或最终）控制人上市公司财务治理指数比较

排名	实际（或最终）控制人	公司数目	平均值	中位值	最大值	最小值	标准差
1	中央企业（或监管机构）	471	59.9093	60.1431	75.7283	37.3021	6.0244
2	地方国企（或监管机构）	1021	58.4494	58.7616	76.4150	33.9241	6.1759
3	非国有企业或自然人总计	3569	56.8511	57.2281	74.3304	22.4721	6.6119
	其中：境外企业	31	59.0339	58.7149	68.7600	48.1734	5.1123
	其中：集体企业	29	57.8048	57.4396	67.2591	48.9184	4.7518
	其中：民营企业	101	57.2089	57.4658	73.1151	34.4978	7.8048
	其中：自然人	3408	56.8125	57.1901	74.3304	22.4721	6.5948
	总体	5061	57.4581	57.8573	76.4150	22.4721	6.5512

17.1.2　财务治理分项指数总体比较

财务治理指数包括财权配置、财务控制、财务监督和财务激励四个分项指数，表 17-4 对五类所有制上市公司的四个财务治理分项指数进行了比较。

表 17-4　2023 年不同所有制上市公司财务治理分项指数均值比较

所有制类型	财权配置	财务控制	财务监督	财务激励
国有绝对控股公司	53.2115	81.5482	78.0900	25.1103
国有强相对控股公司	51.5987	80.7586	76.2582	27.1932
国有弱相对控股公司	48.5250	79.7057	74.8676	29.1585
国有参股公司	43.2911	79.4884	74.8142	29.1958
无国有股份公司	41.5308	79.6160	76.8276	29.7353
总体	44.8406	79.9249	76.2777	28.7893

从表 17-4 可以看出，五类所有制上市公司的四个财务治理分项指数均值存在一定差异。图 17-2 更直观地反映了不同所有制上市公司财务治理四个分项指数的差异特征。可以看出，三类国有控股公司的财权配置分项指数明显高于两类非国有控股公司；国有绝对控股公司和国有强相对控股公司的财务控制和财务监督两个分项指数高于其他三类公司，说明这两类公司来自国有大股东的控制力度较大；无国有股份公司、国有参股公司和国有弱相对控股公司的财务激励分项指数明显高于其他两类公司。随着前十大股东中的国有股份比例的降低，财权配置、财务控制两个分项指数总体呈下降态势，财务激励分项指数则呈逐渐上升趋势，财务监督分项指数呈先降后升趋势，这说明在目前的制度和市场条件下，适度降低国有股份比例对于提高公司财务激励水平有一定作用，但可能不利于公司的财权配置和财务控制。

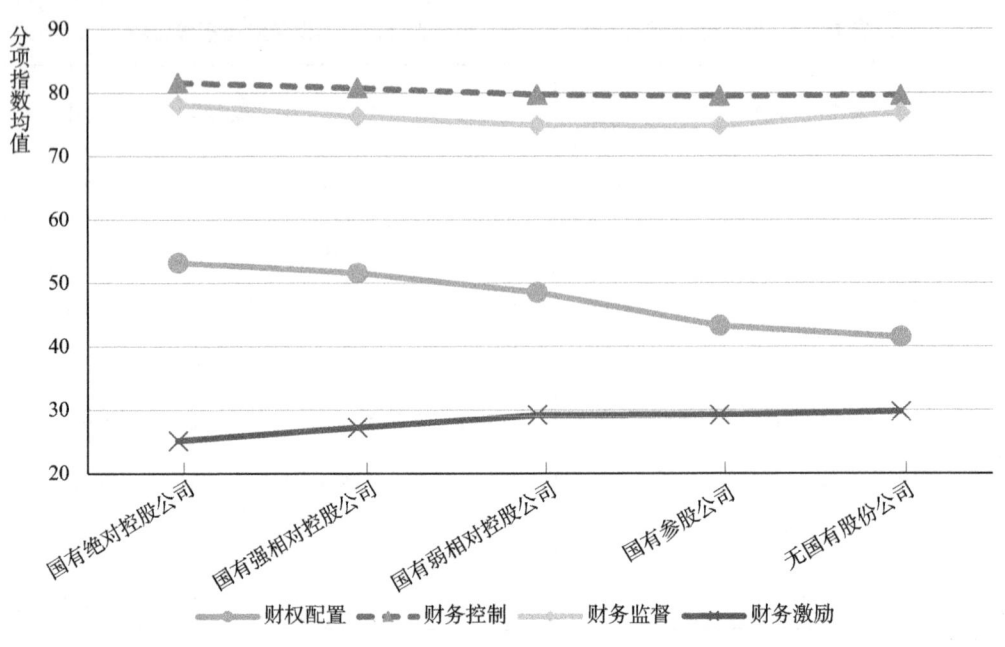

图17-2　2023年不同所有制上市公司财务治理分项指数均值变化趋势

我们进一步将国有绝对控股公司、国有强相对控股公司和国有弱相对控股公司归类为国有控股公司，将国有参股公司和无国有股份公司归类为非国有控股公司，两者的比较见表17-5和图17-3。可以看出，在财权配置分项指数上，国有控股公司远高于非国有控股公司；在财务激励分项指数上，国有控股公司较明显低于非国有控股公司；在财务控制和财务监督分项指数上，国有控股公司与非国有控股公司比较接近，且前者略高于后者。

表17-5　2023年国有与非国有控股上市公司财务治理分项指数均值比较

所有制类型	财权配置	财务控制	财务监督	财务激励
国有控股公司	51.3611	80.7653	76.5600	26.9546
非国有控股公司	42.1148	79.5737	76.1596	29.5563
总体	44.8406	79.9249	76.2777	28.7893

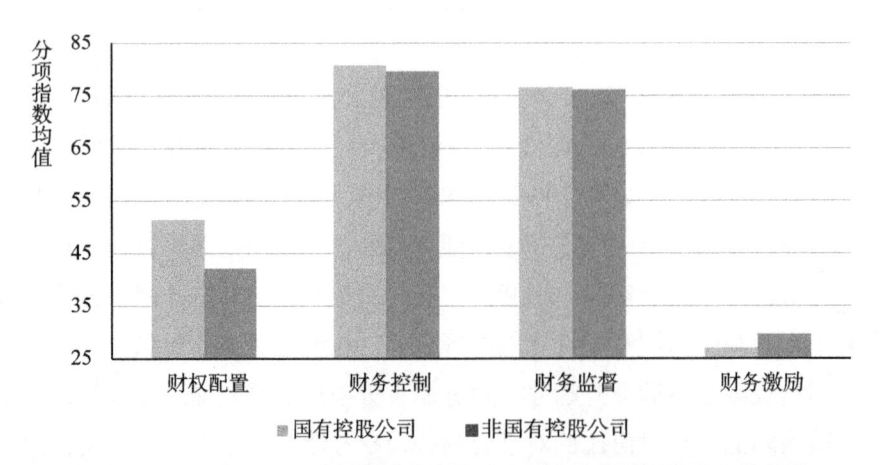

图17-3　2023年国有与非国有控股上市公司财务治理分项指数均值比较

根据三类实际（或最终）控制人的划分，比较它们实际（或最终）控制的公司在财务治理四个分项指数均值上的差异，结果参见表 17-6 和图 17-4。可以看出，在财权配置分项指数上，两类国企（或监管机构）实际（或最终）控制的公司都明显高于非国有企业或自然人实际（或最终）控制的公司，中央企业（或监管机构）实际（或最终）控制的公司最高；在财务控制分项指数上，仍是两类国企（或监管机构）实际（或最终）控制的公司都高于非国有企业或自然人实际（或最终）控制的公司，中央企业（或监管机构）实际（或最终）控制的公司最高，但三类公司的差距远不如财权配置分项指数那么大；在财务监督分项指数上，非国有企业或自然人实际（或最终）控制的公司介于两类国企（或监管机构）实际（或最终）控制的公司之间，中央企业（或监管机构）实际（或最终）控制的公司最高，三类公司的差距也不大；在财务激励分项指数上，非国有企业或自然人实际（或最终）控制的公司较明显高于两类国企（或监管机构）实际（或最终）控制的公司，地方国企（或监管机构）实际（或最终）控制的公司最低。

表 17-6　2023 年不同实际（或最终）控制人上市公司财务治理分项指数均值比较

实际（或最终）控制人	财权配置	财务控制	财务监督	财务激励
中央企业（或监管机构）	52.6421	82.1875	77.6765	27.1312
地方国企（或监管机构）	50.7702	80.1092	76.0449	26.8731
非国有企业或自然人	42.1148	79.5737	76.1596	29.5563
总体	44.8406	79.9249	76.2777	28.7893

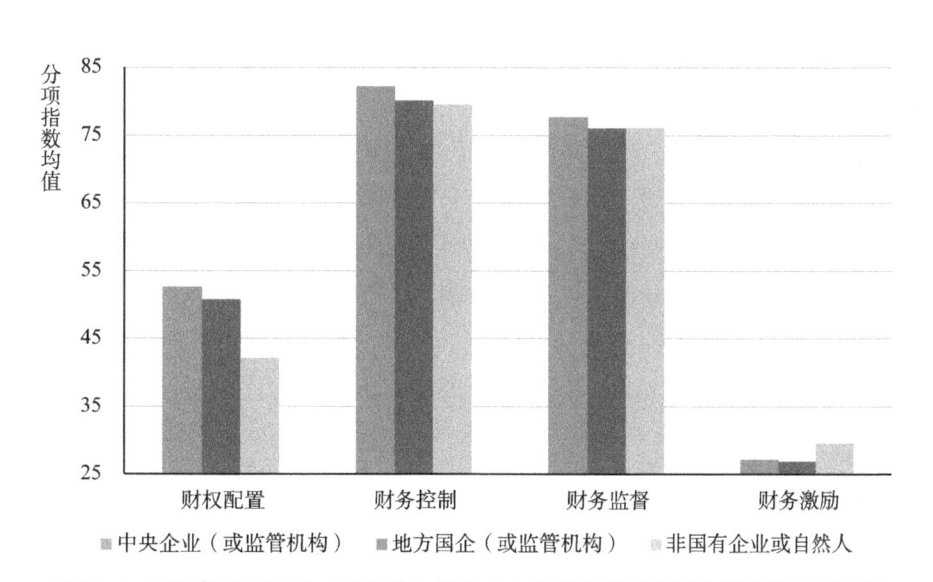

图17-4　2023年不同实际（或最终）控制人上市公司财务治理分项指数均值比较

17.2　分地区财务治理指数的所有制比较

17.2.1　分地区财务治理总体指数比较

按照国家统计局四个地区的划分，我们统计了四个地区国有控股与非国有控股上市公司的财务治理指数，参见表 17-7。

表 17-7　2023 年不同地区国有与非国有控股上市公司财务治理指数比较

地区	所有制类型	公司数目	平均值	中位值	最大值	最小值	标准差
东部	国有控股公司	917	59.2714	59.5365	75.7283	37.3021	6.1254
东部	非国有控股公司	2707	57.1536	57.5943	74.2965	22.4721	6.4383
东部	总体	3624	57.6895	58.1106	75.7283	22.4721	6.4269
中部	国有控股公司	244	58.7075	58.8974	76.4150	39.8503	5.7778
中部	非国有控股公司	429	55.9735	56.0268	74.3304	35.4188	6.7675
中部	总体	673	56.9647	57.0972	76.4150	35.4188	6.5594
西部	国有控股公司	259	58.5676	58.8859	74.3807	34.9807	6.1796
西部	非国有控股公司	336	56.2535	56.8356	72.6228	29.9754	7.1554
西部	总体	595	57.2608	57.5326	74.3807	29.9754	6.8449
东北	国有控股公司	72	56.2297	56.6612	70.4433	33.9241	7.0743
东北	非国有控股公司	97	54.3607	55.7291	69.2628	35.9881	7.6429
东北	总体	169	55.1569	55.8154	70.4433	33.9241	7.4634

从表 17-7 可以看出，四个地区的国有控股公司财务治理指数的均值和中位值都高于非国有控股公司。

图 17-5 直观地反映了四个地区不同所有制上市公司财务治理指数均值的差异。可以看出，无论是国有控股公司还是非国有控股公司，东部上市公司财务治理的表现均相对最好，而东北上市公司财务治理的表现均相对最差；中部国有控股公司与非国有控股公司财务治理指数均值差异最大，而东北国有控股公司与非国有控股公司财务治理指数均值差异最小。

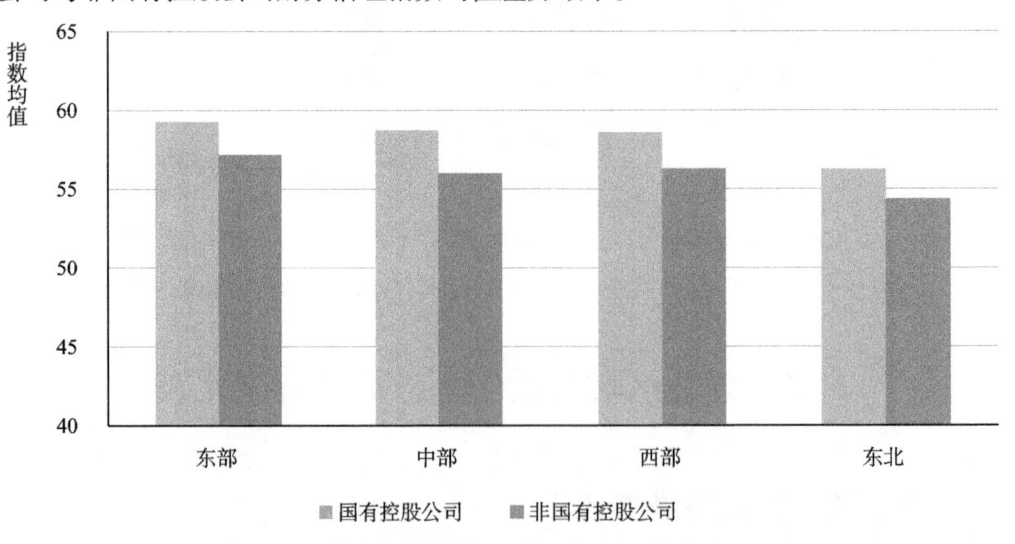

图17-5　2023年不同地区国有与非国有控股上市公司财务治理指数均值比较

17.2.2 分地区财务治理分项指数比较

接下来,我们对四个地区国有控股与非国有控股上市公司的财务治理分项指数均值进行比较分析,参见表 17-8。

表 17-8　2023 年不同地区国有与非国有控股上市公司财务治理分项指数均值比较

地区	所有制类型	财权配置	财务控制	财务监督	财务激励
东部	国有控股公司	50.7280	80.7447	78.2525	27.3605
	非国有控股公司	41.7854	79.8529	77.1160	29.8600
	总体	44.0482	80.0786	77.4036	29.2275
中部	国有控股公司	52.7014	81.0711	75.6327	25.4248
	非国有控股公司	42.9941	78.8984	73.4368	28.5647
	总体	46.5136	79.6861	74.2329	27.4263
西部	国有控股公司	52.9758	81.1807	73.5521	26.5619
	非国有控股公司	43.3144	79.0804	74.3359	28.2831
	总体	47.5200	79.9946	73.9947	27.5339
东北	国有控股公司	49.0737	78.4961	68.9670	28.3820
	非国有控股公司	43.2611	76.4745	67.8286	29.8786
	总体	45.7374	77.3358	68.3136	29.2409

由表 17-8 可以看出,在四个分项指数中,四个地区两类所有制上市公司的财务控制和财务监督两个分项指数均值较高,财务激励分项指数均值最低。为了便于比较,我们计算出四个地区非国有控股公司财务治理四个分项指数均值与对应的国有控股公司财务治理四个分项指数均值的差值,由此可以反映四个地区两类所有制上市公司财务治理四个分项指数的差异,如图 17-6 所示。可以看出,在财权配置和财务控制两个分项指数上,四个地区均为国有控股公司高于非国有控股公司;在财务监督分项指数上,除了西部地区非国有控股公司高于国有控股公司,其他三个地区都是国有控股公司高于非国有控股公司;在财务激励分项指数上,四个地区均是非国有控股公司高于国有控股公司。从总体看,在财权配置、财务控制和财务监督三个分项指数上,四个地区的国有控股公司表现较好;而在财务激励分项指数上,四个地区则是非国有控股公司表现较好。

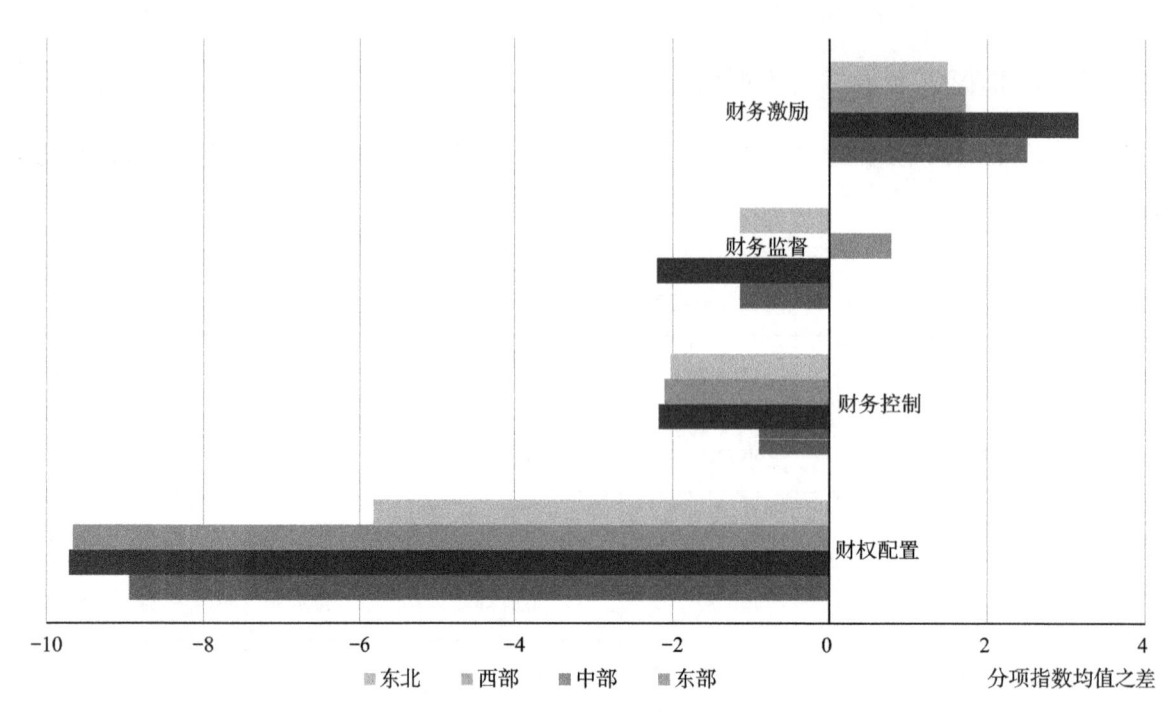

注：指数均值之差＝非国有控股公司财务治理分项指数均值－国有控股公司财务治理分项指数均值。

图17-6　2023年不同地区国有与非国有控股上市公司财务治理分项指数差值比较

17.3　分行业财务治理指数的所有制比较

17.3.1　分行业财务治理总体指数比较

这里，我们选择具有代表性的六个行业，分别是制造业（C）、电力、热力、燃气及水生产和供应业（D）、交通运输、仓储和邮政业（G）、信息传输、软件和信息技术服务业（I）、金融业（J）和房地产业（K），上述六个行业财务治理指数比较参见表17-9。

表17-9　2023年不同行业国有与非国有控股上市公司财务治理指数比较

行业	所有制类型	公司数目	平均值	中位值	最大值	最小值	标准差
制造业（C）	国有控股公司	730	59.3799	59.4883	75.5355	34.9807	6.0408
	非国有控股公司	2643	57.0362	57.3969	74.3304	29.9754	6.5063
	总体	3373	57.5434	57.9232	75.5355	29.9754	6.4807
电力、热力、燃气及水生产和供应业（D）	国有控股公司	95	58.7310	58.5212	69.0089	48.6139	5.1667
	非国有控股公司	36	56.7849	56.8417	69.6420	38.3689	5.7964
	总体	131	58.1962	57.9952	69.6420	38.3689	5.4172
交通运输、仓储和邮政业（G）	国有控股公司	79	59.4566	60.0256	72.0002	37.3021	6.2120
	非国有控股公司	33	58.4107	60.2136	71.2314	42.7265	6.8559
	总体	112	59.1484	60.1196	72.0002	37.3021	6.4262

续表

行业	所有制类型	公司数目	平均值	中位值	最大值	最小值	标准差
信息传输、软件和信息技术服务业（I）	国有控股公司	76	59.1205	59.2385	73.2012	39.8577	6.9260
	非国有控股公司	342	56.1585	56.5385	73.2280	22.4721	6.6917
	总体	418	56.6971	57.0571	73.2280	22.4721	6.8311
金融业（J）	国有控股公司	94	58.6294	59.0287	70.8496	43.8642	5.1455
	非国有控股公司	30	58.8850	58.3496	72.0305	45.2865	7.2680
	总体	124	58.6913	58.7719	72.0305	43.8642	5.7326
房地产业（K）	国有控股公司	63	58.4495	58.5560	70.0352	37.7637	6.2710
	非国有控股公司	38	55.0606	55.2698	63.7074	42.5669	5.7993
	总体	101	57.1745	57.8316	70.0352	37.7637	6.3149

从表17-9可以看出，六个代表性行业中，除金融业（J）国有控股公司财务治理指数的均值略低于非国有控股公司外，其他五个行业国有控股公司财务治理指数的均值都高于非国有控股公司；除交通运输、仓储和邮政业（G）国有控股公司财务治理指数的中位值略低于非国有控股公司外，其他五个行业国有控股公司财务治理指数的中位值都高于非国有控股公司，这基本上可以说明，国有控股公司的财务治理水平高于非国有控股公司。

图17-7更直观地反映了六个代表性行业国有控股公司与非国有控股公司财务治理指数的差异。可以看出，六个行业中，国有控股公司财务治理指数均值最高的是交通运输、仓储和邮政业（G），非国有控股公司财务治理指数均值最高的是金融业（J）；两类不同所有制公司财务治理指数均值最低的都是房地产业（K），反映了2023年该行业发展中的现实困境。房地产业（K）国有控股公司与非国有控股公司财务治理指数均值差异最大；而金融业（J）国有控股公司与非国有控股公司财务治理指数均值差异最小。

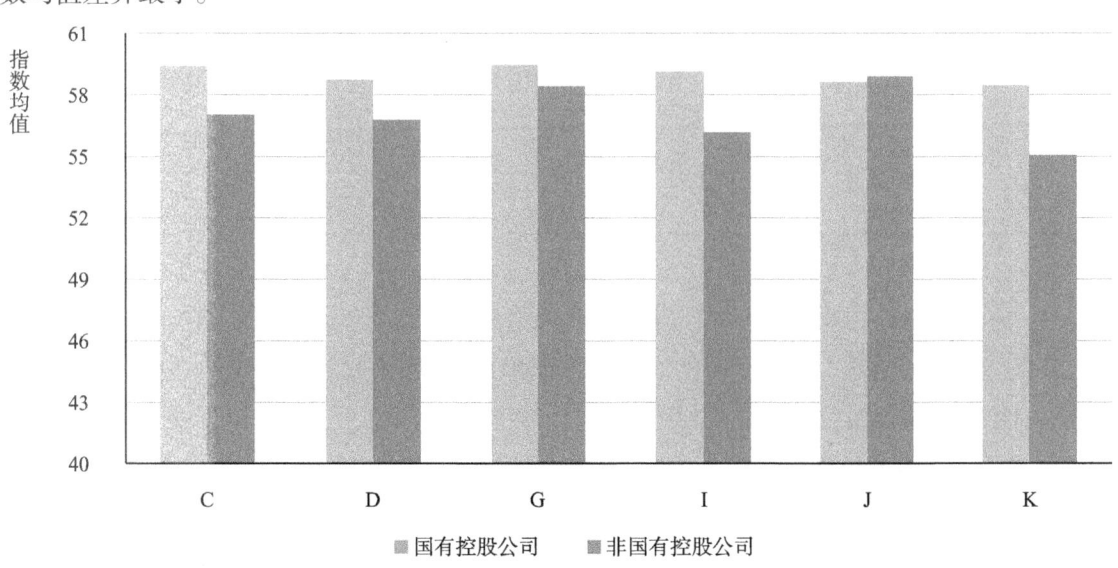

图17-7 2023年不同行业国有与非国有控股上市公司财务治理指数均值比较

17.3.2 分行业财务治理分项指数比较

表17-10对六个行业国有控股与非国有控股上市公司财务治理四个分项指数进行了比较。

表17-10　2023年不同行业国有与非国有控股上市公司财务治理分项指数均值比较

行业	所有制类型	财权配置	财务控制	财务监督	财务激励
制造业（C）	国有控股公司	51.4342	80.5343	77.2140	28.3370
	非国有控股公司	41.8772	79.6080	76.8483	29.8112
	总体	43.9456	79.8085	76.9274	29.4922
电力、热力、燃气及水生产和供应业（D）	国有控股公司	53.2540	81.2867	75.3158	25.0674
	非国有控股公司	45.4464	77.9428	74.2882	29.4625
	总体	51.1084	80.3678	75.0334	26.2752
交通运输、仓储和邮政业（G）	国有控股公司	54.4621	80.7473	78.1171	24.4999
	非国有控股公司	45.9346	80.6814	75.4924	31.5344
	总体	51.9495	80.7279	77.3438	26.5725
信息传输、软件和信息技术服务业（I）	国有控股公司	47.7377	80.7982	77.4671	30.4790
	非国有控股公司	40.4145	79.6710	75.3088	29.2398
	总体	41.7460	79.8759	75.7013	29.4651
金融业（J）	国有控股公司	48.3566	86.0648	74.9801	25.1162
	非国有控股公司	47.6595	85.4219	74.6250	27.8337
	总体	48.1880	85.9092	74.8942	25.7736
房地产业（K）	国有控股公司	49.0858	80.0581	75.8036	28.8506
	非国有控股公司	45.6028	78.7811	70.1316	25.7270
	总体	47.7754	79.5776	73.6696	27.6754

由表17-10可以看出，与地区一样，在四个分项指数中，六个代表性行业两类所有制上市公司的财务激励分项指数均值最低。为了便于比较，我们计算出六个行业非国有控股公司财务治理四个分项指数均值与对应的国有控股公司财务治理四个分项指数均值的差值，由此可以反映六个代表性行业两类所有制上市公司在财务治理四个分项指数上的差异，参见图17-8。可以看出，在财权配置、财务控制、财务监督三个分项指数上，六个代表性行业都是国有控股公司高于非国有控股公司；在财务激励分项指数上，除了信息传输、软件和信息技术服务业（I）以及房地产业（K）国有控股公司高于非国有控股公司外，其他四个行业则都是非国有控股公司高于国有控股公司。

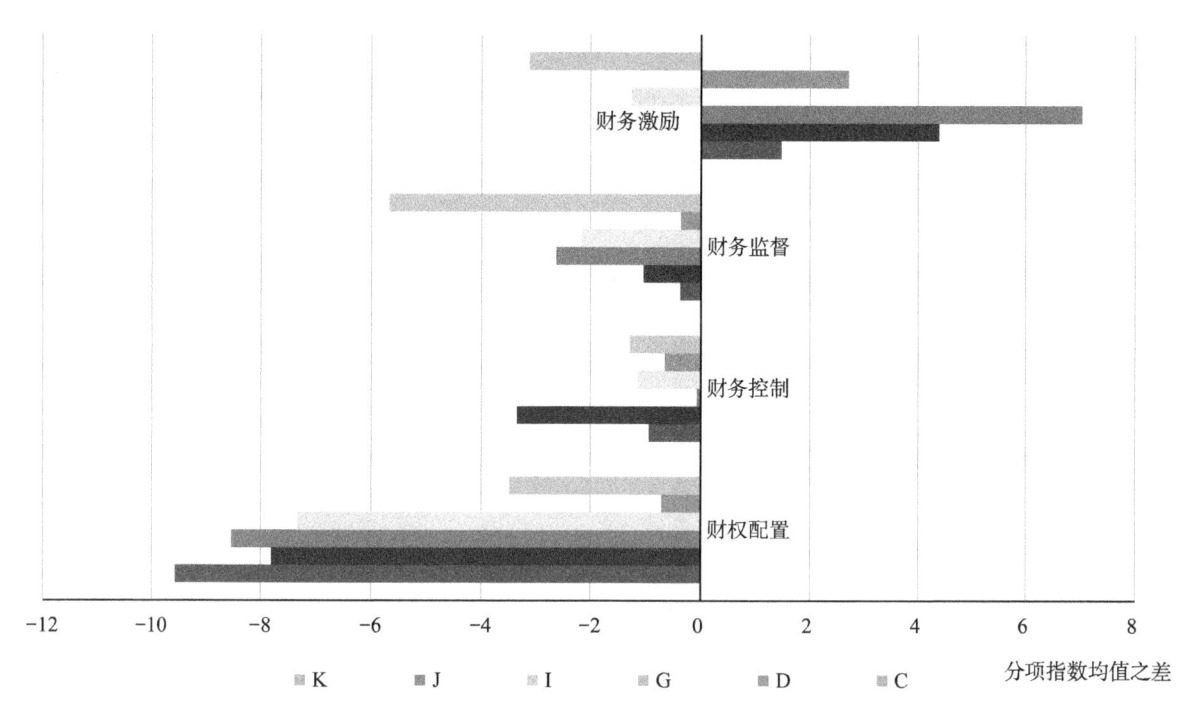

注：指数均值之差 = 非国有控股公司财务治理分项指数均值 − 国有控股公司财务治理分项指数均值。

图17-8　2023年不同行业国有与非国有控股上市公司财务治理分项指数差值比较

17.4　沪深300与非沪深300财务治理指数的所有制比较

17.4.1　沪深300与非沪深300财务治理总体指数比较

按照是否沪深 300 成分股指数公司，我们统计了沪深 300 与非沪深 300 不同所有制上市公司的财务治理指数，参见表 17-11。

表 17-11　2023 年沪深 300 与非沪深 300 不同所有制公司财务治理指数比较

是否沪深 300	所有制类型	公司数目	平均值	中位值	最大值	最小值	标准差
沪深300	国有控股公司	168	59.6948	59.9030	72.0002	37.3021	5.3345
	非国有控股公司	131	59.7837	59.8214	72.6228	42.7832	5.8454
	总体	299	59.7338	59.8289	72.6228	37.3021	5.5643
非沪深300	国有控股公司	1324	58.8107	59.0396	76.4150	33.9241	6.2565
	非国有控股公司	3438	56.7394	57.0959	74.3304	22.4721	6.6137
	总体	4762	57.3153	57.7044	76.4150	22.4721	6.5821

从表 17-11 可以看出，沪深 300 中，国有控股公司财务治理指数的均值略低于非国有控股公司，中位值略高于非国有控股公司；非沪深 300 中，国有控股公司财务治理指数的均值和中位值都高于非国有控股公司。

图 17-9 更直观地反映了沪深 300 与非沪深 300 国有控股公司与非国有控股公司财务治理指数均

值的差异。可以看出，无论是国有控股公司还是非国有控股公司，均是沪深300公司表现更好。由于沪深300成分股公司的选择以绩效为依据，由此也可以看出，财务治理制度与绩效存在典型的正相关关系。

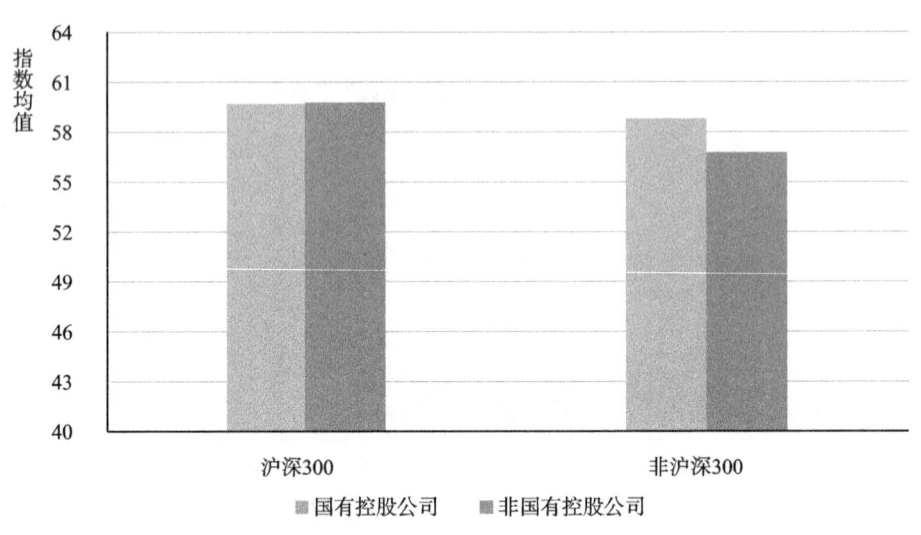

图17-9　2023年沪深300与非沪深300不同所有制公司财务治理指数均值比较

17.4.2　沪深300与非沪深300财务治理分项指数比较

接下来，我们对沪深300与非沪深300不同所有制上市公司的财务治理分项指数均值进行比较分析，参见表17-12。

表17-12　2023年沪深300与非沪深300不同所有制公司财务治理分项指数均值比较

是否沪深300	所有制类型	财权配置	财务控制	财务监督	财务激励
沪深300	国有控股公司	52.3115	83.0668	82.0164	21.3847
	非国有控股公司	45.1346	81.8477	83.8740	28.2786
	总体	49.1671	82.5327	82.8303	24.4051
非沪深300	国有控股公司	51.2405	80.4732	75.8676	27.6613
	非国有控股公司	41.9997	79.4870	75.8657	29.6050
	总体	44.5690	79.7612	75.8662	29.0646

由表17-12可以看出，不同所有制沪深300与非沪深300公司在财务治理四个分项指数上的排序并不一致。为了便于比较，我们计算出沪深300与非沪深300中的非国有控股公司与对应的国有控股公司财务治理四个分项指数均值的差值，由此可以反映沪深300和非沪深300在两类所有制上市公司财务治理四个分项指数上的差异，参见图17-10。可以看出，在财权配置和财务控制两个分项指数上，沪深300和非沪深300都是国有控股公司高于非国有控股公司；在财务监督分项指数上，沪深300是非国有控股公司高于国有控股公司，非沪深300是国有控股公司略微高于非国有控股公司；在财务激励分项指数上，沪深300和非沪深300都是非国有控股公司高于国有控股公司。

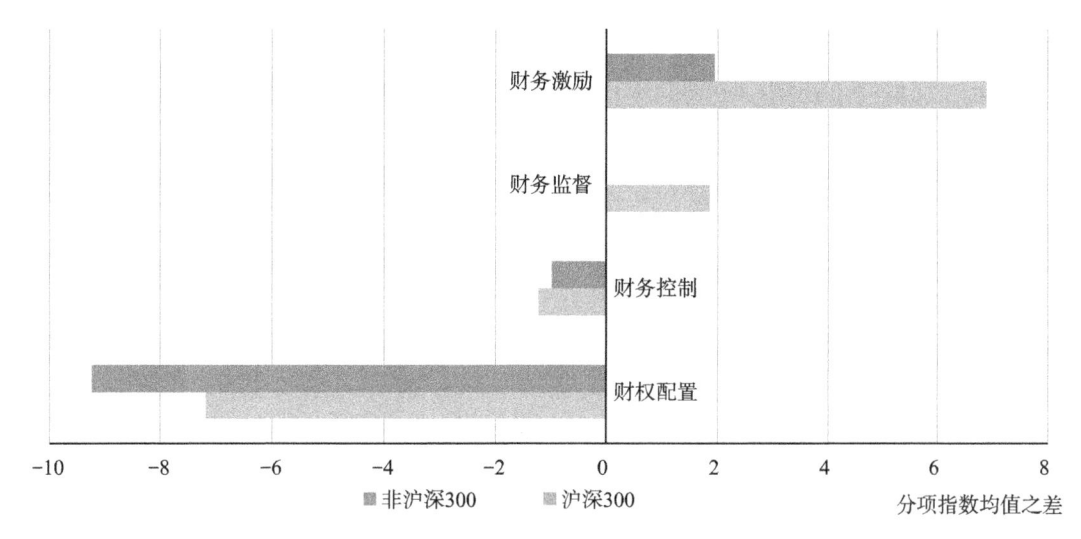

注：指数均值之差＝非国有控股公司财务治理分项指数均值－国有控股公司财务治理分项指数均值。

图17-10　2023年沪深300与非沪深300不同所有制公司财务治理分项指数差值比较

17.5　本章小结

本章从所有制角度对2023年沪深两市5061家上市公司财务治理指数及四个分项指数进行了统计和分析，主要结论如下：

关于财务治理总体指数：①五类所有制上市公司的财务治理指数均值都未达到60分的及格水平。对于有国有股份的公司，随着前十大股东中的国有股份比例的下降，财务治理指数均值呈逐渐下降趋势，表明国有股东控股比例与财务治理存在一定的正相关关系；三类国有控股公司的财务治理指数均值较明显高于两类非国有控股公司。②国有控股公司财务治理指数的均值和中位值都高于非国有控股公司。③中央企业（或监管机构）实际（或最终）控制的公司的财务治理指数均值最高，地方国企（或监管机构）实际（或最终）控制的公司次之，非国有企业或自然人实际（或最终）控制的公司最低。④从地区看，四个地区国有控股公司财务治理指数的均值和中位值都高于非国有控股公司；不论是国有控股公司还是非国有控股公司，东部上市公司财务治理的表现均相对最好，而东北上市公司财务治理的表现均相对最差。⑤从行业看，除金融业（J）国有控股公司财务治理指数的均值略低于非国有控股公司外，其他五个行业国有控股公司财务治理指数的均值都高于非国有控股公司；两类不同所有制公司财务治理指数均值最低的都是房地产业（K），反映了2023年该行业发展中的现实困境。⑥无论是国有控股公司还是非国有控股公司，均是沪深300公司表现更好。由于沪深300成分股公司的选择以绩效为依据，由此也可以看出，财务治理制度与绩效存在典型的正相关关系。

关于财务治理分项指数：①随着前十大股东中的国有股份比例的降低，财权配置、财务控制两个分项指数总体呈下降态势，财务激励分项指数则呈逐渐上升趋势，财务监督分项指数呈先降后升趋势，这说明在目前的制度和市场条件下，适度降低国有股份比例对于提高公司财务激励水平有一定作用，但可能不利于公司的财权配置和财务控制。②在财权配置分项指数上，国有控股公司远高于非国有控股公司；在财务激励分项指数上，国有控股公司较明显低于非国有控股公司；在财务控制和财务监督分项指数上，国有控股公司与非国有控股公司比较接近，且前者略高于后者。③从实际（或最终）控制人看，在财权配置和财务控制两个分项指数上，两类国企（或监管机构）实际（或最终）控制的公司都高于非国有企业或自然人实际（或最终）控制的公司；在财务监督分项指数上，非国有企业或自然人实际（或最终）控制的公司介于两类国企（或监管机构）实际（或最终）控制的公司之间；在财务激励分项指数上，非国有企业或自然人实际（或最终）控制的公司较明显高于两类国企（或监管机构）实际（或最终）控制的公司。④从地区看，在财权配置、财务控制和财务监督三个分项指数上，四个地区的国有控股公司表现总体较好；而在财务激励分项指数上，四个地区则是非国有控股公司表现较好。⑤从行业看，在财权配置、财务控制、财务监督三个分项指数上，六个代表性行业都是国有控股公司高于非国有控股公司；在财务激励分项指数上，除了信息传输、软件和信息技术服务业（I）以及房地产业（K）国有控股公司高于非国有控股公司外，其他四个行业则都是非国有控股公司高于国有控股公司。⑥从是否沪深300公司看，在财权配置和财务控制两个分项指数上，沪深300和非沪深300都是国有控股公司高于非国有控股公司；在财务监督分项指数上，沪深300是非国有控股公司高于国有控股公司，非沪深300是国有控股公司略微高于非国有控股公司；在财务激励分项指数上，沪深300和非沪深300都是非国有控股公司高于国有控股公司。

第18章　财务治理指数的年度比较（2010~2023）

2011~2023年，我们对2010年、2012年，以及2014~2022年度的中国上市公司财务治理水平进行了十一次测度，今年是第十二次测度。本章将从总体、地区、行业、所有制和上市板块五个角度，比较分析十二个年度中国上市公司财务治理水平，以便了解财务治理水平是否有所提高以及提高程度，以期对财务治理的完善有所启示。

18.1　财务治理指数总体的年度比较

财务治理指数评价的样本公司逐年增加，从2010年（2011年评价）的1722家，增至2023年（2024年评价）的5061家，基本上是对全部上市公司的评价。比较十二个年度样本上市公司的财务治理指数，以及财权配置分项指数、财务控制分项指数、财务监督分项指数和财务激励分项指数，结果见表18-1。

表18-1　2010~2023年上市公司财务治理指数均值比较

年份	样本量	总体指数	分项指数			
			财权配置	财务控制	财务监督	财务激励
2010	1722	53.5458	51.2195	55.3971	75.8711	31.6957
2012	2314	57.6130	50.0502	56.6335	76.1884	47.5799
2014	2514	52.7871	41.1152	45.2939	72.3846	52.3548
2015	2655	53.1157	41.1131	66.2514	75.8498	29.2487
2016	2840	53.5234	41.2217	70.5093	73.2240	29.1386
2017	3147	53.6690	42.4202	72.3981	72.0349	27.8230
2018	3490	52.0315	45.6415	66.6148	69.8030	26.0665
2019	3569	54.1839	45.4266	71.8277	70.3944	29.0870
2020	3774	53.8022	48.2536	69.4413	71.2242	26.2898
2021	4176	58.1295	47.7064	79.2431	73.1935	32.3749
2022	4687	57.5401	45.9034	76.3265	77.6075	30.3228
2023	5061	57.4581	44.8406	79.9249	76.2777	28.7893

由表18-1可知：

第一，从财务治理总体指数看，2010～2023年呈波动式平缓变化，2021年达到十二年中的最大值，为58.1295分，近两年略有下降，参见图18-1。相比2010年，2023年上升3.9123分；相比2022年，2023年下降0.0820分。

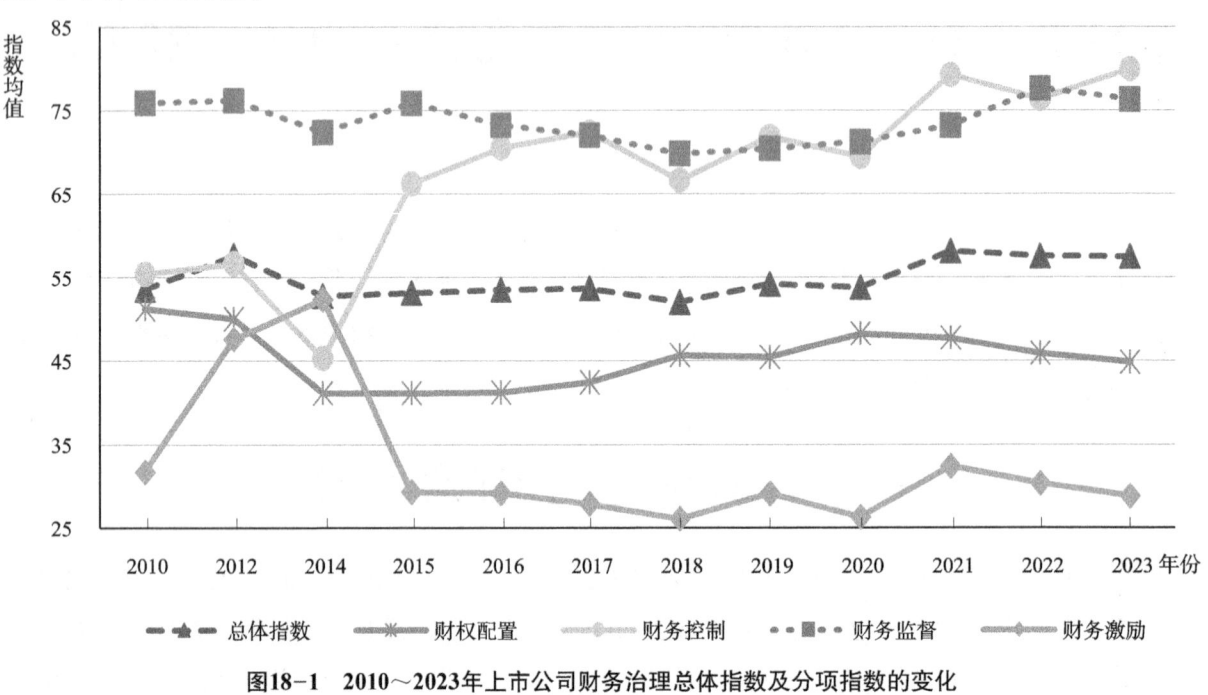

图18-1 2010～2023年上市公司财务治理总体指数及分项指数的变化

第二，从财权配置分项指数看，2010年是十二年中的最高水平，2016～2020年总体呈上升趋势，但近三年连续下降。相比2010年，2023年下降6.3789分；相比2022年，2023年下降1.0628分。

第三，从财务控制分项指数看，2014～2023年呈波动式上升趋势。相比2010年，2023年上升24.5278分，上升幅度较大；相比2022年，2023年上升3.5984分。

第四，从财务监督分项指数看，整体变化趋势平缓，2022年达到评价以来的最高水平，为77.6075分，2023年有所下降。相比2010年，2023年上升0.4066分；相比2022年，2023年下降1.3298分。

第五，从财务激励分项指数看，2014年是十二年中的最高水平，2015～2023年呈波动式下降趋势。相比2010年，2023年下降2.9064分；相比2022年，2023年下降1.5335分。

从财务治理四个分项指数的变化看，相比2022年，2023年财务治理总体指数下降主要源于财权配置、财务监督和财务激励分项指数的下降，而这三个方面的下降，尤其是财务激励分项指数相对较大幅度的下降，与2023年经济下行以及由此带来的上市公司财务治理制度建设减缓都有着密切关系。

18.2 分地区财务治理指数的年度比较

按照四个地区的划分，对不同地区上市公司2010年、2012年，以及2014～2023年十二个年度财务治理总体指数和四个分项指数进行比较，结果参见表18-2。

表 18-2 2010～2023年不同地区上市公司财务治理指数均值比较

地区	年份	总体指数	分项指数				总体指数排名
			财权配置	财务控制	财务监督	财务激励	
东部	2010	54.2146	51.1283	56.4676	77.4541	31.8085	1
	2012	58.3986	48.9966	57.2510	77.5151	49.8318	1
	2014	53.3793	40.6038	45.1748	73.8298	53.9088	1
	2015	53.6273	40.4942	67.0381	77.5093	29.4675	1
	2016	54.0767	40.4768	71.3229	74.6324	29.8747	1
	2017	54.2155	41.6053	73.1176	73.5363	28.6027	1
	2018	52.2457	44.6198	67.1256	70.8747	26.3628	1
	2019	54.4790	44.5449	72.3484	71.7035	29.3193	1
	2020	54.0399	47.2618	69.8861	72.3413	26.6704	1
	2021	58.3021	46.7949	79.4940	74.0526	32.8668	2
	2022	57.7705	45.1087	76.4636	78.6061	30.9035	1
	2023	57.6895	44.0482	80.0786	77.4036	29.2275	1
中部	2010	53.2077	52.7984	54.8148	73.7731	31.4444	2
	2012	57.0858	52.3318	54.7187	74.9110	46.3818	2
	2014	52.0075	42.7339	45.1805	70.0613	50.0545	2
	2015	52.4275	42.1399	65.1865	73.5983	28.7853	2
	2016	53.0566	42.8824	70.2286	71.2656	27.8498	2
	2017	52.9763	44.6983	71.1333	69.2263	26.8472	2
	2018	51.9231	48.6101	66.2206	67.6487	25.2131	2
	2019	53.9052	47.3193	71.3190	68.2930	28.6895	2
	2020	53.4127	50.5976	69.0277	69.1342	24.8912	3
	2021	57.6937	49.1916	78.8239	72.3672	30.3919	3
	2022	57.0799	47.5375	76.4107	75.7657	28.6058	3
	2023	56.9647	46.5136	79.6861	74.2329	27.4263	3
西部	2010	52.1861	50.6011	52.8689	74.1598	31.1148	3
	2012	55.4520	51.8691	55.6736	73.1988	41.0663	4
	2014	51.6890	42.2169	46.1749	69.6209	48.7432	3
	2015	52.2594	42.9271	64.7037	72.3890	29.0176	3
	2016	52.4414	42.9788	68.1501	70.8282	27.8085	3
	2017	52.5564	44.5665	70.7258	69.2998	25.6337	3
	2018	51.5188	47.6435	65.1659	67.7639	25.5022	3
	2019	53.6784	47.8287	70.6895	67.7632	28.4323	3

续表

地区	年份	总体指数	分项指数				总体指数排名
			财权配置	财务控制	财务监督	财务激励	
西部	2020	53.5178	50.9063	68.2746	69.2347	25.6556	2
	2021	58.3576	50.9660	79.0091	71.4390	32.0164	1
	2022	57.1852	48.4601	76.1672	75.3874	28.7261	2
	2023	57.2608	47.5200	79.9946	73.9947	27.5339	2
东北	2010	51.9042	49.9508	53.8164	71.0177	32.8319	4
	2012	55.8248	51.0780	57.3077	72.4519	42.4615	3
	2014	50.6834	39.9672	44.6691	68.6121	49.4853	4
	2015	50.9549	41.1104	63.5670	70.7306	28.4115	4
	2016	50.6792	41.4111	67.3442	67.0918	26.8695	4
	2017	51.0432	41.2385	70.5879	66.5391	25.8071	4
	2018	50.4978	46.8740	64.0880	65.3943	25.6348	4
	2019	51.7896	46.5104	68.4309	63.6589	28.5580	4
	2020	51.7903	49.4724	66.7290	64.7651	26.1948	4
	2021	55.5580	49.0682	76.6542	65.3783	31.1314	4
	2022	55.7714	47.3726	73.7802	71.6604	30.2722	4
	2023	55.1569	45.7374	77.3358	68.3136	29.2409	4

由表 18-2 可以看出：

第一，从财务治理总体指数看，十二个年度中，四个地区都是波动式变化，但变化趋势基本一致，参见图 18-2。东部和东北在 2012 年达到最高水平，中部和西部在 2021 年达到最高水平。相比 2010 年，2023 年四个地区都是上升的，升幅在 3.25～5.08 分，西部升幅最大，东北升幅最小；相比 2022 年，2023 年除了西部上升 0.0756 分外，其他三个地区都出现下降，降幅在 0.08～0.62 分，东北降幅最大，东部降幅最小。从总体看，除 2021 年外，东部上市公司在其他各年份的财务治理表现均最好；除 2012 年外，东北上市公司在其他各年份的财务治理表现均最差。

第二，从财权配置分项指数看，相比 2010 年，2023 年四个地区都是下降的，降幅在 3.08～7.09 分，东部降幅最大；相比 2022 年，2023 年四个地区也都是下降的，降幅在 0.94～1.64 分，东北降幅最大。

第三，从财务控制分项指数看，相比 2010 年，2023 年四个地区都大幅提升，升幅在 23.51～27.13 分，西部升幅最大；相比 2022 年，2023 年四个地区都有所上升，升幅在 3.27～3.83 分，西部升幅最大。

第四，从财务监督分项指数看，相比 2010 年，2023 年除了中部地区上升 0.4598 分外，其他三个地区都是下降的，降幅在 0.05～2.71 分，东北降幅最大；相比 2022 年，2023 年四个地区都是下降的，降幅在 1.20～3.35 分，东北降幅最大。

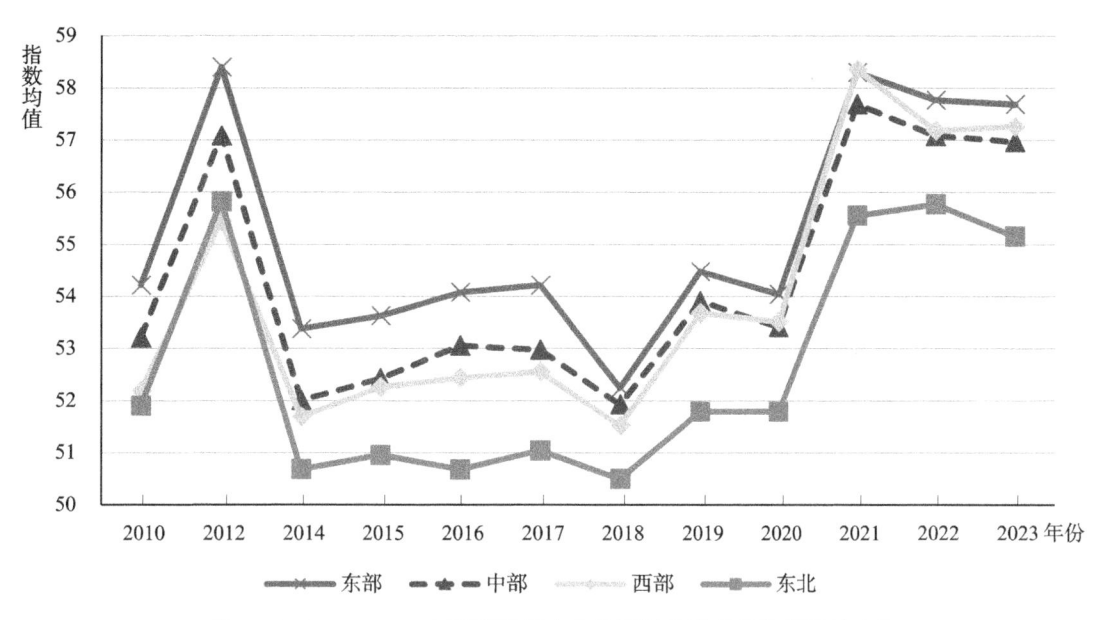

图18-2　2010～2023年不同地区上市公司财务治理总体指数的变化

第五，从财务激励分项指数看，相比2010年，2023年四个地区都是下降的，降幅在2.58～4.02分，中部降幅最大；相比2022年，2023年四个地区也都是下降的，降幅在1.03～1.68分，东部降幅最大。

18.3　分行业财务治理指数的年度比较

本节对18个行业上市公司2012年以及2014～2023年十一个年度财务治理总体指数和四个分项指数进行比较。需要注意的是，2011年我们出版的《中国上市公司财务治理指数报告2011》使用的是《上市公司行业分类（2001年）》，而之后的报告使用的是《上市公司行业分类（2012年）》，这两个行业分类标准存在差异，为便于比较，本年度行业分析剔除2010年数据（2011年评价），只比较2012～2023年的财务治理指数（参见表18-3）。

表18-3　2012～2023年不同行业上市公司财务治理指数均值比较

行业	年份	总体指数	分项指数			
			财权配置	财务控制	财务监督	财务激励
农林牧渔业（A）	2012	55.1089	48.6302	52.4306	74.6528	44.7222
	2014	49.1032	37.1629	44.2188	68.2813	46.7500
	2015	50.4630	37.7224	66.2174	72.4702	25.4420
	2016	52.3723	38.0457	71.5614	67.1875	32.6948
	2017	52.7094	40.7712	72.6102	65.4762	31.9802
	2018	49.9439	45.8813	64.8905	61.7378	27.2660
	2019	52.5398	46.1993	70.3563	64.9390	28.6646

续表

行业	年份	总体指数	分项指数			
			财权配置	财务控制	财务监督	财务激励
农林牧渔业（A）	2020	52.3460	51.4233	66.7693	65.7738	25.4177
	2021	55.0929	48.6409	75.7017	64.4345	31.5946
	2022	55.4178	45.8265	75.9433	68.5771	31.3244
	2023	54.9522	48.3737	79.4617	68.1901	23.7832
采矿业（B）	2012	57.2542	53.6879	58.7719	76.2061	40.3509
	2014	54.6737	47.1914	52.0833	72.4638	46.9565
	2015	54.6107	47.5247	64.4930	75.5137	30.9114
	2016	52.5758	44.7274	67.4037	72.0034	26.1685
	2017	51.1777	46.3204	68.6776	69.8480	19.8647
	2018	51.8609	50.9897	63.9959	67.5987	24.8594
	2019	53.7029	50.5525	70.4614	68.4167	25.3812
	2020	54.0573	54.5975	66.2710	69.6667	25.6942
	2021	58.0546	54.1080	78.0108	73.9167	26.1828
	2022	58.1833	54.2006	76.8058	74.3269	27.3997
	2023	58.9594	52.4475	81.3679	76.1128	25.9093
制造业（C）	2012	57.3196	48.8504	56.1136	74.9829	49.3315
	2014	52.8116	40.7191	44.7772	71.8396	53.9106
	2015	52.9852	40.7726	66.7037	75.0935	29.3711
	2016	53.5459	40.9548	71.0868	72.7746	29.3672
	2017	53.7015	42.0299	72.8411	72.0145	27.9204
	2018	51.7881	44.8502	66.8370	69.5736	25.8915
	2019	54.0106	44.6275	71.8947	70.0695	29.4509
	2020	53.4783	47.3740	69.6323	70.7122	26.1945
	2021	57.9752	46.7908	79.2550	73.0329	32.8222
	2022	57.3772	44.9660	76.2823	77.6770	30.5834
	2023	57.5434	43.9456	79.8085	76.9274	29.4922
电力、热力、燃气及水生产和供应业（D）	2012	58.9678	53.9231	59.3344	77.6786	44.9351
	2014	55.0902	43.5469	53.5061	74.1616	49.1463
	2015	54.8764	42.2115	63.9149	78.5815	34.7977
	2016	53.7206	42.9737	68.7831	76.7578	26.3679
	2017	53.2514	45.3511	69.8601	72.3301	25.4642
	2018	50.9979	49.3765	63.5879	67.0238	24.0034

续表

行业	年份	总体指数	分项指数			
			财权配置	财务控制	财务监督	财务激励
电力、热力、燃气及水生产和供应业（D）	2019	53.9868	49.2106	68.7358	68.9794	29.0213
	2020	53.9145	53.7191	66.3682	70.8333	24.7373
	2021	59.4001	54.7818	78.7917	73.0042	31.0226
	2022	57.2709	52.2213	76.7877	75.5225	24.5519
	2023	58.1962	51.1084	80.3678	75.0334	26.2752
建筑业（E）	2012	60.8051	55.4524	58.5938	78.4598	50.7143
	2014	53.6685	45.0528	46.9697	73.8636	48.7879
	2015	53.9492	43.7992	65.9048	78.3451	27.7478
	2016	54.2788	44.2997	72.2280	73.0519	27.5356
	2017	53.9259	44.1703	71.3871	72.1528	27.9934
	2018	52.6761	49.1903	65.6501	70.6250	25.2390
	2019	55.5176	50.3171	72.1325	72.3026	27.3183
	2020	54.9959	52.0635	69.1286	74.2763	24.5152
	2021	58.6910	52.7118	79.7309	73.2323	29.0890
	2022	57.5962	51.0706	75.7009	74.5386	29.0749
	2023	57.2326	49.6611	78.4112	73.9428	26.9155
批发和零售业（F）	2012	57.5062	53.1666	60.8750	75.2500	40.7333
	2014	52.5888	41.2445	49.2030	70.8473	49.0604
	2015	53.2726	42.1279	64.1261	76.6156	30.2206
	2016	51.8932	41.2758	67.7222	72.8041	25.7707
	2017	52.3162	43.5221	69.6163	71.2421	24.8843
	2018	51.3520	46.8663	64.8085	69.6265	24.1067
	2019	52.9674	45.5915	68.6751	70.0699	27.5333
	2020	53.4049	50.0130	67.5074	71.2191	24.8802
	2021	57.2411	48.4427	77.9414	73.1105	29.4699
	2022	56.8564	45.9210	75.0276	76.9536	29.5233
	2023	56.8266	46.1407	78.5887	76.0371	26.5396
交通运输、仓储和邮政业（G）	2012	61.7665	56.6762	59.5779	82.6299	48.1818
	2014	55.1145	43.7452	50.5401	77.1605	49.0124
	2015	56.0587	45.3165	63.6881	81.9444	33.2857
	2016	54.3192	46.0027	66.2921	77.9454	27.0364
	2017	54.0626	47.9040	70.3897	73.5417	24.4150

续表

行业	年份	总体指数	分项指数			
			财权配置	财务控制	财务监督	财务激励
交通运输、仓储和邮政业（G）	2018	53.8242	51.2498	64.5213	73.7113	25.8143
	2019	56.7842	50.6737	71.9834	73.9583	30.5212
	2020	57.6188	55.0710	69.4422	75.8750	30.0868
	2021	60.4790	55.4078	80.8469	76.0316	29.6297
	2022	60.4476	54.5025	77.2222	79.8968	30.1688
	2023	59.1484	51.9495	80.7279	77.3438	26.5725
住宿和餐饮业（H）	2012	55.9314	49.1423	59.3750	71.8750	43.3333
	2014	46.6029	40.5026	43.7500	58.5227	43.6364
	2015	46.6809	34.8243	58.2862	62.5000	31.1130
	2016	47.0656	42.4816	59.0194	63.6364	23.1251
	2017	50.4527	44.6506	68.0188	66.6667	22.4748
	2018	50.9520	47.6498	66.0948	65.9722	24.0913
	2019	50.4842	40.4453	73.7134	70.1389	17.6394
	2020	54.3202	47.5013	66.4887	72.3214	30.9693
	2021	56.8613	50.8325	78.0662	72.3214	26.2251
	2022	61.3780	53.6807	75.4843	81.0938	35.2531
	2023	59.1003	48.0627	82.4982	79.5313	26.3091
信息传输、软件和信息技术服务业（I）	2012	55.8042	46.1252	48.5767	78.7129	49.8020
	2014	50.3246	38.2759	34.7481	72.5280	55.7463
	2015	52.8880	36.2358	69.5188	79.0086	26.7888
	2016	53.9917	38.1654	71.2074	75.0000	31.5942
	2017	54.6867	39.2779	73.8938	74.6513	30.9236
	2018	52.3871	42.0853	68.4437	71.2313	27.7881
	2019	54.4313	42.7998	73.5074	72.2527	29.1654
	2020	53.9271	44.7292	70.5174	72.7124	27.7494
	2021	58.1559	44.1050	79.1805	74.0707	35.2673
	2022	57.2668	42.2294	75.9931	79.3273	31.5172
	2023	56.6971	41.7460	79.8759	75.7013	29.4651
金融业（J）	2012	62.6992	50.4308	69.9695	87.9573	42.4390
	2014	53.9330	36.4297	56.5407	81.8314	40.9302
	2015	53.3176	42.8806	74.4261	77.1684	18.7953
	2016	55.7111	39.9407	79.0492	75.4386	28.4161

续表

行业	年份	总体指数	分项指数			
			财权配置	财务控制	财务监督	财务激励
金融业（J）	2017	55.8318	43.3271	78.6650	74.6753	26.6598
	2018	55.9357	47.4689	72.8150	74.3608	29.0979
	2019	57.3374	47.9694	76.5354	75.4673	29.3777
	2020	56.4433	50.5332	76.8708	77.1902	21.1789
	2021	62.0017	51.6448	84.3830	80.2604	31.7186
	2022	61.7377	49.8862	84.4996	84.3800	28.1850
	2023	58.6913	48.1880	85.9092	74.8942	25.7736
房地产业（K）	2012	58.1007	52.8870	58.7148	78.8292	41.9718
	2014	52.1633	42.6305	44.0341	73.5795	48.4091
	2015	51.9559	43.4657	61.1955	75.6063	27.5561
	2016	53.3262	43.0907	67.2531	74.0000	28.9607
	2017	53.7800	45.0595	69.3932	70.6000	30.0674
	2018	52.9165	48.7524	64.1446	72.5806	26.1882
	2019	54.1746	47.4167	70.1497	71.9792	27.1527
	2020	53.8364	50.3975	67.2327	70.8333	26.8821
	2021	58.3592	50.8789	78.8198	72.4330	31.3051
	2022	56.9906	48.5327	74.3076	76.7925	28.3298
	2023	57.1745	47.7754	79.5776	73.6696	27.6754
租赁和商务服务业（L）	2012	58.0943	49.0440	57.4405	80.6548	45.2381
	2014	54.7657	41.2503	46.0938	78.3854	53.3333
	2015	53.6921	37.3458	68.6568	76.2019	32.5638
	2016	53.4474	38.4302	71.4298	70.9375	32.9921
	2017	52.4975	38.3763	73.5386	71.2798	26.7953
	2018	51.1779	44.4769	67.9925	64.3868	27.8552
	2019	52.9121	43.6016	73.7399	65.2644	29.0423
	2020	52.6690	46.8763	67.3300	66.2716	30.1981
	2021	57.3868	45.3224	78.0299	71.7213	34.4738
	2022	57.7868	45.3957	75.3584	77.8809	32.5124
	2023	56.5802	43.5444	79.8014	75.6154	27.3597
科学研究和技术服务业（M）	2012	56.3698	44.9235	52.0833	72.9167	55.5556
	2014	53.9702	38.7218	38.0682	77.2727	61.8182
	2015	54.4614	40.4106	68.3486	78.4722	30.6143

续表

行业	年份	总体指数	分项指数			
			财权配置	财务控制	财务监督	财务激励
科学研究和技术服务业（M）	2016	54.2613	41.4610	71.9294	73.3696	30.2852
	2017	53.9235	44.4577	72.9601	69.7266	28.5497
	2018	52.2642	45.8882	67.5902	72.0052	23.5732
	2019	55.9676	47.2550	72.4096	76.9444	27.2613
	2020	55.4528	50.1968	70.4704	74.3873	26.7567
	2021	59.2507	49.6231	80.8153	75.0992	31.4654
	2022	58.3605	48.5735	76.0015	78.2513	30.6156
	2023	57.9669	46.2599	80.1712	77.8773	27.5594
水利、环境和公共设施管理业（N）	2012	54.2085	46.6709	48.3696	77.4457	44.3478
	2014	52.5266	40.4909	43.5096	71.8750	54.2308
	2015	53.1966	42.9241	67.5955	76.4583	25.8086
	2016	55.0095	41.4772	71.0954	76.1364	31.3289
	2017	54.2497	41.1034	72.0424	71.8750	31.9781
	2018	53.3088	47.1011	66.3963	70.0000	29.7380
	2019	54.7483	47.5350	72.7638	68.4028	30.2917
	2020	53.5774	49.0213	68.5632	69.1532	27.5719
	2021	56.5953	48.0938	77.8481	69.5411	30.8982
	2022	56.7216	46.5429	74.2395	73.8264	32.2775
	2023	56.4650	46.1176	78.7628	72.3518	28.6280
教育（P）	2012	59.8958	33.3333	62.5000	93.7500	50.0000
	2014	47.3958	33.3333	37.5000	68.7500	50.0000
	2015	56.7766	48.3333	68.3564	68.7500	41.6667
	2016	49.0068	34.3742	57.4618	70.8333	49.0068
	2017	51.3908	32.9526	69.3161	71.8750	31.4195
	2018	48.9604	42.7778	63.4619	62.5000	27.1019
	2019	52.8870	45.7231	70.7376	71.0938	23.9935
	2020	52.4634	47.1269	68.9646	66.2500	27.5119
	2021	56.9731	49.1257	79.3095	69.8864	29.5710
	2022	57.8249	47.3326	77.3352	76.4583	30.1735
	2023	52.7277	44.7042	75.6275	65.0000	25.5793
卫生和社会工作（Q）	2012	56.9318	50.2272	45.8333	75.0000	56.6667
	2014	50.8067	43.2269	32.8125	67.1875	60.0000

续表

行业	年份	总体指数	分项指数			
			财权配置	财务控制	财务监督	财务激励
卫生和社会工作（Q）	2015	51.9037	38.9519	68.1866	73.7500	26.7263
	2016	53.7651	40.7624	69.1012	71.4286	33.7683
	2017	52.3252	40.0480	70.1254	68.7500	30.3774
	2018	54.2863	50.6782	66.8015	71.8750	27.7906
	2019	54.3477	44.5153	73.8939	61.4583	37.5233
	2020	53.1306	45.6649	66.8487	69.2308	30.7782
	2021	57.0124	44.4741	78.5285	68.2292	36.8177
	2022	57.6468	48.2622	79.0983	71.5385	31.6882
	2023	58.3231	46.1343	80.1874	75.5000	31.4709
文化、体育和娱乐业（R）	2012	59.3099	52.9273	55.6250	82.1875	46.5000
	2014	52.2369	39.8095	43.5345	76.2931	49.3103
	2015	52.9619	38.3229	64.9135	78.4722	30.1391
	2016	54.5302	41.6635	68.9940	75.9146	31.5486
	2017	54.9002	41.3676	72.1267	74.8698	31.2366
	2018	54.6103	47.6769	66.4333	73.7069	30.6242
	2019	54.0479	45.8921	70.8894	68.9693	30.4407
	2020	54.8081	48.8555	68.4481	73.5991	28.3297
	2021	57.4210	48.8847	77.6629	72.8795	30.2568
	2022	57.7549	48.1339	74.0350	76.9570	31.8937
	2023	56.6018	47.5254	79.8757	73.0847	25.9214
综合（S）	2012	54.1662	55.3579	48.0114	73.2955	40.0000
	2014	51.9079	47.0067	42.4479	69.0104	49.1667
	2015	51.4724	41.1287	62.7573	72.2500	29.7538
	2016	52.2414	41.1376	66.7459	70.9239	30.1581
	2017	51.4838	42.0461	70.2843	65.2174	28.3875
	2018	47.1910	48.7507	61.0409	58.3333	20.6393
	2019	49.4460	49.4194	65.2542	58.0882	25.0222
	2020	52.1286	51.8690	61.4416	66.3462	28.8577
	2021	52.6706	50.1340	72.3859	58.6538	29.5088
	2022	55.0875	49.9439	74.4197	69.8077	26.1786
	2023	53.1127	48.9817	78.6289	61.1458	23.6945

注：①由于教育（P）在2012年、2014年和2015年只有1家上市公司，难以反映该行业的实际平均水平，故只比较2016~2023年；②居民服务、修理和其他服务业(O)只有1家上市公司，难以代表该行业整体水平，故排名时剔除。

从表18-3可以看出：

第一，从财务治理总体指数看，2012～2023年，有6个行业（剔除教育）的上市公司财务治理指数均值在2012年为最高水平，5个行业在2021年达到最高水平，4个行业在2022年达到最高水平，2个行业在2023年达到最高水平。相比2012年，2023年有7个行业上升，升幅在0.22～3.17分，升幅最大的是住宿和餐饮业（H）；有10个行业（剔除教育）下降，降幅在0.15～4.01分，降幅最大的是金融业（J）。相比2022年，2023年有5个行业上升，升幅在0.16～0.93分，升幅最大的是电力、热力、燃气及水生产和供应业（D）；有13个行业下降，降幅在0.02～5.10分，降幅最大的是教育（P）。

第二，从财权配置分项指数看，相比2012年，2023年只有科学研究和技术服务业（M）（剔除教育）上升，上升1.3364分；其他16个行业全部下降，降幅在0.25～7.03分，降幅最大的是批发和零售业（F）。相比2022年，2023年只有农林牧渔业（A）、批发和零售业（F）2个行业上升，升幅分别2.5472分和0.2197分；其他16个行业全部下降，降幅在0.42～5.62分，降幅最大的是住宿和餐饮业（H）。

第三，从财务控制分项指数看，相比2012年，2023年全部17个行业（剔除教育）都有较大幅度上升，升幅在15.93～34.36分，升幅最大的是卫生和社会工作（Q）。相比2022年，2023年有17个行业上升，升幅在1.08～7.02分，升幅最大的是住宿和餐饮业（H）；有1个行业下降，下降1.7077分，是教育（P）。

第四，从财务监督分项指数看，相比2012年，2023年有5个行业上升，升幅在0.50～7.66分，升幅最大的是住宿和餐饮业（H）；有12个行业（剔除教育）下降，降幅在0.09～13.07分，降幅最大的是金融业（J）。相比2022年，2023年只有卫生和社会工作（Q）、采矿业（B）上升，升幅分别是3.9615分和1.7859分；其他16个行业全部下降，降幅在0.37～11.46分，降幅最大的是教育（P）。

第五，从财务激励分项指数看，相比2012年，2023年全部17个行业（剔除教育）都下降，降幅在14.19～28.00分，降幅最大的是科学研究和技术服务业（M）。相比2022年，2023年只有电力、热力、燃气及水生产和供应业（D）上升，上升1.7233分；其他17个行业全部下降，降幅在0.21～8.95分，降幅最大的是住宿和餐饮业（H）。

18.4　分所有制财务治理指数的年度比较

依照第1章的五种所有制类型的划分，对2010年、2012年以及2014～2023年十二个年度财务治理总体指数和四个分项指数进行比较，结果参见表18-4 Panel A。另外，进一步将样本按照国有控股公司和非国有控股公司分类，结果参见表18-4 Panel B。

表18-4　2010～2023年不同所有制上市公司财务治理指数均值比较

所有制类型	年份	总体指数	分项指数				总体指数排名
			财权配置	财务控制	财务监督	财务激励	
Panel A 按照五类所有制公司分类							
国有绝对控股公司	2010	56.9361	56.2882	58.0586	78.8919	34.5055	1

续表

所有制类型	年份	总体指数	分项指数				总体指数排名
			财权配置	财务控制	财务监督	财务激励	
Panel A 按照五类所有制公司分类							
国有绝对控股公司	2012	60.2658	56.1718	62.4774	79.5516	42.8623	1
	2014	55.8363	45.9251	51.4310	77.3359	48.6532	1
	2015	55.6342	45.3314	65.2675	79.4703	32.4673	1
	2016	54.4177	45.5535	68.3606	78.0000	25.7568	2
	2017	54.0869	47.0012	71.5693	73.8327	23.9444	2
	2018	53.6337	51.6210	65.4281	73.6275	23.8581	1
	2019	56.7598	51.9071	71.5877	75.7519	27.7925	1
	2020	56.0631	56.2359	69.5479	75.2806	23.1881	1
	2021	60.4274	55.5515	80.8140	75.9143	29.4298	1
	2022	60.0868	54.2713	78.2866	80.4107	27.3786	1
	2023	59.4900	53.2115	81.5482	78.0900	25.1103	1
国有强相对控股公司	2010	54.0436	53.3522	54.8513	76.4695	31.5014	2
	2012	59.9686	54.3536	62.0605	78.4342	45.0260	2
	2014	54.1256	43.3430	50.1044	73.0310	50.0239	2
	2015	54.3197	44.0420	63.8879	76.9003	32.4487	2
	2016	53.1303	44.1244	68.3274	72.8837	27.1859	4
	2017	53.3406	46.3855	70.4295	71.5123	25.0352	4
	2018	53.3740	51.0791	65.2764	71.2881	25.8524	2
	2019	55.8340	51.4051	71.5917	73.0487	27.2906	2
	2020	55.3852	54.2105	69.4808	73.0559	24.7935	2
	2021	59.7394	54.7025	79.5669	74.5495	30.1384	2
	2022	59.3357	53.2789	77.1491	78.2382	28.6768	2
	2023	58.9522	51.5987	80.7586	76.2582	27.1932	2
国有弱相对控股公司	2010	52.7225	51.5832	53.1736	74.5790	31.5544	4
	2012	57.7006	52.9208	58.7662	75.7711	43.3442	3
	2014	52.3055	42.0644	47.4743	70.8476	48.8356	3
	2015	52.4671	41.7287	64.2727	73.3055	30.5617	4
	2016	52.3695	43.0366	69.0926	69.8289	27.5198	5
	2017	53.0626	44.1147	70.9358	69.9140	27.2859	5
	2018	52.5647	48.5637	66.2617	68.9538	26.4796	3
	2019	54.8741	48.9252	71.8126	70.4844	28.2741	3

续表

续表

所有制类型	年份	总体指数	分项指数				总体指数排名
			财权配置	财务控制	财务监督	财务激励	
Panel A 按照五类所有制公司分类							
国有弱相对控股公司	2020	53.7415	49.9715	69.2398	70.2268	25.5277	4
	2021	58.9416	51.6098	79.6419	72.7829	31.7320	3
	2022	58.2316	49.1232	76.4139	76.4488	30.9406	3
	2023	58.0642	48.5250	79.7057	74.8676	29.1585	3
国有参股公司	2010	52.1170	47.8697	54.3546	74.7650	31.4787	5
	2012	56.0275	46.5483	54.4527	75.0000	48.1088	5
	2014	52.0085	39.1030	45.3973	70.8979	52.6357	4
	2015	52.8823	40.3522	66.7156	76.2334	28.2280	3
	2016	54.5714	40.1255	72.7376	74.3310	31.0914	1
	2017	54.2392	41.1978	73.8211	72.8859	29.0518	1
	2018	52.2659	44.7690	68.0841	70.0852	26.1254	4
	2019	54.3117	44.7378	72.8463	69.5321	30.1307	4
	2020	54.0107	47.3108	70.6560	71.2069	26.8691	3
	2021	57.7234	46.0010	79.0850	72.9701	32.8374	4
	2022	56.7372	43.9838	75.8212	76.7188	30.4251	5
	2023	56.6974	43.2911	79.4884	74.8142	29.1958	5
无国有股份公司	2010	52.8073	49.4929	56.0144	75.1860	30.5357	3
	2012	56.5176	47.0559	52.9753	74.9349	51.1042	4
	2014	51.8716	39.4525	41.2589	71.7437	55.0313	5
	2015	52.1901	38.9159	67.8273	74.8360	27.1811	5
	2016	53.1548	39.2231	70.8705	72.5988	29.9268	3
	2017	53.5404	40.4659	72.8024	71.9445	28.9489	3
	2018	51.1554	42.9995	66.4436	68.8254	26.3531	5
	2019	53.0322	42.1418	71.3464	69.2280	29.4128	5
	2020	52.6766	44.7634	68.8225	69.7719	27.3488	5
	2021	57.2942	44.5054	78.8105	72.4121	33.4487	5
	2022	56.8579	42.9324	75.9259	77.3825	31.1909	4
	2023	56.9274	41.5308	79.6160	76.8276	29.7353	4
Panel B 按照国有控股公司和非国有控股公司分类							
国有控股公司	2010	54.6964	53.9140	55.5250	76.8315	32.5153	1
	2012	59.3317	54.4161	61.1312	77.9055	43.8740	1

续表

所有制类型	年份	总体指数	分项指数				总体指数排名
			财权配置	财务控制	财务监督	财务激励	
Panel B 按照国有控股公司和非国有控股公司分类							
国有控股公司	2014	54.1024	43.7334	49.7334	73.6669	49.2758	1
	2015	54.1845	43.7716	64.3925	76.6435	31.9302	1
	2016	53.1947	44.1164	68.5853	73.1293	26.9477	2
	2017	53.4305	45.7837	70.8751	71.5489	25.5145	2
	2018	53.1532	50.3284	65.6589	71.0379	25.5877	1
	2019	55.6944	50.5915	71.6739	72.7309	27.7812	1
	2020	55.3358	54.2000	69.4599	73.4173	24.2658	1
	2021	59.8259	54.3056	80.0871	74.6772	30.2337	1
	2022	59.3795	52.7116	77.4325	78.6902	28.6835	1
	2023	58.9102	51.3611	80.7653	76.5600	26.9546	1
非国有控股公司	2010	52.5023	48.7757	55.2810	75.0000	30.9524	2
	2012	56.3770	46.9103	53.3990	75.9536	50.2452	2
	2014	51.9068	39.3627	42.3224	71.5264	54.4157	2
	2015	52.4458	39.4466	67.4166	75.3523	27.5679	2
	2016	53.7102	39.5769	71.6025	73.2779	30.3834	1
	2017	53.7892	40.7264	73.1650	72.2796	28.9856	1
	2018	51.5494	43.6273	67.0256	69.2723	26.2723	2
	2019	53.5021	43.0951	71.8972	69.3397	29.6764	2
	2020	53.1208	45.6115	69.4330	70.2497	27.1891	2
	2021	57.4139	44.9225	78.8871	72.5677	33.2782	2
	2022	56.8220	43.2455	75.8948	77.1848	30.9628	2
	2023	56.8511	42.1148	79.5737	76.1596	29.5563	2

从表 18-4 Panel A 可以看出：

第一，从财务治理总体指数看，十二个年度中，五类所有制公司基本上都是波动式变化，而且变化方向基本一致。十二个年度中，国有强相对控股公司财务治理指数均值在 2012 年为最高水平；其余四类所有制公司都在 2021 年为最高水平，参见图 18-3。相比 2010 年，2023 年五类所有制公司财务治理指数均值都有不同程度上升，升幅在 2.55～5.35 分，国有弱相对控股公司升幅最大，国有绝对控股公司升幅最小；相比 2022 年，2023 年除无国有股份公司小幅上升 0.0695 分之外，其他四类所有制公司均有不同程度的下降，降幅在 0.03～0.60 分，降幅最大的是国有绝对控股公司，降幅最小的是国有参股公司。

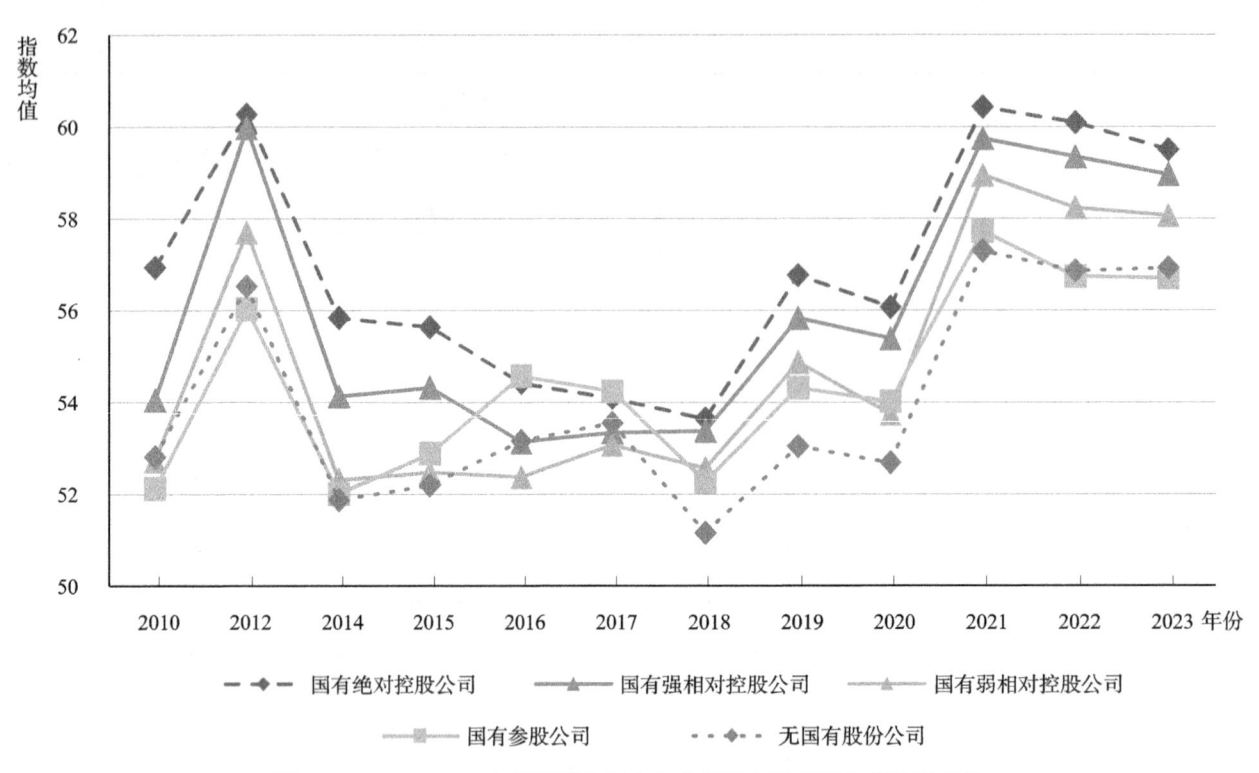

图18-3　2010～2023年不同所有制上市公司财务治理总体指数的变化

第二，从财权配置分项指数看，相比2010年，2023年五类所有制公司都有所下降，降幅在1.75～7.97分，降幅最大的是无国有股份公司；相比2022年，2023年五类所有制公司也都有所下降，降幅在0.59～1.69分，降幅最大的是国有强相对控股公司。

第三，从财务控制分项指数看，相比2010年，2023年五类所有制公司都大幅上升，升幅在23.48～26.54分，升幅最大的是国有弱相对控股公司；相比2022年，2023年五类所有制公司也都是上升的，升幅在3.26～3.70分，升幅最大的是无国有股份公司。

第四，从财务监督分项指数看，相比2010年，2023年国有绝对控股公司和国有强相对控股公司有所下降，降幅分别是0.8019分和0.2113分；其他三类所有制公司都上升，升幅在0.04～1.65分，升幅最大的是无国有股份公司。相比2022年，2023年五类所有制公司都是下降的，降幅在0.55～2.33分，降幅最大的是国有绝对控股公司。

第五，从财务激励分项指数看，相比2010年，2023年五类所有制公司都是下降的，降幅在0.80～9.40分，降幅最大的是国有绝对控股公司；相比2022年，2023年五类所有制公司也都是下降的，降幅在1.22～2.27分，降幅最大的是国有绝对控股公司。

从表18-4 Panel B可以看出：

第一，从财务治理总体指数看，十二个年度中，两类所有制公司基本上都呈波动式变化，且变化方向大体相同。除了2016年和2017年非国有控股公司财务治理指数均值大于国有控股公司外，其他年度都是国有控股公司大于非国有控股公司，参见图18-4。十二个年度中，国有控股公司和非国有控股公司都在2021年达到最高水平。相比2010年，2023年国有控股公司和非国有控股公司分别上升4.2138分和4.3488分；相比2022年，2023年国有控股公司下降0.4693分，非国有控股公司上升0.0291分。

图18-4 2010～2023年国有控股与非国有控股上市公司财务治理总体指数的变化

第二，从财权配置分项指数看，相比2010年，2023年国有控股公司和非国有控股公司分别下降2.5529分和6.6609分；相比2022年，2023年国有控股公司和非国有控股公司分别下降1.3505分和1.1307分。

第三，从财务控制分项指数看，相比2010年，2023年国有控股公司和非国有控股公司分别上升25.2403分和24.2927分；相比2022年，2023年国有控股公司和非国有控股公司分别上升3.3328分和3.6789分。

第四，从财务监督分项指数看，相比2010年，2023年国有控股公司下降0.2715分，非国有控股公司上升1.1596分；相比2022年，2023年国有控股公司和非国有控股公司分别下降2.1302分和1.0252分。

第五，从财务激励分项指数看，相比2010年，2023年国有控股公司和非国有控股公司分别下降5.5607分和1.3961分；相比2022年，2023年国有控股公司和非国有控股公司分别下降1.7289分和1.4065分。

18.5 分上市板块财务治理指数的年度比较

按照五个上市板块的划分，对不同板块上市公司2010年、2012年以及2014～2023年十二个年度财务治理总体指数和四个分项指数进行比较。由于沪市科创板2019年6月才开板，所以只比较2020～2023年四年的数据。北交所是2021年11月开市，只比较2022～2023年两年的数据。另外，深市主板含原来的中小企业板。统计结果参见表18-5。

表 18-5 2010～2023年不同板块上市公司财务治理指数均值比较

板块	年份	总体指数	分项指数				总体指数排名
			财权配置	财务控制	财务监督	财务激励	
深市主板	2010	53.6162	50.5447	58.2184	74.8928	30.8088	2

续表

板块	年份	总体指数	分项指数				总体指数排名
			财权配置	财务控制	财务监督	财务激励	
深市主板	2012	58.2953	47.7612	60.6183	74.8824	49.9194	2
	2014	53.6512	38.1041	49.0778	73.0133	54.4098	2
	2015	53.7475	39.9713	69.4043	75.6302	29.9842	1
	2016	54.9109	40.8760	75.3303	72.9150	30.5223	2
	2017	55.3111	42.4676	77.2118	72.2768	29.2882	2
	2018	53.4919	45.9878	71.3667	68.9877	27.6253	1
	2019	55.6314	46.7327	75.6409	69.6513	30.5008	1
	2020	54.9509	48.5016	74.0008	69.8925	27.4086	1
	2021	58.3924	48.0921	81.0631	72.0813	32.3331	1
	2022	57.9350	47.0518	78.1716	76.0255	30.4910	2
	2023	58.1462	46.3823	81.1382	75.4161	29.6482	1
深市创业板	2010	60.3307	61.9586	66.9492	81.5678	30.8475	1
	2012	52.3863	44.6296	35.2758	76.5792	53.0605	3
	2014	47.8391	39.7698	23.4664	72.1306	55.9895	3
	2015	53.3254	37.8095	71.5965	77.8037	26.0919	2
	2016	55.8157	39.7167	74.7528	77.5918	31.2017	1
	2017	56.3712	41.5710	78.1426	75.2334	30.5378	1
	2018	53.4451	43.1685	71.9474	71.8317	26.8326	2
	2019	55.5933	43.4077	77.9881	71.6184	29.3588	2
	2020	54.9302	44.5964	74.8562	72.0634	28.2048	2
	2021	58.2404	45.1697	82.1746	72.4209	33.1964	2
	2022	57.9450	43.3962	79.0946	78.0822	31.2071	1
	2023	57.7762	42.6912	81.2619	77.1913	29.9602	2
沪市主板	2010	53.0055	51.1216	51.8743	76.4168	32.6092	3
	2012	58.3843	54.4969	58.3288	77.6581	43.0534	1
	2014	54.1904	45.4155	49.5719	73.4391	48.3351	1
	2015	52.2759	43.8618	60.2507	75.2888	29.7022	3
	2016	50.8625	42.3180	62.9909	71.5527	26.5884	3
	2017	50.5866	42.7949	64.4503	70.1806	24.9207	3
	2018	49.8780	46.5779	59.2301	69.5530	24.1507	3
	2019	52.0783	45.2174	65.0232	70.4746	27.5981	3
	2020	52.4495	50.6270	62.8451	71.5245	24.8013	3

续表

板块	年份	总体指数	分项指数				总体指数排名
			财权配置	财务控制	财务监督	财务激励	
沪市主板	2021	58.1883	50.0708	76.6541	73.5947	32.4336	3
	2022	57.7650	48.4670	74.2612	77.5623	30.7696	3
	2023	57.6514	47.2754	78.9232	75.2332	29.1736	3
沪市科创板	2020	48.6312	37.9476	60.4065	79.1223	17.0483	4
	2021	55.8498	39.9633	74.3051	79.8805	29.2501	4
	2022	56.3507	40.2490	73.0562	84.2444	27.8533	4
	2023	56.5645	39.8212	78.2475	82.3511	25.8383	4
北交所	2022	46.9171	36.5154	63.9214	68.1032	19.1285	5
	2023	50.5329	38.8141	74.8888	69.7011	18.7276	5

从表 18-5 可以看出：

第一，从财务治理总体指数看，十二个年度中，深市主板与深市创业板在 2015～2017 年连续三年上升，在 2018～2023 年波动式变化；沪市主板在 2014～2018 年连续五年下滑，在 2019～2021 年连续三年上升，近两年连续下降；沪市科创板在 2021～2023 年连续三年上升。五个板块中，深市主板 2018～2021 年及 2023 年都排名第一；深市创业板 2018～2021 年及 2023 年都排名第二，2022 年排名第一；沪市主板近九年都排名第三位；沪市科创板近四年排名都是第四；北交所近两年排名都是最后，参见图 18-5。相比 2010 年，2023 年三个板块（无沪市科创板和北交所，下同）中，深市主板和沪市主板分别上升 4.5300 分和 4.6459 分，深市创业板下降 2.5545 分；相比 2020 年（沪市科创板纳入评价，下同），2023 年沪市科创板上升 7.9333 分；相比 2022 年，2023 年深市创业板和沪市主板分别下降 0.1688 分和 0.1136 分，其他三个板块均有所上升，升幅最大的是北交所，上升 3.6158 分，升幅最小的是深市主板，上升 0.2112 分。

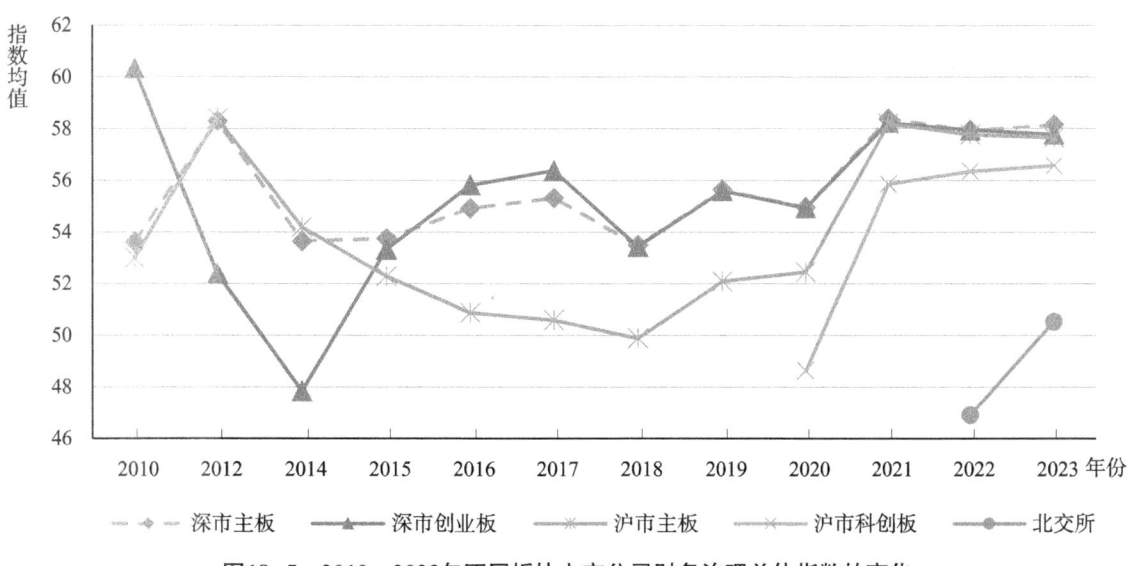

图18-5　2010～2023年不同板块上市公司财务治理总体指数的变化

第二，从财权配置分项指数看，相比 2010 年，2023 年三个板块都是下降的，尤其是深市创业板大幅下降 19.2674 分，其他两个板块下降在 4.17 分以下。相比 2020 年，2023 年沪市科创板上升 1.8736 分。相比 2022 年，2023 年除北交所上升 2.2987 分外，其他四个板块均有不同程度的下降，降幅最大的是沪市主板，下降 1.1916 分；降幅最小的是沪市科创板，下降 0.4278 分。

第三，从财务控制分项指数看，相比 2010 年，2023 年三个板块都明显上升，升幅最大的是沪市主板，上升 27.0489 分；升幅最小的是深市创业板，上升 14.3127 分。相比 2020 年，2023 年沪市科创板大幅上升 17.8410 分。相比 2022 年，2023 年五个板块都有所上升，升幅最大的是北交所，上升 10.9674 分；升幅最小的是深市创业板，上升 2.1673 分。

第四，从财务监督分项指数看，相比 2010 年，2023 年深市主板上升 0.5233 分；深市创业板和沪市主板分别下降 4.3765 分和 1.1836 分。相比 2020 年，2023 年沪市科创板上升 3.2288 分。相比 2022 年，2023 年除北交所上升 1.5979 分外，其他四个板块都下降，降幅最大的是沪市主板，下降 2.3291 分；降幅最小的是深市主板，下降 0.6094 分。

第五，从财务激励分项指数看，相比 2010 年，三个板块都是下降的，降幅最大的是沪市主板，下降 3.4356 分；降幅最小的是深市创业板，下降 0.8873 分。相比 2020 年，2023 年沪市科创板上升 8.7900 分。相比 2022 年，2023 年五个板块均下降，降幅最大的是沪市科创板，下降 2.0150 分；降幅最小的是北交所，下降 0.4009 分。

18.6　本章小结

本章从总体、地区、行业、所有制类型和上市板块角度比较了 2010～2023 年中国上市公司的财务治理水平，主要结论如下：

第一，从财务治理总体指数看，2010～2023 年呈波动式平缓变化，2021 年达到十二年中的最大值，为 58.1295 分，近两年略有下降。相比 2010 年，2023 年上升 3.9123 分；相比 2022 年，2023 年下降 0.0820 分。在财权配置分项指数上，相比 2010 年，2023 年下降 6.3789 分；相比 2022 年，2023 年下降 1.0628 分。在财务控制分项指数上，相比 2010 年，2023 年上升 24.5278 分，上升幅度较大；相比 2022 年，2023 年上升 3.5984 分。在财务监督分项指数上，相比 2010 年，2023 年上升 0.4066 分；相比 2022 年，2023 年下降 1.3298 分。在财务激励分项指数上，相比 2010 年，2023 年下降 2.9064 分；相比 2022 年，2023 年下降 1.5335 分。从财务治理四个分项指数的变化看，相比 2022 年，2023 年财务治理总体指数出现下降主要源于财权配置、财务监督和财务激励分项指数的下降，而这三个方面的下降，尤其是财务激励分项指数相对较大幅度的下降，与 2023 年经济下行以及由此带来的上市公司财务治理制度建设减缓都有着密切关系。

第二，从地区看，在财务治理总体指数上，十二个年度中，四个地区都是波动式变化，但变化趋势基本一致。相比 2010 年，2023 年四个地区都是上升的，西部升幅最大；相比 2022 年，2023 年除了西部略有上升外，其他三个地区都出现下降，东北降幅最大。总体看，除 2021 年外，东部上市公司在其他各年份的财务治理表现均最好；除 2012 年外，东北上市公司在其他各年份的财务治理表现均最差。在财权配置分项指数上，相比 2010 年和 2022 年，2023 年四个地区都是下降的。在财务控制分项指数上，相比 2010 年和 2022 年，2023 年四个地区都是上升的。在财务监督分项指数上，相比 2010 年，2023 年除了中部地区小幅上升外，其他三个地区都是下降的；相比 2022 年，2023 年四个地区都是下降的。在财务激励分项指数上，相比 2010 年和 2022 年，2023 年四个地区都是下降的。

第三，从行业看，在财务治理总体指数上，相比 2012 年，2023 年有 7 个行业上升；相比 2022 年，2023 年有 5 个行业上升。在财权配置分项指数上，相比 2012 年，2023 年有 1 个行业（剔除教育）上升；相比 2022 年，2023 年有 2 个行业上升。在财务控制分项指数上，相比 2012 年，2023 年全部 17 个行业（剔除教育）都有较大幅度上升；相比 2022 年，2023 年有 17 个行业上升。在财务监督分项指数上，相比 2012 年，2023 年有 5 个行业上升；相比 2022 年，2023 年只有 2 个行业上升。在财务激励分项指数上，相比 2012 年，2023 年全部 17 个行业（剔除教育）都下降；相比 2022 年，2023 年只有 1 个行业上升，其他 17 个行业下降。

第四，从所有制看，在财务治理总体指数上，十二个年度中，国有控股公司和非国有控股公司基本上都呈波动式变化，且变化方向大体相同。除了 2016 年和 2017 年非国有控股公司财务治理指数均值大于国有控股公司外，其他年度都是国有控股公司大于非国有控股公司。相比 2010 年，2023 年两类公司都上升；相比 2022 年，2023 年国有控股公司下降，非国有控股公司上升。在财权配置分项指数上，相比 2010 年和 2022 年，2023 年两类公司都是下降的。在财务控制分项指数上，相比 2010 年和 2022 年，2023 年两类公司都是上升的。在财务监督分项指数上，相比 2010 年，2023 年国有控股公司下降，非国有控股公司上升；相比 2022 年，2023 年两类公司都是下降的。在财务激励分项指数上，相比 2010 年和 2022 年，2023 年两类公司都是下降的。

第五，从上市板块看，在财务治理总体指数上，五个板块中，深市主板和深市创业板总体表现好于沪市主板、沪市科创板和北交所。相比 2010 年，2023 年三个板块（无沪市科创板和北交所，下同）中，深市主板和沪市主板上升，而深市创业板下降；相比 2020 年，2023 年沪市科创板上升；相比 2022 年，2023 年除深市创业板和沪市主板略有下降外，其他三个板块均有所上升。在财权配置分项指数上，相比 2010 年，2023 年三个板块都下降；相比 2020 年，2023 年沪市科创板上升；相比 2022 年，2023 年除北交所上升外，其他四个板块均有不同程度的下降。在财务控制分项指数上，相比 2010 年，2023 年三个板块都明显上升；相比 2020 年，2023 年沪市科创板大幅上升；相比 2022 年，2023 年五个板块都有所上升。在财务监督分项指数上，相比 2010 年，2023 年深市主板上升，深市创业板和沪市主板则都下降；相比 2020 年，2023 年沪市科创板上升；相比 2022 年，2023 年除北交所上升外，其他四个板块都下降。在财务激励分项指数上，相比 2010 年，2023 年三个板块都下降；相比 2020 年，2023 年沪市科创板上升；相比 2022 年，2023 年五个板块均下降。

第六篇　自愿性信息披露指数

第19章 自愿性信息披露总体指数排名及比较

根据本报告第 1 章自愿性信息披露指数评价方法，以及我们评估获得的 2023 年度 5061 家样本上市公司指数数据，本章对这些公司的自愿性信息披露指数进行总体排名和分析，然后分别从地区、行业、上市板块以及是否沪深 300 四个方面进行比较分析。

19.1 自愿性信息披露指数总体分布及排名

基于上市公司 2023 年的公开数据，我们对 5061 家上市公司自愿性信息披露指数进行了计算，据此可以得到中国上市公司自愿性信息披露指数的总体排名情况。

19.1.1 自愿性信息披露指数总体分布

2023 年上市公司自愿性信息披露指数的总体情况参见表 19-1。

表 19-1 2023 年上市公司自愿性信息披露指数总体情况

项目	公司数目	平均值	中位值	最大值	最小值	标准差	偏度系数	峰度系数
数值	5061	71.0259	71.7014	90.7986	46.7014	6.4229	-0.4343	0.0657

从表 19-1 可以看出，2023 年上市公司自愿性信息披露指数最大值 90.7986 分，最小值 46.7014 分，平均值 71.0259 分，中位值 71.7014 分，全部样本的绝对差距较大，最大值高出最小值 44.0972 分。相较于 2022 年的平均值 70.9583 分，本年度上升 0.0676 分，平均值已经连续 4 年超过及格线。

为了进一步了解上市公司自愿性信息披露指数的具体分布，我们将自愿性信息披露指数按 5 分为一个间隔，划分为 12 个区间（45 分以下的公司数目为 0，合并为一个区间）。各区间公司数目分布和所占比重参见表 19-2。

表 19-2 2023 年上市公司自愿性信息披露指数区间分布

分值区间	公司数目	占比 / %	累计占比 / %
[0,45)	0	0.00	0.00
[45,50)	11	0.22	0.22
[50,55)	51	1.01	1.23

续表

分值区间	公司数目	占比 / %	累计占比 / %
[55,60)	218	4.31	5.53
[60,65)	625	12.35	17.88
[65,70)	1125	22.23	40.11
[70,75)	1541	30.45	70.56
[75,80)	1147	22.66	93.22
[80,85)	324	6.40	99.62
[85,90)	18	0.36	99.98
[90,95)	1	0.02	100.00
[95,100]	0	0.00	100.00
总体	5061	100.00	—

图 19-1 更直观地显示了 2023 年上市公司自愿性信息披露指数分布情况。从表 19-1 可知，上市公司自愿性信息披露指数基本符合正态分布，为负偏态分布，偏态系数为 -0.4343。

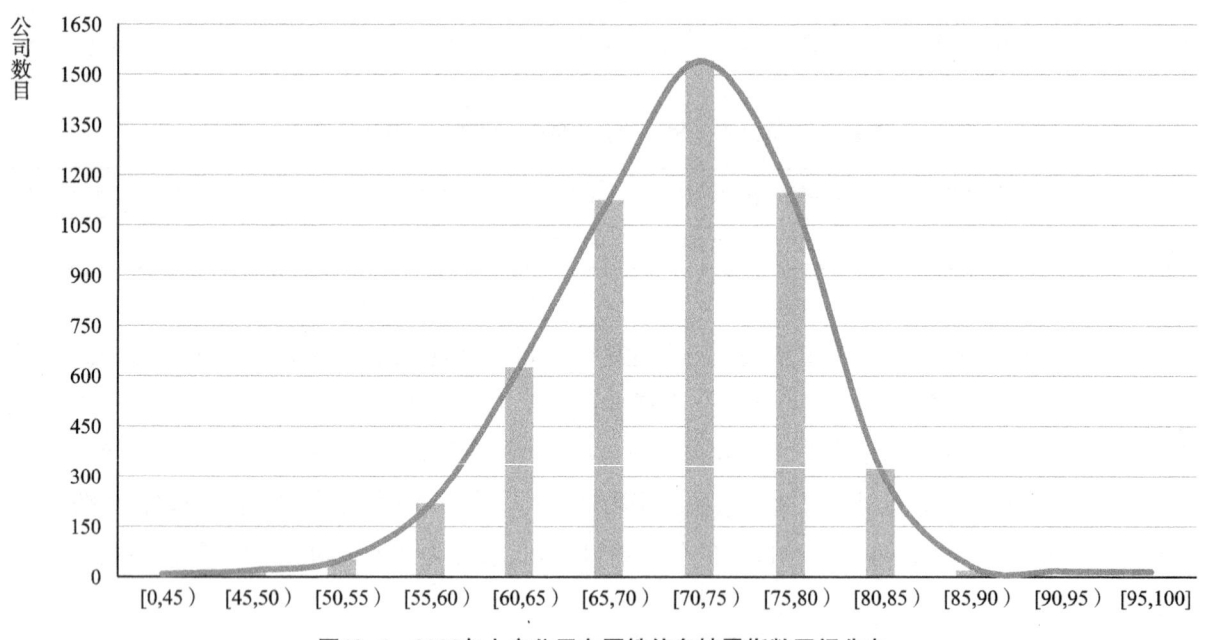

图19-1 2023年上市公司自愿性信息披露指数区间分布

由表 19-2 和图 19-1 可知，2023 年上市公司自愿性信息披露指数分布相对比较集中，绝大多数分布在 [65,80) 区间，有 3813 家公司，占比为 75.34%。其中，分布在 [70,75) 的公司最多，有 1541 家，占比为 30.45%。达到及格线（60 分）的公司有 4781 家，占比为 94.47%，相比 2022 年的 93.98%，提高了 0.49 个百分点。

19.1.2 自愿性信息披露指数前100名

表19-3给出了5061家上市公司中排名前100的自愿性信息披露指数的基本统计数据。可以看出，前100名公司的自愿性信息披露指数均值为83.9762分，较2022年下降0.5708分。

表 19-3 2023年上市公司自愿性信息披露指数前 100 名

项目	平均值	中位值	最大值	最小值	标准差
前100名	83.9762	83.6806	90.7986	82.4653	1.4829
总体	71.0259	71.7014	90.7986	46.7014	6.4229

注：因存在指数值相同的公司，故前100名公司实际是101家公司。

我们对5061家上市公司的自愿性信息披露指数从大到小降序排列，指数越高，说明上市公司自愿性信息披露水平越高。表19-4是自愿性信息披露指数排名前100的上市公司情况。

表 19-4 2023年上市公司自愿性信息披露指数排名－前100名

排名	代码	公司简称	指数值	排名	代码	公司简称	指数值
1	300983	尤安设计	90.7986	20	000920	沃顿科技	84.8958
2	000498	山东路桥	89.7569	20	300057	万顺新材	84.8958
3	601326	秦港股份	87.1528	20	300296	利亚德	84.8958
4	000544	中原环保	86.9792	20	301322	绿通科技	84.8958
4	600997	开滦股份	86.9792	20	605100	华丰股份	84.8958
4	688187	时代电气	86.9792	20	688569	铁科轨道	84.8958
7	300956	英力股份	86.1111	26	300162	雷曼光电	84.7222
8	600231	凌钢股份	85.7639	27	300164	通源石油	84.5486
8	605567	春雪食品	85.7639	28	000776	广发证券	84.3750
8	688151	华强科技	85.7639	28	002597	金禾实业	84.3750
11	002267	陕天然气	85.4167	28	300253	卫宁健康	84.3750
11	002931	锋龙股份	85.4167	28	300359	全通教育	84.3750
11	300398	飞凯材料	85.4167	28	601808	中海油服	84.3750
11	301039	中集车辆	85.4167	33	000507	珠海港	84.2014
11	600268	国电南自	85.4167	33	000905	厦门港务	84.2014
11	603817	海峡环保	85.4167	33	000933	神火股份	84.2014
11	688106	金宏气体	85.4167	33	002783	凯龙股份	84.2014
11	688777	中控技术	85.4167	33	300080	易成新能	84.2014
19	300389	艾比森	85.2431	33	300948	冠中生态	84.2014

续表

排名	代码	公司简称	指数值	排名	代码	公司简称	指数值
33	301096	百诚医药	84.2014	66	002918	蒙娜丽莎	82.8125
33	301289	国缆检测	84.2014	66	300003	乐普医疗	82.8125
33	600096	云天化	84.2014	66	300124	汇川技术	82.8125
42	000898	鞍钢股份	84.0278	66	300207	欣旺达	82.8125
42	688409	富创精密	84.0278	66	300229	拓尔思	82.8125
44	000598	兴蓉环境	83.8542	66	300601	康泰生物	82.8125
44	000738	航发控制	83.8542	66	300782	卓胜微	82.8125
44	000793	华闻集团	83.8542	66	300852	四会富仕	82.8125
44	001965	招商公路	83.8542	66	300866	安克创新	82.8125
44	002029	七匹狼	83.8542	66	300898	熊猫乳品	82.8125
44	300143	盈康生命	83.8542	66	300967	晓鸣股份	82.8125
50	000623	吉林敖东	83.6806	66	301193	家联科技	82.8125
50	300851	交大思诺	83.6806	66	600373	中文传媒	82.8125
50	300899	上海凯鑫	83.6806	66	688220	翱捷科技	82.8125
50	688339	亿华通	83.6806	85	000582	北部湾港	82.6389
54	002833	弘亚数控	83.5069	85	000923	河钢资源	82.6389
54	300743	天地数码	83.5069	85	002761	浙江建投	82.6389
54	600332	白云山	83.5069	85	300291	百纳千成	82.6389
54	600998	九州通	83.5069	85	300868	杰美特	82.6389
58	300586	美联新材	83.3333	85	300933	中辰股份	82.6389
58	301238	瑞泰新材	83.3333	85	301115	建科股份	82.6389
58	603322	超讯通信	83.3333	85	301167	建研设计	82.6389
61	301215	中汽股份	83.1597	85	600729	重庆百货	82.6389
61	830832	齐鲁华信	83.1597	85	688047	龙芯中科	82.6389
63	002758	浙农股份	82.9861	85	688114	华大智造	82.6389
64	300160	秀强股份	82.9861	85	688779	长远锂科	82.6389
64	688331	荣昌生物	82.9861	97	000589	贵州轮胎	82.4653
66	001317	三羊马	82.8125	97	300577	开润股份	82.4653
66	002034	旺能环境	82.8125	97	300737	科顺股份	82.4653
66	002050	三花智控	82.8125	97	600025	华能水电	82.4653
66	002436	兴森科技	82.8125	97	600660	福耀玻璃	82.4653
66	002851	麦格米特	82.8125	—	—	—	—

注：因存在指数值相同的公司，故前100名公司实际是101家公司。

从表 19-4 可以看出，2023 年上市公司自愿性信息披露指数前三名是尤安设计、山东路桥、秦港股份，分数都超过了 87 分，尤安科技是唯一一家得分超过 90 分的企业。有 25 家公司连续出现在近两年的前 100 名中，分别是尤安设计、山东路桥、秦港股份、开滦股份、时代电气、英力股份、春雪食品、华强科技、飞凯材料、中集车辆、中控技术、万顺新材、铁科轨道、卫宁健康、中海油服、神火股份、易成新能、云天化、鞍钢股份、兴蓉环境、天地数码、白云山、浙农股份、兴森科技、拓尔思；有 12 家公司连续出现在近三年的前 100 名中，分别是山东路桥、秦港股份、开滦股份、英力股份、中控技术、万顺新材、铁科轨道、神火股份、易成新能、云天化、兴蓉环境、浙农股份。

从地区看，前 100 名（实为 101 家）公司中，东部、中部、西部和东北各有 72 家、14 家、11 家和 4 家，分别占所在地区上市公司总数的 1.99%、2.08%、1.85% 和 2.37%。从行业看，进入前 100 最多的四个行业分别是制造业（C）、交通运输、仓储和邮政业（G）、信息传输、软件和信息技术服务业（I）和科学研究和技术服务业（M），分别有 61 家、6 家、6 家和 6 家，分别占所在行业全部上市公司数的 1.81%、5.36%、1.44% 和 5.41%。从控股类型看，国有控股公司有 39 家，非国有控股公司有 62 家，分别占同类所有制公司总数的 2.61% 和 1.74%。从实际（或最终）控制人看，中央企业（或监管机构）控制的公司有 13 家，地方国企（或监管机构）控制的公司有 26 家，非国有企业或自然人控制的公司有 62 家，分别占同类公司总数的 2.76%、2.55% 和 1.74%。从上市板块来看，深市主板、深市创业板、沪市主板、沪市科创板和北交所分别有 30 家、42 家、16 家、12 家和 1 家，分别占所在板块全部上市公司数的 2.03%、3.40%、0.96%、2.36% 和 0.54%。从是否沪深 300 看，沪深 300 公司和非沪深公司 300 分别有 10 家和 91 家，分别占两类公司总数的 3.34% 和 1.91%。

需要注意的是，自愿性信息披露指数得分前 100 名在某个地区、行业和控股类型等不同类别中的分布，并不能完全说明该地区、行业和控股类型整体表现就好，因为各地区、行业和控股类型的上市公司数量不同。比如，制造业尽管有 61 家进入前 100 名，但比例却低于交通运输、仓储和邮政业（G）和科学研究和技术服务业（M），虽然后两者各只有 6 家公司进入前 100 名，但是比例更高。从这个角度看，交通运输、仓储和邮政业（G）和科学研究和技术服务业（M）反而表现更好一些。

图 19-2 为前 100 名上市公司自愿性信息披露指数分布情况。可以看出，在前 100 名（实为前 101 名）中，排在前几位的上市公司自愿性信息披露指数下降较快，而后平缓下降。最高 90.7986 分，最低 82.4653 分，绝对差距 8.3333 分，说明有一定的差距。

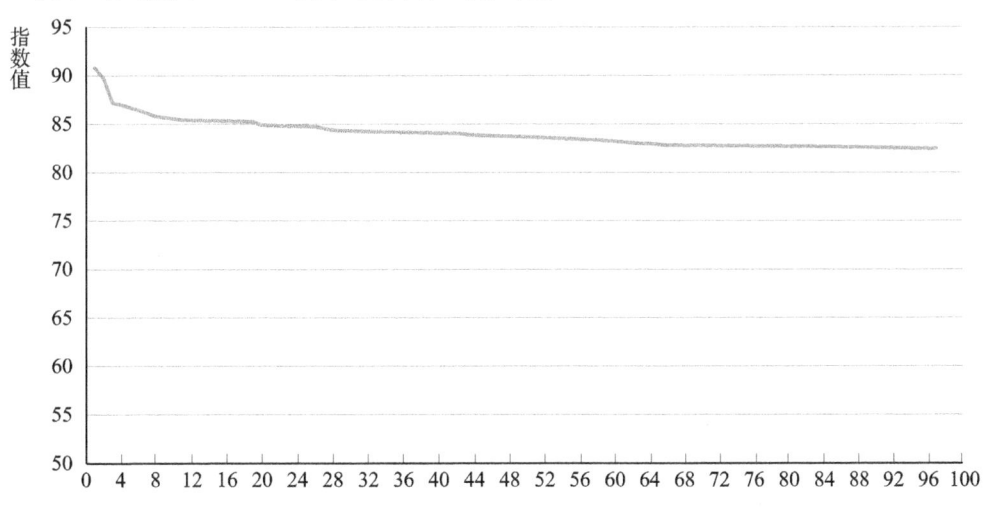

图19-2 2023年上市公司自愿性信息披露指数分布-前100名

19.2 分地区自愿性信息披露指数比较

根据东部、中部、西部、东北四个地区的划分，对上市公司自愿性信息披露指数按照均值从高到低的顺序进行排名和比较，结果参见表 19-5。

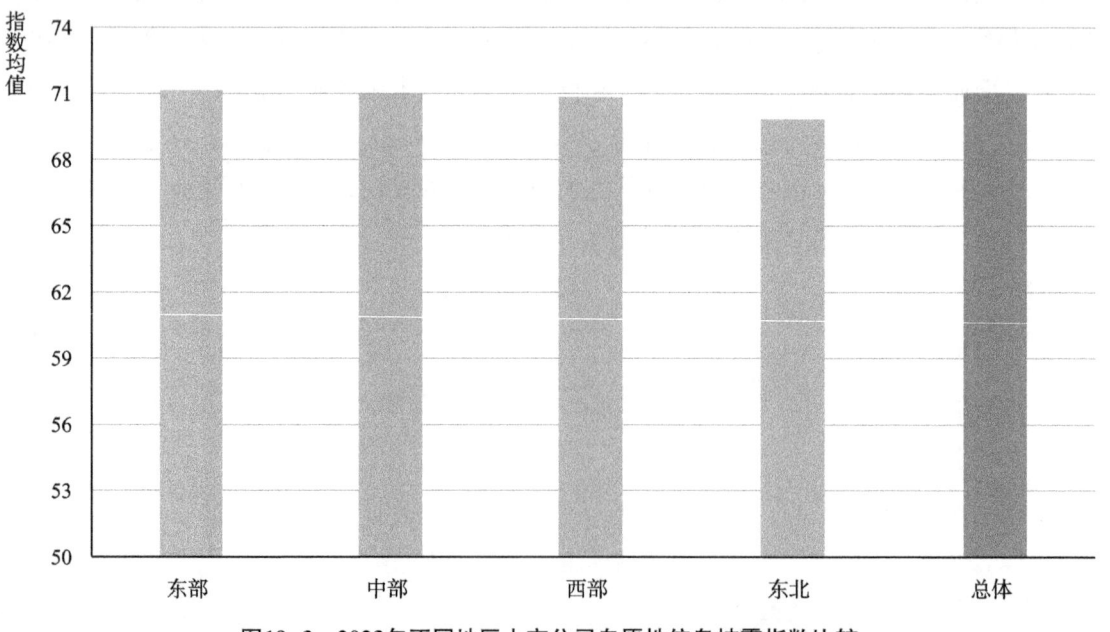

表 19-5 2023 年不同地区上市公司自愿性信息披露指数比较

排名	地区	公司数目	平均值	中位值	最大值	最小值	标准差
1	东部	3624	71.1243	71.7014	90.7986	46.7014	6.4506
2	中部	673	70.9842	71.3542	86.9792	48.0903	6.2298
3	西部	595	70.8161	71.0069	85.4167	47.5694	6.4392
4	东北	169	69.8204	70.3125	85.7639	48.2639	6.3857
	总体	5061	71.0259	71.7014	90.7986	46.7014	6.4229

由表 19-5 可见，各地区上市公司自愿性信息披露指数均值由大到小分别为东部、中部、西部和东北。四个地区最高均值与最低均值的绝对差距为 1.3039 分，差距不大。

图 19-3 展示了不同地区上市公司自愿性信息披露指数分布。可以看出，只有东部上市公司自愿性信息披露指数均值高于总体均值，其他三个地区上市公司自愿性信息披露指数均值低于总体均值。

图19-3 2023年不同地区上市公司自愿性信息披露指数比较

按照省份进一步进行细分，对 31 个省份的上市公司自愿性信息披露指数按照均值从高到低的顺序进行排名，结果参见表 19-6。

表 19-6 2023 年不同省份上市公司自愿性信息披露指数比较

排名	省份	公司数目	平均值	中位值	最大值	最小值	标准差
1	广东	820	72.9239	73.2639	85.4167	49.8264	5.3978
2	海南	27	72.5116	73.7847	83.8542	57.4653	6.1801
3	广西	40	72.3958	72.3090	82.6389	56.2500	5.4281
4	河北	72	72.2126	72.8299	87.1528	56.2500	6.9024
5	西藏	22	72.1907	72.0486	82.2917	59.5486	6.2990
6	湖南	140	72.1664	72.4826	86.9792	56.5972	5.2996
7	江西	79	71.8794	72.2222	82.8125	55.2083	6.2247
8	贵州	35	71.6171	71.1806	84.8958	57.4653	7.3078
9	四川	169	71.4374	72.2222	83.8542	50.8681	5.9153
10	北京	454	71.2957	71.7014	84.8958	52.4306	6.2334
11	宁夏	15	71.1111	70.6597	82.8125	63.5417	5.7485
12	河南	106	71.0970	71.2674	86.9792	52.4306	6.4284
13	陕西	74	71.0844	71.0069	85.4167	53.2986	6.2038
14	云南	41	70.9858	72.2222	84.2014	57.1181	6.7559
15	新疆	60	70.9433	71.8750	82.1181	52.2569	6.6710
16	山东	290	70.8621	71.1806	89.7569	54.5139	6.4980
17	福建	165	70.7786	71.3542	85.4167	49.8264	6.5662
18	江苏	643	70.6279	71.7014	85.4167	48.2639	6.8297
19	湖北	142	70.5203	70.5729	85.7639	56.0764	6.6713
20	安徽	166	70.1724	70.1389	86.1111	48.0903	6.2690
21	上海	417	70.1210	70.3125	90.7986	46.7014	6.9686
22	浙江	666	70.1027	70.6597	85.4167	50.3472	6.4505
23	吉林	48	70.0629	70.4861	83.6806	48.2639	7.0041
24	辽宁	82	70.0415	70.3993	85.7639	55.9028	6.1601
25	内蒙古	25	69.8750	67.5347	80.7292	61.2847	6.1948
26	山西	40	69.7960	70.7465	79.6875	55.5556	6.0120
27	天津	70	69.4370	68.2292	84.3750	54.1667	6.7294
28	甘肃	35	69.1568	69.6181	79.6875	53.4722	6.3863
29	黑龙江	39	69.0572	70.1389	82.1181	53.4722	5.9815
30	重庆	69	68.8381	68.5764	82.8125	47.5694	7.1094
31	青海	10	66.0938	66.0590	72.5694	55.7292	4.7735
总体		5061	71.0259	71.7014	90.7986	46.7014	6.4229

从表 19-6 可以看出，31 个省份中，有 13 个省份的自愿性信息披露指数均值高于总体均值，这 13 个省份的最大均值与总体均值之间的绝对差距为 1.8980 分；其他 18 个省份的自愿性信息披露指数均值低于总体均值，总体均值与这 18 个省份的最小均值之间的绝对差距为 4.9321 分。低分区省份上市公司自愿性信息披露指数的内部差距明显大于高分区省份。上市公司自愿性信息披露指数均值最高的三个省份是广东、海南和广西；自愿性信息披露指数均值最低的三个省份是青海、重庆和黑龙江。

图 19-4 进一步显示了不同省份上市公司自愿性信息披露水平的差异。可以看出，各省份上市公司自愿性信息披露指数均值集中在 [66,73] 这一范围内，各省份上市公司自愿性信息披露水平之间的差距不大。

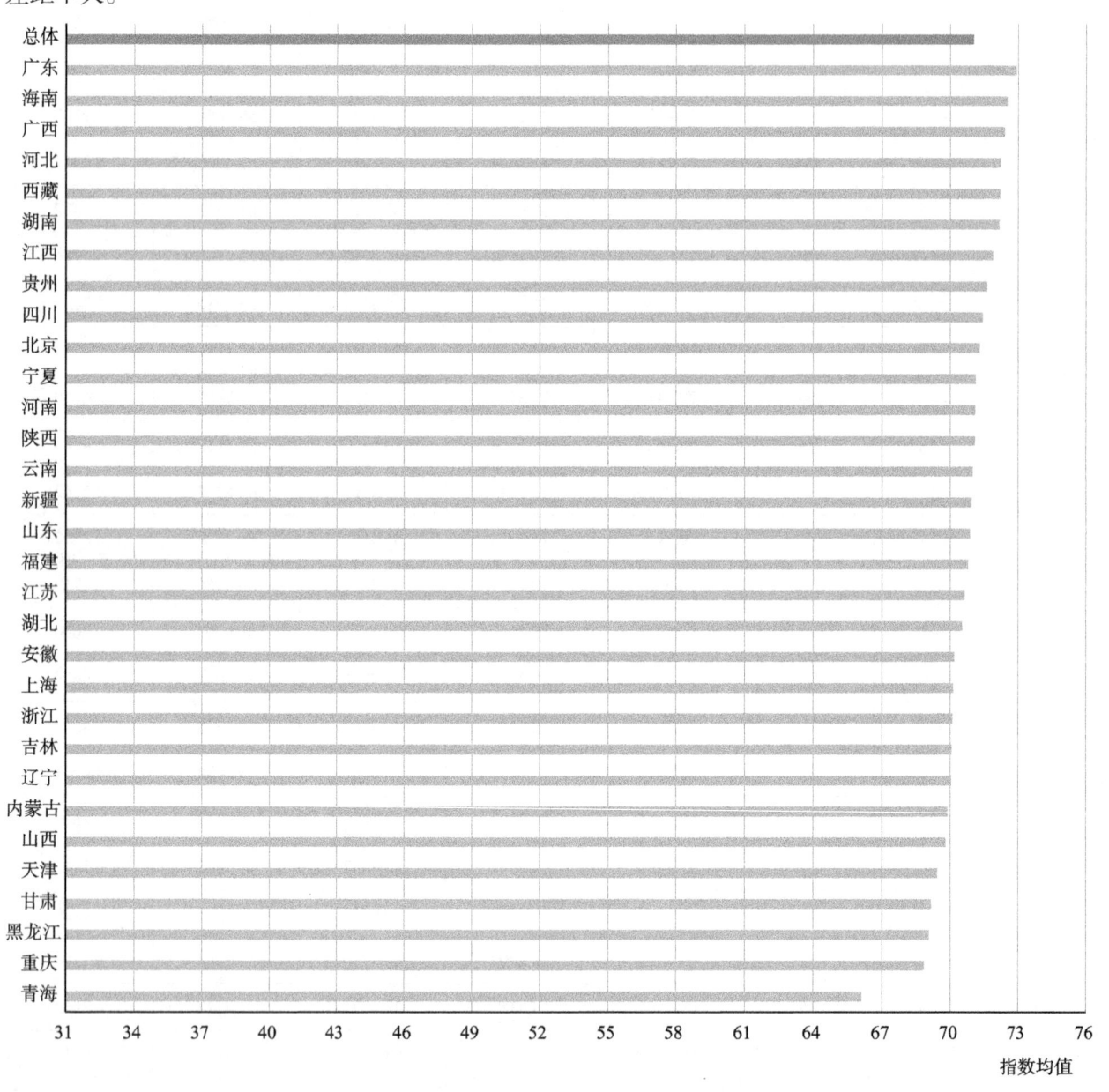

图19-4　2023年不同省份上市公司自愿性信息披露指数比较

19.3　分行业自愿性信息披露指数比较

对18个行业上市公司自愿性信息披露指数按照均值从高到低的顺序进行排名和比较，结果见表19-7。

表 19-7　2023年不同行业上市公司自愿性信息披露指数比较

排名	行业	公司数目	平均值	中位值	最大值	最小值	标准差
1	卫生和社会工作（Q）	15	73.0671	72.5694	83.8542	60.7639	6.0758
2	科学研究和技术服务业（M）	111	72.8979	73.6111	90.7986	53.6458	6.4381
3	水利、环境和公共设施管理业（N）	97	72.2974	73.7847	84.2014	48.2639	6.7553
4	信息传输、软件和信息技术服务业（I）	418	71.9759	72.5694	85.4167	52.6042	5.6556
5	建筑业（E）	107	71.4126	71.8750	89.7569	58.6806	6.0353
6	文化、体育和娱乐业（R）	62	71.4018	71.9618	83.8542	56.9444	6.6927
7	电力、热力、燃气及水生产和供应业（D）	131	71.4006	71.8750	86.9792	53.1250	6.9528
8	制造业（C）	3373	71.1216	71.7014	86.9792	48.0903	6.3041
9	交通运输、仓储和邮政业（G）	112	70.8240	71.1806	87.1528	47.0486	7.7450
10	采矿业（B）	82	70.4311	71.0938	84.5486	52.4306	6.8316
11	租赁和商务服务业（L）	65	69.7489	70.1389	79.3403	56.0764	5.7385
12	批发和零售业（F）	182	69.5284	69.7049	83.5069	48.2639	6.4014
13	农、林、牧、渔业（A）	48	69.2817	69.3576	82.8125	59.0278	5.9730
14	房地产业（K）	101	69.2708	69.9653	82.2917	46.7014	6.4835
15	住宿和餐饮业（H）	8	68.4896	68.2292	78.4722	57.6389	6.3213
16	综合（S）	12	68.4606	68.5764	79.6875	53.9931	7.2295
17	金融业（J）	124	67.6971	68.4028	84.3750	49.8264	7.9535
18	教育（P）	12	67.5203	67.7951	75.8681	61.6319	3.7387
	总体	5061	71.0259	71.7014	90.7986	46.7014	6.4229

注：居民服务、修理和其他服务业（O）只有1家上市公司，难以代表该行业整体水平，故排名时剔除。

从表19-7可以看出，在18个行业中，有8个行业的自愿性信息披露指数均值高于总体均值，这8个行业的最大均值与总体均值之间的绝对差距为2.0412分；其他10个行业的自愿性信息披露指数均值低于总体均值，总体均值与这10个行业的最小均值之间的绝对差距为3.5056分。高分区行业上市公司自愿性信息披露的内部差距小于低分区行业。上市公司自愿性信息披露水平最好的三个行业是卫生和社会工作（Q）、科学研究和技术服务业（M），以及水利、环境和公共设施管理业（N）；自愿性信息披露水平最差的三个行业是教育（P）、金融业（J），以及综合（S）。

图 19-5 进一步显示了行业间上市公司自愿性信息披露水平的差异。可以看出，各行业上市公司自愿性信息披露指数均值集中在 [67,74] 这一范围内，各行业上市公司自愿性信息披露水平之间的差距不大。

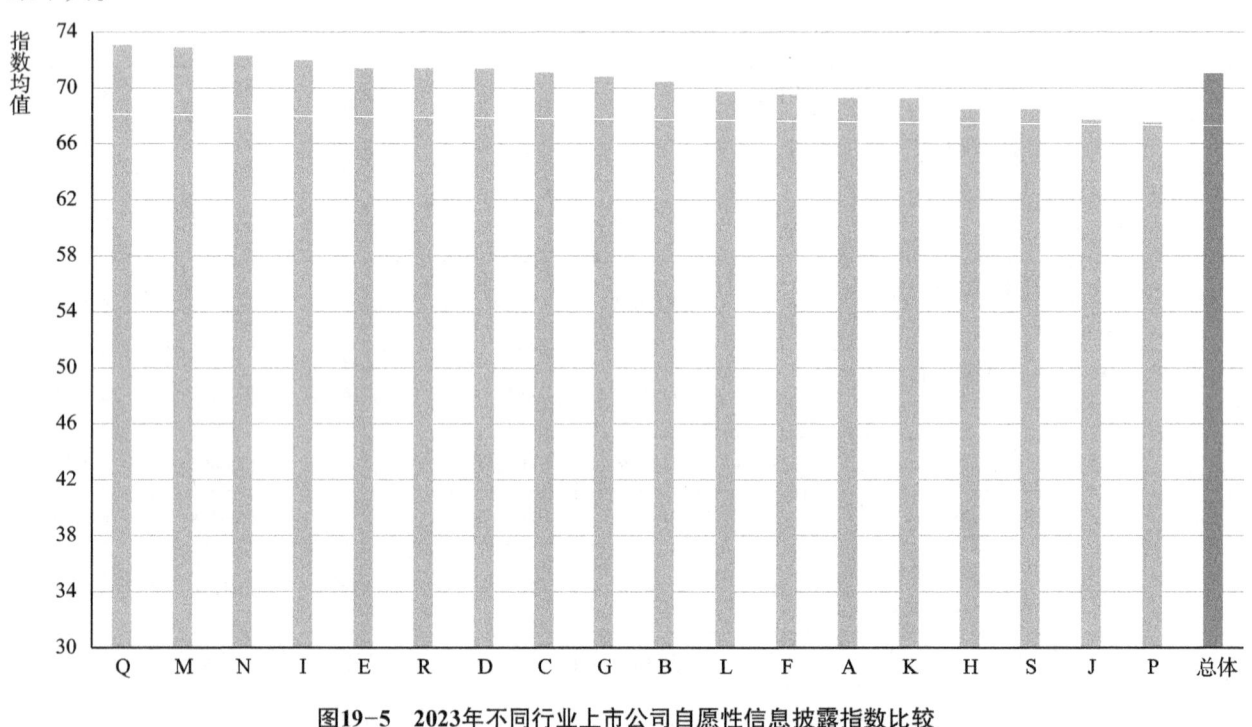

图19-5　2023年不同行业上市公司自愿性信息披露指数比较

19.4　分上市板块自愿性信息披露指数比较

根据五个上市板块的划分，对上市公司自愿性信息披露指数按照均值从高到低的顺序进行排名和比较，结果参见表 19-8 和图 19-6。

表 19-8　2023 年不同板块上市公司自愿性信息披露指数比较

排名	上市板块	公司数目	平均值	中位值	最大值	最小值	标准差
1	深市创业板	1235	73.8778	74.1319	90.7986	49.8264	5.0061
2	沪市科创板	508	73.5079	73.7847	86.9792	50.5208	5.0721
3	深市主板	1475	72.6383	72.7431	89.7569	53.6458	5.2788
4	北交所	184	69.7454	69.7917	83.1597	53.6458	5.4349
5	沪市主板	1659	66.8514	66.4931	87.1528	46.7014	6.5882
	总体	5061	71.0259	71.7014	90.7986	46.7014	6.4229

由表 19-8 和图 19-6 可知，五个板块中，自愿性信息披露指数均值从大到小依次为深市创业板、沪市科创板、深市主板、北交所和沪市主板。深市创业板上市公司的自愿性信息披露指数均值最高，最低的是沪市主板，二者均值相差 7.0264 分，差距比较大。目前已经全面实行注册制，而注册制对信息披露的要求比较高，从表 19-8 看，北交所和沪市主板的信息披露仍然偏低，其他三个板块也不算高，仍需要进一步提升。

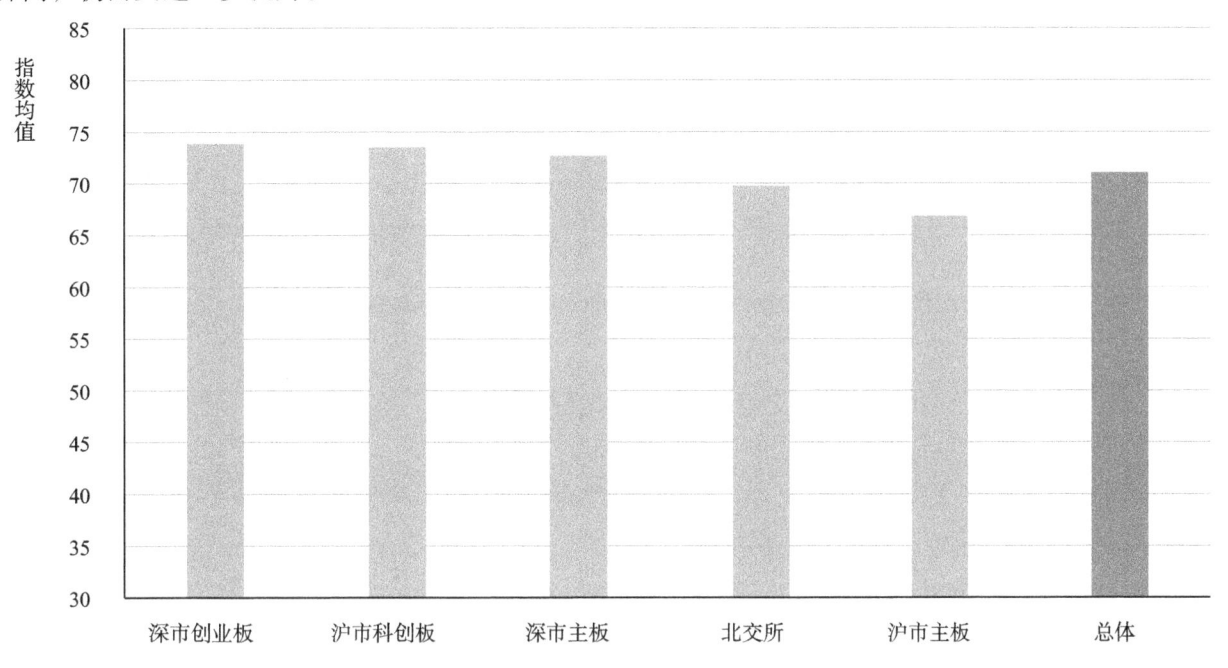

图19-6 2023年不同板块上市公司自愿性信息披露指数比较

19.5 沪深300与非沪深300自愿性信息披露指数比较

按照是否沪深 300 成分股指数公司，对上市公司自愿性信息披露指数按照均值从高到低的顺序进行排名和比较，结果参见表 19-9 和图 19-7。

表 19-9 2023 年沪深 300 与非沪深 300 公司自愿性信息披露指数比较

排名	是否沪深 300	公司数目	平均值	中位值	最大值	最小值	标准差
1	沪深300	299	71.5051	72.2222	86.9792	52.2569	6.8928
2	非沪深300	4762	70.9958	71.7014	90.7986	46.7014	6.3911
	总体	5061	71.0259	71.7014	90.7986	46.7014	6.4229

由表 19-9 和图 19-7 可见，沪深 300 公司自愿性信息披露指数均值高于非沪深 300，二者之间的绝对差距为 0.5093 分，差距很小，这意味着在沪深 300 选择上并没有特别关注信息披露，对投资者来说，仍然可能存在一定的风险。

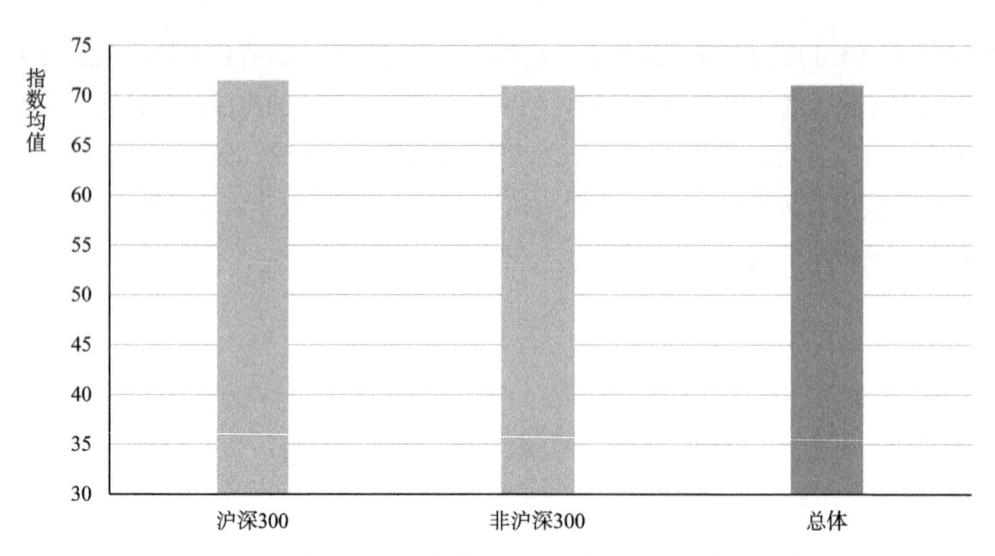

图19-7　2023年沪深300与非沪深300公司自愿性信息披露指数比较

19.6　本章小结

本章分别从总体、地区、行业、上市板块以及是否沪深300五个方面对2023年上市公司自愿性信息披露指数进行了比较与分析，主要结论如下：

（1）从总体看，2023年上市公司自愿性信息披露指数最大值90.7986分，最小值46.7014分，平均值71.0259分，平均值已连续4年超过及格线。自愿性信息披露指数分值集中在[65,80)区间，有3813家公司，占比为75.34%；达到及格线（60分）的公司有4781家，占比为94.47%，比2022年提高0.49个百分点。

（2）从地区看，上市公司自愿性信息披露指数均值由大到小依次为东部、中部、西部和东北，四个地区的均值差距不大。从省份看，上市公司自愿性信息披露指数均值最高的三个省份是广东、海南和广西，最低的三个省份是青海、重庆和黑龙江。

（3）从行业看，上市公司自愿性信息披露水平最好的三个行业是卫生和社会工作（Q）、科学研究和技术服务业（M），以及水利、环境和公共设施管理业（N）；自愿性信息披露水平最差的三个行业是教育（P）、金融业（J），以及综合（S）。

（4）从上市板块看，五个板块中，自愿性信息披露指数均值从大到小依次为深市创业板、沪市科创板、深市主板、北交所和沪市主板。均值最高的深市创业板和均值最低的沪市主板二者相差7.0264分，差距比较大。目前已经全面实行注册制，注册制对信息披露的要求比较高，而北交所和沪市主板的信息披露仍然偏低，其他三个板块也不算高，仍需要进一步提升。

（5）从沪深300与非沪深300的比较看，沪深300公司自愿性信息披露指数均值高于非沪深300，但二者之间差距很小，这意味着在沪深300选择上并没有特别关注信息披露，对投资者来说，仍然可能存在一定的风险。

第20章　自愿性信息披露分项指数排名及比较

第 19 章从总体上对中国上市公司自愿性信息披露指数做了排名，并从地区、行业、上市板块以及是否沪深 300 四个角度进行了比较分析。本章按照对自愿性信息披露指数四个维度的划分，即把自愿性信息披露指数分解为治理结构、治理效率、利益相关者、风险控制四个分项指数，对 2023 年四个分项指数进行排名和比较分析。

20.1　自愿性信息披露分项指数总体比较

依据我们评估的 5061 家上市公司自愿性信息披露指数数据，2023 年中国上市公司自愿性信息披露四个分项指数的描述性统计结果参见表 20-1。

表 20-1　2023 年上市公司自愿性信息披露分项指数描述性统计

分项指数	公司数目	平均值	中位值	最大值	最小值	标准差
治理结构	5061	74.4307	75.0000	100.0000	18.7500	14.4356
治理效率	5061	85.5698	87.5000	100.0000	43.7500	6.2644
利益相关者	5061	71.3973	75.0000	100.0000	8.3333	14.8069
风险控制	5061	52.7059	55.5556	88.8889	11.1111	10.2870

从表 20-1 可以看出，2023 年上市公司自愿性信息披露四个分项指数的均值和中位值中，治理结构、治理效率和利益相关者三个分项指数都已远超 60 分的及格线，而风险控制分项指数则仍未达到 60 分。治理效率分项指数的均值和中位值都是最高的，风险控制分项指数的均值和中位值都是最低的。从标准差看，治理结构和利益相关者两个分项指数的标准差明显大于其他两个分项指数，说明这两个分项指数的离散程度比较高。

图 20-1 可以更直观地反映出四个分项指数的情况。可以看到，风险控制分项指数的均值和中位值明显小于其他三个分项指数。

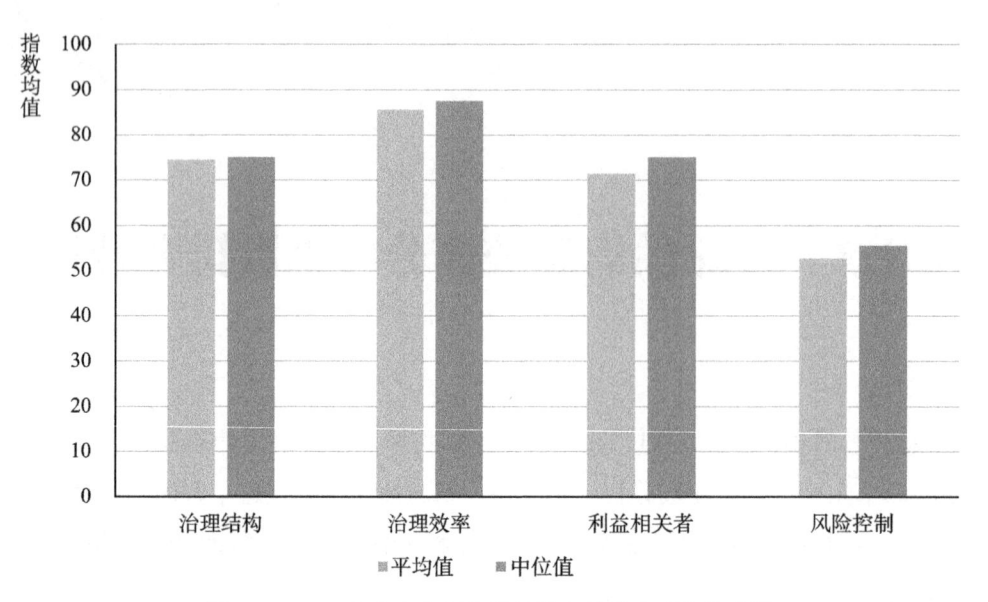

图20-1 2023年上市公司自愿性信息披露分项指数比较

需要注意的是，由于各分项指数指标的数量和赋值不同，四个分项指数的可比性有限。另外，某个分项指数高，也不意味着这个方面的治理水平就高。例如，治理效率分项指数高于其他三个分项指数，但这还不足以说明上市公司治理效率是较高的，因为信息披露并不是治理效率的全部，况且本报告的自愿性信息披露并未涉及真实性和及时性问题。

20.2 自愿性信息披露治理结构分项指数排名及比较

治理结构方面的自愿性信息披露重在评价公司治理机关以及成员方面的信息披露情况。本节主要对自愿性信息披露治理结构分项指数进行比较分析。

20.2.1 自愿性信息披露治理结构分项指数总体分布

通过对5061家上市公司治理结构方面的自愿性信息披露进行评价，我们得出了每家上市公司自愿性信息披露治理结构分项指数，并进行了排名。按照每10分一个区间，可以将自愿性信息披露治理结构分项指数划分为10个区间段，每个区间段的公司数目和所占比重参见表20-2。

表20-2 2023年上市公司自愿性信息披露治理结构分项指数区间分布

指数区间	公司数目	占比/%	累计占比/%
[0,10)	0	0.00	0.00
[10,20)	1	0.02	0.02
[20,30)	4	0.08	0.10
[30,40)	60	1.19	1.28
[40,50)	74	1.46	2.75

续表

指数区间	公司数目	占比/%	累计占比/%
[50,60)	705	13.93	16.68
[60,70)	1129	22.31	38.98
[70,80)	888	17.55	56.53
[80,90)	1484	29.32	85.85
[90,100]	716	14.15	100.00
总体	5061	100.00	—

图 20-2 更直观地显示了自愿性信息披露治理结构分项指数的区间分布情况。

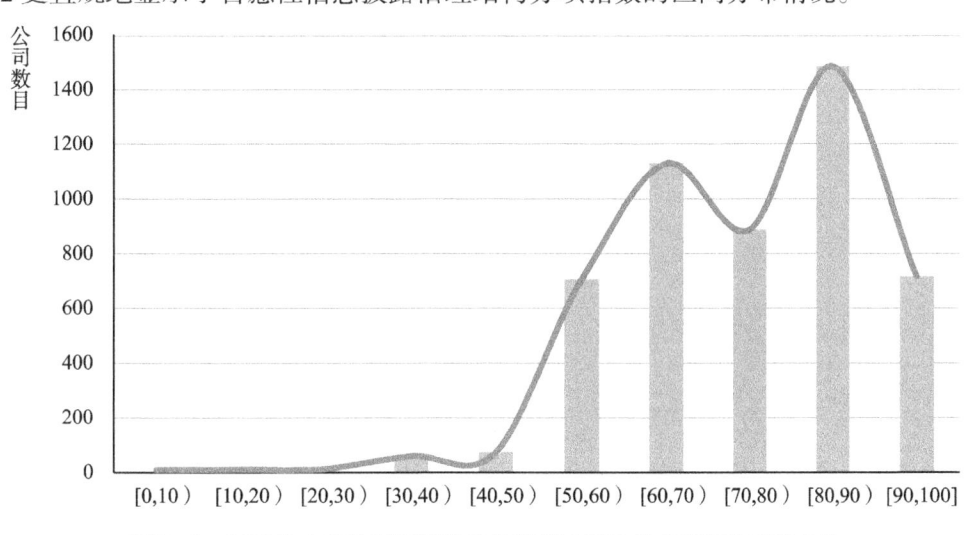

图20-2　2023年上市公司自愿性信息披露治理结构分项指数区间分布

从表 20-2 和图 20-2 可以看出，2023 年上市公司自愿性信息披露治理结构分项指数主要集中在 [60,90) 区间，有 3501 家，占样本总数的 69.18%。达到及格线（60 分）的公司有 4217 家，占全部样本的 83.32%，相比上年（83.46%）下降 0.14 个百分点，下降幅度很小，说明公司披露治理结构信息的意愿比较稳定。

20.2.2　分地区自愿性信息披露治理结构分项指数比较

根据东部、中部、西部和东北四个地区的划分，对上市公司自愿性信息披露治理结构分项指数按照均值从高到低的顺序进行排名和比较，结果参见表 20-3。

表 20-3　2023 年不同地区上市公司自愿性信息披露治理结构分项指数比较

排名	地区	公司数目	平均值	中位值	最大值	最小值	标准差
1	东部	3624	75.1707	75.0000	100.0000	18.7500	14.4503
2	中部	673	72.9290	75.0000	100.0000	37.5000	13.9257

续表

排名	地区	公司数目	平均值	中位值	最大值	最小值	标准差
3	西部	595	72.6366	75.0000	100.0000	31.2500	14.4760
4	东北	169	70.8580	68.7500	100.0000	37.5000	14.4213
	总体	5061	74.4307	75.0000	100.0000	18.7500	14.4356

从表20-3可以看到，四个地区中，东部上市公司自愿性信息披露治理结构分项指数均值最高，为75.1707分；东北最低，为70.8580分，二者绝对差距为4.3127分。自愿性信息披露治理结构分项指数的最大值同时出自东部、中部、西部和东北，最小值出自东部。

图20-3更直观地显示了四个地区上市公司自愿性信息披露治理结构分项指数的差异。

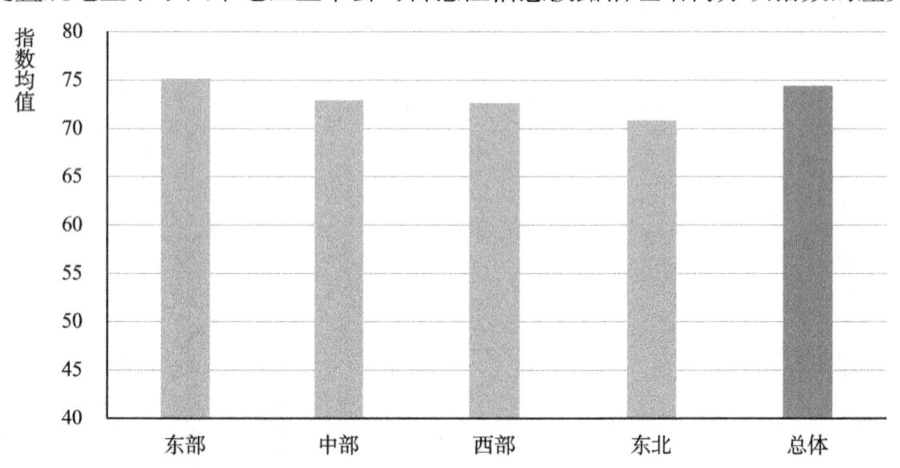

图20-3　2023年不同地区上市公司自愿性信息披露治理结构分项指数比较

从图20-3可以看出，只有东部地区自愿性信息披露治理结构分项指数均值高于总体均值，其他三个地区都低于总体均值。四个地区自愿性信息披露治理结构分项指数的标准差都比较大且接近，说明各地区上市公司自愿性信息披露治理结构分项指数的内部差距较大。

20.2.3　分行业自愿性信息披露治理结构分项指数比较

对18个行业上市公司自愿性信息披露治理结构分项指数按照均值从高到低的顺序进行排名和比较，结果参见表20-4。

表20-4　2023年不同行业上市公司自愿性信息披露治理结构分项指数比较

排名	行业	公司数目	平均值	中位值	最大值	最小值	标准差
1	科学研究和技术服务业（M）	111	78.6036	81.2500	100.0000	43.7500	14.7366
2	卫生和社会工作（Q）	15	77.9167	81.2500	93.7500	50.0000	11.6070
3	信息传输、软件和信息技术服务业（I）	418	77.1083	75.0000	100.0000	37.5000	13.2104

续表

排名	行业	公司数目	平均值	中位值	最大值	最小值	标准差
4	金融业（J）	124	76.8649	81.2500	100.0000	43.7500	13.0663
5	水利、环境和公共设施管理业（N）	97	75.7732	75.0000	100.0000	37.5000	14.9704
6	文化、体育和娱乐业（R）	62	75.5040	75.0000	100.0000	50.0000	12.6153
7	制造业（C）	3373	74.7888	75.0000	100.0000	18.7500	14.4805
8	住宿和餐饮业（H）	8	73.4375	75.0000	100.0000	37.5000	21.5942
9	建筑业（E）	107	72.8388	75.0000	93.7500	43.7500	13.7543
10	交通运输、仓储和邮政业（G）	112	72.1540	75.0000	100.0000	37.5000	15.9101
11	租赁和商务服务业（L）	65	70.4808	75.0000	93.7500	37.5000	13.1790
12	农、林、牧、渔业（A）	48	70.1823	68.7500	93.7500	43.7500	12.5804
13	电力、热力、燃气及水生产和供应业（D）	131	70.0382	75.0000	100.0000	37.5000	14.2337
14	采矿业（B）	82	69.8171	68.7500	100.0000	37.5000	14.6999
15	教育（P）	12	69.7917	71.8750	87.5000	56.2500	9.1406
16	房地产业（K）	101	69.7401	75.0000	93.7500	37.5000	14.1742
17	批发和零售业（F）	182	69.6429	68.7500	93.7500	25.0000	13.9161
18	综合（S）	12	65.6250	68.7500	87.5000	43.7500	13.6216
	总体	5061	74.4307	75.0000	100.0000	18.7500	14.4356

注：居民服务、修理和其他服务业（O）只有1家上市公司，难以代表该行业整体水平，故排名时剔除。

由表20-4可知，18个行业中，有7个行业的自愿性信息披露治理结构分项指数均值高于总体均值，这7个行业的最大均值与总体均值之间的绝对差距为4.1729分；其他11个行业的自愿性信息披露治理结构分项指数均值低于总体均值，总体均值与这11个行业的最小均值之间的绝对差距为8.8057分。显然，低分区行业内部的差距大于高分区行业。18个行业中，排名最高的科学研究和技术服务业（M）自愿性信息披露治理结构分项指数均值与排名最低的综合（S）的指数均值相差12.9786分，相差很大。自愿性信息披露治理结构分项指数均值排名前三位的行业分别为科学研究和技术服务业（M）、卫生和社会工作（Q），以及信息传输、软件和信息技术服务业（I）；而综合（S）、批发和零售业（F），以及房地产业（K）则排名最后三位。

图20-4更直观地体现了不同行业上市公司自愿性信息披露治理结构分项指数均值的差异。可以看到，各个行业自愿性信息披露治理结构分项指数均值基本上都集中在[65,79]区间，除了排名最低的综合（S），其他行业自愿性信息披露治理结构分项指数均值从高到低的变化比较平缓。

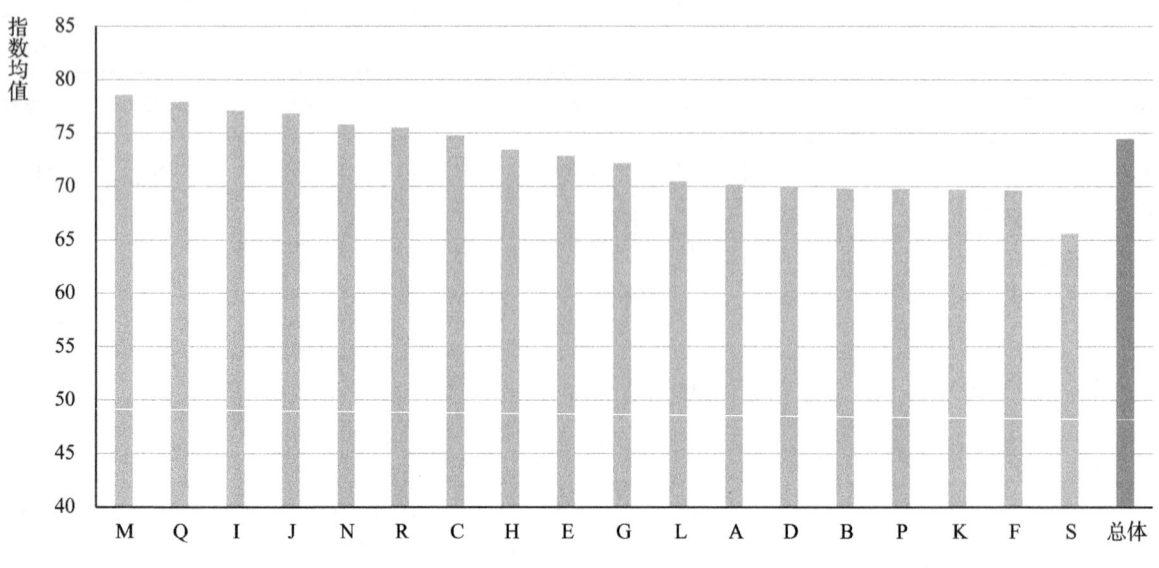

图20-4　2023年不同行业上市公司自愿性信息披露治理结构分项指数比较

20.2.4　沪深300与非沪深300自愿性信息披露治理结构分项指数比较

按照是否沪深300成分股指数公司，对沪深300与非沪深300上市公司自愿性信息披露治理结构分项指数进行排名和比较，结果参见表20-5和图20-5。

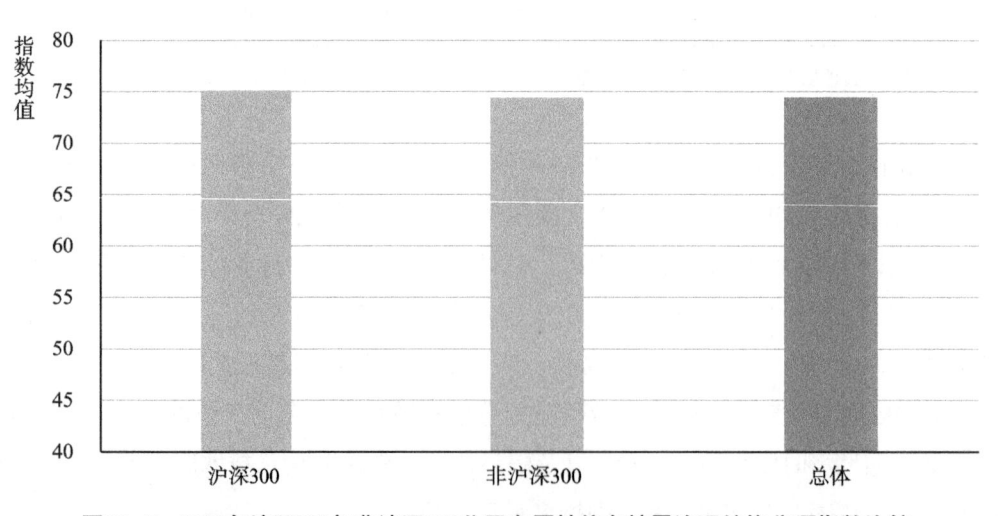

表20-5　2023年沪深300与非沪深300公司自愿性信息披露治理结构分项指数比较

排名	是否沪深300	公司数目	平均值	中位值	最大值	最小值	标准差
1	沪深300	299	75.0418	75.0000	100.0000	37.5000	13.9894
2	非沪深300	4762	74.3923	75.0000	100.0000	18.7500	14.4623
	总体	5061	74.4307	75.0000	100.0000	18.7500	14.4356

图20-5　2023年沪深300与非沪深300公司自愿性信息披露治理结构分项指数比较

由表20-5和图20-5可知，沪深300的自愿性信息披露治理结构分项指数均值高于非沪深300，二者的中位值和最大值都分别相同，均值绝对差距为0.6495分，相差不大。

20.3 自愿性信息披露治理效率分项指数排名及比较

治理效率方面的自愿性信息披露重在评价公司治理机关运作效率方面的信息披露情况。本节对治理效率分项指数进行比较分析。

20.3.1 自愿性信息披露治理效率分项指数总体分布

通过对 5061 家上市公司自愿性信息披露治理效率分项指数进行评价，我们得出了每家上市公司自愿性信息披露治理效率分项指数，并进行了排名。按照每 10 分一个区间，可以将上市公司自愿性信息披露治理效率分项指数划分为 7 个区间段（40 分以下区间的公司数目为 0，合并为一个区间），每个区间段的公司数目和所占比重参见表 20-6。

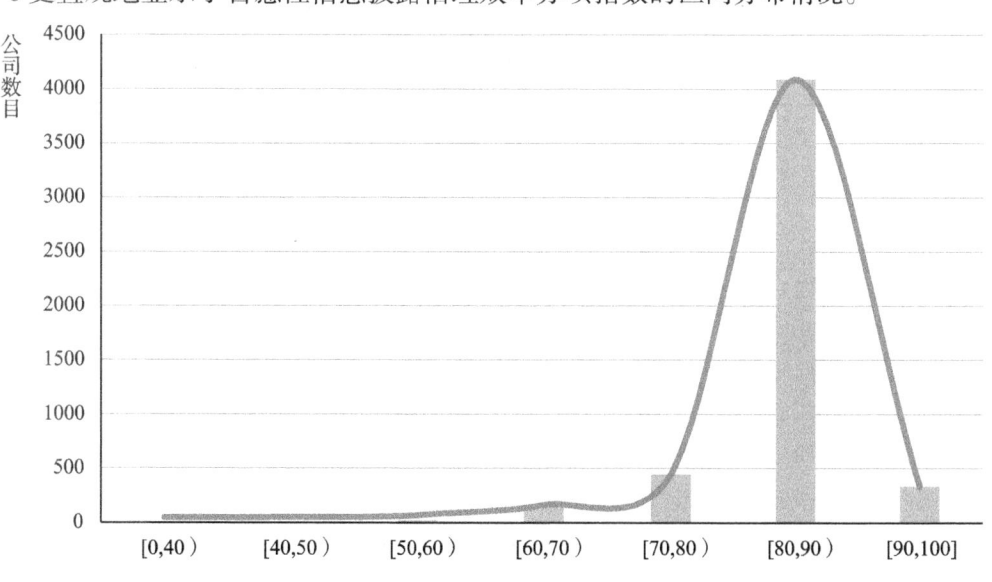

表 20-6　2023 年上市公司自愿性信息披露治理效率分项指数区间分布

指数区间	公司数目	占比 / %	累计占比 / %
[0,40)	0	0.00	0.00
[40,50)	2	0.04	0.04
[50,60)	21	0.41	0.45
[60,70)	165	3.26	3.71
[70,80)	446	8.81	12.53
[80,90)	4090	80.81	93.34
[90,100]	337	6.66	100.00
总体	5061	100.00	—

图 20-6 更直观地显示了自愿性信息披露治理效率分项指数的区间分布情况。

图20-6　2023年上市公司自愿性信息披露治理效率分项指数区间分布

从表20-6和图20-6可以看出，2023年上市公司自愿性信息披露治理效率分项指数主要集中在[80,90)区间，有4090家，占样本总数的80.81%。达到及格线（60分）的公司有5038家，占样本总数的99.55%，与上年（99.55%）一样，说明公司披露治理效率信息的意识继续保持稳定。

20.3.2 分地区自愿性信息披露治理效率分项指数比较

根据东部、中部、西部和东北四个地区的划分，对上市公司自愿性信息披露治理效率分项指数按照均值从高到低的顺序进行排名和比较，结果参见表20-7。

表20-7 2023年不同地区上市公司自愿性信息披露治理效率分项指数比较

排名	地区	公司数目	平均值	中位值	最大值	最小值	标准差
1	东部	3624	85.6150	87.5000	100.0000	43.7500	6.2546
2	中部	673	85.5869	87.5000	100.0000	56.2500	6.1088
3	西部	595	85.4832	87.5000	100.0000	50.0000	6.2555
4	东北	169	84.8373	87.5000	93.7500	56.2500	7.0220
	总体	5061	85.5698	87.5000	100.0000	43.7500	6.2644

从表20-7可以看到，四个地区中，东部上市公司自愿性信息披露治理效率分项指数均值最高，为85.6150分；东北最低，为84.8373分，二者绝对差距为0.7777分。自愿性信息披露治理效率分项指数的最大值同时出自东部、中部和西部，最小值出自东部。四个地区自愿性信息披露治理效率分项指数的标准差都比较小且接近，说明各地区治理效率分项指数内部差异不大。

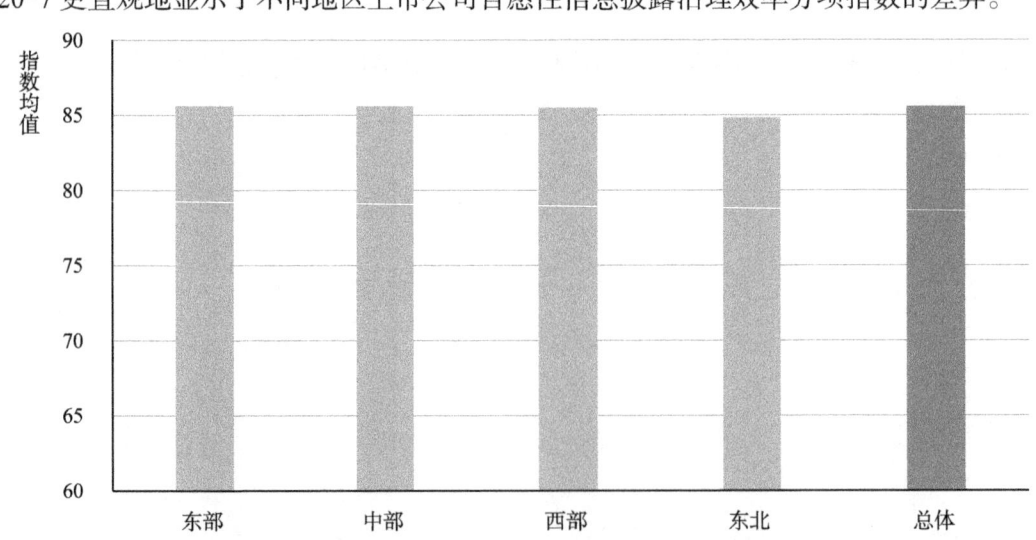

图20-7更直观地显示了不同地区上市公司自愿性信息披露治理效率分项指数的差异。

图20-7 2023年不同地区上市公司自愿性信息披露治理效率分项指数比较

由图20-7可以看出，东部和中部地区自愿性信息披露治理效率分项指数均值高于总体均值，西部和东北地区低于总体均值,但四个地区差距很小。

20.3.3 分行业自愿性信息披露治理效率分项指数比较

对18个行业上市公司自愿性信息披露治理效率分项指数按照均值从高到低的顺序进行排名和比较,结果参见表20-8。

表20-8　2023年不同行业上市公司自愿性信息披露治理效率分项指数比较

排名	行业	公司数目	平均值	中位值	最大值	最小值	标准差
1	卫生和社会工作（Q）	15	87.5000	87.5000	100.0000	75.0000	6.0381
2	农、林、牧、渔业（A）	48	86.4583	87.5000	100.0000	75.0000	5.1560
3	综合（S）	12	86.4583	87.5000	87.5000	81.2500	2.3292
4	批发和零售业（F）	182	86.1264	87.5000	93.7500	56.2500	5.2252
5	信息传输、软件和信息技术服务业（I）	418	86.0945	87.5000	100.0000	50.0000	5.8552
6	住宿和餐饮业（H）	8	85.9375	87.5000	87.5000	75.0000	4.1340
7	房地产业（K）	101	85.8911	87.5000	93.7500	62.5000	5.2515
8	文化、体育和娱乐业（R）	62	85.6855	87.5000	100.0000	62.5000	6.5826
9	制造业（C）	3373	85.6786	87.5000	100.0000	43.7500	6.1975
10	建筑业（E）	107	85.6308	87.5000	93.7500	62.5000	6.2916
11	科学研究和技术服务业（M）	111	85.1351	87.5000	100.0000	50.0000	7.4593
12	电力、热力、燃气及水生产和供应业（D）	131	85.1145	87.5000	93.7500	50.0000	6.6188
13	交通运输、仓储和邮政业（G）	112	85.1004	87.5000	93.7500	62.5000	5.8012
14	租赁和商务服务业（L）	65	85.0962	87.5000	93.7500	62.5000	5.6641
15	水利、环境和公共设施管理业（N）	97	84.9227	87.5000	93.7500	62.5000	6.9951
16	采矿业（B）	82	84.2988	87.5000	93.7500	62.5000	6.5655
17	教育（P）	12	83.8542	87.5000	87.5000	62.5000	7.4207
18	金融业（J）	124	82.0060	87.5000	93.7500	50.0000	8.5708
	总体	5061	85.5698	87.5000	100.0000	43.7500	6.2644

注：居民服务、修理和其他服务业（O）只有1家上市公司，难以代表该行业整体水平，故排名时剔除。

由表20-8可以看出，18个行业中，有10个行业的上市公司自愿性信息披露治理效率分项指数均值高于总体均值，这10个行业的行业最大均值与总体均值之间的绝对差距为1.9302分；其他8个行业的上市公司自愿性信息披露治理效率分项指数均值低于总体均值，总体均值与这8个行业的最小均值之间的绝对差距为3.5638分。显然，高分区行业内部的差距小于低分区行业。自愿性信息披露治理效率分项指数均值排名前三位的行业分别为卫生和社会工作（Q）、农、林、牧、渔业（A），以及综合（S）；金融业（J）、教育（P），以及采矿业（B）排名最后三位。

图20-8更直观地体现了不同行业上市公司自愿性信息披露治理效率分项指数均值的差异。可以看到，各个行业上市公司自愿性信息披露治理效率分项指数均值集中在区间[82,88]，行业之间的差距很小，分布比较平稳。

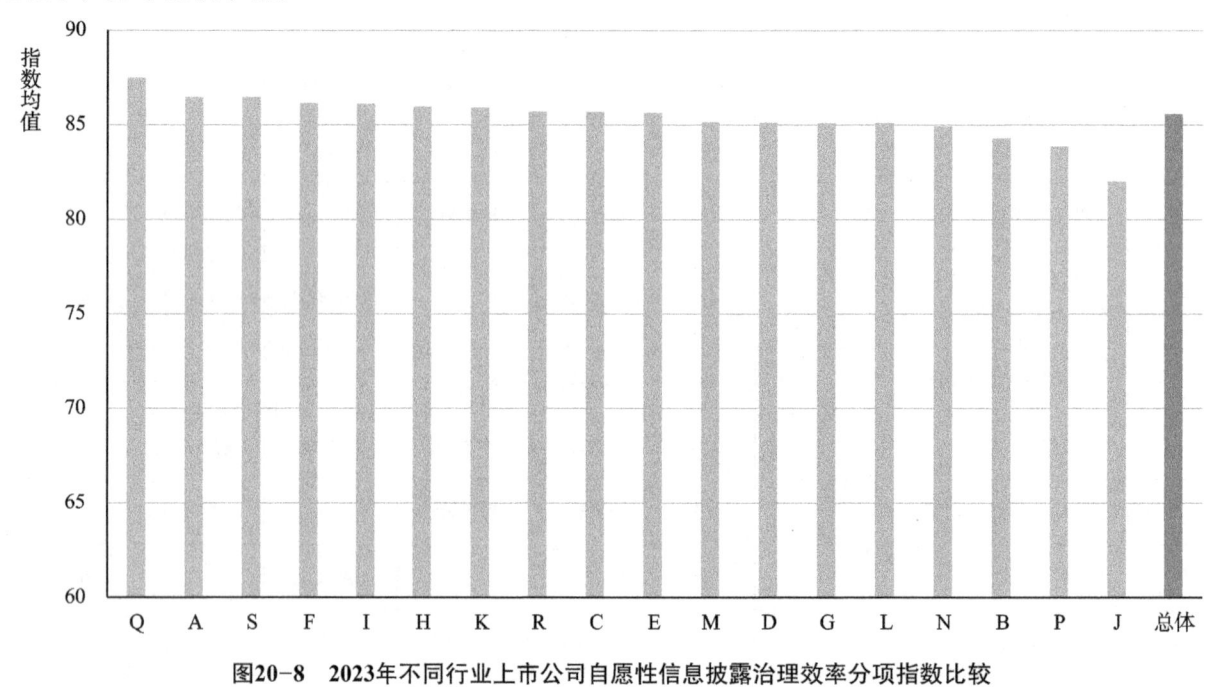

图20-8　2023年不同行业上市公司自愿性信息披露治理效率分项指数比较

20.3.4　沪深300与非沪深300自愿性信息披露治理效率分项指数比较

按照是否沪深300成分股指数公司，对沪深300与非沪深300上市公司自愿性信息披露治理效率分项指数进行排名和比较，结果参见表20-9和图20-9。

表20-9　2023年沪深300与非沪深300公司自愿性信息披露治理效率分项指数比较

排名	是否沪深300	公司数目	平均值	中位值	最大值	最小值	标准差
1	非沪深300	4762	85.6730	87.5000	100.0000	43.7500	6.1408
2	沪深300	299	83.9256	87.5000	93.7500	50.0000	7.7959
	总体	5061	85.5698	87.5000	100.0000	43.7500	6.2644

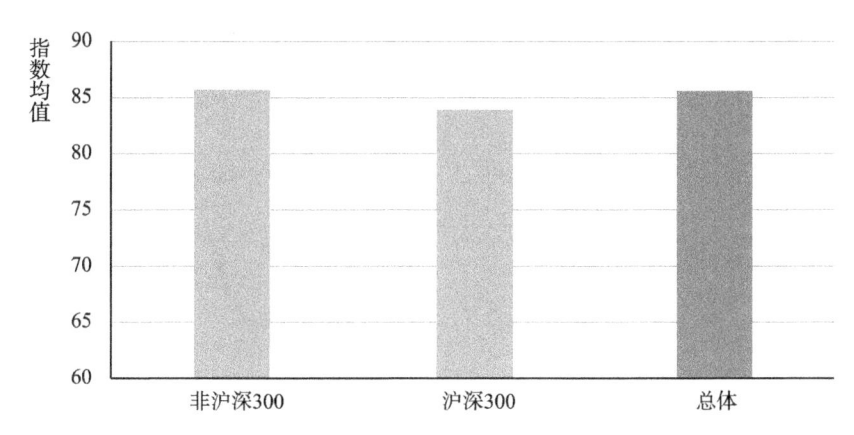

图20-9　2023年沪深300与非沪深公司300自愿性信息披露治理效率分项指数比较

由表 20-9 和图 20-9 可知，沪深 300 的自愿性信息披露治理效率分项指数均值低于非沪深 300，二者绝对差距为 1.7474 分，这在一定程度上可以说明，在治理效率自愿性信息披露方面，沪深 300 的表现并不突出。

20.4　自愿性信息披露利益相关者分项指数排名及比较

利益相关者方面的自愿性信息披露重在评价公司有关各利益相关者的信息披露情况。本节主要对利益相关者分项指数排名的各种情况进行比较和分析。

20.4.1　自愿性信息披露利益相关者分项指数总体分布

通过对 5061 家上市公司在利益相关者方面的自愿性信息披露进行评价，我们得出每家上市公司自愿性信息披露利益相关者分项指数，并进行了排名。按照每 10 分一个区间，可以将上市公司自愿性信息披露利益相关者分项指数划分为 10 个区间段，每个区间段的公司数目和所占比重参见表 20-10。

表 20-10　2023 年上市公司自愿性信息披露利益相关者分项指数区间分布

指数区间	公司数目	占比 / %	累计占比 / %
[0,10)	3	0.06	0.06
[10,20)	6	0.12	0.18
[20,30)	19	0.38	0.55
[30,40)	80	1.58	2.13
[40,50)	198	3.91	6.05
[50,60)	981	19.38	25.43
[60,70)	817	16.14	41.57
[70,80)	1400	27.66	69.24
[80,90)	1001	19.78	89.01
[90,100]	556	10.99	100.00
总体	5061	100.00	—

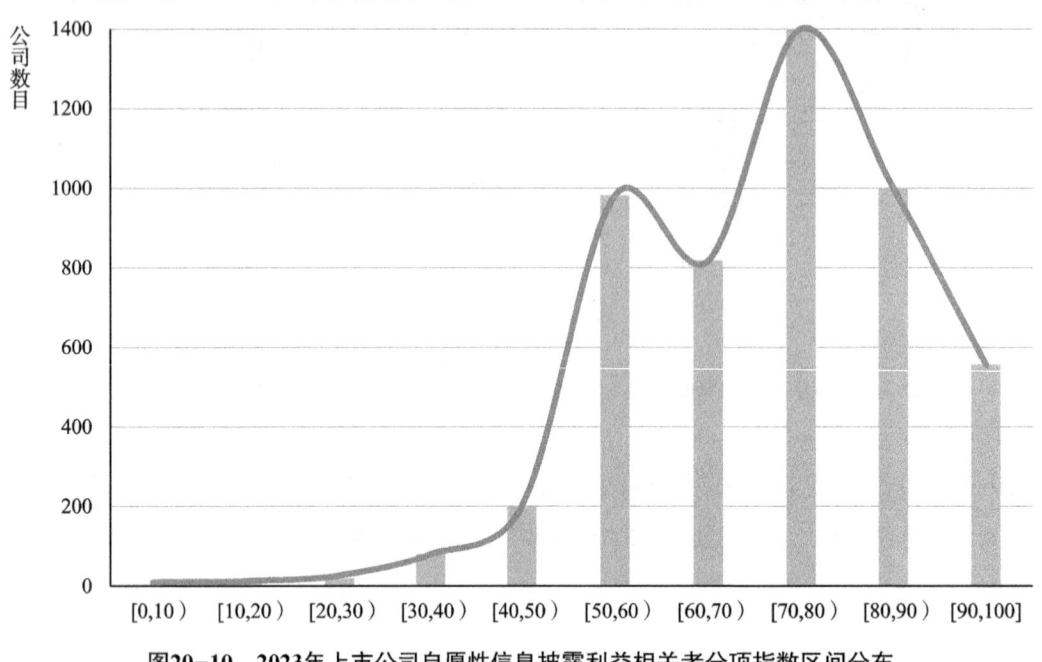

图 20-10 更直观地显示了自愿性信息披露利益相关者分项指数的区间分布情况。

图20-10　2023年上市公司自愿性信息披露利益相关者分项指数区间分布

由表 20-10 和图 20-10 可以看出，自愿性信息披露利益相关者分项指数主要集中在 [50,90) 区间，有公司 4199 家，占样本总数的 82.97%。达到及格线（60 分）的公司有 3774 家，占 74.57%，相比上年（70.34%）提高 4.23 个百分点，说明公司披露利益相关者信息的意愿仍在提升。

20.4.2　分地区自愿性信息披露利益相关者分项指数比较

根据东部、中部、西部和东北四个地区的划分，对上市公司自愿性信息披露利益相关者分项指数按照均值从高到低的顺序进行排名和比较，结果参见 20-11。

表 20-11　2023 年不同地区上市公司自愿性信息披露利益相关者分项指数比较

排名	地区	公司数目	平均值	中位值	最大值	最小值	标准差
1	西部	595	73.6415	75.0000	100.0000	8.3333	14.8175
3	东北	169	73.0276	75.0000	100.0000	33.3333	15.5511
2	中部	673	72.7216	75.0000	100.0000	16.6667	14.4648
4	东部	3624	70.7069	75.0000	100.0000	8.3333	14.7731
	总体	5061	71.3973	75.0000	100.0000	8.3333	14.8069

从表 20-11 可以看到，四个地区中，西部上市公司自愿性信息披露利益相关者分项指数均值最高，为 73.6415 分；东部最低，为 70.7069 分，二者绝对差距为 2.9346 分。自愿性信息披露利益相关者分项指数的最大值同时出自四个地区，最小值出自西部和东部。从标准差看，四个地区的标准差都比较大，说明四个地区自愿性信息披露利益相关者分项指数内部差异较大。

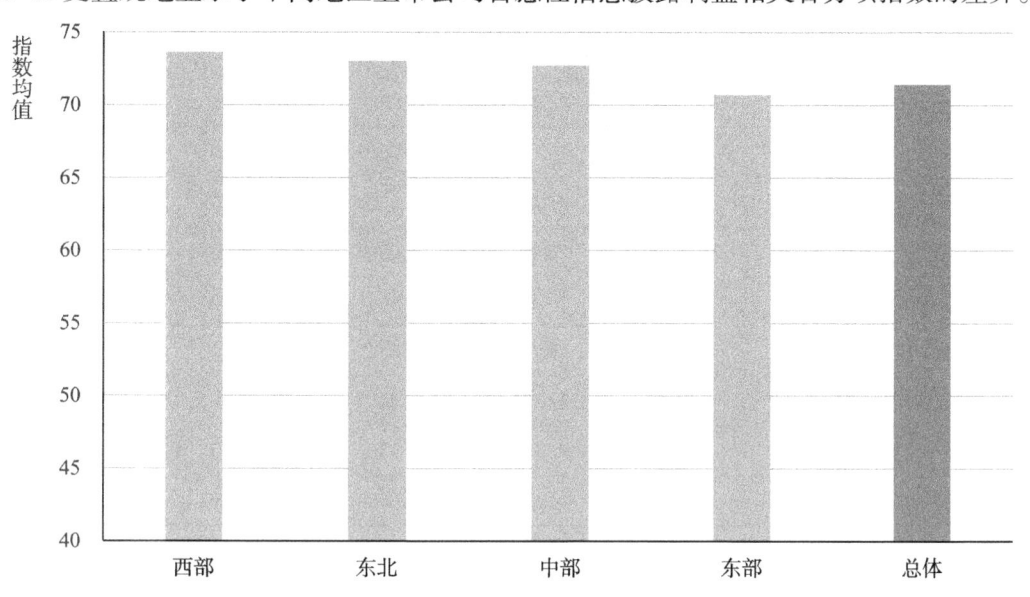

图 20-11 更直观地显示了不同地区上市公司自愿性信息披露利益相关者分项指数的差异。

图20-11 2023年不同地区上市公司自愿性信息披露利益相关者分项指数比较

由图 20-11 可以看出，除了东部，其他三个地区自愿性信息披露利益相关者分项指数均值都超过总体均值。

20.4.3 分行业自愿性信息披露利益相关者分项指数比较

对 18 个行业上市公司自愿性信息披露利益相关者分项指数按照均值从高到低的顺序进行排名和比较，结果见表 20-12。

表 20-12 2023 年不同行业上市公司自愿性信息披露利益相关者分项指数比较

排名	行业	公司数目	平均值	中位值	最大值	最小值	标准差
1	卫生和社会工作（Q）	15	78.3333	83.3333	100.0000	50.0000	11.7063
2	电力、热力、燃气及水生产和供应业（D）	131	78.1170	83.3333	100.0000	41.6667	16.2589
3	水利、环境和公共设施管理业（N）	97	76.3746	75.0000	100.0000	41.6667	14.8340
4	科学研究和技术服务业（M）	111	75.1502	75.0000	100.0000	16.6667	15.7790
5	采矿业（B）	82	74.8984	75.0000	100.0000	33.3333	15.2605
6	建筑业（E）	107	73.9097	75.0000	100.0000	41.6667	14.7268
7	综合（S）	12	73.6111	75.0000	91.6667	50.0000	13.9582
8	文化、体育和娱乐业（R）	62	73.5215	75.0000	100.0000	41.6667	13.0071
9	租赁和商务服务业（L）	65	73.0769	75.0000	91.6667	33.3333	13.6163
10	信息传输、软件和信息技术服务业（I）	418	73.0662	75.0000	100.0000	33.3333	13.1729

续表

排名	行业	公司数目	平均值	中位值	最大值	最小值	标准差
11	房地产业（K）	101	72.2772	75.0000	100.0000	8.3333	16.2957
12	农、林、牧、渔业（A）	48	72.2222	75.0000	100.0000	41.6667	12.6534
13	教育（P）	12	71.5278	75.0000	91.6667	41.6667	14.2149
14	制造业（C）	3373	70.9507	75.0000	100.0000	8.3333	14.5174
15	交通运输、仓储和邮政业（G）	112	70.2381	66.6667	100.0000	8.3333	15.8159
16	批发和零售业（F）	182	70.2381	75.0000	100.0000	41.6667	13.0243
17	住宿和餐饮业（H）	8	64.5833	62.5000	83.3333	50.0000	11.5995
18	金融业（J）	124	58.3333	58.3333	100.0000	25.0000	17.8667
	总体	5061	71.3973	75.0000	100.0000	8.3333	14.8069

注：居民服务、修理和其他服务业（O）只有1家上市公司，难以代表该行业整体水平，故排名时剔除。

由表20-12可知，18个行业中，有13个行业的上市公司自愿性信息披露利益相关者分项指数均值高于总体均值，这13个行业的行业最大均值与总体均值之间的绝对差距为6.9360分；其他5个行业的上市公司自愿性信息披露利益相关者分项指数均值低于总体均值，总体均值与这5个行业的最小均值之间的绝对差距为13.0640分。显然，低分区行业内部的差距大于高分区行业。18个行业中，排名最高的卫生和社会工作（Q）自愿性信息披露治理结构分项指数均值与排名最低的金融业（J）的指数均值相差20.0000分，相差很大。排名前三位的行业是卫生和社会工作（Q）、电力、热力、燃气及水生产和供应业（D），以及水利、环境和公共设施管理业（N）；排名后三位的行业是金融业（J）、住宿和餐饮业（H），以及批发和零售业（F）。

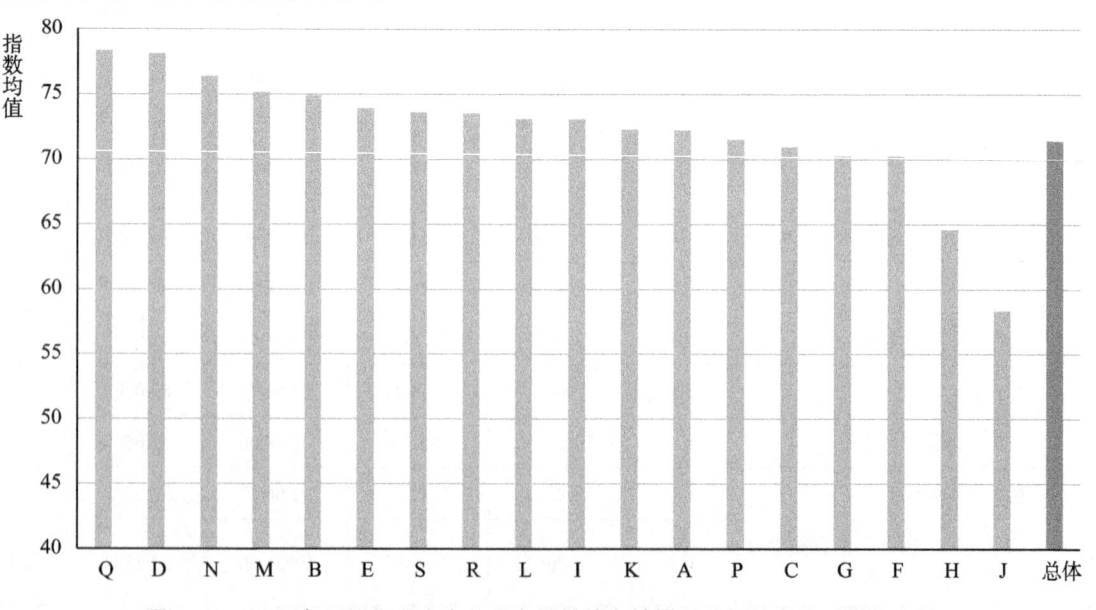

图20-12更直观地显示了不同行业上市公司自愿性信息披露利益相关者分项指数均值的差异。可以看到，排名最后的金融业（J）与其他行业差别很大，其他各行业自愿性信息披露利益相关者分项指数均值从高低到低也有明显的变化。

图20-12　2023年不同行业上市公司自愿性信息披露利益相关者分项指数比较

20.4.4 沪深300与非沪深300自愿性信息披露利益相关者分项指数比较

按照是否沪深300成分股指数公司，对沪深300与非沪深300上市公司自愿性信息披露利益相关者分项指数进行排名和比较，结果参见表20-13和图20-13。

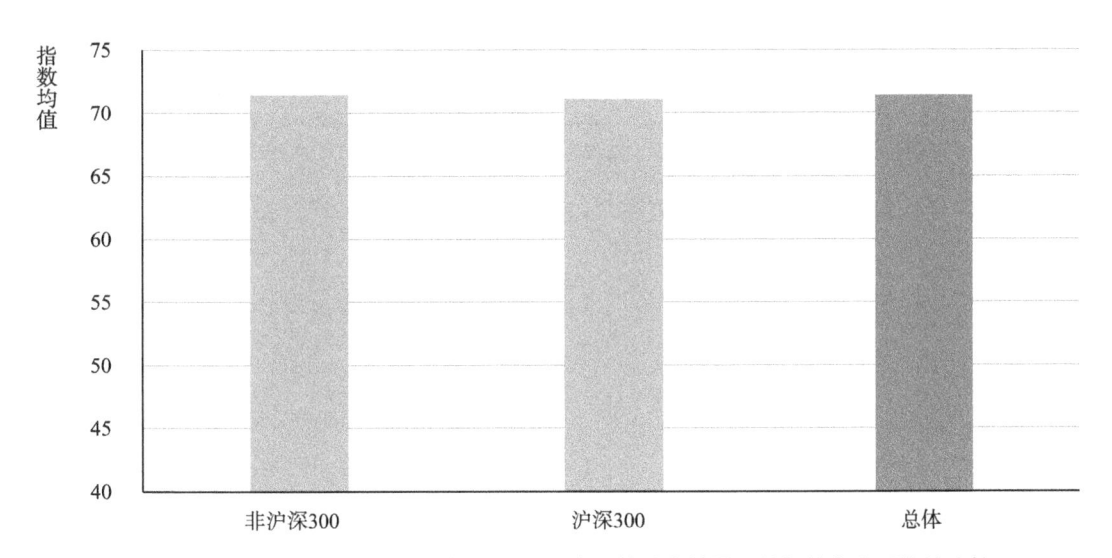

表20-13 2023年沪深300与非沪深300公司自愿性信息披露利益相关者分项指数比较

排名	上市板块	公司数目	平均值	中位值	最大值	最小值	标准差
1	非沪深300	4762	71.4178	75.0000	100.0000	8.3333	14.7016
2	沪深300	299	71.0702	75.0000	100.0000	25.0000	16.3892
	总体	5061	71.3973	75.0000	100.0000	8.3333	14.8069

图20-13 2023年沪深300与非沪深300公司自愿性信息披露利益相关者分项指数比较

由表20-13和图20-13可知，沪深300的自愿性信息披露利益相关者分项指数均值低于非沪深300，二者绝对差距为0.3476分，差距很小。

20.5 自愿性信息披露风险控制分项指数排名及比较

风险控制方面的自愿性信息披露重在评价公司对各利益相关者公开公司风险及其控制方面的信息披露情况。本节对风险控制分项指数进行比较分析。

20.5.1 自愿性信息披露风险控制分项指数总体分布

通过对5061家上市公司在风险控制方面的自愿性信息披露进行评价，我们得出了每家上市公司的自愿性信息披露风险控制分项指数，并进行了排名。按照每10分一个区间，可以将上市公司自愿性信息披露风险控制分项指数划分为10个区间段，每个区间段的公司数目和所占比重参见表20-14。

表 20-14 2023 年上市公司自愿性信息披露风险控制分项指数区间分布

指数区间	公司数目	占比 / %	累计占比 / %
[0,10)	0	0.00	0.00
[10,20)	3	0.06	0.06
[20,30)	77	1.52	1.58
[30,40)	437	8.63	10.22
[40,50)	1136	22.45	32.66
[50,60)	2464	48.69	81.35
[60,70)	833	16.46	97.81
[70,80)	105	2.07	99.88
[80,90)	6	0.12	100.00
[90,100]	0	0.00	100.00
总体	5061	100.00	—

图 20-14 更直观地显示了自愿性信息披露风险控制分项指数的区间分布情况。

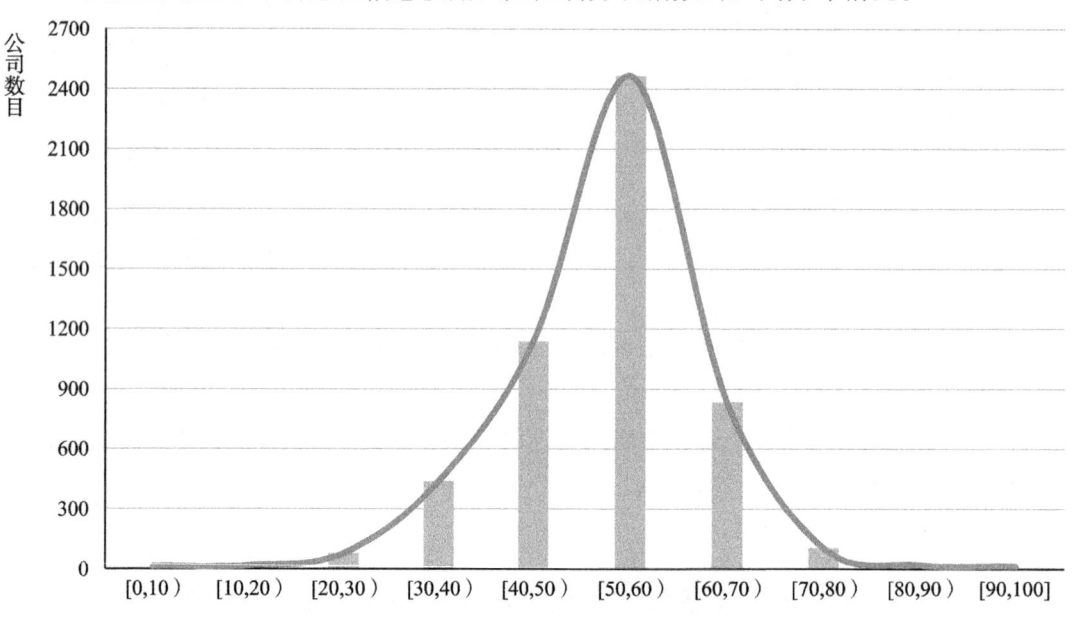

图20-14 2023年上市公司自愿性信息披露风险控制分项指数区间分布

从表 20-14 和图 20-14 可以看出，2023 年上市公司自愿性信息披露风险控制分项指数主要集中在 [40,70) 区间，有 4433 家，占样本总数的 87.59%。达到及格线 60 分的公司有 944 家，占样本总数的 18.65%，比上年（22.98%）下降 4.33 个百分点，说明公司披露自身风险信息的意愿不强，而且有退步迹象。

20.5.2 分地区自愿性信息披露风险控制分项指数比较

根据东部、中部、西部和东北四个地区的划分，对上市公司自愿性信息披露风险控制分项指数按照均值从高到低的顺序进行排名和比较，结果参见表 20-15。

表 20-15 2023 年不同地区上市公司自愿性信息披露风险控制分项指数比较

排名	地区	公司数目	平均值	中位值	最大值	最小值	标准差
1	东部	3624	53.0047	55.5556	88.8889	11.1111	10.0984
2	中部	673	52.6994	55.5556	83.3333	22.2222	10.4520
3	西部	595	51.5033	55.5556	77.7778	11.1111	10.6180
4	东北	169	50.5588	55.5556	77.7778	22.2222	11.7757
	总体	5061	52.7059	55.5556	88.8889	11.1111	10.2870

从表 20-15 可以看到，四个地区中，东部上市公司自愿性信息披露风险控制分项指数均值最高，为 53.0047 分；东北最低，为 50.5588 分，二者绝对差距为 2.4459 分。自愿性信息披露风险控制分项指数的最大值出自东部，最小值同时出自东部和西部。

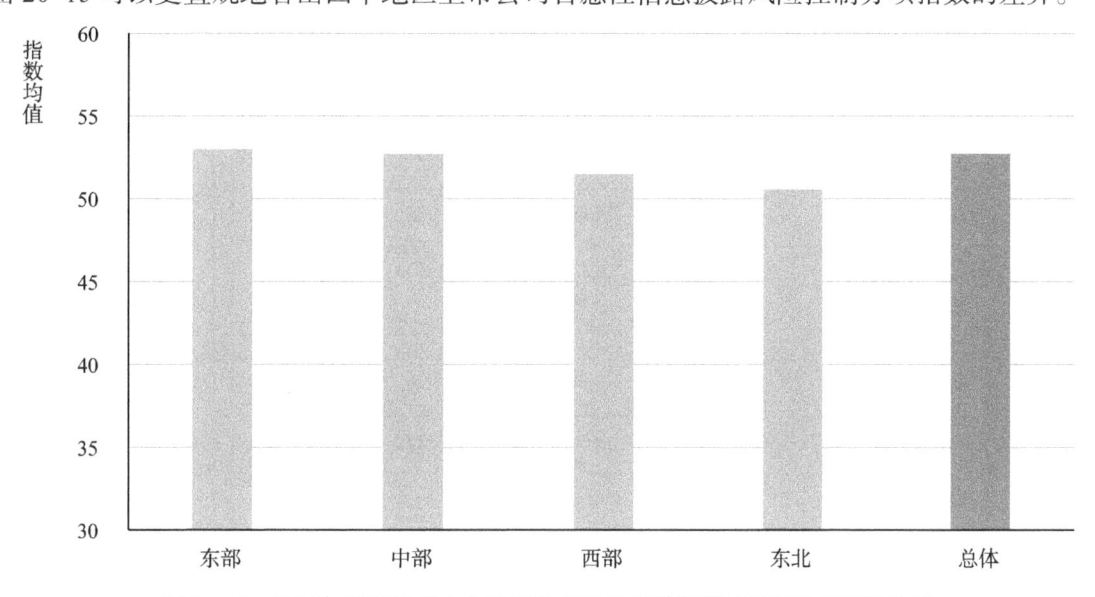

图 20-15 可以更直观地看出四个地区上市公司自愿性信息披露风险控制分项指数的差异。

图20-15 2023年不同地区上市公司自愿性信息披露风险控制分项指数比较

由图 20-15 可以看出，四个地区中，只有东部上市公司自愿性信息披露风险控制分项指数均值超过总体均值，其他三个地区都低于总体均值。从总体看，四个地区上市公司自愿性信息披露风险控制分项指数均值差别不大。

20.5.3 分行业自愿性信息披露风险控制分项指数比较

对 18 个行业上市公司自愿性信息披露风险控制分项指数按照均值从高到低的顺序进行排名和比较，结果参见表 20-16。

表20-16 2023年不同行业上市公司自愿性信息披露风险控制分项指数比较

排名	行业	公司数目	平均值	中位值	最大值	最小值	标准差
1	交通运输、仓储和邮政业（G）	112	55.8036	55.5556	77.7778	27.7778	8.9823
2	金融业（J）	124	53.5842	55.5556	66.6667	22.2222	10.9121
3	建筑业（E）	107	53.2710	55.5556	77.7778	27.7778	11.1358
4	制造业（C）	3373	53.0685	55.5556	88.8889	11.1111	9.9004
5	采矿业（B）	82	52.7100	55.5556	77.7778	22.2222	11.9357
6	科学研究和技术服务业（M）	111	52.7027	55.5556	77.7778	33.3333	8.7242
7	电力、热力、燃气及水生产和供应业（D）	131	52.3325	55.5556	77.7778	22.2222	11.4650
8	水利、环境和公共设施管理业（N）	97	52.1191	55.5556	66.6667	16.6667	10.4147
9	批发和零售业（F）	182	52.1062	55.5556	83.3333	22.2222	11.0563
10	信息传输、软件和信息技术服务业（I）	418	51.6348	55.5556	77.7778	22.2222	10.3000
11	文化、体育和娱乐业（R）	62	50.8961	55.5556	66.6667	33.3333	10.2824
12	租赁和商务服务业（L）	65	50.3419	55.5556	77.7778	22.2222	11.1485
13	住宿和餐饮业（H）	8	50.0000	55.5556	55.5556	33.3333	7.8567
14	房地产业（K）	101	49.1749	44.4444	77.7778	22.2222	13.1139
15	卫生和社会工作（Q）	15	48.5185	44.4444	77.7778	22.2222	14.1227
16	农、林、牧、渔业（A）	48	48.2639	55.5556	77.7778	22.2222	13.2810
17	综合（S）	12	48.1481	55.5556	66.6667	22.2222	13.8580
18	教育（P）	12	44.9074	44.4444	55.5556	33.3333	8.0054
	总体	5061	52.7059	55.5556	88.8889	11.1111	10.2870

注：居民服务、修理和其他服务业（O）只有1家上市公司，难以代表该行业整体水平，故排名时剔除。

由表20-16可以看出，18个行业中，有5个行业的上市公司自愿性信息披露风险控制分项指数均值高于总体均值，这5个行业的行业最大均值与总体均值之间的绝对差距为3.0977分；其他13个行业的上市公司自愿性信息披露风险控制分项指数均值低于总体均值，总体均值与这13个行业的最小均值之间的绝对差距为7.7985分。显然低分区行业的内部差距大于高分区行业。排名前三位的行业是交通运输、仓储和邮政业（G）、金融业（J），以及建筑业（E）；排名后三位的行业是教育（P）、综合（S），以及农、林、牧、渔业（A）。

图20-16更直观地体现了不同行业上市公司自愿性信息披露风险控制分项指数均值的差异。可以看到，最高行业均值和最低行业均值之间的差异较大，各行业的自愿性信息披露风险控制分项指数均值也存在一定的差异。

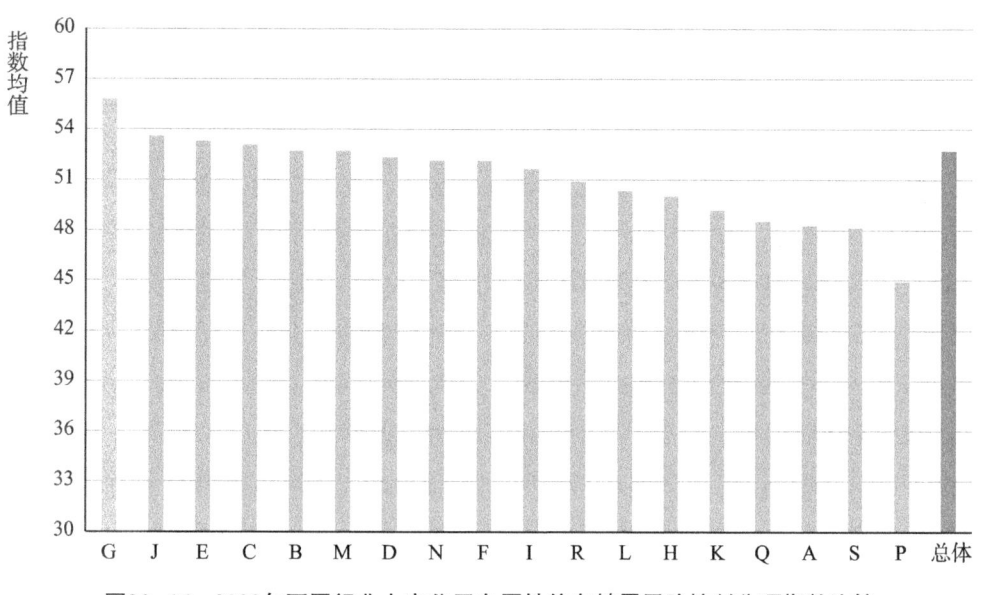

图20-16 2023年不同行业上市公司自愿性信息披露风险控制分项指数比较

20.5.4 沪深300与非沪深300自愿性信息披露风险控制分项指数比较

按照是否沪深300成分股指数公司，对沪深300与非沪深300上市公司自愿性信息披露风险控制分项指数进行排名和比较，结果参见表20-17和图20-17。

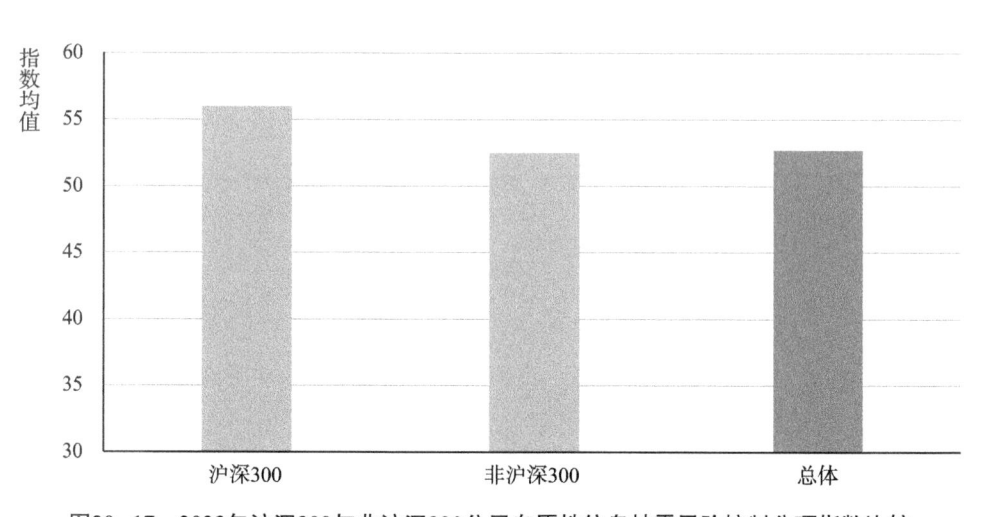

表 20-17 2023年沪深300与非沪深300公司自愿性信息披露风险控制分项指数比较

排名	上市板块	公司数目	平均值	中位值	最大值	最小值	标准差
1	沪深300	299	55.9829	55.5556	77.7778	27.7778	9.4396
2	非沪深300	4762	52.5001	55.5556	88.8889	11.1111	10.3032
	总体	5061	52.7059	55.5556	88.8889	11.1111	10.2870

图20-17 2023年沪深300与非沪深300公司自愿性信息披露风险控制分项指数比较

由表20-17和图20-17可知，沪深300的自愿性信息披露风险控制分项指数均值高于非沪深300，二者绝对差距为3.4828分，说明沪深300公司有更强的披露风险控制信息的意愿。

20.6 本章小结

本章从总体、地区、行业和是否为沪深300四个方面，对2023年自愿性信息披露的四个分项指数，即治理结构、治理效率、利益相关者、风险控制进行了比较分析，通过分析我们发现：

（1）从自愿性信息披露四个分项指数比较看，治理效率分项指数均值最高，风险控制分项指数均值最低。从指数分布区间看，四个分项指数的分布都比较集中。其中，治理结构分项指数主要分布在[60,90)区间，占样本总数的69.18%；治理效率分项指数主要分布在[80,90)区间，占样本总数的80.81%；利益相关者分项指数主要分布在[50,90)区间，占样本总数的82.97%；风险控制分项指数主要分布在[40,70)区间，占样本总数的87.59%。治理结构、治理效率和利益相关者三个分项指数的均值已远超60分的及格线，而风险控制分项指数均值仍低于60分，说明公司在风险控制方面的自愿性信息披露还较差。

（2）从地区来看，自愿性信息披露治理结构分项指数均值、治理效率分项指数均值和风险控制分项指数的均值从高到低依次都是东部、中部、西部和东北地区；利益相关者分项指数均值从高到低依次是西部、东北、中部和东部地区。

（3）从行业来看，自愿性信息披露治理结构分项指数均值最高的前三名是科学研究和技术服务业（M）、卫生和社会工作（Q），以及信息传输、软件和信息技术服务业（I）；治理效率分项指数均值最高的前三名是卫生和社会工作（Q）、农、林、牧、渔业（A），以及综合（S）；利益相关者分项指数均值最高的前三名是卫生和社会工作（Q）、电力、热力、燃气及水生产和供应业（D），以及水利、环境和公共设施管理业（N）；风险控制分项指数均值最高的前三名是交通运输、仓储和邮政业（G）、金融业（J），以及建筑业（E）。从总体来看，各行业在四个分项指数中的表现各有侧重。

（4）从沪深300与非沪深300的比较看，沪深300公司的治理结构和风险控制分项指数均值略高于非沪深300；而在治理效率和利益相关者两个分项指数均值上，则是非沪深300公司略高于沪深300公司。

第21章 自愿性信息披露指数的所有制比较

根据第1章的控股或所有制类型划分，本章对2023年5061家样本上市公司的自愿性信息披露指数及四个分项指数从所有制角度进行比较分析，以了解国有控股公司和非国有控股公司在自愿性信息披露方面存在的异同。

21.1 自愿性信息披露指数总体的所有制比较

21.1.1 自愿性信息披露总体指数比较

不同的所有制会对上市公司自愿性信息披露产生影响，表21-1比较了不同所有制上市公司总体的自愿性信息披露指数，并按照均值从高到低的顺序进行了排名。

表 21-1 2023 年不同所有制上市公司自愿性信息披露指数比较

排名	所有制类型	公司数目	平均值	中位值	最大值	最小值	标准差
1	国有绝对控股公司	554	71.2542	71.5278	89.7569	46.7014	7.1560
2	国有参股公司	1184	71.1990	71.7882	85.4167	49.8264	6.0920
3	无国有股份公司	2385	71.1853	71.7014	90.7986	48.0903	6.2737
4	国有弱相对控股公司	406	70.5503	71.0069	85.4167	47.5694	6.6803
5	国有强相对控股公司	532	70.0514	70.4861	86.9792	47.0486	6.6833
	总体	5061	71.0259	71.7014	90.7986	46.7014	6.4229

从表21-1可以看出，五类所有制公司自愿性信息披露指数均值都达到了60分的及格水平，且都略超过70分，五类公司彼此之间的差距不大，最大均值和最小均值之差仅为1.2028分。国有绝对控股公司自愿性信息披露指数的均值最高；国有参股公司自愿性信息披露指数的中位值最高；国有强相对控股公司自愿性信息披露指数的均值和中位值都是最低的。从标准差来看，五类所有制公司差异不大，最高与最低相差仅1.0640分。

图21-1按照前十大股东中的国有股份比例从大到小进行了排序。可以发现，随着前十大股东中的国有股东持股比例的降低，自愿性信息披露指数均值大体呈"V型"变化趋势。

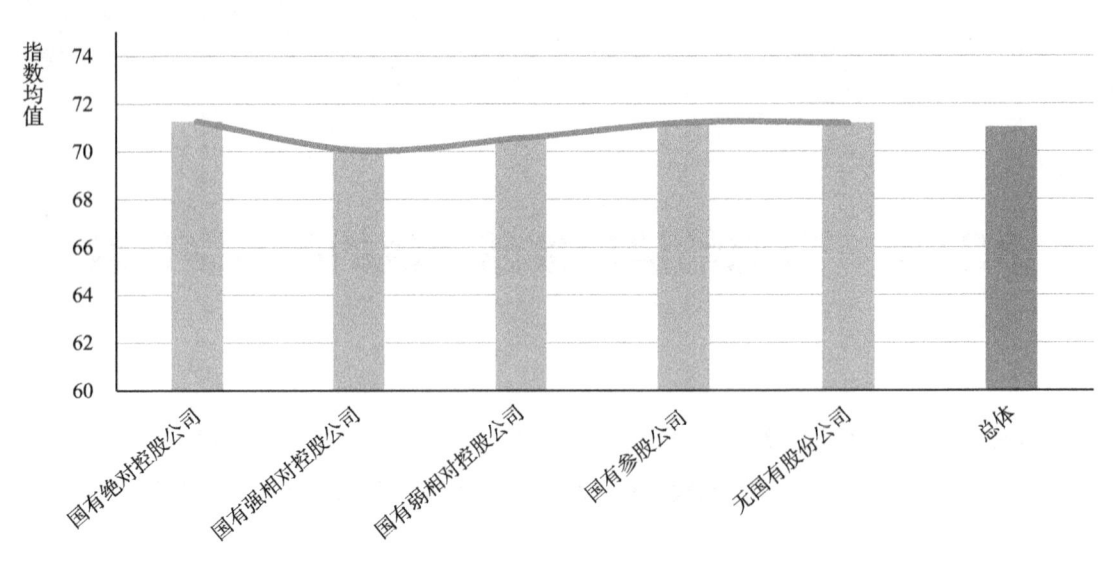

图21-1 2023年不同所有制上市公司自愿性信息披露指数均值比较

我们进一步将国有绝对控股公司、国有强相对控股公司和国有弱相对控股公司归类为国有控股公司，将国有参股公司和无国有股份公司归类为非国有控股公司，表21-2比较了国有控股公司和非国有控股公司自愿性信息披露指数的差异。

表21-2 2023年国有与非国有控股上市公司自愿性信息披露指数比较

排名	控股类型	公司数目	平均值	中位值	最大值	最小值	标准差
1	非国有控股公司	3569	71.1898	71.7014	90.7986	48.0903	6.2140
2	国有控股公司	1492	70.6338	71.0069	89.7569	46.7014	6.8812
	总体	5061	71.0259	71.7014	90.7986	46.7014	6.4229

从表21-2可知，非国有控股公司自愿性信息披露指数的均值和中位值都大于国有控股公司，绝对差距为0.5560分，差距很小。自愿性信息披露指数的最大值来自非国有控股公司，最小值来自国有控股公司。

根据实际（或最终）控制人的性质，我们还可以将上市公司进一步区分为中央企业（或监管机构）、地方国企（或监管机构）和非国有企业或自然人实际（或最终）控制的上市公司三类，表21-3对三类上市公司进行了比较，并按照均值从高到低的顺序进行了排名。可以发现，中央企业（或监管机构）实际（或最终）控制的上市公司的自愿性信息披露指数均值高于非国有企业或自然人实际（或最终）控制的上市公司，后者又高于地方国企（或监管机构）实际（或最终）控制的上市公司。把实际（或最终）控制人为非国有企业或自然人的类型进一步细分为集体企业、民营企业、境外企业、自然人四种类型，则在四个细分类型中，民营企业和境外企业控制的上市公司的自愿性信息披露均值超过了大类中排名第一的中央企业（或监管机构）实际（或最终）控制的上市公司，而地方国企（或监管机构）控制的上市公司的自愿性信息披露指数均值无论是在三大类还是细分类均值的比较中均排在最后。

表 21-3 2023年不同实际（或最终）控制人上市公司自愿性信息披露指数比较

排名	实际（或最终）控制人	公司数目	平均值	中位值	最大值	最小值	标准差
1	中央企业（或监管机构）	471	71.2845	71.3542	86.9792	47.5694	6.6456
2	非国有企业或自然人总计	3569	71.1898	71.7014	90.7986	48.0903	6.2140
	其中：民营企业	101	72.3546	72.2222	84.3750	52.4306	6.0273
	其中：境外企业	31	71.6678	73.2639	81.5972	52.4306	7.1446
	其中：自然人	3408	71.1520	71.7014	90.7986	48.0903	6.1945
	其中：集体企业	29	71.0728	69.0972	83.8542	49.8264	7.5213
3	地方国企（或监管机构）	1021	70.3336	70.8333	89.7569	46.7014	6.9667
	总体	5061	71.0259	71.7014	90.7986	46.7014	6.4229

21.1.2 自愿性信息披露分项指数总体比较

自愿性信息披露指数包括治理结构、治理效率、利益相关者和风险控制四个分项指数，表21-4对五类所有制上市公司的四个自愿性信息披露分项指数进行了比较。

表 21-4 2023年不同所有制上市公司自愿性信息披露分项指数均值比较

所有制类型	治理结构	治理效率	利益相关者	风险控制
国有绝对控股公司	71.0627	85.0181	75.0752	53.8608
国有强相对控股公司	69.9013	85.3148	73.1830	51.8066
国有弱相对控股公司	72.5369	86.0530	72.4754	51.1357
国有参股公司	75.5279	85.3568	71.5653	52.3461
无国有股份公司	76.0010	85.7783	69.8777	53.0841
总体	74.4307	85.5698	71.3973	52.7059

从表21-4可以看出，五类所有制上市公司治理结构、治理效率和利益相关者三个分项指数的均值都达到了60分的及格水平，且治理效率分项指数均值都略超过85分；但在风险控制分项指数上，五类所有制公司的均值都未达到及格水平，说明所有公司对风险控制信息披露的意愿不强，而这类信息又是投资者最为关心的。

图21-2按照前十大股东中的国有股比例从大到小进行了排序。可以发现，随着前十大股东中的国有股比例的降低，治理结构分项指数先下降后逐步提高，在无国有股份公司达到最高，大体呈"V型"；治理效率分项指数在五类公司中差异很小，国有弱相对控股公司最高；利益相关者分项指数呈现逐步下降的趋势，说明国有控股公司对利益相关者的信息披露更加重视；风险控制分项指数中国有绝对控股公司数值最高，而后呈现先下降后上升的趋势，也呈现"V型"。

从总体上看，无国有股份公司和国有参股公司相对更偏重于治理结构方面的信息披露；国有绝对控股公司和国有强相对控股公司相对较注重利益相关者方面的信息披露。

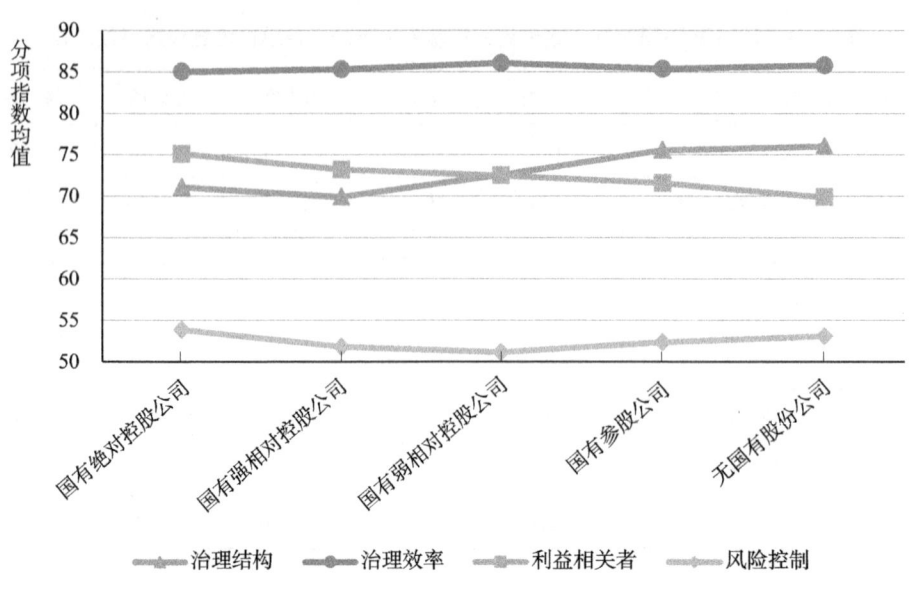

图21-2　2023年不同所有制上市公司自愿性信息披露分项指数变化趋势

我们进一步将国有绝对控股公司、国有强相对控股公司和国有弱相对控股公司归类为国有控股公司，将国有参股公司和无国有股份公司归类为非国有控股公司，两类所有制上市公司自愿性信息披露分项指数均值的比较参见表21-5和图21-3。可以看到，在治理结构分项指数上，非国有控股公司表现较好；在利益相关者分项指数上，国有控股公司表现较好；在治理效率和风险控制两个分项指数上，国有控股公司和非国有控股公司非常接近，后者略好于前者。

表21-5　2023年国有与非国有控股上市公司自愿性信息披露分项指数均值比较

控股类型	治理结构	治理效率	利益相关者	风险控制
国有控股公司	71.0498	85.4055	73.6930	52.3868
非国有控股公司	75.8441	85.6385	70.4376	52.8393
总体	74.4307	85.5698	71.3973	52.7059

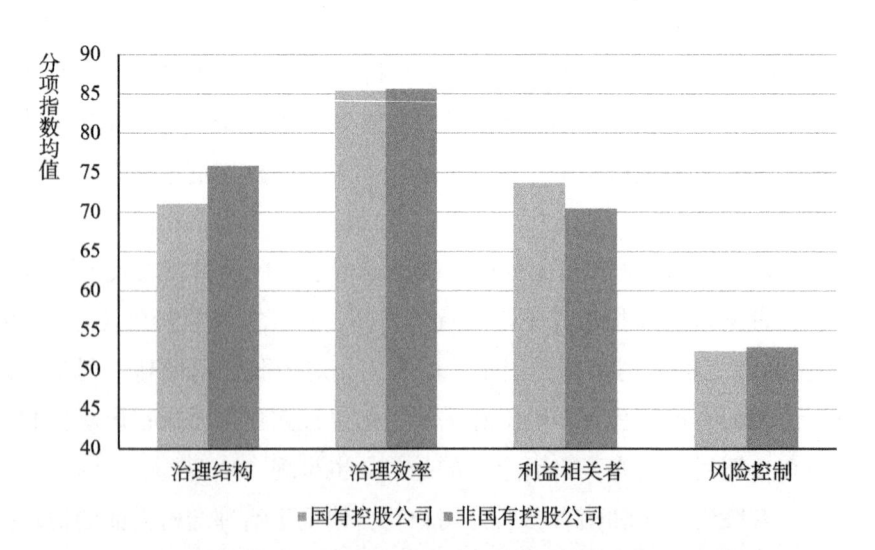

图21-3　2023年国有与非国有控股上市公司自愿性信息披露分项指数均值比较

根据实际（或最终）控制人的划分，再来比较三类控制人控制的上市公司在自愿性信息披露指数上的差别，三类公司的比较参见表21-6和图21-4。可以看出，在治理结构分项指数上，非国有企业或自然人实际（或最终）控制的公司明显好于地方国企（或监管机构）实际（或最终）控制的公司和中央企业（或监管机构）实际（或最终）控制的公司；在治理效率分项指数上，三类公司非常接近，非国有企业或自然人实际（或最终）控制的公司略好于地方国企（或监管机构）和中央企业（或监管机构）实际（或最终）控制的公司；在利益相关者分项指数上，中央企业（或监管机构）实际（或最终）控制的公司明显好于地方国企（或监管机构）和非国有企业或自然人实际（或最终）控制的公司；在风险控制分项指数上，中央企业（或监管机构）实际（或最终）控制的公司好于非国有企业或自然人和地方国企（或监管机构）实际（或最终）控制的公司。

表 21-6 2023 年不同实际（或最终）控制人上市公司自愿性信息披露分项指数均值比较

实际（或最终）控制人	治理结构	治理效率	利益相关者	风险控制
中央企业（或监管机构）	70.8333	85.1645	75.8846	53.2555
地方国企（或监管机构）	71.1496	85.5167	72.6820	51.9861
非国有企业或自然人	75.8441	85.6385	70.4376	52.8393
总体	74.4307	85.5698	71.3973	52.7059

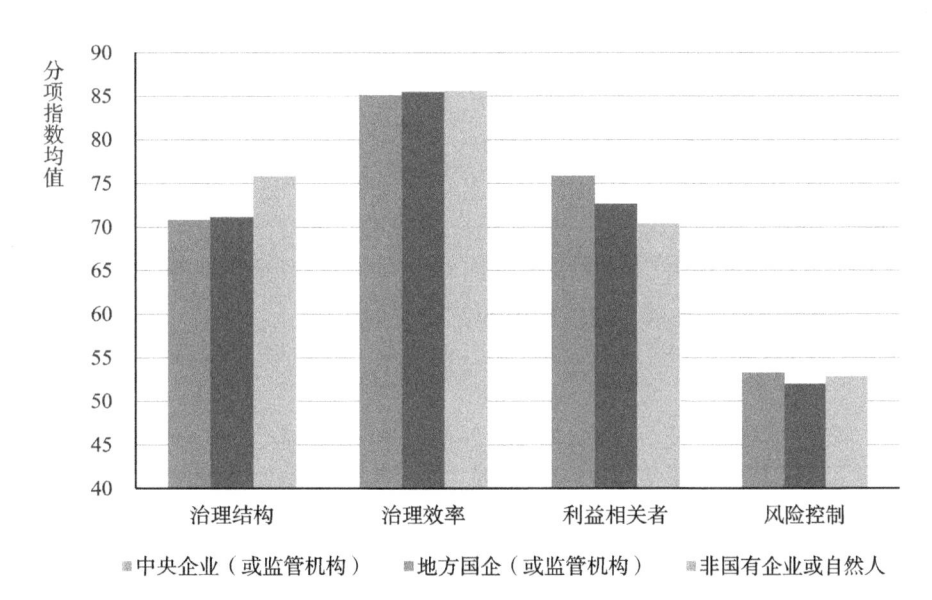

图21-4 2023年不同实际（或最终）控制人上市公司自愿性信息披露分项指数均值比较

21.2 分地区自愿性信息披露指数的所有制比较

21.2.1 分地区自愿性信息披露总体指数比较

按照四个地区的划分标准，我们进一步统计了不同地区国有控股和非国有控股上市公司的自愿性信息披露指数，参见表21-7。

表 21-7 2023 年不同地区国有与非国有控股上市公司自愿性信息披露指数比较

地区	所有制类型	公司数目	平均值	中位值	最大值	最小值	标准差
东部	国有控股公司	917	70.6891	71.1806	89.7569	46.7014	6.8944
	非国有控股公司	2707	71.2718	72.0486	90.7986	48.4375	6.2863
	总体	3624	71.1243	71.7014	90.7986	46.7014	6.4506
中部	国有控股公司	244	70.6163	70.6597	86.9792	52.4306	6.8800
	非国有控股公司	429	71.1935	71.7014	86.1111	48.0903	5.8174
	总体	673	70.9842	71.3542	86.9792	48.0903	6.2298
西部	国有控股公司	259	70.9044	71.1806	85.4167	47.5694	6.6700
	非国有控股公司	336	70.7481	70.6597	84.5486	50.8681	6.2547
	总体	595	70.8161	71.0069	85.4167	47.5694	6.4392
东北	国有控股公司	72	69.0152	69.1840	85.7639	48.2639	7.2424
	非国有控股公司	97	70.4181	71.0069	84.0278	53.4722	5.5922
	总体	169	69.8204	70.3125	85.7639	48.2639	6.3857

从表 21-7 可以看出，四个地区中，除西部地区外，非国有控股公司自愿性信息披露指数均值都略高于国有控股公司。

图 21-5 直观地反映了四个地区国有控股上市公司与非国有控股上市公司自愿性信息披露指数均值的差异。可以看出，在国有控股公司自愿性信息披露上，西部最好，其后依次是东部和中部，东北最差；在非国有控股公司自愿性信息披露上，东部最好，其后依次是中部和西部，东北仍是最差，但四个地区两类公司自愿性信息披露指数均值的差距都较小。

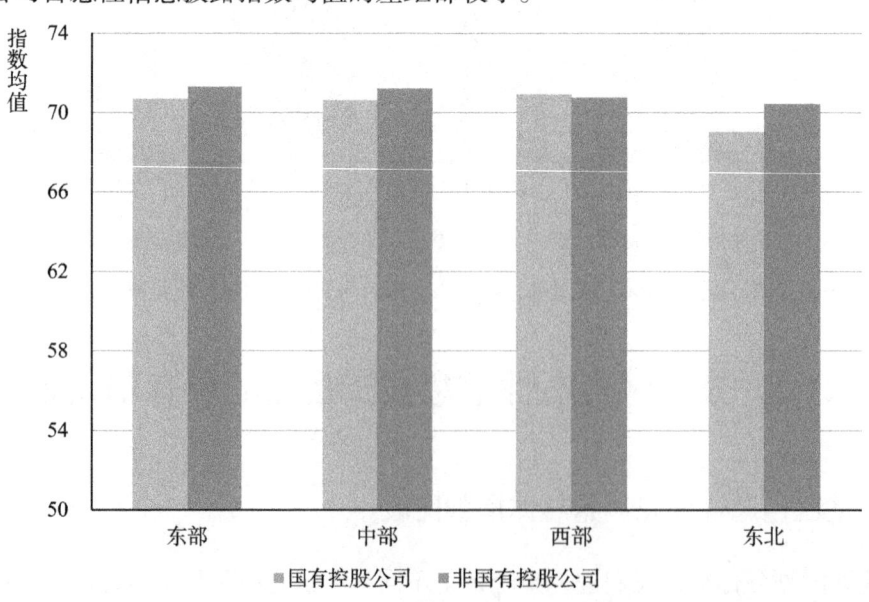

图21-5 2023年不同地区国有与非国有控股上市公司自愿性信息披露指数均值比较

21.2.2 分地区自愿性信息披露分项指数比较

接下来，我们对四个地区国有控股与非国有控股上市公司的自愿性信息披露分项指数均值进行比较分析，参见表21-8。

表21-8　2023年不同地区国有与非国有控股上市公司自愿性信息披露分项指数均值比较

地区	所有制类型	治理结构	治理效率	利益相关者	风险控制
东部	国有控股公司	71.4831	85.4826	72.8462	52.9444
	非国有控股公司	76.4199	85.6599	69.9821	53.0251
	总体	75.1707	85.6150	70.7069	53.0047
中部	国有控股公司	70.4406	85.7838	74.0779	52.1630
	非国有控股公司	74.3444	85.4749	71.9503	53.0044
	总体	72.9290	85.5869	72.7216	52.6994
西部	国有控股公司	70.9942	85.3282	76.2227	51.0725
	非国有控股公司	73.9025	85.6027	71.6518	51.8353
	总体	72.6366	85.4832	73.6415	51.5033
东北	国有控股公司	67.7951	83.4201	74.0741	50.7716
	非国有控股公司	73.1314	85.8892	72.2509	50.4009
	总体	70.8580	84.8373	73.0276	50.5588

由表21-8可以看出，四个地区两类所有制上市公司自愿性信息披露在四个分项指数上并没有一致的排序。为了便于比较，我们计算出四个地区非国有控股公司自愿性信息披露四个分项指数均值与对应的国有控股公司自愿性信息披露四个分项指数均值的差值，由此可以反映四个地区两类所有制上市公司自愿性信息披露四个分项指数的差异，如图21-6所示。可以看出，在治理结构分项指数上，四个地区都是非国有控股公司明显好于国有控股公司；在利益相关者分项指数上，四个地区均是国有控股公司明显好于非国有控股公司；在治理效率分项指数上，除中部国有控股公司略好于非国有控股公司外，其他三个地区都是非国有控股公司好于国有控股公司；在风险控制分项指数上，除东北国有控股公司略好于非国有控股公司外，其他三个地区都是非国有控股公司略好于国有控股公司。

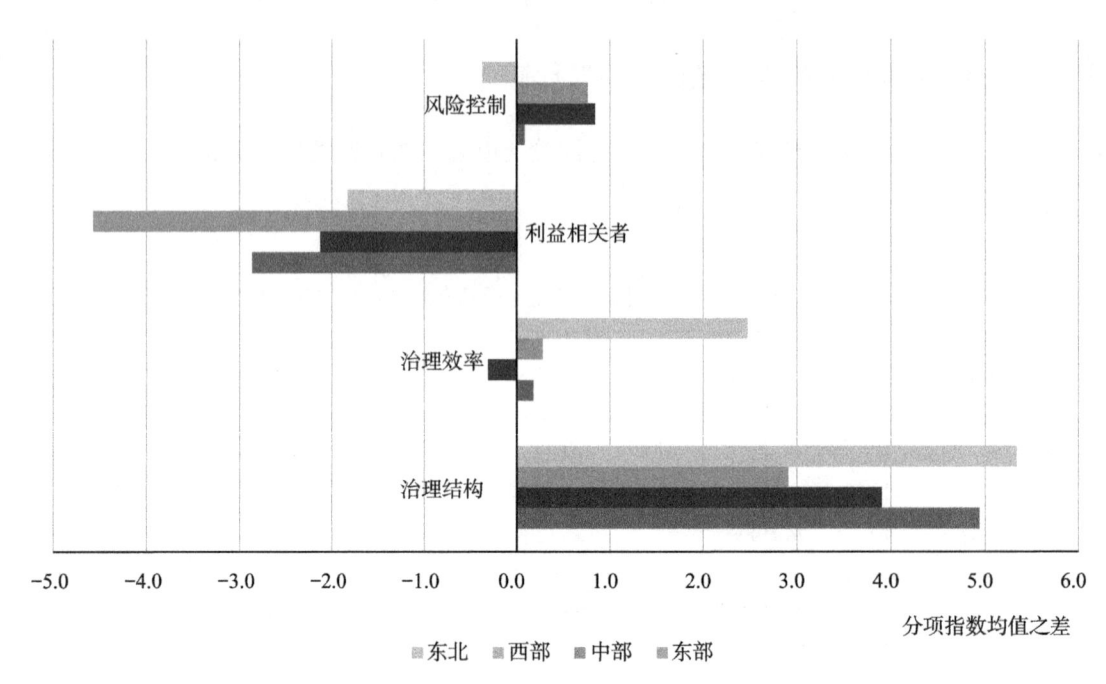

注：指数均值之差＝非国有控股公司自愿性信息披露分项指数均值－国有控股公司自愿性信息披露分项指数均值。

图21-6　2023年不同地区国有与非国有控股上市公司自愿性信息披露指数差值比较

21.3　分行业自愿性信息披露指数的所有制比较

21.3.1　分行业自愿性信息披露总体指数比较

这里，我们选择具有较强代表性的六个行业：制造业（C）、电力、热力、燃气及水生产和供应业（D）、交通运输、仓储和邮政业（G）、信息传输、软件和信息技术服务业（I）、金融业（J）和房地产业（K），上述六个行业自愿性信息披露指数比较参见表21-9。

表21-9　2023年不同行业国有与非国有控股上市公司自愿性信息披露指数比较

行业	所有制类型	公司数目	平均值	中位值	最大值	最小值	标准差
制造业（C）	国有控股公司	730	71.1125	71.5278	86.9792	52.4306	6.5165
	非国有控股公司	2643	71.1241	71.7014	86.1111	48.0903	6.2441
	总体	3373	71.1216	71.7014	86.9792	48.0903	6.3041
电力、热力、燃气及水生产和供应业（D）	国有控股公司	95	71.8531	72.7431	86.9792	53.1250	7.6325
	非国有控股公司	36	70.2064	70.3125	77.2569	57.8125	4.4959
	总体	131	71.4006	71.8750	86.9792	53.1250	6.9528
交通运输、仓储和邮政业（G）	国有控股公司	79	70.5520	70.6597	87.1528	47.0486	7.9039
	非国有控股公司	33	71.4752	72.2222	82.8125	55.9028	7.3096
	总体	112	70.8240	71.1806	87.1528	47.0486	7.7450

续表

行业	所有制类型	公司数目	平均值	中位值	最大值	最小值	标准差
信息传输、软件和信息技术服务业（I）	国有控股公司	76	69.9539	70.3125	81.5972	53.4722	6.2966
	非国有控股公司	342	72.4253	73.0903	85.4167	52.6042	5.4012
	总体	418	71.9759	72.5694	85.4167	52.6042	5.6556
金融业（J）	国有控股公司	94	67.8025	67.9688	81.2500	49.8264	7.8634
	非国有控股公司	30	67.3669	69.3576	84.3750	52.4306	8.2207
	总体	124	67.6971	68.4028	84.3750	49.8264	7.9535
房地产业（K）	国有控股公司	63	69.0256	69.9653	82.2917	46.7014	6.8197
	非国有控股公司	38	69.6774	69.3576	81.4236	56.5972	5.8614
	总体	101	69.2708	69.9653	82.2917	46.7014	6.4835

从表21-9可以看出，六个代表性行业中，电力、热力、燃气及水生产和供应业（D）以及金融业（J）的国有控股公司自愿性信息披露指数均值高于非国有控股公司；制造业（C）、交通运输、仓储和邮政业（G）、信息传输、软件和信息技术服务业（I），以及房地产业（K）的国有控股公司自愿性信息披露指数均值都低于非国有控股公司。

图21-7更直观地反映了六个行业国有控股公司与非国有控股公司自愿性信息披露指数均值的差异。可以看到，六个行业中，国有控股公司自愿性信息披露指数均值最高的行业是电力、热力、燃气及水生产和供应业（D），最低的是金融业（J）；非国有控股公司自愿性信息披露指数均值最高的行业是信息传输、软件和信息技术服务业（I），最低的行业也是金融业（J）。

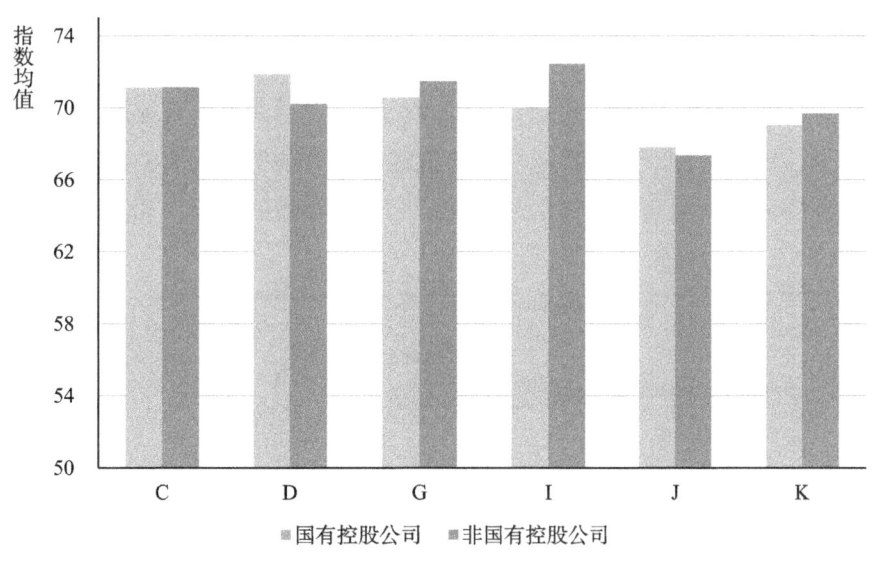

图21-7　2023年不同行业国有与非国有控股上市公司自愿性信息披露指数均值比较

21.3.2　分行业自愿性信息披露分项指数比较

接下来，我们对六个代表性行业国有控股与非国有控股上市公司的自愿性信息披露分项指数进行比较，参见表21-10。

表21-10 2023年不同行业国有与非国有控股上市公司自愿性信息披露分项指数比较

行业	所有制类型	治理结构	治理效率	利益相关者	风险控制
制造业（C）	国有控股公司	71.2329	86.0103	74.8858	52.3212
	非国有控股公司	75.7709	85.5869	69.8638	53.2749
	总体	74.7888	85.6786	70.9507	53.0685
电力、热力、燃气及水生产和供应业（D）	国有控股公司	68.6842	84.6053	80.4386	53.6842
	非国有控股公司	73.6111	86.4583	71.9907	48.7654
	总体	70.0382	85.1145	78.1170	52.3325
交通运输、仓储和邮政业（G）	国有控股公司	70.8861	85.1266	71.2025	54.9930
	非国有控股公司	75.1894	85.0379	67.9293	57.7441
	总体	72.1540	85.1004	70.2381	55.8036
信息传输、软件和信息技术服务业（I）	国有控股公司	71.6283	86.1842	73.0263	48.9766
	非国有控股公司	78.3260	86.0746	73.0750	52.2255
	总体	77.1083	86.0945	73.0662	51.6348
金融业（J）	国有控股公司	77.4601	81.7819	58.5993	53.3688
	非国有控股公司	75.0000	82.7083	57.5000	54.2593
	总体	76.8649	82.0060	58.3333	53.5842
房地产业（K）	国有控股公司	68.5516	85.4167	73.0159	49.1182
	非国有控股公司	71.7105	86.6776	71.0526	49.2690
	总体	69.7401	85.8911	72.2772	49.1749

由表21-10可以看出，与地区一样，六个行业两类所有制上市公司在自愿性信息披露四个分项指数上的排序也不一致。为了便于比较，我们计算了六个代表性行业非国有控股公司自愿性信息披露四个分项指数均值与对应的国有控股公司自愿性信息披露四个分项指数均值的差值，由此可以反映这六个代表性行业两类所有制上市公司自愿性信息披露四个分项指数的差异，如图21-8所示。

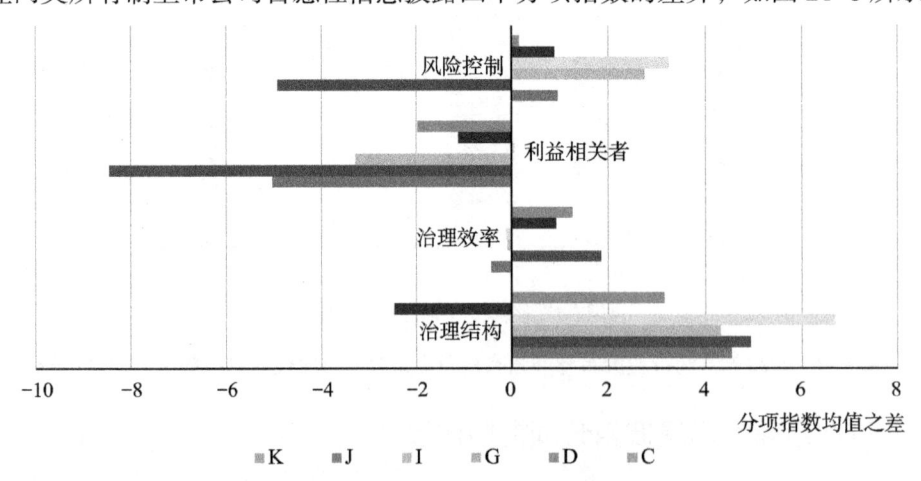

注：指数均值之差＝非国有控股公司自愿性信息披露分项指数均值－国有控股公司自愿性信息披露分项指数均值。

图21-8 2023年不同行业国有与非国有控股上市公司自愿性信息披露分项指数差值比较

由图 21-8 可以看出，在治理结构分项指数上，仅金融业（J）的国有控股公司好于非国有控股公司，其余五个行业都是非国有控股公司好于国有控股公司；在治理效率分项指数上，制造业（C）、交通运输、仓储和邮政业（G）、信息传输、软件和信息技术服务业（I）的国有控股公司好于非国有控股公司，其余三个行业都是非国有控股公司好于国有控股公司；在利益相关者分项指数上，仅信息传输、软件和信息技术服务业（I）的非国有控股公司好于国有控股公司，其余五个行业都是国有控股公司好于非国有控股公司；在风险控制分项指数上，仅电力、热力、燃气及水生产和供应业（D）的国有控股公司好于非国有控股公司，其余五个行业都是非国有控股公司好于国有控股公司。从总体看，在六个代表性行业中，国有控股公司在利益相关者分项指数上表现相对较好，而非国有控股公司则相对更注重治理结构和风险控制两个方面的自愿性信息披露；在治理效率分项指数上，两类公司的差异很小。

21.4 沪深300与非沪深300自愿性信息披露指数的所有制比较

21.4.1 沪深300与非沪深300自愿性信息披露总体指数比较

按照是否沪深 300 成分股指数公司，我们统计了沪深 300 与非沪深 300 不同所有制上市公司的自愿性信息披露指数，结果参见表 21-11。

表 21-11　2023 年沪深 300 与非沪深 300 不同所有制公司自愿性信息披露指数比较

是否沪深 300	所有制类型	公司数目	平均值	中位值	最大值	最小值	标准差
沪深300	国有控股公司	168	70.5605	71.0069	86.9792	53.8194	6.9339
	非国有控股公司	131	72.7166	73.7847	84.3750	52.2569	6.6461
	总体	299	71.5051	72.2222	86.9792	52.2569	6.8928
非沪深300	国有控股公司	1324	70.6431	71.0069	89.7569	46.7014	6.8744
	非国有控股公司	3438	71.1317	71.7014	90.7986	48.0903	6.1895
	总体	4762	70.9958	71.7014	90.7986	46.7014	6.3911

从表 21-11 可以看出，沪深 300 和非沪深 300 中的非国有控股公司自愿性信息披露指数的均值和中位值都高于国有控股公司。

图 21-9 更直观地反映了沪深 300 和非沪深 300 中的国有控股公司与非国有控股公司自愿性信息披露指数均值的差异。可以看到，沪深 300 中的国有控股公司自愿性信息披露指数均值略小于非沪深 300 中的同类公司，沪深 300 中的非国有控股公司自愿性信息披露指数均值大于非沪深 300 中的同类公司。

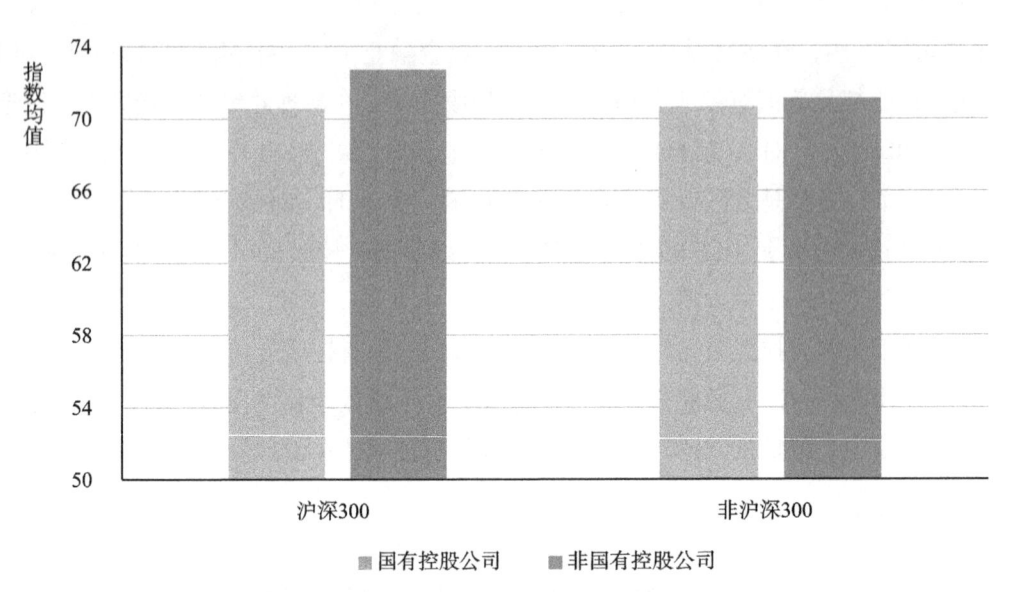

图21-9　2023年沪深300与非沪深300不同所有制公司自愿性信息披露指数比较

21.4.2　沪深300与非沪深300自愿性信息披露分项指数比较

接下来，我们对沪深300与非沪深300不同所有制上市公司的自愿性信息披露分项指数均值进行比较分析，参见表21-12。

表21-12　2023年沪深300和非沪深300不同所有制公司自愿性信息披露分项指数比较

是否沪深300	所有制类型	治理结构	治理效率	利益相关者	风险控制
沪深300	国有控股公司	73.1027	83.7426	69.3452	56.0516
	非国有控股公司	77.5286	84.1603	73.2824	55.8948
	总体	75.0418	83.9256	71.0702	55.9829
非沪深300	国有控股公司	70.7893	85.6165	74.2447	51.9218
	非国有控股公司	75.7799	85.6948	70.3292	52.7228
	总体	74.3923	85.6730	71.4178	52.5001

由表21-12可以看出，沪深300和非沪深300国有控股公司与非国有控股公司在自愿性信息披露四个分项指数上的排序不一致。为了便于比较，我们计算了沪深300与非沪深300非国有控股公司自愿性信息披露四个分项指数均值与对应的国有控股公司自愿性信息披露四个分项指数均值的差值，由此可以反映这两类上市公司自愿性信息披露四个分项指数的差异，如图21-10所示。可以看出，在治理结构和治理效率两个分项指数上，两类公司都是非国有控股公司好于国有控股公司，尤其在治理结构分项指数上的差异非常明显；在利益相关者分项指数上，沪深300非国有控股公司明显好于国有控股公司，而非沪深300则是国有控股公司明显好于非国有控股公司；在风险控制分项指数上，沪深300国有控股公司略好于非国有控股公司，而非沪深300则是非国有控股公司略好于国有控股公司。

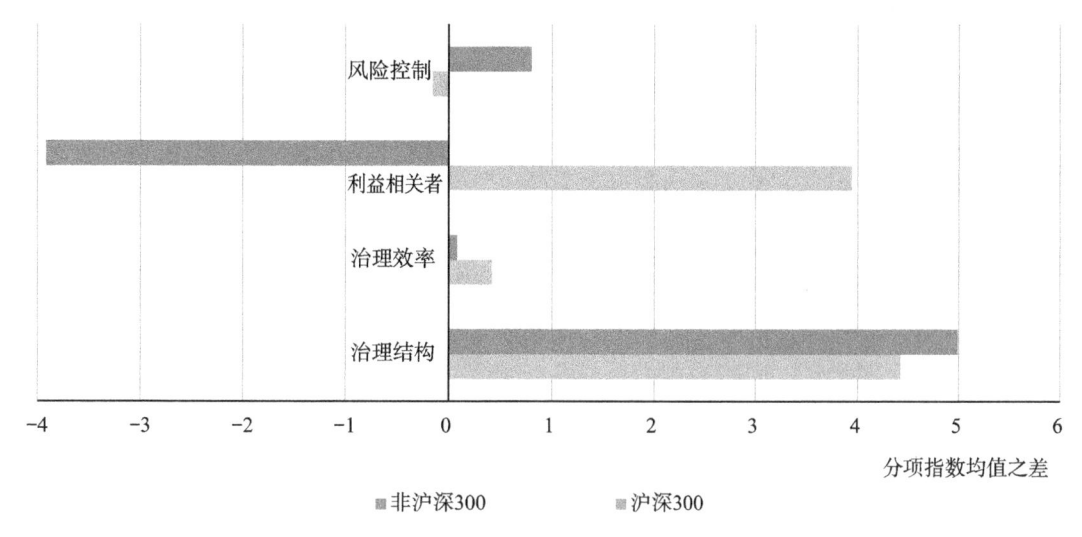

注：指数均值之差＝非国有控股公司自愿性信息披露分项指数均值－国有控股公司自愿性信息披露分项指数均值。

图21-10 2023年沪深300和非沪深300不同所有制公司自愿性信息披露分项指数差值比较

21.5 本章小结

本章从所有制或控股类型角度对2023年5061家上市公司自愿性信息披露指数及四个分项指数进行了统计和分析，主要结论如下：

关于自愿性信息披露总体指数：①五类所有制公司自愿性信息披露指数均值都达到了60分的及格水平，且都略超过70分，五类公司彼此之间的差距不大。随着前十大股东中的国有股东持股比例的降低，自愿性信息披露指数均值大体呈"V型"变化趋势。②非国有控股公司自愿性信息披露指数的均值和中位值都大于国有控股公司，但差距很小。③中央企业（或监管机构）实际（或最终）控制的上市公司的自愿性信息披露指数均值高于非国有企业或自然人实际（或最终）控制的上市公司，后者又高于地方国企（或监管机构）实际（或最终）控制的上市公司。④从地区看，四个地区中，除西部地区外，非国有控股公司自愿性信息披露指数均值都略高于国有控股公司。⑤从行业看，六个代表性行业中，电力、热力、燃气及水生产和供应业（D）以及金融业（J）的国有控股公司自愿性信息披露指数均值高于非国有控股公司；制造业（C）、交通运输、仓储和邮政业（G）、信息传输、软件和信息技术服务业（I），以及房地产业（K）的国有控股公司自愿性信息披露指数均值都低于非国有控股公司。⑥从沪深300与非沪深300的比较看，沪深300和非沪深300中的非国有控股公司自愿性信息披露指数的均值和中位值都高于国有控股公司。

关于自愿性信息披露分项指数：①五类所有制上市公司的治理结构、治理效率和利益相关者三个分项指数的均值都达到了60分的及格水平，但在风险控制分项指数上，五类所有制公司的均值都未达到及格水平，说明所有公司对风险控制信息披露的意愿不强。②在治理结构分项指数上，非国有控股公司表现较好；在利益相关者分项指数上，国有控股公司表现较好；在治理效率和风险控制两个分项指数上，国有控股公司和非国有控股公司非常接近，后者略好于前者。③从实际（或最终）控制人看，在治理结构和治理效率两个分项指数上，非国有企业或自然人实际（或最终）控制的公司好于另两类公司，尤其是治理结构分项指数，三类公司差异较为明显；在利益相关者和风险控制两个分项指数上，中央企业（或监管机构）实际（或最终）控制的公司好于另两类公司，尤其在利益相关者分项上，三类公司差异较为明显。④从地区看，在治理结构分项指数上，四个地区都是非国有控股公司明显好于国有控股公司；在利益相关者分项指数上，四个地区均是国有控股公司明显好于非国有控股公司；在治理效率分项指数上，除中部国有控股公司略好于非国有控股公司外，其他三个地区都是非国有控股公司好于国有控股公司；在风险控制分项指数上，除东北国有控股公司略好于非国有控股公司外，其他三个地区都是非国有控股公司略好于国有控股公司。⑤从行业看，在六个代表性行业中，国有控股公司在利益相关者分项指数上表现相对较好，而非国有控股公司则相对更注重治理结构和风险控制两个方面的自愿性信息披露；在治理效率分项指数上，两类公司的差异很小。⑥从沪深300与非沪深300的比较看，在治理结构和治理效率两个分项指数上，两类公司都是非国有控股公司好于国有控股公司，尤其在治理结构分项指数上的差异非常明显；在利益相关者分项指数上，沪深300非国有控股公司明显好于国有控股公司，而非沪深300则是国有控股公司明显好于非国有控股公司；在风险控制分项指数上，沪深300国有控股公司略好于非国有控股公司，而非沪深300则是非国有控股公司略好于国有控股公司。

第22章　自愿性信息披露指数的年度比较（2013~2023）

2014～2023年，我们对2013年以及2015～2022年的中国上市公司自愿性信息披露水平进行了九次测度❶，今年是第十次测度。本章将从总体、地区、行业、所有制和上市板块五个角度，比较分析2013年以及2015～2023年十个年度中国上市公司自愿性信息披露水平，以便了解自愿性信息披露质量是否有所改进以及改进程度，以期对自愿性信息披露制度和水平的完善有所启示。

22.1　自愿性信息披露指数总体的年度比较

自愿性信息披露指数评价的样本公司逐年增加，从2013年（2014年评价）的2464家增至2023年（2024年评价）的5061家，评价样本基本涵盖全部上市公司。比较2013年以及2015～2023年十个年度的样本上市公司自愿性信息披露总指数，以及治理结构、治理效率、利益相关者和风险控制四个分项指数，结果参见表22-1。

表22-1　2013～2023年中国上市公司自愿性信息披露指数均值比较

年份	样本量	总体指数	分项指数			
			治理结构	治理效率	利益相关者	风险控制
2013	2464	41.6970	34.8189	30.0502	66.3758	35.5429
2015	2655	41.0242	41.7420	41.3724	41.9240	39.0584
2016	2840	50.2542	43.4771	45.6294	64.9266	46.9836
2017	3147	49.5507	44.7510	54.8101	51.3214	47.3202
2018	3490	53.2397	46.3968	62.8886	52.4140	51.2592
2019	3569	59.7517	65.7677	66.1512	55.9237	51.1644
2020	3774	63.4487	68.1488	77.5520	54.9792	53.1149

---

❶ 2010年和2012年，我们也曾对2009年和2011年的上市公司信息披露水平进行测度，但这两次测度时，自愿性信息披露只是作为信息披露指数的一个维度，还有三个维度分别是强制性、真实性和及时性。由于这两次衡量自愿性信息披露水平的指标数量与2014年开始的专门针对自愿性信息披露指数的测度指标数量有很大差异，所以没有纳入年度比较。

续表

年份	样本量	总体指数	分项指数			
			治理结构	治理效率	利益相关者	风险控制
2021	4176	66.8531	71.3602	83.3707	57.9242	54.7573
2022	4687	70.9583	74.9773	84.5450	70.1088	54.2019
2023	5061	71.0259	74.4307	85.5698	71.3973	52.7059

由表22-1可知：

第一，从自愿性信息披露总体指数看，2013～2017年波动式变化；2018～2023年连续上升，除2022～2023年小幅上升外，其余每年上升幅度都较大；2023年达到自2013年以来的最高值参见图22-1，这与逐步实施乃至全面普及注册制，以及监管加强存在密切关系。与2013年相比，2023年自愿性信息披露指数均值提高29.3289分；与2022年相比，2023年提高0.0676分。

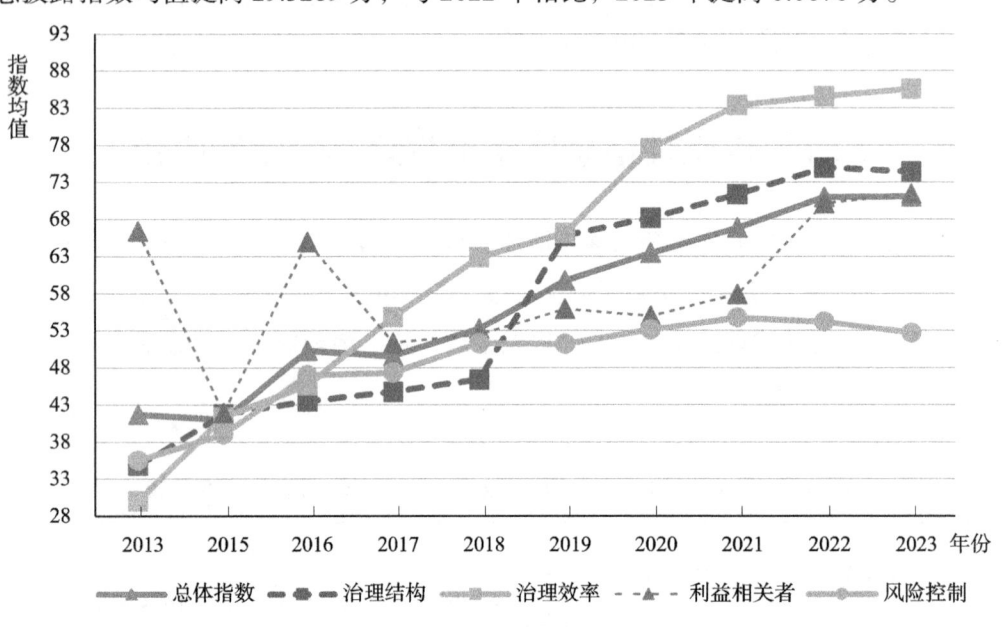

图22-1 2013～2023年上市公司自愿性信息披露总体指数和分项指数的变化

第二，从治理结构分项指数看，2013～2022年连续上升，2023年略有下降。相比2013年，2023年上升39.6118分；相比2022年，2023年下降0.5466分。

第三，从治理效率分项指数看，2013～2023年连续上升。相比2013年，2023年上升55.5196分；相比2022年，2023年上升1.0248分。

第四，从利益相关者分项指数看，2013～2023年呈波动式变化，但2018～2023年总体呈上升趋势。相比2013年，2023年上升5.0215分；相比2022年，2023年上升1.2885分。

第五，从风险控制分项指数看，2013～2021年呈波动式上升趋势，近两年又连续下降。相比2013年，2023年上升17.1630分；相比2022年，2023年下降1.4960分。

总的来看，上市公司越来越注重治理结构、治理效率和利益相关者方面的自愿性信息披露，但风险控制方面的信息披露仍不甚理想。

22.2 分地区自愿性信息披露指数的年度比较

按照四个地区的划分,对不同地区上市公司2013年以及2015～2023年十个年度自愿性信息披露总体指数和四个分项指数进行比较,结果参见表22-2。

表22-2 2013～2023年不同地区中国上市公司自愿性信息披露指数均值比较

地区	年份	总体指数	分项指数				总体指数排名
			治理结构	治理效率	利益相关者	风险控制	
东部	2013	41.8026	35.4570	29.9633	65.9129	35.8772	2
	2015	41.6715	42.3365	42.0331	42.8469	39.4695	1
	2016	50.5258	43.9918	45.8963	65.1298	47.0853	1
	2017	49.4673	45.3601	55.1815	50.0234	47.3042	3
	2018	53.3806	46.9784	63.2160	51.8645	51.4636	2
	2019	59.7200	65.9453	66.5204	54.9570	51.4573	3
	2020	63.4251	68.5635	77.8948	53.8503	53.3917	3
	2021	66.7738	71.7442	83.4635	56.8253	55.0623	3
	2022	70.9813	75.5517	84.6127	69.3831	54.3775	3
	2023	71.1243	75.1707	85.6150	70.7069	53.0047	1
中部	2013	42.0024	34.9174	30.7507	67.6309	34.7107	1
	2015	40.5480	41.0950	41.1280	40.8751	39.0941	2
	2016	50.4774	42.9844	45.3906	66.1042	47.4306	2
	2017	49.6468	43.6778	53.8251	53.6374	47.4468	2
	2018	53.5388	45.1542	63.1333	54.1300	51.7377	1
	2019	60.1829	66.1962	65.8199	57.7957	50.9200	1
	2020	63.7075	67.7638	76.9339	57.0697	53.0624	1
	2021	67.1090	70.7647	83.3448	59.9512	54.3753	2
	2022	71.0186	73.7663	84.6146	71.6422	54.0511	2
	2023	70.9842	72.9290	85.5869	72.7216	52.6994	2
西部	2013	41.5980	33.6710	29.8592	67.6053	35.2564	3
	2015	39.9074	40.8616	39.6704	41.3403	37.7575	3
	2016	49.8918	42.9033	45.3202	64.4499	46.8938	3
	2017	50.2902	43.6777	54.4994	55.3627	47.6209	1
	2018	52.9414	45.4158	61.8603	53.9446	50.5449	3
	2019	60.1232	65.6447	65.1579	58.7193	50.9708	2

续表

地区	年份	总体指数	分项指数				总体指数排名
			治理结构	治理效率	利益相关者	风险控制	
西部	2020	63.6451	67.3469	76.5816	58.3503	52.3016	2
	2021	67.2720	70.4821	82.9457	61.4826	54.1774	1
	2022	71.1380	73.9414	84.3243	72.3123	53.9740	1
	2023	70.8161	72.6366	85.4832	73.6415	51.5033	3
东北	2013	39.8748	30.0373	29.7108	65.1741	34.5771	4
	2015	37.3252	38.5123	38.4683	34.9178	37.4022	4
	2016	47.1608	39.7959	43.7075	60.4308	44.7090	4
	2017	48.3052	42.2194	53.2313	51.4739	46.2963	4
	2018	50.9799	43.8339	60.0671	51.2864	48.7323	4
	2019	57.7769	61.9205	64.2384	57.2296	47.7189	4
	2020	62.3765	64.6812	76.6779	57.1029	51.0440	4
	2021	66.0579	68.9967	83.1003	59.9781	52.1564	4
	2022	69.6703	71.3102	83.6596	71.7369	51.9746	4
	2023	69.8204	70.8580	84.8373	73.0276	50.5588	4

由表22-2可以看出：

第一，从自愿性信息披露总体指数来看，东北地区在十个年度中都是最低的，另外三个地区指数值比较接近。东部2013～2017年呈波动式上升趋势，但2018～2023年连续上升；中部与东部走势相似，但在2023年有小幅下降；西部和东北在2015年小幅下降之后，2016～2022年连续上升，2023年东北继续上升，西部小幅下降，其中2016年和2019年的上升幅度较大，参见图22-2。相比2013年，2023年四个地区都是上升的，升幅在28.98～29.95分，东北升幅最大；相比2022年，2023年东部和东北地区分别小幅上升0.1430分和0.1501分，中部和西部分别小幅下降0.0344分和0.3219分，四个地区总体浮动不大。

第二，从治理结构分项指数看，相比2013年，2023年四个地区都上升，升幅在38.01～40.83分，东北升幅最大；相比2022年，2023年四个地区都下降，降幅在0.38～1.31分，降幅都较小，西部降幅略大。

第三，从治理效率分项指数看，相比2013年，2023年四个地区都上升，升幅在54.83～55.66分，东部升幅最大；相比2022年，2023年四个地区也都上升，升幅在0.97～1.18分，东北升幅最大。

第四，从利益相关者分项指数看，相比2013年，2023年四个地区都上升，升幅在4.79～7.86分，东北升幅最大；相比2022年，2023年四个地区也都上升，升幅在1.07～1.33分，西部升幅最大。

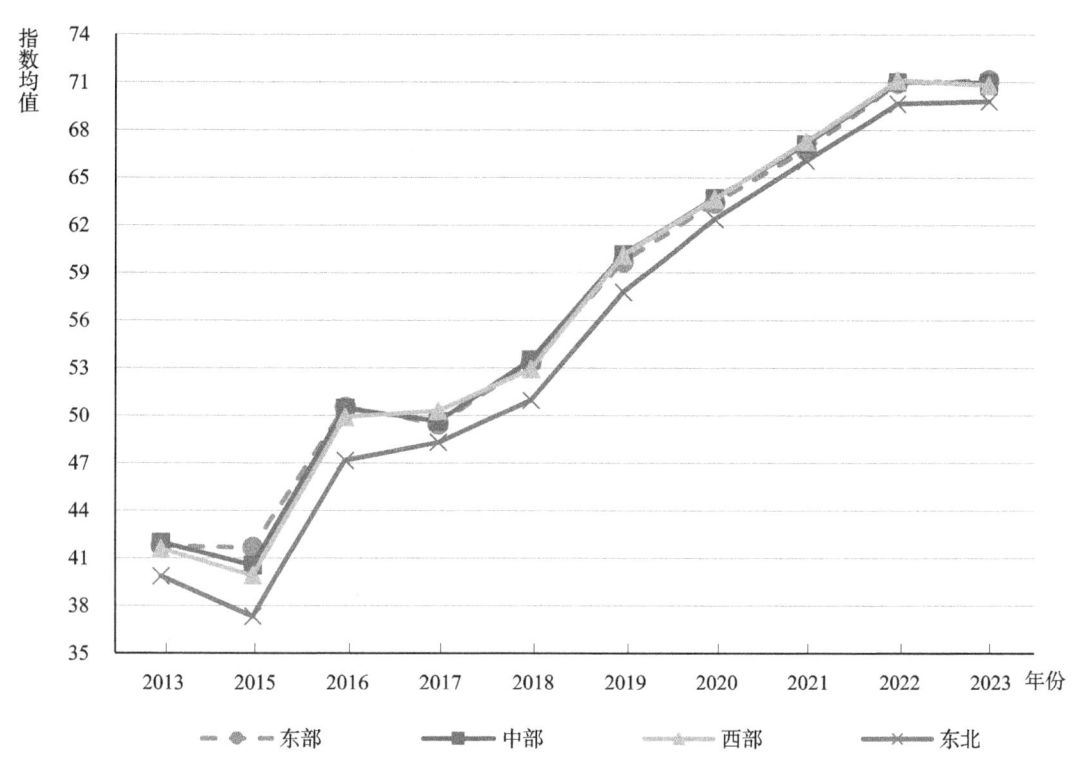

图22-2 2013~2023年不同地区上市公司自愿性信息披露总体指数的变化

第五，从风险控制分项指数看，相比2013年，2023年四个地区都上升，升幅在15.98~17.99分，中部升幅最大；相比2022年，2023年四个地区全部下降，降幅在1.35~2.48分，西部降幅较大。

22.3 分行业自愿性信息披露指数的年度比较

对18个行业上市公司2013年以及2015~2023年十个年度自愿性信息披露总体指数和四个分项指数进行比较，结果参见表22-3。

表22-3 2013~2023年不同行业上市公司自愿性信息披露指数均值比较

行业	年份	总体指数	分项指数			
			治理结构	治理效率	利益相关者	风险控制
农、林、牧、渔业（A）	2013	42.3923	35.0962	31.4103	67.7350	35.3276
	2015	39.8975	39.2857	39.8810	42.0635	38.3598
	2016	50.5563	40.9091	48.4375	64.3939	48.4848
	2017	49.5453	43.8988	55.8036	53.7698	44.7090
	2018	52.8540	44.2073	62.8049	53.4553	50.9485
	2019	59.2564	66.9207	68.1402	55.0813	46.8835
	2020	62.7811	66.8155	79.0179	55.1587	50.1323

续表

行业	年份	总体指数	分项指数			
			治理结构	治理效率	利益相关者	风险控制
农、林、牧、渔业（A）	2021	65.5093	68.8988	83.4821	58.7302	50.9259
	2022	69.3152	71.8085	83.6436	72.8723	48.9362
	2023	69.2817	70.1823	86.4583	72.2222	48.2639
采矿业（B）	2013	41.1038	34.8485	30.1136	68.8131	30.6397
	2015	39.7760	40.9247	38.2706	41.3242	38.5845
	2016	48.6706	40.8390	42.1233	63.9269	47.7930
	2017	51.5531	41.8074	53.9696	59.9099	50.5255
	2018	52.6133	43.6678	59.6217	55.7018	51.4620
	2019	59.9977	63.4167	63.8333	61.1111	51.6296
	2020	64.1088	65.4167	76.8333	60.1111	54.0741
	2021	67.4745	67.4167	82.6667	63.8889	55.9259
	2022	72.2957	72.9167	85.4968	74.3590	56.4103
	2023	70.4311	69.8171	84.2988	74.8984	52.7100
制造业（C）	2013	42.2785	35.4407	28.8908	67.9729	36.8096
	2015	41.8253	42.0342	42.0567	43.9095	39.3009
	2016	50.7704	43.9049	45.8873	66.1408	47.1487
	2017	49.2309	45.0359	54.9577	49.4527	47.4773
	2018	53.3103	46.5077	63.4011	51.7409	51.5917
	2019	59.4570	65.4807	66.4668	54.6728	51.2077
	2020	63.2033	67.8782	77.6470	53.7997	53.4883
	2021	66.5940	71.3681	83.4473	56.4453	55.1153
	2022	70.9317	75.0652	84.5043	69.6807	54.4767
	2023	71.1216	74.7888	85.6786	70.9507	53.0685
电力、热力、燃气及水生产和供应业（D）	2013	41.3986	28.9557	33.2279	72.4684	30.9423
	2015	37.0065	36.8680	38.0618	35.5805	37.5156
	2016	47.7792	38.8021	44.2708	61.1111	46.9329
	2017	49.6494	40.0485	53.1553	60.5178	44.8759
	2018	52.9481	43.6310	59.8810	56.7460	51.5344
	2019	60.3163	62.9014	63.5321	63.9144	50.9174
	2020	64.3975	64.0899	77.2478	63.2310	53.0214
	2021	68.4028	67.9622	83.6134	68.6275	53.4080
	2022	71.7231	71.3379	84.7168	75.7161	55.1215
	2023	71.4006	70.0382	85.1145	78.1170	52.3325

续表

行业	年份	总体指数	分项指数			
			治理结构	治理效率	利益相关者	风险控制
建筑业（E）	2013	43.8575	35.9127	34.6230	71.5609	33.3333
	2015	42.4907	42.7817	42.5176	43.8967	40.7668
	2016	51.8331	44.3994	46.5909	65.0433	51.2987
	2017	50.5035	43.9583	54.7222	53.5185	49.8148
	2018	52.6196	44.5833	61.6667	52.8704	51.3580
	2019	61.3597	66.9737	66.4474	58.6842	53.3333
	2020	64.6930	68.8816	77.9605	56.8421	55.0877
	2021	68.2151	71.0859	83.3965	61.5320	56.8462
	2022	71.3168	74.4159	84.3458	70.6386	55.8671
	2023	71.4126	72.8388	85.6308	73.9097	53.2710
批发和零售业（F）	2013	39.3583	28.0428	32.2780	63.2675	33.8450
	2015	36.5434	35.5017	37.5425	34.2404	38.8889
	2016	45.9542	38.5980	42.6098	58.5023	44.1066
	2017	47.1530	38.4494	53.0459	49.8945	47.2222
	2018	50.7802	39.6341	60.0991	52.5406	50.8469
	2019	57.4976	60.1708	64.4022	54.7619	50.6556
	2020	61.7434	63.3102	76.8904	54.3724	52.4005
	2021	65.5564	66.4971	83.5029	57.8973	54.3282
	2022	69.1323	70.9016	84.5287	68.0328	53.0662
	2023	69.5284	69.6429	86.1264	70.2381	52.1062
交通运输、仓储和邮政业（G）	2013	40.6076	34.2188	36.0938	60.3125	31.8056
	2015	39.3218	40.8179	40.5093	35.6996	40.2606
	2016	49.3774	40.8046	43.6782	64.5594	48.4674
	2017	51.0822	43.0556	53.4028	57.5000	50.3704
	2018	54.2347	45.7474	61.3402	58.0756	51.7755
	2019	60.5665	65.9314	63.9706	60.1307	52.2331
	2020	65.2535	67.5000	77.8750	60.0833	55.5556
	2021	68.2780	69.8422	83.5558	62.3786	57.3355
	2022	70.9703	73.6239	85.4358	69.7248	55.0968
	2023	70.8240	72.1540	85.1004	70.2381	55.8036

续表

行业	年份	总体指数	分项指数			
			治理结构	治理效率	利益相关者	风险控制
住宿和餐饮业（H）	2013	39.9016	37.5000	26.0417	64.5833	31.4815
	2015	40.5303	44.3182	39.7727	43.1818	34.8485
	2016	49.6212	43.7500	47.1591	69.6970	37.8788
	2017	52.0640	43.7500	52.7778	64.8148	46.9136
	2018	55.0154	49.3056	59.0278	64.8148	46.9136
	2019	62.7893	66.6667	65.9722	70.3704	48.1482
	2020	63.6905	67.8571	75.0000	59.5238	52.3810
	2021	64.6081	66.9643	83.9286	63.0952	44.4444
	2022	68.7066	73.4375	84.3750	65.6250	51.3889
	2023	68.4896	73.4375	85.9375	64.5833	50.0000
信息传输、软件和信息技术服务业（I）	2013	39.8430	38.7195	25.1016	59.6884	35.8627
	2015	42.9143	45.6466	43.5776	42.8161	39.6168
	2016	52.4051	47.5989	47.0339	68.7853	46.2021
	2017	50.9075	49.8927	57.2425	51.4306	45.0644
	2018	53.9931	49.7893	64.7472	51.8102	49.6255
	2019	60.6787	68.3379	68.5668	56.0134	49.7965
	2020	63.6829	71.0580	77.6552	55.2560	50.7625
	2021	67.4993	73.2690	83.8192	60.0583	52.8507
	2022	72.1048	77.2368	84.7862	72.6096	53.7865
	2023	71.9759	77.1083	86.0945	73.0662	51.6348
金融业（J）	2013	45.5265	60.3198	42.0058	39.7287	40.0517
	2015	45.0078	59.0561	42.8571	33.3333	44.7846
	2016	49.1350	56.9079	46.1623	47.9532	45.5166
	2017	51.5602	59.1721	53.4903	46.1039	47.4747
	2018	54.9025	62.2869	59.9432	44.9811	52.3990
	2019	61.5103	77.3949	61.0397	51.0125	56.5940
	2020	65.1057	80.1282	76.2821	48.3618	55.6505
	2021	67.4334	80.7292	79.7917	51.1111	58.1019
	2022	69.8085	81.7036	84.0222	57.4597	56.0484
	2023	67.6971	76.8649	82.0060	58.3333	53.5842

续表

行业	年份	总体指数	分项指数			
			治理结构	治理效率	利益相关者	风险控制
房地产业（K）	2013	39.4110	27.9851	32.9758	65.6716	31.0116
	2015	37.6153	39.2258	38.8060	38.4328	33.9967
	2016	49.1722	40.8000	45.0000	62.4000	48.4889
	2017	49.6139	40.3500	53.5500	57.5333	47.0222
	2018	52.1225	42.6915	61.5423	54.5699	49.6864
	2019	60.2836	63.6458	65.1042	61.7361	50.6481
	2020	63.8622	66.1325	76.9231	60.9687	51.4245
	2021	66.8015	68.5268	83.4263	62.4256	52.8274
	2022	70.1291	71.5802	84.1981	72.0126	52.7254
	2023	69.2708	69.7401	85.8911	72.2772	49.1749
租赁和商务服务业（L）	2013	39.6660	34.2262	30.6548	63.0952	30.6878
	2015	41.0791	38.4615	44.2308	42.9487	38.6752
	2016	49.4488	40.1563	46.8750	63.5417	47.2222
	2017	48.5946	40.1786	53.2738	53.5714	47.3545
	2018	54.0487	44.3396	64.6226	56.6038	50.6289
	2019	60.3966	65.1442	68.2692	58.4936	49.6795
	2020	63.1825	68.2112	78.7716	55.7471	50.0000
	2021	67.1477	72.0287	84.2213	59.4262	52.9144
	2022	70.1850	74.4141	84.2773	69.7917	52.2569
	2023	69.7489	70.4808	85.0962	73.0769	50.3419
科学研究和技术服务业（M）	2013	40.1910	36.4583	25.0000	54.8611	44.4444
	2015	44.5216	49.6528	44.7917	39.8148	43.8272
	2016	52.1890	51.0870	47.2826	66.6667	43.7198
	2017	50.6782	45.1172	56.6406	54.9479	46.0069
	2018	53.6531	48.1771	63.0208	52.6042	50.8102
	2019	60.7137	67.3611	65.5556	59.8148	50.1235
	2020	64.3791	70.8333	77.2059	56.5359	52.9412
	2021	67.9178	73.5119	83.0357	60.9788	54.1446
	2022	72.9555	78.4574	84.1090	75.5319	53.7234
	2023	72.8979	78.6036	85.1351	75.1502	52.7027

续表

行业	年份	总体指数	分项指数			
			治理结构	治理效率	利益相关者	风险控制
水利、环境和公共设施管理业（N）	2013	41.9071	38.7019	29.5673	63.4615	35.8974
	2015	43.4491	45.0000	45.0000	42.5000	41.2963
	2016	50.3262	42.4242	48.8636	67.4242	42.5926
	2017	51.0937	43.5938	53.9063	58.9583	47.9167
	2018	54.7674	47.0000	64.6250	55.0000	52.4445
	2019	62.1689	67.5926	67.2454	61.2654	52.5720
	2020	65.0622	68.1452	76.9153	61.6935	53.4946
	2021	68.8731	72.8639	84.4146	63.0802	55.1336
	2022	71.6049	74.5139	85.2083	73.6111	53.0864
	2023	72.2974	75.7732	84.9227	76.3746	52.1191
教育（P）	2013	34.2014	12.5000	43.7500	58.3333	22.2222
	2015	26.3889	18.7500	31.2500	16.6667	38.8889
	2016	40.3935	29.1667	41.6667	50.0000	40.7407
	2017	50.9983	42.1875	62.5000	52.0833	47.2222
	2018	48.7196	39.8438	57.8125	54.1667	43.0556
	2019	59.7222	61.7188	66.4063	63.5417	47.2222
	2020	57.7257	58.7500	74.3750	53.3333	44.4444
	2021	64.9621	72.1591	80.1136	57.5758	50.0000
	2022	67.3322	70.3125	84.8958	65.9722	48.1481
	2023	67.5203	69.7917	83.8542	71.5278	44.9074
卫生和社会工作（Q）	2013	38.5995	31.2500	25.0000	61.1111	37.0370
	2015	39.1667	38.7500	41.2500	43.3333	33.3333
	2016	53.0506	41.0714	43.7500	79.7619	47.6190
	2017	47.2222	40.6250	50.0000	53.1250	45.1389
	2018	55.3241	45.3125	65.1042	56.2500	54.6297
	2019	59.5052	66.6667	67.1875	54.1667	50.0000
	2020	61.5785	65.3846	76.4423	55.7692	48.7179
	2021	65.7407	69.7917	84.3750	62.5000	46.2963
	2022	72.4225	75.0000	86.0577	78.2051	50.4274
	2023	73.0671	77.9167	87.5000	78.3333	48.5185

续表

行业	年份	总体指数	分项指数			
			治理结构	治理效率	利益相关者	风险控制
文化、体育和娱乐业（R）	2013	39.9089	35.4167	33.5938	57.2917	33.3333
	2015	39.0818	43.0556	37.5000	37.5000	38.2716
	2016	49.2420	44.0549	46.9512	59.3496	46.6125
	2017	51.9459	47.7865	57.1615	57.1181	45.7176
	2018	53.6907	47.1983	63.6853	55.3161	48.5632
	2019	60.2461	68.4211	66.6667	58.0409	47.8558
	2020	64.8587	70.7974	78.7716	59.4828	50.3831
	2021	67.1038	73.7723	82.1429	61.9048	50.5952
	2022	70.1645	75.7172	83.8115	72.1311	48.9982
	2023	71.4018	75.5040	85.6855	73.5215	50.8961
综合（S）	2013	39.0625	22.0109	35.3261	68.4783	30.4348
	2015	32.9722	32.0000	36.0000	29.6667	34.2222
	2016	44.8973	32.3370	41.5761	61.9565	43.7198
	2017	47.7732	35.0543	53.2609	55.4348	47.3430
	2018	49.6941	37.2024	58.9286	51.5873	51.0582
	2019	57.3632	58.0882	64.3382	55.3922	51.6340
	2020	61.9925	61.5385	77.8846	58.9744	49.5726
	2021	64.3029	67.3077	84.1346	57.0513	48.7179
	2022	66.7334	65.8654	86.5385	69.2308	45.2991
	2023	68.4606	65.6250	86.4583	73.6111	48.1481

注：①由于教育（P）在2013年和2015年只有1家上市公司，难以反映该行业的实际平均水平，故只比较2016~2023年；②居民服务、修理和其他服务业（O）只有1家上市公司，难以代表该行业整体水平，故排名时剔除。

从表22-3可以看出：

第一，从自愿性信息披露总体指数看，各行业上市公司自愿性信息披露水平大致可以分为两个阶段，2016年是拐点，2013年和2015年两个年度自愿性信息披露水平较低，2016~2023年八个年度的自愿性信息披露水平达到了一个更高的梯度。相比2013年，2023年所有17个行业（剔除教育）自愿性信息披露指数均值都是上升的，升幅在22.17~34.47分，升幅最大的是卫生和社会工作（Q）。相比2022年，2023年所有18个行业中有8个行业上升，升幅在0.09~1.73分，升幅最大的是综合（S）；其他10个行业下降，降幅在0.03~2.12分，降幅最大的是金融业（J）。

第二，从治理结构分项指数看，相比2013年，2023年全部17个行业（剔除教育）都显著上升，升幅在16.54~46.67分，升幅最大的是卫生和社会工作（Q）。相比2022年，2023年只有科学研究和技术服务业（M）、水利、环境和公共设施管理业（N）、卫生和社会工作（Q）3个行业上升，升幅在0.14～2.92分，住宿和餐饮业（H）与2022年持平，其他14个行业均下降，降幅在0.12～4.84分，降幅最大的是金融业（J）。

第三，从治理效率分项指数看，相比2013年，2023年全部17个行业（剔除教育）都显著上升，升幅在40.00～62.51分，升幅最大的是卫生和社会工作（Q）。相比2022年，2023年全部18个行业中有12个行业是上升的，升幅在0.39～2.82分，升幅最大的农、林、牧、渔业（A），其他6个行业是下降的，降幅在0.08～2.02分，降幅最大的是金融业（J）。

第四，从利益相关者分项指数看，相比2013年，2023年只有住宿和餐饮业（H）与2013年持平，其余16个行业（剔除教育）均上升，升幅在2.34～20.29分，升幅最大的是科学研究和技术服务业（M）。相比2022年，2023年所有18个行业中，住宿和餐饮业（H）、农、林、牧、渔业（A）、科学研究和技术服务业（M）3个行业有所下降，降幅在0.38～1.05分；其余15个行业都是上升的，升幅在0.12～5.56分，升幅最大的是教育（P）。

第五，从风险控制分项指数看，相比2013年，2023年全部17个行业（剔除教育）都显著上升，升幅在8.25～24.00分，升幅最大的是交通运输、仓储和邮政业（G）。相比2022年，2023年有3个行业上升，升幅在0.70～2.85分，升幅最大的是综合（S）；有15个行业下降，降幅在0.67～3.71分，降幅最大的是采矿业（B）。

22.4 分所有制自愿性信息披露指数的年度比较

依照第1章五种所有制类型的划分，对2013年以及2015～2023年十个年度自愿性信息披露总体指数和四个分项指数进行比较，结果见表22-4 Panel A。另外，进一步将样本按照国有控股公司和非国有控股公司分类，比较结果见表22-4 Panel B。

表22-4　2013～2023年不同所有制上市公司自愿性信息披露指数均值比较

所有制类型	年份	总体指数	分项指数				总体指数排名
			治理结构	治理效率	利益相关者	风险控制	
Panel A 按照五类所有制公司分类							
国有绝对控股公司	2013	41.3881	32.4962	33.3206	66.5389	33.1970	3
	2015	38.3369	38.6229	37.6059	37.6836	39.4350	5
	2016	48.6653	40.6000	42.3500	63.4000	48.3111	4
	2017	50.8302	41.5856	54.1586	57.5551	50.0216	1
	2018	53.3578	44.8284	59.0931	57.5490	51.9608	2
	2019	60.2887	65.6250	62.9464	60.1191	52.4645	2
	2020	64.3867	66.7092	76.6199	59.6939	54.5238	1
	2021	68.1912	69.6518	82.5777	64.4790	56.0566	1
	2022	71.1379	72.5833	84.1905	72.4127	55.3651	1
	2023	71.2542	71.0627	85.0181	75.0752	53.8608	1

续表

所有制类型	年份	总体指数	分项指数				总体指数排名
			治理结构	治理效率	利益相关者	风险控制	
Panel A 按照五类所有制公司分类							
国有强相对控股公司	2013	41.3686	32.2945	32.9178	66.5993	33.6628	4
	2015	38.7039	39.6819	38.9077	36.9745	39.2517	4
	2016	48.5535	40.4769	43.9616	62.7351	47.0404	5
	2017	50.0949	41.0156	53.1948	58.2775	47.8919	2
	2018	52.5463	42.2389	59.6978	56.0837	52.1649	5
	2019	59.3905	62.6467	62.8521	60.0939	51.9692	4
	2020	63.1656	64.6313	76.4977	58.6406	52.8930	3
	2021	67.2888	68.6233	82.7140	62.8003	55.0175	2
	2022	70.1235	70.5118	84.1821	71.9479	53.8523	5
	2023	70.0514	69.9013	85.3148	73.1830	51.8066	5
国有弱相对控股公司	2013	40.7636	30.9702	32.6959	65.5162	33.8723	5
	2015	38.7734	38.0502	38.6884	39.7594	38.5954	3
	2016	48.7754	41.3876	44.4382	62.6984	46.5774	3
	2017	49.9035	42.4427	53.6533	56.1605	47.3575	3
	2018	52.6792	45.3295	61.0394	53.3062	51.0417	4
	2019	59.7758	65.0568	65.1017	58.1340	50.8107	3
	2020	63.0875	66.9831	76.6350	56.6456	52.0863	5
	2021	66.9898	70.5659	83.6360	60.5856	53.1719	3
	2022	70.7138	73.6270	85.2664	71.6120	52.3497	4
	2023	70.5503	72.5369	86.0530	72.4754	51.1357	4
国有参股公司	2013	42.2503	34.9275	30.2832	67.6335	36.1572	1
	2015	42.6392	43.0556	43.0348	45.3013	39.1653	1
	2016	52.0457	44.9296	47.2007	68.6268	47.4257	1
	2017	49.5766	45.3104	55.2181	50.2013	47.5764	4
	2018	53.8996	47.0699	64.5064	53.0023	51.0200	1
	2019	60.5578	66.3137	67.7810	56.4692	51.6673	1
	2020	63.8637	68.7428	77.6796	55.7759	53.2567	2
	2021	66.7568	71.9628	83.2036	57.8246	54.0361	4
	2022	71.0509	75.1121	83.9392	71.1736	53.9785	3
	2023	71.1990	75.5279	85.3568	71.5653	52.3461	2

续表

续表

所有制类型	年份	总体指数	分项指数				总体指数排名
			治理结构	治理效率	利益相关者	风险控制	
Panel A 按照五类所有制公司分类							
无国有股份公司	2013	41.9365	37.1812	27.4791	66.0583	37.0273	2
	2015	42.4706	43.7743	43.2823	43.8938	38.9321	2
	2016	50.5953	45.0386	46.3953	64.4490	46.4981	2
	2017	49.0202	46.8843	55.5453	47.1872	46.4639	5
	2018	53.1762	47.6548	63.9087	50.0582	51.0829	3
	2019	59.2846	66.5207	66.9385	53.1545	50.5249	5
	2020	63.0975	69.2915	78.1376	52.1180	52.8431	4
	2021	66.4647	72.2144	83.7229	55.0244	54.8972	5
	2022	71.0821	76.5420	84.8622	68.5748	54.3492	2
	2023	71.1853	76.0010	85.7783	69.8777	53.0841	3
Panel B 按照国有控股公司和非国有控股公司分类							
国有控股公司	2013	41.2072	31.9948	32.9922	66.2781	33.5636	2
	2015	38.6174	38.9235	38.4714	37.9521	39.1224	2
	2016	48.6531	40.8042	43.7257	62.8847	47.1979	2
	2017	50.2108	41.6271	53.5816	57.4004	48.2342	1
	2018	52.7902	43.9526	60.0215	55.4655	51.7212	2
	2019	59.7508	64.2680	63.7218	59.3619	51.6517	2
	2020	63.6650	65.9884	76.5773	58.6779	53.4166	1
	2021	67.5808	69.5016	82.8793	62.9473	54.9951	1
	2022	70.6650	72.0602	84.4367	72.0555	54.1076	2
	2023	70.6338	71.0498	85.4055	73.6930	52.3868	2
非国有控股公司	2013	42.0123	36.6369	28.1563	66.4387	36.8171	1
	2015	42.5329	43.5087	43.1909	44.4138	39.0182	1
	2016	51.1639	44.9559	46.7111	66.0869	46.8618	1
	2017	49.2182	46.3241	55.4288	48.2601	46.8599	2
	2018	53.4328	47.4473	64.1208	51.1027	51.0606	1
	2019	59.7522	66.4447	67.2479	54.3717	50.9444	1
	2020	63.3526	69.1088	77.9851	53.3359	52.9808	2
	2021	66.5461	72.1442	83.5781	55.8052	54.6571	2
	2022	71.0728	76.1161	84.5873	69.3489	54.2388	1
	2023	71.1898	75.8441	85.6385	70.4376	52.8393	1

由表 22-4 Panel A 可以看出：

第一，从自愿性信息披露总体指数看，三类国有控股公司变化趋势基本保持一致，2015 年下降，2016～2022 年连续上升，2023 年国有绝对控股公司继续上升，其他两类国有控股公司略有下降，其中 2016 年上升幅度较大（10 分左右）；两类非国有控股公司变化趋势保持一致，2015～2023 年除 2017 年下降外，其余八个年度均上升，其中 2016 年升幅较大；2017～2023 年，五类公司自愿性信息披露指数均值非常接近，参见图 22-3。相比 2013 年，2023 年五类公司自愿性信息披露指数均值上升幅度为 28.68～29.87 分，国有绝对控股公司升幅最大；相比 2022 年，2023 年五类公司自愿性信息披露指数均值中，国有强相对控股公司和国有弱相对控股公司分别下降 0.0721 分和 0.1635 分，其他三类公司均上升，升幅在 0.10～0.15 分，国有参股公司升幅最大。

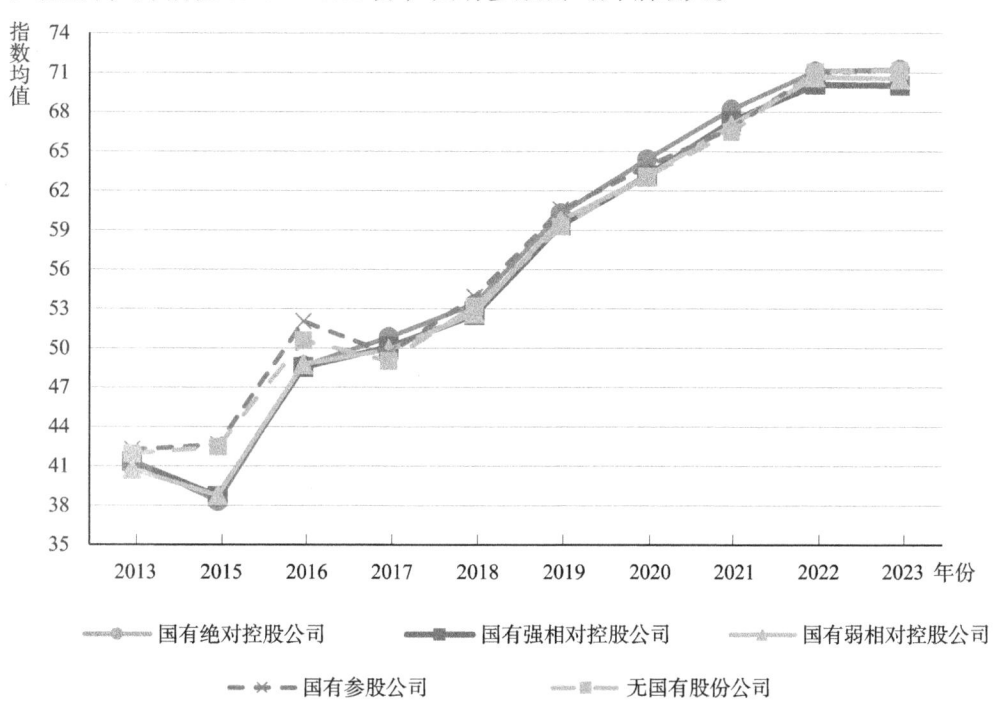

图22-3 2013～2023年不同所有制上市公司自愿性信息披露总体指数的变化

第二，从治理结构分项指数看，相比 2013 年，2023 年五类公司都上升，升幅在 37.60～41.57 分，升幅最大的是国有弱相对控股公司；相比 2022 年，2023 年五类公司除国有参股公司上升 0.4158 分外，其他四类公司都下降，降幅在 0.54～1.53 分，降幅最大的是国有绝对控股公司。

第三，从治理效率分项指数看，相比 2013 年，2023 年五类公司都上升，升幅在 51.69～58.30 分，升幅最大的是无国有股份公司；相比 2022 年，2023 年五类公司也都上升，升幅在 0.78～1.42 分，升幅最大的是国有参股公司。

第四，从利益相关者分项指数看，相比 2013 年，2023 年五类公司都上升，升幅在 3.81～8.54 分，升幅最大的是国有绝对控股公司；相比 2022 年，2023 年五类公司都上升，升幅在 0.39～2.67 分，升幅最大的是国有绝对控股公司。

第五，从风险控制分项指数看，相比 2013 年，2023 年五类公司都上升，升幅在 16.05～20.67 分，升幅最大的是国有绝对控股公司；相比 2022 年，2023 年五类公司都下降，降幅在 1.21～2.05 分，降幅最大的是国有强相对控股公司。

由表 22-4 Panel B 可以看出：

第一，从自愿性信息披露总体指数看，两类公司中，国有控股公司自愿性信息披露指数均值在 2017、2020 和 2021 年高于非国有控股公司，其余七个年度都低于非国有控股公司。但自 2017 年开始，历年两类公司自愿性信息披露指数均值相当接近，参见图 22-4。相比 2013 年，2023 年国有控股公司和非国有控股公司分别上升 29.4266 分和 29.1775 分；相比 2022 年，2023 年国有控股公司下降 0.0312 分，非国有控股公司上升 0.1170 分。

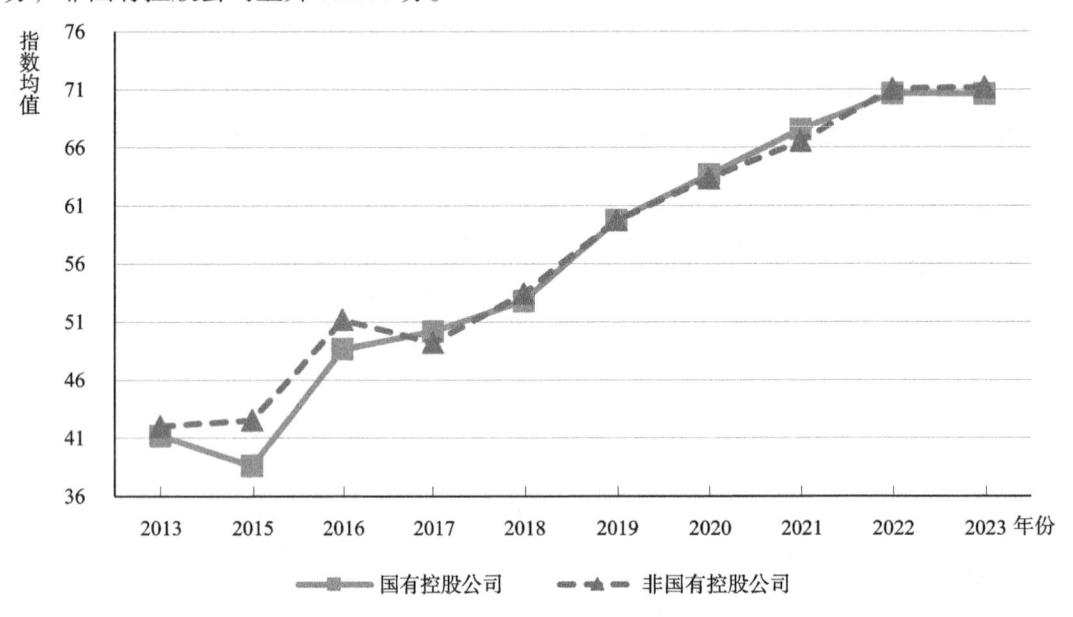

图22-4　2013～2023年国有控股与非国有控股上市公司自愿性信息披露总体指数的变化

第二，从治理结构分项指数看，两类公司在 2013～2022 年都呈上升趋势，2023 年略有下降。相比 2013 年，2023 年两类公司分项指数均值升幅分别为 39.0550 分和 39.2072 分；相比 2022 年，2023 年两类公司分别下降 1.0104 分和 0.2720 分。

第三，从治理效率分项指数看，两类公司各年度都呈上升趋势，相比 2013 年，2023 年两类公司该分项指数均值升幅分别为 52.4133 分和 57.4822 分；相比 2022 年，2023 年两类公司分别上升 0.9688 分和 1.0512 分。

第四，从利益相关者分项指数看，相比 2013 年，2023 年两类公司利益相关者分项指数均值升幅分别为 7.4149 分和 3.9989 分；相比 2022 年，2023 年两类公司分别上升 1.6375 分和 1.0887 分。

第五，从风险控制分项指数看，相比 2013 年，2023 年两类公司风险控制分项指数均值升幅分别为 18.8232 分和 16.0222 分；相比 2022 年，2023 年两类公司分别下降 1.7208 分和 1.3995 分。

22.5　分上市板块自愿性信息披露指数的年度比较

按照五个上市板块的划分，对不同板块上市公司 2013 年以及 2015～2023 年十个年度自愿性信息披露总体指数和四个分项指数进行比较。由于沪市科创板 2019 年 6 月才开板，所以只比较 2020～2023 年四年的数据。北交所是 2021 年 11 月开市，本次评价比较 2022 和 2023 两年的数据。另外，深市主板含原来的中小企业板。比较结果参见表 22-5。

表22-5 2013～2023年不同板块上市公司自愿性信息披露指数均值比较

板块	年份	总体指数	分项指数				总体指数排名
			治理结构	治理效率	利益相关者	风险控制	
深市主板	2013	45.5805	39.3996	27.7023	75.9703	39.2504	1
	2015	46.4497	46.7200	45.9452	54.2631	38.8705	1
	2016	55.3611	47.8400	49.5200	76.1733	47.9111	1
	2017	51.2657	47.3393	55.7496	54.9718	47.0020	2
	2018	55.9551	50.5486	66.6880	56.0839	50.4999	2
	2019	62.8362	70.0679	70.4937	60.8756	49.9074	2
	2020	65.3356	72.1819	76.8369	60.1135	52.2103	2
	2021	68.1117	73.9533	82.4618	62.4913	53.5403	2
	2022	73.1258	77.9919	84.5510	77.1062	52.8541	3
	2023	72.6383	77.2500	85.1186	77.9774	50.2072	3
深市创业板	2013	37.0677	41.6197	19.4366	51.0329	36.1815	3
	2015	45.0501	49.7079	45.2249	46.1449	39.1225	2
	2016	54.4505	51.9593	50.1736	69.3618	46.3073	2
	2017	51.7443	55.4890	58.1169	47.5379	45.8333	1
	2018	56.3260	54.4841	68.1614	50.7502	51.9083	1
	2019	62.8580	73.3008	71.4502	55.3275	51.3534	1
	2020	65.4038	75.9579	78.3291	54.3132	53.0151	1
	2021	68.6713	78.0977	84.0816	57.6237	54.8823	1
	2022	73.9355	83.4423	85.1781	73.4295	53.6920	1
	2023	73.8778	82.4342	86.2753	74.2780	52.5236	1
沪市主板	2013	38.6228	26.5675	36.9687	60.2551	30.7002	2
	2015	32.8748	32.4668	34.3105	25.4671	39.2549	3
	2016	42.4286	34.5189	39.0424	49.9233	46.2298	3
	2017	46.6456	36.6528	52.1662	49.3642	48.3992	3
	2018	48.9996	38.1781	56.4641	49.6907	51.6655	3
	2019	55.2121	57.7930	59.2842	51.5042	52.2668	3
	2020	60.7058	60.2628	77.6990	51.1753	53.6863	4
	2021	64.5254	64.8925	83.9769	54.0658	55.1663	4
	2022	66.5785	67.4763	84.9640	60.0112	53.8624	5
	2023	66.8514	66.9266	85.6540	61.6837	53.1411	5

续表

板块	年份	总体指数	分项指数				总体指数排名
			治理结构	治理效率	利益相关者	风险控制	
沪市科创板	2020	62.3393	67.0878	79.2553	44.6809	58.3333	3
	2021	67.5624	72.3606	82.1962	56.9721	58.7207	3
	2022	73.1335	76.2438	84.1107	74.7305	57.4489	2
	2023	73.5079	77.8420	86.3558	73.8517	55.9821	2
北交所	2022	68.9176	51.3808	70.3488	79.0698	74.8708	4
	2023	69.7454	56.3519	81.5217	80.1178	60.9903	4

由表 22-5 可以看出：

第一，从自愿性信息披露总体指数来看，深市主板和深市创业板都是在 2017 和 2023 年下降，其余年度都是上升的，且 2017～2022 年这两个板块的自愿性信息披露指数均值相当接近；沪市主板在 2015 年下降后，2016～2023 年连续上升；沪市科创板 2020～2023 年连续上升；北交所板块 2023 年自愿性信息披露指数均值较上一年也是上升的。五个板块中，深市创业板自愿性信息披露指数均值近七年都排名第一位；深市主板 2022 年之前连续五年都排名第二位，2022 年和 2023 年排名第三位；沪市主板近九年都排名最后一位（含 2022 年以后加入北交所）；沪市科创板开板以来前两个年度均排名第三位，2022 年和 2023 年升至第二位，作为注册制核心要素的信息披露，却没有在首先实施注册制的沪市科创板表现得最好；北交所 2022 年和 2023 年都排名第四位，参见图 22-5。相比 2013 年，2023 年三个板块（无沪市科创板和北交所，下同）都上升，升幅在 27.05～36.82 分，升幅最大的是深市创业板；相比 2020 年（沪市科创板纳入评价，下同），2023 年沪市科创板提高 11.1686 分；相比 2022 年，2023 年五个板块中深市主板和深市创业板分别下降 0.4875 分和 0.0577 分，其他三个板块都上升，升幅在 0.27～0.83 分，升幅最大的是北交所。

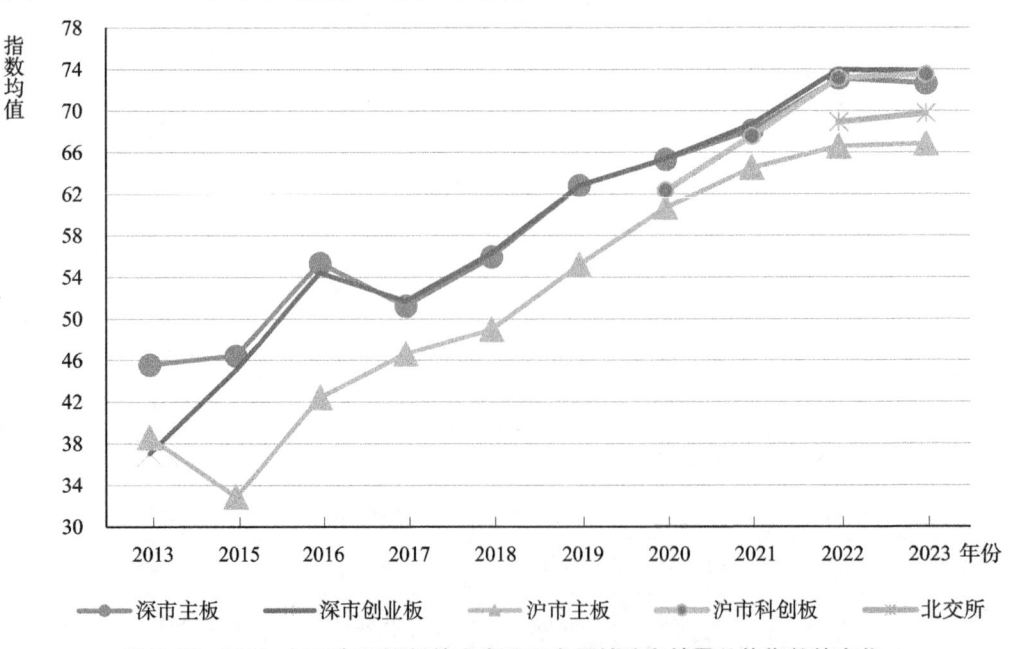

图22-5　2013～2023年不同板块上市公司自愿性信息披露总体指数的变化

第二，从治理结构分项指数看，相比2013年，2023年三个板块都上升，升幅在37.85～40.82分，升幅最大的是深市创业板；相比2020年，2023年沪市科创板提高10.7542分；相比2022年，2023年五个板块中沪市科创板和北交所分别上升1.5982和4.9711分，其他三个板块都下降，降幅在0.54～1.01分，降幅最大的是深市创业板。

第三，从治理效率分项指数看，相比2013年，2023年三个板块都上升，升幅在48.68～66.84分，深市创业板升幅最大；相比2020年，2023年沪市科创板提高7.1005分；相比2022年，2023年五个板块都上升，升幅在0.56～11.18分，升幅最大的是北交所。

第四，从利益相关者分项指数看，相比2013年，2023年三个板块都上升，升幅在1.42～23.25分，深市创业板升幅最大；相比2020年，2023年沪市科创板提高29.1708分，近三年升幅很大；相比2022年，2023年除沪市科创板下降0.8788分外，其他四个板块都上升，升幅在0.84～1.68分，升幅最大的是沪市主板。

第五，从风险控制分项指数看，相比2013年，2023年三个板块都上升，升幅在10.95～22.45分，升幅最大的是沪市主板；相比2020年，2023年沪市科创板下降2.3512分；相比2022年，2023年五个板块都下降，降幅在0.72～13.89分，降幅最大的是北交所。可以看到，所有五个板块上市公司对风险控制信息披露的关注度都严重不足。

22.6 本章小结

本章从总体、地区、行业、所有制和上市板块五个角度比较了2013年以及2015～2023年十个年度的中国上市公司自愿性信息披露总体指数及四个分项指数，主要结论如下：

（1）从自愿性信息披露总体指数看，2013～2017年波动式变化，2018～2023年连续上升，2023年达到自2013年以来的最高值，这与逐步实施以至于全面普及注册制，以及监管加强存在密切关系。相比2013年，2023年自愿性信息披露指数均值提高29.3289分；相比2022年，2023年提高0.0676分。从治理结构分项指数看，相比2013年，2023年上升39.6118分；相比2022年，2023年下降0.5466分。在治理效率分项指数上，相比2013年，2023年上升55.5196分；相比2022年，2023年上升1.0248分。在利益相关者分项指数上，相比2013年，2023年上升5.0215分；相比2022年，2023年上升1.2885分。在风险控制分项指数上，相比2013年，2023年上升17.1630分；相比2022年，2023年下降1.4960分。总的来看，上市公司越来越注重治理结构、治理效率和利益相关者方面的自愿性信息披露，但风险控制方面的信息披露仍不甚理想。

（2）从地区看，在自愿性信息披露总体指数上，东北在十个年度中都是最低的，另外三个地区指数值比较接近。相比2013年，2023年四个地区都是上升的；相比2022年，2023年东部和东北小幅上升，中部和西部小幅下降，四个地区总体浮动不大。在治理结构和风险控制两个分项指数上，相比2013年，2023年四个地区都上升；相比2022年，2023年四个地区都略有下降。在治理效率和利益相关者两个分项指数上，相比2013年和2022年，2023年四个地区都上升。

（3）从行业看，在自愿性信息披露总体指数上，相比2013年，2023年所有17个行业（剔除教育）都上升；相比2022年，2023年所有18个行业中，有8个行业上升，其他10个行业下降。在治理结构分项指数上，相比2013年，2023年全部17个行业（剔除教育）都显著上升；相比2022年，

2023年只有3个行业上升，1个行业与2022年持平，其他14个行业均下降。在治理效率分项指数上，相比2013年，2023年全部17个行业（剔除教育）都显著上升；相比2022年，2023年全部18个行业中有12个行业上升，其他6个行业下降。在利益相关者分项指数上，相比2013年，2023年有1个行业与2013年持平，其余16个行业（剔除教育）均上升；相比2022年，2023年所有18个行业中，有3个行业有所下降，其余15个行业均上升。在风险控制分项指数上，相比2013年，2023年全部17个行业（剔除教育）都显著上升；相比2022年，2023年有3个行业上升，其余15个行业下降。

（4）从所有制看，在自愿性信息披露总体指数上，相比2013年，2023年国有控股公司和非国有控股公司分别上升29.4266和29.1775分；相比2022年，2023年国有控股公司下降0.0312分，非国有控股公司上升0.1170分。在治理结构分项指数上，两类公司在2013～2022年都呈上升趋势，2023年略有下降。在治理效率分项指数上，两类公司各年度都呈上升趋势。在利益相关者分项指数上，不论与2013年相比还是与2022年相比，2023年两类公司都是上升的。在风险控制分项指数上，与2013年相比，2023年两类公司都是上升的，与2022年相比，2023年两类公司都是下降的。

（5）从上市板块看，在自愿性信息披露总体指数上，相比2013年，2023年三个板块（无沪市科创板和北交所）都上升；相比2020年，2023年沪市科创板上升；相比2022年，2023年五个板块中深市主板和深市创业板下降，其他三个板块都上升。在治理结构分项指数上，相比2013年，2023年三个板块都上升；相比2020年，2023年沪市科创板上升；相比2022年，2023年五个板块中沪市科创板和北交所上升，其他三个板块下降。在治理效率分项指数上，相比2013年，2023年三个板块都上升；相比2020年，2023年沪市科创板上升；相比2022年，2023年五个板块都上升。在利益相关者分项指数上，相比2013年，2023年三个板块都上升；相比2020年，2023年沪市科创板近三年升幅很大；相比2022年，2023年除沪市科创板下降外，其他四个板块都上升。在风险控制分项指数上，相比2013年，2023年三个板块都上升；相比2020年，2023年沪市科创板下降；相比2022年，2023年五个板块都下降。可以看到，所有五个板块上市公司对风险控制信息披露的关注度都严重不足。

第七篇　高管薪酬指数

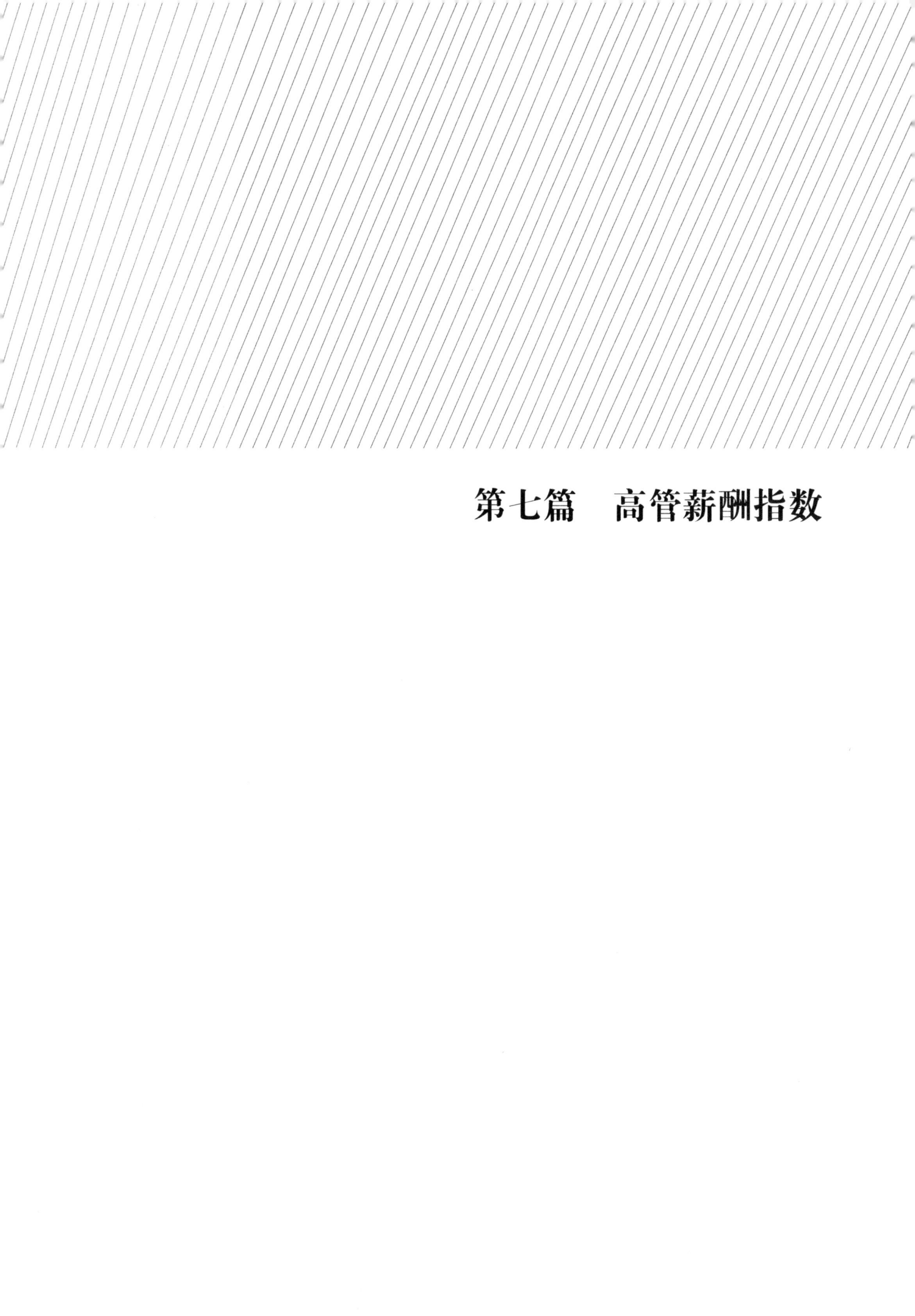

第23章 高管薪酬指数排名及比较

根据第 1 章确定的高管薪酬指数评价方法，以及我们评估获得的 2023 年度 5052 家样本上市公司指数数据，首先对这 5052 家公司的高管薪酬指数进行排名和比较，然后分别从地区、行业、上市板块和沪深 300 四个角度依次进行分析和比较，最后对这些上市公司的高管薪酬绝对值进行总体描述。需要说明的是，由于总样本量与前面各篇略有差别，本篇三章关于地区、行业、上市板块、沪深 300 等方面的样本量统计均以 5052 家总样本量为基准。

23.1 高管薪酬指数总体分布及排名

根据第 1 章确定的高管薪酬指数评价方法，我们对 5052 家上市公司高管薪酬指数进行了测算，并以降序方式进行了排名，再对高管薪酬指数的总体情况进行了统计，根据四分之一分位法确定了高管薪酬激励过度、激励适中和激励不足的指数区间，并对激励过度、激励适中和激励不足的前 100 名公司进行了排名。

23.1.1 高管薪酬指数总体分布

2023 年上市公司高管薪酬指数的总体分布参见表 23-1。

表 23-1 2023 年上市公司高管薪酬指数的总体分布

激励程度	公司数目	平均值	中位值	最大值	最小值	标准差
激励过度	1263	552.9387	339.2609	45435.6643	200.3874	1664.8300
激励适中	2526	96.8954	86.1533	200.2622	34.2390	46.4261
激励不足	1263	15.8141	15.0648	34.1968	0.0381	9.9115
总体	5052	190.6359	86.1533	45435.6643	0.0381	859.5738

从表 23-1 可以看出，2023 年上市公司高管薪酬指数最大值为 45435.6643 分，最小值为 0.0381 分，平均值为 190.6359 分，中位值为 86.1533 分。高管薪酬指数在 200.2622 分（不含）以上的属于薪酬激励过度，高管薪酬指数在 34.2390 分（含）至 200.2622 分（含）之间的属于薪酬激励适中，高管薪酬指数在 34.2390 分（不含）以下的属于薪酬激励不足。在 5052 家上市公司中，激励过度和激励不足的公司各有 1263 家，激励适中的公司有 2526 家。激励过度的公司的高管薪酬指数标准差很大，表

明激励过度的1263家公司高管薪酬指数离散程度很大。激励适中和激励不足的公司的高管薪酬指数标准差较小，尤其是激励不足的公司，表明薪酬激励不足的公司的高管薪酬指数更为集中，不同公司高管的薪酬差异性较小。

23.1.2 高管薪酬指数排名

表23-2列示了高管薪酬激励过度前100名公司，这些公司的高管薪酬指数越大，则表明其薪酬激励越是过度。由于本报告对高管薪酬指数采取从大到小的降序排列，排名为1～100的公司即为薪酬激励过度前100名公司。

表23-2 2023年上市公司高管薪酬指数排名——激励过度前100名

排名	代码	公司简称	指数值	排名	代码	公司简称	指数值
1	688197	首药控股	45435.6643	25	688130	晶华微	1910.2150
2	688176	亚虹医药	30183.7558	26	300506	*ST名家	1885.1270
3	688192	迪哲医药	18226.3109	27	688277	天智航	1883.1632
4	688382	益方生物	6565.4033	28	002621	*ST美吉	1880.6426
5	688373	盟科药业	6396.8776	29	600234	*ST科新	1843.9307
6	688282	*ST导航	4268.4228	30	688787	海天瑞声	1717.9962
7	688221	前沿生物	4073.7441	31	000638	万方发展	1646.8159
8	430047	诺思兰德	3970.7352	32	300333	兆日科技	1595.6844
9	600883	博闻科技	3916.3806	33	000711	*ST京蓝	1593.1723
10	000809	*ST和展	3655.1475	34	688173	希荻微	1528.8096
11	600783	鲁信创投	3506.5046	35	301369	联动科技	1522.4174
12	688498	源杰科技	3107.3240	36	600730	中国高科	1508.8526
13	600503	华丽家族	3065.8482	37	688233	神工股份	1488.1319
14	688062	迈威生物	2904.8868	38	000608	阳光股份	1387.1687
15	002141	*ST贤丰	2682.3875	39	301270	汉仪股份	1383.9878
16	002951	*ST金时	2680.0127	40	002575	群兴玩具	1381.5298
17	688325	赛微微电	2647.4560	41	688489	三未信安	1375.6897
18	688229	博睿数据	2497.2689	42	688485	九州一轨	1366.4888
19	688238	和元生物	2456.8488	43	000609	*ST中迪	1354.8451
20	300799	ST左江	2177.9148	44	600816	建元信托	1354.4359
21	002256	兆新股份	2067.5954	45	603023	*ST威帝	1349.6265
22	605081	太和水	2046.8901	46	300561	汇金科技	1336.4546
23	688185	康希诺	2044.8715	47	000532	华金资本	1330.4885
24	832145	恒合股份	1993.6608	48	600898	*ST美讯	1321.2921

续表

排名	代码	公司简称	指数值	排名	代码	公司简称	指数值
49	300899	上海凯鑫	1313.6629	75	688317	之江生物	1074.3183
50	688670	金迪克	1299.3601	76	300810	中科海讯	1074.2016
51	000712	锦龙股份	1281.8666	77	300588	熙菱信息	1069.8328
52	688426	康为世纪	1265.2617	78	000820	神雾节能	1064.4544
53	002858	力盛体育	1265.0020	79	688027	国盾量子	1054.3771
54	000892	欢瑞世纪	1244.3080	80	300858	科拓生物	1047.7891
55	300536	*ST农尚	1232.4776	81	688200	华峰测控	1044.7376
56	002843	泰嘉股份	1230.2313	82	838670	恒进感应	1036.2227
57	688132	邦彦技术	1220.2322	83	301024	霍普股份	1031.9841
58	688522	纳睿雷达	1219.8977	84	600734	实达集团	1010.1172
59	688293	奥浦迈	1211.4477	85	688072	拓荆科技	1000.8230
60	002177	御银股份	1201.7744	86	688193	仁度生物	984.2505
61	600749	西藏旅游	1199.0171	87	688222	成都先导	980.2360
62	300235	方直科技	1196.0789	88	688266	泽璟制药	978.0552
63	600070	*ST富润	1181.6893	89	688331	荣昌生物	975.5820
64	301213	观想科技	1173.0194	90	300116	*ST保力	970.4034
65	600421	华嵘控股	1148.2560	91	688206	概伦电子	969.3178
66	600615	丰华股份	1142.4478	92	605069	正和生态	953.7725
67	605178	时空科技	1138.2176	93	300831	派瑞股份	949.9501
68	002168	惠程科技	1122.5184	94	300313	ST天山	949.8640
69	688488	艾迪药业	1122.0293	95	301095	广立微	945.2675
70	430300	辰光医疗	1112.8865	96	002496	辉丰股份	933.9577
71	430476	海能技术	1110.6024	97	600620	天宸股份	927.2110
72	301288	清研环境	1092.0836	98	002289	ST宇顺	926.6977
73	600838	上海九百	1084.9923	99	836395	朗鸿科技	910.2636
74	000504	南华生物	1082.8670	100	688309	恒誉环保	909.7350

在激励过度前100家公司中，ST公司有17家，在所有140家ST公司中的占比为12.14%，这个比例已经很高，说明这些ST公司的高管薪酬远超其绩效。从地区看，东部、中部、西部和东北各有71家、8家、14家和7家，分别占所在地区上市公司总数的1.96%、1.19%、2.36%和4.14%，从相对值（占比）看，东北上市公司高管激励过度问题较为突出；从行业看，制造业（C）有51家，信息传输、软件和信息技术服务业（I）有18家，从相对值（占比）看，综合（S）、教育（P）、水利、环境和公共设施管理业（N）尽管分别只有3家、2家和7家，但占所在行业上市公司总数的比重却

分别达 25.00%、16.67% 和 7.29%，显然这三个行业上市公司高管激励过度问题较为突出；从所有制看，国有控股公司有 14 家，非国有控股公司有 86 家，分别占同类型公司总数的 0.94% 和 2.41%，从相对值（占比）看，激励过度主要体现在非国有控股公司中；从上市板块看，深市主板、深市创业板、沪市主板、沪市科创板和北交所各有 21 家、19 家、18 家、36 家和 6 家，分别占各板块上市公司总数的 1.43%、1.54%、1.09%、7.13% 和 3.28%，从相对值（占比）看，沪市科创板和北交所上市公司高管激励过度问题较为突出。

图 23-1 显示了激励过度前 100 名公司高管薪酬指数的分布情况。可以看出，激励过度前 100 家公司的高管薪酬指数差异很大，最高值为 45435.6643，最低值为 909.7350，前面几家公司的高管薪酬指数与后面公司的高管薪酬指数差距很大。

图23-1　2023年激励过度前100名上市公司高管薪酬指数分布情况

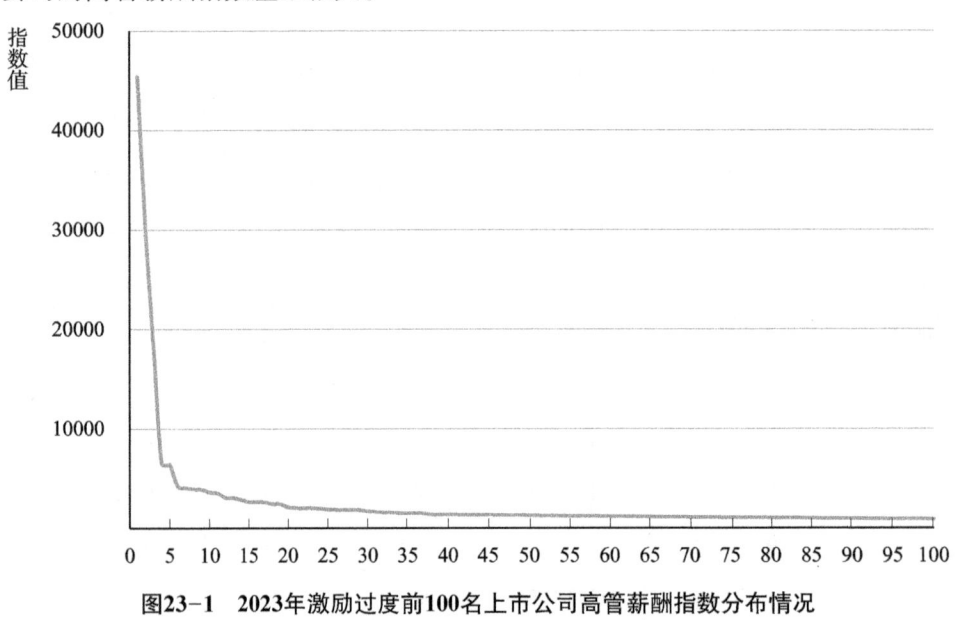

表 23-3 列示了高管薪酬激励适中前 100 名公司，这些公司的高管薪酬指数越接近 100，则表明其薪酬激励越是适中。

表 23-3　2023 年上市公司高管薪酬指数排名——激励适中前 100 名

排名	代码	公司简称	指数值	排名	代码	公司简称	指数值
2279	603063	禾望电气	102.7839	2288	600272	开开实业	102.3797
2280	301223	中荣股份	102.7041	2289	002935	天奥电子	102.3279
2281	301248	杰创智能	102.6840	2290	300641	正丹股份	102.2785
2282	002530	金财互联	102.6745	2291	600137	浪莎股份	102.1512
2283	300164	通源石油	102.5427	2292	301388	欣灵电气	102.1379
2284	002108	沧州明珠	102.4988	2293	300261	雅本化学	102.1187
2285	300645	正元智慧	102.4761	2294	300342	天银机电	102.1005
2286	688366	昊海生科	102.4376	2295	002383	合众思壮	102.0275
2287	002901	大博医疗	102.3912	2296	601696	中银证券	102.0191

续表

排名	代码	公司简称	指数值	排名	代码	公司简称	指数值
2297	605598	上海港湾	101.8326	2331	603017	中衡设计	99.6914
2298	300822	贝仕达克	101.6927	2332	002387	维信诺	99.6074
2299	603706	东方环宇	101.6298	2333	300654	世纪天鸿	99.6005
2300	300623	捷捷微电	101.6181	2334	301085	亚康股份	99.4549
2301	300791	仙乐健康	101.6064	2335	300712	永福股份	99.4151
2302	300137	先河环保	101.5695	2336	300917	特发服务	99.4091
2303	688015	交控科技	101.5381	2337	688232	新点软件	99.3092
2304	300009	安科生物	101.5097	2338	002724	海洋王	99.2869
2305	301051	信濠光电	101.4789	2339	603421	鼎信通讯	99.1699
2306	300162	雷曼光电	101.4243	2340	601858	中国科传	99.1501
2307	300535	达威股份	101.4159	2341	605128	上海沿浦	99.1419
2308	003023	彩虹集团	101.2646	2342	603817	海峡环保	99.0473
2309	605259	绿田机械	101.2367	2343	000510	新金路	99.0270
2310	002910	庄园牧场	101.2297	2344	000534	万泽股份	99.0073
2311	601010	文峰股份	101.0665	2345	002774	快意电梯	98.9104
2312	600773	西藏城投	100.9660	2346	000697	炼石航空	98.8841
2313	603976	正川股份	100.9540	2347	300705	九典制药	98.7405
2314	605389	长龄液压	100.8630	2348	002351	漫步者	98.6005
2315	688538	和辉光电	100.7745	2349	688400	凌云光	98.5017
2316	002878	元隆雅图	100.7520	2350	688315	诺禾致源	98.4629
2317	600901	江苏金租	100.6922	2351	002282	博深股份	98.3914
2318	002881	美格智能	100.4916	2352	603778	国晟科技	98.2797
2319	603895	天永智能	100.3353	2353	603551	奥普科技	98.2262
2320	002675	东诚药业	100.3349	2354	002432	九安医疗	98.1824
2321	688608	恒玄科技	100.3233	2355	002023	海特高新	98.1777
2322	000408	藏格矿业	100.1393	2356	601218	吉鑫科技	98.0417
2323	688033	天宜上佳	100.1318	2357	300197	节能铁汉	98.0414
2324	603917	合力科技	100.1202	2358	605009	豪悦护理	98.0277
2325	603518	锦泓集团	100.0957	2359	603042	华脉科技	98.0097
2326	000509	华塑控股	100.0045	2360	603171	税友股份	97.9954
2327	002366	融发核电	99.8926	2361	002196	方正电机	97.9918
2328	002957	科瑞技术	99.8812	2362	300912	凯龙高科	97.9500
2329	836957	汉维科技	99.8347	2363	002547	春兴精工	97.8742
2330	603060	国检集团	99.7249	2364	300749	顶固集创	97.8530

续表

排名	代码	公司简称	指数值	排名	代码	公司简称	指数值
2365	688575	亚辉龙	97.8057	2372	688299	长阳科技	97.4173
2366	300828	锐新科技	97.7088	2373	001267	汇绿生态	97.3762
2367	603585	苏利股份	97.6808	2374	002086	东方海洋	97.3703
2368	300120	经纬辉开	97.6800	2375	300248	新开普	97.3411
2369	688099	晶晨股份	97.5373	2376	300236	上海新阳	97.3403
2370	600774	汉商集团	97.4860	2377	603330	天洋新材	97.3080
2371	000008	神州高铁	97.4792	2378	300610	晨化股份	97.2018

在激励最适中前100家公司中，华塑控股（000509）高管薪酬指数为100.0045，最接近100，激励最适中。从地区看，东部、中部、西部和东北各有80家、5家、15家和0家，分别占所在地区上市公司总数的2.21%、0.74%、2.53%和0.00%，从相对值（占比）看，西部和东部地区上市公司高管激励适中的情况相对较好；从行业看，制造业（C）有67家，信息传输、软件和信息技术服务业（I）有8家，建筑业（E）、批发和零售业（F）分别有4家，分别占所在行业上市公司总数的1.99%、1.91%、3.74%和2.20%，从相对值（占比）看，卫生和社会工作（Q）尽管只有1家，但占所在行业上市公司总数的比重却达到6.67%，卫生和社会工作（Q）激励适中情况相对较好；从所有制看，国有控股公司有24家，非国有控股公司有76家，分别占同类型公司总数的1.61%和2.13%，从相对值（占比）看，非国有控股公司中有较多的激励适中公司；从上市板块看，深市主板、深市创业板、沪市主板、沪市科创板和北交所各有29家、29家、30家、11家和1家，分别占各板块上市公司总数的1.97%、2.35%、1.81%、2.18%和0.55%，从相对值（占比）看，深市主板、深市创业板、沪市主板和沪市科创板的高管激励情况差不多，北交所上市公司的高管薪酬激励适中的情况相对较差。

图23-2显示了激励适中前100名上市公司的高管薪酬指数的分布情况。可以看出，激励适中前100名上市公司的高管薪酬指数集中在97.20～102.79，分布比较均匀。

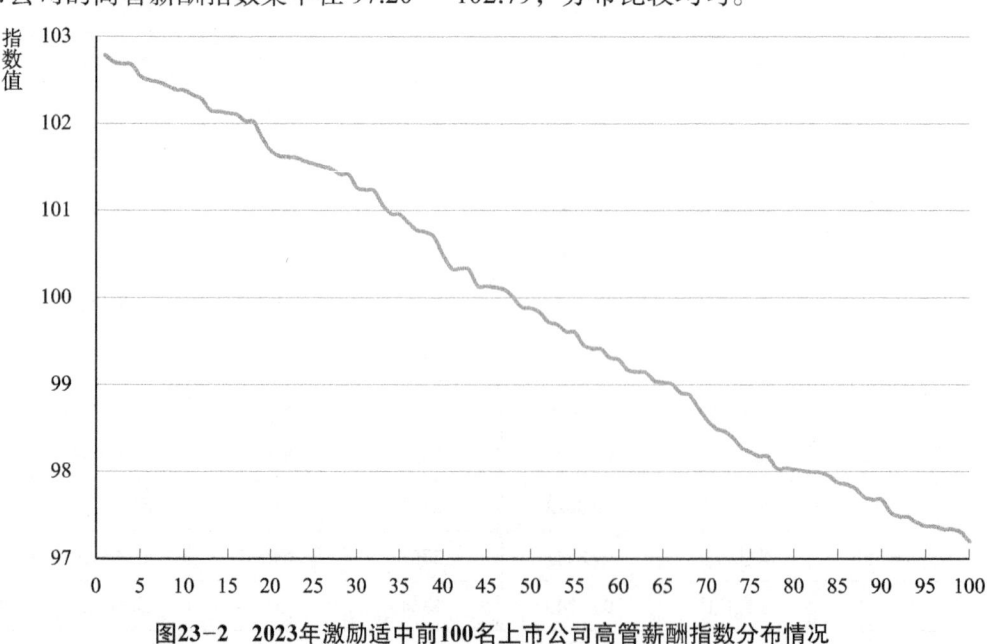

图23-2 2023年激励适中前100名上市公司高管薪酬指数分布情况

表23-4列示了高管薪酬激励不足前100名公司，这些公司的高管薪酬指数越小，则表明其薪酬激励越是不足。排名为4953～5052的公司为薪酬激励不足前100名公司。

表23-4 2023年上市公司高管薪酬指数排名——激励不足前100名

排名	代码	公司简称	指数值	排名	代码	公司简称	指数值
4953	000539	粤电力A	2.1904	4981	002241	歌尔股份	1.7274
4954	601611	中国核建	2.1866	4982	002183	怡亚通	1.6777
4955	601138	工业富联	2.1847	4983	600690	海尔智家	1.6580
4956	000983	山西焦煤	2.1494	4984	600039	四川路桥	1.6483
4957	600048	保利发展	2.1443	4985	600569	安阳钢铁	1.6406
4958	600871	石化油服	2.1344	4986	600036	招商银行	1.5942
4959	601003	柳钢股份	2.0923	4987	000825	太钢不锈	1.5893
4960	601989	中国重工	2.0819	4988	600981	汇鸿集团	1.5890
4961	601111	中国国航	2.0680	4989	600023	浙能电力	1.5637
4962	601992	金隅集团	2.0547	4990	600297	广汇汽车	1.5388
4963	000498	山东路桥	2.0504	4991	601212	白银有色	1.5361
4964	600688	上海石化	2.0485	4992	000761	本钢板材	1.5291
4965	002475	立讯精密	2.0188	4993	600010	包钢股份	1.4517
4966	600150	中国船舶	1.9997	4994	300226	上海钢联	1.3944
4967	601677	明泰铝业	1.9846	4995	600808	马钢股份	1.3700
4968	600057	厦门象屿	1.9681	4996	600027	华电国际	1.3637
4969	600782	新钢股份	1.9650	4997	000709	河钢股份	1.3317
4970	601998	中信银行	1.9579	4998	600795	国电电力	1.2686
4971	601963	重庆银行	1.9456	4999	000858	五粮液	1.2284
4972	600489	中金黄金	1.9437	5000	601077	渝农商行	1.2181
4973	600546	山煤国际	1.9387	5001	600998	九州通	1.2170
4974	000876	新希望	1.8992	5002	600153	建发股份	1.2125
4975	300750	宁德时代	1.8657	5003	000703	恒逸石化	1.2002
4976	601727	上海电气	1.8108	5004	601117	中国化学	1.1674
4977	002761	浙江建投	1.8080	5005	601898	中煤能源	1.1567
4978	601991	大唐发电	1.7898	5006	600346	恒力石化	1.1454
4979	601166	兴业银行	1.7449	5007	600019	宝钢股份	1.1303
4980	000898	鞍钢股份	1.7385	5008	600248	陕建股份	1.1288

续表

排名	代码	公司简称	指数值	排名	代码	公司简称	指数值
5009	601225	陕西煤业	1.0198	5031	600115	中国东航	0.4405
5010	601006	大秦铁路	0.9884	5032	601618	中国中冶	0.4180
5011	600104	上汽集团	0.9612	5033	000002	万科A	0.4167
5012	000959	首钢股份	0.9491	5034	601939	建设银行	0.4115
5013	601318	中国平安	0.9185	5035	600050	中国联通	0.4079
5014	600000	浦发银行	0.9179	5036	601319	中国人保	0.3804
5015	601818	光大银行	0.9174	5037	601988	中国银行	0.3719
5016	000630	铜陵有色	0.9063	5038	601628	中国人寿	0.3410
5017	002493	荣盛石化	0.8835	5039	601669	中国电建	0.3318
5018	601600	中国铝业	0.8490	5040	600519	贵州茅台	0.3306
5019	601328	交通银行	0.8441	5041	601398	工商银行	0.2850
5020	601766	中国中车	0.7438	5042	601288	农业银行	0.2619
5021	601088	中国神华	0.7019	5043	601728	中国电信	0.2509
5022	600011	华能国际	0.6643	5044	600941	中国移动	0.2011
5023	600938	中国海油	0.6316	5045	601800	中国交建	0.2003
5024	600755	厦门国贸	0.5616	5046	601186	中国铁建	0.1759
5025	600704	物产中大	0.5400	5047	601390	中国中铁	0.1653
5026	600170	上海建工	0.5130	5048	000960	锡业股份	0.1536
5027	601868	中国能建	0.4771	5049	601857	中国石油	0.0951
5028	600362	江西铜业	0.4526	5050	600028	中国石化	0.0805
5029	601658	邮储银行	0.4517	5051	000878	云南铜业	0.0483
5030	000932	华菱钢铁	0.4487	5052	601668	中国建筑	0.0381

在高管薪酬激励最不足的100家公司中，从地区看，东部、中部、西部和东北各有69家、12家、14家和5家，分别占所在地区上市公司总数的1.91%、1.79%、2.36%和2.96%，从相对值（占比）看，东北有较多的激励不足公司。从行业看，制造业（C）有37家，金融业（J）有16家，建筑业（E）有14家，采矿业（B）有9家，分别占所在行业上市公司总数的1.10%、12.90%、13.08%和11.11%，从相对值（占比）看，建筑业（E）、金融业（J）和采矿业（B）有较多的激励不足公司。从所有制看，国有控股公司有87家，非国有控股公司有13家，分别占同类型上市公司总数的5.85%和0.36%，从相对值（占比）看，国有控股公司有较多的激励不足公司。但需要注意的是，这里我们没有考虑一些国有企业因政府赋予的垄断资源而带来的绩效问题，从而可能高估公司高管

的贡献，导致评估结果出现激励不足。另外，也与近几年国有企业工资总额控制和限薪政策有关。从上市板块看，深市主板 21 家，深市创业板 2 家，沪市主板 77 家，分别占三个板块上市公司总数的 1.43%、0.16% 和 4.64%，没有沪市科创板和北交所上市公司，从相对值（占比）看，沪市主板有较多的激励不足公司。

图 23-3 为激励不足前 100 名的上市公司高管薪酬指数的分布情况（按倒序排列，即指数最后一位作为第一位开始排列）。可以看出，激励不足前 100 名上市公司高管薪酬指数集中在 0.03～2.20，分布比较均匀。

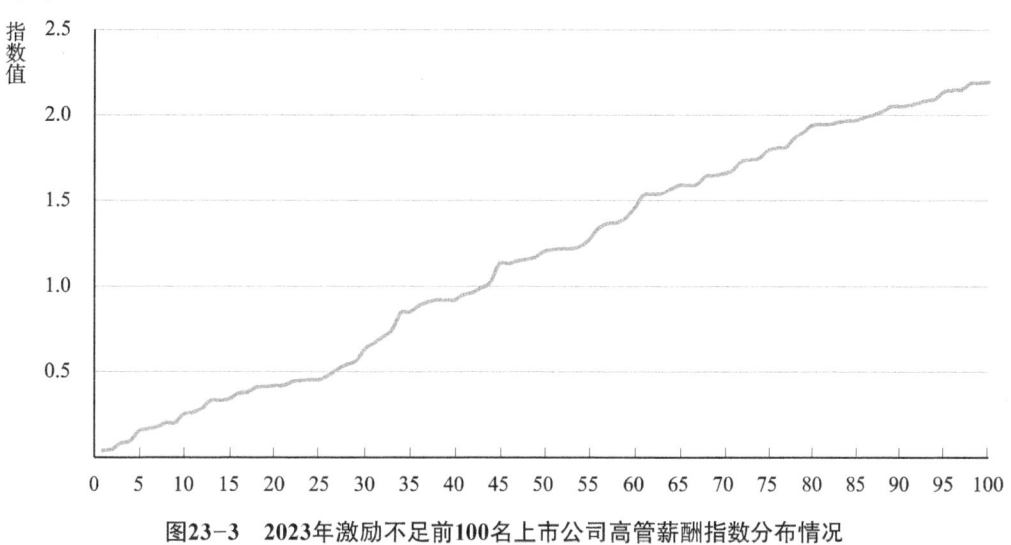

图23-3　2023年激励不足前100名上市公司高管薪酬指数分布情况

23.2　分地区高管薪酬指数比较

按照东部、中部、西部和东北的地区划分和省份划分，本节对不同地区、不同省份的高管薪酬指数进行比较。

表 23-5 按照高管薪酬指数均值从大到小列示了 2023 年四个地区的上市公司高管薪酬指数。

表 23-5　2023 年不同地区上市公司高管薪酬指数比较

区域	公司数目	平均值	中位值	最大值	最小值	标准差
东部	3619	205.3839	95.6959	45435.6643	0.0381	1000.5847
东北	169	196.0290	70.5578	3655.1475	1.1454	403.5532
西部	592	160.4360	78.0175	3916.3806	0.0483	299.6055
中部	672	136.4601	61.7268	1843.9307	0.4487	195.0145
总体	5052	190.6359	86.1533	45435.6643	0.0381	859.5738

从表 23-5 可以看出，以均值排列，各地区高管薪酬指数均值由大到小依次为东部、东北、西部和中部，各地区上市公司高管薪酬指数均值存在较大差异；以中位值排列，各地区高管薪酬指数由大

到小的次序为东部、西部、东北和中部；从标准差来看，东部上市公司的高管薪酬指数离散程度最大，中部上市公司高管薪酬指数离散程度最小。

如第1章所述，我们按照四分之一分位法将高管薪酬指数划分为激励过度、激励适中和激励不足三个区间。表23-6按照激励适中比例从大到小列示了2023年不同地区上市公司高管薪酬激励情况。

表23-6 2023年不同地区上市公司高管薪酬激励情况比较

地区	公司数目	其中		
		激励适中	激励过度	激励不足
东部	3619	1846（51.01%）	961（26.55%）	812（22.44%）
西部	592	294（49.66%）	120（20.27%）	178（30.07%）
中部	672	309（45.98%）	142（21.13%）	221（32.89%）
东北	169	77（45.56%）	40（23.67%）	52（30.77%）
总体	5052	2526（50.00%）	1263（25.00%）	1263（25.00%）

注：括号中的数字为某地区上市公司中不同激励类型公司数占该地区全部公司数的比例。

从表23-6可以看出，各地区上市公司高管薪酬激励情况存在一定差异。

东部地区高管薪酬激励适中的公司所占比重最大，为51.01%；其后依次为西部、中部和东北。四个地区中，只有东部高管激励适中的公司比例超过了50%的标准比例，其他三个地区高管激励适中的公司比例则都低于50%的标准比例。与2022年评价结果相比，2023年西部、中部和东北三个地区高管激励适中的公司比例有所上升，分别上升1.47、0.48和0.26个百分点；东部地区高管激励适中的公司比例有所下降，下降0.26个百分点。

东部地区高管薪酬激励过度的公司所占比重最大，其后依次为东北、中部和西部。东部地区高管激励过度的公司所占比重高于25%的标准比例，而东北、中部和西部地区高管激励过度的公司所占比重均低于25%的标准比例。与2022年相比，2023年东部、中部和东北地区高管激励过度的公司比例有所上升，而西部地区高管激励过度的公司比例有所下降。

中部地区高管薪酬激励不足的公司所占比重最大，其后依次为东北、西部和东部。中部、东北和西部三个地区高管激励不足的公司比例都超过25%的标准比例，只有东部地区高管激励不足的公司比例低于25%的标准比例，为22.44%。相比2022年，2023年西部地区高管激励不足的公司比例有所上升，而东北、中部和东部地区高管激励不足的公司比例则有所下降。

总体来说，东部地区高管激励适中的公司所占比重较大，同时其高管激励过度问题也比其他地区较为突出，而中部、西部和东北地区高管激励不足的问题较为突出。

图23-4更直观地展现了东部、中部、西部、东北四个地区上市公司高管薪酬激励过度、激励适中和激励不足的情况。图中纵坐标列示的地区顺序由下到上，依次对应的是高管激励适中比例由高到低，东部高管激励适中比例最高，东北高管激励适中比例最低。

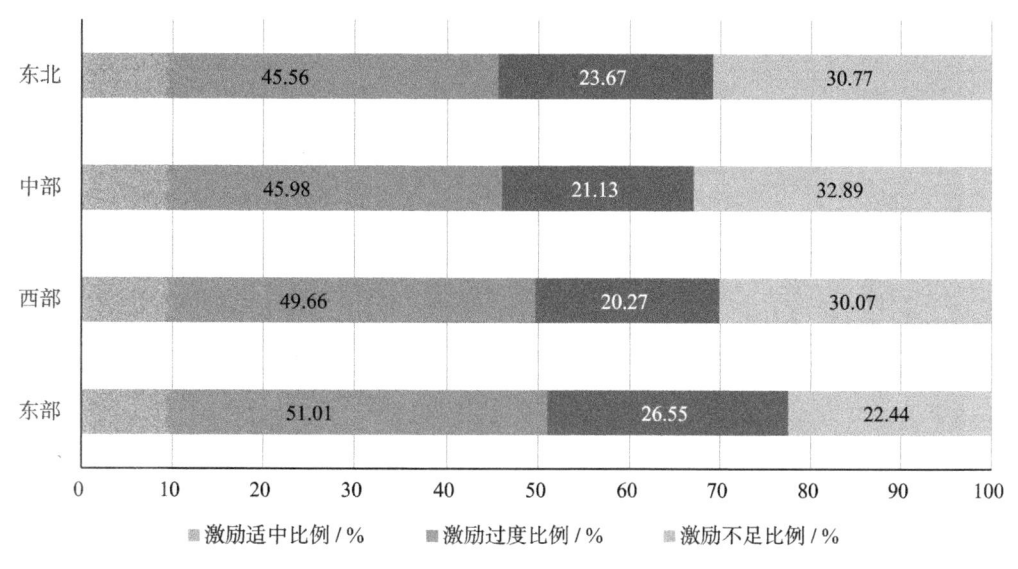

图23-4 2023年不同地区上市公司高管薪酬激励情况比较

(东北: 45.56 | 23.67 | 30.77)
(中部: 45.98 | 21.13 | 32.89)
(西部: 49.66 | 20.27 | 30.07)
(东部: 51.01 | 26.55 | 22.44)

图例：激励适中比例/%　激励过度比例/%　激励不足比例/%

表23-7按照高管薪酬指数均值从大到小列示了2023年不同省份的上市公司高管薪酬指数。可以看到，上市公司高管薪酬指数均值最高的三个省份是北京、西藏和上海；最低的三个省份是内蒙古、贵州和河北。

表23-7　2023年不同省份上市公司高管薪酬指数比较

省份	公司数目	平均值	中位值	最大值	最小值	标准差
北京	452	320.0647	98.3713	45435.6643	0.0381	2163.0887
西藏	22	276.2165	205.6553	1199.0171	16.2568	256.2646
上海	416	244.2293	110.5610	6565.4033	0.4405	546.8215
江苏	643	241.1662	100.0957	30183.7558	1.5890	1399.5972
云南	40	216.2552	53.2407	3916.3806	0.0483	620.3222
辽宁	82	204.4222	68.5275	3655.1475	1.1454	479.7043
黑龙江	39	202.7462	53.9714	1593.1723	5.6697	360.1316
广西	40	197.6415	85.5766	1387.1687	1.2002	271.5231
广东	819	191.8360	103.9983	2682.3875	0.4167	266.4551
天津	69	184.2137	81.9300	2044.8715	4.2206	286.7291
海南	27	183.3820	96.6583	687.9860	4.1096	201.1619
陕西	74	180.2991	80.0027	3107.3240	1.0198	394.3107
四川	168	179.4729	99.4598	2680.0127	1.2284	268.9136
吉林	48	176.2329	72.9065	1646.8159	4.2736	272.6625
湖北	141	166.4290	86.1836	1232.4776	1.2170	213.1727
江西	79	155.4410	78.8588	1064.4544	0.4526	198.9125

续表

省份	公司数目	平均值	中位值	最大值	最小值	标准差
重庆	69	149.8497	64.0157	1244.3080	1.2181	255.2437
浙江	666	146.4154	90.8755	1910.2150	0.5400	173.2715
山东	290	141.7929	63.3798	3506.5046	1.3637	271.7780
湖南	140	134.0939	65.8461	1230.2313	0.4487	190.8875
福建	165	133.2690	82.7046	1010.1172	0.5616	154.9091
新疆	60	131.7560	53.3569	1069.8328	2.3077	213.3601
安徽	166	123.8508	54.8450	1054.3771	0.9063	166.2019
青海	10	117.7785	78.0962	460.8435	3.3770	140.7866
河南	106	114.8383	47.6334	848.8455	1.6406	157.7341
山西	40	111.2397	14.7369	1843.9307	0.9884	293.3496
宁夏	15	98.9701	68.1456	279.1508	25.6308	77.3523
甘肃	35	96.0188	54.1563	331.9169	1.5361	88.5734
河北	72	90.9489	41.7558	675.6477	1.3317	130.9426
贵州	34	77.7972	50.3218	344.4615	0.3306	81.4658
内蒙古	25	77.5514	45.3293	691.0801	1.4517	132.4887
总体	5052	190.6359	86.1533	45435.6643	0.0381	859.5738

图23-5直观地显示了不同省份上市公司高管薪酬指数均值的差异。

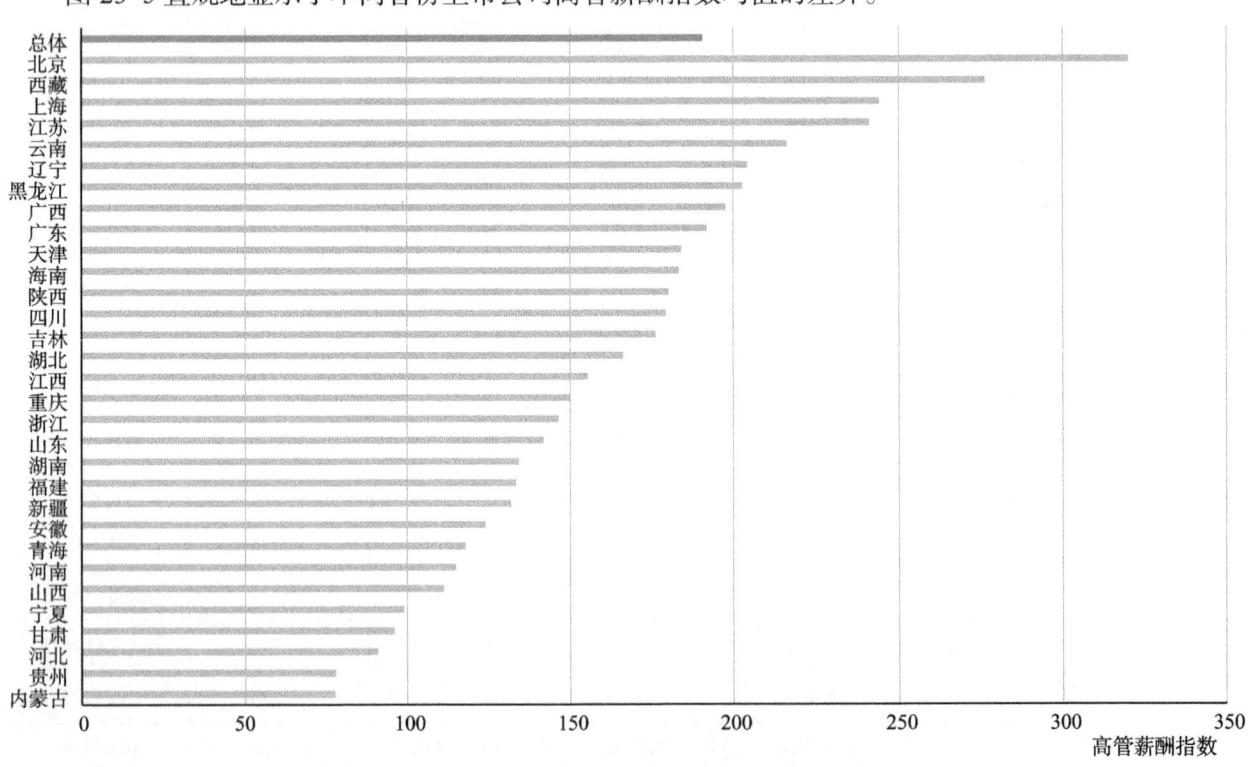

图23-5 2023年不同省份上市公司高管薪酬指数均值比较

从图23-5可以看出，在31个省份中，北京和西藏上市公司高管薪酬指数均值明显高于其他省份，北京上市公司高管薪酬指数均值是最低的内蒙古的4.13倍。

高管薪酬指数总体均值为190.6359分，31个省份中高管薪酬指数均值高于总体均值的有9个，低于总体均值的有22个。

表23-8按照高管薪酬激励适中比例从大到小列示了2023年不同省份上市公司高管薪酬激励情况。

表23-8　2023年不同省份上市公司高管薪酬激励情况比较

省份	公司数目	其中		
		激励适中	激励过度	激励不足
宁夏	15	10（66.67%）	2（13.33%）	3（20.00%）
福建	165	95（57.58%）	31（18.79%）	39（23.64%）
浙江	666	382（57.36%）	149（22.37%）	135（20.27%）
江苏	643	365（56.77%）	165（25.66%）	113（17.57%）
重庆	69	38（55.07%）	10（14.49%）	21（30.43%）
吉林	48	26（54.17%）	13（27.08%）	9（18.75%）
江西	79	42（53.16%）	18（22.78%）	19（24.05%）
四川	168	89（52.98%）	44（26.19%）	35（20.83%）
内蒙古	25	13（52.00%）	1（4.00%）	11（44.00%）
河北	72	37（51.39%）	6（8.33%）	29（40.28%）
广东	819	410（50.06%）	259（31.62%）	150（18.32%）
陕西	74	37（50.00%）	15（20.27%）	22（29.73%）
湖北	141	69（48.94%）	39（27.66%）	33（23.40%）
黑龙江	39	19（48.72%）	7（17.95%）	13（33.33%）
甘肃	35	17（48.57%）	4（11.43%）	14（40.00%）
湖南	140	68（48.57%）	28（20.00%）	44（31.43%）
天津	69	33（47.83%）	19（27.54%）	17（24.64%）
山东	290	138（47.59%）	54（18.62%）	98（33.79%）
贵州	34	16（47.06%）	3（8.82%）	15（44.12%）
安徽	166	78（46.99%）	33（19.88%）	55（33.13%）
西藏	22	10（45.45%）	11（50.00%）	1（4.55%）
广西	40	18（45.00%）	11（27.50%）	11（27.50%）
云南	40	18（45.00%）	7（17.50%）	15（37.50%）
上海	416	183（43.99%）	137（32.93%）	96（23.08%）
北京	452	193（42.70%）	132（29.20%）	127（28.10%）
青海	10	4（40.00%）	2（20.00%）	4（40.00%）

续表

省份	公司数目	其中		
		激励适中	激励过度	激励不足
新疆	60	24（40.00%）	10（16.67%）	26（43.33%）
辽宁	82	32（39.02%）	20（24.39%）	30（36.59%）
海南	27	10（37.04%）	9（33.33%）	8（29.63%）
河南	106	39（36.79%）	19（17.92%）	48（45.28%）
山西	40	13（32.50%）	5（12.50%）	22（55.00%）
总体	5052	2526（50.00%）	1263（25.00%）	1263（25.00%）

注：括号中的数字为某省份上市公司中不同激励类型公司数占该省份全部公司数的比例。

从表23-8可以看出，高管激励适中比例最高的三个省份为宁夏、福建、浙江；高管激励过度比例最高的三个省份为西藏、海南、上海；高管激励不足比例最高的三个省份为山西、河南、贵州。

高管激励适中比例超过50%（含50%）和低于50%标准比例的省份分别是12个和19个；高管激励过度比例超过25%（含25%）和低于25%标准比例的省份分别是11个和20个；高管激励不足比例超过25%（含25%）和低于25%标准比例的省份分别是19个和12个。

进一步观察，我们发现，有的省份上市公司高管激励适中比例大于或等于50%，但存在激励过度比例或激励不足比例严重偏离25%标准比例的情况，如内蒙古、河北、广东等，这意味着高管激励适中比例高并不代表该省份上市公司高管薪酬激励都是合理的。

23.3 分行业高管薪酬指数比较

表23-9按高管薪酬指数均值由大到小列示了2023年不同行业上市公司高管薪酬指数。可以看到，上市公司高管薪酬指数均值最高的三个行业是教育（P）、综合（S），以及科学研究和技术服务业（M）；最低的三个行业是交通运输、仓储和邮政业（G）、电力、热力、燃气及水生产和供应业（D），以及采矿业（B）。

表23-9 2023年不同行业上市公司高管薪酬指数比较

行业	公司数目	平均值	中位值	最大值	最小值	标准差
教育（P）	12	541.9393	336.2648	1880.6426	30.5658	560.3311
综合（S）	12	376.3973	133.6677	1354.8451	21.6309	493.6586
科学研究和技术服务业（M）	111	296.6070	208.7505	2456.8488	21.6633	320.2003
信息传输、软件和信息技术服务业（I）	418	290.8420	170.4227	2647.4560	0.2011	347.8582
水利、环境和公共设施管理业（N）	96	286.2753	148.6829	3655.1475	9.3927	497.1889
文化、体育和娱乐业（R）	62	197.1203	107.4377	1265.0020	9.5655	258.0343

续表

行业	公司数目	平均值	中位值	最大值	最小值	标准差
制造业（C）	3366	195.6081	93.3541	45435.6643	0.0483	1029.4260
租赁和商务服务业（L）	65	151.9843	96.8910	688.9367	1.6777	155.7407
房地产业（K）	101	140.6573	41.9898	3065.8482	0.4167	356.5520
建筑业（E）	107	138.3507	38.7614	1885.1270	0.0381	299.5290
金融业（J）	124	109.4160	28.2286	3506.5046	0.2619	355.1103
农、林、牧、渔业（A）	48	101.0765	53.8958	949.8640	3.8545	156.3031
卫生和社会工作（Q）	15	91.7219	76.9552	232.6572	12.4478	65.3652
住宿和餐饮业（H）	8	91.3914	84.0028	181.0067	12.8993	54.8027
批发和零售业（F）	182	85.3404	30.7793	1084.9923	0.5400	142.9158
采矿业（B）	81	79.4902	21.7948	716.9394	0.0805	126.1313
电力、热力、燃气及水生产和供应业（D）	131	79.3621	31.6952	2067.5954	0.6643	200.3237
交通运输、仓储和邮政业（G）	112	67.0066	26.8458	877.6216	0.4405	109.0203
总体	5052	190.6359	86.1533	45435.6643	0.0381	859.5738

注：居民服务、修理和其他服务业（O）只有1家上市公司，难以代表该行业整体水平，故排名时剔除。

图 23-6 直观地显示了不同行业上市公司高管薪酬指数均值的差异。

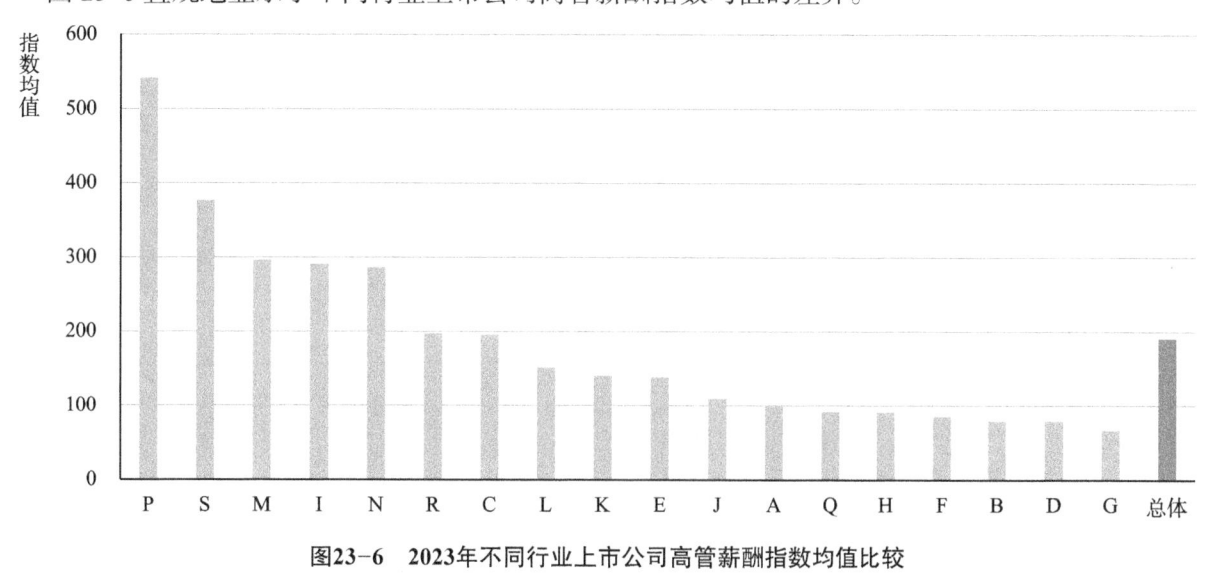

图23-6 2023年不同行业上市公司高管薪酬指数均值比较

从图 23-6 可以看出，在 18 个行业中，教育（P）的上市公司高管薪酬指数均值明显高于其他行业，上市公司高管薪酬指数均值最低的行业是交通运输、仓储和邮政业（G），前者是后者的约 8.09 倍。需要注意的是，教育（P）上市公司高管薪酬指数明显奇高，很大可能的原因是该行业受"双减"政策影响，绩效大幅下降，而并非意味着该行业高管薪酬很高，这点在后文将可以看到。

高管薪酬指数总体均值为190.6359分，18个行业中高管薪酬指数均值高于总体均值的有7个，低于总体均值的有11个。

表23-10按高管薪酬激励适中的公司比例由高到低列示了2023年不同行业上市公司高管薪酬激励情况。

表23-10 2023年不同行业上市公司高管薪酬激励情况比较

行业	公司数目	其中		
		激励适中	激励过度	激励不足
住宿和餐饮业（H）	8	7（87.50%）	0（0.00%）	1（12.50%）
卫生和社会工作（Q）	15	11（73.33%）	1（6.67%）	3（20.00%）
制造业（C）	3366	1819（54.04%）	831（24.69%）	716（21.27%）
农、林、牧、渔业（A）	48	24（50.00%）	4（8.33%）	20（41.67%）
信息传输、软件和信息技术服务业（I）	418	204（48.80%）	184（44.02%）	30（7.18%）
文化、体育和娱乐业（R）	62	28（45.16%）	17（27.42%）	17（27.42%）
科学研究和技术服务业（M）	111	50（45.05%）	57（51.35%）	4（3.60%）
水利、环境和公共设施管理业（N）	96	43（44.79%）	38（39.58%）	15（15.63%）
建筑业（E）	107	45（42.06%）	16（14.95%）	46（42.99%）
租赁和商务服务业（L）	65	27（41.54%）	21（32.31%）	17（26.15%）
电力、热力、燃气及水生产和供应业（D）	131	52（39.69%）	9（6.87%）	70（53.44%）
房地产业（K）	101	40（39.60%）	14（13.86%）	47（46.53%）
交通运输、仓储和邮政业（G）	112	41（36.61%）	8（7.14%）	63（56.25%）
金融业（J）	124	45（36.29%）	14（11.29%）	65（52.42%）
批发和零售业（F）	182	62（34.07%）	24（13.19%）	96（52.75%）
采矿业（B）	81	22（27.16%）	11（13.58%）	48（59.26%）
教育（P）	12	3（25.00%）	8（66.67%）	1（8.33%）
综合（S）	12	2（16.67%）	6（50.00%）	4（33.33%）
总体	5052	2526（50.00%）	1263（25.00%）	1263（25.00%）

注：居民服务、修理和其他服务业（O）只有1家上市公司，难以代表该行业整体水平，故排名时剔除。括号中的数字为某行业上市公司中不同激励类型公司数占该行业全部公司数的比例。

从表23-10可以看出，剔除样本量过少的居民服务、修理和其他服务业（O）后，高管激励适中比例最高的前三个行业为住宿和餐饮业（H）、卫生和社会工作（Q），以及制造业（C）；高管激励过度比例最高的前三个行业为教育（P）、科学研究和技术服务业（M），以及综合（S）；高管激励不足比例最高的前三个行业为采矿业（B）、交通运输、仓储和邮政业（G），以及电力、热力、燃气及水生产和供应业（D）。

高管激励适中比例超过50%（含50%）和低于50%标准比例的行业分别是4个和14个；高管激励过度比例超过25%（含25%）和低于25%标准比例的行业分别是7个和11个；高管激励不足比例超过25%（含25%）和低于25%标准比例的行业分别是11个和7个。

进一步观察，我们发现，有的行业上市公司高管激励适中比例大于或等于50%，但存在激励过度或激励不足比例严重偏离25%的标准比例的情况，如住宿和餐饮业（H）、卫生和社会工作（Q）等，这意味着高管激励适中比例高并不代表该行业上市公司高管薪酬激励都是合理的。

图23-7更直观地展示了2023年18个行业上市公司高管薪酬激励情况的不同。图中纵坐标列示的行业顺序由下到上，依次对应的是高管激励适中比例由高到低，住宿和餐饮业（H）高管激励适中比例最高，综合（S）高管激励适中比例最低。

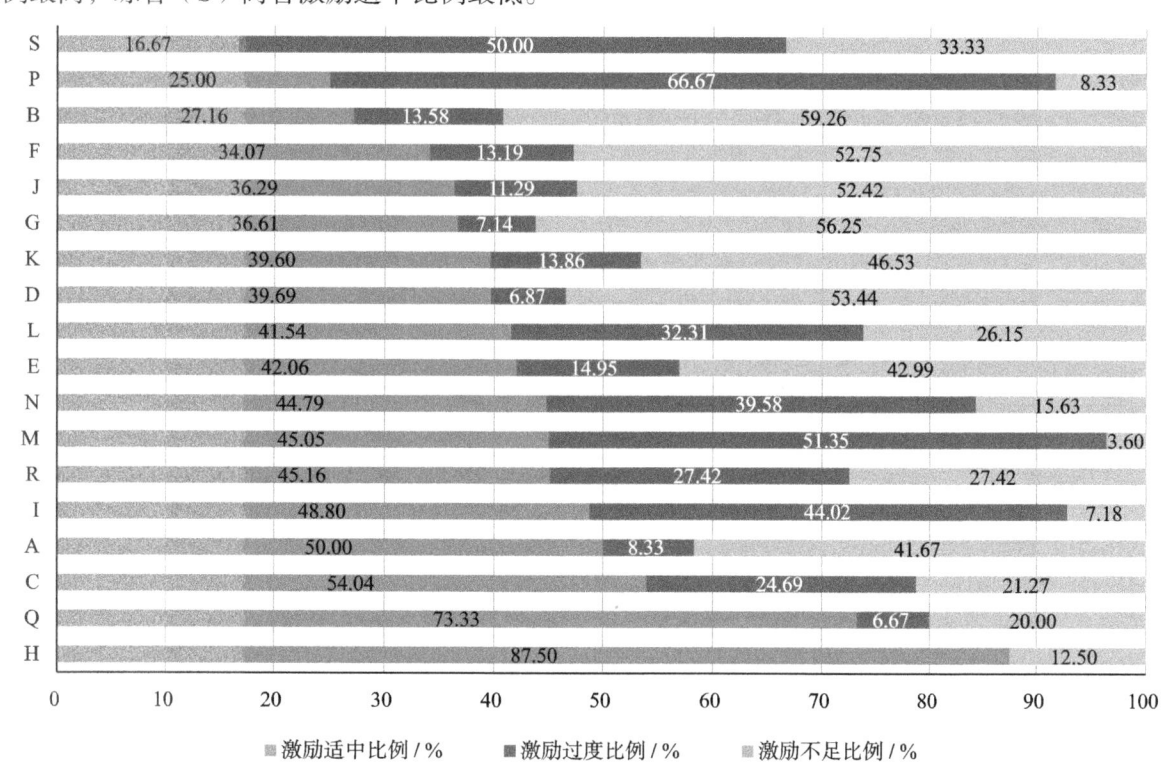

行业	激励适中比例/%	激励过度比例/%	激励不足比例/%
S	16.67	50.00	33.33
P	25.00	66.67	8.33
B	27.16	13.58	59.26
F	34.07	13.19	52.75
J	36.29	11.29	52.42
G	36.61	7.14	56.25
K	39.60	13.86	46.53
D	39.69	6.87	53.44
L	41.54	32.31	26.15
E	42.06	14.95	42.99
N	44.79	39.58	15.63
M	45.05	51.35	3.60
R	45.16	27.42	27.42
I	48.80	44.02	7.18
A	50.00	8.33	41.67
C	54.04	24.69	21.27
Q	73.33	6.67	20.00
H	87.50		12.50

图23-7 2023年不同行业上市公司高管薪酬激励情况比较

23.4 分上市板块高管薪酬指数比较

根据上市公司五个板块的划分，不同板块上市公司高管薪酬指数情况如表23-11所示。

表23-11 2023年不同板块上市公司高管薪酬指数比较

上市板块	公司数目	平均值	中位值	最大值	最小值	标准差
沪市科创板	505	563.5376	239.0407	45435.6643	3.4074	2593.8825
北交所	183	365.3320	283.7071	3970.7352	24.3821	374.2542
深市创业板	1233	200.7441	138.6188	2177.9148	1.3944	210.3224

续表

上市板块	公司数目	平均值	中位值	最大值	最小值	标准差
深市主板	1473	126.9591	60.2165	3655.1475	0.0483	233.2370
沪市主板	1658	106.8288	49.5601	3916.3806	0.0381	221.2282
总体	5052	190.6359	86.1533	45435.6643	0.0381	859.5738

表23-11按照高管薪酬指数平均值由高到低进行排列，可以看出，沪市科创板高管薪酬指数均值最高，为563.5376分，其后依次是北交所、深市创业板和深市主板，沪市主板高管薪酬指数均值最低，为106.8288分。北交所的高管薪酬指数中位值最高，为283.7071分。从标准差来看，沪市科创板的离散程度远高于其他四个板块，其后依次是北交所、深市主板和沪市主板，深市创业板上市公司高管薪酬指数的离散程度最低。

表23-12按高管薪酬激励适中公司的比例由高到低列示了2023年不同板块上市公司高管薪酬激励情况。

表23-12 2023年不同板块上市公司高管薪酬激励情况比较

上市板块	公司数目	其中		
		激励适中	激励过度	激励不足
深市创业板	1233	727（58.96%）	415（33.66%）	91（7.38%）
深市主板	1473	748（50.78%）	233（15.82%）	492（33.40%）
沪市主板	1658	800（48.25%）	208（12.55%）	650（39.20%）
沪市科创板	505	193（38.22%）	287（56.83%）	25（4.95%）
北交所	183	58（31.69%）	120（65.57%）	5（2.73%）
总体	5052	2526（50.00%）	1263（25.00%）	1263（25.00%）

注：括号中的数字为某板块上市公司中不同激励类型公司数占该板块全部公司数的比例。

由表23-12可以看出，深市创业板上市公司高管激励适中的比例最高，为58.96%，其后依次是深市主板、沪市主板和沪市科创板，北交所上市公司高管激励适中的比例最低，为31.69%；北交所高管激励过度的比例最高，为65.57%，明显高于其他四个板块，沪市主板高管激励过度的比例最低，为12.55%；沪市主板高管激励不足的比例最高，为39.20%，其后依次是深市主板、深市创业板、沪市科创板和北交所，深市创业板、沪市科创板和北交所上市公司高管激励不足的比例较低，分别为7.38%、4.95%和2.73%。

总体而言，深市创业板上市公司高管激励最为适中，而北交所则有较多的公司高管薪酬存在激励过度问题，沪市主板上市公司的高管激励不足问题比较突出。

图23-8更直观地显示了2023年不同板块公司高管薪酬激励的差异。图中纵坐标列示的板块顺序由下到上，依次对应的是公司高管激励适中比例由高到低，深市创业板上市公司高管激励适中比例最高，北交所上市公司高管激励适中比例最低。

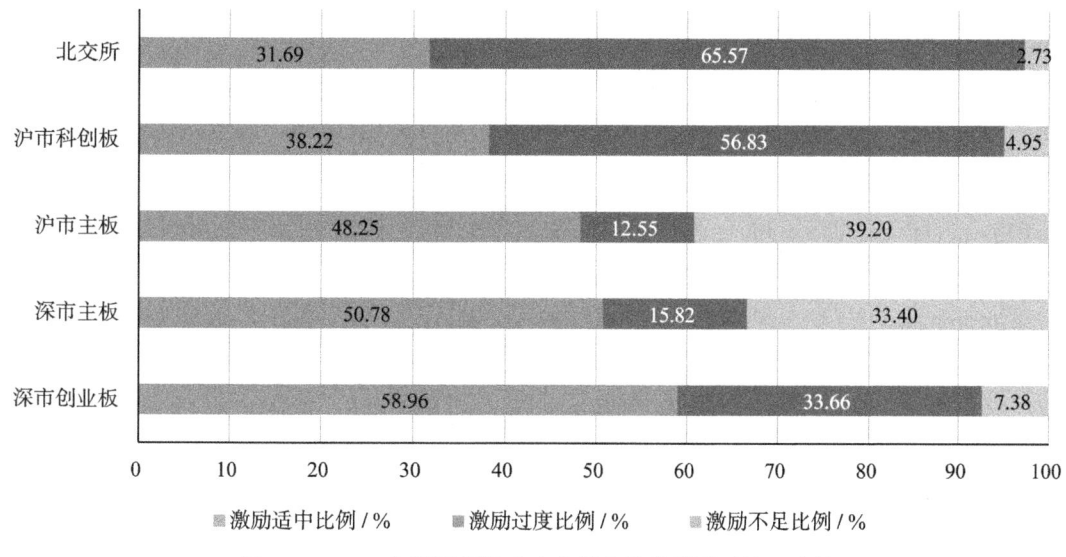

图23-8 2023年不同板块上市公司高管薪酬激励情况比较

板块	激励适中比例/%	激励过度比例/%	激励不足比例/%
北交所	31.69	65.57	2.73
沪市科创板	38.22	56.83	4.95
沪市主板	48.25	12.55	39.20
深市主板	50.78	15.82	33.40
深市创业板	58.96	33.66	7.38

23.5 沪深300与非沪深300高管薪酬指数比较

按照是否沪深300成分股指数公司，我们统计了两类公司的高管薪酬指数情况，参见表23-13。

表23-13 2023年沪深300与非沪深300高管薪酬指数比较

是否沪深300	公司数目	平均值	中位值	最大值	最小值	标准差
沪深300	296	32.0554	10.4932	739.8086	0.0381	76.2702
非沪深300	4756	200.5055	95.8494	45435.6643	0.0483	884.7754
总体	5052	190.6359	86.1533	45435.6643	0.0381	859.5738

从表23-13可以看出，沪深300公司与非沪深300公司高管薪酬指数存在较大差异。沪深300公司高管薪酬指数均值为32.0554分，非沪深300公司高管薪酬指数均值为200.5055分，沪深300公司高管薪酬指数均值远低于非沪深300公司。从中位值看，非沪深300公司高管薪酬指数的中位值也远高于沪深300公司。从标准差看，非沪深300公司的离散程度同样远高于沪深300公司。

表23-14列示了沪深300与非沪深300公司的高管薪酬激励情况。

表23-14 2023年沪深300与非沪深300高管薪酬激励情况比较

是否沪深300	公司数目	其中		
		激励适中	激励过度	激励不足
沪深300	296	60（20.27%）	5（1.69%）	231（78.04%）
非沪深300	4756	2466（51.85%）	1258（26.45%）	1032（21.70%）
总体	5052	2526（50.00%）	1263（25.00%）	1263（25.00%）

注：括号中的数字为两类上市公司中不同激励类型公司数占各自全部公司数的比例。

由表 23-14 可以看出，沪深 300 公司高管激励适中和激励过度的比例远低于非沪深 300 公司，而沪深 300 公司高管激励不足的比例则远高于非沪深 300 公司。此外，沪深 300 公司高管激励适中的比例远低于 50% 的标准比例，激励过度的比例远低于 25% 的标准比例，而激励不足的比例则远高于 25% 的标准比例。

总体而言，沪深 300 公司的高管激励不足问题比较突出，这反映了沪深 300 成分股公司高管薪酬增长远低于绩效增长。

图 23-9 更直观地显示了 2023 年沪深 300 与非沪深 300 公司高管薪酬激励的差异。图中纵坐标列示的顺序由下到上，依次对应的是公司高管激励适中比例由高到低，非沪深 300 上市公司高管激励适中比例更高，沪深 300 上市公司高管激励适中比例更低。

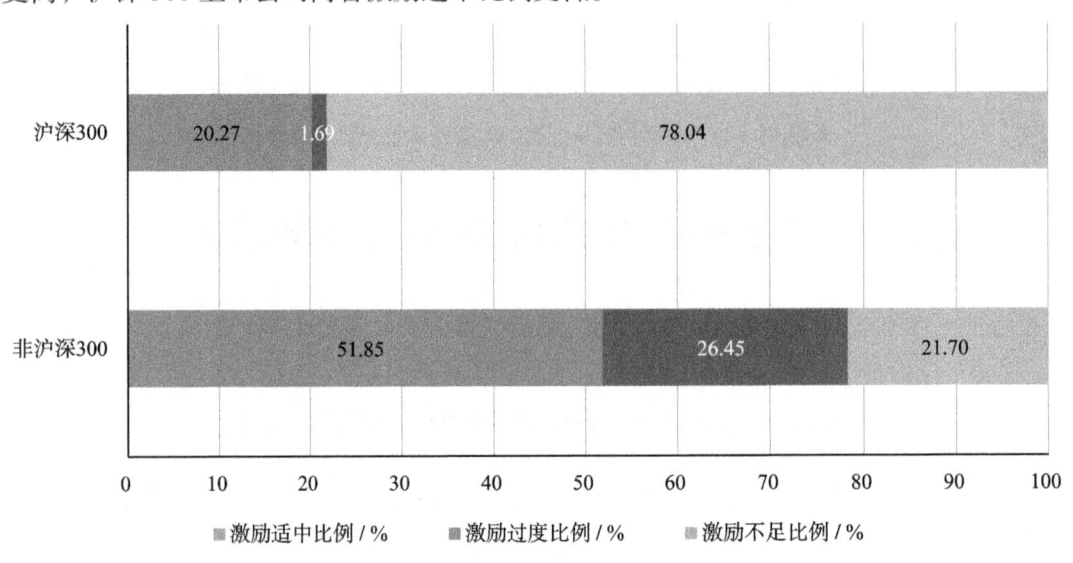

图23-9 2023年沪深300与非沪深300上市公司高管薪酬激励情况比较

23.6 高管薪酬绝对值比较

为探究高管薪酬绝对值与高管薪酬指数的吻合度，我们对二者进行比较，以区别二者关注的重点，使人们更多地从高管薪酬激励角度去看待高管薪酬的变化，而不是简单化地过度解读高管薪酬绝对值。

23.6.1 高管薪酬绝对值总体情况

我们选取 5052 家上市公司 2023 年年度报告披露的薪酬最高的前三位高管的平均薪酬（其中 2023 年行权的股票期权、限制性股票和股票增值权折算成现金薪酬）来代表上市公司高管薪酬绝对值，这 5052 家上市公司高管薪酬绝对值总体情况如表 23-15 所示。

表 23-15 2023 年上市公司高管薪酬绝对值总体情况 单位：万元

项目	公司数目	平均值	中位值	最大值	最小值	标准差
数值	5052	124.0776	92.4167	2875.6158	3.6667	127.5103

在 5052 家上市公司中，2023 年度高管薪酬最高额为 2875.6158 万元，最低额为 3.6667 万元，最大值和最小值之间的差距非常大；中位值为 92.4167 万元，平均值为 124.0776 万元，标准差为 127.5103，表明上市公司高管薪酬的离散程度很大。

表 23-16 列示了 2023 年上市公司高管薪酬最高前 10 名。

表 23-16　2023 年上市公司高管薪酬最高前 10 名

代码	简称	省份	地区	行业	所有制	薪酬均值/万元	薪酬指数	激励区间
688349	三一重能	北京	东部	制造业	无国有股份公司	2875.6158	341.4612	激励过度
603259	药明康德	江苏	东部	科学研究和技术服务业	无国有股份公司	2086.8004	91.7624	激励适中
300418	昆仑万维	北京	东部	信息传输、软件和信息技术服务业	无国有股份公司	2049.9185	739.8086	激励过度
300760	迈瑞医疗	广东	东部	制造业	无国有股份公司	1792.0800	91.0047	激励适中
688072	拓荆科技	辽宁	东北	制造业	国有弱相对控股公司	1526.1309	1000.8230	激励过度
000333	美的集团	广东	东部	制造业	国有参股公司	1382.9218	6.5643	激励不足
600438	通威股份	四川	西部	制造业	无国有股份公司	1279.6433	16.3184	激励不足
002843	泰嘉股份	湖南	中部	制造业	国有参股公司	1279.2959	1230.2313	激励过度
002594	比亚迪	广东	东部	制造业	国有参股公司	1259.0000	3.7079	激励不足
688036	传音控股	广东	东部	制造业	无国有股份公司	1232.8400	35.1061	激励适中

注：高管平均薪酬是指薪酬最高的前三位高管的平均薪酬，下同。

从表 23-16 可以看出，2023 年排名前 10 位的上市公司薪酬最高的前三位高管的平均薪酬都超过 1200 万元，其中 1200 万～1500 万元的公司有 5 家，1500 万～2000 万元的公司有 2 家，超过 2000 万元的公司有 3 家，为三一重能（688349）、药明康德（603259）和昆仑万维（300418）。从地区看，东部有 7 家，中部、西部和东北各有 1 家；从行业看，制造业（C）有 8 家，科学研究和技术服务业（M）、信息传输、软件和信息技术服务业（I）各有 1 家；从控股类型看，非国有控股公司有 9 家，国有控股公司（国有弱相对控股公司）有 1 家；从高管薪酬激励情况看，激励过度 4 家，激励适中 3 家，激励不足 3 家。

2023 年上市公司高管薪酬最低前 10 名参见表 23-17。

表 23-17　2023 年上市公司高管薪酬最低前 10 名

代码	简称	省份	地区	行业	所有制	薪酬均值/万元	薪酬指数	激励区间
000960	锡业股份	云南	西部	制造业	国有强相对控股公司	3.6667	0.1536	激励不足
000878	云南铜业	云南	西部	制造业	国有强相对控股公司	4.0000	0.0483	激励不足

续表

代码	简称	省份	地区	行业	所有制	薪酬均值/万元	薪酬指数	激励区间
300106	西部牧业	新疆	西部	农、林、牧、渔业	国有强相对控股公司	10.9333	17.2719	激励不足
002193	如意集团	山东	东部	制造业	国有参股公司	12.3800	57.2264	激励适中
688798	艾为电子	上海	东部	制造业	无国有股份公司	13.7200	9.6162	激励不足
601963	重庆银行	重庆	西部	金融业	国有强相对控股公司	14.4900	1.9456	激励不足
600543	莫高股份	甘肃	西部	制造业	国有强相对控股公司	14.6667	131.0787	激励适中
870508	丰安股份	浙江	东部	制造业	无国有股份公司	14.7233	268.0364	激励过度
603066	音飞储存	江苏	东部	交通运输、仓储和邮政业	国有强相对控股公司	16.2200	18.2892	激励不足
873305	九菱科技	湖北	中部	制造业	无国有股份公司	16.6667	209.9746	激励过度

从表23-17可以看出，在2023年高管薪酬最低的10家公司中，薪酬最高的前三位高管的平均薪酬都在17万元以下。从地区看，东部4家、中部1家、西部5家；从行业看，制造业（C）7家，农、林、牧、渔业（A）、金融业（J）、交通运输、仓储和邮政业（G）各有1家；从控股类型看，国有控股公司6家，非国有控股公司4家；从高管薪酬激励情况看，激励过度2家，激励适中2家，激励不足6家。

结合表23-16和表23-17，我们可以看出，上市公司高管薪酬差异悬殊。尽管排名前10名的公司呈现出薪酬绝对值高的局面，排名最后10名的公司呈现出薪酬绝对值低的局面，但前10名和后10名中都出现了高管薪酬激励过度、激励适中和激励不足的情况，这也反映出衡量高管薪酬合理与否要结合公司业绩，即应该考虑相对薪酬。

23.6.2 高管薪酬绝对值的激励区间分布

为了进一步验证高管薪酬绝对值大小与高管薪酬所属激励区间的关系，我们统计了三个薪酬激励区间的高管薪酬绝对值，参见表23-18。

表23-18 2023年上市公司高管薪酬绝对值的激励区间分布　　　　单位：万元

激励区间	公司数目	平均值	中位值	最大值	最小值	标准差
激励适中	2526	116.8162	88.7317	2086.8004	12.3800	110.1890
激励过度	1263	126.3306	93.5733	2875.6158	14.7233	148.6153
激励不足	1263	136.3477	96.2357	1382.9218	3.6667	135.6639

由表23-18可见，激励不足区间的高管薪酬绝对值并不比激励适中和激励过度两个区间的高管薪

酬绝对值低，反而更高。尽管这种情况并非出现在各个年度，各个年度出现的情况不尽相同，但这种情况与前述分析一样，同样反映了高管薪酬与高管薪酬激励之间未必一定是正向关系，这有利于纠正社会对较高或较低的高管薪酬存在的误区，即认为高薪酬就是激励过度，低薪酬就是激励不足，而这种误区导致一刀切的降薪或提薪。

我们进一步将高管薪酬以万元为单位划分为9个区间，统计不同区间的公司数目和具体激励情况，详见表23-19。

表23-19 2023年上市公司高管薪酬总体分布和激励情况

薪酬区间/万元	公司数目	其中		
		激励适中	激励过度	激励不足
≥2000	3	1（33.33%）	2（66.67%）	0（0.00%）
[1500,2000)	2	1（50.00%）	1（50.00%）	0（0.00%）
[1000,1500)	13	2（15.38%）	3（23.08%）	8（61.54%）
[500,1000)	67	26（38.81%）	13（19.40%）	28（41.79%）
[300,500)	174	82（47.13%）	34（19.54%）	58（33.33%）
[100,300)	1972	943（47.82%）	520（26.37%）	509（25.81%）
[50,100)	2160	1113（51.53%）	547（25.32%）	500（23.15%）
[10,50)	659	358（54.32%）	143（21.70%）	158（23.98%）
<10	2	0（0.00%）	0（0.00%）	2（100.00%）

注：括号中的数字为某区间上市公司中不同激励类型公司数占该区间全部公司数的比例。

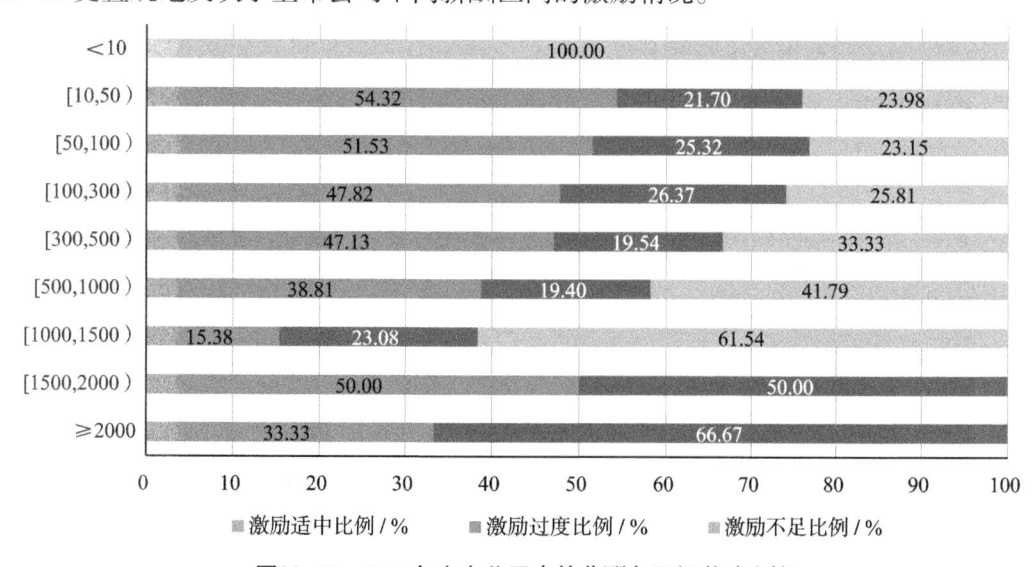

图23-10更直观地反映了上市公司不同薪酬区间的激励情况。

图23-10 2023年上市公司高管薪酬各区间激励比较

从表23-19和图23-10可以看出，薪酬最高的前三位高管的平均薪酬在2000万元及以上的上市公司有3家，激励适中1家，激励过度2家；在[1500,2000)区间段的上市公司有2家，激励适中1家，激励过度1家；薪酬在10万元以下的上市公司有2家，均为激励不足；其他各个薪酬区间段都同时存在激励适中、激励过度和激励不足。可以看出，薪酬绝对值的高低并不能代表激励程度的高低。

薪酬在10万元（含10万元）到300万元（不含300万元）三个区间段的上市公司中，激励适中比例都接近50%的标准比例，激励过度和激励不足的比例也大都接近25%的标准比例，分布比较均匀，说明这三个区间是目前中国上市公司高管薪酬激励相对适中的范围。薪酬在10万元以下（不含10万元）和300万元以上（含300万元）的区间，分布不均匀。

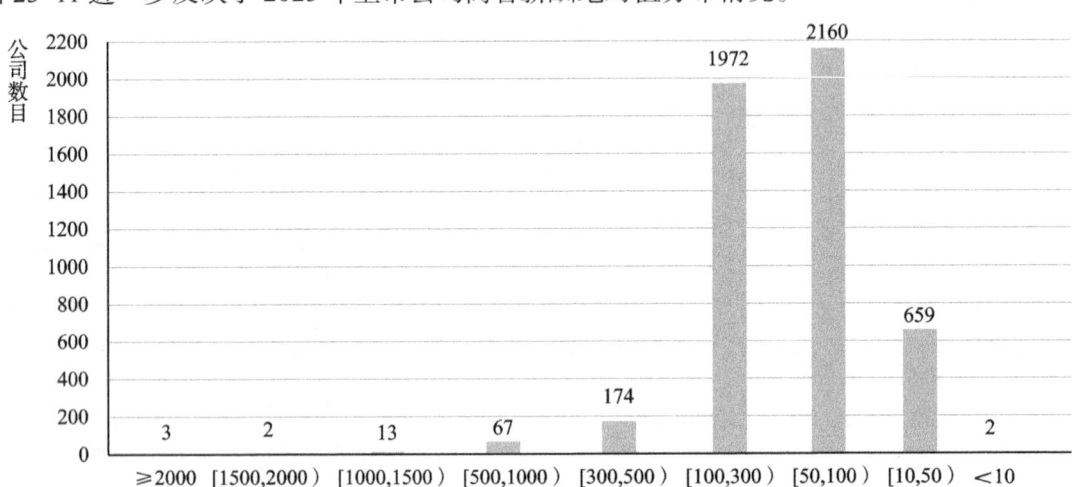

图23-11进一步反映了2023年上市公司高管薪酬绝对值分布情况。

图23-11 2023年上市公司高管薪酬总体分布情况

从图23-11可以看出，绝大部分公司的高管薪酬处于50万～300万元，反映出中国上市公司高管薪酬还不是很高，这与目前的激励制度不到位是有密切关系的。

23.6.3 高管薪酬绝对值的地区、行业、上市板块以及沪深300差异

首先来分析不同地区上市公司高管薪酬的差异。表23-20比较了不同地区上市公司的高管薪酬，并按薪酬平均值从高到低进行了排名。

表23-20 2023年不同地区上市公司高管薪酬比较 单位：万元

地区	公司数目	平均值	中位值	最大值	最小值	标准差
东部	3619	130.1625	97.1533	2875.6158	12.3800	132.0198
西部	592	112.3270	79.5583	1279.6433	3.6667	115.3130
东北	169	107.0005	85.5833	1526.1309	18.0633	126.9364
中部	672	105.9544	77.6117	1279.2959	16.6667	108.9915
总体	5052	124.0776	92.4167	2875.6158	3.6667	127.5103

从表23-20可以看出，东部地区上市公司薪酬最高前三位高管的平均薪酬的均值最大，其次是西部，东北排名第三，最后是中部，可见上市公司高管薪酬有较明显的地区差异。从标准差来看，东部

地区上市公司高管薪酬标准差最大，说明东部地区上市公司高管薪酬离散程度最大；其次是东北和西部地区，中部地区最小。四个地区中，只有东部上市公司高管薪酬高于总体均值，其他三个地区都低于总体均值。

其次分析不同行业上市公司高管薪酬的差异。表23-21比较了不同行业上市公司的高管薪酬，并按薪酬平均值从高到低的顺序进行了排名。

表23-21 2023年不同行业上市公司高管薪酬比较　　　　　　　　单位：万元

行业	公司数目	平均值	中位值	最大值	最小值	标准差
金融业（J）	124	175.7009	161.0217	502.2667	14.4900	89.7567
卫生和社会工作（Q）	15	160.0375	116.8833	681.3626	39.6733	158.8040
综合（S）	12	157.3186	125.7600	585.4100	44.0300	145.4738
房地产业（K）	101	138.0622	109.2233	566.8667	27.2000	99.8197
批发和零售业（F）	182	136.2335	106.1567	636.6667	21.3133	104.1773
租赁和商务服务业（L）	65	131.0003	98.5633	509.3005	25.4333	93.6729
科学研究和技术服务业（M）	111	129.4158	99.4700	2086.8004	30.8967	195.4417
采矿业（B）	81	128.1425	102.7433	654.2867	27.8700	102.6103
信息传输、软件和信息技术服务业（I）	418	125.3770	96.8933	2049.9185	22.2433	134.2372
制造业（C）	3366	124.0597	89.9100	2875.6158	3.6667	134.3206
交通运输、仓储和邮政业（G）	112	117.1372	97.6967	503.4431	16.2200	78.5452
文化、体育和娱乐业（R）	62	113.9977	89.1633	571.1167	19.9067	89.8725
住宿和餐饮业（H）	8	111.6975	57.2833	457.1300	44.8667	131.7641
教育（P）	12	101.9922	103.3933	198.3700	22.3033	50.2970
电力、热力、燃气及水生产和供应业（D）	131	99.8615	80.2080	397.9994	23.9933	63.1819
建筑业（E）	107	98.4363	86.2133	518.2067	17.9033	59.6964
水利、环境和公共设施管理业（N）	96	91.0250	78.0117	577.5900	23.1800	65.0428
农、林、牧、渔业（A）	48	84.4018	66.9317	277.7400	10.9333	58.2780
总体	5052	124.0776	92.4167	2875.6158	3.6667	127.5103

注：居民服务、修理和其他服务业（O）只有1家上市公司，难以代表该行业整体水平，故排名时剔除。

从表23-21可以看出，上市公司薪酬最高的前三位高管的平均薪酬具有明显的行业差异。18个行业中，9个行业的上市公司高管薪酬高于总体均值，另外9个行业低于总体均值。薪酬最高的三个行业是金融业（J）、卫生和社会工作（Q），以及综合（S）；薪酬最低的三个行业是农、林、牧、渔业（A）、水利、环境和公共设施管理业（N），以及建筑业（E）。从这里不难印证前文关于教育行业高管薪酬指数奇高的观点，即该行业高管薪酬指数高主要是因为由"双减"政策导致的绩效大幅下滑，而该行业高管薪酬绝对值在18个行业中仅排在第14位。从标准差来看，各行业的标准差有很大差异，离散程度不一样。其中科学研究和技术服务业（M）上市公司高管薪酬离散程度最大，标准差为195.4417；教育（P）上市公司高管薪酬离散程度最小，标准差是50.2970。

接下来考察不同板块上市公司的高管薪酬。表23-22对不同板块上市公司高管薪酬进行了比较。

表23-22 2023年不同板块上市公司高管薪酬比较 单位：万元

上市板块	公司数目	平均值	中位值	最大值	最小值	标准差
沪市科创板	505	149.1352	107.7867	2875.6158	13.7200	193.7007
沪市主板	1658	131.4539	98.0317	2086.8004	14.4900	123.6912
深市主板	1473	126.7488	94.0000	1382.9218	3.6667	119.7933
深市创业板	1233	108.6443	84.1633	2049.9185	10.9333	109.5576
北交所	183	70.5851	56.1267	669.1324	14.7233	59.7296
总体	5052	124.0776	92.4167	2875.6158	3.6667	127.5103

从表23-22可以看出，不同板块上市公司薪酬最高的前三位高管的平均薪酬存在较大差别，其中沪市科创板高管平均薪酬最高，为149.1352万元，其后依次是沪市主板、深市主板、深市创业板和北交所。从标准差来看，沪市科创板的离散程度最大，其后依次是沪市主板、深市主板、深市创业板和北交所。五个板块中，沪市科创板、沪市主板和深市主板上市公司高管薪酬均值高于总体均值，深市创业板和北交所上市公司高管薪酬均值低于总体均值。

最后考察沪深300与非沪深300公司高管薪酬的差异。表23-23对沪深300公司和非沪深300公司高管薪酬进行了比较。

表23-23 2023年沪深300与非沪深300上市公司高管薪酬比较 单位：万元

是否沪深300	公司数目	平均值	中位值	最大值	最小值	标准差
沪深300	296	298.4580	220.0408	2086.8004	28.0600	292.6024
非沪深300	4756	113.2247	89.7233	2875.6158	3.6667	99.6592
总体	5052	124.0776	92.4167	2875.6158	3.6667	127.5103

从表23-23可以看出，沪深300公司高管平均薪酬为298.4580万元，非沪深300公司高管平均薪酬为113.2247万元，沪深300公司高管平均薪酬远高于非沪深300公司。从标准差来看，沪深300公司高管薪酬的离散程度同样远高于非沪深300公司。

23.7 本章小结

本章对5052家上市公司高管薪酬指数，从总体、地区、行业、上市板块、沪深300这五个角度进行了对比分析，并对高管薪酬绝对值进行了比较分析。主要结论如下：

（1）从总体看，2023年上市公司高管薪酬指数最大值为45435.6643分，最小值为0.0381分，平均值为190.6359分，中位值为86.1533分。高管薪酬指数在200.2622分（不含）以上的属于薪酬激励过度，高管薪酬指数在34.2390分（含）至200.2622分（含）之间的属于薪酬激励适中，高管薪酬指数在34.2390分（不含）以下的属于薪酬激励不足。

（2）从地区看，各地区高管薪酬指数均值由大到小依次为东部、东北、西部和中部，各地区上市公司高管薪酬指数均值存在较大差异。从薪酬激励看，东部地区薪酬激励适中的公司所占比例较大，但同时激励过度的公司比例也较大；而中部、西部和东北地区高管激励不足的问题较为突出。

从省份看，上市公司高管薪酬指数均值最高的三个省份是北京、西藏和上海；最低的三个省份是内蒙古、贵州和河北。从薪酬激励看，高管激励适中比例最高的三个省份为宁夏、福建、浙江；高管激励过度比例最高的三个省份为西藏、海南、上海；高管激励不足比例最高的三个份省为山西、河南、贵州。但需要注意，薪酬激励适中比例高并不代表该省份上市公司高管薪酬激励都是合理的。

（3）从行业看，上市公司高管薪酬指数均值最高的三个行业是教育（P）、综合（S），以及科学研究和技术服务业（M）；最低的三个行业是交通运输、仓储和邮政业（G）、电力、热力、燃气及水生产和供应业（D），以及采矿业（B）。教育行业高管薪酬指数奇高，主要是因为由"双减"政策导致的绩效大幅下滑，而该行业高管薪酬绝对值在各行业中仅排在第14位。从薪酬激励看，有的行业上市公司高管薪酬激励适中比例大于或等于50%，但同时存在激励过度或激励不足比例严重偏离25%的标准比例的情况，这意味着薪酬激励适中比例高并不代表该行业上市公司高管薪酬激励都是合理的。

（4）从上市板块看，上市公司高管薪酬指数均值从大到小依次是沪市科创板、北交所、深市创业板、深市主板和沪市主板。从薪酬激励看，深市创业板上市公司高管激励最为适中，而北交所则有较多的公司高管薪酬存在激励过度问题，沪市主板上市公司的高管激励不足问题比较突出。

（5）从沪深300与非沪深300的比较看，沪深300公司高管薪酬指数均值远低于非沪深300公司。从薪酬激励看，沪深300公司高管激励适中和激励过度的比例远低于非沪深300公司，而沪深300公司高管激励不足的比例则远高于非沪深300公司，这反映了沪深300公司高管薪酬增长远低于绩效增长。

（6）从高管薪酬绝对值与高管薪酬指数的比较看，上市公司高管薪酬差异显著。薪酬绝对值相对高的上市公司也存在激励不足，而薪酬绝对值相对低的公司也存在激励过度。因此，衡量高管薪酬合理与否要结合公司绩效，即应该考虑相对薪酬。这有利于纠正社会上对较高或较低的高管薪酬存在的错误认识，即认为高薪酬就是激励过度，低薪酬就是激励不足，而这种误区容易导致一刀切的降薪或提薪。

第24章 高管薪酬指数的所有制比较

本报告对高管薪酬的评价是在考虑企业经营绩效的基础上对高管薪酬进行比较研究，即用指数形式来反映高管薪酬相对于企业绩效的合理程度。国有企业和非国有企业是中国经济的两个基本组成部分，但二者具有各自的鲜明特点，对高管薪酬指数有着重要的、但却不同的影响。那么，国有企业与非国有企业的高管薪酬水平有何差异，两类所有制企业的高管薪酬激励是否与企业绩效吻合？本章将从所有制角度对2023年5052家上市公司高管薪酬的合理性进行比较分析。

24.1 高管薪酬指数总体的所有制比较

本报告按所有制或控股类型，将上市公司分为国有绝对控股公司、国有强相对控股公司、国有弱相对控股公司、国有参股公司和无国有股份公司，本章将对这五类所有制上市公司的高管薪酬指数和绝对值进行比较分析。

24.1.1 高管薪酬指数和绝对值的总体比较

表24-1比较了2023年不同所有制上市公司的高管薪酬指数与高管薪酬绝对值，并按照均值从高到低的顺序进行了排名。

表24-1 2023年不同所有制上市公司高管薪酬指数和薪酬绝对值比较

排名	所有制类型	公司数目	平均值	中位值	最大值	最小值	标准差
			高管薪酬指数				
1	国有参股公司	1181	246.3672	117.2131	45435.6643	1.1454	1354.4740
2	无国有股份公司	2383	214.8650	115.2428	30183.7558	0.8835	701.0434
3	国有弱相对控股公司	406	199.1826	66.4330	18226.3109	0.4167	922.6596
4	国有强相对控股公司	530	78.7221	35.4565	1084.9923	0.0483	127.7769
5	国有绝对控股公司	552	67.9691	22.5045	3506.5046	0.0381	193.2668
	总体	5052	190.6359	86.1533	45435.6643	0.0381	859.5738

续表

排名	所有制类型	公司数目	平均值	中位值	最大值	最小值	标准差
高管薪酬绝对值（单位：万元）							
1	国有弱相对控股公司	406	146.0582	106.6667	1526.1309	19.4000	149.9978
2	国有参股公司	1181	128.2017	90.2567	1382.9218	12.3800	135.2769
3	无国有股份公司	2383	122.6536	92.3000	2875.6158	13.7200	133.3506
4	国有强相对控股公司	530	117.8994	87.8833	1158.2927	3.6667	103.5259
5	国有绝对控股公司	552	111.1670	93.3000	576.3270	19.1633	73.7701
	总体	5052	124.0776	92.4167	2875.6158	3.6667	127.5103

从表24-1可以看出，就高管薪酬指数而言，国有参股公司的高管薪酬指数均值最高，为246.3672，其后依次是无国有股份公司、国有弱相对控股公司、国有强相对控股公司，高管薪酬指数均值最低的是国有绝对控股公司，为67.9691。国有强相对控股公司相较于其他四类所有制上市公司，更接近100，即其高管的平均激励程度相对更为适中。从标准差来看，2023年国有参股公司的标准差最大，为1354.4740，而国有强相对控股公司的标准差最小，为127.7769。2023年不同所有制上市公司高管薪酬指数的离散程度差别比较大。

就高管薪酬绝对值而言，不同所有制的上市公司，其高管薪酬绝对值存在较明显的差异。国有弱相对控股公司高管薪酬均值最高，其后分别为国有参股公司、无国有股份公司、国有强相对控股公司，国有绝对控股公司高管薪酬均值最低。从标准差来看，国有弱相对控股公司高管薪酬离散程度最大，国有绝对控股公司高管薪酬离散程度最小。不同所有制上市公司高管薪酬绝对值离散程度也存在较大的差异。

图24-1更直观地反映了不同所有制上市公司高管薪酬指数均值的差异。可以发现，不同所有制上市公司的高管薪酬指数均值相差很大。两类非国有控股公司的高管薪酬指数均值都高于三类国有控股公司，国有参股公司、无国有股份公司和国有弱相对控股公司的高管薪酬指数均值高于总体的高管薪酬指数均值，而国有强相对控股公司和国有绝对控股公司的高管薪酬指数均值低于总体均值。

特别需要关注的是，对于有国有股份的上市公司而言，随着前十大股东中的国有股份比例的提高，上市公司高管薪酬指数均值表现出逐渐降低的趋势，即国有股份比例越高，其高管薪酬激励相对于企业绩效来说就越低。但需要注意的是，高管薪酬指数低，尽管从数字上看，表明薪酬激励不足，但从客观角度，应该考虑企业业绩是否都是或主要是由高管贡献带来的，因为现实中，不少国有企业还有很强的垄断性质，很多业绩是由垄断特别是政府赋予的垄断资源（包括无形的垄断资源，如特殊政策）产生的。

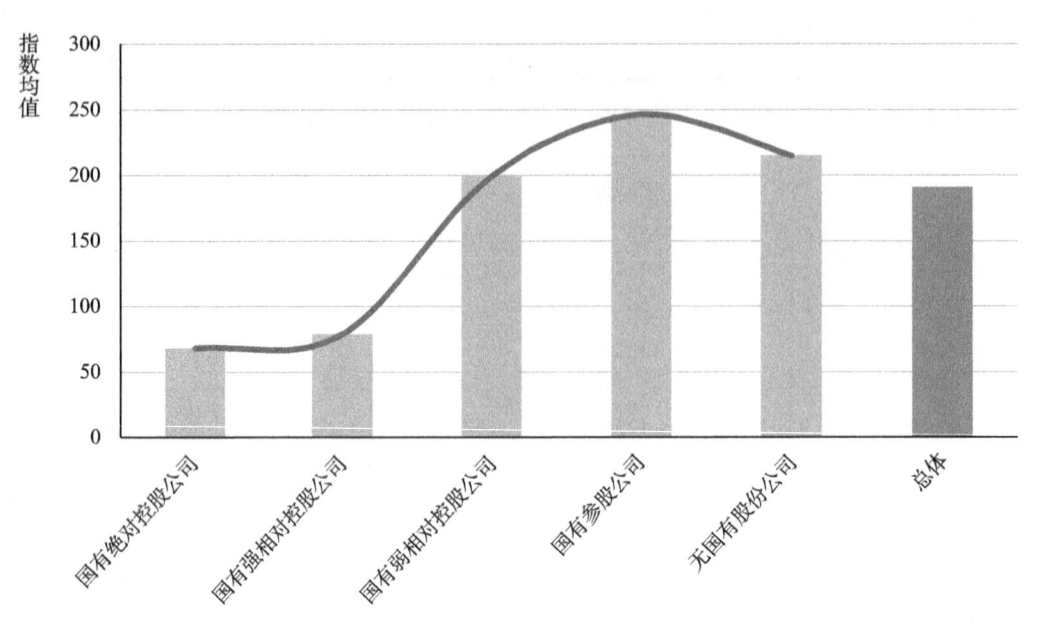

图24-1 2023年不同所有制上市公司高管薪酬指数均值比较

我们进一步将国有绝对控股公司、国有强相对控股公司和国有弱相对控股公司归类为国有控股公司，将国有参股公司和无国有股份公司归类为非国有控股公司，表24-2比较了2023年国有控股公司和非国有控股公司的高管薪酬指数和高管薪酬绝对值，并按照均值从高到低的顺序进行了排名。

表24-2 2023年国有与非国有控股上市公司高管薪酬指数和薪酬绝对值比较

排名	所有制类型	公司数目	平均值	中位值	最大值	最小值	标准差
高管薪酬指数							
1	非国有控股公司	3564	225.3038	116.2734	45435.6643	0.8835	967.8618
2	国有控股公司	1488	107.6007	37.3837	18226.3109	0.0381	505.0910
	总体	5052	190.6359	86.1533	45435.6643	0.0381	859.5738
高管薪酬绝对值（单位：万元）							
1	非国有控股公司	3564	124.4921	91.5733	2875.6158	12.3800	134.0174
2	国有控股公司	1488	123.0850	93.8833	1526.1309	3.6667	110.3696
	总体	5052	124.0776	92.4167	2875.6158	3.6667	127.5103

由表24-2可以看出，从2023年上市公司高管薪酬指数的平均值和中位值来看，非国有控股公司都远高于国有控股公司，其中非国有控股公司高管薪酬指数均值是国有控股公司高管薪酬指数均值的2.09倍。就离散程度而言，非国有控股公司高管薪酬指数的离散程度远高于国有控股公司。就高管薪酬绝对值而言，非国有控股公司高管薪酬的平均值和标准差均高于国有控股公司，而中位值小于国有控股公司。可以看出，非国有控股公司高管薪酬指数均值明显高于国有控股公司，但非国有控股公司高管薪酬绝对值均值仅略高于国有控股公司，这反映了两类所有制上市公司高管薪酬与其绩效的对应程度存在一定的差异。

进一步根据三类实际（或最终）控制人（其中非国有企业或自然人又细分为自然人、民营企业、集体企业和境外企业）的划分，比较2023年这三类实际（或最终）控制人控制的上市公司的高管薪酬指数和高管薪酬绝对值，并按照均值从高到低的顺序进行了排名，参见表24-3。

表24-3 2023年不同实际（或最终）控制人上市公司高管薪酬指数和薪酬绝对值比较

排名	实际（或最终）控制人	公司数目	平均值	中位值	最大值	最小值	标准差
	高管薪酬指数						
1	非国有企业或自然人总计	3564	225.3038	116.2734	45435.6643	0.8835	967.8618
	其中：境外企业	30	421.7368	122.5687	6396.8776	2.1847	1147.1620
	其中：自然人	3404	226.9228	116.9466	45435.6643	0.8835	983.7207
	其中：民营企业	101	157.2157	106.9157	744.8442	2.5512	159.6850
	其中：集体企业	29	69.2020	54.8492	246.3012	1.6580	67.2162
2	地方国企（或监管机构）	1019	110.1886	42.7725	3506.5046	0.1536	209.5862
3	中央企业（或监管机构）	469	101.9779	26.9549	18226.3109	0.0381	844.9415
	总体	5052	190.6359	86.1533	45435.6643	0.0381	859.5738
	高管薪酬绝对值（单位：万元）						
1	中央企业（或监管机构）	469	135.1822	106.2400	1526.1309	4.0000	125.1812
2	非国有企业或自然人总计	3564	124.4921	91.5733	2875.6158	12.3800	134.0174
	其中：境外企业	30	285.5155	202.3400	1225.9833	73.1633	262.8414
	其中：民营企业	101	173.7894	118.6633	1039.6667	20.6900	149.2682
	其中：集体企业	29	126.8734	97.7200	501.9500	46.6133	92.5663
	其中：自然人	3404	121.5900	90.2050	2875.6158	12.3800	130.9688
3	地方国企（或监管机构）	1019	117.5172	87.8297	1158.2927	3.6667	102.3588
	总体	5052	124.0776	92.4167	2875.6158	3.6667	127.5103

从表24-3可以看出，地方国企（或监管机构）实际（或最终）控制的上市公司的高管薪酬指数均值高于中央企业（或监管机构）实际（或最终）控制的上市公司，但前者的高管薪酬绝对值均值却低于后者。另外，中央企业（或监管机构）和地方国企（或监管机构）实际（或最终）控制的公司的高管薪酬指数均值都远低于非国有企业或自然人实际（或最终）控制的上市公司，但中央企业（或监管机构）实际（或最终）控制的上市公司的高管薪酬绝对值均值却高于非国有企业或自然人实际（或最终）控制的公司，地方国企（或监管机构）实际（或最终）控制的公司的高管薪酬绝对值均值又低于非国有企业或自然人实际（或最终）控制的公司。但从非国有企业或自然人细分类来看，境外企业和民营企业实际（或最终）控制的上市公司的高管薪酬绝对值明显高于中央企业（或监管机构）实际（或最终）控制的上市公司。以上数据反映出中央企业（或监管机构）控制的公司的绩效水平高于地方国企（或监管机构）和非国有企业或自然人控制的公司（以该类公司总计比较）。但仍要提醒，这

里没有剔除国有企业因垄断带来的绩效。

24.1.2 高管薪酬激励区间的总体比较

根据本报告使用的四分之一分位法，我们将高管薪酬指数划分为激励过度、激励适中和激励不足三个区间。表24-4列示了不同所有制上市公司的高管薪酬指数和绝对值情况，并分别按照激励适中的比例和高管薪酬绝对值均值从高到低的顺序进行了排名。

表24-4 2023年不同所有制上市公司高管薪酬激励区间比较

所有制类型	公司数目	其中		
		激励适中	激励过度	激励不足
高管薪酬指数均值				
无国有股份公司	2383	1320（55.39%）	711（29.84%）	352（14.77%）
国有参股公司	1181	607（51.40%）	372（31.50%）	202（17.10%）
国有弱相对控股公司	406	198（48.77%）	94（23.15%）	114（28.08%）
国有强相对控股公司	530	219（41.32%）	52（9.81%）	259（48.87%）
国有绝对控股公司	552	182（32.97%）	34（6.16%）	336（60.87%）
高管薪酬绝对值均值（单位：万元）				
国有弱相对控股公司	406	136.4132	151.6889	158.1673
无国有股份公司	2383	117.6930	126.3942	133.7006
国有参股公司	1181	114.8450	122.9883	177.9388
国有绝对控股公司	552	107.8696	111.4675	112.9227
国有强相对控股公司	530	106.7119	113.2497	128.2926

注：括号中的数字为某类所有制上市公司中不同激励类型公司数占该类所有制公司总数的比例。

由表24-4可知，从高管薪酬指数来看，无国有股份公司高管薪酬激励适中的比例最高，其次是国有参股公司，这两类公司高管薪酬激励适中的比例都超过50%的标准比例；国有绝对控股公司高管薪酬激励适中的比例最低，为32.97%，远低于50%的标准比例。国有参股公司和无国有股份公司高管薪酬激励过度的比例位居前两位，分别为31.50%和29.84%，都高于25%的标准比例；国有弱相对控股公司、国有强相对控股公司和国有绝对控股公司这三类公司高管薪酬激励过度的比例都低于25%的标准比例。国有绝对控股公司高管薪酬激励不足的比例最高，为60.87%，远高于25%的标准比例；其后是国有强相对控股公司和国有弱相对控股公司，也均超过25%的标准比例；国有参股公司和无国有股份公司高管薪酬激励不足的比例则都低于25%的标准比例。

图24-2更直观地展示了2023年不同所有制上市公司高管薪酬激励情况的差异。图中纵坐标列示的所有制顺序由下到上，依次对应的是薪酬激励适中比例由高到低，无国有股份公司高管薪酬激励适中比例最高，国有绝对控股公司高管薪酬激励适中比例最低。

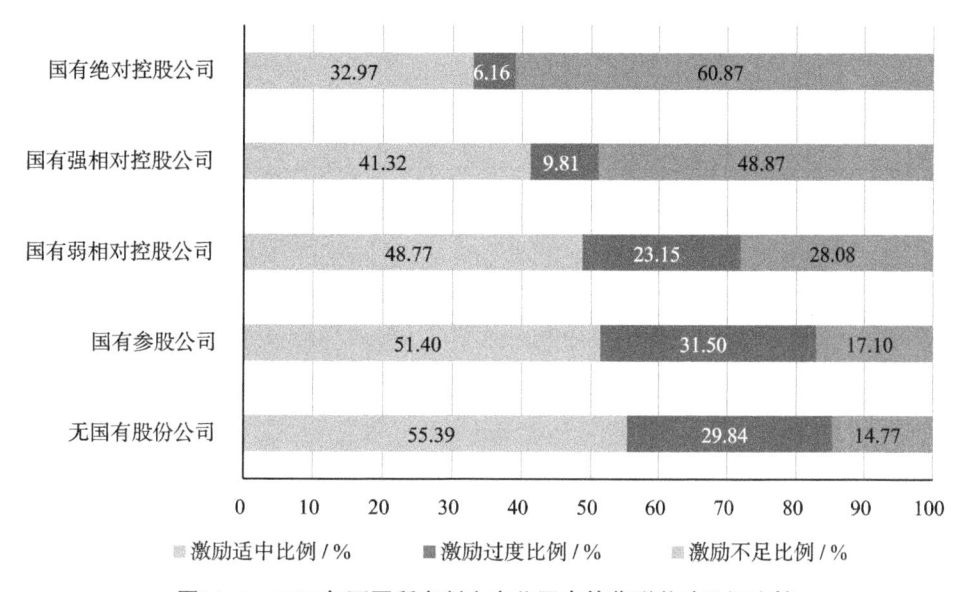

图24-2 2023年不同所有制上市公司高管薪酬激励区间比较

所有制类型	激励适中比例/%	激励过度比例/%	激励不足比例/%
国有绝对控股公司	32.97	6.16	60.87
国有强相对控股公司	41.32	9.81	48.87
国有弱相对控股公司	48.77	23.15	28.08
国有参股公司	51.40	31.50	17.10
无国有股份公司	55.39	29.84	14.77

从高管薪酬绝对值来看，在激励适中区间，国有弱相对控股公司高管薪酬均值最高，为136.4132万元，最低是国有强相对控股公司，为106.7119万元；在激励过度区间，国有弱相对控股公司高管薪酬均值最高，为151.6889万元，最低是国有绝对控股公司，为111.4675万元；在激励不足区间，国有参股公司高管薪酬均值最高，为177.9388万元，最低是国有绝对控股公司，为112.9227万元。从数据可以看出，激励过度区间中的高管薪酬并不一定比激励适中区间的高管薪酬高，也并不一定比激励不足区间的高管薪酬高，激励不足区间的高管薪酬也不一定比另两个区间的高管薪酬低，因为高管薪酬指数反映的是高管薪酬与其绩效的吻合度，只看高管薪酬绝对值是反映不出激励的本质内涵的。

图24-3更直观地展示了2023年不同所有制上市公司不同激励区间的高管薪酬均值的差异。可以看到，五类所有制上市公司存在于每个激励区间。

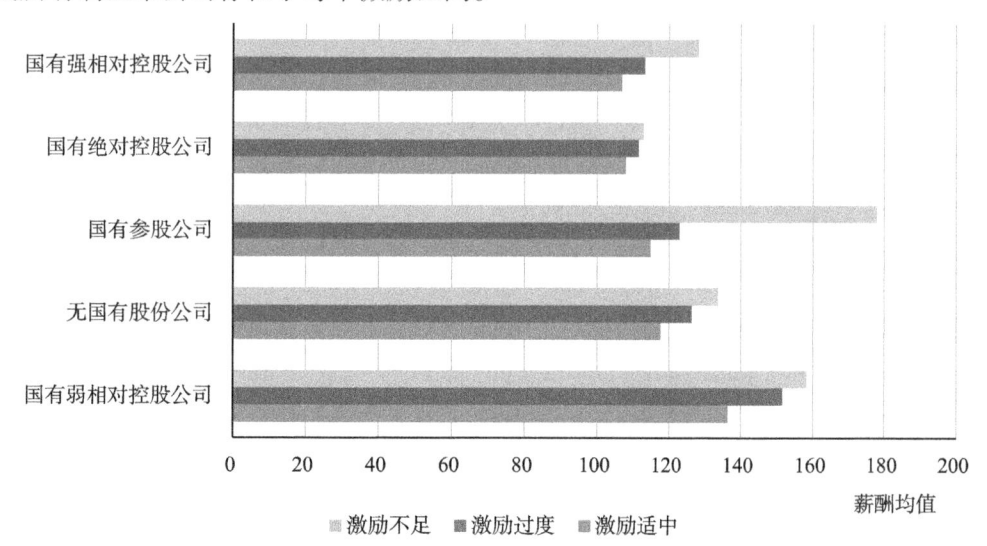

图24-3 2023年不同所有制上市公司不同激励区间高管薪酬均值比较（单位：万元）

我们进一步把五种所有制类型归类为国有控股公司和非国有控股公司两种类型，表24-5列示了两种类型上市公司的高管薪酬指数和绝对值情况。

表 24-5　2023 年国有与非国有控股上市公司高管薪酬激励区间比较

所有制类型	公司数目	其中		
		激励适中	激励过度	激励不足
高管薪酬指数均值				
国有控股公司	1488	599（40.26%）	180（12.10%）	709（47.65%）
非国有控股公司	3564	1927（54.07%）	1083（30.39%）	554（15.54%）
高管薪酬绝对值均值（单位：万元）				
国有控股公司	1488	116.8815	132.9869	125.8122
非国有控股公司	3564	116.7959	125.2243	149.8308

注：括号中的数字为某类所有制上市公司中不同激励类型公司数占该类所有制公司总数的比例。

由表 24-5 可以看出，从高管薪酬指数比较，非国有控股公司高管薪酬激励适中比例较高，为 54.07%，大于国有控股公司高管薪酬激励适中的比例 40.26%，但只是略高于 50% 的标准比例；非国有控股公司高管薪酬激励过度的比例也较高，为 30.39%，高于国有控股公司高管薪酬激励过度的比例 12.10% 和 25% 的标准比例；国有控股公司高管薪酬激励不足比例较高，为 47.65%，远高于非国有控股公司高管薪酬激励不足的比例 15.54% 和 25% 的标准比例。

从高管薪酬绝对值比较，在激励适中区间，国有控股公司高管薪酬均值比非国有控股公司高出 0.09 万元；在激励过度区间，国有控股公司高管薪酬均值比非国有控股公司高出 7.76 万元；在激励不足区间，非国有控股公司高管薪酬均值比国有控股公司高出 24.02 万元。可以看出，在激励适中和激励过度区间，国有控股公司高管薪酬绝对值均值比非国有控股公司高，而在激励不足区间，则反之。

再按三类实际（或最终）控制人的不同，比较三类上市公司的高管薪酬激励情况，参见表 24-6。

表 24-6　2023 年不同实际（或最终）控制人上市公司高管薪酬激励区间比较

实际（或最终）控制人	公司数目	其中		
		激励适中	激励过度	激励不足
高管薪酬指数均值				
中央企业（或监管机构）	469	175（37.31%）	30（6.40%）	264（56.29%）
地方国企（或监管机构）	1019	424（41.61%）	150（14.72%）	445（43.67%）
非国有企业或自然人	3564	1927（54.07%）	1083（30.39%）	554（15.54%）
高管薪酬绝对值均值（单位：万元）				
中央企业（或监管机构）	469	127.4270	239.4811	128.4709
地方国企（或监管机构）	1019	112.5289	111.6881	124.2349
非国有企业或自然人	3564	116.7959	125.2243	149.8308

注：括号中的数字为不同实际（或最终）控制人上市公司中不同激励类型公司数占该类实际（或最终）控制人公司总数的比例。

由表 24-6 可知，从高管薪酬指数看，中央企业（或监管机构）和地方国企（或监管机构）实际（或最终）控制的公司的高管薪酬激励适中的比例都低于 50% 的标准比例；两类企业高管激励过度的比例都远低于 25% 的标准比例；而激励不足的比例则远高于 25% 的标准比例。另外，两类企业高管激励适中和激励过度的比例都远低于非国有企业或自然人实际（或最终）控制的公司，而激励不足的比例却远高于后者。这意味着，中央企业（或监管机构）和地方国企（或监管机构）实际（或最终）控制的公司中有 39% 左右的公司高管薪酬激励适中的同时，也有 50% 左右的公司存在激励不足问题。

从高管薪酬绝对值看，在激励适中和激励过度两个区间，中央企业（或监管机构）实际（或最终）控制的公司的高管薪酬均值高于地方国企（或监管机构）和非国有企业或自然人实际（或最终）控制的公司。在激励不足区间，非国有企业或自然人实际（或最终）控制的公司的高管薪酬均值高于中央企业（或监管机构）和地方国企（或监管机构）实际（或最终）控制的公司，地方国企（或监管机构）实际（或最终）控制的公司的高管薪酬均值在三个激励区间中都是最低的。中央企业（或监管机构）实际（或最终）控制的公司在激励不足区间的高管薪酬均值低于激励过度区间的均值，高于激励适中区间的均值，而地方国企（或监管机构）和非国有企业或自然人实际（或最终）控制的公司在激励不足区间的高管薪酬均值都高于该类公司在其他两个激励区间的均值，这同样反映了，高管薪酬低未必激励不足，高管薪酬高仍可能是薪酬激励不足。

24.2 分地区高管薪酬指数的所有制比较

按照东部、中部、西部和东北的地区划分，我们对不同地区不同所有制上市公司的高管薪酬指数和绝对值进行比较。

24.2.1 分地区高管薪酬指数和绝对值的比较

四个不同地区不同所有制上市公司的高管薪酬指数和绝对值的描述性统计参见表 24-7。

表 24-7 2023 年不同地区国有与非国有控股上市公司高管薪酬指数和薪酬绝对值比较

地区	所有制类型	公司数目	平均值	中位值	最大值	最小值	标准差
			高管薪酬指数				
东部	国有控股公司	916	121.3011	39.7230	18226.3109	0.0381	631.2644
	非国有控股公司	2703	233.8782	117.7293	45435.6643	0.8835	1096.4479
	总体	3619	205.3839	95.6959	45435.6643	0.0381	1000.5847
中部	国有控股公司	243	85.5850	27.9194	1082.8670	0.4487	159.4466
	非国有控股公司	429	165.2774	94.4529	1843.9307	1.2170	207.0638
	总体	672	136.4601	61.7268	1843.9307	0.4487	195.0145
西部	国有控股公司	257	83.1766	38.7434	1122.5184	0.0483	140.4776
	非国有控股公司	335	219.7066	122.1253	3916.3806	1.2002	367.9612
	总体	592	160.4360	78.0175	3916.3806	0.0483	299.6055

续表

地区	所有制类型	公司数目	平均值	中位值	最大值	最小值	标准差
			高管薪酬指数				
东北	国有控股公司	72	94.7835	33.4334	1349.6265	1.2686	200.2941
	非国有控股公司	97	271.1803	109.3482	3655.1475	1.1454	490.6147
	总体	169	196.0290	70.5578	3655.1475	1.1454	403.5532
			高管薪酬绝对值（单位：万元）				
东部	国有控股公司	916	138.4042	106.5067	1180.6338	16.2200	114.0535
	非国有控股公司	2703	127.3696	94.0000	2875.6158	12.3800	137.4650
	总体	3619	130.1625	97.1533	2875.6158	12.3800	132.0198
中部	国有控股公司	243	99.1801	75.0867	552.2867	23.9933	75.4827
	非国有控股公司	429	109.7916	78.4900	1279.2959	16.6667	123.8542
	总体	672	105.9544	77.6117	1279.2959	16.6667	108.9915
西部	国有控股公司	257	93.3931	71.7900	1047.3008	3.6667	87.2658
	非国有控股公司	335	126.8524	87.1667	1279.6433	16.9533	131.0340
	总体	592	112.3270	79.5583	1279.6433	3.6667	115.3130
东北	国有控股公司	72	114.8534	82.9317	1526.1309	19.4000	178.0900
	非国有控股公司	97	101.1716	87.5733	458.2033	18.0633	66.7184
	总体	169	107.0005	85.5833	1526.1309	18.0633	126.9364

根据表24-7，从高管薪酬指数来看，四个地区国有控股公司的高管薪酬指数的均值和中位值都远低于非国有控股公司，说明各地区国有控股公司高管薪酬存在较多的激励不足问题，而非国有控股公司高管薪酬则存在较多的激励过度问题。图24-4直观地反映了四个地区不同所有制上市公司高管薪酬指数均值的差异。

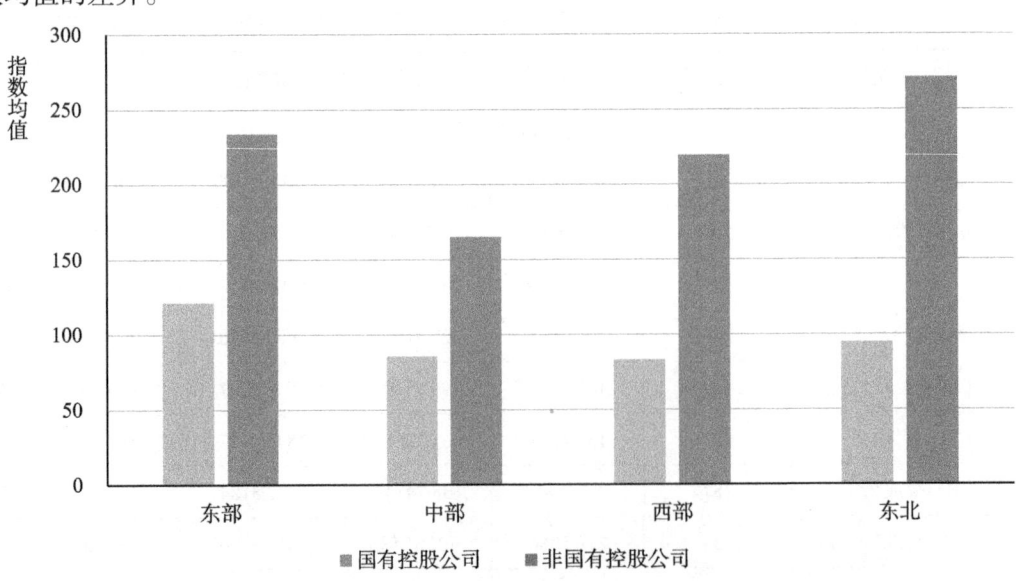

图24-4 2023年不同地区国有与非国有控股上市公司高管薪酬指数均值比较

从高管薪酬绝对值来看，东部地区国有控股公司高管薪酬的均值和中位值都高于非国有控股公司，中部和西部地区国有控股公司高管薪酬的均值和中位值则都低于非国有控股公司，东北地区国有控股公司高管薪酬均值高于非国有控股公司，而中位值低于非国有控股公司。

为了更准确地判断四个地区国有与非国有控股上市公司高管薪酬指数的差异，我们将两种类型上市公司高管薪酬指数均值的倍数计算出来，如表24-8所示。

表24-8 2023年不同地区国有与非国有控股上市公司高管薪酬指数均值的倍数

项目	东部	中部	西部	东北
国有控股公司高管薪酬指数均值（1）	121.3011	85.5850	83.1766	94.7835
非国有控股公司高管薪酬指数均值（2）	233.8782	165.2774	219.7066	271.1803
（2）/（1）	1.9281	1.9311	2.6414	2.8610

由表24-8可知，东北地区非国有控股公司高管薪酬指数均值与国有控股公司高管薪酬指数均值的比值最高，达到2.86倍；东部地区比值最低，为1.93倍。

24.2.2 分地区高管薪酬激励区间的比较

表24-9列示了四个地区国有控股公司与非国有控股公司的高管薪酬激励情况。

表24-9 2023年不同地区国有与非国有控股上市公司高管薪酬激励区间比较

区域	所有制类型	公司数目	其中		
			激励适中	激励过度	激励不足
高管薪酬指数均值					
东部	国有控股公司	916	378（41.27%）	121（13.21%）	417（45.52%）
	非国有控股公司	2703	1468（54.31%）	840（31.08%）	395（14.61%）
中部	国有控股公司	243	83（34.16%）	28（11.52%）	132（54.32%）
	非国有控股公司	429	226（52.68%）	114（26.57%）	89（20.75%）
西部	国有控股公司	257	109（42.41%）	24（9.34%）	124（48.25%）
	非国有控股公司	335	185（55.22%）	96（28.66%）	54（16.12%）
东北	国有控股公司	72	29（40.28%）	7（9.72%）	36（50.00%）
	非国有控股公司	97	48（49.48%）	33（34.02%）	16（16.49%）
高管薪酬绝对值均值（单位：万元）					
东部	国有控股公司	916	127.4292	140.8233	147.6509
	非国有控股公司	2703	119.7703	127.2895	155.7821
中部	国有控股公司	243	110.0227	92.6486	93.7478
	非国有控股公司	429	98.1338	121.3723	124.5610
西部	国有控股公司	257	91.4292	77.3821	98.2184
	非国有控股公司	335	120.9921	115.2468	167.5619

续表

区域	所有制类型	公司数目	其中		
			激励适中	激励过度	激励不足
高管薪酬绝对值均值（单位：万元）					
东北	国有控股公司	72	94.6930	349.5273	85.4627
	非国有控股公司	97	97.5217	114.9866	83.6275

注：括号中的数字为某地区某类所有制上市公司中不同激励类型公司数占该地区该类型所有制全部公司数的比例。

由表24-9可以看出，从高管薪酬指数比较，四个地区国有控股公司高管薪酬激励适中比例均低于非国有控股公司，前者都低于50%的标准比例，尤其是中部最低，后者除东北外都高于50%的标准比例；四个地区国有控股公司高管薪酬激励过度比例均低于非国有控股公司，前者都远低于25%的标准比例，后者都高于25%的标准比例；四个地区国有控股公司高管薪酬激励不足比例均高于非国有控股公司，前者都远高于25%的标准比例，后者都低于25%的标准比例。四个地区激励适中、激励过度和激励不足的比例相差都较大。

从高管薪酬绝对值比较，在激励适中区间，东部和中部两个地区国有控股公司高管薪酬均值高于非国有控股公司，而西部和东北两个地区国有控股公司高管薪酬均值则低于非国有控股公司；在激励过度区间，东部和东北两个地区国有控股公司高管薪酬均值高于非国有控股公司，而中部和西部两个地区国有控股公司高管薪酬均值则低于非国有控股公司；在激励不足区间，除了东北地区的国有控股公司高管薪酬均值略高于非国有控股公司外，其他三个地区的国有控股公司高管薪酬均值都远低于非国有控股公司。

24.3 分行业高管薪酬指数的所有制比较

同前面各章一样，我们选择具有代表性的六个行业，即制造业（C）、电力、热力、燃气及水生产和供应业（D）、交通运输、仓储和邮政业（G）、信息传输、软件和信息技术服务业（I）、金融业（J）和房地产业（K），对这六个行业的上市公司高管薪酬激励进行比较分析。

24.3.1 分行业高管薪酬指数和绝对值的比较

表24-10列示了六个行业上市公司高管薪酬指数和绝对值的描述性统计结果。

表24-10 2023年不同行业国有与非国有控股上市公司高管薪酬指数和薪酬绝对值比较

行业	所有制类型	公司数目	平均值	中位值	最大值	最小值	标准差
高管薪酬指数							
制造业（C）	国有控股公司	727	120.7045	43.4049	18226.3109	0.0483	689.4730
	非国有控股公司	2639	216.2428	110.3078	45435.6643	0.8835	1103.9582
	总体	3366	195.6081	93.3541	45435.6643	0.0483	1029.4260

续表

行业	所有制类型	公司数目	平均值	中位值	最大值	最小值	标准差
高管薪酬指数							
电力、热力、燃气及水生产和供应业（D）	国有控股公司	95	44.1402	21.4793	639.0927	0.6643	88.0003
	非国有控股公司	36	172.3089	87.5731	2067.5954	3.8616	337.1624
	总体	131	79.3621	31.6952	2067.5954	0.6643	200.3237
交通运输、仓储和邮政业（G）	国有控股公司	79	58.4093	24.9165	877.6216	0.4405	116.0265
	非国有控股公司	33	87.5879	49.0387	305.1071	2.8971	86.6624
	总体	112	67.0066	26.8458	877.6216	0.4405	109.0203
信息传输、软件和信息技术服务业（I）	国有控股公司	76	184.4348	95.9941	1122.5184	0.2011	222.3534
	非国有控股公司	342	314.4880	186.1000	2647.4560	1.3944	365.8323
	总体	418	290.8420	170.4227	2647.4560	0.2011	347.8582
金融业（J）	国有控股公司	94	88.9834	19.7496	3506.5046	0.2619	382.0698
	非国有控股公司	30	173.4380	97.2829	1281.8666	3.5300	241.7118
	总体	124	109.4160	28.2286	3506.5046	0.2619	355.1103
房地产业（K）	国有控股公司	63	68.4281	35.7967	542.9034	0.4167	91.4613
	非国有控股公司	38	260.4058	61.8599	3065.8482	4.8710	548.6699
	总体	101	140.6573	41.9898	3065.8482	0.4167	356.5520
高管薪酬绝对值（单位：万元）							
制造业（C）	国有控股公司	727	127.0860	91.9000	1526.1309	3.6667	130.3697
	非国有控股公司	2639	123.2260	89.1024	2875.6158	12.3800	135.3768
	总体	3366	124.0597	89.9100	2875.6158	3.6667	134.3206
电力、热力、燃气及水生产和供应业（D）	国有控股公司	95	91.8195	78.4833	397.9994	23.9933	50.9025
	非国有控股公司	36	121.0837	85.0850	385.8954	39.7567	84.0695
	总体	131	99.8615	80.2080	397.9994	23.9933	63.1819
交通运输、仓储和邮政业（G）	国有控股公司	79	108.2431	94.6100	503.4431	16.2200	74.4406
	非国有控股公司	33	138.4291	125.8933	422.0345	37.1967	83.8447
	总体	112	117.1372	97.6967	503.4431	16.2200	78.5452
信息传输、软件和信息技术服务业（I）	国有控股公司	76	115.1620	97.9917	378.4067	22.2433	66.8011
	非国有控股公司	342	127.6470	96.3543	2049.9185	27.8000	144.9276
	总体	418	125.3770	96.8933	2049.9185	22.2433	134.2372
金融业（J）	国有控股公司	94	175.0732	159.4983	502.2667	14.4900	91.2319
	非国有控股公司	30	177.6676	168.4200	464.3567	29.5333	84.9387
	总体	124	175.7009	161.0217	502.2667	14.4900	89.7567

续表

行业	所有制类型	公司数目	平均值	中位值	最大值	最小值	标准差
			高管薪酬绝对值（单位：万元）				
房地产业（K）	国有控股公司	63	117.6430	90.8067	566.8667	31.0867	95.1231
	非国有控股公司	38	171.9152	141.4900	472.6667	27.2000	98.2070
	总体	101	138.0622	109.2233	566.8667	27.2000	99.8197

由表24-10可知，从高管薪酬指数比较，六个代表性行业国有控股公司高管薪酬指数均值都远低于非国有控股公司，尤其是电力、热力、燃气及水生产和供应业（D）、信息传输、软件和信息技术服务业（I）、房地产业（K）差距非常大。这说明各行业国有控股公司高管薪酬存在较多的激励不足问题，而非国有控股公司高管薪酬则存在较多的激励过度问题。图24-5直观地反映了六个代表性行业中不同所有制上市公司高管薪酬指数均值的差异。

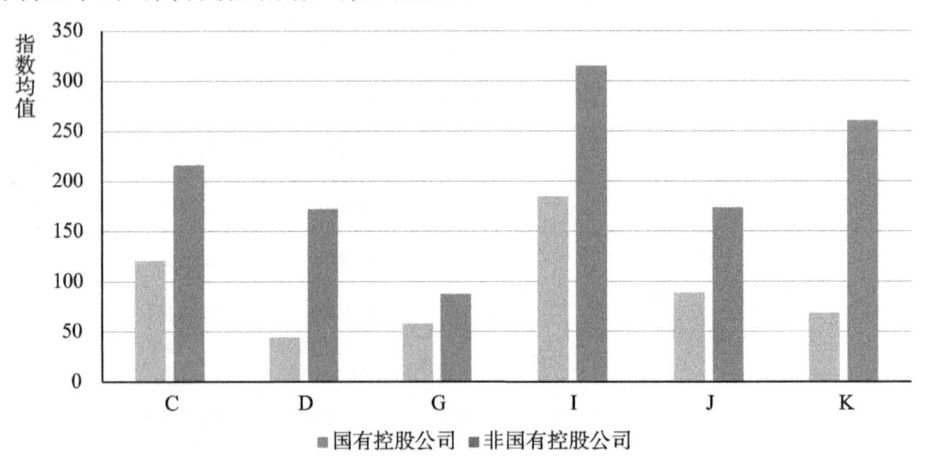

图24-5　2023年不同行业国有与非国有控股上市公司高管薪酬指数均值比较

从高管薪酬绝对值比较，六个代表性行业中，除制造业（C）的国有控股公司高管薪酬均值比非国有控股公司高出3.86万元外，其他五个行业的国有控股公司高管薪酬均值都低于非国有控股公司。差距最大的行业是房地产业（K），非国有控股公司高管薪酬均值是国有控股公司的1.46倍，绝对差距达到54.27万元。差距最小的行业是金融业（J），非国有控股公司高管薪酬均值是国有控股公司的1.01倍，绝对差距为2.59万元。除制造业（C）和金融业（J）以外，其他四个行业非国有控股公司高管薪酬均值与国有控股公司的差距都在10万元以上。

进一步比较六个行业国有与非国有控股上市公司高管薪酬指数均值的倍数，参见表24-11。

表24-11　2023年不同行业国有与非国有控股上市公司高管薪酬指数均值的倍数

项目	C	D	G	I	J	K
国有控股公司高管薪酬指数均值（1）	120.7045	44.1402	58.4093	184.4348	88.9834	68.4281
非国有控股公司高管薪酬指数均值（2）	216.2428	172.3089	87.5879	314.4880	173.4380	260.4058

续表

项目	C	D	G	I	J	K
（2）/（1）	1.7915	3.9037	1.4996	1.7051	1.9491	3.8055

由表 24-11 可知，电力、热力、燃气及水生产和供应业（D）非国有控股公司高管薪酬指数均值是国有控股公司的 3.90 倍，在六个行业中差距最大，但该行业非国有控股公司高管薪酬均值仅为国有控股公司的 1.32 倍；交通运输、仓储和邮政业（G）非国有控股公司高管薪酬指数均值是国有控股公司的 1.50 倍，在六个行业中差距最小。高管薪酬指数均值倍数和高管薪酬均值倍数上的差异，说明高管薪酬绝对值低，未必激励力度小。

24.3.2 分行业高管薪酬激励区间的比较

表 24-12 列示了六个行业国有控股和非国有控股上市公司的高管薪酬激励情况。

表 24-12　2023 年不同行业国有与非国有控股上市公司高管薪酬激励区间比较

行业	所有制类型	公司数目	其中		
			激励适中	激励过度	激励不足
高管薪酬指数均值					
制造业（C）	国有控股公司	727	325（44.70%）	92（12.65%）	310（42.64%）
	非国有控股公司	2639	1494（56.61%）	739（28.00%）	406（15.38%）
电力、热力、燃气及水生产和供应业（D）	国有控股公司	95	30（31.58%）	3（3.16%）	62（65.26%）
	非国有控股公司	36	22（61.11%）	6（16.67%）	8（22.22%）
交通运输、仓储和邮政业（G）	国有控股公司	79	24（30.38%）	4（5.06%）	51（64.56%）
	非国有控股公司	33	17（51.52%）	4（12.12%）	12（36.36%）
信息传输、软件和信息技术服务业（I）	国有控股公司	76	37（48.68%）	21（27.63%）	18（23.68%）
	非国有控股公司	342	167（48.83%）	163（47.66%）	12（3.51%）
金融业（J）	国有控股公司	94	32（34.04%）	4（4.26%）	58（61.70%）
	非国有控股公司	30	13（43.33%）	10（33.33%）	7（23.33%）
房地产业（K）	国有控股公司	63	29（46.03%）	4（6.35%）	30（47.62%）
	非国有控股公司	38	11（28.95%）	10（26.32%）	17（44.74%）
高管薪酬绝对值均值（单位：万元）					
制造业（C）	国有控股公司	727	122.4419	155.3076	123.5793
	非国有控股公司	2639	114.7860	124.7123	151.5777
电力、热力、燃气及水生产和供应业（D）	国有控股公司	95	83.8556	45.5811	97.9103
	非国有控股公司	36	109.3338	135.7042	142.4308

续表

行业	所有制类型	公司数目	其中		
			激励适中	激励过度	激励不足
高管薪酬绝对值均值（单位：万元）					
交通运输、仓储和邮政业（G）	国有控股公司	79	87.1286	129.0333	116.5488
	非国有控股公司	33	112.5280	106.0650	185.9104
信息传输、软件和信息技术服务业（I）	国有控股公司	76	109.9014	127.7947	111.2374
	非国有控股公司	342	126.0364	130.7604	107.7712
金融业（J）	国有控股公司	94	166.9499	219.6350	176.4818
	非国有控股公司	30	192.5028	141.2221	202.1814
房地产业（K）	国有控股公司	63	106.2017	68.3167	135.2798
	非国有控股公司	38	153.8727	171.3860	183.9010

注：括号中的数字为某行业某类所有制上市公司中不同激励类型公司数占该行业该类型所有制全部公司数的比例。

从表24-12可知，从高管薪酬指数比较，六个行业中，除了房地产业（K）国有控股公司高管薪酬激励适中比例高于非国有控股公司外，其他五个行业国有控股公司高管薪酬激励适中比例都低于非国有控股公司，且这六个行业国有控股公司激励适中比例都低于50%的标准比例。六个行业国有控股公司高管薪酬激励过度比例都远低于非国有控股公司，除了信息传输、软件和信息技术服务业（I）外，其余五个行业国有控股公司高管薪酬激励过度比例都远低于25%的标准比例。六个行业国有控股公司高管薪酬激励不足比例都高于非国有控股公司，除了信息传输、软件和信息技术服务业（I）外，其余五个行业国有控股公司高管薪酬激励不足比例都远高于25%的标准比例。

从高管薪酬绝对值比较，在激励适中区间，制造业（C）国有控股公司高管薪酬均值高于非国有控股公司，高出7.66万元；另外五个行业则是非国有控股公司高管薪酬均值高于国有控股公司，其中房地产业（K）超过最多，达到47.67万元。在激励过度区间，制造业（C）、交通运输、仓储和邮政业（G）、金融业（J）的国有控股公司高管薪酬均值高于非国有控股公司，其中金融业（J）超过最多，为78.41万元；其他三个行业则是非国有控股公司高管薪酬均值高于国有控股公司，其中房地产业（K）超过最多，超出103.07万元。在激励不足区间，信息传输、软件和信息技术服务业（I）的国有控股公司高管薪酬均值高于非国有控股公司，高出3.47万元；其他五个行业都是国有控股公司高管薪酬均值低于非国有控股公司，其中交通运输、仓储和邮政业（G）低出最多，达69.36万元。

需要注意的是，在激励过度区间，电力、热力、燃气及水生产和供应业（D）以及房地产业（K）国有控股公司高管薪酬均值低于同类公司激励适中区间的高管薪酬均值；交通运输、仓储和邮政业（G）和金融业（J）非国有控股公司在激励过度区间的高管薪酬均值低于同类公司激励适中区间的高管薪酬均值，这与人们印象中激励过度区间的高管薪酬一般更高似乎不相符。激励不足区间的高管薪酬高于同行业同类公司激励过度区间或激励适中区间的高管薪酬的情况也同样存在。其实，这不难理解，因为本报告的高管薪酬指数是基于企业业绩计算出来的。高管薪酬不高，却激励过度，实际反映了这些企业的业绩比较低下。

24.4　沪深300与非沪深300高管薪酬指数的所有制比较

按照是否沪深300成分股指数公司，我们对沪深300与非沪深300不同所有制上市公司的高管薪酬指数和绝对值进行比较。

24.4.1　沪深300与非沪深300高管薪酬指数和绝对值的比较

表24-13列示了沪深300与非沪深300不同所有制上市公司的高管薪酬指数和高管薪酬绝对值的描述性统计结果。

表24-13　2023年沪深300与非沪深300不同所有制公司高管薪酬指数和薪酬绝对值比较

是否沪深300	所有制类型	公司数目	平均值	中位值	最大值	最小值	标准差
高管薪酬指数							
沪深300	国有控股公司	166	22.4690	4.4286	656.4658	0.0381	72.5401
	非国有控股公司	130	44.2967	17.7903	739.8086	0.8835	79.1122
	总体	296	32.0554	10.4932	739.8086	0.0381	76.2702
非沪深300	国有控股公司	1322	118.2904	43.8906	18226.3109	0.0483	534.2904
	非国有控股公司	3434	232.1562	120.4118	45435.6643	1.2002	985.2384
	总体	4756	200.5055	95.8494	45435.6643	0.0483	884.7754
高管薪酬绝对值（单位：万元）							
沪深300	国有控股公司	166	221.0663	157.2957	1180.6338	28.0600	188.4345
	非国有控股公司	130	397.2814	271.8300	2086.8004	62.3500	363.5751
	总体	296	298.4580	220.0408	2086.8004	28.0600	292.6024
非沪深300	国有控股公司	1322	110.7818	89.6250	1526.1309	3.6667	88.8572
	非国有控股公司	3434	114.1652	89.8100	2875.6158	12.3800	103.5023
	总体	4756	113.2247	89.7233	2875.6158	3.6667	99.6592

图24-6直观展示了沪深300与非沪深300不同所有制公司高管薪酬指数均值的差异。由表24-13和图24-6可以看出，从高管薪酬指数来看，沪深300与非沪深300中的国有控股公司高管薪酬指数的均值和中位值都远低于非国有控股公司，尤其是非沪深300中的两类所有制公司之间的差异更大，说明无论是沪深300还是非沪深300，国有控股公司都存在更多的高管薪酬激励不足问题。

图24-6　2023年沪深300与非沪深300不同所有制公司高管薪酬指数均值比较

从高管薪酬绝对值来看，沪深300与非沪深300中的国有控股公司高管薪酬的均值和中位值都低于非国有控股公司，沪深300中的两类所有制公司之间的差异更大。

24.4.2　沪深300与非沪深300高管薪酬激励区间的比较

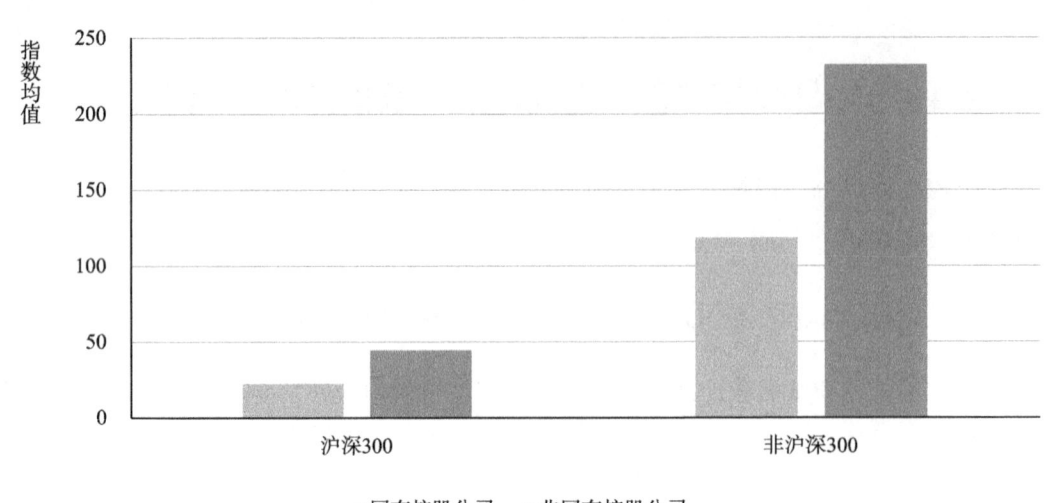

接下来，我们对沪深300与非沪深300不同所有制上市公司的高管薪酬激励区间进行比较分析，参见表24-14。

表24-14　2023年沪深300与非沪深300不同所有制公司高管薪酬激励区间比较

是否沪深300	所有制类型	公司数目	其中		
			激励适中	激励过度	激励不足
高管薪酬指数均值					
沪深300	国有控股公司	166	16（9.64%）	3（1.81%）	147（88.55%）
	非国有控股公司	130	44（33.85%）	2（1.54%）	84（64.62%）
非沪深300	国有控股公司	1322	583（44.10%）	177（13.39%）	562（42.51%）
	非国有控股公司	3434	1883（54.83%）	1081（31.48%）	470（13.69%）
高管薪酬绝对值均值（单位：万元）					
沪深300	国有控股公司	166	327.3641	631.5935	201.1183
	非国有控股公司	130	457.1354	1096.8976	349.2717
非沪深300	国有控股公司	1322	111.1049	124.5359	106.1147
	非国有控股公司	3434	108.8432	123.4266	114.1860

注：括号中的数字为沪深300或非沪深300的某类所有制公司中不同激励类型公司数占沪深300或非沪深300的该类型所有制全部公司数的比例。

由表24-14可以看出，从高管薪酬指数比较，无论是沪深300还是非沪深300，国有控股公司高管薪酬激励适中比例均低于非国有控股公司，且前者都低于 50% 的标准比例，尤其是沪深 300 中的国有控股公司，激励适中比例仅为 9.64%；而非沪深 300 中的非国有控股公司激励适中比例超过了 50% 的标准比例。沪深 300 中的国有控股公司高管薪酬激励过度比例略高于非国有控股公司，非沪深 300 中的国有控股公司高管薪酬激励过度比例低于非国有控股公司，沪深 300 和非沪深 300 的国有控股公司高管薪酬激励过度比例都远低于 25% 的标准比例，而非沪深 300 中的非国有控股公司激励过度比例高于 25% 的标准比例。沪深 300 与非沪深 300 中的国有控股公司高管薪酬激励不足比例都远高于非国有控股公司，且前者都远高于 25% 的标准比例，尤其是沪深 300 中的国有控股公司高管薪酬激励不足的比例高达 88.55%；而非沪深 300 中的非国有控股公司高管薪酬激励不足比例低于 25% 的标准比例。

从高管薪酬绝对值比较，在激励适中和激励过度两个区间，沪深 300 中的国有控股公司高管薪酬均值都低于非国有控股公司，非沪深 300 中则反之；在激励不足区间，两类公司均是国有控股公司高管薪酬均值低于非国有控股公司。

24.5　本章小结

本章从所有制层面对 5052 家上市公司的高管薪酬指数和绝对值进行了统计和比较分析，主要结论如下：

（1）从总体看，非国有控股公司高管薪酬指数的均值和中位值都远高于国有控股公司。对于有国有股份的上市公司而言，随着前十大股东中的国有股份比例的提高，上市公司高管薪酬指数均值表现出逐渐降低的趋势，即国有股份比例越高，其高管薪酬激励相对于企业绩效来说就越低。但需要注意的是，高管薪酬指数低，判断是否属于薪酬激励不足，还需要考虑垄断特别是政府赋予垄断资源的影响。

从高管薪酬指数比较，非国有控股公司高管薪酬激励适中比例和激励过度比例都大于国有控股公司；而国有控股公司高管薪酬激励不足比例远高于非国有控股公司。

从高管薪酬绝对值比较，在激励适中和激励过度区间，国有控股公司高管薪酬绝对值均值高于非国有控股公司，而在激励不足区间，则反之。从数据看出，激励过度区间中的高管薪酬并不一定比激励适中和激励不足区间的高管薪酬高，激励不足区间的高管薪酬也不一定比另两个区间的高管薪酬低，因为高管薪酬指数反映的是高管薪酬与其绩效的吻合度，只看高管薪酬绝对值是反映不出激励的本质内涵的。

（2）从地区看，在高管薪酬指数方面，四个地区国有控股公司的高管薪酬指数均值和中位值都远低于非国有控股公司。在高管薪酬绝对值方面，东部地区国有控股公司高管薪酬的均值和中位值都高于非国有控股公司；中部和西部地区国有控股公司高管薪酬的均值和中位值则都低于非国有控股公司；东北地区国有控股公司高管薪酬均值高于非国有控股公司，而中位值低于非国有控股公司。

从激励区间比较，在高管薪酬指数方面，四个地区国有控股公司高管薪酬激励适中比例和激励过度比例都低于非国有控股公司；四个地区国有控股公司高管薪酬激励不足比例都高于非国有控股公司。在高管薪酬绝对值方面，在激励适中区间，东部和中部两个地区国有控股公司高管薪酬均值高于非国有控股公司，而西部和东北两个地区国有控股公司高管薪酬均值则低于非国有控股公司；在激励过度区间，东部和东北两个地区国有控股公司高管薪酬均值高于非国有控股公司，而中部和西部两个地区国有控股公司高管薪酬均值则低于非国有控股公司；在激励不足区间，除了东北地区的国有控股公司高管薪酬均值略高于非国有控股公司外，其他三个地区的国有控股公司高管薪酬均值都远低于非国有控股公司。

（3）从行业看，在高管薪酬指数方面，六个代表性行业国有控股公司高管薪酬指数均值都远低于非国有控股公司，尤其是电力、热力、燃气及水生产和供应业（D）、信息传输、软件和信息技术服务业（I）、房地产业（K）差距非常大。在高管薪酬绝对值方面，除制造业（C）外的五个代表性行业国有控股公司高管薪酬均值都低于非国有控股公司，差距最大的行业是房地产业（K）。

从激励区间比较，在高管薪酬指数方面，六个代表性行业中，除了房地产业（K）外，其他五个行业国有控股公司高管薪酬激励适中比例都低于非国有控股公司；六个行业国有控股公司高管薪酬激励过度比例都远低于非国有控股公司；六个行业国有控股公司高管薪酬激励不足比例都高于非国有控股公司。在高管薪酬绝对值方面，在激励适中区间，制造业（C）国有控股公司高管薪酬均值高于非国有控股公司，另外五个行业则是非国有控股公司高管薪酬均值高于国有控股公司；在激励过度区间，制造业（C）、交通运输、仓储和邮政业（G）、金融业（J）的国有控股公司高管薪酬均值高于非国有控股公司，其他三个行业则是非国有控股公司高管薪酬均值高于国有控股公司；在激励不足区间，信息传输、软件和信息技术服务业（I）的国有控股公司高管薪酬均值高于非国有控股公司，其他五个行业都是国有控股公司高管薪酬均值低于非国有控股公司。需要注意的是，一些行业在激励过度区间的高管薪酬均值低于同类公司激励适中区间和激励不足区间的高管薪酬均值，也有一些行业在激励不足区间的高管薪酬均值高于同类公司激励适中区间和激励过度区间的高管薪酬均值，是因为本报告的高管薪酬指数是基于企业业绩计算出来的。高管薪酬不高，却激励过度，实际反映了这些企业的业绩比较低下。

（4）从沪深300与非沪深300的比较看，在高管薪酬指数方面，沪深300与非沪深300中的国有控股公司高管薪酬指数的均值和中位值都远低于非国有控股公司，尤其是非沪深300中的两类所有制公司之间的差异更大。在高管薪酬绝对值方面，沪深300与非沪深300中的国有控股公司高管薪酬的均值和中位值都低于非国有控股公司，沪深300中的两类所有制公司之间的差异更大。

从激励区间比较，在高管薪酬指数方面，无论是沪深300还是非沪深300，国有控股公司高管薪酬激励适中比例都低于非国有控股公司；沪深300中的国有控股公司高管薪酬激励过度比例略高于非国有控股公司，非沪深300中的国有控股公司高管薪酬激励过度比例低于非国有控股公司；沪深300与非沪深300中的国有控股公司高管薪酬激励不足比例都远高于非国有控股公司。从高管薪酬绝对值比较，在激励适中和激励过度两个区间，沪深300中的国有控股公司高管薪酬均值都低于非国有控股公司，非沪深300中则反之；在激励不足区间，两类公司均是国有控股公司高管薪酬均值低于非国有控股公司。

第25章 高管薪酬及指数的年度比较（2012~2023）

2009～2023年，我们对中国上市公司高管薪酬合理化水平进行了十一次测度，今年是第十二次测度。本章将从总体、地区、行业、所有制四个角度，并结合四分之一分位法所划分的激励适中、激励过度和激励不足三个激励区间，来比较分析2012年以及2015～2023年十个年度中国上市公司高管薪酬合理化程度和绝对水平，以便了解高管薪酬合理化水平的变化情况，以期对高管薪酬有更加完善的认识。需要注意的是，在比较各年度高管薪酬绝对额时，不考虑通货膨胀因素。

25.1 高管薪酬的年度比较

高管薪酬指数评价的样本公司逐年增加，从2012年（2013年评价）的2310家增至2023年（2024年评价）的5052家。本节将从总体、地区、行业和所有制这四个角度，来比较2012年以及2015～2023年样本上市公司高管薪酬的变化情况。需要说明的是，从2017年度开始，在计算高管薪酬及指数时，对其中当年行权的股票期权，摒弃了以前简单计算期权收益总额的方法，而是按照行权人数，对薪酬最高的前三位高管行权的期权收益进行调整，同时对之前年度的高管薪酬和指数也作了相应调整。从2020年度开始，又将所测评年度当年行权的限制性股票和股票增值权考虑进来，由于调整后年度行权的这两类股权很少，之前年度更少，所以未对之前年度补充这两类股权的数据，尽管与之前比较时略有不对称，但影响很小。经过2017年和2020年两次调整，计算出来的薪酬最高的前三位高管的薪酬及指数更加客观。

25.1.1 高管薪酬总体的年度比较

表25-1列示了2012年以及2015～2023年高管薪酬的变化情况。

表25-1 2012～2023年上市公司高管薪酬比较　　　　　单位：万元

年份	样本量	平均值	中位值	最大值	最小值	标准差
2012	2310	63.61	46.73	1458.33	3.40	68.56
2015	2632	81.60	54.33	3462.22	0.28	119.09
2016	2829	83.60	56.60	2591.61	4.00	108.95
2017	3140	88.59	62.19	2062.00	5.60	98.08
2018	3484	91.78	64.75	1566.65	5.40	101.94
2019	3560	105.25	74.28	3045.43	4.53	127.22

续表

年份	样本量	平均值	中位值	最大值	最小值	标准差
2020	3754	115.69	81.42	3478.30	1.19	136.78
2021	4172	126.47	89.13	2757.44	5.49	137.24
2022	4680	127.42	90.35	3916.96	2.38	143.02
2023	5052	124.08	92.42	2875.62	3.67	127.51
十一年增幅		60.47	45.69	1417.29	0.27	—
年均增长率/%		6.26	6.40	6.37	0.70	—
比上年增幅		-3.34	2.07	-1041.34	1.29	—
比上年增长率/%		-2.62	2.29	-26.59	54.20	—

注：①薪酬增幅误差源于原始数据库的四舍五入；②"比上年增幅"和"比上年增长率"均指2023年与2022年的比较。

从表25-1可以看出，2012年上市公司高管薪酬均值为63.61万元，2023年为124.08万元，高管薪酬均值十一年增幅为60.47万元，年均增长率为6.26%。与2022年相比，2023年上市公司高管薪酬均值减少3.34万元，降低2.62%，出现小幅下降。此外，最大值同比下降26.59%，最小值同比增长54.20%，最大值与最小值的差距缩小，从标准差来看，2023年标准差低于2022年，说明2023年不同公司高管薪酬离散程度进一步缩小。

25.1.2 分地区高管薪酬的年度比较

依然按照东部、中部、西部和东北四个地区的划分，我们对2012年以及2015~2023年上市公司高管薪酬的变化情况进行比较，如表25-2所示。

表25-2 2012~2023年不同地区上市公司高管薪酬比较　　单位：万元

地区	年份	平均值	中位值	最大值	最小值	标准差
东部	2012	69.70	52.00	1458.33	3.40	73.77
	2015	90.00	60.02	3462.22	0.28	131.84
	2016	92.40	63.33	2591.61	4.10	119.90
	2017	95.47	66.92	2062.00	5.60	104.51
	2018	97.75	70.19	1460.33	5.40	103.39
	2019	112.35	80.14	3045.43	7.20	133.34
	2020	122.74	87.56	3478.30	8.69	142.06
	2021	134.64	94.83	2757.44	6.12	145.41
	2022	133.09	95.28	2152.42	10.77	137.74
	2023	130.16	97.15	2875.62	12.38	132.02
	十一年增幅	60.46	45.15	1417.29	8.98	—
	年均增长率/%	5.84	5.85	6.37	12.47	—
	比上年增幅	-2.93	1.87	723.20	1.61	—
	比上年增长率/%	-2.20	1.96	33.60	14.95	—

续表

地区	年份	平均值	中位值	最大值	最小值	标准差
中部	2012	53.41	39.71	776.49	4.40	65.64
	2015	65.67	44.86	1233.70	5.90	87.50
	2016	67.08	45.70	923.76	6.25	81.70
	2017	73.95	51.60	800.84	7.65	75.89
	2018	74.88	53.30	1566.65	7.65	91.91
	2019	88.49	61.50	1551.47	12.10	104.78
	2020	94.60	67.97	829.02	5.00	94.14
	2021	102.05	75.67	742.54	5.67	92.85
	2022	107.33	77.79	963.94	7.67	103.07
	2023	105.95	77.61	1279.30	16.67	108.99
	十一年增幅	52.54	37.90	502.81	12.27	—
	年均增长率/%	6.42	6.28	4.64	12.87	—
	比上年增幅	-1.38	-0.18	315.36	9.00	—
	比上年增长率/%	-1.29	-0.23	32.72	117.34	—
西部	2012	50.03	37.65	475.92	3.75	45.51
	2015	63.96	41.91	795.43	2.85	81.53
	2016	66.23	46.19	813.65	4.00	84.02
	2017	75.78	50.73	903.77	7.74	89.78
	2018	84.06	56.49	1233.16	8.25	111.75
	2019	93.54	61.76	1665.14	6.31	127.19
	2020	107.78	68.21	1770.76	1.19	154.51
	2021	114.61	75.3	1326.01	5.49	138.44
	2022	123.28	80.09	3916.96	2.38	209.35
	2023	112.33	79.56	1279.64	3.67	115.31
	十一年增幅	62.30	41.91	803.72	-0.08	—
	年均增长率/%	7.63	7.04	9.41	-0.20	—
	比上年增幅	-10.95	-0.53	-2637.32	1.29	—
	比上年增长率/%	-8.88	-0.66	-67.33	54.20	—
东北	2012	57.54	41.20	318.63	5.57	55.77
	2015	68.02	43.33	922.81	4.55	99.19
	2016	63.73	46.76	477.08	9.77	64.78
	2017	69.10	50.15	496.78	9.98	66.61
	2018	70.36	61.30	449.33	8.84	53.81

续表

地区	年份	平均值	中位值	最大值	最小值	标准差
东北	2019	76.89	62.68	449.20	4.53	55.50
	2020	85.62	70.17	449.20	12.17	67.51
	2021	94.92	77.89	474.43	13.63	66.51
	2022	100.76	80.77	519.58	8.00	75.20
	2023	107.00	85.58	1526.13	18.06	126.94
	十一年增幅	49.46	44.38	1207.50	12.49	—
	年均增长率/%	5.80	6.87	15.30	11.29	—
	比上年增幅	6.24	4.81	1006.55	10.06	—
	比上年增长率/%	6.19	5.96	193.72	125.75	—

注：①薪酬增幅误差源于原始数据库的四舍五入；②"比上年增幅"和"比上年增长率"均指2023年与2022年的比较。

从表25-2可以看出，2012～2023年，四个地区上市公司高管薪酬均值都呈现上涨态势，西部地区高管薪酬均值年均增长率排名第一，达到7.63%；西部地区增幅排名第一，达到62.30万元；东北地区增幅和年均增长率均排名末位。

图25-1更为直观地显示了四个地区在2012～2023年度上市公司高管薪酬均值增幅和增长率的比较结果。很明显，四个地区上市公司高管薪酬都有所增长，增长幅度从高到低依次是西部、东部、中部和东北，年均增长率从高到低依次是西部、中部、东部和东北。

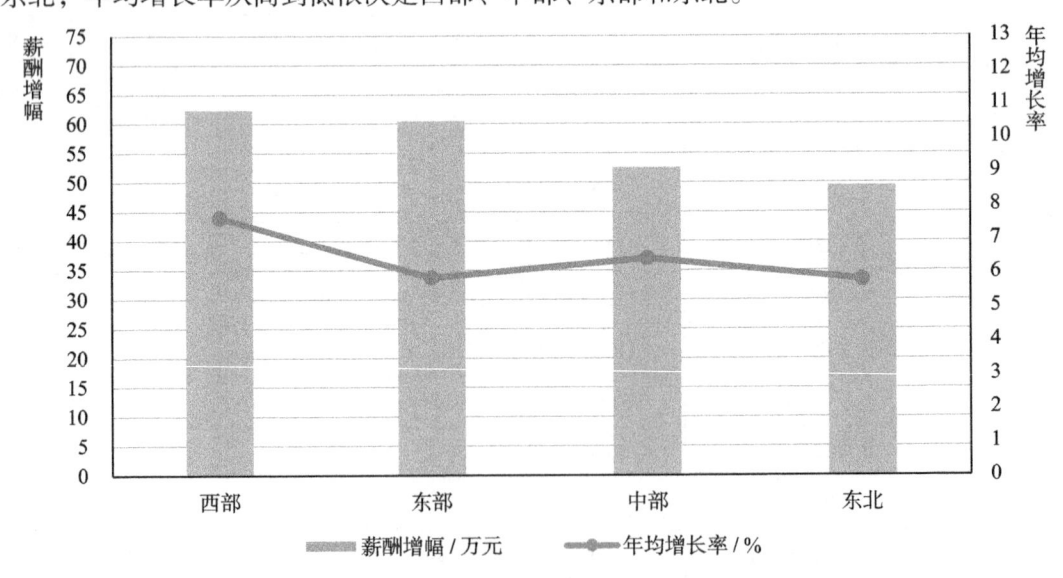

图25-1 2012～2023年不同地区上市公司高管薪酬均值增幅和年均增长率的变化

与2022年相比，2023年东北地区上市公司高管薪酬均值有所上升，增幅为6.24万元，同比增长6.19%；东部、中部和西部均有所下降，西部地区降幅最大，为10.95万元，同比下降8.88%。参见图25-2。

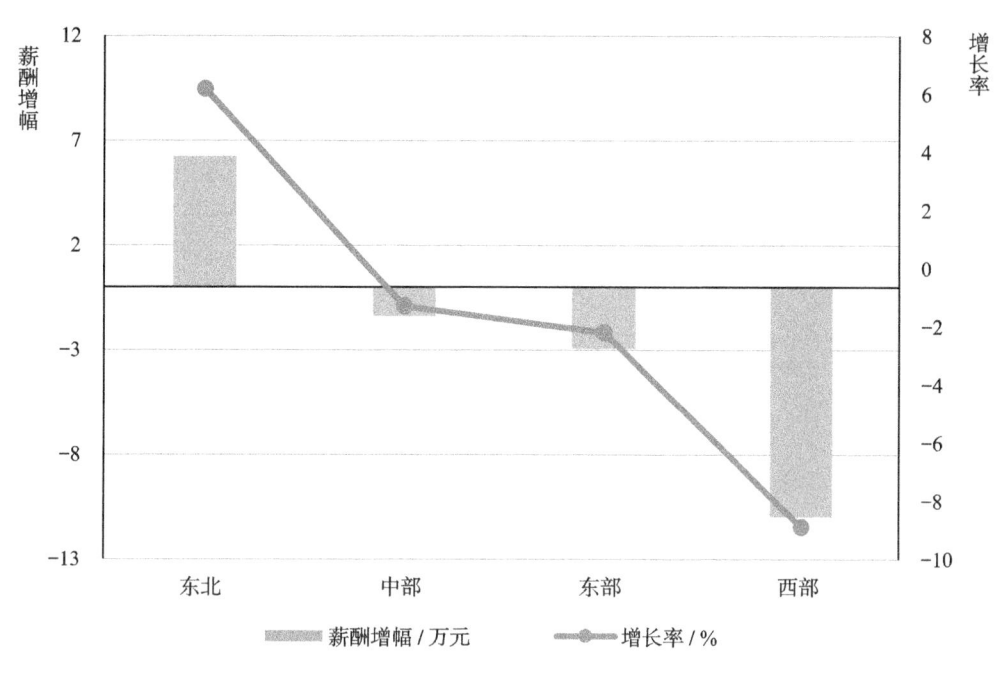

图25-2　2022～2023年不同地区上市公司高管薪酬均值增幅和增长率比较

25.1.3　分行业高管薪酬的年度比较

各行业在不同年度的经营状况不一，高管薪酬也会受到影响，我们比较了2012年以及2015～2023年上市公司高管薪酬在不同行业的变化情况，如表25-3所示。

表25-3　2012～2023年不同行业上市公司高管薪酬比较　　　　单位：万元

行业	年份	平均值	中位值	最大值	最小值	标准差
农、林、牧、渔业（A）	2012	40.39	36.58	115.82	10.40	26.77
	2015	43.88	36.23	224.76	10.89	40.56
	2016	55.38	38.81	300.00	12.00	54.95
	2017	61.29	40.90	383.22	12.64	66.52
	2018	66.66	41.09	407.48	8.25	79.60
	2019	81.24	54.37	557.83	12.77	105.66
	2020	114.23	61.00	745.13	10.55	157.36
	2021	86.12	54.11	604.78	9.42	96.70
	2022	91.55	61.37	480.72	8.00	91.24
	2023	84.40	66.93	277.74	10.93	58.28
	十一年增幅	44.01	30.35	161.92	0.53	—
	年均增长率/%	6.93	5.65	8.28	0.45	—
	比上年增幅	-7.15	5.56	-202.98	2.93	—
	比上年增长率/%	-7.81	9.06	-42.22	36.63	—

续表

行业	年份	平均值	中位值	最大值	最小值	标准差
采矿业（B）	2012	77.63	61.05	606.52	6.67	85.07
	2015	59.80	50.14	322.98	7.33	46.39
	2016	58.88	47.24	298.78	5.67	44.08
	2017	70.31	59.08	460.73	5.67	58.10
	2018	78.16	67.66	310.90	13.55	53.87
	2019	86.42	73.21	378.45	17.40	60.11
	2020	92.83	80.55	553.71	1.19	74.61
	2021	111.19	92.31	511.16	19.16	85.43
	2022	126.09	97.87	813.93	2.38	118.02
	2023	128.14	102.74	654.29	27.87	102.61
	十一年增幅	50.51	41.69	47.77	21.20	—
	年均增长率/%	4.66	4.85	0.69	13.88	—
	比上年增幅	2.05	4.87	−159.64	25.49	—
	比上年增长率/%	1.63	4.98	−19.61	1071.01	—
制造业（C）	2012	55.25	42.55	776.49	4.06	52.23
	2015	73.53	50.27	3462.22	4.00	118.50
	2016	73.05	53.43	908.34	4.00	76.06
	2017	80.16	58.33	2062.00	7.65	89.11
	2018	83.71	61.96	1566.65	7.65	92.25
	2019	96.21	70.85	1778.29	4.53	105.80
	2020	109.06	78.39	3478.30	8.47	135.18
	2021	123.11	85.03	2757.44	6.12	140.70
	2022	126.91	88.37	3916.96	12.77	152.73
	2023	124.06	89.91	2875.62	3.67	134.32
	十一年增幅	68.81	47.36	2099.13	−0.39	—
	年均增长率/%	7.63	7.04	12.64	−0.91	—
	比上年增幅	−2.85	1.54	−1041.34	−9.10	—
	比上年增长率/%	−2.25	1.74	−26.59	−71.26	—
电力、热力、燃气及水生产和供应业（D）	2012	52.34	46.60	184.38	13.53	24.93
	2015	55.56	50.69	173.24	14.84	25.12
	2016	59.83	52.41	281.00	14.84	33.57
	2017	60.05	53.70	186.00	14.89	27.70
	2018	64.31	57.52	337.68	12.79	38.11

续表

行业	年份	平均值	中位值	最大值	最小值	标准差
电力、热力、燃气及水生产和供应业（D）	2019	70.60	61.60	237.00	23.01	33.73
	2020	78.03	65.40	270.22	26.44	43.25
	2021	89.81	73.07	379.33	25.16	56.82
	2022	95.21	78.23	354.20	33.37	60.17
	2023	99.86	80.21	398.00	23.99	63.18
	十一年增幅	47.52	33.61	213.62	10.46	—
	年均增长率/%	6.05	5.06	7.25	5.34	—
	比上年增幅	4.65	1.98	43.80	-9.38	—
	比上年增长率/%	4.88	2.53	12.37	-28.11	—
建筑业（E）	2012	64.99	57.59	250.00	10.33	43.99
	2015	72.31	59.46	203.63	5.90	44.73
	2016	69.38	61.60	240.00	10.03	42.75
	2017	74.58	64.60	196.10	20.82	41.38
	2018	72.86	63.09	168.91	18.85	33.43
	2019	85.45	71.77	248.02	24.66	45.60
	2020	86.28	84.13	234.02	21.30	40.23
	2021	108.56	92.20	757.88	23.84	85.93
	2022	102.65	86.20	444.71	22.14	67.32
	2023	98.44	86.21	518.21	17.90	59.70
	十一年增幅	33.45	28.62	268.21	7.57	—
	年均增长率/%	3.85	3.74	6.85	5.12	—
	比上年增幅	-4.21	0.01	73.50	-4.24	—
	比上年增长率/%	-4.10	0.01	16.53	-19.15	—
批发和零售业（F）	2012	71.47	55.29	318.63	3.40	59.00
	2015	76.66	63.42	275.59	9.00	53.89
	2016	91.34	68.72	923.76	14.71	88.63
	2017	98.89	78.62	637.86	9.98	79.75
	2018	100.70	78.76	381.50	8.84	72.04
	2019	111.75	90.78	610.98	8.84	85.29
	2020	122.33	98.17	507.18	17.76	86.43
	2021	135.84	107.11	675.31	16.69	107.18
	2022	142.12	107.53	736.33	13.40	122.46
	2023	136.23	106.16	636.67	21.31	104.18

续表

续表

行业	年份	平均值	中位值	最大值	最小值	标准差
批发和零售业（F）	十一年增幅	64.76	50.87	318.04	17.91	—
	年均增长率/%	6.04	6.11	6.50	18.16	—
	比上年增幅	-5.89	-1.37	-99.66	7.91	—
	比上年增长率/%	-4.14	-1.27	-13.53	59.03	—
交通运输、仓储和邮政业（G）	2012	66.22	59.97	242.03	21.35	37.78
	2015	78.41	53.90	774.17	20.47	91.22
	2016	70.29	54.98	300.18	6.25	50.17
	2017	90.77	59.44	603.65	21.15	89.02
	2018	95.50	65.55	716.08	22.81	95.80
	2019	102.63	72.66	544.28	11.52	84.88
	2020	96.05	75.08	507.60	12.90	77.34
	2021	115.65	88.56	550.07	30.56	90.69
	2022	126.35	87.36	542.53	23.10	109.21
	2023	117.14	97.70	503.44	16.22	78.55
	十一年增幅	50.92	37.73	261.41	-5.13	—
	年均增长率/%	5.32	4.54	6.88	-2.47	—
	比上年增幅	-9.21	10.34	-39.09	-6.88	—
	比上年增长率/%	-7.29	11.84	-7.21	-29.78	—
住宿和餐饮业（H）	2012	57.95	46.76	145.59	17.34	36.45
	2015	55.54	65.88	97.80	24.22	22.50
	2016	89.48	53.20	420.94	22.70	107.15
	2017	106.71	59.74	501.57	45.67	139.84
	2018	113.11	61.60	563.73	36.23	159.94
	2019	138.64	62.40	722.36	43.05	206.94
	2020	120.75	53.08	514.55	33.20	161.51
	2021	107.96	53.51	452.74	31.71	141.26
	2022	100.23	54.13	411.87	44.55	118.17
	2023	111.70	57.28	457.13	44.87	131.76
	十一年增幅	53.75	10.52	311.54	27.53	—
	年均增长率/%	6.15	1.86	10.96	9.03	—
	比上年增幅	11.47	3.15	45.26	0.32	—
	比上年增长率/%	11.44	5.82	10.99	0.72	—

续表

行业	年份	平均值	中位值	最大值	最小值	标准差
信息传输、软件和信息技术服务业（I）	2012	60.10	52.24	442.27	12.00	52.11
	2015	98.78	71.46	634.29	19.31	96.57
	2016	102.88	63.67	2591.61	4.13	203.65
	2017	83.88	65.17	577.33	5.60	70.92
	2018	88.27	68.64	449.33	5.40	71.16
	2019	99.15	77.63	570.20	7.20	79.33
	2020	110.94	88.54	619.09	10.20	90.86
	2021	119.73	94.16	555.85	9.64	87.01
	2022	121.71	93.23	1564.66	17.53	112.72
	2023	125.38	96.89	2049.92	22.24	134.24
	十一年增幅	65.28	44.65	1607.65	10.24	—
	年均增长率/%	6.91	5.78	14.96	5.77	—
	比上年增幅	3.67	3.66	485.26	4.71	—
	比上年增长率/%	3.02	3.93	31.01	26.87	—
金融业（J）	2012	232.95	212.83	701.33	37.80	135.01
	2015	297.09	244.06	1060.12	57.28	212.27
	2016	286.20	183.56	1097.75	13.67	241.94
	2017	245.21	185.13	1302.51	27.85	200.44
	2018	226.99	165.02	1406.56	19.91	216.49
	2019	231.10	178.77	1506.27	19.83	200.10
	2020	237.44	188.16	1440.15	5.00	202.55
	2021	227.77	182.70	1462.27	5.49	194.80
	2022	193.66	165.90	736.08	6.13	113.92
	2023	175.70	161.02	502.27	14.49	89.76
	十一年增幅	-57.25	-51.81	-199.06	-23.31	—
	年均增长率/%	-2.53	-2.50	-2.99	-8.35	—
	比上年增幅	-17.96	-4.88	-233.81	8.36	—
	比上年增长率/%	-9.27	-2.94	-31.76	136.38	—
房地产业（K）	2012	101.75	66.30	1458.33	6.33	144.63
	2015	137.69	73.23	1350.20	0.28	195.66
	2016	163.39	97.75	1506.81	5.13	218.42
	2017	173.12	106.67	999.27	7.74	171.32
	2018	184.00	102.57	1045.60	18.73	199.94

续表

行业	年份	平均值	中位值	最大值	最小值	标准差
房地产业（K）	2019	233.20	116.93	3045.43	17.80	372.79
	2020	225.17	121.40	1770.76	32.03	272.39
	2021	203.09	134.90	1557.31	40.82	208.26
	2022	164.10	117.78	627.33	28.43	131.15
	2023	138.06	109.22	566.87	27.20	99.82
	十一年增幅	36.31	42.92	-891.46	20.87	—
	年均增长率/%	2.81	4.64	-8.23	14.17	—
	比上年增幅	-26.04	-8.56	-60.46	-1.23	—
	比上年增长率/%	-15.87	-7.27	-9.64	-4.33	—
租赁和商务服务业（L）	2012	71.85	60.76	287.33	33.98	55.34
	2015	89.61	70.12	340.63	28.03	65.68
	2016	93.74	69.84	336.33	20.48	75.54
	2017	95.37	72.70	433.99	20.54	76.77
	2018	124.66	87.85	511.66	22.16	105.74
	2019	135.08	95.69	641.48	22.67	116.40
	2020	128.48	87.91	613.76	23.95	108.80
	2021	137.23	88.89	708.32	19.61	121.56
	2022	136.16	90.63	659.61	26.31	120.09
	2023	131.00	98.56	509.30	25.43	93.67
	十一年增幅	59.15	37.80	221.97	-8.55	—
	年均增长率/%	5.61	4.50	5.34	-2.60	—
	比上年增幅	-5.16	7.93	-150.31	-0.88	—
	比上年增长率/%	-3.79	8.75	-22.79	-3.34	—
科学研究和技术服务业（M）	2012	67.43	75.80	95.77	31.08	24.16
	2015	94.55	85.85	227.31	23.29	51.87
	2016	97.07	76.75	525.00	9.36	102.24
	2017	74.48	68.06	244.29	23.34	45.79
	2018	84.72	72.08	315.41	14.69	55.79
	2019	119.78	81.00	972.90	25.95	143.62
	2020	145.63	97.68	1185.86	25.21	181.82
	2021	160.59	96.08	1517.85	32.26	227.92
	2022	140.00	98.62	2152.42	31.43	228.15
	2023	129.42	99.47	2086.80	30.90	195.44

续表

行业	年份	平均值	中位值	最大值	最小值	标准差
科学研究和技术服务业（M）	十一年增幅	61.99	23.67	1991.03	-0.18	—
	年均增长率/%	6.11	2.50	32.33	-0.05	—
	比上年增幅	-10.58	0.85	-65.62	-0.53	—
	比上年增长率/%	-7.56	0.86	-3.05	-1.69	—
水利、环境和公共设施管理业（N）	2012	42.44	36.55	116.71	17.82	22.39
	2015	78.41	49.46	677.96	16.64	116.52
	2016	62.79	47.73	266.78	16.45	51.45
	2017	70.06	60.18	278.41	15.56	46.22
	2018	64.95	55.08	204.96	15.61	41.86
	2019	73.13	57.40	261.68	15.50	50.42
	2020	79.27	64.79	310.41	17.05	51.04
	2021	84.07	74.24	213.59	18.83	42.80
	2022	80.23	75.26	197.78	23.16	39.57
	2023	91.03	78.01	577.59	23.18	65.04
	十一年增幅	48.59	41.46	460.88	5.36	—
	年均增长率/%	7.18	7.14	15.65	2.42	—
	比上年增幅	10.80	2.75	379.81	0.02	—
	比上年增长率/%	13.46	3.65	192.04	0.09	—
教育（P）	2012	30.29	30.29	30.29	30.29	0.00
	2015	58.33	58.33	58.33	58.33	0.00
	2016	54.57	44.17	86.67	32.87	23.16
	2017	66.71	67.77	98.92	32.39	26.35
	2018	74.32	69.69	182.62	24.11	46.74
	2019	96.61	97.20	166.43	24.19	45.88
	2020	107.69	98.12	321.21	21.89	83.43
	2021	93.21	94.56	197.56	29.67	48.02
	2022	88.24	91.28	161.12	25.94	45.18
	2023	101.99	103.39	198.37	22.30	50.30
	十一年增幅	71.70	73.10	168.08	-7.99	—
	年均增长率/%	11.67	11.81	18.63	-2.75	—
	比上年增幅	13.75	12.11	37.25	-3.64	—
	比上年增长率/%	15.58	13.27	23.12	-14.03	—

续表

行业	年份	平均值	中位值	最大值	最小值	标准差
卫生和社会工作（Q）	2012	60.33	48.67	92.33	40.00	28.05
	2015	71.50	72.31	112.81	28.55	31.23
	2016	100.77	126.31	203.76	18.91	62.32
	2017	113.09	89.03	263.89	24.80	80.39
	2018	88.45	95.90	166.67	27.17	46.31
	2019	112.66	106.36	268.01	25.62	76.77
	2020	156.57	73.38	699.51	18.70	178.68
	2021	199.56	84.66	771.81	37.65	230.65
	2022	208.91	104.04	856.04	38.67	242.69
	2023	160.04	116.88	681.36	39.67	158.80
	十一年增幅	99.71	68.21	589.03	-0.33	—
	年均增长率/%	9.27	8.29	19.93	-0.08	—
	比上年增幅	-48.87	12.84	-174.68	1.00	—
	比上年增长率/%	-23.39	12.34	-20.41	2.59	—
文化、体育和娱乐业（R）	2012	73.75	63.13	201.55	28.42	43.72
	2015	94.79	64.41	442.59	22.82	89.31
	2016	89.74	59.38	681.90	15.33	107.87
	2017	94.21	69.26	727.60	24.69	102.51
	2018	94.18	70.25	689.46	12.99	97.73
	2019	105.16	73.30	637.51	21.87	108.30
	2020	104.82	83.52	533.00	25.39	92.05
	2021	109.29	81.61	529.08	37.34	94.31
	2022	115.51	86.23	767.46	29.14	112.92
	2023	114.00	89.16	571.12	19.91	89.87
	十一年增幅	40.25	26.03	369.57	-8.51	—
	年均增长率/%	4.04	3.19	9.93	-3.18	—
	比上年增幅	-1.51	2.93	-196.34	-9.23	—
	比上年增长率/%	-1.31	3.40	-25.58	-31.67	—
综合（S）	2012	57.60	59.34	125.35	16.57	32.34
	2015	65.40	61.23	229.76	2.85	46.19
	2016	80.62	59.25	381.49	17.75	74.50
	2017	91.76	63.00	443.43	23.10	89.79
	2018	79.60	63.11	273.36	26.49	59.91

续表

行业	年份	平均值	中位值	最大值	最小值	标准差
综合（S）	2019	91.42	67.10	290.17	29.14	71.29
	2020	117.56	83.82	368.63	20.63	104.99
	2021	147.35	106.33	671.99	14.40	165.50
	2022	167.56	116.48	850.82	10.77	207.77
	2023	157.32	125.76	585.41	44.03	145.47
	十一年增幅	99.72	66.42	460.06	27.46	—
	年均增长率/%	9.56	7.07	15.04	9.29	—
	比上年增幅	-10.24	9.28	-265.41	33.26	—
	比上年增长率/%	-6.11	7.97	-31.19	308.82	—

注：①薪酬增幅误差源于原始数据库的四舍五入；②"比上年增幅"和"比上年增长率"均指2023年与2022年的比较；③居民服务、修理和其他服务业（O）只有1家上市公司，难以代表该行业整体水平，无法比较，故予以剔除。

从表25-3可以看出，2012～2023年，有17个行业的上市公司高管薪酬均值都有一定程度的增长。其中，综合（S）薪酬增幅最大，为99.72万元，年均增长率为9.56%；教育（P）的年均增长率最高，为11.67%；金融业（J）是唯一薪酬增幅和年均增长率都为负值的行业。

图25-3更直观地描绘了不同行业2012～2023年上市公司高管薪酬均值增幅和年均增长率的比较结果，可以看出，薪酬增幅最大的三个行业分别是综合（S）、卫生和社会工作（Q），以及教育（P）；薪酬增幅最小的三个行业分别是金融业（J）、建筑业（E），以及房地产业（K）。

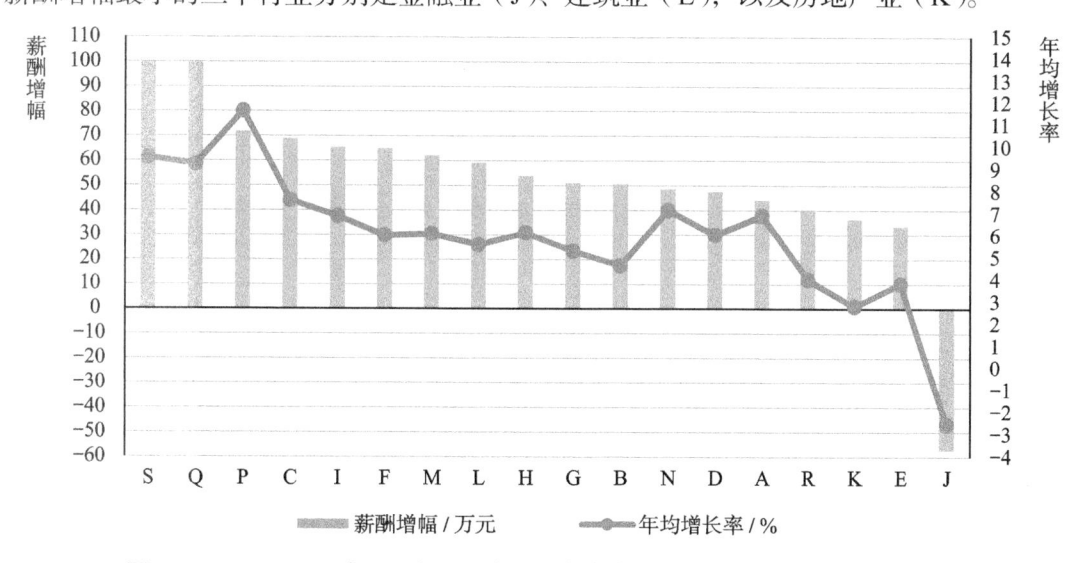

图25-3 2012～2023年不同行业上市公司高管薪酬均值增幅和年均增长率的变化

与2022年相比，2023年有6个行业的上市公司高管薪酬均值上升，其中，薪酬增幅最大的是教育（P），增幅达到13.75万元，这意味着教育行业经过前几年的"双减"后出现了一定程度的复苏（可能通过多元化经营）；同时该行业的增长率也为所有行业中最高，达到15.58%。有12个行业的高管薪酬均值下降，薪酬降幅最大、增长率降幅也最大的是卫生和社会工作（Q），分别下降48.87万元和23.39%，其后两个行业分别是房地产业（K）和金融业（J）。卫生和社会工作（Q）高管薪酬大幅下降的主要原因是该行业已从上年的疫情回归正常的秩序；房地产业（K）高管薪酬的较大幅度下降与该行业出现的低迷关系密切；而金融业（J）高管薪酬的较大幅度下降则与该行业持续加大的管制政策关系密切。

图25-4描绘了不同行业2022~2023年上市公司高管薪酬均值增幅和增长率的比较结果，可以看出，18个行业的高管薪酬增幅和增长率有较大差别。

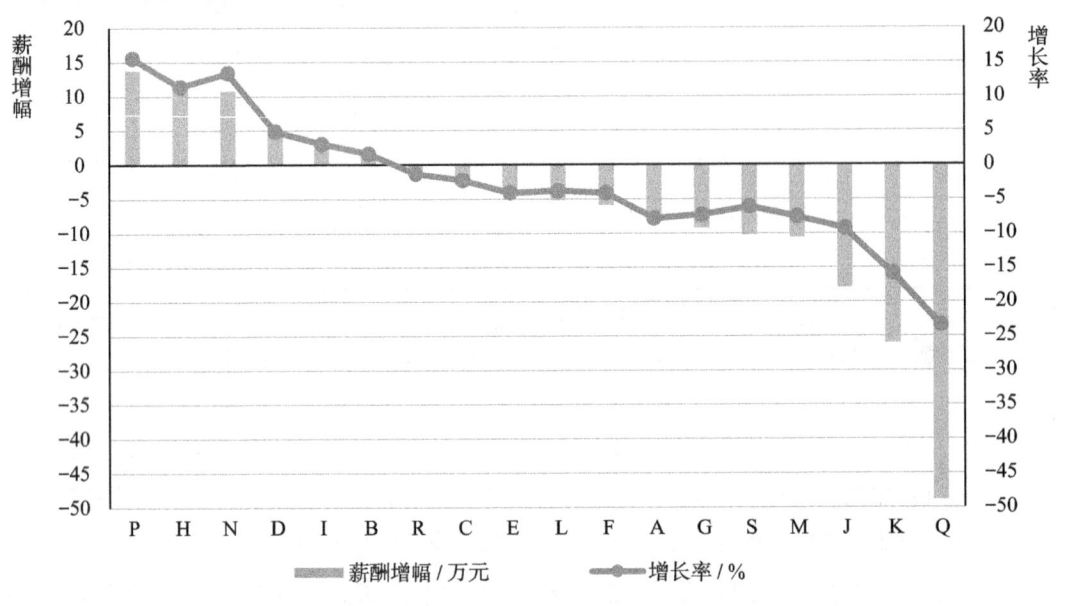

图25-4　2022~2023年不同行业上市公司高管薪酬均值增幅和增长率比较

25.1.4　分所有制高管薪酬的年度比较

不同的所有制会对上市公司高管薪酬产生影响。表25-4比较了2012年以及2015~2023年不同所有制上市公司高管薪酬的变化情况。

表25-4　2012~2023年不同所有制上市公司高管薪酬比较　　　　单位：万元

所有制	年份	平均值	中位值	最大值	最小值	标准差
国有绝对控股公司	2012	64.55	55.79	275.74	7.42	42.10
	2015	75.22	58.51	774.17	4.55	71.71
	2016	74.13	61.28	466.51	6.10	60.84
	2017	84.29	65.94	542.33	13.58	70.17
	2018	96.43	69.66	1460.33	13.55	112.91
	2019	100.07	78.70	650.63	15.50	81.38
	2020	108.37	79.69	1343.67	1.19	100.87
	2021	118.86	90.44	735.92	18.83	95.43
	2022	118.73	95.28	1119.74	2.38	92.65
	2023	111.17	93.30	576.33	19.16	73.77

续表

所有制	年份	平均值	中位值	最大值	最小值	标准差
国有绝对控股公司	十一年增幅	46.62	37.51	300.59	11.74	—
	年均增长率/%	5.07	4.79	6.93	9.01	—
	比上年增幅	-7.56	-1.98	-543.41	16.78	—
	比上年增长率/%	-6.37	-2.08	-48.53	705.04	—
国有强相对控股公司	2012	66.31	48.35	569.40	5.57	60.60
	2015	72.64	52.90	863.70	6.30	74.47
	2016	79.91	57.80	856.28	6.31	81.91
	2017	87.10	63.96	602.33	9.52	78.22
	2018	87.36	64.08	563.73	8.25	74.59
	2019	97.20	76.16	722.36	4.53	80.25
	2020	114.28	80.88	1000.78	5.00	116.45
	2021	127.56	86.17	1260.57	5.67	133.39
	2022	123.26	86.63	718.61	7.67	108.18
	2023	117.90	87.88	1158.29	3.67	103.53
	十一年增幅	51.59	39.53	588.89	-1.90	—
	年均增长率/%	5.37	5.58	6.67	-3.72	—
	比上年增幅	-5.36	1.25	439.68	-4.00	—
	比上年增长率/%	-4.35	1.44	61.18	-52.15	—
国有弱相对控股公司	2012	75.16	47.72	1458.33	6.00	109.49
	2015	85.39	55.01	856.53	7.63	106.89
	2016	92.97	54.06	1068.82	4.10	125.17
	2017	101.53	63.09	999.27	11.52	118.96
	2018	114.14	72.09	1406.56	8.25	144.73
	2019	123.80	78.34	1506.27	7.52	140.56
	2020	149.02	91.99	1594.90	16.11	194.70
	2021	143.21	97.29	1462.27	14.70	175.19
	2022	137.33	102.00	1162.85	13.67	138.95
	2023	146.06	106.67	1526.13	19.40	150.00
	十一年增幅	70.90	58.95	67.80	13.40	—
	年均增长率/%	6.23	7.59	0.41	11.26	—
	比上年增幅	8.73	4.67	363.28	5.73	—
	比上年增长率/%	6.36	4.58	31.24	41.92	—

续表

所有制	年份	平均值	中位值	最大值	最小值	标准差
国有参股公司	2012	64.58	46.52	530.00	3.40	65.45
	2015	99.87	58.53	3462.22	4.67	186.11
	2016	99.21	60.94	2591.61	5.20	157.33
	2017	103.26	65.75	2062.00	5.60	136.47
	2018	102.36	70.62	1233.16	9.27	112.49
	2019	122.32	79.77	3045.43	6.31	174.30
	2020	136.35	91.72	1642.90	9.27	151.23
	2021	147.83	95.47	2757.44	5.49	182.14
	2022	141.13	96.69	1963.86	6.13	158.53
	2023	128.20	90.26	1382.92	12.38	135.28
	十一年增幅	63.62	43.74	852.92	8.98	—
	年均增长率/%	6.43	6.21	9.11	12.47	—
	比上年增幅	−12.93	−6.43	−580.94	6.25	—
	比上年增长率/%	−9.16	−6.65	−29.58	101.96	—
无国有股份公司	2012	58.17	43.68	776.49	3.75	61.17
	2015	75.50	50.63	1271.91	0.28	94.61
	2016	74.30	54.49	923.76	4.00	77.63
	2017	78.42	58.07	800.84	5.67	72.42
	2018	81.15	60.83	1566.65	5.40	85.46
	2019	93.46	69.70	1864.47	7.20	104.18
	2020	103.25	77.05	3478.30	8.47	130.97
	2021	117.42	86.11	1517.85	6.12	117.55
	2022	123.09	87.83	3916.96	8.00	151.36
	2023	122.65	92.30	2875.62	13.72	133.35
	十一年增幅	64.48	48.62	2099.13	9.97	—
	年均增长率/%	7.02	7.04	12.64	12.52	—
	比上年增幅	−0.44	4.47	−1041.34	5.72	—
	比上年增长率/%	−0.36	5.09	−26.59	71.50	—

注：①薪酬增幅误差源于原始数据库的四舍五入；②"比上年增幅"和"比上年增长率"均指2023年与2022年的比较。

由表25-4可知，2012～2023年，五类所有制上市公司高管薪酬都处于增长态势。其中，国有弱相对控股公司高管薪酬均值增幅排名第一，为70.90万元，无国有股份公司高管薪酬均值年均增长率排名第一，为7.02%；高管薪酬均值增幅最低和年均增长率最低的均为国有绝对控股公司，分别为

46.62万元和5.07%。

图25-5更加直观地描绘了2012～2023年不同所有制上市公司高管薪酬均值增幅和年均增长率的比较结果。可以看出，国有弱相对控股公司的薪酬增幅位列第一，且明显高于其他四类所有制公司；无国有股份公司的薪酬年均增长率位列第一。

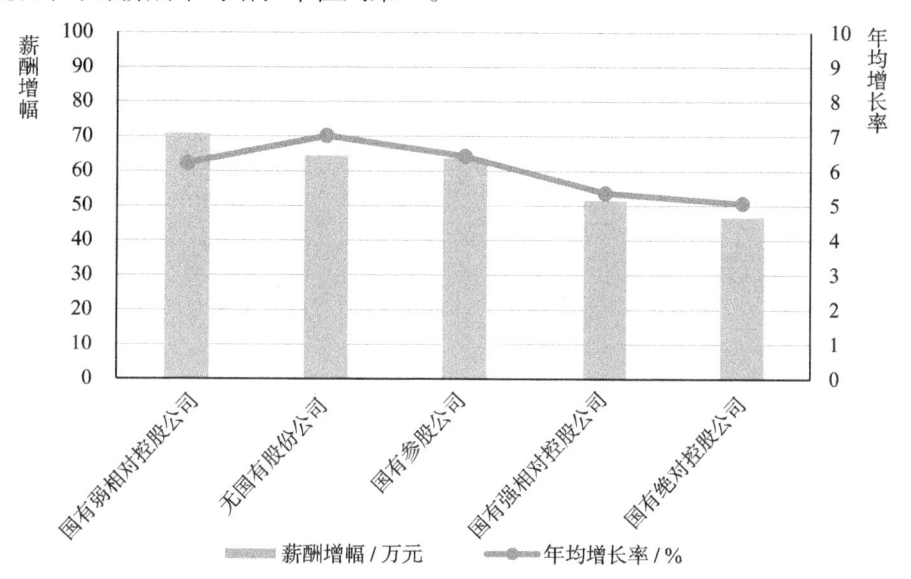

图25-5　2012～2023年不同所有制上市公司高管薪酬均值增幅和年均增长率的变化

与2022年相比，2023年国有弱相对控股公司高管薪酬均值增幅为8.73万元，提高6.36%；其他四类所有制公司高管薪酬均值都是下降的，其中国有参股公司降幅最大，为12.93万元，同比下降9.16%。降幅最低的是无国有股份公司，下降0.44万元，同比下降0.36%。

图25-6描绘了2022～2023年不同所有制上市公司高管薪酬均值增幅和增长率的变化情况。可以看出，高管薪酬均值增幅和增长率从高到低依次为国有弱相对控股公司、无国有股份公司、国有强相对控股公司、国有绝对控股公司和国有参股公司。

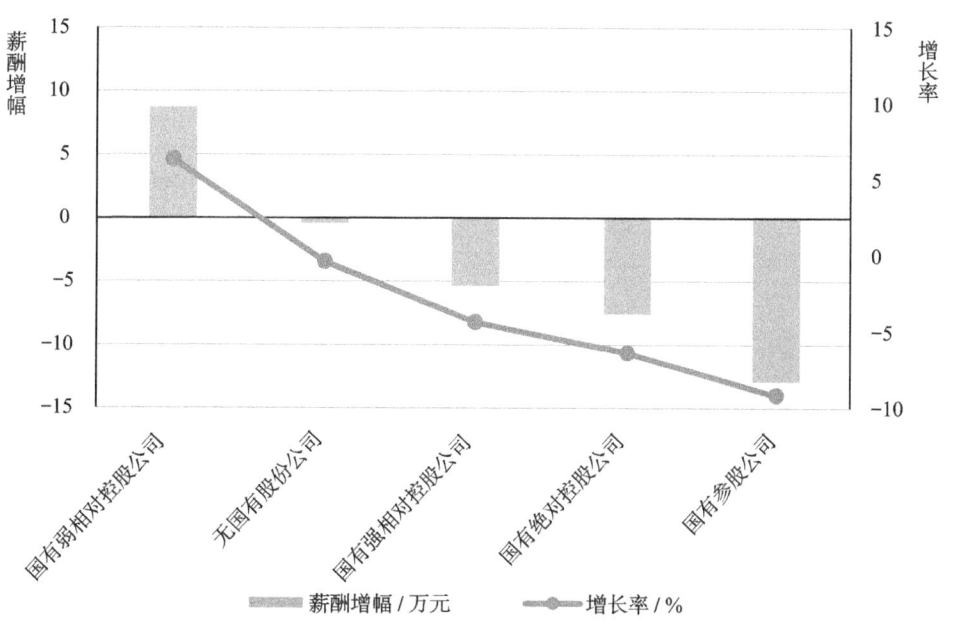

图25-6　2022～2023年不同所有制上市公司高管薪酬均值增幅和增长率比较

我们进一步将国有绝对控股公司、国有强相对控股公司和国有弱相对控股公司归类为国有控股公司，将国有参股公司和无国有股份公司归类为非国有控股公司，表25-5比较了2012～2023年国有控股公司和非国有控股公司高管薪酬的变化情况。

表25-5　2012～2023年国有和非国有控股公司高管薪酬比较　　　　单位：万元

所有制	年份	平均值	中位值	最大值	最小值	标准差
国有控股公司	2012	68.61	51.67	1458.33	45.57	75.97
	2015	76.93	55.33	863.70	4.55	84.25
	2016	82.78	56.65	1068.82	4.10	94.68
	2017	91.21	64.25	999.27	9.52	92.46
	2018	98.96	67.43	1460.33	8.25	113.33
	2019	107.90	77.09	1506.27	4.53	107.94
	2020	118.92	81.32	1594.90	1.19	131.81
	2021	127.81	90.08	1462.27	5.67	132.20
	2022	124.72	93.41	1162.85	2.38	110.81
	2023	123.09	93.88	1526.13	3.67	110.37
	十一年增幅	54.48	42.21	67.80	−41.90	—
	年均增长率/%	5.46	5.58	0.41	−20.47	—
	比上年增幅	−1.63	0.47	363.28	1.29	—
	比上年增长率/%	−1.31	0.50	31.24	54.20	—
非国有控股公司	2012	60.01	44.57	776.49	3.40	62.47
	2015	84.53	54.07	3462.22	0.28	136.40
	2016	84.07	56.38	2591.61	4.00	116.27
	2017	87.27	60.80	2062.00	5.60	100.77
	2018	88.69	63.70	1566.65	5.40	96.48
	2019	104.06	73.29	3045.43	6.31	134.99
	2020	114.25	81.46	3478.30	8.47	138.91
	2021	125.91	88.60	2757.44	5.49	139.30
	2022	128.47	89.46	3916.96	6.13	153.75
	2023	124.49	91.57	2875.62	12.38	134.02
	十一年增幅	64.48	47.00	2099.13	8.98	—
	年均增长率/%	6.86	6.76	12.64	12.47	—
	比上年增幅	−3.98	2.11	−1041.34	6.25	—
	比上年增长率/%	−3.10	2.36	−26.59	101.96	—

注：①薪酬增幅误差源于原始数据库的四舍五入；②"比上年增幅"和"比上年增长率"均指2023年与2022年的比较。

从表 25-5 可以看出，2012～2023 年，非国有控股公司高管薪酬增幅和年均增长率分别为 64.48 万元和 6.86%，均高于国有控股公司的 54.48 万元和 5.46%。与 2022 年相比，2023 年国有控股公司高管薪酬均值下降，降幅为 1.63 万元，同比下降 1.31%；非国有控股公司高管薪酬均值也下降，降幅为 3.98 万元，同比下降 3.10%。

25.2 高管薪酬指数的年度比较

本节将从总体、地区、行业和所有制四个角度，来比较 2012 年以及 2015～2023 年样本上市公司高管薪酬指数的变化情况。需要说明的是，从 2019 年度开始，在计算高管薪酬指数时，采用了高管薪酬对营业总收入求比值方法（具体方法参见第 1 章），而不是对营业收入求比值，以使计算出来的薪酬指数更加客观。为便于比较，对之前年度的高管薪酬指数也进行了同样的调整。

25.2.1 高管薪酬指数总体的年度比较

表 25-6 列示了 2012 年以及 2015～2023 年高管薪酬指数的变化情况。

表 25-6 2012～2023 年上市公司高管薪酬指数比较

年份	样本量	平均值	中位值	最大值	最小值	标准差
2012	2310	130.49	55.90	9915.94	0.08	388.89
2015	2632	208.93	82.03	13844.05	0.08	629.98
2016	2829	220.68	86.09	30477.98	0.06	889.58
2017	3140	202.12	87.84	13978.82	0.11	638.62
2018	3484	192.83	84.07	20168.57	0.10	638.25
2019	3560	189.35	78.07	45843.07	0.09	959.06
2020	3754	194.94	81.56	20420.98	0.14	662.75
2021	4172	161.30	85.12	14675.36	0.11	357.00
2022	4680	143.43	71.74	11225.14	0.08	317.66
2023	5052	190.64	86.15	45435.66	0.04	859.57
十一年增幅		60.15	30.25	35519.72	-0.04	—
年均增长率/%		3.51	4.01	14.84	-6.11	—
比上年增幅		47.21	14.41	34210.52	-0.04	—
比上年增长率/%		32.92	20.09	304.77	-50.00	—

注：①薪酬指数增幅误差源于原始数据库的四舍五入；②"比上年增幅"和"比上年增长率"均指 2023 年与 2022 年的比较。

从表 25-6 可以看出，上市公司高管薪酬指数均值从 2012 年的 130.49 分，逐步上升至 2016 年的 220.68 分，之后六年总体处于下降态势，2023 年又回升至 190.64 分，大体呈现"N"型波动趋势。2023 年高管薪酬指数的上升，原因在于经济下行情况下，高管薪酬与公司业绩同步下降，但前者下降程度小于后者。相比 2022 年,2023 年上市公司高管薪酬指数均值增加 47.21 分,同比上升 32.92%。

25.2.2 分地区高管薪酬指数的年度比较

按照东部、中部、西部和东北四个地区的划分,我们对 2012 年以及 2015～2023 年上市公司高管薪酬指数的变化情况进行比较,如表 25-7 所示。

表 25-7 2012～2023 年不同地区上市公司高管薪酬指数比较

地区	年份	平均值	中位值	最大值	最小值	标准差
东部	2012	141.95	62.52	9915.94	0.08	447.87
	2015	204.81	93.83	13844.05	0.08	588.76
	2016	224.33	93.65	30477.98	0.06	950.46
	2017	209.90	95.96	13978.82	0.11	649.75
	2018	200.34	91.86	17250.47	0.10	613.62
	2019	183.72	88.05	19345.24	0.09	644.18
	2020	205.76	88.13	20420.98	0.14	741.17
	2021	168.11	92.27	14675.36	0.11	390.27
	2022	149.71	76.73	11225.14	0.08	338.03
	2023	205.38	95.70	45435.66	0.04	1000.58
	十一年增幅	63.43	33.18	35519.72	-0.04	—
	年均增长率 / %	3.42	3.95	14.84	-6.11	—
	比上年增幅	55.67	18.97	34210.52	-0.04	—
	比上年增长率 / %	37.19	24.72	304.77	-50.00	—
中部	2012	92.76	38.16	2874.93	0.54	208.83
	2015	199.38	58.34	6529.41	0.38	638.41
	2016	176.46	61.46	6000.66	0.30	537.01
	2017	184.47	64.22	12450.08	1.03	691.56
	2018	184.42	58.29	20168.57	0.62	975.96
	2019	237.19	56.96	45843.07	0.72	2148.50
	2020	119.57	55.99	2309.55	0.67	203.28
	2021	119.89	59.50	1484.02	0.56	172.83
	2022	108.48	51.92	1387.60	0.44	157.54
	2023	136.46	61.73	1843.93	0.45	195.01
	十一年增幅	43.70	23.57	-1031.00	-0.09	—
	年均增长率 / %	3.57	4.47	-3.96	-1.64	—
	比上年增幅	27.98	9.81	456.33	0.01	—
	比上年增长率 / %	25.79	18.89	32.89	2.27	—

续表

地区	年份	平均值	中位值	最大值	最小值	标准差
西部	2012	126.19	52.33	3120.32	0.50	299.88
	2015	225.94	74.44	10121.59	0.83	737.42
	2016	252.03	80.99	13242.34	1.29	949.31
	2017	196.34	82.23	11300.85	1.43	615.65
	2018	180.11	79.55	5385.24	1.74	392.07
	2019	179.22	69.95	6524.29	1.81	457.53
	2020	215.22	74.09	7098.19	0.38	579.86
	2021	153.00	78.53	2690.56	1.07	239.26
	2022	139.77	66.76	6502.13	0.26	327.57
	2023	160.44	78.02	3916.38	0.05	299.61
	十一年增幅	34.25	25.69	796.06	-0.45	—
	年均增长率/%	2.21	3.70	2.09	-18.89	—
	比上年增幅	20.67	11.26	-2585.75	-0.21	—
	比上年增长率/%	14.79	16.87	-39.77	-80.77	—
东北	2012	112.43	56.13	1424.01	0.72	188.43
	2015	239.34	64.92	5817.78	0.96	768.14
	2016	207.71	65.76	7048.30	2.19	641.09
	2017	157.88	67.33	2196.84	2.04	271.98
	2018	136.55	62.74	1697.99	1.36	207.23
	2019	166.85	69.01	2371.19	1.38	312.18
	2020	183.61	62.91	2346.86	1.53	322.63
	2021	205.32	60.83	4704.08	0.77	470.39
	2022	157.78	64.06	2180.12	0.75	290.92
	2023	196.03	70.56	3655.15	1.15	403.55
	十一年增幅	83.60	14.43	2231.14	0.43	—
	年均增长率/%	5.18	2.10	8.95	4.35	—
	比上年增幅	38.25	6.50	1475.03	0.40	—
	比上年增长率/%	24.24	10.15	67.66	53.33	—

注：①薪酬指数增幅误差源于原始数据库的四舍五入；②"比上年增幅"和"比上年增长率"均指2023年与2022年的比较。

从表25-7可以看出，2012～2023年，四个地区上市公司高管薪酬指数均值都呈现上升态势。其中，东北地区高管薪酬指数均值增幅和年均增长率都是最高，分别为83.60分和5.18%；西部地区高管薪酬指数均值增幅和年均增长率都是最低，分别为34.25分和2.21%。

图 25-7 更为直观地显示了 2012~2023 年四个地区上市公司高管薪酬指数均值增幅和增长率的比较结果。四个地区上市公司高管薪酬指数均值增幅从高到低依次是东北、东部、中部和西部；年均增长率从高到低依次是东北、中部、东部和西部。其中，东北地区上市公司高管薪酬指数均值增幅和年均增长率都明显高于其他三个地区。

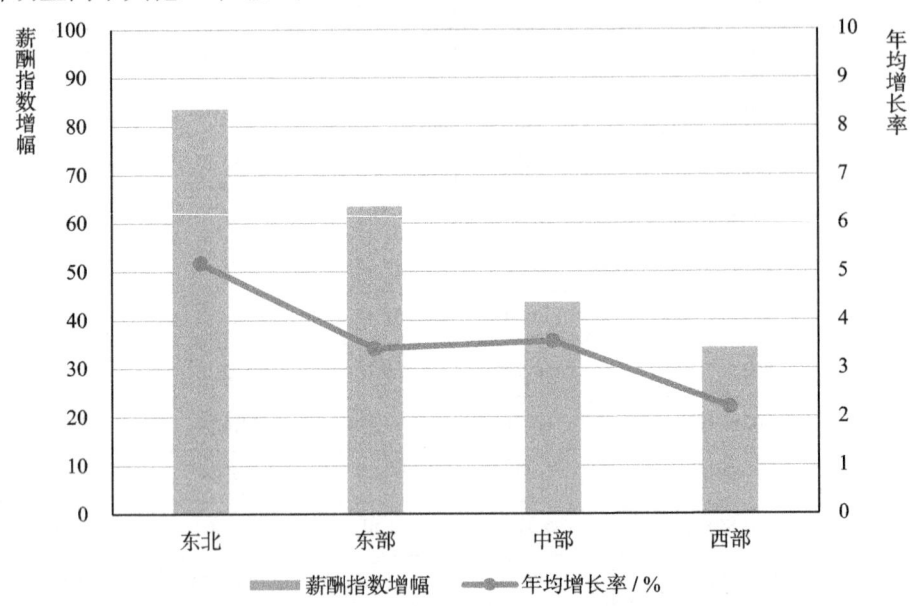

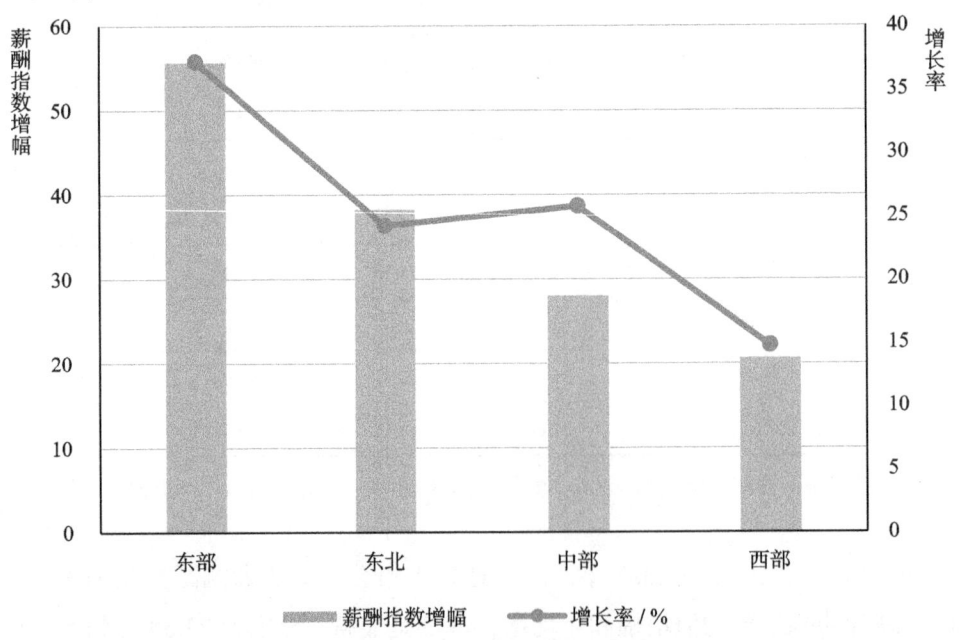

图 25-7　2012~2023 年不同地区上市公司高管薪酬指数均值增幅和年均增长率的变化

与 2022 年相比，2023 年四个地区上市公司高管薪酬指数均值和增长率均上升，其中东部地区增幅最大，为 55.67 分，同比增长 37.19%。

图 25-8 显示了 2022~2023 年四个地区上市公司高管薪酬指数均值增幅和增长率的变化情况。可以看出，四个地区上市公司高管薪酬指数均值都在上升，薪酬指数均值增幅由高到低依次是东部、东北、中部和西部；增长率从高到低依次是东部、中部、东北和西部。

图 25-8　2022~2023 年不同地区上市公司高管薪酬指数均值增幅和增长率比较

25.2.3 分行业高管薪酬指数的年度比较

各行业在不同年度的经营状况不一，高管薪酬指数也会受到影响，我们比较了 2012 年以及 2015～2023 年上市公司高管薪酬指数在不同行业的变化情况，如表 25-8 所示。

表 25-8　2012～2023 年不同行业上市公司高管薪酬指数比较

行业	年份	平均值	中位值	最大值	最小值	标准差
农、林、牧、渔业（A）	2012	94.69	71.93	367.25	5.54	87.54
	2015	155.87	79.81	1029.90	13.14	214.40
	2016	165.50	72.17	835.82	8.33	198.40
	2017	168.84	84.49	1024.60	16.79	229.59
	2018	187.56	75.46	1572.25	6.58	297.98
	2019	188.16	72.63	2145.29	9.85	376.92
	2020	190.53	86.28	2048.63	5.81	335.94
	2021	142.58	86.33	984.94	4.28	219.93
	2022	124.33	55.32	1268.03	4.39	236.72
	2023	101.08	53.90	949.86	3.85	156.30
	十一年增幅	6.39	-18.03	582.61	-1.69	—
	年均增长率/%	0.60	-2.59	9.02	-3.25	—
	比上年增幅	-23.25	-1.42	-318.17	-0.54	—
	比上年增长率/%	-18.70	-2.57	-25.09	-12.30	—
采矿业（B）	2012	86.06	18.65	1093.37	0.08	191.12
	2015	227.01	35.63	3565.38	0.08	592.22
	2016	334.64	31.64	13242.34	0.10	1551.58
	2017	141.47	31.86	1636.45	0.11	290.21
	2018	174.62	27.56	4668.88	0.10	572.19
	2019	101.34	27.44	1795.27	0.09	251.58
	2020	86.84	24.64	1036.41	0.14	156.36
	2021	87.53	19.48	927.00	0.11	154.63
	2022	70.04	16.31	646.31	0.08	119.08
	2023	79.49	21.79	716.94	0.08	126.13
	十一年增幅	-6.57	3.14	-376.43	0.00	—
	年均增长率/%	-0.72	1.42	-3.76	0.00	—
	比上年增幅	9.45	5.48	70.63	0.00	—
	比上年增长率/%	13.49	33.60	10.93	0.00	—

续表

行业	年份	平均值	中位值	最大值	最小值	标准差
制造业（C）	2012	108.59	56.89	5002.34	0.46	250.43
	2015	182.80	88.14	10121.59	0.38	488.29
	2016	176.68	91.03	8195.70	0.47	369.89
	2017	182.94	92.29	12450.08	0.58	484.59
	2018	173.25	89.32	20168.57	0.76	543.14
	2019	172.56	86.99	45843.07	0.72	1010.28
	2020	175.23	86.21	20420.98	0.67	566.29
	2021	154.02	90.50	14675.36	0.61	349.20
	2022	136.06	76.64	11225.14	0.26	304.76
	2023	195.61	93.35	45435.66	0.05	1029.43
	十一年增幅	87.02	36.46	40433.32	−0.41	—
	年均增长率/%	5.50	4.61	22.21	−18.27	—
	比上年增幅	59.55	16.71	34210.52	−0.21	—
	比上年增长率/%	43.77	21.80	304.77	−80.77	—
电力、热力、燃气及水生产和供应业（D）	2012	77.13	32.63	1592.90	1.15	186.79
	2015	71.76	46.61	559.23	1.89	87.54
	2016	82.05	52.75	677.39	1.60	104.27
	2017	92.74	55.06	1634.12	1.49	182.19
	2018	94.92	44.45	1928.77	1.33	222.84
	2019	99.70	38.55	2805.57	1.16	280.60
	2020	114.15	41.95	3150.01	1.29	365.94
	2021	85.89	37.76	1447.05	0.77	189.51
	2022	62.51	28.30	1032.06	0.62	130.09
	2023	79.36	31.70	2067.60	0.66	200.32
	十一年增幅	2.23	−0.93	474.70	−0.49	—
	年均增长率/%	0.26	−0.26	2.40	−4.92	—
	比上年增幅	16.85	3.40	1035.54	0.04	—
	比上年增长率/%	26.96	12.01	100.34	6.45	—
建筑业（E）	2012	38.78	28.37	207.01	0.27	39.91
	2015	89.95	33.80	2371.57	0.37	283.56
	2016	101.74	41.63	1602.25	0.29	213.56
	2017	82.05	40.85	1234.56	0.28	145.08
	2018	99.69	40.48	1335.11	0.28	199.13

续表

行业	年份	平均值	中位值	最大值	最小值	标准差
建筑业（E）	2019	105.58	36.84	2722.62	0.29	302.91
	2020	93.97	34.60	1663.07	0.14	195.62
	2021	94.45	42.41	781.66	0.20	151.03
	2022	96.43	38.53	1082.80	0.12	172.65
	2023	138.35	38.76	1885.13	0.04	299.53
	十一年增幅	99.57	10.39	1678.12	-0.23	—
	年均增长率/%	12.26	2.88	22.24	-15.94	—
	比上年增幅	41.92	0.23	802.33	-0.08	—
	比上年增长率/%	43.47	0.60	74.10	-66.67	—
批发和零售业（F）	2012	74.44	23.77	1426.80	0.16	176.37
	2015	145.17	28.24	4844.17	0.53	518.86
	2016	136.42	31.09	5475.92	1.18	503.65
	2017	180.29	31.02	11060.73	0.40	914.03
	2018	136.99	30.65	7647.21	0.51	622.97
	2019	189.83	25.76	15434.59	0.21	1226.80
	2020	110.98	31.22	1747.51	0.21	232.50
	2021	116.30	32.50	1765.91	0.72	257.99
	2022	122.77	27.06	7056.52	0.50	537.91
	2023	85.34	30.78	1084.99	0.54	142.92
	十一年增幅	10.90	7.01	-341.81	0.38	—
	年均增长率/%	1.25	2.38	-2.46	11.69	—
	比上年增幅	-37.43	3.72	-5971.53	0.04	—
	比上年增长率/%	-30.49	13.75	-84.62	8.00	—
交通运输、仓储和邮政业（G）	2012	83.04	42.66	356.15	1.67	94.90
	2015	105.31	65.01	703.69	1.93	132.16
	2016	95.65	46.33	571.27	0.30	122.11
	2017	86.41	47.50	590.51	1.93	119.41
	2018	85.02	40.39	519.77	1.43	115.75
	2019	93.01	39.17	1949.41	1.32	211.90
	2020	71.48	41.70	534.39	1.09	89.98
	2021	68.82	29.97	627.61	1.13	94.34
	2022	58.85	26.81	868.37	0.92	98.42
	2023	67.01	26.85	877.62	0.44	109.02

续表

行业	年份	平均值	中位值	最大值	最小值	标准差
交通运输、仓储和邮政业（G）	十一年增幅	−16.03	−15.81	521.47	−1.23	—
	年均增长率/%	−1.93	−4.12	8.54	−11.42	—
	比上年增幅	8.16	0.04	9.25	−0.48	—
	比上年增长率/%	13.87	0.15	1.07	−52.17	—
住宿和餐饮业（H）	2012	440.45	129.89	1898.26	28.23	626.64
	2015	909.03	247.45	5144.51	36.15	1479.53
	2016	1282.26	180.47	4989.14	12.83	1702.24
	2017	854.76	170.91	4981.70	13.70	1548.08
	2018	637.43	174.53	3334.78	12.51	1052.99
	2019	727.11	183.46	3728.41	10.82	1210.09
	2020	961.94	154.64	5834.53	13.59	1990.50
	2021	103.02	82.63	212.68	13.04	59.28
	2022	116.78	115.61	250.08	11.21	71.49
	2023	91.39	84.00	181.01	12.90	54.80
	十一年增幅	−349.06	−45.89	−1717.25	−15.33	—
	年均增长率/%	−13.32	−3.88	−19.24	−6.87	—
	比上年增幅	−25.39	−31.61	−69.07	1.69	—
	比上年增长率/%	−21.74	−27.34	−27.62	15.08	—
信息传输、软件和信息技术服务业（I）	2012	232.35	169.83	3120.32	0.17	346.30
	2015	307.61	226.81	2617.14	0.38	341.73
	2016	256.22	158.01	2084.40	0.06	301.27
	2017	246.13	169.45	1905.72	0.59	250.18
	2018	246.94	145.74	3456.34	0.57	328.13
	2019	232.91	142.18	3451.93	0.56	329.63
	2020	285.49	144.57	7098.19	0.61	596.32
	2021	254.07	168.88	2248.78	0.51	277.68
	2022	237.88	136.94	4425.32	0.19	341.47
	2023	290.84	170.42	2647.46	0.20	347.86
	十一年增幅	58.49	0.59	−472.86	0.03	—
	年均增长率/%	2.06	0.03	−1.48	1.49	—
	比上年增幅	52.96	33.48	−1777.86	0.01	—
	比上年增长率/%	22.26	24.45	−40.17	5.26	—

续表

行业	年份	平均值	中位值	最大值	最小值	标准差
金融业（J）	2012	135.37	66.92	531.35	0.35	156.37
	2015	112.45	30.10	1816.02	0.28	266.62
	2016	262.26	52.45	7387.03	0.23	980.06
	2017	292.82	69.09	5346.34	0.40	851.33
	2018	360.55	82.91	8605.17	0.34	1212.34
	2019	223.68	53.14	8041.54	0.25	845.01
	2020	235.20	40.81	11635.46	0.25	1119.31
	2021	137.99	35.39	3485.36	0.28	386.82
	2022	137.42	28.11	5847.47	0.23	558.07
	2023	109.42	28.23	3506.50	0.26	355.11
	十一年增幅	-25.95	-38.69	2975.15	-0.09	—
	年均增长率/%	-1.92	-7.55	18.71	-2.67	—
	比上年增幅	-28.00	0.12	-2340.97	0.03	—
	比上年增长率/%	-20.38	0.43	-40.03	13.04	—
房地产业（K）	2012	323.97	88.12	7838.23	6.32	896.59
	2015	480.75	94.63	8729.60	6.00	1311.47
	2016	809.87	83.57	30477.98	3.16	3335.37
	2017	446.60	87.92	12232.29	2.50	1566.18
	2018	398.73	78.22	17250.47	5.90	1693.66
	2019	334.56	68.73	8480.24	4.22	1058.83
	2020	406.18	57.22	16343.32	3.40	1729.92
	2021	172.65	58.94	4704.08	2.24	485.99
	2022	127.42	34.00	2180.12	1.53	306.94
	2023	140.66	41.99	3065.85	0.42	356.55
	十一年增幅	-183.31	-46.13	-4772.38	-5.90	—
	年均增长率/%	-7.30	-6.52	-8.18	-21.84	—
	比上年增幅	13.24	7.99	885.73	-1.11	—
	比上年增长率/%	10.39	23.50	40.63	-72.55	—
租赁和商务服务业（L）	2012	92.42	39.26	480.99	4.00	131.29
	2015	152.29	55.36	1712.59	3.64	327.11
	2016	140.91	85.15	1378.33	2.25	233.34
	2017	122.54	84.65	614.65	2.67	135.64
	2018	152.42	80.28	1500.86	2.61	238.77

续表

行业	年份	平均值	中位值	最大值	最小值	标准差
租赁和商务服务业（L）	2019	288.22	78.81	7156.76	1.89	980.85
	2020	393.36	79.63	10547.72	1.74	1396.12
	2021	187.04	78.39	1249.02	1.45	252.41
	2022	139.15	72.84	530.13	1.01	140.34
	2023	151.98	96.89	688.94	1.68	155.74
	十一年增幅	59.56	57.63	207.95	-2.32	—
	年均增长率/%	4.63	8.56	3.32	-7.58	—
	比上年增幅	12.83	24.05	158.81	0.67	—
	比上年增长率/%	9.22	33.02	29.96	66.34	—
科学研究和技术服务业（M）	2012	231.02	126.89	483.28	29.71	170.83
	2015	259.15	161.95	606.58	46.79	188.57
	2016	363.27	280.28	1544.92	35.15	378.30
	2017	405.57	211.36	3647.66	27.66	648.05
	2018	369.04	157.16	2439.95	31.57	504.46
	2019	335.27	168.63	2371.19	27.03	448.29
	2020	326.81	145.24	1845.04	21.89	413.62
	2021	318.95	154.91	1654.51	19.39	367.54
	2022	247.67	150.77	1144.82	20.75	235.46
	2023	296.61	208.75	2456.85	21.66	320.20
	十一年增幅	65.59	81.86	1973.57	-8.05	—
	年均增长率/%	2.30	4.63	15.93	-2.83	—
	比上年增幅	48.94	57.98	1312.03	0.91	—
	比上年增长率/%	19.76	38.46	114.61	4.39	—
水利、环境和公共设施管理业（N）	2012	150.40	116.86	447.86	9.03	124.70
	2015	386.41	156.80	5577.07	12.29	981.55
	2016	392.79	138.71	7048.30	3.65	1187.36
	2017	221.72	122.56	2196.84	17.63	345.38
	2018	158.96	101.04	1007.23	12.67	165.66
	2019	137.68	85.63	724.59	3.46	148.91
	2020	161.59	95.68	816.68	2.70	172.34
	2021	204.84	140.61	988.53	2.87	208.87
	2022	211.17	125.93	1654.60	6.76	273.97
	2023	286.28	148.68	3655.15	9.39	497.19

续表

行业	年份	平均值	中位值	最大值	最小值	标准差
水利、环境和公共设施管理业（N）	十一年增幅	135.88	31.82	3207.29	0.36	—
	年均增长率/%	6.03	2.21	21.03	0.36	—
	比上年增幅	75.11	22.75	2000.55	2.63	—
	比上年增长率/%	35.57	18.07	120.91	38.91	—
教育（P）	2012	104.73	104.73	104.73	104.73	—
	2015	132.88	132.88	132.88	132.88	—
	2016	116.16	94.53	174.41	79.55	41.64
	2017	171.65	121.90	390.73	52.07	133.13
	2018	794.51	109.84	4481.53	11.49	1522.97
	2019	520.79	89.15	3114.94	40.74	990.97
	2020	453.12	204.64	2060.83	30.98	585.51
	2021	441.52	193.82	1872.58	19.31	520.79
	2022	466.15	276.05	1957.97	13.26	554.19
	2023	541.94	336.26	1880.64	30.57	560.33
	十一年增幅	437.21	231.53	1775.91	-74.16	—
	年均增长率/%	16.12	11.19	30.02	-10.59	—
	比上年增幅	75.79	60.21	-77.33	17.31	—
	比上年增长率/%	16.26	21.81	-3.95	130.54	—
卫生和社会工作（Q）	2012	193.76	118.85	420.36	42.07	199.96
	2015	139.63	86.96	312.90	71.71	100.61
	2016	164.54	88.30	421.55	40.80	139.75
	2017	1834.73	100.10	13978.82	33.61	4590.35
	2018	715.02	64.81	7047.72	33.34	2003.19
	2019	1694.95	84.77	19345.24	29.73	5322.10
	2020	607.79	65.53	4925.12	18.47	1325.69
	2021	114.60	87.38	288.14	18.96	80.70
	2022	86.04	62.48	211.87	13.54	59.89
	2023	91.72	76.96	232.66	12.45	65.37
	十一年增幅	-102.04	-41.89	-187.70	-29.62	—
	年均增长率/%	-6.57	-3.87	-5.24	-10.48	—
	比上年增幅	5.68	14.48	20.79	-1.09	—
	比上年增长率/%	6.60	23.18	9.81	-8.05	—

续表

行业	年份	平均值	中位值	最大值	最小值	标准差
文化、体育和娱乐业（R）	2012	112.00	84.90	638.19	13.25	143.42
	2015	369.81	111.88	6529.41	15.60	1072.78
	2016	167.52	106.50	1542.72	9.23	245.48
	2017	146.23	119.60	542.21	11.20	112.75
	2018	154.99	110.73	1170.62	10.78	177.78
	2019	168.61	98.45	1156.62	9.15	201.02
	2020	247.82	152.53	1695.80	8.07	292.18
	2021	194.09	112.45	1184.28	10.60	225.82
	2022	208.75	113.11	1299.73	5.54	272.61
	2023	197.12	107.44	1265.00	9.57	258.03
	十一年增幅	85.12	22.54	626.81	-3.68	—
	年均增长率/%	5.27	2.16	6.42	-2.91	—
	比上年增幅	-11.63	-5.67	-34.73	4.03	—
	比上年增长率/%	-5.57	-5.01	-2.67	72.74	—
综合（S）	2012	850.70	118.05	9915.94	30.66	2171.55
	2015	981.85	117.92	13844.05	24.65	2762.41
	2016	1115.34	165.41	9449.11	27.61	2493.52
	2017	680.28	159.40	6530.44	20.92	1393.39
	2018	738.79	120.59	5758.32	10.98	1453.32
	2019	489.06	88.72	4996.28	8.44	1176.63
	2020	947.39	191.25	6590.50	9.12	1735.10
	2021	876.48	112.87	9084.68	16.58	2379.91
	2022	249.10	171.61	976.90	16.89	288.43
	2023	376.40	133.67	1354.85	21.63	493.66
	十一年增幅	-474.30	15.62	-8561.09	-9.03	—
	年均增长率/%	-7.14	1.14	-16.55	-3.12	—
	比上年增幅	127.30	-37.94	377.95	4.74	—
	比上年增长率/%	51.10	-22.11	38.69	28.06	—

注：①薪酬指数增幅误差源于原始数据库的四舍五入；②"比上年增幅"和"比上年增长率"均指2023年与2022年的比较；③居民服务、修理和其他服务业（O）只有1家上市公司，难以代表该行业整体水平，无法比较，故予以剔除。

从表25-8可以看出，2012～2023年，18个行业中，有11个行业的上市公司高管薪酬指数均值都是增长的，而且差距比较大。其中教育（P）高管薪酬指数均值增幅最大，为437.21分，年均增长率也最高，为16.12%，这意味着教育（P）行业受政策（尤其是"双减"政策）影响，高管薪酬与公司业绩出现了不同步，绩效增幅小于薪酬增幅，或者绩效降幅大于薪酬减幅。有7个行业的上市公司高管薪酬指数均值是下降的，其中综合（S）降幅最大，下降474.30分，年均下降7.14%。

图25-9更直观地描绘了2012～2023年不同行业上市公司高管薪酬指数均值增幅和年均增长率的变化情况，可以看出，增幅最大的三个行业分别是教育（P），水利、环境和公共设施管理业（N），以及建筑业（E）；增幅最小的三个行业分别是综合（S），住宿和餐饮业（H），以及房地产业（K）。

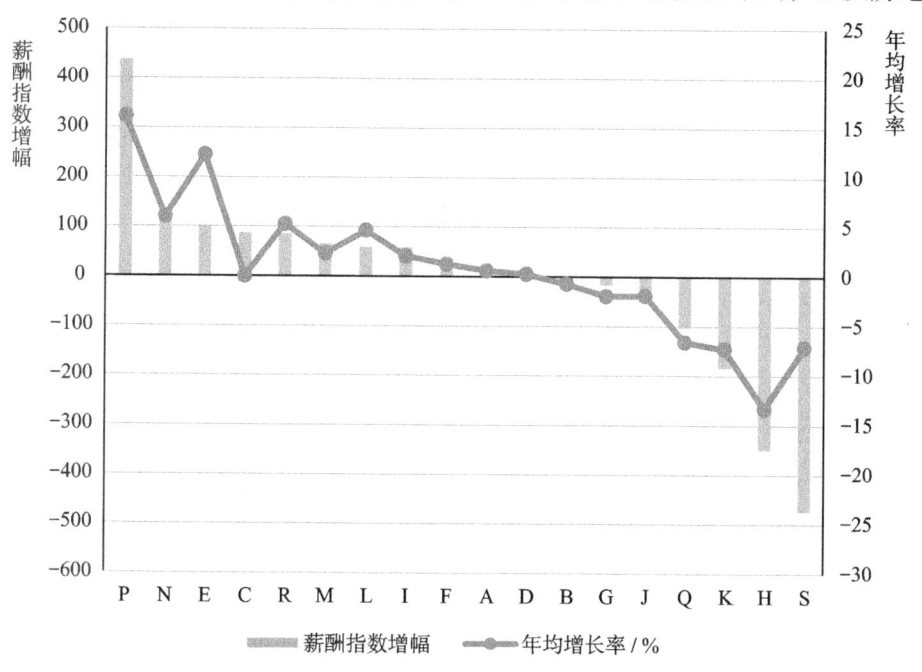

图25-9　2012～2023年不同行业上市公司高管薪酬指数均值增幅和年均增长率的变化

与2022年相比，2023年有13个行业的上市公司高管薪酬指数均值上升，增幅最大的是综合（S），增幅为127.30分，增长率为51.10%；其他5个行业的上市公司高管薪酬指数均值出现下降，其中降幅最大、下降速度最快的都是批发和零售业（F），降幅达37.43分，下降30.49%。

图25-10描绘了2022～2023年不同行业上市公司高管薪酬指数均值增幅和增长率的变化情况，可以看出，18个行业的高管薪酬指数均值增幅和增长率不都是一致的。

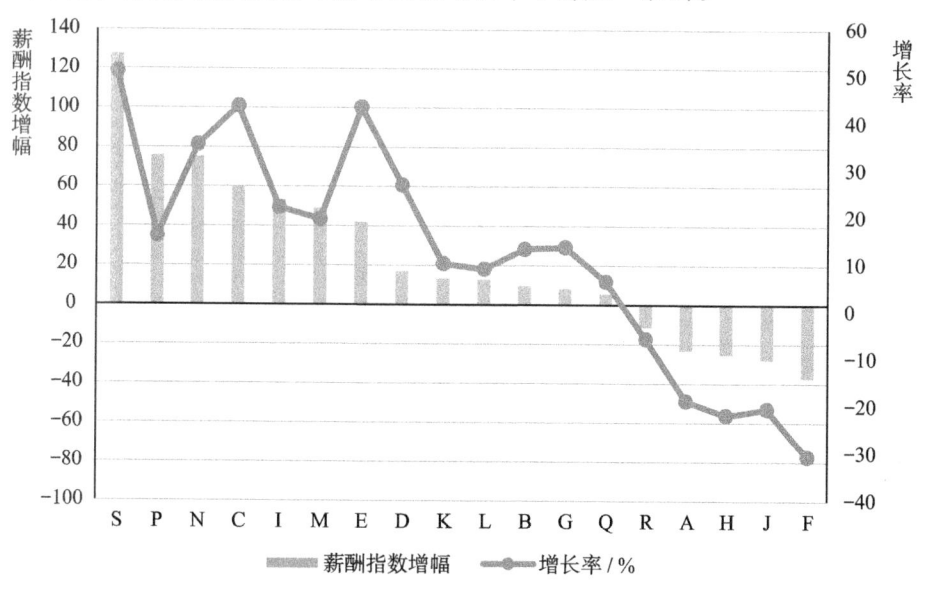

图25-10　2022～2023年不同行业上市公司高管薪酬指数均值增幅和增长率比较

25.2.4 分所有制高管薪酬指数的年度比较

不同的所有制会对上市公司高管薪酬指数产生影响。表25-9比较了2012年以及2015～2023年不同所有制上市公司高管薪酬指数的变化情况。

表25-9 2012～2023年不同所有制上市公司高管薪酬指数比较

所有制	年份	平均值	中位值	最大值	最小值	标准差
国有绝对控股公司	2012	40.71	19.11	459.90	0.08	58.83
	2015	57.64	27.52	892.84	0.08	88.80
	2016	61.36	25.93	1263.85	0.06	113.77
	2017	63.60	25.59	1137.84	0.11	113.07
	2018	64.39	25.65	1170.62	0.10	124.92
	2019	52.77	23.20	865.96	0.09	98.28
	2020	57.30	24.67	1372.58	0.14	100.32
	2021	56.81	24.26	1113.59	0.11	92.47
	2022	52.42	20.01	1191.27	0.08	102.11
	2023	67.97	22.50	3506.50	0.04	193.27
	十一年增幅	27.26	3.39	3046.60	-0.04	—
	年均增长率/%	4.77	1.50	20.28	-6.11	—
	比上年增幅	15.55	2.49	2315.23	-0.04	—
	比上年增长率/%	29.66	12.44	194.35	-50.00	—
国有强相对控股公司	2012	56.65	29.92	1050.79	0.35	86.49
	2015	114.77	42.33	5577.07	0.28	424.73
	2016	122.51	45.77	7919.14	0.23	521.81
	2017	110.50	45.90	11060.73	0.40	539.60
	2018	94.88	43.60	7647.21	0.34	382.51
	2019	105.45	38.72	15434.59	0.26	750.27
	2020	96.80	45.78	2519.11	0.61	188.3609
	2021	90.27	42.28	1681.31	0.51	163.86
	2022	89.89	32.00	7056.52	0.40	345.93
	2023	78.72	35.46	1084.99	0.05	127.78
	十一年增幅	22.07	5.54	34.20	-0.30	—
	年均增长率/%	3.04	1.56	0.29	-16.21	—
	比上年增幅	-11.17	3.46	-5971.53	-0.35	—
	比上年增长率/%	-12.43	10.81	-84.62	-87.50	—

续表

所有制	年份	平均值	中位值	最大值	最小值	标准差
国有弱相对控股公司	2012	117.52	47.09	7838.23	1.18	476.85
	2015	220.44	58.52	13844.05	1.35	1056.63
	2016	233.09	58.38	30477.98	0.95	1730.01
	2017	145.94	65.05	3647.66	1.26	313.63
	2018	148.71	57.74	4481.53	0.36	368.83
	2019	132.97	54.75	3114.94	0.91	307.03
	2020	167.14	64.97	2267.52	0.85	310.50
	2021	161.48	71.09	1872.58	1.07	255.42
	2022	120.19	54.24	1144.82	0.72	186.50
	2023	199.18	66.43	18226.31	0.42	922.66
	十一年增幅	81.66	19.34	10388.08	-0.76	—
	年均增长率/%	4.91	3.18	7.97	-8.96	—
	比上年增幅	78.99	12.19	17081.49	-0.30	—
	比上年增长率/%	65.72	22.47	1492.07	-41.67	—
国有参股公司	2012	177.91	70.16	4069.49	0.16	410.85
	2015	239.77	105.41	7899.92	0.53	556.94
	2016	276.05	97.49	16613.61	0.30	1033.87
	2017	216.27	99.54	13978.82	1.77	637.30
	2018	229.06	89.14	17250.47	1.67	811.81
	2019	243.46	89.10	45843.07	1.00	1687.55
	2020	223.96	91.82	16343.32	1.44	790.71
	2021	170.99	93.77	9084.68	1.82	384.83
	2022	174.08	89.20	11225.14	0.33	496.84
	2023	246.37	117.21	45435.66	1.15	1354.47
	十一年增幅	68.46	47.05	41366.17	0.99	—
	年均增长率/%	3.00	4.78	24.53	19.64	—
	比上年增幅	72.29	28.01	34210.52	0.82	—
	比上年增长率/%	41.53	31.40	304.77	248.48	—
无国有股份公司	2012	170.98	85.07	9915.94	1.39	461.96
	2015	271.62	122.31	10121.59	0.38	661.75
	2016	256.70	125.09	7387.03	1.85	558.43
	2017	265.68	127.39	12450.08	0.40	769.14
	2018	230.43	120.37	20168.57	0.51	676.91

续表

所有制	年份	平均值	中位值	最大值	最小值	标准差
无国有股份公司	2019	219.20	110.65	8480.24	0.21	514.71
	2020	247.22	116.54	20420.98	0.21	776.48
	2021	196.93	115.85	14675.36	0.72	414.98
	2022	164.55	93.73	4868.72	1.21	245.66
	2023	214.86	115.24	30183.76	0.88	701.04
	十一年增幅	43.88	30.17	20267.82	-0.51	—
	年均增长率/%	2.10	2.80	10.65	-4.07	—
	比上年增幅	50.31	21.51	25315.04	-0.33	—
	比上年增长率/%	30.57	22.95	519.95	-27.27	—

注：①薪酬指数增幅误差源于原始数据库的四舍五入；②"比上年增幅"和"比上年增长率"均指2023年与2022年的比较。

由表25-9可知，2012～2023年，五类不同所有制公司高管薪酬指数均值和增长率均处于增长态势。其中，国有弱相对控股公司高管薪酬指数均值增幅和增长率最高，增幅为81.66分，年均增长4.91%；接下来增幅依次为国有参股公司、无国有股份公司、国有绝对控股公司和国有强相对控股公司。

图25-11更加直观地描绘了2012～2023年不同所有制上市公司高管薪酬指数均值增幅和年均增长率的变化情况。可以看出，五类不同所有制公司的高管薪酬指数均值增幅和增长率的变化并不总是一致的。

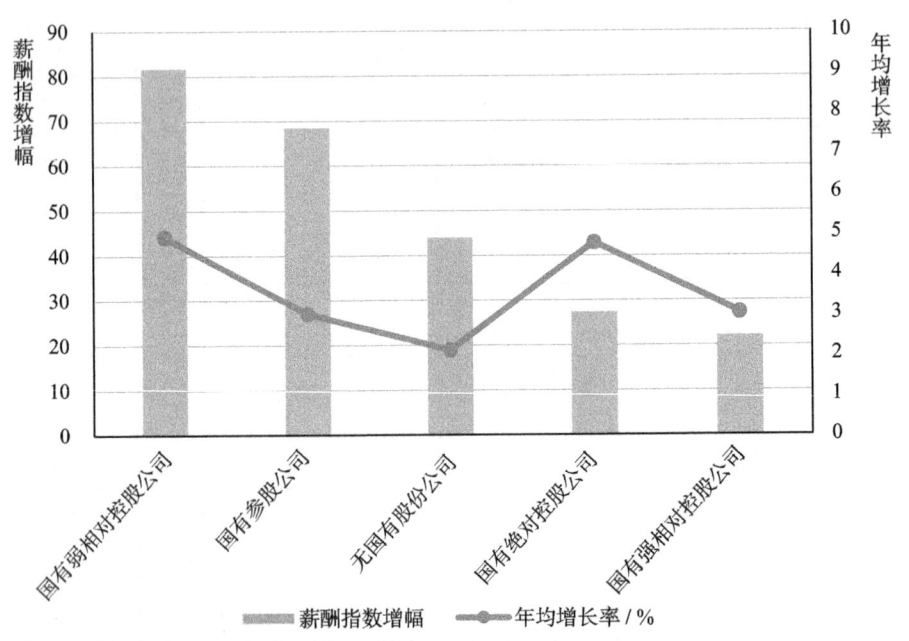

图25-11 2012～2023年不同所有制上市公司高管薪酬指数均值增幅和年均增长率的变化

与2022年相比，除国有强相对控股公司外，2023年其他四类所有制上市公司高管薪酬指数均值都上升，增幅最大和上升速度最快的都是国有弱相对控股公司，增幅为78.99分，上升65.72%。

图25-12描绘了2022～2023年不同所有制上市公司高管薪酬指数均值和增长率的变化情况。可

以看出，相比2022年，2023年五类所有制上市公司高管薪酬指数均值增幅与增长率的变化保持一致。

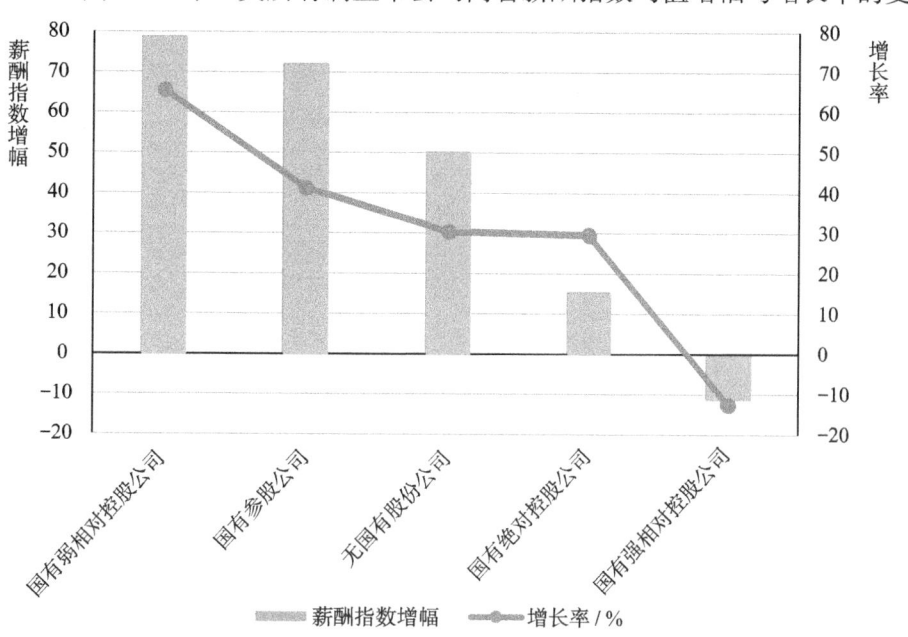

图25-12　2022～2023年不同所有制上市公司高管薪酬指数均值增幅和增长率比较

我们进一步将国有绝对控股公司、国有强相对控股公司和国有弱相对控股公司归类为国有控股公司，将国有参股公司和无国有股份公司归类为非国有控股公司，表25-10比较了2012～2023年国有控股公司和非国有控股公司高管薪酬指数的变化情况。

表25-10　2012～2023年国有和非国有控股公司高管薪酬指数比较

所有制	年份	平均值	中位值	最大值	最小值	标准差
国有控股公司	2012	71.38	30.50	7838.23	0.08	277.23
	2015	127.86	42.12	13844.05	0.08	629.13
	2016	143.82	43.33	30477.98	0.06	1050.59
	2017	110.89	44.79	11060.73	0.11	400.85
	2018	106.43	43.22	7647.21	0.10	335.00
	2019	103.23	39.70	15434.59	0.09	505.21
	2020	94.57	39.76	2519.11	0.14	197.32
	2021	93.87	39.73	1872.58	0.11	174.17
	2022	82.01	31.12	7056.52	0.08	239.05
	2023	107.60	37.38	18226.31	0.04	505.09
	十一年增幅	36.22	6.88	10388.08	-0.04	—
	年均增长率/%	3.80	1.87	7.97	-6.11	—
	比上年增幅	25.59	6.26	11169.79	-0.04	—
	比上年增长率/%	31.20	20.12	158.29	-50.00	—

续表

所有制	年份	平均值	中位值	最大值	最小值	标准差
非国有控股公司	2012	172.97	80.35	9915.94	0.16	447.74
	2015	259.82	115.76	10121.59	0.38	625.16
	2016	264.29	114.63	16613.61	0.30	780.30
	2017	248.08	117.86	13978.82	0.40	725.30
	2018	229.94	111.12	20168.57	0.51	727.72
	2019	228.11	102.81	45843.07	0.21	1101.84
	2020	239.49	108.89	20420.98	0.21	781.31
	2021	189.69	108.52	14675.36	0.72	406.96
	2022	167.39	92.41	11225.14	0.33	340.48
	2023	225.30	116.27	45435.66	0.88	967.86
	十一年增幅	52.33	35.92	35519.72	0.72	—
	年均增长率/%	2.43	3.42	14.84	16.76	—
	比上年增幅	57.91	23.86	34210.52	0.55	—
	比上年增长率/%	34.60	25.82	304.77	166.67	—

注：①薪酬指数增幅误差源于原始数据库的四舍五入；②"比上年增幅"和"比上年增长率"均指2023年与2022年的比较。

从表25-10可以看出，2012～2023年，非国有控股公司高管薪酬指数均值增幅高于国有控股公司，但前者年均增长率低于后者。与2022年相比，2023年国有控股公司和非国有控股公司高管薪酬指数均值都出现上升，国有控股公司增幅为25.59分，上升31.20%；非国有控股公司增幅为57.91分，上升34.60%，非国有控股公司高管薪酬指数均值增幅和上升速度都高于国有控股公司，这意味着尽管国有控股公司和非国有控股公司的高管薪酬和绩效都是下降的，但前者的高管薪酬变化与绩效变化的不一致程度小于后者。

25.3 不同激励区间高管薪酬的年度比较

25.3.1 激励适中区间高管薪酬的年度比较

表25-11列示了2012～2023年激励适中区间上市公司高管薪酬的变化情况。

表25-11 2012～2023年激励适中区间上市公司高管薪酬比较　　单位：万元

年份	样本量	平均值	中位值	最大值	最小值	标准差
2012	1156	61.73	45.83	1458.33	3.75	7.20
2015	1316	74.79	51.69	1350.20	0.28	90.53

续表

年份	样本量	平均值	中位值	最大值	最小值	标准差
2016	1415	75.56	54.34	1068.82	7.47	79.53
2017	1570	85.58	60.93	903.77	8.51	87.04
2018	1742	88.27	62.74	1278.31	10.42	92.13
2019	1780	101.68	71.00	3045.43	6.31	136.34
2020	1877	110.61	78.39	1770.76	11.67	123.54
2021	2086	124.01	85.81	2757.44	5.49	140.50
2022	2340	122.13	87.88	3916.96	8.00	146.46
2023	2526	116.82	88.73	2086.80	12.38	110.19
十一年增幅		55.09	42.90	628.47	8.63	—
年均增长率/%		5.97	6.19	3.31	11.47	—
比上年增幅		-5.31	0.85	-1830.16	4.38	—
比上年增长率/%		-4.35	0.97	-46.72	54.75	—

注：①薪酬增幅误差源于原始数据库的四舍五入；②"比上年增幅"和"比上年增长率"均指2023年与2022年的比较。

从表25-11可以看出，2012～2023年，在激励适中区间，上市公司高管薪酬均值增加55.09万元，年均增长率为5.97%。与2022年相比，2023年处于激励适中区间的上市公司高管薪酬均值降低，降幅为5.31万元，同比下降4.35%。

25.3.2 激励过度区间高管薪酬的年度比较

表25-12列示了2012～2023年激励过度区间上市公司高管薪酬的变化情况。

表25-12　2012～2023年激励过度区间上市公司高管薪酬比较　　　　单位：万元

年份	样本量	平均值	中位值	最大值	最小值	标准差
2012	577	62.98	47.26	569.40	4.06	57.16
2015	658	98.83	59.61	3462.22	2.85	172.76
2016	707	103.30	63.09	2591.61	4.00	158.08
2017	785	92.23	63.51	2062.00	5.60	109.94
2018	871	94.07	68.28	1566.65	5.40	110.08
2019	890	105.26	76.93	1551.47	7.20	111.48
2020	938	117.59	82.61	3478.30	8.47	155.84
2021	1043	123.16	89.88	1415.64	8.47	120.30
2022	1170	122.62	88.46	1963.86	10.77	130.95
2023	1263	126.33	93.57	2875.62	14.72	148.62

续表

年份	样本量	平均值	中位值	最大值	最小值	标准差
十一年增幅		63.35	46.31	2306.22	10.66	—
年均增长率/%		6.53	6.41	15.86	12.42	—
比上年增幅		3.71	5.11	911.76	3.95	—
比上年增长率/%		3.03	5.78	46.43	36.68	—

注：①薪酬增幅误差源于原始数据库的四舍五入；②"比上年增幅"和"比上年增长率"均指2023年与2022年的比较。

从表25-12可以看出，2012～2023年，在激励过度区间，上市公司高管薪酬均值增加63.35万元，年均增长率为6.53%。与2022年相比，2023年处于激励过度区间的上市公司高管薪酬均值增加，增幅为3.71万元，同比上升3.03%。

25.3.3 激励不足区间高管薪酬的年度比较

表25-13列示了2012～2023年激励不足区间上市公司高管薪酬的变化情况。

表25-13 2012～2023年激励不足区间上市公司高管薪酬比较　　　单位：万元

年份	样本量	平均值	中位值	最大值	最小值	标准差
2012	577	67.99	48.70	606.52	3.40	71.37
2015	658	77.99	55.35	1060.12	4.55	100.41
2016	707	79.98	55.94	1097.75	4.10	96.55
2017	785	90.95	62.41	1302.51	9.52	105.84
2018	871	96.50	65.67	1406.56	8.25	111.47
2019	890	112.39	78.39	1506.27	4.53	122.72
2020	939	123.94	84.13	1458.65	1.19	141.10
2021	1043	134.70	93.80	1462.27	5.67	145.90
2022	1170	142.79	99.48	1459.44	2.38	146.48
2023	1263	136.35	96.24	1382.92	3.67	135.66
十一年增幅		68.36	47.54	776.40	0.27	—
年均增长率/%		6.53	6.39	7.78	0.70	—
比上年增幅		-6.44	-3.24	-76.52	1.29	—
比上年增长率/%		-4.51	-3.26	-5.24	54.20	—

注：①薪酬增幅误差源于原始数据库的四舍五入；②"比上年增幅"和"比上年增长率"均指2023年与2022年的比较。

从表25-13可以看出，2012～2023年，激励不足区间的上市公司高管薪酬均值增加了68.36万元，年均增长6.53%。与2022年相比，2023年激励不足区间上市公司高管薪酬均值降低6.44万元，下降4.51%。

25.3.4 三个激励区间高管薪酬的年度比较

首先比较三个激励区间 2012～2023 年高管薪酬增幅的变化，参见图 25-13。

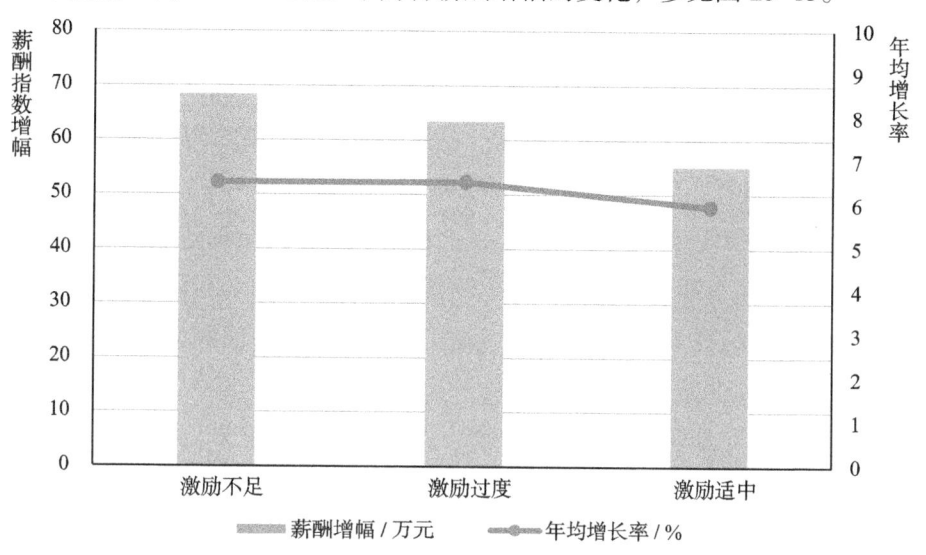

图25-13　2012～2023年三个激励区间上市公司高管薪酬均值增幅和年均增长率的变化

由图 25-13 可以看出，2012～2023 年，激励不足区间的上市公司高管薪酬增幅最高，激励适中区间反而增幅最低。以十一年的高管薪酬年均增长率比较，激励不足区间的上市公司高管薪酬年均增长率与激励过度区间相同。激励适中区间的上市公司高管薪酬增幅和年均增长率在三个区间处于最末的位置。

再来比较三个激励区间 2022～2023 年高管薪酬增幅的变化，参见图 25-14。

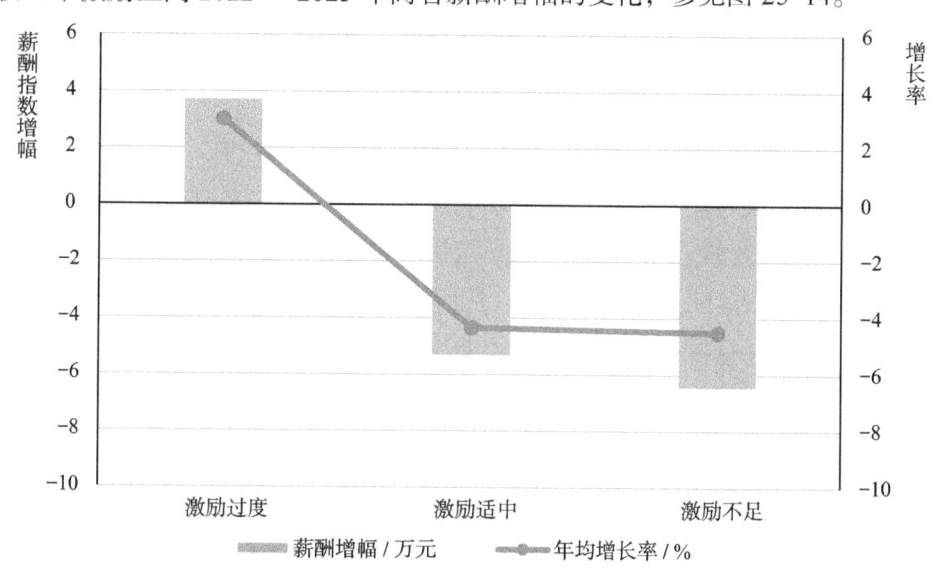

图25-14　2022～2023年三个激励区间上市公司高管薪酬均值增幅和年均增长率的变化

由图 25-14 可以看出，2022～2023 年，激励不足区间的上市公司高管薪酬降幅最大，下降 6.44 万元。激励过度区间的上市公司高管薪酬增幅和增长率在三个激励区间处于首位。

可以发现，从三个激励区间上市公司高管薪酬均值增幅和增长率的比较看，2012～2023 年十一年的比较，激励不足区间并不低于激励过度区间；2022～2023 年两年的比较，激励过度区间高于激励不足区间；历年中激励适中区间也并不总是居中的，这进一步反映了薪酬高不一定意味着激励过度，薪酬低也不意味着激励不足，高管薪酬激励应该与高管贡献相吻合。

25.4 本章小结

本章从总体、地区、行业、所有制四个角度，比较了2012～2023年中国上市公司高管薪酬及指数的变化情况，主要结论如下：

（1）从高管薪酬总体来看，2012～2023年，上市公司高管薪酬均值增幅为60.47万元，年均增长率为6.26%。相比2022年，2023年上市公司高管薪酬均值减少3.34万元，降低2.62%，出现小幅下降。从地区看，2012～2023年，四个地区上市公司高管薪酬均值都呈现上涨态势，增长幅度从高到低依次是西部、东部、中部和东北；年均增长率从高到低依次是西部、中部、东部和东北；与2022年相比，2023年东北地区上市公司高管薪酬均值有所上升，东部、中部和西部均有所下降，西部地区降幅最大。从行业看，2012～2023年，有17个行业的上市公司高管薪酬均值增长，金融业（J）是唯一薪酬增幅和年均增长率都为负值的行业。相比2022年，2023年有6个行业的上市公司高管薪酬均值上升，12个行业的高管薪酬均值下降；薪酬降幅和增长率降幅最大的是卫生和社会工作（Q），其后两个降幅最大的行业分别是房地产业（K）和金融业（J）。从所有制看，2012～2023年，国有控股公司高管薪酬增幅和年均增长率都低于非国有控股公司；相比2022年，2023年国有控股公司和非国有控股公司高管薪酬均值和增长率均有所下降。

（2）从高管薪酬指数总体来看，2012～2023年，高管薪酬指数均值大体呈"N"型波动趋势。2023年高管薪酬指数的上升，原因在于经济下行情况下，高管薪酬与公司业绩同步下降，但前者下降程度小于后者。相比2022年，2023年上市公司高管薪酬指数均值增加47.21分，同比上升32.92%。从地区看，2012～2023年，四个地区上市公司高管薪酬指数均值都呈现上升态势，增幅从高到低依次是东北、东部、中部和西部，年均增长率从高到低依次是东北、中部、东部和西部；相比2022年，2023年四个地区上市公司高管薪酬指数均值和增长率均上升，其中东部地区增幅最大。从行业看，2012～2023年，有11个行业的上市公司高管薪酬指数均值增长，7个行业下降。相比2022年，2023年有13个行业的上市公司高管薪酬指数均值上升。从所有制看，2012～2023年，非国有控股公司高管薪酬指数均值增幅高于国有控股公司，但前者年均增长率低于后者。相比2022年，2023年非国有控股公司高管薪酬指数均值增幅和上升速度都高于国有控股公司，这意味着尽管国有控股公司和非国有控股公司的高管薪酬和绩效都是下降的，但前者的高管薪酬变化与绩效变化的不一致程度小于后者。

（3）从高管激励区间看，在激励适中区间，2012～2023年，上市公司高管薪酬均值年均增长5.97%；与2022年相比，2023年上市公司高管薪酬均值下降4.35%。在激励过度区间，2012～2023年，上市公司高管薪酬均值年均增长6.53%；与2022年相比，2023年上市公司高管薪酬均值上升3.03%。在激励不足区间，2012～2023年，上市公司高管薪酬均值年均增长6.53%；与2022年相比，2023年上市公司高管薪酬均值下降4.51%。从三个激励区间上市公司高管薪酬均值增幅和增长率的比较看，2012～2023年十一年的比较，激励不足区间并不低于激励过度区间；2022～2023年两年的比较，激励过度区间高于激励不足区间；历年中激励适中区间也并不总是居中的，这进一步反映了薪酬高不一定意味着激励过度，薪酬低也不意味着激励不足，高管薪酬激励应该与高管贡献相吻合。

第八篇　政策建议

第26章 主要结论与政策建议

本报告六类公司治理评价表明，中国上市公司治理改革和发展尽管取得了较大成就，但公司治理改革仍在路上，距离规范的公司治理还很遥远，近几年资本市场的低迷以及每年频发的公司治理严重违规事件也不断警示着我们：中国公司治理改革任重而道远。

26.1 主要结论

26.1.1 中小投资者权益保护指数

从中小投资者权益保护总体指数看，2023年，中小投资者权益保护指数均值为56.9239分，比上年下降0.8570分，这反映了2023年资本市场低迷的现实状况。

从中小投资者知情权分项指数看，2023年该分项指数均值为69.6158分，比上年下降1.9945分，但仍连续十年在四个分项指数中保持最高位置，这与全面普及注册制以及监管加强存在密切关系。

从中小投资者决策与监督权分项指数看，2023年该分项指数均值为42.3200分，比上年下降6.0726分，下降幅度较大，成为四个分项指数中最低的，这意味着在落实中小投资者决策与监督权方面出现了倒退。

从中小投资者收益权分项指数看，2023年该分项指数均值为45.3359分，比上年提高0.2734分，这意味着公司给予中小投资者的回报有所提高，但仍然严重偏低。

从中小投资者维权环境分项指数看，2023年该分项指数均值为70.4237分，比上年提高4.3656分，上升幅度较大，这与新证券法等法规对违规行为处罚力度的加大，以及违规案例实际判决的示范效应有密切关系。

中小投资者权益保护存在的诸多问题，可以中小投资者权益保护指数的部分评价指标为例来说明，参见表26-1。比如，2023年，预告业绩与实际业绩一致的公司占比仅有7.47%，比上年大幅下降，这意味着二者不一致的比例高达92.53%，这将严重误导投资者的投资。再比如，单独或者合并持有公司3%以上股份的股东提出议案的公司占比仅有2.31%，这意味着绝大多数的中小股东提案会因难以获得董事会通过而不能成功提交股东会讨论，长此以往，中小股东参与股东会并提交议案的动力将会严重不足。再比如，建立违规风险准备金制度的公司占比仅有1.68%，这意味着公司因违规给投资者造成的损失而获得赔偿的概率比较低。还比如，发生股价异动的公司占比为25.29%，这意味着有1/4的公司股价存在非正常变化，因此存在对投资者造成侵害的可能性。

表 26-1　2021～2023 年上市公司中小投资者权益保护指数部分指标的变化

指标	2021 年/%	2022 年/%	2023 年/%	2023 年比 2022 年 + 或 -（百分点）	指标说明
预告业绩与实际业绩一致的公司占比	17.15	21.46	7.47	-13.99	越大越好
实行累积投票制的公司占比	43.06	42.71	44.36	+1.65	越大越好
独立董事比例达到50%的公司占比	5.29	4.89	5.51	+0.62	越大越好
单独或者合计持有公司10%以上股份的股东提出召开临时股东会的公司占比	0.31	0.43	0.22	-0.21	越大越好
单独或者合并持有公司3%以上股份的股东提出议案的公司占比	1.44	2.43	2.31	-0.12	越大越好
个股收益率大于或等于市场收益率的公司占比	36.21	41.46	42.96	+1.50	越大越好
建立违规风险准备金制度的公司占比	1.34	0.49	1.68	+1.19	越大越好
关于投资者关系建设没有任何说明或者笼统说明的公司占比	16.76	8.00	5.85	-8.76	越小越好
存在内部控制缺陷的公司占比	15.71	8.21	6.22	-7.50	越小越好
发生股价异动的公司占比	42.00	33.94	25.29	-8.06	越小越好

资料来源：北京师范大学公司治理与企业发展研究中心（高明华主持）："中国上市公司治理分类指数数据库"之"中小投资者权益保护指数数据库"。

26.1.2　董事会治理指数

从董事会治理总体指数看，2023 年，董事会治理指数均值为 61.2011 分，比上年下降 1.2758 分，已经连续两年下降，这意味着上市公司在董事会规范化道路上出现了一定的退步，尽管超过 60 分的及格线，但距离健全有效的董事会治理仍然差距很大。

从董事会结构分项指数看，2023 年该分项指数均值为 44.0812 分，比上年下降 1.0267 分，这意味着董事会的构成，尤其是专门委员会的构成并未进一步优化，反而有所退步，比如审计委员会、薪酬与考核委员会、提名委员会基本上已成必设机构，且这几个专门委员会中的独立董事占比必须占半数以上，甚至全部由独立董事构成，但这种构成至今并未实现。该分项指数均值仍然是四个分项指数中最低的，意味着董事会机构的有效性严重不足。

从独立董事独立性分项指数看，2023 年该分项指数均值为 60.7434 分，比上年大幅下降 6.4044 分，这说明尽管 2023 年出台了《上市公司独立董事管理办法》，但尚未对独立董事有效履职产生更强的促进作用，反而在经济下行、资本市场低迷的情况下，可能出现了更多的"躺平"现象。另外，在独立董事来源的多元化和信息披露方面也存在较大缺陷。

从董事会行为分项指数看，2023 年该分项指数均值为 80.8861 分，比上年提高 1.4177 分，也是自 2012 年以来的最高值，反映了董事会行为相关制度的建立及其执行情况进一步向好。但需要说明的是，董事会行为相关制度是否发挥作用，还难以完全体现出来。

从董事激励与约束分项指数看，2023 年该分项指数均值为 59.0935 分，比上年提高 0.9101 分，仍未达到 60 分的及格水平。在激励方面主要体现在董事激励与董事贡献不相吻合；在约束方面主要体现在缺乏有效的经济、法律和市场约束。

董事会治理存在的诸多问题，可以董事会治理指数的部分评价指标为例来说明，参见表 26-2。

比如，2023年，内部董事与外部董事有明确的沟通制度的公司占比仅有5.08%，这意味着董事会决策存在突出的"内部化"问题，严重影响董事会决策的科学性。再比如，公布董事考评结果的公司占比仅有0.12%，这意味着监管机构和投资者难以对董事进行针对性监督。再比如，建立董事行为准则的公司占比仅有1.56%，这意味着绝大部分上市公司仅仅满足于董事会议事规则，而对董事行为缺乏有效的制度规范。

表26-2 2021～2023年上市公司董事会治理指数部分指标的变化

指标	2021年/%	2022年/%	2023年/%	2023年比2022年+或-（百分点）	指标说明
外部董事（含独立董事）达到50%的公司占比	4.53	4.42	5.02	+0.60	越大越好
董事长与总经理两职没有分离的公司占比	34.17	35.89	37.36	+1.47	越小越好
设置审计委员会且独立董事占比达到100%的公司占比	6.18	5.74	7.35	+1.61	越大越好
设置合规委员会的公司占比	0.98	1.58	3.64	+2.06	越大越好
详细披露独立董事近三年任职经历的公司占比	51.25	54.90	52.76	-2.14	越大越好
内部董事与外部董事有明确的沟通制度的公司占比	6.32	6.81	5.08	-1.73	越大越好
详细介绍董事会议事规则的公司占比	71.12	83.49	93.30	+9.81	越大越好
公布董事考评结果的公司占比	0.62	0.62	0.12	-0.50	越大越好
建立董事行为准则的公司占比	0.60	0.68	1.56	+0.88	越大越好
有董事会备忘录的公司占比	7.42	6.12	7.29	+1.17	越大越好

资料来源：北京师范大学公司治理与企业发展研究中心（高明华主持）："中国上市公司治理分类指数数据库"之"董事会治理指数数据库"。

26.1.3 企业家能力指数

从企业家能力总体指数看，2023年，企业家能力指数均值为31.4496分，比上年下降1.3403分。企业家能力指数评估的对象是总经理（或总裁），自2011年评价以来，企业家能力指数起伏不定，且一直处于很低的水平，反映了中国上市公司总经理在经营权上具有相当严重且普遍的非独立性，其潜能难以发挥出来。

从企业家人力资本分项指数看，2023年该分项指数均值为30.2546分，比上年下降1.1587分。2016～2022年企业家人力资本曾持续提高，而2023年下降意味着企业家人力资本存在一定程度的流失。

从企业家关系网络能力分项指数看，2023年该分项指数均值为5.0034分，比上年下降1.3724分。一方面，近些年的强力反腐也对正常的企业家关系网络建设产生了一些影响；另一方面，也与经济下行、国际经贸关系紧张影响企业家的正常交流有一定关系。

从企业家社会责任能力分项指数看，2023年该分项指数均值为63.6899分，比上年下降1.2134分。

尽管企业家社会责任能力分项指数出现下降，但在四个分项指数中仍是最高的，这与国际社会、监管机构和企业对社会责任和 ESG 的重视力度加大有密切关系，但仍存在部分社会责任履行时的不合规问题。

从企业家战略领导能力分项指数看，2023 年该分项指数均值为 20.3561 分，比上年下降 1.5481 分，这种下降与 2023 年经济下行存在直接关系，也与总经理经营权的不独立密不可分。

企业家能力存在的诸多问题，可以企业家能力指数的部分评价指标为例来说明，参见表 26-3。比如，2023 年，总经理担任其他公司独立董事的公司占比仅有 0.26%，这意味着总经理的社会认可度不高，没有形成企业家声誉机制。再比如，总经理来自外部选聘的公司占比仅有 10.79%，这意味着总经理主要来自大股东或公司内部。以上两个指标，其实都意味着还没有形成有效的能够反映企业家能力的职业经理人市场。再比如，总经理在公益组织（不含行业协会）兼职的公司占比仅有 0.93%，这意味着总经理在很大程度上还缺乏参与公益活动的意识。

表 26-3　2021~2023 年上市公司企业家能力指数部分指标的变化

指标	2021 年 / %	2022 年 / %	2023 年 / %	2023 年比 2022 年 + 或 -（百分点）	指标说明
总经理担任过3家及以上企业总经理的公司占比	13.19	13.04	10.97	-2.07	越大越好
总经理担任其他公司独立董事的公司占比	1.10	0.98	0.26	-0.72	越大越好
总经理有海外工作经历（半年以上）的公司占比	6.23	7.30	2.37	-4.93	越大越好
总经理来自外部选聘的公司占比	10.51	10.60	10.79	+0.19	越大越好
总经理担任各级人大、政协委员或党代会代表的公司占比（含一人多级多职）	12.38	11.97	6.84	-3.55	越大越好
总经理获得相关荣誉称号的公司占比（含一人多级）	10.78	10.39	5.22	-5.17	越大越好
总经理在各级行业协会兼职的公司占比（含一人多级）	14.18	13.19	10.16	-3.03	越大越好
总经理在公益组织（不含行业协会）兼职的公司占比	1.89	1.62	0.93	-0.69	越大越好
总经理任职期间员工收入增长率不低于公司利润增长率的公司占比	37.84	53.77	43.19	-10.58	越大越好
总经理在评价年度被监管机构处罚或谴责的公司占比	4.93	5.21	4.33	-0.88	越小越好

资料来源：北京师范大学公司治理与企业发展研究中心（高明华主持）："中国上市公司治理分类指数数据库"之"企业家能力指数数据库"。

26.1.4　财务治理指数

从财务治理总体指数看，2023 年，财务治理指数均值为 57.4581 分，比上年下降 0.0820 分，指数值没有达到 60 分的及格线，而且连续两年下降，说明财务治理制度尽管在有些年份有所进步，但总体进步幅度不大，也反映了经济下行对财务治理的不利影响。

从财权配置分项指数看，2023年该分项指数均值为44.8406分，比上年下降1.0628分，处于相当低的水平，反映了公司财务主体的财权配置仍非常不合理，如两权分离度不高、董事会缺乏清晰的财务目标、股东会权利部分虚置、CFO（或总会计师）权利不独立等。

从财务控制分项指数看，2023年该分项指数均值为79.9249分，比上年下降上升3.5984分。该项指数值较高，反映了上市公司在内部控制体系和风险控制体系等方面成效明显，但进一步发展的空间仍然较大。

从财务监督分项指数看，2023年该分项指数均值为76.2777分，比上年下降1.3298分。该项指数值也较高，反映了上市公司内部监督机制（审计委员会、财务信息披露）以及外部监督机制（外部审计师）的不断进步。但出现下降，反映财务监督仍然存在不少缺陷，如关联方信息披露不足，缺乏公司发展前景的相关信息，会计政策随意调整且不作解释，以及违规频发等。

从财务激励分项指数看，2023年该分项指数均值为28.7893分，比上年下降1.5335分，已连续两年下降，反映公司对财务主体仍然非常缺乏有效的财务激励机制，也是经济下行对财务激励的直接体现。

财务治理存在的诸多问题，可以财务治理指数的部分评价指标为例来说明，参见表26-4。比如，2023年，董事会提出清晰的财务目标的公司占比仅有11.76%，这意味着绝大部分公司董事会对公司财务规划缺乏了解。再比如，CFO或总经济师具有高级职称或相关专业资格的公司占比仅有45.17%，也就是说，超过一半公司的CFO或财务总监在财务专业知识方面存在不足，从而难以对财务风险给出专业判断。再比如，设立风险控制委员会且独立董事占比达到2/3的公司占比仅有1.64%，这意味着风险控制委员会因独立性不足而存在成为"摆设"的很大可能性。还比如，公司对外部资金依赖程度为-4606.11，这意味着投资现金流出远小于经营现金流出，存在比较大的财务风险。

表26-4　2021～2023年上市公司财务治理指数部分指标的变化

指标	2021年/%	2022年/%	2023年/%	2023年比2022年+或-（百分点）	指标说明
董事会提出清晰的财务目标的公司占比	16.26	13.42	11.76	-1.66	越大越好
公司两权分离度	2.98	3.77	3.37	-0.40	越大越好
CFO或总经济师具有高级职称或相关专业资格的公司占比	62.88	45.76	45.17	-0.59	越大越好
董事会或股东会详细披露具体内部控制措施的公司占比	67.05	67.98	97.63	+29.65	越大越好
设立风险控制委员会且独立董事占比达到2/3的公司占比	2.75	2.50	1.64	-0.86	越大越好
会计政策未发生变更的公司占比	3.18	23.41	11.26	-12.15	越大越好
关联交易提交（临时）股东会审议通过的公司占比	60.30	64.88	62.48	-2.40	越大越好
实行股票期权制度的公司占比	9.63	9.54	11.48	+1.94	越大越好
公司财务弹性	4.27	4.57	4.68	+0.11	越大越好
公司对外部资金依赖程度	-5404.59	-10098.46	-4606.11	+5492.35	越大越好

资料来源：北京师范大学公司治理与企业发展研究中心（高明华主持）："中国上市公司治理分类指数数据库"之"财务治理指数数据库"。

26.1.5 自愿性信息披露指数

从自愿性信息披露总体指数看，2023年自愿性信息披露总体指数均值为71.0676分，比上年提高0.0676分，是自2013年以来的最高值，这与全面普及注册制以及监管加强存在密切关系。

从自愿性信息披露治理结构分项指数看，2023年该分项指数均值为74.4307分，比上年下降0.5466分。尽管分值已经较高，但仍有一些方面存在问题，如从许多董事的任职经历中难以判断董事的任职单位与现任职公司之间的关系；许多公司的专门委员会的构成披露不完全，从而无法判断其独立性等。

从自愿性信息披露治理效率分项指数看，2023年该分项指数均值为85.5698分，比上年提高1.0248分，是四个分项指数中均值最高的，也是自2013年以来的最高值。但问题仍然存在，如对董事的考评和激励制度披露不翔实、对高管薪酬结构极少有披露等。

从自愿性信息披露利益相关者分项指数看，2023年该分项指数均值为71.3973分，比上年提高1.2885分，是自2013年以来的最高值，这如企业家能力指数中的企业家社会责任分项指数提高一样，与国际社会、监管机构和企业对社会责任和ESG的重视力度加大有密切关系。但自愿性信息披露仍然存在很多缺失，比如披露社会责任报告或可持续发展报告或ESG报告的公司还较少，对投资者关系管理、债权人、债务人、供应商、客户等方面的信息披露不完整等。

从自愿性信息披露风险控制分项指数看，2023年该分项指数均值为52.7059分，比上年下降1.4960分，是四个分项指数中均值最低的，反映了上市公司对自身风险方面的信息披露意愿不足，因为公司担心披露风险可能会对投资者投资和股价产生负面影响。但不披露、少披露，甚至提供虚假信息，投资者尤其是中小投资者可能面临巨大风险，最终公司会失去投资者的信任。

自愿性信息披露存在的诸多问题，可以自愿性信息披露指数的部分指标为例来说明，参见表26-5。比如，2023年，完整披露董事会专门委员会构成的公司占比仅有26.22%，这意味着股东难以判断专业委员会的独立程度，或者说，难以判断专业委员会对经理层进行监督的独立性。再比如，完整披露高管薪酬结构及额度的公司占比仅有0.24%，这意味着几乎所有公司都不披露高管薪酬结构，而仅仅是披露高管薪酬总额，这使得股东难以通过高管薪酬结构来判断高管行为是立足于长远还是仅仅满足于短期。再比如，完整披露偿债能力分析的公司占比仅有20.33%，这意味着股东和监管机构难以发现潜在的公司债务风险，从而难以及时采取有效措施降低风险。

表26-5 2021～2023年上市公司自愿性信息披露指数部分指标的变化

指标	2021年/%	2022年/%	2023年/%	2023年比2022年+或-（百分点）	指标说明
完整披露董事任职经历的公司占比	39.39	42.86	41.71	-1.15	越大越好
完整披露董事会专门委员会构成的公司占比	25.31	27.54	26.22	-1.32	越大越好
完整披露监事会成员信息的公司占比	2.61	43.84	34.87	-8.97	越大越好
完整披露高管层近三年任职经历的公司占比	49.35	52.91	53.45	+0.54	越大越好
完整披露董事会议事规则的公司占比	71.12	83.49	93.30	+9.81	越大越好

续表

指标	2021年/%	2022年/%	2023年/%	2023年比2022年+或-（百分点）	指标说明
完整披露高管薪酬结构及额度的公司占比	0.62	0.87	0.24	-0.63	越大越好
完整披露竞争对手分析的公司占比	10.56	11.99	6.68	-5.31	越大越好
完整披露偿债能力分析的公司占比	19.97	19.56	20.33	+0.77	越大越好
完整披露营运能力分析的公司占比	3.71	5.18	6.96	+1.78	越大越好
明确披露企业发展战略目标的公司占比	2.37	2.39	1.01	-1.38	越大越好

资料来源：北京师范大学公司治理与企业发展研究中心（高明华主持）："中国上市公司治理分类指数数据库"之"自愿性信息披露指数数据库"。

26.1.6 高管薪酬指数

从高管薪酬绝对值来看，2023年上市公司高管薪酬均值为124.08万元，比2012年增长60.47万元，年均增长率为6.26%；比上年减少3.34万元，下降2.62%。高管薪酬下降，与经济下行关系密切。特别需要注意的是，与2022年相比，2023年高管薪酬降幅最大的三个行业是卫生和社会工作（Q）、房地产业（K）和金融业（J）。卫生和社会工作（Q）高管薪酬大幅下降的主要原因是该行业已从上年的疫情回归正常的秩序；房地产业（K）高管薪酬的较大幅度下降与该行业出现的低迷关系密切；而金融业（J）高管薪酬的较大幅度下降则与该行业持续加大的管制政策关系密切。

从高管薪酬指数来看，2023年上市公司高管薪酬指数均值为190.64分，比上年提高47.21分，上升32.92%。2023年高管薪酬指数的上升，原因在于经济下行情况下，高管薪酬与公司业绩同步下降，但前者下降程度小于后者。

从激励适中、激励过度和激励不足三个激励区间上市公司高管薪酬绝对值均值增幅和增长率增幅的比较看，2012～2023年十一年的比较，激励不足区间高于激励过度区间；2022～2023年两年的比较，激励过度区间高于激励不足区间；激励适中区间也并不总是居中的，这进一步反映了薪酬高不一定意味着激励过度，薪酬低也不意味着激励不足，高管薪酬激励应该与高管贡献相吻合。

26.2 政策建议

公司治理是企业改革和发展的基石，中国上市公司治理虽然总体上在不断进步，但近几年资本市场的持续低迷，也不断暴露出公司治理的诸多问题，需要进一步改进。本节基于全球公司治理发展趋势，主要从中小投资者权益保护、股东与企业关系、董事会审计委员会转型改革、激发企业家人力资本等几个方面提出一些建议。

26.2.1 建设世界一流企业需要完善的公司治理

2024年3月，十四届全国人大二次会议《政府工作报告》指出，要完善中国特色现代企业制度，打造更多世界一流企业。在这里，完善的中国特色现代企业制度是作为打造世界一流企业的必备要件而提出的，而公司治理是现代企业制度的核心，这意味着，一流企业需要一流的公司治理制度。

（1）完善的公司治理是世界一流企业的必备要件

长期以来，中国很多企业都把进入世界500强作为追求的目标，认为进入世界500强就意味着已进入世界一流企业行列。这是一个很大的误解，因为世界500强是根据营业收入来选择的，世界500强的企业确实很大，但"大"未必意味着强，做大容易，做强做优则要难很多。

其实，是否世界一流企业，直观看，有一个指标就可以了，那就是在充分竞争的情况下，企业生命有多长？纵观全球企业发展史，不难发现，生命力旺盛的企业，都有一个好的制度。对于现代企业来说，所谓好制度，其实就是完善的公司治理制度。因为公司治理的本质是契约和合规。有契约精神，尊重每个利益相关者，且合规（首先有完善的规则）经营，就为企业可持续发展打下了扎实的基础。因此，判断是否世界一流企业，重点就要看是否有完善的公司治理制度。

那么，又如何判断公司治理制度是否完善？目前，公司治理已经形成国际共同的话语体系或价值观，因此，判断公司治理制度是否完善，基本的原则应该是：借鉴国际准则，适当考虑中国国情。考虑中国特色是必要的，但不宜过度。过度强调特色，在国际经贸关系中容易受到排斥，甚至可能与建设世界一流企业的目标渐行渐远。

《G20/OECD公司治理原则》是国际社会普遍采用的公司治理标准，也是国际社会普遍认同的公司治理价值观。该原则的第一版（1999年）和第二版（2004年）称为《OECD公司治理原则》，中国并未参与其中。中国自2014年第二次修订中开始参与，修订后改名为《G20/OECD公司治理原则》，包括中国在内的G20以及OECD各国共同签署了这个原则，并承诺共同遵守。2022年开始第三次修订，中国继续参与其中，2023年12月，《G20/OECD公司治理原则》第四版正式出台。

显然，对于中国来说，《G20/OECD公司治理原则》不是借鉴的问题，而是应该采用的问题。该原则倡导高度透明、问责明确、监督和激励有效、尊重利益相关者等公司治理基本精神，并力图推动该原则的实施评估。这些基本精神是任何企业建立现代企业制度都必不可少的。如果将来评估不合格，将对中国企业参与国际合作以及国家和企业的声誉产生非常负面的影响。

（2）中国企业与世界一流企业有多大差距

上市公司是一个国家的标杆企业，我们不妨以中国上市公司为例，通过本报告对中国上市公司治理水平的评估，来大致观察中国企业与世界一流企业的差距。

本报告的评估以国际通行的公司治理规范，尤其借鉴《G20/OECD公司治理原则》的基本精神，同时基于中国的制度架构和现实国情，分类设计了中国上市公司治理评价指标体系，并计算出了中国上市公司治理总指数及各分类指数。

前文的评估结果显示，从公司治理总指数看，2015～2022年，中国上市公司治理总指数均值持续上升，但均未达到60分的及格线，2023年还出现了下降，均值为55.6117分。

从中国上市公司治理各分类指数看，中小投资者权益保护指数自2014～2022年总体呈上升趋势，但2023年出现下降，均值为56.9239分，历年均未达到60分的及格线；董事会治理指数2015～2021年总体呈上升趋势，近两年连续下降，近三年仅仅略超60分；企业家（总经理）能力指数有些波动（因为评价对象是个人，人员变动较频繁），近几年都仅略超30分，这与总经理的附属地位有关，难以反映其真实能力；财务治理指数自2014～2021年总体呈缓慢上升趋势，但近两年连续略有下降；自愿性信息披露指数近些年持续上升，尤其是注册制实施后，上升明显，但分值仍不理想，2023年均值也只是71.0259分；高管薪酬指数与其他五类指数不同，前五类是百分制，高管薪酬指数不是百分制，它反映高管薪酬与高管贡献的吻合度，100分是理想值，从2016～2022年发展趋势看，不断趋于合理，但不合理成分（如薪酬结构）仍较多。2023年出现逆转，高管薪酬指数均值为190.64分，比上年提高47.20分。2023年高管薪酬指数的上升，原因在于经济下行情况下，高管薪酬与公司业绩同步下降，但前者下降程度小于后者。

（3）中国企业与世界一流企业的差距体现在哪里

仍以中国上市公司治理评价为例，来寻找中国公司治理制度差距的具体体现。

①中小股东决策与监督权以及收益权落实不力。

中小投资者权益保护指数中，2023年决策与监督权分项指数均值仅为42.3200分，收益权分项指数均值仅为45.3359分，都处于很低水平。比如，2014～2023年，在决策与监督权方面，有中小股东提请召集股东会的公司比例都在0.6%以下；有中小股东提案的公司比例都在4%以下；有中小股东累积投票的公司比例基本都在45%以下；有中小股东诉讼的公司比例在2016年以来基本都在3%以下，反映中小投资者诉讼的门槛和成本很高。在收益权方面，比如分红占净利润的比重，中国平均为30%左右，而美国等发达国家则达到60%左右甚至更高。中小投资者的决策与监督权以及收益权是否得到保护，直接决定着他们投资的信心和企业的稳健发展。

②董事会治理形似而神不至。

以ST公司与非ST公司为例，在董事会治理指数的四个维度中，在主要反映董事会形式治理的董事会结构和独立董事独立性两个维度上，ST公司在绝大部分年份并不差于非ST公司，但在反映董事会实质治理的董事会行为和董事激励与约束两个维度上，则ST公司远低于非ST公司。这充分反映出当前中国公司董事会形式治理与实质治理的反差，即结构健全不等于机制健全，结构健全了，并不等于公司治理就自动有效了，因此，需要高度关注董事会治理中的形式主义。

③经理层市场化选聘比例非常低，任期制与契约制落实不理想。

2015～2023年，不论是国有控股公司还是非国有控股公司，总经理由市场选聘的比例都处于很低水平，基本上都在11%左右，这意味着经理人市场建设的严重滞后和不透明，经理人主要是行政任命（国有控股企业）或家族任命（家族控股企业），任期的随意性比较强，难以进行长期决策，也难以形成合理预期。

④利益相关者财权配置不尽合理，财务激励不足。

2015以来，利益相关者的财权配置和财务激励两个分项指数都很低，前者都在45分左右，后者都在30分左右，这意味着公司对利益相关者专用性资产（或资本）的保护不足，不利于他们专用性资产（或资本）的投入。

⑤信息披露并未满足注册制要求，风险控制信息披露严重不足。

2023年已全面实施注册制，尽管自愿性信息披露指数总体看比之前年份有了较大幅度的提高，但均值也仅为71.0259分，并不突出。从自愿性信息披露指数四个维度看，投资者尤为关心的风险控制信息披露，长期处于低水平，2023年仅有52.7059分，比上年还出现了下降。

⑥高管薪酬与高管贡献匹配度不高。

从上市公司高管薪酬指数评价结果看，国有控股公司高管薪酬指数（激励力度）历年都远低于非国有控股公司（但这里没有考虑是否有政府赋予的垄断因素）。而且，薪酬高，并不意味着激励力度也高，因为其绩效相对于其他公司可能更高，因此，仅以薪酬绝对值来判断激励力度高低存在严重问题。

（4）如何通过提升公司治理水平打造世界一流企业

从中国上市公司治理评价，不难看出中国企业与世界一流企业还存在较大差距。我们应该正视这种差距，正视差距和问题，才能进步。从提升公司治理水平角度，以下几个方面应该予以特别注意：

一是要多了解国际社会公司治理的共同规则，尤其应了解《G20/OECD 公司治理原则》，更要履行这些规则，否则就可能被认为没有契约和合规的意识。

二是要高度尊重中小投资者的决策与监督权以及收益权，这对于提振投资者信心至关重要。要淡化"控股"一定要"控制"的观念，以避免股东纷争以及由此对中小投资者造成的侵害，从而树立中小投资者的长期投资信心。

三是要在董事会"行事"上下功夫，避免形式主义。要减少股权董事，提高独立董事比例和履职能力，切实增强董事会独立性，使董事会平等对待所有股东，要使董事会真正在科学决策和监督中发挥实质性作用。

四是要保证经理层的任期制和契约制的落实，以避免短期行为。尽最大可能减少大股东和董事长对总经理的干预，以实现以总经理为首的经理层经营控制权的独立性，同时使其独立承担责任，以发挥其最大潜能。

五是要合理配置利益相关者在公司中的财务治理权利，有效保护他们投入公司的专业性资产（或资本）。

六是要强化信息披露与注册制改革的同步。信息披露程度应该主要以投资者满意为准，而不能仅限于监管者满意。

七是要强化高管薪酬契约，实现高管薪酬与高管贡献的吻合，不能仅看薪酬绝对值。对于国有企业，尤其要建立市场化的高管选聘和薪酬激励机制。同时要通过法律制度和透明的经理人市场来防范高管提供虚假贡献信息。

26.2.2 激发资本市场活力必须把中小投资者权益保护置于核心位置

2023 年下半年以来，中央出台多项政策希望扭转萎靡不振的资本市场，但收效不大，其中非常关键的问题是保护中小投资者权益的制度安排仍不到位。

纵观包括中国在内的全球资本市场，由于股权不断多元化，大股东或控股股东在企业中的持股比例不断下降，相比之下，中小投资者（主要是小投资者）总体的持股比例则不断提高。这意味着，在资本市场中，中小投资者已经成为企业资本的最主要来源，没有中小投资者的资本支持，企业就难以实现可持续高质量发展。因此，如何提振中小投资者的投资信心，已经成为企业高质量发展和资本市场活力的核心关注点。

（1）知情权是中小投资者理性投资的基本前提

信息不对称是中小投资者理性投资的一大障碍。强化中小投资者知情权就是要提高公司对中小投资者的透明度，大幅降低信息不对称程度。在包括中国在内的 G20 和 OECD 国家共同签署的《G20/OECD 公司治理原则》中，透明度是摆在首位的公司治理基本精神，因为透明度决定着投资者的投资决策，以及他们参与公司治理的程度和力度，并由此影响着公司治理的合规性和风险水平，尤其是可以有效避免公司内部人的腐败及由此引发的对中小投资者权益的侵害。

目前公司知情权严重偏重于控股股东、大股东和实际控制人，很多公司信息发布前必须先征得控股股东的认可，这就为控股股东操纵公司信息发布，甚至发布虚假信息创造了条件，而中小股东却难以平等拥有获得公司准确、全面信息的机会。

2023年，IPO注册制全面实施。注册制意味着公司上市的"硬门槛"降低了，比如暂时亏损的企业可以上市了，同股不同权的企业也可以上市了，等等，这对于拟上市的公司来说是"好消息"，但如果相关制度安排没有跟上，则对中小投资者来说可能就是"坏消息"，其中最直接的制度是信息披露制度，也即透明度相关制度。长期以来，中国上市公司存在着一种"能不说就不说"的错误的信息披露观念，或者只披露对自己有利的信息，这使得中小投资者由于不能及时了解企业的真实信息而做了错误的投资并导致损失。

在信息披露中，表现最差的是风险控制方面的信息披露，这包括企业发展战略目标、盈利能力分析、营运能力分析、偿债能力分析、发展能力分析、对现聘会计师事务所的说明、关于宏观形势对公司业绩影响的分析、行业地位分析、竞争对手分析等。根据本报告对中国上市公司风险控制自愿性信息披露指数的计算，参见图26-1，该指数均值从2013年的35.5429分提高至2022年的54.2019分，尽管总体呈上升趋势，但仍处于很低水平，2023年还出现了下降，均值为52.7059分，而中小投资者最关心的恰是风险控制水平。

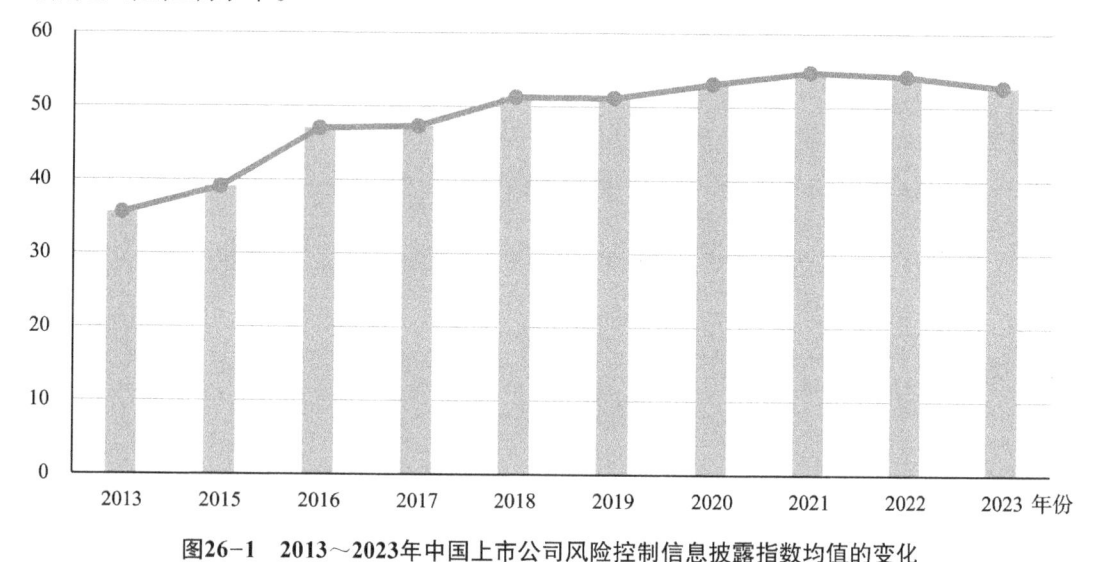

图26-1 2013~2023年中国上市公司风险控制信息披露指数均值的变化

资料来源：北京师范大学公司治理与企业发展研究中心"中国上市公司治理分类指数数据库"。下同。

因此，要提振投资者的投资信心，在透明度方面，应该转变观念，要以中小投资者满意为准，而不能仅满足于监管机构和大股东的满意。这需要在制度上做出安排，尤其需要有严肃的法律法规来保证。

（2）决策与监督权是中小投资者参与治理的有效机制

中小投资者享有对公司的决策与监督权是其参与公司治理的法定权力，而中小投资者的决策与监督权缺失进而导致的权力失衡，则是大股东和经营者侵占中小投资者权益的权力基础。

中小投资者决策权是指中小投资者有权参加、召集股东会，并行使提案权和投票权；中小投资者监督权是指中小投资者可以通过股东会或获得的公司信息，对代理人（即董事会和高管）进行质询。中小投资者通过参与决策与监督，进而实现权力制衡，可以在很大程度上保证公司行为合规有效，并为公司发展带来持久的活力。

目前中小投资者的决策与监督权存在严重的形式化或不到位问题。比如中小股东单独召集股东会，即使达到了召集的条件，由大股东控制的董事会或监事会也往往会找出各种理由予以拒绝或制造障碍。提案权也有类似情况，即使提出了议案，如果与董事会意志相背离，也往往以各种理由被"过滤"掉，从而失去提交股东会讨论进而形成决策的机会。如前文所述，2014～2023年，中小股东召集股东会的公司比例历年从未超过0.6%，中小股东成功提案的公司比例历年从未超过4%，参见图26-2和图26-3。2023年通过的新《公司法》关于股东提案的条件从原来的单独或者合计持有公司股份3%降低为1%，尽管降低了中小股东提案的门槛，但如果不对董事会"过滤"提案有所限制，则中小投资者提案仍难以改善。

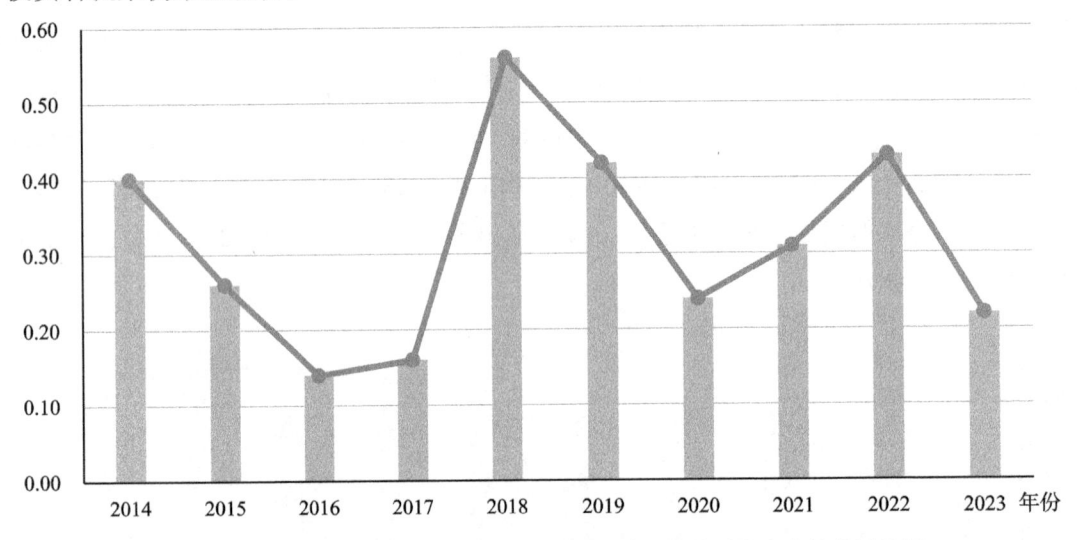

图26-2　2014～2023年中国上市公司中小股东成功召集临时股东会的公司比例/%

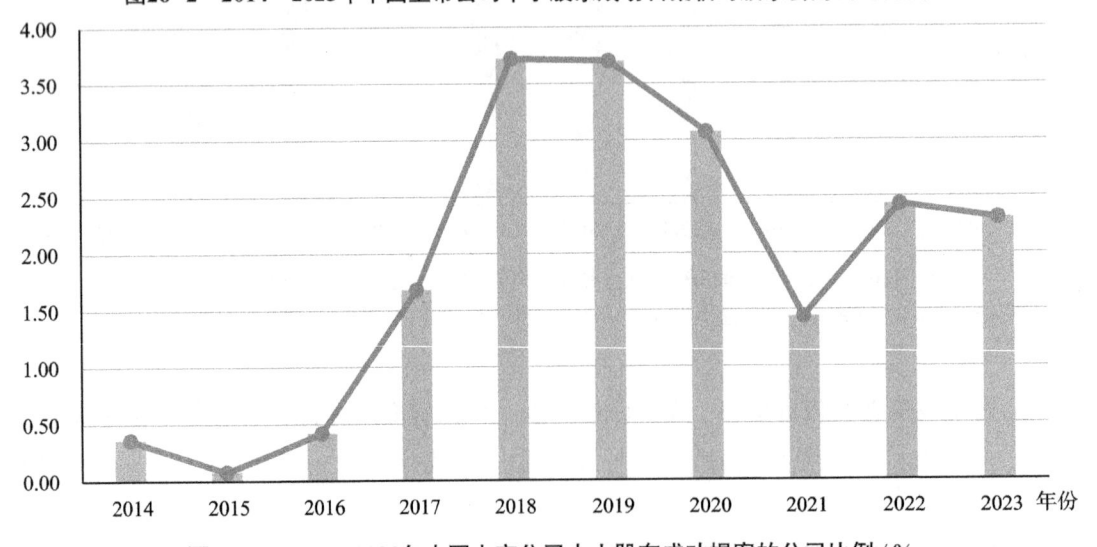

图26-3　2014～2023年中国上市公司中小股东成功提案的公司比例/%

再比如累积投票，根据公司法，股东会选举董事、监事，可以按照公司章程的规定或者股东会的决议来决定是否实行累积投票制。但由于股东会往往被大股东控制，使累积投票的实际推行有不少障碍。尽管2018年实施的《上市公司治理准则》规定，单一股东及其一致行动人拥有权益的股份比例在30%以上的上市公司，应当实行累积投票制。但随着股权的不断分散化，大股东持股比例超过

30%的公司越来越少，同时对一致行动人也往往难以清晰判断，因此，累积投票难以落实的情况仍严重存在。根据本报告数据库，2014～2023年，中小股东累积投票的公司比例尽管总体呈上升趋势，但仍有一多半的公司没有实行累积投票，参见图26-4。不过，由于2023年实施的《上市公司独立董事管理办法》规定上市公司股东会选举两名以上独立董事的，应当实行累积投票制，可以预见，未来实行累积投票的公司比例会出现一定幅度的提高。

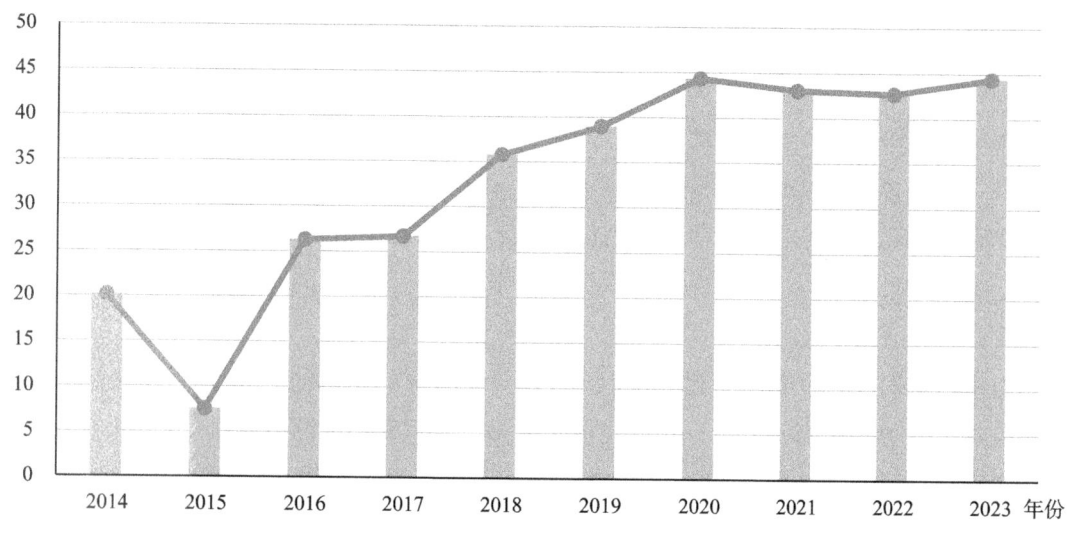

图26-4　2014～2023年中国上市公司实行累积投票的公司比例/%

我们构建了上市公司中小投资者决策与监督权指数（指标体系参见第1章），2015～2022年，中小投资者决策与监督权指数均值总体呈上升趋势，但2023年出现下降，历年从未达到50分，参见图26-5，处于很低水平。

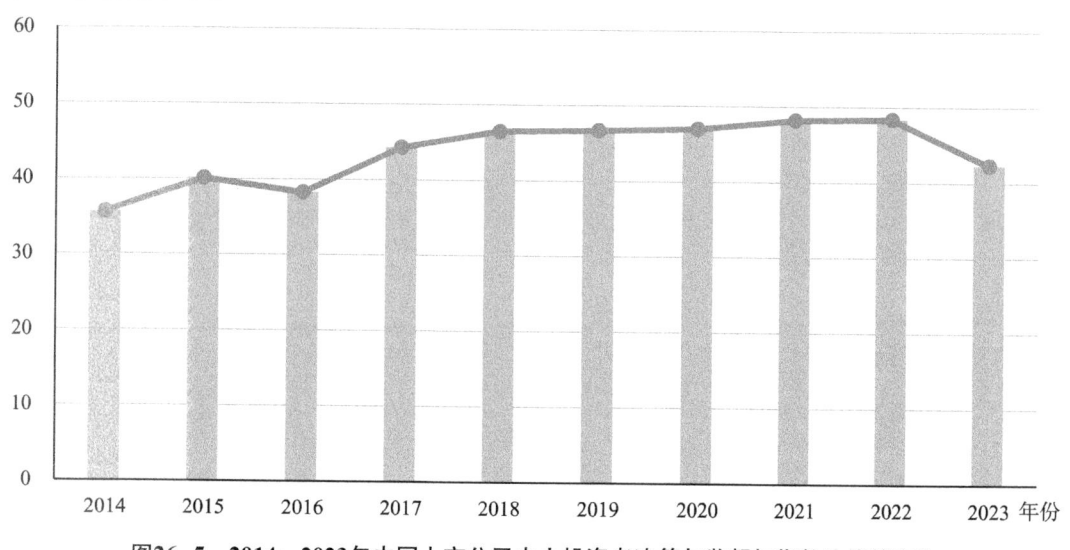

图26-5　2014～2023年中国上市公司中小投资者决策与监督权指数均值的变化

因此，保证中小投资者的决策与监督权既紧迫，又任重而道远。为此，一要加强法律规则的落实，大幅提高不合规或仅仅满足于形式合规的责任追究力度；二要大幅降低中小投资者参与公司决策和监督的门槛和成本，这点在2023年12月第4版的《G20/OECD公司治理原则》中给予了特别强调；三要对中小投资者的诉求、质询给予积极的和及时的回应，由此才能极大地提升中小投资者参与决策和监督的热情。

（3）收益权是提振中小投资者投资信心的重要保障

收益权是中小投资者权益保护的直接体现，没有收益权或收益权很低的公司，投资者是不可能投资的，尤其不可能长期投资。对于大股东尤其是控股股东来说，他们可以通过享有控制权或相当大的决策权来从公司获得各种名目的收益（此即所谓控制权收益），甚至通过不合规手段，如内幕交易、关联交易、虚假信息等，来获得非法收益。但对于中小投资者来说，其投资收益只有两个渠道：一是溢价收入；二是公司分红。如果公司不分红或者分红很少，则中小投资者只能指望通过溢价来获取投资收益，这无疑会导致资本市场的过度波动，甚至导致人为操纵股价，这也是为什么西方发达资本市场更注重分红、资本市场变化比较平稳的重要原因。在这些国家，分红可以达到净利润的60%甚至70%，而且经常有大股东在中小投资者通过公司分红未收回投资之前不可以变现的规定，这不仅能够极大地激发中小投资者的投资热情，而且可以稳定资本市场，而稳定的资本市场又可以进一步保障中小投资者权益，由此实现了良性循环。

但迄今为止，我们仍然没有建立起保障中小投资者收益权的明确的、有效的法律规定，导致中小投资者收益权时常处于不稳定波动中，而且受损者众多。根据我们构建的中国上市公司中小投资者收益权指数（指标体系参见第1章），2015～2023年，中国上市公司中小投资者收益权指数均值一直在40分左右徘徊，2023年均值仅为45.3359分，参见图26-6，处于相当低的水平。如此低的收益权水平，就不难理解，中国资本市场为什么长期低迷，可以说中小投资者收益水平低是一个非常重要的影响因素。比如，中国上市公司分红占净利润的平均比重仅为30%左右，不到西方发达资本市场的一半，再加上大股东尤其是控股股东通过控制权对中小投资者利益的剥夺，使得中小投资者权益很难得到充分保障。

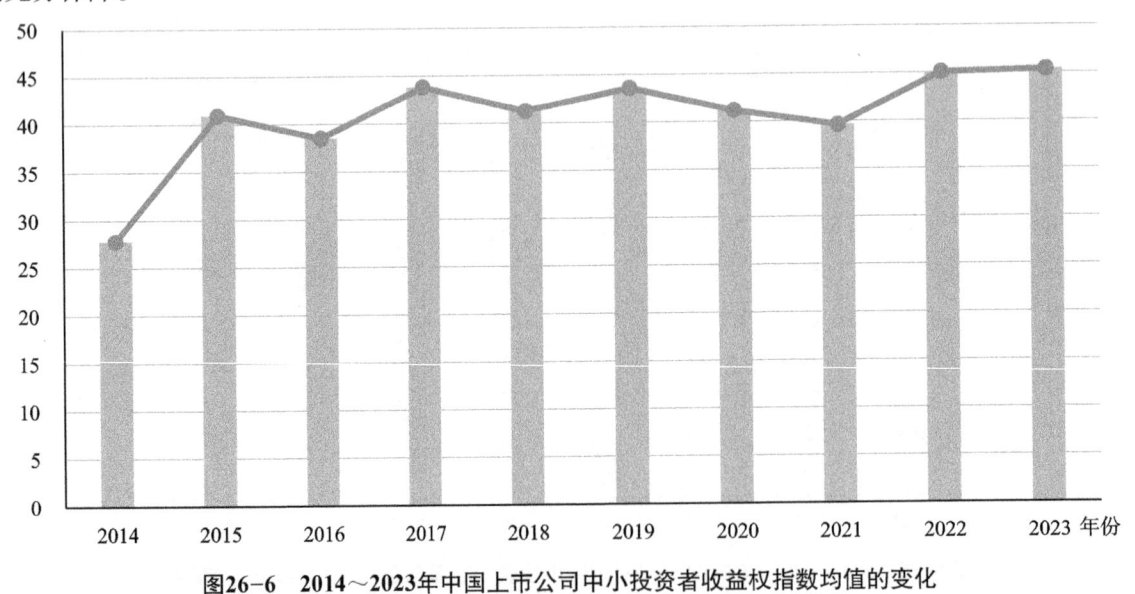

图26-6　2014～2023年中国上市公司中小投资者收益权指数均值的变化

因此，需要借鉴发达资本市场发展的经验，一方面要大幅度提高分红占净利润的比重，起码能够提高到平均60%的水平；另一方面，从严限制大股东在中小投资者投资未收回前的变现，比如，可以规定在中小投资者的投资通过公司分红收回70%之前不可以变现，以此强化大股东对中小投资者权益的责任意识。

（4）良好的维权环境是中小投资者权益实现的必要机制安排

投资者遭遇不法侵害在任何国家都存在，只是程度不同而已，而受损程度大小取决于一个国家维权环境的优劣。好的维权环境一方面体现了对侵害者的严惩，即所谓"违规成本远高于违规收益"；另一方面体现了对受损投资者的足够的民事补偿，即所谓"有效救济"。在这样的维权环境下，投资者可以保持长期的投资信心，资本市场能够持续稳定发展。

举个简单实例。中国曾有位电影明星因用自己的空壳公司收购某上市公司，被罚款30万元人民币和5年市场禁入，没有刑事处罚，这还是顶格处罚。而美国一个类似案例，当事人被判服刑380年，民事上的罚款致其倾家荡产（美国允许家庭破产）。不难想象，处罚力度上的如此巨大反差，对资本市场和投资者投资带来的结果不言自明。

根据我们构建的中小投资者维权环境指数（指标体系参见第1章），2020年及以前年份维权环境指数均值都低于60分，其中2015年股灾那年还出现大幅下降。2020年3月1日新《证券法》开始实施，由于对违规处罚力度加大，2021～2023年维权环境指数出现较大幅度的提高，但仍不甚理想，2023年为70.4237分，参见图26-7。比如，尽管新《证券法》建立了代表人诉讼制度，但由于门槛和成本较高，迄今也仅有极少量的代表人诉讼案例，远远不能适应中小投资者维权尤其是希望获得有效救济的普遍诉求。

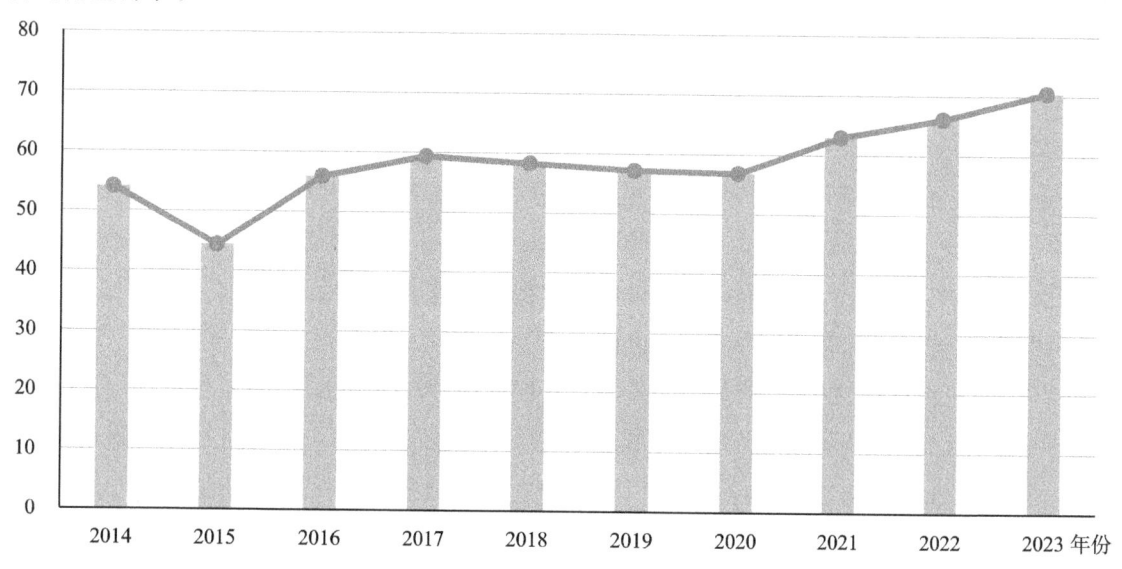

图26-7 2014～2023年中国上市公司中小投资者维权环境指数均值的变化

如果说知情权、决策与监督权、收益权是中小投资者的直接权益，那么维权环境就是中小投资者实现上述权益的保障机制，尤其是其中的民事赔偿，是对资本市场资源扭曲分配之后的补救，可使失衡的利益关系在一定程度上得到恢复，有利于重塑中小投资者的投资信心，从而保证资本市场的正常运行。因此，建立健全中小投资者维权机制，大幅度降低维权的门槛和成本，也是当前必须高度重视的一项工作。

26.2.3 厘清股东与企业关系，强化透明度，提升监管效力

2024年6月14日，国家金融监管总局向社会公开第六批共18名重大违法违规股东名单，涉及的违法违规行为主要包括：入股资金来源不符合监管规定；违规代持银行保险机构股权；隐瞒关联关

系、一致行动关系；存在涉黑涉恶等犯罪行为。国家金融监管总局表示，将紧紧围绕强监管严监管，全面强化对银行保险机构股东、实际控制人的穿透审查，聚焦"关键事""关键人""关键行为"，严惩违规占用资金、违规关联交易等不法行为，切实提高违法违规成本，维护合法投资者利益，依法保护银行保险机构和金融消费者权益。向社会公布违法违规股东名单，对于威慑违规行为，规范股东行为，净化公司治理生态，无疑具有重大意义。围绕强监管严监管的目的，如何从源头上解决不断发生的股东违法违规行为，应该从以下三方面着眼。

（1）厘清股东与企业的关系

股东与企业的关系似乎是因投资与被投资而产生的股东控制（主要是大股东控制）与被控制的关系。其实这种理解是存在严重偏颇的，也是导致股东违规的重要原因。

绝大部分金融企业都是现代公司，具有现代公司的属性。现代公司的典型特征是所有权和经营权的分离，股东作为所有者，在很大程度上是作为监督者而存在，而不是直接经营或干预经营，而企业经营则交给比所有者更有能力的企业家来负责，这是资本家（股东）的资本优势和企业家（经营者）的能力优势的一种最佳分工，也是现代资本市场尤其是股权较分散情况下的一种常态，对于发展历史较长的公司，更是一种普遍存在。尽管也有诸如比尔·盖茨和埃隆·马斯克这样的自己既作为股东也作为经营者的情况，但更多的是像史蒂夫·乔布斯（仅拥有苹果公司不到0.6%的股份，属于很小的股东）和萨姆·阿尔特曼（不拥有OpenAI任何股份）这样的情况。

在发达资本市场，作为职业经理人的首席执行官（CEO）处于公司的核心地位，他们独立经营，责任自负，股东通过选举的董事会进行监督，董事会最核心的决策就是选择一位有能力重诚信的CEO，至于董事会其他方面决策的程序，则往往都是以CEO为首的经理层先拟定出方案后，交董事会负责审议批准，即决策是自下而上的，这可以保证董事会决策的科学性、有效性和及时性，原因在于，在股权多元化的背景下，由于不可能每个股东都派出董事，因此，董事会就只能主要由独立董事构成，以此来实现董事会的独立性，从而保证董事会能够平等地对待所有股东，保护所有股东的利益。这里所说董事会的独立性，是指董事会既独立于股东也独立于经理层。

由此不难发现，股东尽管对企业进行了投资，但不可以随意干预企业正常经营，这对于大股东、控股股东、实际控制人同样适用，他们不可以以其较大的影响力和控股关系，通过控制公司，或者向公司施压，抑或通过控制权收益，侵占公司利益，转移公司财产，侵害其他利益相关者利益，如果因此导致公司亏损或破产，则必须承担连带责任，这里适用"揭开法人面纱"的原则，公司法对此也有明确的规定。

纵观国家金融监管总局（包括机构改革前的银保监会，下同）总计六次通报的股东违规行为，除了本次提及的入股资金来源不符合监管规定、违规代持银行保险机构股权、隐瞒关联关系和一致行动关系、涉黑涉恶外，还有违规进行关联交易或谋取不当利益、关联持股超过监管比例限制、单一股东持股超过监管比例限制、严重逃费债务、违规转让股权、利用平台虚构业务进行融资、股东及其关联方违规挪用和占用资金、违规将所持股权进行质押融资、违规安排未经任职资格核准的人员实际履行董事和高管职责、拒不按照监管意见进行整改等。不难判断，如果这些股东不能干预公司经营、不能从公司获得控制权收益（应该主要通过公司分红获得收益），则这些违规行为对他们是没有意义的，因此，要避免这些违法违规行为，必须从制度上和观念上，厘清股东与公司的关系，杜绝股东干预甚至控制公司的行为。

（2）强化透明度

"阳光是最好的防腐剂"，不透明肯定会产生更多的违规违法。2016年杭州G20会议上，包括中国在内的各国领导人共同签署《G20/OECD公司治理原则》，承诺共同遵守。2023年12月，《G20/OECD公司治理原则》第4版正式发布。不管是哪个版本，透明度都是摆在首位的公司治理基本精神，原因就在于透明度直接影响着公司治理的合规性和风险水平，尤其是可以有效避免大股东、实际控制人的腐败及由此引发的对其他利益相关者权益的侵害。

六次公布的股东所有违法违规行为，都涉及隐瞒信息甚至提供虚假信息问题。恐怕没有任何一个股东和公司在没有任何威慑性处罚压力的情况下，会主动公开其不符合监管规定的入股资金来源；违规代持股权、违规转让股权、违规挪用和占用资金、违规质押、通过虚构业务进行融资等，既然属违规，更不会主动对外披露；关联持股或单一股东持股超过监管比例限制、安排不符合要求的人员担任董事和高管，目的都是为了通过控制公司从而获得更多控制权收益提供便利，显然也不会主动披露；关联关系尽管并不都是违规的，但隐瞒关联关系无疑是为不合规的关联交易提供方便；一致行动人也并不都是不合规的，但如果不公开，则可能会使不合规的投票决策合法化，比如对于有利于受益者的回避表决投票，如果受益者及其未公开的一致行动人不回避，则可能会严重侵害其他利益相关者的利益，这显然是一种不公平的投票表决。

强化信息公开，提高透明度，是加大公司和股东违规成本、降低社会（包括公司利益相关者）监督成本、提高公众对公司满意度和认可度的重要制度安排。对于其中的上市金融公司，透明度不仅要满足于监管机构的要求，更要强调以金融消费者和中小投资者的满意为准，可以通过面向金融消费者和中小投资者的满意度调查，发现公司和股东（尤其是大股东）在透明度方面存在的突出问题，并及时整改，以防患于未然。

（3）提升监管效力

不管是厘清股东与企业的关系，还是提高透明度，单靠公司和股东的自觉是难以实现的，而是需要在制度上做出安排，尤其需要有严肃的法律法规来保证，由此才能极大提升监管的效力。

国家金融监管总局已经持续向社会发布六批重大违法违规股东名单，说明总局贯彻中央关于穿透式监管政策的力度之大，前所未有，也确实起到了威慑违法违规、严肃市场纪律、强化社会约束的良好效果。但同时，我们也需要看到，自2020年7月公布第一批违法违规股东名单，六次披露的违法违规股东数量分别是39家、9家、19家、15家、45家和18家，看不出有规律的减少趋向，说明股东违法违规行为仍较普遍存在，监管处罚的震慑效力还需要进一步提高。对此，应该着眼于以下制度规范和建设工作：

第一，减少股权董事人数，增加独立董事人数。对于外部非独立董事，也要尽可能减少由股东派出的人数，可以像独立董事那样，更多地从社会选聘，以大幅提高董事会的独立性。同时，要制定董事行为准则，加大对董事会独立性的考核，包括对独立董事独立性的考核和相应的奖惩。对于外部非独立董事，也要强化其独立性。通过强化董事会的独立性，保证其职责是服务于公司和全体利益相关者的整体利益，而不是仅服务于或偏重于个别利益主体的利益。

第二，建立经理层独立经营、自担责任的机制。包括现代金融企业在内的现代公司，不仅要求董事会具有独立性，同时也要求经理层具有独立性。与董事会一样，经理层应立足于公司整体发展，是为全体股东创造价值，而不是只为个别股东创造收益。同时通过强化责任自担，建立与全体股东价值创造相挂钩的有效激励机制，以此促使其忠实尽职，自觉拒绝来自股东和其他方面的不合规干扰。

第三，运用数字技术，实时监控股东（尤其大股东）在所投资企业中的行为。可以考虑建立公司违规风险动态预警系统，及时发现各种违规苗头和风险变化并提出预警。比如，可以把所有董事成员的履职动态即时纳入公司违规风险动态预警系统，既包括董事会会议中的参会、发言、议案、投票等信息，也包括董事会会议前的沟通、调研、信息核实等信息，以此全面掌握董事行为，包括可能出现的股东不合规干预行为。

第四，通过完善有关规则，尤其是法律规则，加大对违规者的民事、行政和刑事处罚力度。民事处罚的目的是对权益受损者进行经济上的有效救济，以消除非法侵害的后果，实现对已经失衡的利益关系的调整；刑事处罚和行政处罚的目的是打击和遏制违法违规行为，剥夺其进一步实施违法违规的条件。三种手段并用，体现补偿与制裁的双重功能，通过加大威慑力，使违法违规的成本大大高于违法违规的收益，由此才能在最大程度上减少股东违法违规行为。

26.2.4 适应新公司法，加快董事会审计委员会转型改革

2024年7月1日，新《公司法》正式生效。根据新《公司法》，国有独资公司在董事会中设置由董事组成的审计委员会行使本法规定的监事会职权的，不设监事会或者监事；有限责任公司和股份有限公司可以按照公司章程的规定在董事会中设置由董事组成的审计委员会，行使本法规定的监事会的职权，不设监事会或者监事。这意味着，监事会并不是必须要撤销的，只有当董事会审计委员会能够承担起《公司法》规定的监事会职权时，监事会才可以不再设置。那么，监事会有哪些职权？现行审计委员会能否代替监事会的这些职权？如果现行审计委员会还难以承担监事会的职权，那么，审计委员会应该如何转型改革，才能承担起监事会的职权？这些问题需要思考并亟待解决。

（1）新公司法关于监事会职权的规定

根据新《公司法》第七十八条、第一百三十一条、第一百八十九条的规定，监事会拥有以下职权：

①检查公司财务；

②对董事、高管人员执行职务的行为进行监督，对违反法律、行政法规、公司章程或者股东会决议的董事、高管人员提出解任的建议；

③当董事、高管人员的行为损害公司的利益时，要求董事、高管人员予以纠正；

④提议召开临时股东会会议，在董事会不履行本法规定的召集和主持股东会会议职责时召集和主持股东会会议；

⑤向股东会会议提出提案；

⑥对董事、高管人员提起诉讼；

⑦公司章程规定的其他职权。

另外，第七十九条还规定，监事可以对董事会决议事项提出质询或者建议，可以对经营异常情况进行调查，必要时可以聘请会计师事务所协助其工作。第八十条规定，监事会可以要求董事、高管人员提交执行职务的报告。

从监事会上述职权可以看出：

①监事会的监督对象是董事和高管人员；

②监事会监督事项涉及财务和非财务等多个方面，也可以说是对公司决策和经营的全面监督；

③监事会对股东负责；

④正因监事会监督对象是董事和高管人员，因此新公司法第七十六条、第一百三十条规定，董事、高管人员不得兼任监事。原因很简单，董事和高管人员兼任监事，则监事会就会因不独立而使监督职权落空。

问题是，监事会的监督职权一定能够落实吗，或者仅仅是形式上的"落实"？对于股东（尤其是大股东）的违规，监事会能够监督吗？答案无疑是否定的，这恐怕也是由审计委员会代替监事会的重要原因。

（2）现行董事会审计委员会能够承担监事会的职权吗？

新《公司法》基本没有对监事会不再设置后的审计委员会的人员构成和职权做出更多的规定，如果以现行的审计委员会来行使监事会的职权，可行吗？

从人员数量看，对于同时存在监事会和审计委员会的公司，两个机构的人员数量基本上都在3～5人，总体上没有多大差别。而且对于非上市公司，审计委员会的设置并不是强制性的，而监事会则是强制性设置机构（规模较小的公司可以不设监事会，但必须设置监事）。

从人员构成看，审计委员会和监事会之间的差异较大。审计委员会大都存在于上市公司，独立董事是审计委员会的人员构成主体，且必须有会计专业人员。对于设置审计委员会的非上市公司，通常存在于国有公司或大型民营公司，审计委员会成员以股东派出的外部董事为主，同样必须有会计专业人员。而对于各类公司普遍设置的监事会，则基本上都是由股东监事（或股东派出监事）和员工监事构成，且员工监事不低于1/3。

从职权看，在新《公司法》出台之前，且审计委员会和监事会并存的情况下，审计委员会更多的是董事会在财务审计相关事项方面的一个决策咨询或决策建议机构（最终决策要通过董事会），不是法律规定的监督机构。不过，由于在一些公司（尤其是上市公司）的重大决策事项上，审计委员会具有一定的话语权，因此，在实践中，其对公司经营在事实上是具有一定的监督作用的。相对而言，监事会属于法律规定的监督机构，监督对象不仅包括高管人员，那些不担任高管的董事（包括审计委员会中的董事）也是其监督对象，监督职权偏重于决策和经营上的合规性。

从职权履行的实际效果看，董事会由于受到大股东控制，审计委员会的独立性并不强。对于上市公司来说，尽管其成员以独立董事为主，但这些独立董事大都由大股东推荐，而且其独立性带来的风险难以得到有效化解（比如被大股东强行解职、自身权益受损、监督成本较高等），因此，独立董事的独立性是偏弱的；对于非上市公司来说，即使设置了审计委员会，成员以外部董事为主，但这些外部董事基本上都是由大股东直接派出（不是推荐），其独立性相比独立董事更要差很多。因此，不论是上市公司还是非上市公司，审计委员会履行职权的独立性都是大打折扣的，审计委员会的最终决策和监督更多地取决于大股东尤其是控股股东或实际控制人的意志。对于监事会而言，在我国行政层级鲜明的背景下，监事会主席的职级都低于董事长和总经理，职工监事作为董事长和总经理的下属也基本上处于被动和服从的地位，迄今为止，我们仍很难找到公司董事长、总经理、其他董事和高管的违规行为是由于监事会的独立监督而被发现或曝光的，这无疑意味着监事会在公司中的尴尬地位。

由上述分析不难看出，指望由现行审计委员会直接取代监事会，是很难实现监事会的监督职权的。

（3）中国董事会审计委员会与西方国家有何不同？

审计委员会的概念首次出现在1938年美国证券交易委员会（SEC）对麦克森和罗宾斯公司（McKesson & Robbins, Inc.）的调查中，不过这次调查并没有使审计委员会在美国企业界得到广泛采用。但20世纪70年代后，美国公司的董事会审计委员会不断完善，并在大多数市场经济发达国家普及开来。因此，本部分对西方国家公司审计委员会的分析将以美国为例。

尽管没有"放之四海而皆准"的审计委员会职责，但美国公司董事会授权审计委员会的常见职责包括：[1]

①选择、评估和替换外部审计师；
②审核外部审计计划；
③评估年度审计财务报表；
④监督外部审计过程和审计结果；
⑤监督外部审计师的独立性；
⑥监督针对财务报告的内部控制；
⑦监督内部审计职能；
⑧审查中期财务报表；
⑨额外的授权职责，如特别调查、绩效自我评估等；
⑩向股东汇报对财务报告的监督责任。

从上述美国公司审计委员会职责，以及相关法律规定，我国公司审计委员会与美国的不同主要在于：

①美国审计委员会的职权基本上限于财务审计相关业务的监督，非财务审计的决策及经营监督则较少。正因其专业性，1999年12月，美国SEC出台新的审计规则，规定审计委员会必须至少有一名财务专家，其他成员也必须在被任命后的合理时间内成为财务专家，所有成员都必须熟悉并能够阅读财务报表。而我国仅规定审计委员会主席必须是会计专业人士，成员则可以不是会计专业人士。对于审计委员会在非财务审计方面的决策及监督，按新公司法规定，如果不设监事会，则是有这方面职权的。

②美国审计委员会的职权之所以基本上限于财务审计相关事项，一个重要原因是美国董事会中独立董事占比很高，目前标准普尔500强公司的独立董事平均比例达到85%，很多公司仅有CEO一位执行董事，其他董事都是独立董事，包括董事长也是独立董事，这意味着对经理层的监督来自董事会的所有独立董事，而不仅仅是审计委员会。而我国上市公司的独立董事比例仅有1/3，普遍都是3、4人，这在客观上导致大部分独立董事都会进入审计委员会（各专门委员会中的独立董事重叠度很高），于是就赋予了审计委员会非财务审计事项的监督职权。

③美国审计委员会的人数要求在3~6人，根据公司规模有所不同，这与我国的规定差别不大，但实践中我国公司的审计委员会人数很少有超过5人的，平均人数比美国要略少。

④对于上市公司，美国对审计委员会独立性的要求非常高，如《萨班斯-奥克斯利法案》要求所有成员都必须"绝对"独立，因此审计委员会全部由独立董事构成。而我国只要求一半以上为独立董

---

[1] Frank M. Burke, Dan M. Guy. Audit Committee: A Guide for Directors, Management, and Consultants. 中信出版社，2004.

事，独立性显然不如美国，不具备"绝对"的独立性。

⑤美国审计委员会通常都有单独的章程，章程明确规定审计委员会一年的工作进度表、委员会应该看到的文件，以及在关键审计事项上的立场和所承担的责任，但审计委员会成员并不会因各自身份和任职差异而承担不同的责任（如审计委员会主席并不会比其他成员承担更多的责任）。而我国，迄今为止还没有看到哪家公司的审计委员会有独立的章程，也就难以对审计委员会的行为进行清晰的界定和有效的规制。

⑥美国的监管机构和股东对审计委员会给予充分信任，使其可以没有任何顾虑地行使职权，促其积极和独立履职，但如果有审计委员会成员不尽职、失职，或对公司造成损害，则他们也会被毫不留情地替换掉，并承担相应的责任，甚至被起诉。相对而言，我国目前的审计委员会难以得到充分信任，主动性不强，往往是被动履职，"不求无功，但求无过"，以及"躺平"的心理比较突出。

（4）中国董事会审计委员会如何转型改革

从上述比较分析不难发现，我国现行审计委员会既与现行监事会有很大不同，也与美国等发达国家单层制下的董事会审计委员会有相当大的差异，这意味着，我国现行审计委员会还难以直接取代原监事会的职能，如果直接取代，将可能使公司出现监督真空的风险。目前新《公司法》已经实施，如果我国公司用单层制董事会下的审计委员会来取代原监事会的职权，就必须在汲取我国公司原监事会和发达国家审计委员会的有益经验的基础上，对我国现行审计委员会进行改革和转型。

①扩大职权，授权行使涵盖财务和非财务的全面监督权。公司治理对我国来说是"舶来品"，我国现行审计委员会制度作为公司治理制度的重要组成部分，也是借鉴来的，但又与美国等西方国家有诸种不同。我国现行审计委员会是双层制（董事会和监事会并存）下的审计委员会，由于监督权在监事会，使得审计委员会没有法律意义上的监督权。但由于负责审计方面的决策咨询，在事实上又有一定的监督权，只是仅限于财务审计事务，而对于经理层的经营事项，则没有监督权。因此，基于新《公司法》，审计委员会扩权就是必然选择，即除了原有的财务审计事项的决策和监督权，还应包括非财务审计事项的决策和监督权，尤其是对经理层经营的监督权。

②扩充人员，优化人员结构，加强培训。目前我国审计委员会人数及结构都不能适应新《公司法》对审计委员会替代监事会的要求。考虑到新《公司法》下审计委员会同时负责财务事项和非财务事项的决策和监督，因此在人数上，应该扩充到5人以上。美国审计委员会人数尽管也不多，但美国公司独立董事占比非常高，对经理层的监督来自整个董事会中的独立董事，而不是仅限于审计委员会的监督。因此，为保证审计委员会的决策和监督落到实处，人员规模必须适度增加。在人员结构上，要实现审计委员会成员专业或技能的多元化，可以通过经常性培训加强对审计委员会成员的专业或技能培训，以不断提升他们应对多样化审计事务监督的能力。

③实现审计委员会高度独立。为此，必须增加独立董事（对于上市公司）或外部董事（对于非上市公司）的人数，并使更多的独立董事或外部董事充实到审计委员会，建议审计委员会全部都由独立董事（对于上市公司）或外部董事（对于非上市公司）组成。所谓"独立性"，不仅仅是独立于经理层，也要独立于股东。审计委员会要向股东和董事会汇报工作，但并不意味着股东或审计委员会外的董事可以对审计委员会随意干扰和干预，以最大程度保证审计委员会能够防范和发现各种违规行为，保证监督的最大效果。

④制定审计委员会章程。在审计委员会职权和规模扩大的情况下，单独制定审计委员会章程变得

很有必要。专门的审计委员会章程使审计委员会履职有章可循，更有利于提高审计委员会的权威性和履职有效性。章程要明确审计委员会职责，规范成员履职行为，明晰成员个体责任；确定委员会决策和监督职责范围；明确委员会与董事会、其他董事和内外部审计师的关系；规定委员会成员的专业或技能以及相应的培训要求；保证委员会履职的独立性。为保证审计委员会独立性，章程还应明确审计委员会向董事会负责，代表全体股东（而非听命于个别股东意志）对公司决策和经营进行监督，同时规定可能影响审计委员会独立性的人员不进入审计委员会。如果职工董事进入审计委员会，应该给予其保证独立性的特别授权和权益保护。审计委员会章程应由董事会审议通过。

⑤提高履职积极性。一方面，从国家层面，国家有关机构应充分授权董事会审计委员会开展工作，防止外部行政机构和大股东随意干扰和干预审计委员会工作。另一方面，从企业层面，股东或股东会、董事会要根据审计委员会章程定期评估审计委员会的工作，及时发现不尽职和失职的成员，并给予严肃惩戒，包括免职、赔偿等；对于成绩突出者，给予物质或声誉方面的有效激励，以保证成员勤勉履职。

⑥建立日常工作机制。确定审计委员会议事范围、专题审议、专题询问、跟踪督导等工作机制。建立由董事会秘书负责的审计委员会工作办公室，负责信息归集和交流、起草文件、会议召集、调查研究、审计委员会工作记录等日常工作，并定期不定期向审计委员会报告。同时通过制度建设提高审计委员会工作效率。

⑦提供法律支撑。为适应上述改革，国家有关机构应该出台董事会审计委员会实施细则，为审计委员会的有效运作提供更具操作性的法律等相关制度支撑。在实施细则中，特别应该确定审计委员会与外部各类监督机构的职权边界，清晰划定各自责任，以避免审计委员会难以履职、不敢履职、不能有效履职。

最后需要补充的一点是：顺应国际公司治理发展趋势，在董事会中独立董事占比极大提高（比如达到85%以上），有完善的威慑性法律和透明经理人市场（独立董事来自于经理人市场）的情况下，监督职权应该由全部独立董事（对于上市公司）来行使，而审计委员会则可以回归偏重于财务审计事项的决策和监督。

26.2.5 劳动雇佣资本：激发企业家人力资本

大数据与知识经济时代背景下，人力资本在经济发展和财富创造中的作用日益凸显，尤其是企业家的战略领导能力和创新创造能力成为推动企业发展的重要源泉，高能力企业家凭借其对市场敏锐的洞察力、对技术创新的深刻理解以及对资源的优化配置能力，成为了经济发展的重要驱动力。我国于2023年12月新修订的《公司法》不再强制企业设立监事会，这对董事会监督的独立性提出了更高要求，在董事会专注于监督的情况下，以总经理（总裁／CEO）为首的企业家团队势必将成为企业经营决策的核心。由此，传统的"资本雇佣劳动"治理范式已经显露不足，而"劳动雇佣资本"治理新范式应运而生。这种新型的公司治理范式不仅有利于企业的创新和成长，也使整个社会更富生机和活力。

（1）"劳动雇佣资本"治理范式的兴起和适用环境

在资本主义发展初期的工业经济时代，物质资本凭借其稀缺性成为企业生产的核心要素。物质资本所有者（资本家）掌握着企业的最终控制权和剩余索取权，并主导企业的经营决策和生存发展方向。资本家雇佣的劳动力大都做着专业化分工下简单重复的工作。随着资本市场和经理人市场的发展，以资本家（出资者）委托职业经理人负责企业经营为特点的现代企业产生，企业仅仅依靠物质资本投入已难以实现更快发展，更需要企业家的战略决策和经营能力，换言之，作为职业经理人的企业家在企业价值创造中的作用愈来愈重要，企业家人力资本逐渐成为企业不可或缺的重要生产要素，物质资本的核心地位开始受到冲击。

尤其在当今数字经济时代，融资渠道和融资工具更加多样化和大众化，导致物质资本的稀缺性大幅下降。相反，随着市场环境不确定性的提高和技术迭代速度的加快，具有强大创新能力和市场敏锐洞察力以及职业经理人性质的企业家人力资本则相对稀缺。这些企业家凭借其强大的专用性人力资本，以创业和经营思想的潜在市场价值吸引资本家的资金投入，在经营决策中比资本家拥有更大的主动权和控制权，能够限制资本家对企业经营的不当和过度干预，从而使其成为获取超额利润、使企业保持长期竞争优势的关键要素，"劳动雇佣资本"治理范式得以产生。

从实践角度，"劳动雇佣资本"治理范式的兴起与现代高新科技背景紧密相连，它体现了在当前技术驱动的经济环境中，高能力企业家的价值得到了前所未有的重视。随着全球化和信息化的不断发展，企业的成功越来越依赖于创新能力和对市场变化的快速应对能力，这使得拥有长远战略眼光和深厚专业知识的高能力企业家成为企业价值创造的核心。随着企业家人力资本要素重要性的提升，该要素相对价格也随之提高，从而使得他们在与资本要素的谈判中处于更有利的地位。相比之下，随着金融市场的发展和资本供给的增加，资本的边际效益递减，导致资本的使用成本下降，资本要素相对价格逐渐走低。

当企业家能力要素的相对价格高于物质资本要素时，企业家主动"吸金"变得相对容易，"劳动雇佣资本"就成为现实。在这种模式下，企业家掌握企业的主导权，而资本家则成为相对被动的角色。

不难看出，"劳动雇佣资本"治理范式并非在任何场景下都适用，它主要适用于高新技术企业、创新创业型企业以及快速发展的市场环境。在这些领域和环境中，高能力企业家的作用尤为关键，他们的知识、技能和创意能够为企业带来巨大的竞争优势。但需要强调的是，即使在高新技术领域，"劳动雇佣资本"的治理范式也需要企业家能力要素与其他要素相结合才能发挥最大效用。例如，企业既需要足够的资本投入来支持研发、生产和市场推广等活动，也需要建立有效的管理体系和团队协作机制来确保企业的稳健发展。

而在一些传统行业或技术更新较慢的领域中，物质资本的作用仍然不可替代，"劳动雇佣资本"治理范式并不完全适用，"资本雇佣劳动"依然是主导的治理范式。此外，"劳动雇佣资本"治理范式的适用性还要考虑社会文化、法律法规以及市场环境等多方面因素的影响。

（2）"劳动雇佣资本"治理范式的治理效应

在"劳动雇佣资本"治理范式下，企业的治理结构和各治理主体权益将发生变化，这些变化体现了对企业家人力资本价值的重新评估以及对公司治理机制的新要求。

第一，企业家（职业经理人）成为企业决策的核心。随着环境不确定性与市场竞争力的加剧，创新成为企业发展的关键因素，企业家的知识、技能和经验成为企业不断创新和维持市场地位的重要源泉。相比资本家，企业家不仅拥有敏锐的市场洞察力，还能够根据企业的实际情况和外部环境做出前瞻性的战略决策。企业的生存发展越来越依赖于企业家，企业家在企业决策中的核心地位将得到确立和巩固。

第二，资本所有者的权利安排也将发生变化。在传统的"资本雇佣劳动"治理范式下，资本所有者通常拥有企业的控制权和决策权。然而，在"劳动雇佣资本"治理范式下，资本所有者将逐渐转变为主要享有收益权和监督权，其对企业的控制权和决策权则被淡化。股东会也将不再单纯是为了股东行使决策权利，它更多的是股东和企业家交流的平台。资本所有者尽管可以通过投资获得企业的部分所有权，从而享有相应的收益（可能比"资本雇佣劳动"治理范式下有更多的收益），但不再直接参与企业的经营决策，"控股"不再"控制"将成为"劳动雇佣资本"治理方式的典型特点。

第三，董事会作为公司治理的重要机构，在"劳动雇佣资本"治理范式下将拥有更独立的战略决策和监督权。董事会将不再单纯是资本所有者的代表机构，而是更多地代表企业的整体利益，甚至董事会中不再有股权代表。董事会将根据企业的实际情况和外部环境，制定符合企业长远发展的战略规划，并对企业经营管理活动进行有效的监督。这种变化有助于提高董事会的独立性和决策效率，促进企业的稳健发展。

第四，其他利益相关者将以更强的专用性资本享有收益权和其他权益。在"劳动雇佣资本"治理范式下，企业的成功不再仅仅依赖于资本所有者的投资，而是需要各种利益相关者的共同参与和贡献。例如，供应商、客户、员工等都将以各自的更强的专用性资本为企业的发展作出贡献，并享有相应的收益权和其他权益，从而形成密切协作的共同体，这种变化有助于激发各利益相关者的积极性和创造力，提高企业的整体竞争力。

（3）"劳动雇佣资本"治理范式对生产关系和生产力变革的影响

"劳动雇佣资本"治理范式会促进企业治理制度的变革和对企业家等高能力人力资本价值的重新评估，这必然导致传统的资本与劳动关系发生转变。一方面，"劳动雇佣资本"使得"资本雇佣劳动"治理范式下的"剥削"概念逐渐失去存在的土壤，高能力企业家的地位得以大幅度提升，其权益得到充分保护，进而其作用可以得到更大程度的发挥，并将成为企业永续发展的核心要素。另一方面，为了适应这种新型的经济关系变化，有必要对现有的法律关系进行适时调整。其一，企业家（劳动者）和资本所有者之间的权利和义务关系需要重新审视和定义，在保障资本所有者享有收益权和监督权的同时，要建立能够确保企业家激励和控制权的制度安排，确立企业家在企业中的核心地位，加强对企业家和高能力人才的保护。其二，"劳动雇佣资本"治理范式下，由于企业家和高能力人才将拥有更多的决策权和控制权，为防止出现企业内部权力失衡和利益冲突，需要建立良好的内外部监督制度，确保企业的决策和管理活动符合法律法规和企业价值最大化目标。

与此同时，"劳动雇佣资本"治理范式通过赋予高能力企业家以核心地位，使他们成为企业发展的灵魂，将在深层次上推动了新质生产力的发展。首先，高能力尤其是具有高技术含量的企业家人力资本作为企业的重要生产要素投入，能够引导企业瞄准技术前沿开展研发，开发出更具竞争力的产品和服务，从而推动整个行业的技术进步和产业升级。其次，"劳动雇佣资本"治理范式通过保证身居企业现场和市场前沿的企业家的决策权的独立性和控制权的稳定性，可以减少决策失误和资源浪费，降低控制权波动带来的执行难度和效率损失，从而提升企业治理效率，保证持续的竞争力。最后，"劳动雇佣资本"范式为新质生产力的发展提供了制度保障，控制权和监督激励方面的制度安排都能使企业家们得到充分的尊重和重视，企业家价值得到了更准确的衡量和回报，有利于吸引和留住更多的优秀人才，形成良性循环，为企业的创新和发展注入持续的动力。

（4）结语

随着知识经济的崛起和高新技术的发展，以及面对复杂多变的经济环境，具有稀缺性的高能力人才（也可以称为知本家）将不断显现其独特的作用，并将经历从知本家到企业家（办企业），再到资本家（拥有股权）的转变，这种转变过程对应着"劳动雇佣资本"治理范式的兴起。首先，知本家凭借自己的专业知识、创新能力及对市场的敏锐判断，将知识转化为生产力，推动企业的技术创新和产品升级。知本家通过提供高价值的人力资本，实现个人与企业的共同发展。在这个过程中，人力资本在企业的价值和地位得到了充分重视和提升。随着知本家的成长和积累，一部分高能力人才会转型为企业家，开始创办自己的企业。这些企业家不仅具备技术背景，还积累了丰富的管理经验和市场洞察力，以此吸引资本家的投资，即"雇佣"资本。企业家作为企业的核心决策者，通过整合资源、组织生产和开拓市场，将其人力资本转化为实际的经济价值。进一步地，随着企业的发展和壮大，一部分企业家会转变为资本家，拥有企业的股权并享有相应的收益权。这些资本家不仅参与企业的经营决策，也通过股权将企业利益与自身利益绑在一起，以企业价值最大化为目标，以资本家和企业家的双重身份参与到企业治理中，实现协同合作共赢的局面。

在这一转变过程中，"劳动雇佣资本"和"资本雇佣劳动"两种治理范式并不是非此即彼的关系，二者多数时候以协同并存的形态出现。但随着数字经济和高新技术的深入发展，知识和技术成为经济增长的主要驱动力，企业家等高能力人力资本作为知识和技术的载体，将推动公司治理范式发展以"劳动雇佣资本"为主，"劳动雇佣资本"有望成为新时代的公司治理新范式和新质生产力发展的重要支撑。

附一 中国上市公司治理分类指数报告系列

[1] 高明华，等.中国上市公司高管薪酬指数报告 2009［M］.北京：经济科学出版社，2010.

[2] 高明华，等.中国上市公司信息披露指数报告 2010［M］.北京：经济科学出版社，2010.

[3] 高明华，等.中国上市公司高管薪酬指数报告 2011［M］.北京：经济科学出版社，2011.

[4] 高明华，等.中国上市公司财务治理指数报告 2011［M］.北京：经济科学出版社，2011.

[5] 高明华，等.中国上市公司信息披露指数报告 2012［M］.北京：经济科学出版社，2012.

[6] 高明华，等.中国上市公司企业家能力指数报告 2012［M］.北京：经济科学出版社，2012.

[7] 高明华，杜雯翠，等.中国上市公司高管薪酬指数报告 2013［M］.北京：经济科学出版社，2013.

[8] 高明华，张会丽，等.中国上市公司财务治理指数报告 2013［M］.北京：经济科学出版社，2013.

[9] 高明华，苏然，方芳，等.中国上市公司董事会治理指数报告 2013［M］.北京：经济科学出版社，2013.

[10] 高明华，张祚禄，杨丹，等.中国上市公司自愿性信息披露指数报告 2014［M］.北京：经济科学出版社，2014.

[11] 高明华，万峰，等.中国上市公司企业家能力指数报告 2014［M］.北京：经济科学出版社，2014.

[12] 高明华，张会丽，等.中国上市公司财务治理指数报告 2015［M］.北京：经济科学出版社，2015.

[13] 高明华，蔡卫星，等.中国上市公司董事会治理指数报告 2015［M］.北京：经济科学出版社，2015.

[14] 高明华，蔡卫星，赵旋，等.中国上市公司中小投资者权益保护指数报告 2015［M］.北京：经济科学出版社，2015.

[15] 高明华，张惠琳，等.中国公司治理分类指数报告 No.15（2016）［M］.北京：中国出版集团东方出版中心，2016.

[16] 高明华，曹向东，等.中国公司治理分类指数报告 No.16（2017）［M］.北京：中国出版集团东方出版中心，2018.

[17] 高明华，程恒森，等.中国上市公司治理分类指数报告 No.17（2018）［M］.北京：社会科学文献出版社，2018.

[18] 高明华，刘波波，等.中国上市公司治理分类指数报告 No.18（2019）［M］.北京：社会科

学文献出版社，2019.

[19] 高明华，郭传孜，邵梦影，等. 中国上市公司治理分类指数报告 No.19，2020［M］. 北京：中国纺织出版社有限公司，2020.

[20] 高明华，周炳羽，朱玥，等. 中国上市公司治理分类指数报告 No.20，2021［M］. 北京：中国纺织出版社有限公司，2021.

[21] 高明华，谭祖坤，薛佳安，等. 中国上市公司治理分类指数报告 No.21，2022［M］. 北京：中国纺织出版社有限公司，2022.

[22] 高明华，李扬，陈柯谚，等. 中国上市公司治理分类指数报告 No.22，2023［M］. 北京：中国纺织出版社有限公司，2023.

[23] 高明华，赵璐瑶，郑欣圆，等. 中国上市公司治理分类指数报告 No.23，2024［M］. 北京：中国纺织出版社有限公司，2024.

附二　中国上市公司质量/ESG指数报告系列

[1] 高明华，等.中国上市公司质量指数报告No.1，2021［M］.北京：中国纺织出版社有限公司，2021.

[2] 高明华，薛佳安，谭祖坤，等.中国上市公司质量/ESG指数报告No.2，2022［M］.北京：中国纺织出版社有限公司，2022.

[3] 高明华，邵梦影，蔡慧莹，等.中国上市公司质量/ESG指数报告No.3，2023［M］.北京：中国纺织出版社有限公司，2023.

[4] 高明华，郑欣圆，赵璐瑶，等.中国上市公司质量/ESG指数报告No.4，2024［M］.北京：中国纺织出版社有限公司，2024.

后　　记

本报告是"中国上市公司治理分类指数报告系列"的第 23 部报告,得到了北京师范大学"双一流"建设项目的部分支持。

从本报告对 2023 年中国上市公司治理的评价结果看,经济下行仍在继续,且在公司治理各类指数中有充分的体现。经济压力没有中断我们本年度的公司治理分类评价研究,尽管因经济下行,学校给予本研究的经费有限,难以支撑本报告庞大的工作量,但还是促使我们把这项工作坚持下来。虽然也想过放弃,但已经坚持了 18 年,又实在割舍不下。

本年度的样本上市公司达到 5061 家,比上年度增加 374 家,这进一步加大了本研究的工作量。由于本研究高度依赖于自行开发的指数数据,数据又几乎全部来自手工采集,且数据量非常庞大,因此研究人员和数据采集人员的劳务支出是重头,因路径依赖,这部分劳务支出非但没有减少,为吸引优秀人员参与还有所提高,只好继续"吃老本"。可以说,本年度报告仍是在异常艰难的情况下完成的。

自 2007 年开发"中国上市公司治理分类指数",中间经历了 2007 年和 2008 年因初次开发经验不足而导致数据库丢失的失败,有首部《中国上市公司高管薪酬指数报告 No.1(2008)》因不成熟和时间错失而未能出版的遗憾,有每年研究人员和数据采集人员更替(研究力量以在校博士生和硕士生为主)以及上市公司规模大幅扩张导致工作量加大而产生的焦虑,有缺少稳定的数据库系统专业开发人员导致数据库系统不稳定而产生的彷徨,有每年公司治理论坛的各种程序问题而产生的不安,有经费筹集及报账占用大量时间而产生的苦恼……各种痛苦,难以言表。但我们还是快乐着,坚持着,因为我们每年都有收获:当我们每年看到指数报告正式出版的时候,当我们看到研究成果得到社会认可的时候,当我们看到研究团队使用自己开发的数据库在国内外重要期刊发表论文的时候,当我们看到指数数据被政府和企业采用的时候,当看到那么多人在支持和期待我们的时候……有各种各样的喜悦,我们不能不坚持。

本报告是第九次集 6 类指数(中小投资者权益保护指数、董事会治理指数、企业家能力指数、财务治理指数、自愿性信息披露指数和高管薪酬指数)之大成的一部公司治理指数报告,从中可以多维度、全景式了解中国上市公司的治理水平。从 2019 年开始,在 6 类公司治理分类指数的基础上,计算了中国上市公司治理总指数,本年度继续延续这项工作。由于公司治理涉及面很广,不同方面的界限又很难清晰界定,因此,公司治理总指数只能是一个"大约数"。

本报告是集体智慧的结晶。由我设计研究框架、基本思路、指标体系和数据库构架,通过研究团队深入讨论确定。然后开发数据库、采集和录入数据、审核数据、计算各类指数和总指数、撰写初稿。初稿撰写具体分工如下:导论、第 1 章、26 章:高明华;第 2、25 章:赵璐瑶;第 3、4 章:杨晓茵；第5、6章：李扬；第7、8章：高方喆；第9、10章：郑欣圆；第11、12章：卢慧珊；第13、14章：程恒森；第15、16章：王留洋；第17、18章：任辉；第19、20章：曹向东；第21、22章：吴雪；第23、24章：邵梦影。数据库开发和维护：胡存琛、张中一、何习文、陆徐行、刘国东。

中国上市公司治理分类指数报告的评价对象是截至2023年12月31日的全部A股上市公司。截至2023年12月31日，沪深北三市共有A股上市公司5346家。考虑到年报的完整性，剔除截至2024年3月31日上市不满一年，以及截至2024年7月10日本报告开始撰写日前终止上市及暂停上市的公司，得到最终样本5061家，基本等同于对全部A股上市公司的评价，基础数据和指数数据已经近120万（不完全包括单列的"中国上市公司质量指数/ESG数据库"，该数据库与"中国上市公司治理分类指数数据库"有部分重叠）。由于同时开发6类指数，数据又全部是第一手资料，且基本上都是手工采集和整理，并录入数据库系统，可以想象，工作量非常庞大，每年指标精准化讨论、数据库修正、数据采集和录入、数据审核的持续时间都长达半年。以下同学为此作出了很大贡献：

数据试录入（按姓氏字母顺序）：蔡慧莹、陈柯谚、李扬、邵梦影、谭祖坤、吴雪、赵璐瑶、郑欣圆。试录入人员必须是之前参与过数据采集、录入和审核的有经验人员。在试录入过程中，试录入人员彼此核查，以保证把问题发现在正式录入之前。

数据采集和录入（按工作量多少排序）：吴雪、赵璐瑶、谭祖坤、郑欣圆、李扬、邵梦影、蔡慧莹、陈柯谚、李艳芳、冷沐晗、程恒森、徐子怡、曹向东、张宇浩、赵智勇、马文津、唐晓颖、王留洋、郭子佳、温佳棋、王婷婷、杨晓茵、周静予、关晓莹、李萌宇、李莹珏、卢慧珊、彭羊梓仪、李艾乐、张家轩。

数据审核（按工作量多少排序）：吴雪、赵璐瑶、谭祖坤、郑欣圆、李扬、邵梦影、蔡慧莹、陈柯谚、程恒森、曹向东。

数据库建设是本报告工作量最大的一项工作，因此，本报告的主要贡献应该归功于全体数据采集和审核人员。

特别需要提及的是，博士生赵璐瑶和郑欣圆作为数据采集及培训的总指挥，在数据采集、录入的培训和协调、与技术人员的交流等工作中付出了大量心血。她们精心制作了培训视频，通过视频会议和微信群耐心答疑。数据采集完成后，她们两人在整理基础数据、最终数据库的完善、指数计算、核实、补充等工作中，不辞辛苦，任劳任怨，做了大量工作。还需要特别提及的是曹向东博士，他在几年前跟随我攻读博士学位时曾作为课题组副组长参与这项工作，今年又重新回归。他在高管薪酬指数的基础数据采集、整理、计算中做了大量工作。对于以上三位同学的付出，表示特别感谢！

由于数据量庞大，为减轻手工采集数据的工作量，本年度开始尝试运用AI采集部分数据，并得到了北京智慧星光信息技术有限公司的技术支持。他们派出专业技术人员，自2023年11月开始开发和测试。但由于我们的指标及评分标准的复杂性，最终只对少部分简单的指标使用了AI技术，绝大部分指标仍是人工采集。尽管如此，我们在利用AI进行数据采集的尝试中获得了大量有益的经验，目前仍然在继续开发和测试，希望在未来能够替代大部分人工。在此，对于北京智慧星光信息技术有限公司的支持，包括董事长兼CEO李青龙先生、副总裁亓鹏先生、骆飞先生、赵冲先生，尤其是具体负责技术开发的刘国东先生的辛勤付出，表示由衷的感谢！

初稿完成后，我开始"闭关"，对初稿进行修改、补充、完善。由于数据量庞大，且同时开发6类指数和总指数，并有不同维度、不同行业、不同所有制、不同上市板块、是否沪深300、不同年度的比较，稍有不慎就会出错，因此，统计分析需要高度的细心和耐心，我几乎对每个数字都做了核实，每天工作都几乎超过16小时，并忍受着腰椎和颈椎的疼痛折磨。每年"闭关"期间的高强度工作已经延续了15年，对此，要感谢家人对我这段时间不管家事、不陪他们外出度假（正赶上暑假）的理解！

统稿完成后，初稿作者交叉分工对书稿又进行了仔细校对。

在研究过程中，研究团队就数据采集、录入、审核、数据库开发、AI尝试、写作思路，甚至后续的数据运用，都多次进行深入讨论，每周二晚是雷打不动的讨论时间，同时通过邮件、微信和电话反复进行沟通和校正，几易其稿才最终定稿。实际上，每一章都不是某个人的独自贡献，而是包含着整个团队（包括以前参与人员）的辛劳、智慧和思想，研究团队的团结和协作精神使我非常欣慰和感动！

感谢中国纺织出版社有限公司，尤其感谢本书编辑史岩女士，她对本报告出版付出了很多心血。

北京师范大学经济与工商管理学院、北京师范大学公司治理与企业发展研究中心的各位同仁对本研究给予了大力支持，在此也谨表谢意！

"中国上市公司治理分类指数报告系列"已历经近18年，出版了6类23部报告（包括本报告）。长期以来，该系列报告已经形成了自己的特色和研究范式，这些特色和研究范式的形成，与之前参与过该项研究的同仁的贡献是分不开的，值本报告出版之际，特向他们表示衷心的感谢！他们是（排名不分先后）：张平淡、蔡卫星、杜雯翠、朱松、吕兆德、孙运传、赵峰、李欲晓、曾诚、曾广录、张海燕、肖松、焦豪、张会丽、杨丹、方芳、葛伟、任缙、苏然、谭玥宁、万峰、柯希嘉、于换军、黄晓丰、原玉杰、赵璐、崔磊、郑飞、柴俊超、王慧、孙银英、张文艳、刘常魁、包璐璐、张艳楠、贾鑫、唐小凤、谭世杰、张瑶、宋盼盼、张祚禄、付亚伟、李国文、杨一新、赵旋、刘敏佳、张惠琳、国伊宁、曹沥方、王健忠、曹向东、高婷、万真真、王远东、王得文、刘波波、彭圣、郭传孜、周炳羽、朱玥、薛佳安、刘思瑶等。还要感谢18年来不同时段参与过数据采集、录入、审核和数据库开发的老师和同学。参与过该项研究的多位同事和博士，都已经成长为教授、博士生导师、副教授、院长、副院长和业务骨干，对他们的成长，我由衷地表示祝贺！

此外，还要感谢每年为了主办"中国公司治理论坛"和"中国公司治理50人论坛年会"而奔波的诸君，包括李国文、范智展、刘志民、徐丽、靳伟、杨裴、陈显龙、贾洪图、雷桂林、史岩、黄琳、金洪玉等（人员太多，恕不能一一列举）。当然，更要感谢为"中国公司治理论坛"慷慨解囊的企业家们。

2020年10月31日，我们发起成立了"中国公司治理50人论坛"，50人论坛的各位专家也对本研究给予了大量支持和鼓励。在2020年10月31日"中国公司治理50人论坛成立暨首届主题论坛"以及后来的历次会议上，50人论坛专家对本研究给予了积极评价，并提出了宝贵意见。在此也表示诚挚感谢！

另外，国务院国资委研究中心原主任楚序平也对本报告给予了不同方式的、持续的大力支持，在此一并致谢！

本报告作为对中国上市公司治理水平的全景式、多维度和客观性的评估，做了诸多尝试性工作。如果通过本报告的评估，能够对中国上市公司治理水平的提高有所裨益，将是对我们的极大鼓励。当然，本报告纰漏甚至错误难以避免，希望广大读者批评指正，并电邮至 mhgao@bnu.edu.cn。

北京师范大学公司治理与企业发展研究中心　北京师范大学经济与工商管理学院

2024 年 8 月 10 日